大学入試シリーズ

252

慶應義塾大学
経済学部

教学社

は　し　が　き

　入力した質問に対して，まるで人間が答えているかのような自然な文章で，しかも人間よりもはるかに速いスピードで回答することができるという，自然言語による対話型の AI（人工知能）の登場は，社会に大きな衝撃を与えました。回答の内容の信憑性については依然として課題があると言われるものの，AI 技術の目覚ましい進歩に驚かされ，人間の活動を助けるさまざまな可能性が期待される一方で，悪用される危険性や，将来人間を脅かす存在になるのではないかという危惧を覚える人もいるのではないでしょうか。

　大学教育においても，本来は学生本人が作成すべきレポートや論文などが，AI のみに頼って作成されることが懸念されており，AI の使用についての注意点などを発表している大学もあります。たとえば東京大学では，「回答を批判的に確認し，適宜修正することが必要」，「人間自身が勉強や研究を怠ることはできない」といったことが述べられています。

　16 〜 17 世紀のイギリスの哲学者フランシス・ベーコンは，『随筆集』の中で，「悪賢い人は勉強を軽蔑し，単純な人は勉強を称賛し，賢い人は勉強を利用する」と記しています。これは勉強や学問に取り組む姿勢について述べたものですが，このような新たな技術に対しても，侮ったり，反対に盲信したりするのではなく，その利点と欠点を十分に検討し，特性をよく理解した上で賢く利用していくことが必要といえるでしょう。

　受験勉強においても，単にテクニックを覚えるのではなく，基礎的な知識を習得することを目指して正攻法で取り組み，大学で教養や専門知識を学ぶための確固とした土台を作り，こうした大きな変革の時代にあっても自分を見失わず，揺るぎない力を身につけてほしいと願っています。

＊　　　＊　　　＊

　本書刊行に際しまして，入試問題や資料をご提供いただいた大学関係者各位，掲載許可をいただいた著作権者の皆様，各科目の解答や対策の執筆にあたられた先生方に，心より御礼を申し上げます。

編者しるす

赤本の使い方

そもそも赤本とは…

受験生のための大学入試の過去問題集！

60年以上の歴史を誇る赤本は，600点を超える刊行点数で全都道府県の370大学以上を網羅しており，過去問の代名詞として受験生の必須アイテムとなっています。

Q. なぜ受験に過去問が必要なの？

A. 大学入試は大学によって問題形式や頻出分野が大きく異なるからです。

マーク式か記述式か，試験時間に対する問題量はどうか，基本問題中心か応用問題中心か，論述問題や計算問題は出るのか——これらの出題形式や頻出分野などの傾向は大学によって違うので，とるべき対策も大学によって違ってきます。出題傾向をつかみ，その大学にあわせた対策をとるために過去問が必要なのです。

赤本で志望校を研究しよう！

赤本の掲載内容

傾向と対策

これまでの出題内容から，問題の**「傾向」**を分析し，来年度の入試にむけて具体的な**「対策」**の方法を紹介しています。

問題編・解答編

年度ごとに問題とその解答を掲載しています。
「問題編」ではその年度の試験概要を確認したうえで，実際に出題された過去問に取り組むことができます。
「解答編」には高校・予備校の先生方による解答が載っています。

ページの見方

ページの上部に年度や日程，科目などを示しています。見たいコンテンツを探すときは，この部分に注目してください。

ホンを… 大事に… ギュッ

- 日程・方式などの試験区分
- 各学部・学科で課された試験科目や配点が確認できます。
- 試験時間は各科目の冒頭に示しています。

問題編冒頭 / **各科目の問題**

他にも赤本によって，大学の基本情報や，先輩受験生の合格体験記，在学生からのメッセージなどが載っています。

● 掲載内容について ●

著作権上の理由やその他編集上の都合により問題や解答の一部を割愛している場合があります。なお，指定校推薦入試，社会人入試，編入学試験，帰国生入試などの特別入試，英語以外の外国語科目，商業・工業科目は，原則として掲載しておりません。また試験科目は変更される場合がありますので，あらかじめご了承ください。

赤本の使い方

受験勉強は過去問に始まり、過去問に終わる。

STEP 1 なにはともあれ
まずは**解いてみる**

STEP 2 じっくり具体的に
弱点を**分析**する

過去問をいつから解いたらいいか悩むかもしれませんが，まずは一度，**できるだけ早いうちに解いてみましょう。実際に解くことで，出題の傾向，問題のレベル，今の自分の実力がつかめます。**
赤本の「傾向と対策」にも，詳しい傾向分析が載っています。必ず目を通しましょう。

解いた後は，ノートなどを使って自己分析をしましょう。**間違いは自分の弱点を教えてくれる貴重な情報源です。**
弱点を分析することで，今の自分に足りない力や苦手な分野などが見えてくるはずです。合格点を取るためには，こうした弱点をなくしていくのが近道です。

合格者があかす赤本の使い方

傾向と対策を熟読
（Fさん／国立大合格）

大学の出題傾向を調べることが大事だと思ったので，赤本に載っている「傾向と対策」を熟読しました。解答・解説もすべて目を通し，自分と違う解き方を学びました。

目標点を決める
（Yさん／私立大合格）

赤本によっては合格者最低点が載っているものもあるので，まずその点数を超えられるように目標を決めるのもいいかもしれません。

時間配分を確認
（Kさん／公立大合格）

過去問を本番の試験と同様の時間内に解くことで，どのような時間配分にするか，どの設問から解くかを決めました。

過去問を解いてみて，まずは自分のレベルとのギャップを知りましょう。それを克服できるように学習計画を立て，苦手分野の対策をします。そして，また過去問を解いてみる，というサイクルを繰り返すことで効果的に学習ができます。

STEP 3 志望校にあわせて 重点対策をする

STEP 1▶2▶3… サイクルが大事！ 実践を繰り返す

分析した結果をもとに，参考書や問題集を活用して**苦手な分野の重点対策**をしていきます。赤本を指針にして，何をどんな方法で強化すればよいかを考え，**具体的な学習計画を立てましょう**。
「傾向と対策」のアドバイスも参考にしてください。

ステップ1～3を繰り返し，足りない知識の補強や，よりよい解き方を研究して，実力アップにつなげましょう。
繰り返し解いて**出題形式に慣れること**や，試験時間に合わせて**実戦演習を行うこと**も大切です。

添削してもらう
(Sさん／国立大合格)

記述式の問題は自分で採点しにくいので，先生に添削してもらうとよいです。人に見てもらうことで自分の弱点に気づきやすくなると思います。

繰り返し解く
(Tさん／国立大合格)

1周目は問題のレベル確認程度に使い，2周目は復習兼頻出事項の見極めとして，3周目はしっかり得点できる状態を目指して使いました。

他学部の過去問も活用
(Kさん／私立大合格)

自分の志望学部の問題はもちろん，同じ大学の他の学部の過去問も解くようにしました。同じ大学であれば，傾向が似ていることが多いので，これはオススメです。

慶應義塾大-経済◀目次▶

目　次

大 学 情 報 ……………………………………………………… 1
◆ 在学生メッセージ　　17
◆ 合格体験記　　22

傾向と対策 ……………………………………………………… 35

解 答 編　※問題編は別冊

2023年度　■一般選抜
英　　語 ………………………………… 3
日 本 史 ………………………………… 32
世 界 史 ………………………………… 46
数　　学 ………………………………… 56
小 論 文 ………………………………… 68

2022年度　■一般選抜
英　　語 ………………………………… 3
日 本 史 ………………………………… 33
世 界 史 ………………………………… 47
数　　学 ………………………………… 56
小 論 文 ………………………………… 69

2021年度　■一般選抜
英　　語 ………………………………… 3
日 本 史 ………………………………… 28
世 界 史 ………………………………… 43
数　　学 ………………………………… 52
小 論 文 ………………………………… 68

慶應義塾大−経済◀目次▶

2020年度 ■一般入試

英　語	3
日 本 史	29
世 界 史	45
数　学	53
小 論 文	70

2019年度 ■一般入試

英　語	3
日 本 史	29
世 界 史	45
数　学	55
小 論 文	68

掲載内容についてのお断り

　下記の問題に使用されている著作物は，2023 年 4 月 24 日に著作権法第 67 条の 2 第
1 項の規定に基づく申請を行い，同条同項の規定の適用を受けて掲載しているものです。
　2021 年度：「世界史」大問Ⅱ　問 7　資料 a・c

University Guide

大学情報

大学の基本情報

沿革

1858（安政 5）		福澤諭吉，江戸に蘭学塾を開く
1863（文久 3）		蘭学塾より英学塾に転向
1868（慶應 4）		塾を「慶應義塾」と命名，近代私学として新発足
		✎1885（明治18）このころ塾生たちがペンの記章をつけ始める
1890（明治23）		大学部が発足し，総合大学となる
1898（明治31）		学制を改革し，一貫教育制度を樹立
		✎1903（明治36）第1回早慶野球試合
1920（大正 9）		大学令による大学として新発足
		文学・経済学・法学・医学部から成る総合大学となる
1944（昭和19）		藤原工業大学が寄付され，工学部設置
1949（昭和24）		新制大学発足，文学・経済学・法学・工学部設置
1952（昭和27）		新制大学医学部発足
1957（昭和32）		商学部設置
1981（昭和56）		工学部を改組し，理工学部を設置
1990（平成 2）		総合政策・環境情報学部を設置
2001（平成13）		看護医療学部を設置
2008（平成20）		学校法人共立薬科大学との合併により薬学部設置
		創立150周年

ペンマーク

1885（明治18）年ごろ，塾生が教科書にあった一節「ペンは剣に勝る力あり」にヒントを得て帽章を自分たちで考案したことからはじまり，その後多数の塾生・塾員の支持を得て公式な形として認められ，今日に至っています。ペンマークは，その発祥のルーツにも見られるように，学びの尊さを表現するシンボルであり，慶應義塾を指し示すだけでなく，広く認知された社会的な存在と位置付けられます。

学部・学科の構成

大　学

文学部　1年：日吉キャンパス／2〜4年：三田キャンパス
　　人文社会学科〈哲学系〈哲学専攻，倫理学専攻，美学美術史学専攻〉，史学系〈日本史学専攻，東洋史学専攻，西洋史学専攻，民族学考古学専攻〉，文学系〈国文学専攻，中国文学専攻，英米文学専攻，独文学専攻，仏文学専攻〉，図書館・情報学系〈図書館・情報学専攻〉，人間関係学系〈社会学専攻，心理学専攻，教育学専攻，人間科学専攻〉〉
＊各専攻には2年次より分属する。

経済学部　1・2年：日吉キャンパス／3・4年：三田キャンパス
　　経済学科

法学部　1・2年：日吉キャンパス／3・4年：三田キャンパス
　　法律学科
　　政治学科

商学部　1・2年：日吉キャンパス／3・4年：三田キャンパス
　　商学科

医学部　1年：日吉キャンパス／2〜6年：信濃町キャンパス
　　医学科

理工学部　1・2年：日吉キャンパス／3・4年：矢上キャンパス
　　機械工学科
　　電気情報工学科
　　応用化学科
　　物理情報工学科
　　管理工学科
　　数理科学科（数学専攻，統計学専攻）
　　物理学科
　　化学科
　　システムデザイン工学科
　　情報工学科

4 慶應義塾大／大学情報

　生命情報学科

＊各学科には2年次より分属する。数理科学科の各専攻は3年次秋学期に選択する。

総合政策学部　湘南藤沢キャンパス

　総合政策学科

環境情報学部　湘南藤沢キャンパス

　環境情報学科

看護医療学部　1・2・4年：湘南藤沢キャンパス／3・4年：信濃町キャンパス

　看護学科

薬学部　1年：日吉キャンパス／2年以降：芝共立キャンパス

　薬学科［6年制］

　薬科学科［4年制］

大学院

文学研究科／経済学研究科／法学研究科／社会学研究科／商学研究科／医学研究科／理工学研究科／政策・メディア研究科／健康マネジメント研究科／薬学研究科／経営管理研究科／システムデザイン・マネジメント研究科／メディアデザイン研究科／法務研究科（法科大学院）

（注）上記内容は2023年4月時点のもので，改組・新設等により変更される場合があります。

大学所在地

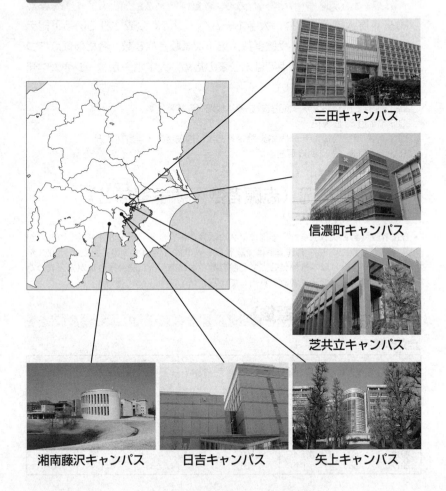

三田キャンパス	〒108-8345	東京都港区三田 2-15-45
日吉キャンパス	〒223-8521	神奈川県横浜市港北区日吉 4-1-1
矢上キャンパス	〒223-8522	神奈川県横浜市港北区日吉 3-14-1
信濃町キャンパス	〒160-8582	東京都新宿区信濃町 35
湘南藤沢キャンパス	〒252-0882	神奈川県藤沢市遠藤 5322（総合政策・環境情報学部）
	〒252-0883	神奈川県藤沢市遠藤 4411（看護医療学部）
芝共立キャンパス	〒105-8512	東京都港区芝公園 1-5-30

入試データ

 2023年度入試データは，大学ホームページにて公表されている下記データを掲載しています。受験者数，第1次試験合格者数，合格最低点につきましては，本書編集時点では未公表のため，大学ホームページや大学発行資料にてご確認ください。

○2023年度 慶應義塾大学一般選抜 志願者状況（最終確定数）
 2023年1月30日現在
○2023年度 慶應義塾大学一般選抜 合格者および補欠者の入学許可状況
 2023年3月31日17：30現在

 ## 入試状況（志願者数・競争率など）

- 合格者数（第2次試験を行う学部は第2次試験合格者）と，補欠者許可数との合計が入学許可者数であり，実質倍率は受験者数÷入学許可者数で算出。ただし，2023年度実質倍率（※）は本書編集時点で受験者数および第1次試験合格者数が未公表のため，志願者数÷入学許可者数で算出している。

入試統計（一般選抜）

■文学部

年度	募集人員	志願者数	受験者数	合格者数	補欠者 発表数	補欠者 許可数	実質倍率
2023	580	4,056		1,029	288	143	※3.5
2022	580	4,162	3,849	1,010	300	179	3.2
2021	580	4,243	3,903	932	276	276	3.2
2020	580	4,351	3,978	937	335	85	3.9
2019	580	4,720	4,371	954	339	79	4.2
2018	580	4,820	4,500	980	323	43	4.4
2017	580	5,049	4,706	942	337	174	4.2

慶應義塾大／大学情報　7

■■経済学部

方式	年度	募集人員	志願者数	受験者数	合格者数	補　欠　者		実質倍率
						発表数	許可数	
A	2023	420	3,621		865	278	237	※3.3
	2022	420	3,732	3,383	856	264	248	3.1
	2021	420	3,716	3,419	855	248	248	3.1
	2020	420	4,193	3,720	857	262	113	3.8
	2019	420	4,743	4,309	854	286	251	3.9
	2018	420	4,714	4,314	856	307	183	4.2
	2017	420	4,996	4,599	855	313	247	4.2
B	2023	210	2,015		380	138	100	※4.2
	2022	210	2,086	1,905	380	130	82	4.1
	2021	210	2,081	1,913	368	132	132	3.8
	2020	210	1,956	1,768	367	148	39	4.4
	2019	210	2,231	2,029	364	141	38	5.0
	2018	210	2,417	2,217	362	143	69	5.1
	2017	210	2,427	2,237	362	143	64	5.3

■■法学部

学科	年度	募集人員	志願者数	受験者数	合格者数	補　欠　者		実質倍率
						発表数	許可数	
法律	2023	230	1,730		334	60	18	※4.9
	2022	230	1,853	1,633	330	48	48	4.3
	2021	230	1,603	1,441	314	53	30	4.2
	2020	230	1,511	1,309	302	51	40	3.8
	2019	230	2,016	1,773	308	53	23	5.4
	2018	230	2,089	1,864	351	51	0	5.3
	2017	230	2,142	1,931	352	65	0	5.5
政治	2023	230	1,407		292	52	37	※4.3
	2022	230	1,323	1,190	289	49	12	4.0
	2021	230	1,359	1,243	296	49	40	3.7
	2020	230	1,548	1,369	295	53	0	4.6
	2019	230	1,472	1,328	300	50	12	4.3
	2018	230	1,657	1,506	315	55	0	4.8
	2017	230	1,716	1,563	324	66	0	4.8

8 慶應義塾大／大学情報

■■商学部

方式	年度	募集人員	志願者数	受験者数	合格者数	補 欠 者		実質倍率
						発表数	許可数	
A	2023	480	4,189		1,484	375	137	※2.6
	2022	480	4,023	3,716	1,434	376	154	2.3
	2021	480	3,641	3,404	1,312	356	244	2.2
	2020	480	3,845	3,502	1,221	322	98	2.7
	2019	480	4,105	3,698	1,202	242	142	2.8
	2018	480	4,072	3,801	1,186	311	71	3.0
	2017	480	4,163	3,857	1,033	353	241	3.0
B	2023	120	2,590		344	141	38	※6.8
	2022	120	2,867	2,707	316	185	89	6.7
	2021	120	2,763	2,560	298	154	51	7.3
	2020	120	2,441	2,234	296	158	21	7.0
	2019	120	2,611	2,390	307	105	0	7.8
	2018	120	2,943	2,746	289	124	12	9.1
	2017	120	3,094	2,916	254	132	75	8.9

■■医学部

年度	募集人員	志願者数	受験者数	合格者数		補 欠 者		実質倍率
				第1次	第2次	発表数	許可数	
2023	66	1,412			141	92	27	※8.4
2022	66	1,388	1,179	279	134	119	44	6.6
2021	66	1,248	1,045	266	128	114	43	6.1
2020	66	1,391	1,170	269	125	113	41	7.0
2019	68	1,528	1,296	274	132	117	27	8.2
2018	68	1,525	1,327	271	131	111	49	7.3
2017	68	1,578	1,384	268	126	91	53	7.7

■■理工学部

年度	募集人員	志願者数	受験者数	合格者数	補 欠 者		実質倍率
					発表数	許可数	
2023	650	8,107		2,303	534	149	※3.3
2022	650	7,847	7,324	2,286	523	355	2.8
2021	650	7,449	7,016	2,309	588	0	3.0
2020	650	8,230	7,688	2,444	415	0	3.1
2019	650	8,643	8,146	2,369	488	42	3.4
2018	650	9,050	8,569	2,384	565	148	3.4
2017	650	9,236	8,740	2,327	577	108	3.6

（備考）
• 理工学部はA～Eの5つの分野に対応した「学門」制をとっており，学門別に募集を行う。入学後の1年間は学門別に基礎を学び，2年次に進級する時に学科を選択する。
• 2020年度の合格者数には追加合格の81名を含む。

慶應義塾大／大学情報　9

■■総合政策学部

年度	募集人員	志願者数	受験者数	合格者数	補 欠 者		実質倍率
					発表数	許可数	
2023	225	2,852		407	127	34	※6.5
2022	225	3,015	2,731	436	129	82	5.3
2021	225	3,164	2,885	375	104	29	7.1
2020	275	3,323	3,000	285	108	71	8.4
2019	275	3,600	3,254	385	150	0	8.5
2018	275	3,757	3,423	351	157	0	9.8
2017	275	3,937	3,594	381	151	0	9.4

■■環境情報学部

年度	募集人員	志願者数	受験者数	合格者数	補 欠 者		実質倍率
					発表数	許可数	
2023	225	2,586		296	66	66	※7.1
2022	225	2,742	2,450	360	111	86	5.5
2021	225	2,864	2,586	232	142	104	7.7
2020	275	2,999	2,664	200	102	82	9.4
2019	275	3,326	3,041	302	151	0	10.1
2018	275	3,123	2,866	333	154	0	8.6
2017	275	3,194	2,882	345	156	0	8.4

■■看護医療学部

年度	募集人員	志願者数	受験者数	合格者数		補 欠 者		実質倍率
				第1次	第2次	発表数	許可数	
2023	70	538			163	45	0	※3.3
2022	70	653	601	235	152	55	8	3.8
2021	70	610	574	260	152	52	45	2.9
2020	70	565	493	249	151	53	7	3.1
2019	70	655	606	247	154	68	20	3.5
2018	70	694	637	249	146	63	10	4.1
2017	70	718	655	249	155	53	15	3.9

10　慶應義塾大／大学情報

■■薬学部

学科	年度	募集人員	志願者数	受験者数	合格者数	補 欠 者		実質倍率
						発表数	許可数	
薬	2023	100	1,454		306	85	0	※4.8
	2022	100	1,421	1,292	279	83	54	3.9
	2021	100	1,203	1,105	270	90	25	3.7
	2020	100	1,342	1,215	263	97	19	4.3
	2019	100	1,597	1,424	295	69	8	4.7
	2018	100	1,777	1,573	306	79	0	5.1
	2017	100	1,854	1,642	314	78	23	4.9
薬科	2023	50	854		247	92	48	※2.9
	2022	50	782	726	209	77	63	2.7
	2021	50	737	683	203	77	16	3.1
	2020	50	759	700	204	82	27	3.0
	2019	50	628	587	187	84	42	2.6
	2018	50	663	616	201	70	41	2.5
	2017	50	741	692	199	78	9	3.3

合格最低点（一般選抜）

▓文学部
(合格最低点／満点)

2022 年度	2021 年度	2020 年度	2019 年度	2018 年度	2017 年度
218／350	232／350	250／350	233／350	228／350	231／350

(備考)
- 「地理歴史」は，科目間の難易度の違いから生じる不公平をなくすため，統計的処理により得点の補正を行う場合がある。
- 「合格最低点」は，正規合格者の最低総合点である。

▓経済学部
(合格最低点／満点)

年度	A 方 式	B 方 式
2022	209／420	239／420
2021	231／420	262／420
2020	234／420	240／420
2019	265／420	259／420
2018	207／420	243／420
2017	218／420	245／420

(備考)
- 採点方法について
  A方式は，「外国語」の問題の一部と「数学」の問題の一部の合計点が一定の得点に達した受験生について，「外国語」の残りの問題と「数学」の残りの問題および「小論文」を採点する。B方式は，「外国語」の問題の一部が一定の得点に達した受験生について，「外国語」の残りの問題と「地理歴史」および「小論文」を採点する。A・B両方式とも，最終判定は総合点によって合否を決定する。
- 「地理歴史」の科目間の難易度の違いを考慮した結果，統計的処理による得点の補正を行わなかった。
- 「合格最低点」は，正規合格者の最低総合点である。

▓法学部
(合格最低点／満点)

年度	法 律 学 科	政 治 学 科
2022	239／400	236／400
2021	234／400	235／400
2020	252／400	258／400
2019	227／400	224／400
2018	246／400	249／400
2017	263／400	266／400

(備考)
- 採点方法について
  「論述力」は，「外国語」および「地理歴史」の合計点，および「地理歴史」の得点，いずれもが一定の得点に達した受験生について採点し，3科目の合計点で合否を決定する。
- 「地理歴史」は，科目間の難易度の違いから生じる不公平をなくすため，統計的処理により得点の補正を行った。
- 「合格最低点」は，正規合格者の最低総合点である。

12　慶應義塾大／大学情報

■■商学部
(合格最低点／満点)

年度	Ａ　方　式	Ｂ　方　式
2022	240／400	302／400
2021	252／400	288／400
2020	244／400	309／400
2019	258／400	288／400
2018	265／400	293／400
2017	249／400	317／400

(備考)
- 「地理歴史」は，科目間の難易度の違いから生じる不公平をなくすため，統計的処理により得点の補正を行った。
- 「合格最低点」は，正規合格者の最低総合点である。

■■医学部（第１次試験）
(合格最低点／満点)

2022 年度	2021 年度	2020 年度	2019 年度	2018 年度	2017 年度
308／500	251／500	303／500	303／500	305／500	266／500

(備考)
- 「理科」の科目間の難易度の違いを考慮した結果，統計的処理による得点の補正を行わなかった。

■■理工学部
(合格最低点／満点)

2022 年度	2021 年度	2020 年度	2019 年度	2018 年度	2017 年度
340／500	266／500	309／500	280／500	260／500	271／500

(備考)
- 「合格最低点」は，各学門における正規合格者の最低総合得点を各学門の合格者数で重み付けして平均した値である。

■■総合政策学部
(合格最低点／満点)

年度	「数学」選択		「情報」選択		「外国語」選択		「数学・外国語」選択	
	数　学	小論文	情　報	小論文	外国語	小論文	数学・外国語	小論文
2022	261／400		269／400		260／400		275／400	
2021	254／400		261／400		243／400		260／400	
2020	246／400							
2019	267／400		285／400		261／400		277／400	
2018	301／400		272／400		277／400		300／400	
2017	277／400		267／400		268／400		274／400	

(備考)
- 採点方法について
  選択した受験科目（「数学または情報」あるいは「外国語」あるいは「数学および外国語」）の得点と，「小論文」の採点結果を組み合わせて，最終判定を行う。
- 合格最低点は，選択した試験科目によって異なっているが，これは４種の試験科目の難易度の違いを表すものではない。
- 「数学」「情報」「外国語」「数学および外国語」については統計的処理による得点の補正を行った。

慶應義塾大／大学情報　13

■■環境情報学部

(合格最低点／満点)

年度	「数学」選択		「情報」選択		「外国語」選択		「数学・外国語」選択	
	数　学	小論文	情　報	小論文	外国語	小論文	数学・外国語	小論文
2022	234／400		248／400		234／400		238／400	
2021	254／400		238／400		248／400		267／400	
2020	246／400							
2019	250／400		274／400		263／400		277／400	
2018	257／400		260／400		258／400		263／400	
2017	265／400		268／400		266／400		271／400	

(備考)
- 採点方法について
  選択した受験科目（「数学または情報」あるいは「外国語」あるいは「数学および外国語」）の得点と，「小論文」の採点結果を組み合わせて，最終判定を行う。
- 合格最低点は，選択した試験科目によって異なっているが，これは4種の試験科目の難易度の違いを表すものではない。
- 「数学」「情報」「外国語」「数学および外国語」については統計的処理による得点の補正を行った。

■■看護医療学部（第1次試験）

(合格最低点／満点)

2022 年度	2021 年度	2020 年度	2019 年度	2018 年度	2017 年度
310／500	270／500	297／500	273／500	293／500	303／500

(備考)
- 選択科目（数学・化学・生物）は，科目間の難易度の違いから生じる不公平をなくすため，統計的処理により得点の補正を行った。
- 第1次試験で小論文を課すが，第1次試験の選考では使用せず，第2次試験の選考で使用する。

■■薬学部

(合格最低点／満点)

学科	2022 年度	2021 年度	2020 年度	2019 年度	2018 年度	2017 年度
薬	204／350	196／350	196／350	208／350	204／350	227／350
薬科	209／350	195／350	195／350	207／350	204／350	228／350

(備考)
- 「合格最低点」は，正規合格者の最低総合点である。

学問のすゝめ奨学金

2024年度入学者対象 申請受付
10.30 ▶ 11.27

- 首都圏(一都三県)を除く地方出身者対象
- 奨学生候補者数約550名以上
- 一般選抜出願前に選考結果が分かる

返済不要

年額60万円支給
(医学部は90万円、薬学部は80万円)

初年度は入学金相当額(20万円)を加算
入学2年目以降は成績優秀者の奨学金額を増額

国による「高等教育の修学支援新制度」との併用により、一部の学部では実質"無料"での入学が可能となります。

 お問い合わせ　慶應義塾大学 学生部福利厚生支援 (月〜金 8:45〜16:45)
[TEL] 03-5427-1570　　[E-mail] lifeshogaku@info.keio.ac.jp

https://www.students.keio.ac.jp/other/prospective-students/scholarship-gakumon.html

慶應義塾大学

募集要項(出願書類)の入手方法

2024年度一般選抜要項は,大学ホームページで公開予定です。詳細については,大学ホームページでご確認ください。

一般選抜・文学部自主応募制による推薦入学者選考・法学部 FIT 入試に関する問い合わせ先

　〒108-8345　東京都港区三田 2-15-45

　慶應義塾大学　入学センター

　TEL　(03)5427-1566

　慶應義塾大学ホームページ　https://www.keio.ac.jp/

理工学部 AO 入試に関する問い合わせ先

　〒223-8522　神奈川県横浜市港北区日吉 3-14-1

　慶應義塾大学

　　理工学部学生課学事担当内　アドミッションズ・オフィス

　TEL　(045)566-1800

総合政策学部・環境情報学部 AO 入試に関する問い合わせ先

　〒252-0882　神奈川県藤沢市遠藤 5322

　慶應義塾大学

　　湘南藤沢事務室　アドミッションズ・オフィス

　TEL　(0466)49-3407

　SFC ホームページ　https://www.sfc.keio.ac.jp/

看護医療学部 AO 入試に関する問い合わせ先

　〒252-0883　神奈川県藤沢市遠藤 4411

　慶應義塾大学　湘南藤沢事務室　看護医療学部担当

　TEL　(0466)49-6200

慶應義塾大学のテレメールによる資料請求方法

| スマートフォンから | QRコードからアクセスしガイダンスに従ってご請求ください。 |
| パソコンから | 教学社　赤本ウェブサイト(akahon.net)から請求できます。 |

合格体験記 募集

　2024年春に入学される方を対象に，本大学の「合格体験記」を募集します。お寄せいただいた合格体験記は，編集部で選考の上，小社刊行物やウェブサイト等に掲載いたします。お寄せいただいた方には小社規定の謝礼を進呈いたしますので，ふるってご応募ください。

応募方法

下記URLまたはQRコードより応募サイトにアクセスできます。
ウェブフォームに必要事項をご記入の上，ご応募ください。
折り返し執筆要領をメールにてお送りします。
（※入学が決まっている一大学のみ応募できます）

⇨ http://akahon.net/exp/

応募の締め切り

総合型選抜・学校推薦型選抜	2024年2月23日
私立大学の一般選抜	2024年3月10日
国公立大学の一般選抜	2024年3月24日

受験川柳 募集

受験にまつわる川柳を募集します。
入選者には賞品を進呈！　ふるってご応募ください。

応募方法

http://akahon.net/senryu/ にアクセス！

在学生メッセージ

大学ってどんなところ？ 大学生活ってどんな感じ？ ちょっと気になることを，在学生に聞いてみました。

(注) 以下の内容は 2020〜2022 年度入学生のアンケート回答に基づくものです。ここで触れられている内容は今後変更となる場合もありますのでご注意ください。

 大学生になったと実感！

　出会う人の幅が大きく変わったと思います。高校までは地元の子が集まったり，遠くても隣の県まででしたが，慶應に入り，全国からはもちろん帰国子女や留学生など，そのまま地元にいれば絶対に会えないだろう人材に多く出会えたことが，高校までとは比べものにならないほど変わったことだと感じました。全員が様々なバックグラウンドをもっているので，話を聞いていて本当に楽しいです！（関口さん）

　とにかく自由ですね。高校のときのように与えられたことだけをやればいいという感じではないので，その分，自分で何かしらのやることを見つけないと，とことん暇になってしまうと思います。(K. I. さん)

　一人暮らしを始めました。一人暮らしのいいところは，何でも自分で調整できることです。好きな時間に好きなものを食べることができ，気兼ねなく趣味に没頭することもできます。また，何か思い立ったらすぐに実行できます。ただ，すべて自己責任です。気をつけないと生活リズムも崩れますし，大学の授業もおろそかになってしまいます。良くも悪くも自己管理が重要になってきます。やりたいこととしなければいけないことのバランスをとるのは大変ですが，大人になったと実感するときでもあります。(W. M. さん)

――メッセージを書いてくれた先輩方――
《文学部》W. M. さん　《経済学部》M. Y. さん／島田優也さん／R. H. さん
《法学部》関口康太さん　《商学部》K. I. さん／Y. I. さん
《総合政策学部》T. N. さん

大学生活に必要なもの

　大学生として必要なものは，まずはノートパソコンやタブレットなどの電子機器です。課題のレポート作成，プレゼンテーションのスライド作成，オンライン講義の視聴はもちろん，電子機器で講義内容のノートをとる学生もいます。さらに，大学には私服で登校するため洋服も必要です。また，大学生の正装はスーツになるため，入学前に新たに購入しました。入学式や体育会の式典，就職活動においても着用します。そして，クレジットカードも新たに用意しました。クレジットカードはネットショッピングや旅行などでとても便利だと思います。（M. Y. さん）

この授業がおもしろい！

　語学の授業が好きです。経済学部の1年生は，英語の授業を週2回，入学時に選択した第二外国語の授業を週3回受講します。春学期の英語の授業は「Study Skills」といい，プレゼンテーションの仕方やエッセイの書き方を学びました。秋学期の英語の授業は「英語セミナー」といい，各々が選んだ先生によって授業で取り扱う内容が異なります。私の受講しているクラスでは，ヨーロッパの国名を学生一人ひとりに振り分け，担当した国についてプレゼンテーションをしたり，座席が近い人と英会話をしたりしています。また，第二外国語の授業では，新出語句を確認し，会話文を音読，新しい文法事項を学習し，小テストを行っています。（M. Y. さん）

　「人の尊厳」という授業は，自分の中で一番おもしろくて大変勉強になりました。授業形式はオンデマンドで毎回教授が変わります。毎週異なるテーマで，例えば入管問題やLGBTなど人の尊厳が脅かされている現場の生の声を知ることができます。この日本でこんな悲惨なことがまだ起きているのかということに驚いた印象があります。（関口さん）

　自分が最もおもしろいと思った授業は，「生活者の社会参加」という授業です。この授業では，自分が提案した様々なプロジェクトについて実際にNPO法人や行政と協力していき，その成果を発表するという，究極のフィールドワーク型の授業です。教授からは実際の進捗に対してのアドバイスくらいしか言われることはなく，学生が主体的に学べる授業になっています。SFCではこういった授業が他の学部や大学に比べて多く開講されており，SFCに入らなければ経験できない学びを多く得ることができます。（T. N. さん）

大学の学びで困ったこと＆対処法

　春に履修登録をする際，頼れる先輩や同級生が皆無であったため，講義の情報を得るのに苦労しました。SNSで同じように困っている同級生と情報交換をしたり，有志で講義の内容やその評価についてまとめている上級生らの情報に頼ったりと，SNSをフル活用することでなんとかこの問題を解決しました。（島田さん）

　レポートや課題を作成する上で，他者の作品や記述を引用することが多くあります。その場合のルールは非常に厳格に定められていて，誤った表記をすると，盗用・盗作となる場合があります。正しい表記のルール，特に英語での表記ルール（APAスタイルやシカゴ・スタイル）はかなり複雑な部分もあります。困った際，一番正確なのは担当教員に聞くことです。オンラインの場合，あまり教授陣と直接顔を合わせることはありませんが，わからないことは積極的に聞くことが大切です。（Y. I. さん）

 ## 部活・サークル活動

　体育会の部活のマネージャーをしています。シフト制のため，週2回ほど稽古に参加し，学業やアルバイトと両立しています。稽古中の業務は主に，洗濯，掃除，動画撮影，勝敗の記録などです。時々，週末に大会が行われることもあり，選手と同行します。大会では，動画撮影と勝敗の記録，OBへのメール作成を行います。夏季休暇中には合宿があり，料理をしました。慶應には多くの部活やサークルがありますので，自分に合った居場所を見つけることができると思います。（M. Y. さん）

　私は学園祭の実行委員会に所属しています。様々な装飾物を作ったり，何かを運んだりといった作業は対面で行われますが，定例会議などはすべて夜にオンラインで行われています。学園祭ということもあって非常に忙しいサークルですが，その分人が多くて友達を作りやすいことや，学園祭を成功させたときにやりがいを感じられるのが，このサークルのいいところかなと思います。（T. N. さん）

交友関係は？

　私は主にサークルとバイトで友人・先輩を作りました。ほぼ毎日顔を合わせていると自然と仲良くなります。他にも第二外国語のクラスがあるので，そのクラスの友人とご飯に行ったりしています。高校よりも友人を作る選択肢が多くあるのも大学ならではだと思います。（関口さん）

 ## いま「これ」を頑張っています

　「未来構想ワークショップ」という授業の準備を頑張っています。この授業では，グループで毎週"未来構想"をテーマにプレゼンを行う必要があります。そのため，現在は毎日グループで話し合いを重ねて，アイディア出しやスライドの作成などを行っています。話し合いや他のグループの発表などを通して，様々な学びを得ることができるため，楽しさを感じながら頑張っています。（T. N. さん）

　公認会計士試験の予備校や NPO・プロジェクトなどの広報，サークルなど，いろいろ手を出してみています。その中でも，広報の活動を頑張っています。どうすれば新規顧客を獲得できるかや，リピーターを増やせるかなどをデータ分析などを用いて考えています。（R. H. さん）

　大学生活を無為に過ごさないために，公認会計士の資格の取得を目指しています。オンライン授業やバイトと資格の勉強の両立はかなりハードですが，自分のペースでコツコツと続けていきたいと思います。（島田さん）

 ## 普段の生活で気をつけていることや心掛けていること

　マスクと手洗いは徹底し，アルバイトに向かう場合はしっかりと検温をすることです。よく言われることですが，「自分は感染しているかもしれない」という意識をもって行動することが大切だと思います。（Y. I. さん）

おススメ・お気に入りスポット

　私が大学で気に入っている場所は,「鴨池ラウンジ」と呼ばれる施設です。ここはたくさんの椅子が並べられた多目的スペースになっています。一部の座席は半個室のような形になっていて,様々なことに1人で集中することができます。窓からはSFCのトレードマークである鴨池を一望することができ,リラックスすることも可能です。また,ローソンと学食の隣にあるので,利便性も高い施設になっています。(T. N. さん)

 ## 入学してよかった！

　様々な面で優秀な学生が多いことが,この大学の魅力だと思います。例えば,勉強がかなり得意な学生や,スポーツにおいて全国大会や世界大会で実績を残している学生,起業している学生なども多く,切磋琢磨できる環境です。性格においても,礼儀正しくて,優しい,尊敬できる学生ばかりです。有名なOBが様々な業界にいらっしゃることは,卒業してからも強みになると思います。また,伝統を守りつつも自由な校風の大学であるため,居心地よく過ごすことができます。(M. Y. さん)

　とにかく人が多いことです。各学部で各学年1,000人以上いるので,とにかくキャンパスがにぎやかです。また,同窓会が大変活動的で,三田会などの組織が全面的にバックアップしてくださる企画も存在します。(K. I. さん)

 ## 高校生のときに「これ」をやっておけばよかった

　体育祭や修学旅行といった行事をもっと楽しめばよかったと思いました。こんな言い方はよくないかもしれませんが,勉強はいつでもできます。でも,高校の行事はもう一生ないので,そのような貴重な体験を無駄にしてほしくないと思います。(関口さん)

合 格 体 験 記

　みごと合格を手にした先輩に，入試突破のためのカギを伺いました。入試までの限られた時間を有効に活用するために，ぜひ役立ててください。

(注) ここでの内容は，先輩が受験された当時のものです。2024 年度入試では当てはまらないこともありますのでご注意ください。

アドバイスをお寄せいただいた先輩

T. I. さん　経済学部
一般選抜（B方式）2023 年度合格，宮崎県出身

　慶應の経済学部を第一志望にして，対策に全力を注ぐことで，かなり有利になります。

M. Y. さん　経済学部
一般選抜（B方式）2022 年度合格，東京都出身

　何回も復習することで知識や考え方は着実に身につきます。最後まで諦めずにコツコツ机に向かうことがポイントです。

その他の合格大学　慶應義塾大（文）

R. H. さん　経済学部
一般選抜（A方式）2021 年度合格，東京都出身

　最後まで諦めないこと！　これに尽きます。受験とは普通の人にとって辛いものですから，誰だってやめたくなります。しかし，そういうときこそ諦めずに粘ることが大切です。私も何度かやめようか，志望校を落とそうか等悩みましたが，最後まで諦めず，合格することができました。ちょっとでも踏ん張ってみましょう。

小笠原紗希さん 経済学部
一般入試（A方式）2020年度合格，駒込高校（東京）卒

　一流大学に行くためには，やはり一流の勉強をする必要があると思います。私は合格するために，逆算しながら１カ月，１週間ごとに計画を立てて勉強をしていました。どんなに模試の結果が悪くても諦めないでください。頑張れ！！

その他の合格大学　慶應義塾大（環境情報），早稲田大（教育）

M. S. さん 経済学部
一般入試（A方式）2020年度合格，東京都出身

　合格のポイントは，大学の求めている力を正確に把握し，その力をつけるために適切な努力をしたこと。また，模試や過去問演習でどんなに悪い点を取っても決して諦めずに継続して学習し，自信をもって入試本番に臨めたこと。諦めずに適切な努力をすれば自ずと結果はついてくる！

H. H. さん 経済学部
一般入試（B方式）2020年度合格，東京都出身

　大学受験は人生を自分の手で切り拓くチャレンジです。誇りをもって頑張ってください。

その他の合格大学　慶應義塾大（商），学習院大（経済）

入試なんでもQ&A

　受験生のみなさんからよく寄せられる，入試に関する疑問・質問に答えていただきました。

Q 「赤本」の効果的な使い方を教えてください。

　A 私は慶應の経済学部の傾向に即して勉強するために，春の段階から赤本を使って傾向を頭に入れていました。慶應経済は私立文系にしては記述が多く，対策をしっかり打っておかなければ国公立受験者に記述の質で負けてしまいます。赤本の解説を熟読して，その解説の解き方や考え方で問題が解けるように何回も復習していました。「傾向と対策」には難易度が書いてあるので，それも参考にしていました。また，モチベーションを高めるためにも利用していました。　　　　　　　　　　　（T. I. さん）

　A 試験本番の1，2週間前に，力試しとして過去問を解く際に活用しました。また，受験校を検討する際に，赤本に書いてある，大学や入試に関する情報を読んで参考にしました。大学生のリアルな意見を知ることができて，モチベーションアップにつながりました。過去問を解く際は，できなかった問題は解説を読むのはもちろん，周辺知識も整理しておくことをおすすめします。私の場合，特に世界史は，間違えた問題には印をつけておき，後から見直せるようにしました。　　　　　　　　（H. H. さん）

慶應義塾大-経済／合格体験記　25

Q 1年間のスケジュールはどのようなものでしたか？

A 夏休み前までは，単語，文法，英文解釈，長文読解などバランスよく英語を中心に勉強しました。また，基礎的な世界史の学習も始めました。夏休みは英語の長文読解と世界史の通史を中心に勉強しました。英語は，志望校と同レベルの長文問題集を解きました。受験日前日まで毎日，1日30分の英語長文を音読しました。9月からは世界史を理解と暗記の両方を意識し，学習しました。英語は，この頃に英検準1級に合格しました。12月〜1月は一問一答と資料集を使用し，世界史を中心に学習しました。過去問演習の中で，小論文対策もしました。　　　　　　　　　　（M. Y. さん）

Q どのように学習計画を立て，受験勉強を進めていましたか？

A 私は年を越すまでに過去問で合格点を超えることを目標にしていました。その目標を達成するため，1カ月，1週間と逆算していき，最終的に1日単位で計画を立てました。ずっと先の漠然とした目標より，毎週少しずつ具体的な目標などを達成していくほうが志望校にどんどん近づいている気がして，モチベーションを保つことができました。また，一気に1年分の計画を立ててもそんなにうまくいかないと思ったので，月ごとに大まかな予定を立て，1週間ごとに微調整をしていました。そして，日曜日には予定を入れず，その1週間にやり残したことや模試などの復習にあてるなど，調整を行っていました。　　　　　　　　　　（小笠原さん）

26 慶應義塾大-経済／合格体験記

Q 学校外での学習はどのようにしていましたか？

A 自分のペースで受験勉強に取り組みたかったため，塾，予備校には通いませんでした。主に，志望校のレベルにあった参考書を使用し，勉強に取り組みました。自宅で学習を進めるにあたって，「スタディサプリ」の講座はとても役に立ちました。解説がわかりやすいため，弱点分野を克服できますし，全教科視聴できるので便利です。直前期は，オンライン家庭教師の小論文対策講座を受講しました。書き終えた答案を添削してもらい，教わった事柄を意識して何回も書くことで，自信になりました。

（M. Y. さん）

Q 時間をうまく使うためにしていた工夫があれば，教えてください。

A 予定と結果をなるべく細かく書くことです。手帳を買って記録を書きます。予定はなるべく無理のないように書き，日曜日は予備として空けておくと急な予定にも対応できるようになります。結果を書くときに，どこが効率が良かったか，悪かったか等，メモをサッと書いておくと，時間をうまく使えるようになると思います。振り返りは悪かったことだけでなく良かったことも書くことがポイントです。しっかりと自分を肯定しないと心がすさんでしまいます。　　　　　　　　　　　　（R. H. さん）

A 受験生は，塾や予備校，直前期は入試などで時間の工面に苦労すると思います。私は移動時間を有効活用し，電車やバスなどに乗っている間は世界史の一問一答や自作の英単語帳の見直しをしました。また，お風呂の中では BBC のニュース動画などを見て，英語のリスニング練習もしていました。ある程度ルーティーン化してしまうのもいいかもしれません。

（H. H. さん）

慶應義塾大-経済／合格体験記　27

Q 慶應義塾大学経済学部を攻略する上で，特に重要な科目は何ですか？　また，どのように勉強しましたか？

A 慶應義塾大学を攻略するためには，英語が最も重要です。英語の配点が高いからです。経済学部は特に英語が大切です。A方式は英語の問題の一部と数学の問題の一部の得点の合計点に足切りがありますし，B方式は英語の問題の一部の得点に足切りがあります。これを突破しなければ，残りの答案は採点されません。私は，文法や単語などの基礎をしっかり固め，長文演習を繰り返しました。また，音読を継続したら，速く読めるようになりました。さらに，過去問演習を通して傾向に慣れると合格ラインをクリアできるようになりました。　　　　　　　　　　　　　（M. Y. さん）

A 配点の高い英語の攻略が合格の鍵となります。また，慶應の経済学部では例年，英作文の問題が出題されているので，長めの自由英作文への慣れが必須でしょう。自由英作文のトピックは，前半の読解問題に関連していることがほとんどです。加えて，自分の意見とは異なる見解に触れ反論する，前半の文章から引用を求められるなど，要求されることも多いです。私のおすすめは，読解問題に取り組む最中に，英作文で使えそうなフレーズをチェックしておいたり，意見を考えておいたりすることです。そのためにも，過去問は時間を計って通しで解くといいと思います。

（H. H. さん）

Q 苦手な科目はどのように克服しましたか？

A 小論文が苦手でした。まず大事なことは，たくさん書くことです。慶應経済を第一志望でなく併願で受ける受験生は，あまり小論文対策をしていないと思われるので，たくさん書いて対策をしっかり行うだけで差がつきます。私は過去問だけでなく，大手予備校の講習なども受け，予想問題も含めて 20 本近く書きました。また，書いた小論文を添削してもらい，その先生と話をすることが大切だと思います。書面上だけでは学べないことが多くありました。誰に添削してもらうかはかなり大事なので，こだわったほうがいいです。　　　　　　　　　　　　　　　　　　（T. I. さん）

A 私の苦手科目は世界史でした。苦手科目は特に反復学習を心掛けました。何度も同じ事柄を復習することで，曖昧だった知識や暗記事項を正

確に身につけていけるようになりました。例えば，通史の参考書を毎日読むこと，一問一答で用語を暗記すること，資料集で地図や文化史の芸術作品に触れることを行いました。基本的な知識を身につけることを積み重ねていくうちに，手も足も出なかった過去問も解けるようになりました。苦手科目の克服には，反復学習で基本を押さえることをお勧めします。

(M. Y. さん)

A 私は英語がとても苦手でした。克服方法としてはまず，文法，単語，熟語を徹底してやりました。慶應なら，単語は特に大切になってくると思います。長文は時間をかけて，読み取れなかった文の構造などを1つずつつぶしていきました。段落ごとにどのようにつながっているのか考え，次にどのような文章がくるのか予想しながら読みました。また，自分が今，何を読んでいるのかを見失わないように心掛けました。 (小笠原さん)

Q スランプはありましたか？
また，どのように抜け出しましたか？

A スランプに陥りそうなときは勉強時間を短縮しました。本格的に受験勉強をしていた時期に全く勉強しなかった日はありませんでしたが，スランプぎみな日は短い時間で集中して学習に取り組みました。受験勉強は，短距離走ではなくマラソンのような長距離走です。無理をせず，焦らずに，目の前にある自分の克服すべき課題に取り組むように心掛けました。また，気分転換と軽い運動を兼ねて，毎日散歩に出かけていました。体を動かすのは気持ちがいいし，頭も冴えるためお勧めします。 (M. Y. さん)

慶應義塾大-経済／合格体験記　29

Q 模擬試験の上手な活用法を教えてください。

A 慶應関係の模試は秋に数回のみと少ないです。そこで，私は傾向が似ている一橋大学や名古屋大学などの模試を積極的に受験しました。模試をたくさん受けて，本番の感覚で答案を作成する経験を積んだことで，本番でも大きなトラブルを起こさずに済みました。また，特に日本史は同じような問題が出てきた場合に，「あの時の模試に出てきた問題だ」と思い出すことができるので，そのような意味でも積極的に受験しておくべきだと思います。　　　　　　　　　　　　　　　　　　　　　　　　　　　（T. I. さん）

A 模擬試験は，自分の知識の穴を見つけるために利用することが重要です。毎年大量の入試問題を分析している予備校が模擬試験に出題するということは何らかの意図があるはずです。間違えた問題はしっかりと復習しましょう。また，模擬試験は本番の雰囲気に近い環境で，大勢の受験生と受験する，本番のシミュレーションの場でもあります。同じ志望層の中での自分の位置を把握し，適切な方策を立てることもできます。ですが，あくまでも模擬試験であるため，点数や判定などをそれほど気にする必要はありません。実際，自分が受けた国立大学の模擬試験と本番の開示得点には大きな差がありました。　　　　　　　　　　　　　　　（M. S. さん）

Q 試験当日の試験場の雰囲気はどのようなものでしたか？

A わりと静かな雰囲気でした。廊下に出ると友達同士で話している人もいましたが，教室の中は静かでした。私は休み時間には外に行き，外の空気を吸って気分転換をしました。また，テストが始まる前はいつも聴いている音楽などを聴き，なるべく平常心でいられるようにしました。ちなみに，入試当日驚いたのは，想像以上に解答用紙が大きかったことです。机の上に乗りきらないくらい大きく，何枚も配られました。英作文は解答欄がとても大きいのですが，そこはあまり気にせずいつも書いている文字数くらいで書けばいいと思います。　　　　　　　　　　　　　（小笠原さん）

Q 受験生のときの失敗談や後悔していることがあれば教えてください。

A 私は1年目の受験時に勉強が間に合っていなかったため，メンタル的にも厳しく，本番の試験もただやみくもに解いてしまいました。その結果，英語で時間配分を間違えてしまい，解き終わらずに不合格となってしまいました。点数開示の結果，時間配分さえちゃんとしておけば…という点数でした。不安なのはどの受験生も同じです。ですので，本番では勉強の進捗状況にかかわらず，「今ある実力でまとめ切る」という意識をもつといいと思います。　　　　　　　　　　　　　　　　　　　　　　（T. I. さん）

Q 普段の生活のなかで気をつけていたことを教えてください。

A 私は眠いと勉強に全く集中できなかったので，睡眠を第一にしていました。起床後は，コーヒーなどを必ず飲んでいました。食事については，食べると眠くなってしまうので，受験勉強中は何を食べたいかよりも，眠くならないかを重視していました。その代わりに，夜に好きなものを食べるようにしていました。勉強の気分転換に好きなものを食べるのはよいと思います。　　　　　　　　　　　　　　　　　　　　　　　　　　（T. I. さん）

Q 受験生へアドバイスをお願いします。

A 皆さんの中には，大学受験に対して，嫌だなあとか，辛そうだなあなど，ネガティブな印象を抱いている方も多いと思います。私もそんな一人でした。しかし，実際に受験をしてみて，大学受験は自分の人生を自分の手で切り拓けるチャンスなんだと実感しました。受験が終わった今は，挑戦できてよかったなと心の底から思っています。受験中は辛くなることもあるかもしれませんが，終わってみると，やり切ったという大きな充実感や達成感が必ず得られます。皆さん一人ひとりが後悔なく終われるよう，応援しています。　　　　　　　　　　　　　　　　　　　　　　（H. H. さん）

科目別攻略アドバイス

みごと入試を突破された先輩に，独自の攻略法やおすすめの参考書・問題集を，科目ごとに紹介していただきました。

■英語

> 英語は時間がかなり厳しいので，過去問は必ず時間を計って解いてください。足切りのある読解問題を丁寧にやりすぎると配点の高い英作文を解く時間がなくなってしまいますし，読解問題を雑に解きすぎると正答率が下がります。その塩梅を過去問演習でしっかりつかんでください。自由英作文は，まずは英検準1級の英作文で演習するといいと思います。その後で，特有の引用・反論・譲歩を過去問を使って演習してください。テンプレをしっかり作ってから演習しましょう。また，発音・アクセントはとても大切なので，必ずやってください。長文は，例年同じプロセスで解くことができる問題が数問出題されているので，過去問を必ず何周もしてください。
> (T. I. さん)

おすすめ参考書 『英検準1級ライティング大特訓』（アスク出版）

> まず，英語のマークシート法の読解問題で足切りラインをクリアすることが大切です。単語，文法を完成させてから，長文問題集を使って読解に慣れることで攻略できます。この際，解いた英文を音読すると，読むスピードが速くなるためお勧めです。次に，英作文の対策も重要です。和文英訳問題では，日本語を直訳するのではなく，知っている英語表現で言い換えができそうかを考えることがポイントです。自由英作文は，過去問を使って，引用の仕方に慣れるといいです。全体的に，英検準1級を持っていると対策しやすいと感じます。
> (M. Y. さん)

おすすめ参考書 『大学入試問題集 関正生の英語長文ポラリス [3 発展レベル]』（KADOKAWA）

■■日本史

　日本史論述は，歴史を正しく理解したうえで，できるだけ多くの論述問題集や他大学の過去問に触れてください（一橋大・北大・九大・都立大など）。また，過去問の類題が毎年数問出題されているので，論述以外の部分も含めてできるだけ多くの過去問を解いてしっかり復習してください。試験時間が日本史にしては厳しいので，過去問演習で時間感覚をつかんでください。　　　　　　　　　　　　（T. I. さん）

おすすめ参考書　『一橋大の日本史』（教学社）

■■世界史

　近現代史が中心の出題です。暗記よりも歴史的事項を理解することがポイントです。教科書の内容を，他人に教えられるようになることを目標に勉強を進めてください。その出来事の内容は何か，その出来事の歴史的意義は何か，その出来事が起きたために社会がどのように変化したか，などを他人に教えられるほど理解すれば，論述問題は怖くありません。地図が出題されることが多いため，資料集で地図を確認することを習慣にするといいです。文化史の勉強の際も，資料集で芸術作品を視覚的に捉えることが大切です。　　　　　（M. Y. さん）

おすすめ参考書　『《これならわかる！》ナビゲーター世界史B』シリーズ
　　　　　　　　　（山川出版社）

　出題範囲が限られている分，対策はしやすいように感じられるかもしれませんが，論述問題もある程度のウエートを占めるため，注意が必要です。論述問題を書けるようにするためには，何よりも教科書の読み込みが大切です。教科書を何度も何度も読み返して，因果関係などを含めて理解するように努めましょう。　　　　　　（H. H. さん）

おすすめ参考書　『段階式 世界史論述のトレーニング』（Z会）

■数学

　頻出分野を押さえ苦手をなくすことが重要です。私は確率が苦手だったので重点的に演習しました。　　　　　　　　　　　　（R. H. さん）

おすすめ参考書　『合格る確率＋場合の数』（文英堂）

　時間的に非常に厳しいので，問題の取捨選択が重要です。マーク部分は確実に取りにいかないといけません。その際，計算ミスには細心の注意を払いましょう。2020年度は近年ほとんど出題されていなかった整数分野からの出題があり，どの分野からも満遍なく出題されます。網羅的に勉強する必要があるでしょう。　　　　　　（M. S. さん）

おすすめ参考書　『マスター・オブ・整数』（東京出版）

■小論文

　小論文は型にはめて書こうとするよりも，問題の要求に真摯に応えようとすることが重要だと思います。その際，対比構造などの文の論理展開をしっかり整理しておくと，本番で役立ちます。（M. S. さん）

「得点する力」が身につく！

早慶上智の英語で問われる単語の"真"の意味を理解しよう

an argument without **substance**
「物質のない議論」??

his **apparent** friendliness
「彼の明らかな友情」では×

詳しくはこちら

Trend
& Steps

傾向と対策

傾向と対策を読む前に

　科目ごとに問題の「傾向」を分析し，具体的にどのような「対策」をすればよいか紹介しています。まずは出題内容をまとめた分析表を見て，試験の概要を把握しましょう。

■注意

　「傾向と対策」で示している，出題科目・出題範囲・試験時間等については，2023 年度までに実施された入試の内容に基づいています。2024 年度入試の選抜方法については，各大学が発表する学生募集要項を必ずご確認ください。

　また，新型コロナウイルスの感染拡大の状況によっては，募集期間や選抜方法が変更される可能性もあります。各大学のホームページで最新の情報をご確認ください。

分析表の記号について

　★印：一部マークシート法採用であることを表す。

英　語

年　度	番号	項　　　目	内　　　　　　　　　　　容
★ 2023	〔1〕	読　　　解	選択：空所補充
	〔2〕	読　　　解	選択：空所補充，内容説明，内容真偽，アクセント
	〔3〕	読　　　解	選択：空所補充，アクセント
	〔4〕	読解(日本文)	選択：内容説明，内容真偽
	〔5〕	英　作　文	記述：意見論述
★ 2022	〔1〕	読　　　解	選択：空所補充，段落の主題
	〔2〕	読　　　解	選択：空所補充，語句整序，内容説明，内容真偽，アクセント
	〔3〕	読　　　解	選択：空所補充，内容説明，内容真偽
	〔4〕	英　作　文	記述：和文英訳
	〔5〕	英　作　文	記述：意見論述
★ 2021	〔1〕	読　　　解	選択：空所補充
	〔2〕	読　　　解	選択：空所補充，内容説明，内容真偽，アクセント
	〔3〕	読　　　解	選択：空所補充，内容説明，内容真偽，発音
	〔4〕	英　作　文	記述：和文英訳
	〔5〕	英　作　文	記述：意見論述
★ 2020	〔1〕	読　　　解	選択：空所補充，内容説明
	〔2〕	読　　　解	選択：空所補充，内容真偽，内容説明，アクセント，発音
	〔3〕	読　　　解	選択：空所補充，内容説明
	〔4〕	英　作　文	記述：和文英訳
	〔5〕	英　作　文	記述：意見論述
★ 2019	〔1〕	読　　　解	選択：空所補充，文強勢，語句整序，同意表現，発音
	〔2〕	読　　　解	選択：空所補充，発音，内容説明，内容真偽
	〔3〕	読　　　解	選択：空所補充，内容説明，段落の主題，内容真偽，アクセント
	〔4〕	英　作　文	記述：和文英訳
	〔5〕	英　作　文	記述：意見論述

38 慶應義塾大-経済／傾向と対策

▶読解英文の主題

年　度	番号	類　別	主　　　　　　　　　　　　　　題	語　数
2023	〔1〕	社会論	子どもに現金を：出生率の解決策としての政府の資金供与	約 700 語
	〔2〕	社会論	無理な要望？　政府の大家族キャンペーン	約 800 語
	〔3〕	社会論	介護者待遇：誰の責任？	約 960 語
2022	〔1〕	社会論	ミニマリズム：より少ないほどより良い	約 750 語
	〔2〕	社会論	ミニマリズム：狭量な考え方か？	約 760 語
	〔3〕	社会論	ファッションの廃棄物：特大なのか？	約 920 語
2021	〔1〕	社会論	顔認証技術がもたらす恩恵	約 770 語
	〔2〕	社会論	顔認証技術が及ぼす弊害	約 770 語
	〔3〕	社会論	自動運転車の未来	約 940 語
2020	〔1〕	社会論	政府の支援：芸術にとっての悲劇	約 790 語
	〔2〕	社会論	芸術：なぜ国家の資金助成が重要なのか	約 800 語
	〔3〕	社会論	漁業への補助金はどうあるべきか	約 960 語
2019	〔1〕	社会論	ツーリズムが与える否定的な影響	約 810 語
	〔2〕	社会論	ツーリズムのもたらす肯定的な影響	約 670 語
	〔3〕	経済論	カジノ建設の是非	約 980 語

傾　向　分量も多く，難度も高い　出題形式に慣れることが大切

1 **基本情報**

試験時間：100 分。

大問構成：大問は 5 題。〔1〕～〔3〕（A方式で受験する場合は数学のマーク式の部分との合計）が一定点に達しないと〔4〕〔5〕が採点されない。

解答形式：読解問題はマークシート法，英作文問題は記述式。

2 **出題内容**

　以前は会話文や文法・語彙の単独問題も出題されていたが，近年は読解と英作文のみの出題となっている。

① **読解問題**

　700 語を超える長文（2019 年度〔2〕を除く）が例年 3 題出題されており，最新の話題を含む，考えさせられる内容のものが多い。全体の傾向としては，現代の社会現象，特に社会学的・経済学的考察を中心とした，経済学部にふさわしい内容のものが目立っている。読解問題では設問の指示がすべて英文になっている。指示が理解できないと解答のしよ

うがないが，指示は明快なので誤読・誤解のおそれはないだろう。

設問形式は英文中の空所補充が多い。空所補充以外の設問としては，各記述に対して著者なら賛成するか・反対するか（場合によっては本文で述べられていないという選択肢もあり）を判断させる設問や，下線部についての著者の意図，著者が本文のような表現をした理由など，直接は書かれていないが，英文を読み込んだ上で判断させる問題もよく出題されている。なお，発音・アクセント関連ではアクセントの位置を問うものや，動詞と違う発音をする名詞を問うものなどが大問1題につき1〜3問程度出題されることが多い。

2023年度は出題形式の変更があった。〔4〕では和文英訳の代わりに，日本語の短い評論が出題され，内容説明や内容真偽の4択問題となった。〔3〕の「介護者待遇」についての英文と，その英文に関する短い日本語による評論文とを比較して，設問に答えるというものであった。

② 英作文問題

例年，後半の大問2題が英作文で，〔4〕は独立した和文英訳問題であったが，2023年度は読解の4択問題となった。〔5〕は前半（2023年度は〔4〕も含む）の読解問題の内容を踏まえて自分の意見を書くものとなっている。

和文英訳問題が復活する可能性もあるので，例年〔4〕で出題されてきた和文英訳問題を概略する。短い日常会話を英訳する問題。単語を置き換えただけでは対応できない日本語が出題される。設問には「日本語の表現をうまく英語にできない場合は，別の言い方に変えてから英語にしてみましょう」とあり，言い換えの例も挙げられている。

〔5〕(A)と(B)から1つを選んで意見論述をする。「自分の意見と異なる見解に言及し，それに反論する」「問題文で言及されている見解やことがらを最低1つ引用する」という条件がある。さらに引用例が挙げられている。

語数指定はないが，過去に100語以上の指定がされていたことや解答欄の大きさから，少なくとも150語程度の論述は求められているとみるべきだろう。

③ 文法・語彙問題

単独での出題は見られないが，読解問題中で空所補充，同意表現，語

40 慶應義塾大-経済／傾向と対策

句整序などが出題されている。基本的な文法や成句に関するものが多い。

③ **難易度と時間配分**

　相当の英文量があり，かなり高度なレベルにあるといえる。文法・語彙・語法の基礎をしっかりと固めた上で，高度な読解力と英作文力の養成に努めよう。

　最後の大問の英作文は，自分で論点を見つけ，それについて論述する英語小論文の要素が強く，かなり難度が高く，時間を要するものになっている。採点方法が独特なので，独立した英作文だけ先に仕上げても読解問題ができていなければ採点すらされない。読解問題については，最後に関連する英作文を書くことを念頭に置いて，先に設問に目を通し，どちらのテーマが自分にとって書きやすいかを見た上で，英文を読んでいってもよいだろう。選択式の読解問題を手早くすませて，英作文問題にできるだけ時間を確保したい。

対　策

■ **教科書と授業で基本を完璧に**

　大学入試問題としては最高レベルの部類に入るが，いきなり高度な問題集に取り組むのは，必ずしも賢明とはいえない。あくまでも学校での勉強が基本である。予習・復習を欠かさず，基本語句・構文・文法・発音，それに正しい読解方法を身につけるのが先決となる。その際，大事なのは，辞書の徹底的な活用で，意味だけでなく例文をじっくりと研究することである。高いレベルの英文になると，単語の表面的な意味を知っているだけでは本当の理解に達することができない。言葉に対する感覚を十分に磨いて，文脈に合った訳語が頭に浮かぶようでなければならない。普段から英英辞典を利用するのも，英語に慣れて語彙を増やすには効果的であろう。なお，英文の注はほとんど期待できないので，語彙はできるだけ多く身につけること。

② **幅広く深い読解力＋常識を身につける**

　再三述べているように，読解問題は英文自体が高度なものであり，量も多い。和訳がかろうじてできる，という程度のレベルでは太刀打ちできない。時事的・経済的・社会的なテーマをもった英文が多く取り上げ

られるのも特徴であるから，*The Japan Times*，*Asahi Weekly* など，英語学習者向けの英字新聞に親しみ，英文を読み慣れておくとよい。また，普段から新聞その他マスコミ報道に関心をもち，経済・社会や国際問題に対する常識を養うのも大事なことである。『AERA（アエラ）』（朝日新聞出版）や『ニューズウィーク日本版（Newsweek Japan）』（CCC メディアハウス）などの雑誌はこれらの目的にかなっているといえよう。

❸ 文法を征服すること

読解問題で英語の重要文法や基本事項が問われることがある。したがって，文法もしっかり整理しておかなければならない。本格的な文法書にひととおり目を通し，問題集を組み合わせて，応用力を養うことが必要である。また，読解や英作文の学習でも，受験生が間違えやすいポイントを網羅した参考書などを常に手元に置いて，疑問が生じるたびにチェックするのも効果的である。目次と索引を上手に利用できるようにしておきたい。

❹ 英作文対策もしっかりと

英作文問題としては，和文英訳や意見論述が出題されている。これに焦点を合わせた勉強をしておかなければならない。英文は，普段から書き慣れていないと，なかなか書けないものである。経済学部の過去問や国公立大学の二次試験問題などを利用して，十分に対策を講じておく必要があろう。専用のノートを作って，毎日数題ずつ解答するとよい。そのあとで，解答例を研究したり，先生に添削してもらったりすると，より効果的である。また，赤本プラス『大学入試 すぐ書ける自由英作文』（教学社）などの頻出・重要テーマがカバーされた参考書なども参考になる。なお，意見論述は，読解問題の英文や日本文から引用しながら自分の意見を述べる形式がとられている。このような場合は，論述テーマをまずチェックしておいて読解問題文を読むと，論述に必要な箇所が探しやすくなるだろう。

慶應「英語」対策に必須の参考書

→ 『AERA（アエラ）』（朝日新聞出版）
→ 『ニューズウィーク日本版（Newsweek Japan）』
　（CCC メディアハウス）
→ 『大学入試 すぐ書ける自由英作文』（教学社）
→ 『慶應の英語』（教学社）

赤本チャンネルで慶應特別講座を公開中！
実力派講師による傾向分析・解説・勉強法をチェック ➡

日本史

年　度	番号	内　　　　　　　　　　　　　　　容	形　　式
2023	〔1〕	江戸～昭和戦前の政治・外交・文化　　　＜史料・年表＞	選択・論述・記述
	〔2〕	江戸～平成の文化・政治・外交・社会・経済　＜史料・年表・グラフ＞	選択・論述
	〔3〕	江戸幕末～昭和戦後の政治・外交・経済　　＜史料・年表＞	選択・論述・記述
2022	〔1〕	江戸時代の外交・経済・文化　　　＜史料・地図・年表＞	論述・選択
	〔2〕	明治～昭和戦後の政治・外交・経済　＜年表・史料・地図＞	選択・記述・論述
	〔3〕	江戸幕末～平成の政治・外交・経済　＜史料・年表・グラフ＞	論述・選択
2021	〔1〕	豊臣政権期～明治期の日朝関係史　　＜地図・史料・年表＞	配列・選択・論述
	〔2〕	明治・大正期の政治・社会　　＜年表・史料・グラフ＞	選択・論述・記述・正誤
	〔3〕	中世～昭和戦後の政治・外交・文化・経済　＜史料・年表・グラフ・地図＞	記述・論述・選択
2020	〔1〕	アジアにおけるキリスト教の普及と貿易　　＜地図＞	論述・選択
	〔2〕	明治・大正期の美術・外交　　＜史料・年表＞	記述・選択
	〔3〕	幕末～平成の政治・外交・文化・経済　＜年表・史料・地図・グラフ＞	選択・論述
2019	〔1〕	江戸時代後期の外国との交流　　　＜史料＞	選択・論述
	〔2〕	明治～昭和戦前期の政治・外交・文化　＜史料・地図＞	選択・記述・配列・論述
	〔3〕	昭和戦後～平成の外交・政治　＜史料・年表・グラフ＞	記述・選択・論述

傾　向　　近世・近現代から出題
論述問題が多く，史料・年表・グラフも必出

1　基本情報

試験時間：80分。

大問構成：例年大問3題である。

解答形式：選択・論述法を中心に，記述法も出題されている。年度によっては配列法や正誤法も出題されている。論述問題では字数制限は設けられておらず，1行17cmの指定行数の解答欄に収まる範囲で記述する

形式となっている。

2 **出題内容**

選択問題の種類は，文中の空所補充語句選択，語句の組み合わせ，資料・短文・語句・地名・品名と地図・グラフ・年表との組み合わせによる時期選択など多岐にわたる。論述問題は 2019～2021 年度は 8 問，2022 年度は 9 問，2023 年度は 10 問の出題であった。

① **時代別**

出題範囲は「1600 年以降を中心とする」と公表されているが，2020 年度は〔1〕が世界史との共通問題であったことを受けて，16 世紀のヨーロッパにおけるキリスト教の動向，天正遣欧使節を派遣したキリシタン大名，使節の寄港地に関して出題があった。2021 年度も〔1〕が一部世界史との共通問題であり，豊臣政権期の内政・外交，〔2〕で室町時代の琉球についての出題があった。近現代の出題は 70 ％程度で，現代史（昭和戦後以降）は 2000 年代までの出題が特徴的である。2019 年度の平成期の衆議院議員総選挙の結果とその時の首相，沖縄県の米軍施設問題，2020 年度の 1980 年代から 1990 年代の内閣退陣につながる汚職事件と非自民連立内閣の成立，2022 年度のリーマン゠ショック，小渕恵三連立内閣の成立，2023 年度のイラク復興支援特別措置法などといった，高度経済成長期以後の経済史・外交史・政治史は頻出である。

② **分野別**

近世・近現代に焦点が当てられているためか，さまざまな角度から出題されている。ただし，経済学部という学部の特色から，経済史と外交史が目立つ。特に経済史分野では，貨幣・金融，対外貿易，経済政策とその効果などについて，単純な暗記ではなく，経済動向の理解をふまえた上での出題が多く，経済分野の特定のテーマについての論述問題や，グラフなどを読み取り，分析した内容を論述する力を測るという特徴がある。文化史に関しては年度によって偏りがあるが，2019 年度は 3 問，2020 年度は 4 問，2021 年度は 1 問，2022 年度は 2 問，2023 年度は 6 問の出題があった。学問・思想・教育史分野での選択問題が比較的多く，2023 年度も，江戸時代の学問・文学，明治の教育史・ジャーナリズムに関する選択問題が出題された。また，2020 年度〔2〕で明治期の翻訳書から訳者を選択する新機軸の出題があってから，2021 年度〔3〕でも

文学作品の史料から作者を選択する問題，2023年度も大正期の思想・学問書の引用から著者を選択する出題があった。文化史分野においても，手抜かりなくさまざまなジャンルの学習をすることが必要である。

③　史・資料問題

　史料は毎年多数出題されている。教科書掲載の基本史料も多く，史料の特定さえできれば解答可能なものが多い。教科書でみられる史料以外も一般的な史料集に収載されているものが多く，標準的な史料読解力で対応できる。また，地図・グラフ・年表などを使った資料問題が極めて多い。グラフを分析して年代を特定させるなど，数値変化の背景にある政策や社会情勢を読み解く力を問う出題が特徴的である。

③　難易度と時間配分

　①論述問題の多さ，②表やグラフの読み取り，③2000年代に至る近年の事項を扱う，という特徴があり，一般的な私大対策や用語の暗記学習では対応できない。全体として難度は高い。しかし，一部の難問を除いて，多くの設問は精緻な教科書学習で十分対応できる。歴史の理解をふまえた史・資料の読解や情報処理力，論述など思考力が問われており，そういう意味では，経済学部の問題の特徴を理解して学習した受験生にとっては，学力を適正に測れる問題といえるだろう。

　論述問題に時間が割かれるため，見直しの時間も意識して，解ける問題から確実に処理し，スピーディーに進めていきたい。

対　策

1　近現代史を中心に資料集・用語集を併用した教科書の徹底学習を

　＜傾向＞でも示したように，「1600年以降を中心」とした範囲と公表されているが，2020年度は〔1〕が世界史との共通問題であったために，世界史の出題範囲「1500年以降を中心」の設定に引きずられ，16世紀の出題が急増した。また，2021年度も〔1〕が世界史と一部共通問題であったことに加え，〔2〕で中世史も扱われたため15・16世紀の出題があった。入試制度改革も展望すれば，このように日本史・世界史の枠を超えた問題は今後も出題され得ると考えて，「1600年以降」の，特定分野に偏らない，幅広くかつ精緻な学習が必要である。教科書の内容を徹

底的に消化することを目標に脚注やコラムまで含めてチェックすること。

　論述問題も多く出題されているので，単なる用語の暗記ではなく，出来事の因果関係や，事件や政策の背景に注目しながら学習をしよう。また，教科書の最後に記述されている2000年代初頭まで学習をすること。さらに，教科書のグラフや表・地図，美術作品などの図版だけでは不足するので，図説資料集を日頃から併用し，該当箇所の図版・地図をチェックし，グラフ・表の見方や分析に慣れておこう。語句記述や論述問題に備えて，『日本史用語集』（山川出版社）を用いて，用語の解説や周辺知識にも注意して学習したい。近年，『日本史用語集』は電子辞書やアプリのダウンロードでの利用も可能となり，検索の便はよくなったが，受験勉強では，紙での利用をすすめたい。そして，過去問で出題されていた人名・語句にはマーカーを付したり，過去問の情報を書き加えたりするなどして，丸ごと1冊に慶應義塾大学経済学部の出題歴がつまった用語集にカスタマイズしていくとよい。加えて，外交史・経済史の詳細な知識が欲しい場合には，『詳説 日本史研究』（山川出版社）を併用することも得策である。なお，語句記述問題での誤字・当て字での失点がないよう，地道な「書く」訓練は不可欠である。そして知識の確認には，一般的な「一問一答集」を1冊，完璧に学習するとよい。

　また，例年出題されている，年表を用いて各事項の時期特定をする問題は，今後も要注意である。このタイプの問題で問われているのは，個々の事項の年代を正確に暗記しているか否かではなく，関連する出来事を，因果関係をふまえて体系的に理解しているかどうかである。特に出題の多い「自由民権運動」や「昭和戦前～戦後の外交史」などは，テーマ史年表を作成したり，図説集の整理年表を用いて体系的に理解しておくことが有効である。

❷　史料問題対策

　経済学部の場合，史料問題について難問の出題は少なく，おおむね何の史料かがわかればよい。教科書で通史学習をする際に，掲載されている史料には必ず目を通そう。そのうえで史料に慣れるために『詳説 日本史史料集』（山川出版社）などの史料集を用いた学習をすすめる。さらに念入りに学習しておきたい受験生には，『史料をよむ 日本史史料問題 分析と解説』（山川出版社）もよいだろう。コンパクトに頻出史料が

まとめられており，多くの史料問題にあたりながら，短文論述の練習も
できる。

3 論述問題の攻略

論述問題は全部で 20 行前後の行数があり，最重要課題である。その
基本は，設問の要求を正しく理解して，過不足なく書くこと。設問要求
を満たさない的外れな答案では高得点は望めない。特に，「～に触れつ
つ」や「～と関連づけて」などの付帯条件に対応できているか，指定語
句があればそれらが適切に使用できているか，といった点に注意が必要
である。論述問題に慣れていないうちは，教科書を精読して必要な内容
を抜き出して書こう。教科書を見ながら書くことを繰り返していくうち
に，教科書を見なくても答案が作成できるようになってくるだろう。

手順としては，①設問の要求をつかむ，②内容を抜き出す，③枠内に
まとめる，の3段階だが，用語を覚えてやり方がわかったからといって，
簡単にできるわけではない。できるだけ多くの論述問題にあたり，とに
かく書いてみよう。繰り返すことで書けるようになっていくはずである。
その際には経済学部の過去問のほかに，文学部の問題や，史・資料を用
いた論述問題の出題で特徴を同じくする名古屋大学の問題などもよい練
習になるだろう。特に近世以降のものを選ぶとよい。さらに応用力をつ
けたいのであれば，近世以降の出題が中心で，グラフの読み取り，経済
史分野に重点を置く一橋大学の問題も練習になるだろう。

4 過去問を解いておこう

最後の仕上げは過去問で行おう。ある程度，通史の学習ができたら，
過去問を解きながら，経済学部特有の史料やグラフの読み取り問題，論
述問題，年表を用いた時期特定問題などの傾向をつかみ，教科書を超え
る難度の高い用語のチェックを進めていこう。その際，不足している知
識を教科書や用語集などでフィードバックして，弱点を補強することで
高得点をめざしたい。

48 慶應義塾大-経済／傾向と対策

世界史

年度	番号	内　　　　　　　容	形　式
2023	〔1〕	近代における日本とドイツの外交関係　＜史料・年表＞	論述・記述・選択・配列
	〔2〕	16〜20世紀における中国の対外関係 ＜地図・史料・年表＞	論述・選択・記述
	〔3〕	経済学者ワシリー＝レオンチェフの生涯とその業績 ＜グラフ・年表・史料・地図＞	選択・論述
2022	〔1〕	17世紀に日本を訪れたケンペルをめぐる世界の情勢 ＜地図・史料・グラフ＞	論述・記述・選択・配列
	〔2〕	16〜18世紀におけるイエズス会の歴史　＜史料＞	選択・論述
	〔3〕	近世〜現代における「メセナ」の歴史 ＜史料・視覚資料・年表・地図＞	選択・配列・論述
2021	〔1〕	対馬の歴史　　　　　　　　　　　＜史料・年表＞	配列・論述・選択
	〔2〕	スペイン・ポルトガルの探検航海　　　　＜史料＞	選択・記述・論述
	〔3〕	パリ大学の歴史　　　　　＜史料・地図・年表＞	選択・論述・記述・配列
2020	〔1〕	アジアにおけるキリスト教の普及と貿易　　＜地図＞	論述・選択
	〔2〕	ヨーロッパにおける甘味料の歴史 ＜視覚資料・地図・グラフ・史料＞	選択・配列・論述・記述
	〔3〕	ヴァイツゼッカーの第二次世界大戦終戦四十年の記念演 説関連史　＜史料・グラフ・地図・年表＞	選択・記述・論述・配列
2019	〔1〕	1848年革命　　　　　　　　　　　　　＜史料＞	選択・記述・配列・論述
	〔2〕	タイの近現代史　　　　　　　　　　　＜史料＞	選択・記述・論述
	〔3〕	第二次世界大戦後のアメリカ合衆国大統領の発言 ＜史料・年表＞	選択・記述・論述・配列

傾　向　地図・史料・年表・グラフを用いた多彩な形式
詳細な年代知識と論述力を鍛えておこう

1 基本情報

試験時間：80分。

大問構成：大問数は3題で構成されている。

解答形式：選択法を中心に，配列法・記述法・論述法と多彩な形式で出題されている。論述問題では字数制限は設けられていないが，1行17

cm の指定行数の解答欄に収まる範囲で記述する形式となっている。

2 出題内容

論述問題は必出で，2023 年度は 10 問出題された。また，地図・史料・年表・グラフ・視覚資料などが出題されるのが特徴となっている。

▶地図問題

地図問題は，アジア・アフリカ・アメリカ・ヨーロッパなど世界全域から出題される。2023 年度は中国・中央アジアと世界の地図問題が出題された。

▶史料問題

史料問題は例年頻出している。2023 年度は中国の新文化運動，ノーベル文学賞をとった作家などに関する史料問題が出題された。史料文から情報を読み取り，解答する応用力が求められている。

▶年表問題

史料問題と同様，例年，年代関連問題として年表を利用する形式が多数出題されている。近現代史では同年の歴史事項の前後関係の判断が必要な問題も見られる。また，第二次世界大戦後の冷戦時代の年表問題では「政治・経済」に関係する事項も含まれており，注意を要する。

▶グラフ問題

2023 年度はアメリカの工業生産指数・労働組合加入者数・関税率・失業率の推移についてグラフ問題が出題されている。年度によってはグラフのデータと絡めた論述問題も出題されている。

▶視覚資料

写真，図版などを用いた問題が出題されることもあり，2022 年度はルネサンス期の芸術家たちの作品が出題されている。

① 時代別

出題範囲は「1500 年以降を中心とする」となっており，中世から現代まで幅広く出題されている。

論述問題は例年，18〜20 世紀を中心に出題される傾向にあるが，2023 年度は〔2〕で 16 世紀の明の経済政策が出題されており，幅広い時代からの出題があると考えたい。なお，20 世紀の現代史では，例年，第二次世界大戦後の国際政治・経済史が多く，米ソの冷戦や核軍拡競争・軍縮交渉，貿易の自由化，世界の環境問題などの政治・経済の推移

などは頻出分野であるので，綿密に学習しておく必要がある。また，近年は，国際紛争・植民地支配の歴史的経緯を扱ったテーマも出題され，東ティモールの独立に至る推移やコソヴォ紛争の推移などへの目配りも欠かせない。また，最新のウクライナ情勢に関しても注意しておきたい。

② 地域別

西ヨーロッパ・アメリカ・ロシア（ソ連）・中国を中心に南アジア・東南アジア・アフリカ・ラテンアメリカなどを含む世界全域が出題対象となっている。

欧米地域では，16世紀以降のイギリス・フランス・ドイツは要注意で，綿密に学習しておきたい。また南北アメリカも頻出しており，アメリカ合衆国とラテンアメリカの近現代史は毎年のように出題されているので，対策を講じておきたい。

アジア地域も重視されており，明・清代以降を中心に現代までの各時代の政治・社会・経済・文化を把握するとともに，朝鮮・日本・ロシア・中央アジア・チベットなど周辺諸国との関係が頻出しているので留意しておく必要がある。また，年度によってはサファヴィー朝・オスマン帝国・ムガル帝国などのイスラーム国家，現代の中東問題，アフリカ諸国の独立なども出題されており，注意を要する。

そのほか，16世紀以降の西欧列強による東南アジア・インド・中国・南北アメリカへの進出や，19世紀後半から20世紀初頭における帝国主義列強による世界分割なども頻出している。

③ 分野別

政治史の比率が高いが，経済・社会・学問・文芸・科学・宗教などにも配慮して作問されている。

政治史では，第一次世界大戦後の欧米諸国の政治，ロシア革命とソヴィエト政権の歩み，世界恐慌と各国の対応，ナチス＝ドイツの台頭，そして第二次世界大戦後の米ソの冷戦や核軍縮交渉の経緯，パレスチナ紛争，ソ連・東欧の体制崩壊，ベトナム戦争，アメリカの対テロ戦争などを問う問題が頻出している。経済史では貿易形態や経済政策などが必出で，アメリカを主軸とした戦後の経済成長率などのグラフ問題，EUの歩み，ロシアとのウクライナの関係などには目配りが欠かせない。

一方，文化史も重視されており，思想（政治学・経済学）・哲学・宗

教・文学・美術・科学など幅広い分野にわたっている。

③ 難易度と時間配分

　例年，史料（資料）問題や論述問題や地図問題などが多く出題され，かなり手ごわい。史料（資料）問題は，歴史に関する幅広い知識をもっていることを前提に，読解力と応用力を求める問題が目につく。特に近年は，世界史と日本史が重なる地域や時代への学習が望まれる出題があり，今後も注意が必要であろう。また，定番の年表を利用した年代整序問題や年代配列問題は詳細な前後関係の理解が要求されており，年代整理学習が望まれる。頻出の地図問題も主要地域からやや細かい都市・国家まで問われる傾向にある。論述問題は，例年ハイレベルな問題が散見される。解答に際して細かく条件が付されている場合があるので，設問要求を整理してから，ポイントを押さえた解答を構成することが求められる。

　問題の難度と分量を考慮すると，80分の試験時間は短いと言っていい。解答にスピードが要求されるため，まずは平易な設問をすべて処理して，それから難問や論述問題に取りかかるなど時間配分に十分な注意を払いたい。

対　策

❶ 教科書の徹底理解を

　まず教科書で「1500年以降」を中心に，現代までの歴史を確実にマスターしておくことが基本となる。その際，問題意識をもってグローバルな視点から把握する学習姿勢が大切で，世界史を国別，地域別に系統立てて整理していくと理解が深まるだろう。さらに，国際政治や世界経済の視点から出題される傾向があり，同時代の欧米とアジア・アフリカの関係など，横のつながりを重視する問題も多い。そのため，年表を活用した体系的な学習や，世界史地図を利用して国・地域・都市などを確認する作業も欠かせない。特に，近現代史の学習では年代整理のスタイルをとった学習が有効なので，系統立てた年代記述がなされているサブノートなどを活用するとよい。

2 用語集・参考書の活用を

「教科書学習」といっても，教科書は各社から何種類も出版されており，自分の使用している教科書には掲載されていない事項もある。こうした事項を確認・理解するためにも，『世界史用語集』（山川出版社）などの用語集は必ず利用したい。さらに，『詳説 世界史研究』（山川出版社）などの参考書も利用して，掘り下げた学習をすることが望まれる。特に，第二次世界大戦後の国際政治・経済は時事的な要素を含んだものまで出題されるので，世界の民族紛争・地域紛争を地図入りで解説している『最新 政治・経済資料集』（第一学習社）や，『政治・経済用語集』（山川出版社）などを活用して最新のところまで理解しておくとよい。新聞などで現在問題になっている国際上の時事テーマについて，歴史的経緯に配慮しながらまとめ上げるといった学習も試みたい。

3 地図・史料・グラフ問題などへの意識を高めよう

● 地図問題

歴史上重要な国家・地域・都市・河川・山脈・海洋・王朝の領域などは必ず地理的位置とともに覚えておこう。

● 史料問題

歴史上重要な条約・宣言・法律・著作物に関しては，できるかぎり掘り下げて，その背景・内容・結果などに迫っておきたい。用語集の説明文レベルの知識を確実にもっておくと心強い。

● グラフ問題

現代のアメリカ・日本などの経済に関するグラフ問題が頻出しているので，グラフ・統計表を収めた政治・経済資料集なども利用したい。

4 視覚資料にも注意

教科書の写真・図版などに対して，本文と同じくらい注意深く見ておくこと。さらに図説・図表を掲載した市販の世界史資料集を利用して，より多くの図説を意識的に覚えておこう。絵画などの美術作品・建築様式はビジュアル的に理解しておきたい。

5 年表・年代関連問題対策

年表や年代配列問題に時間をとられて試験時間を浪費しないよう，重要年代などは積極的に暗記するよう心がけたい。また，相互に関連する事項や同時期に起きた事項については，因果関係や周辺状況を含めて有

機的に理解しておきたい。実際に解くにあたっては，選択肢の中で「知っている年代はあるか？」「最も古い事項は？」「最も新しい事項は？」の3点を考えることがポイントである。

6 論述対策はしっかりと

論述力を高めるには，とにかく書いてみることである。ことさら新しい用語や難しいことばを使うのではなく，教科書や用語集に書かれている論理を参考にしながら，首尾一貫した文章を作成することをめざそう。用語説明などの短文から始めて，短文の集合体として長文を構成する力を養成していこう。問題集としては，『体系世界史』（教学社）をすすめたい。短文での論述問題が収載されており，過去問演習への橋渡しになるだろう。

7 過去問の研究を

慶應義塾大学経済学部特有の出題形式もあるので，出題に慣れるためにも，できるだけ早い段階で過去問に当たり，解答の仕方・手順を身につけよう。その過程で，同一テーマや同一問題が繰り返し出題されていることに自ら気づけば，重点学習などいっそう有効な対策を講じることも可能となる。

数　学

年　度	番号	項　　目	内　　　　　　　　容
★ **2023**	〔1〕	小問 2 問	(1)正弦定理，余弦定理，外接円・内接円の半径　(2)不定方程式
	〔2〕	数　　列	漸化式，数列の和
	〔3〕	データの分析，確率	分散，反復試行の確率，条件付き確率
	〔4〕	対数関数，微分法	対数関数の最大値と微分法，対数不等式
	〔5〕	ベクトル	三角錐台の体積
	〔6〕	微・積分法	定積分の計算，x軸に接する 3 次関数のグラフ，面積
★ **2022**	〔1〕	図形と方程式	円に外接する四角形
	〔2〕	数　　列	2 項間の漸化式
	〔3〕	データの分析，確率	平均，分散，共分散，条件付き確率
	〔4〕	ベクトル	四面体の体積
	〔5〕	対数関数，2 次関数	対数計算，格子点の個数，2 次関数の最大値・最小値
	〔6〕	微・積分法	定積分で表された関数，面積
★ **2021**	〔1〕	図形と方程式	2 つの円に外接する円
	〔2〕	確　　率	反復試行の確率，条件付き確率
	〔3〕	数　　列	漸化式
	〔4〕	対数関数，数列	対数不等式，数列の和，桁数
	〔5〕	ベクトル	ベクトルと図形，円錐面
	〔6〕	微・積分法	3 次関数のグラフと接線で囲まれた図形の面積　⇒証明
★ **2020**	〔1〕	整数の性質	2 次の不定方程式
	〔2〕	確　　率	さいころの確率，二項定理
	〔3〕	数　　列	連立漸化式，数学的帰納法，数列の和，桁数
	〔4〕	ベクトル	直線と平面の交点，軌跡，三角形の面積　⇒図示
	〔5〕	対数関数，三角関数	対数方程式，三角関数の最大値と最小値
	〔6〕	微・積分法	3 次関数のグラフ，最大値，面積

慶應義塾大-経済／傾向と対策　55

	〔1〕	図形と方程式	円と直線の方程式，正弦定理
★ 2019	〔2〕	確　率	反復試行の確率
	〔3〕	数　列	漸化式，数列の和
	〔4〕	指数・対数関数	指数関数の最小値，対数計算
	〔5〕	ベクトル	共通垂線の長さ，正四面体の1辺の長さ
	〔6〕	微・積分法	3次関数の極値，放物線と直線で囲まれた図形の面積

傾　向　　文系としては高レベル，分量も多い

1 基本情報

出題範囲：数学Ⅰ・Ⅱ（「微分・積分の考え」においては一般の多項式を扱うこととする）・A（場合の数と確率，整数の性質，図形の性質）・B（数列，ベクトル）を出題範囲とし，上記範囲とその応用を出題する。

試験時間：80分。

大問構成：大問6題。英語のマーク式の部分を含め，〔1〕～〔3〕が一定点に達しないと〔4〕～〔6〕が採点されない。

解答形式：〔1〕～〔3〕はマークシート法，〔4〕～〔6〕は記述式。

2 出題内容

頻出項目：微・積分法，ベクトル，確率，数列，図形と方程式，指数・対数関数などが頻出。

内　容：記述式の問題については，論証力や図形的センスが求められるものが多く，図示や証明が求められることもある。

3 難易度と時間配分

　例年，教科書章末問題程度から受験参考書の例題程度の標準的な問題が中心であるが，大問6題を80分で解かねばならないことを考えると文系学部の問題としてはレベルが高いといえよう。また，計算力や応用力・思考力が要求される問題もあり，決して侮れない。

　試験時間に対して問題量が多く，計算量も多い。〔1〕～〔3〕の前半部分である程度の点数がないと，後半の〔4〕～〔6〕が採点されない仕組みであるから，まずは前半のマークシート法のところでケアレスミスをしないこと。〔4〕～〔6〕では手がつけられそうなものから仕上げていこう。

対　策

1　教科書中心の学習

　教科書を徹底的に復習し，基本的な問題や公式は完全にマスターしておくこと。また，入試問題でよく取り上げられるような典型的な問題が出題されることがあるので，標準的な受験参考書の例題を丁寧に仕上げ，解法や考え方をしっかり身につけておきたい。

2　計算は手際よく正確に

　出題の約半分は空所補充形式の問題であるから，小さな計算ミスが致命的になる可能性も高い。普段から筋道のしっかりした解法で解く力を身につけ，手際よく正確に計算する習慣をつけておくこと。できるだけ多くの問題に当たっていろいろな解法にふれるとともに，省力化に役立つ別解や公式も身につけておこう。

3　頻出項目の習熟

　出題頻度の高い項目である微・積分法，ベクトル，確率，数列，図形と方程式，指数・対数関数などは徹底的に学習しておくことが肝要である。

慶應義塾大-経済／傾向と対策　57

小論文

年　度	内　　　　　容
2023	行動の合理性を解釈する (1)内容説明（200字）　(2)意見論述（400字）
2022	集合知をつくりだす集団のあり方 (1)内容説明（200字）　(2)内容説明・意見論述（400字）
2021	非対称的な関係における両者の責任 (1)内容説明（200字）　(2)意見論述（400字）
2020	「分かち合い」とその必要性に関する考察 (1)内容説明（200字）　(2)意見論述（400字）
2019	多様性と人間社会のあり方 (1)内容説明（200字）　(2)意見論述（400字）

傾　向　緻密な読解分析力と設問意図を押さえた論述力を

① 基本情報

試験時間：60分。

大問構成：大問1題，1つもしくは2つの課題文に対し2つの設問で構成。

解答形式：合わせて600字の論述。

② 出題内容

　設問の形式は，1問目が内容説明，2問目が課題設定や意見論述というパターンが多い。課題文の分量は年度によってばらつきがあるが，それほど多いものではない。各設問の字数は比較的少なめなので，制限字数内で題意を的確にとらえた解答を作成しなくてはならない。

　出題テーマは，社会学的内容のものが多い。経済学的テーマもあるが，それより少し広い視野から企業・大学・組織のあり方などを取り上げた現代社会論的テーマも多い。2019・2022年度のテーマからは，「現代社会が抱える課題の解決」という問題意識がうかがえる。また，2023年度の人の行動の合理性に関するテーマは経済学的なもの，2020・2021

58 慶應義塾大-経済／傾向と対策

年度は両方にまたがるテーマであった。これらのテーマからは，グローバル化する社会にあって多様性をふまえた望ましい教育や組織のあり方を考察するという問題意識がうかがえる。

いずれにせよ，社会事象への関心と知識や洞察力，論理的思考力が問われることになるが，課題文をふまえて自分で具体例を出したり，問題点を発見したりしなければならないものも多いので，普段から意識して知識を身につけておく必要がある。意見論述もそうした知識をふまえた上で説得力のあるものにしなくてはならない。なお，設問では，細かい条件が設定されることが多いので，これらの条件を押さえた上で，求められているものを的確に判断して書いていくことを心がけよう。

③ 難易度と時間配分

課題文の内容は難解というほどのものではない。意見論述においても，条件設定が細部にわたっているので，比較的書きやすいだろう。しかし，細かい設問条件を把握し，それに合致したものを書かなければならないので注意が必要である。設問で問われていることを素早く分析することに加え，短時間で課題文の要旨を的確に把握する理解力と表現力が必要である。さらに，時事問題や社会問題への関心に加え，課題把握の洞察力も問われる。その意味では，バランスのとれたハイレベルな問題であると言ってよいだろう。

試験時間が 60 分と短く，書き慣れていないと，時間内に計 600 字の論述を書き上げるのは難しい。まず初めに設問に目を通し，設問条件を確認してから課題文を素早く読み取り，要旨や全体の構想がまとまったら一気に書き進めよう。

対 策

■ 生活の中で問題意識をもとう

「現代社会が抱える課題とその解決法」や「グローバル化・多様性・市場化」を意識した問題が出されている。高校で学習する「現代社会」や「政治・経済」で基礎知識をしっかり身につけておくことが，論述のベースになる。それに加え，時事問題や社会問題についての関心や知識が必要である。これに対処するには，日頃から新聞の社説・解説記事な

どを読んでおく必要がある。それ以外では，テレビのニュース番組や特集番組などで，時事問題に関する知識を充実させておくこと。また，平素から何かにつけ深く考える習慣をつけておく必要がある。尊厳死や先端医療における生命倫理，家族や結婚のあり方，経済成長と環境問題，憲法改正，SNS と表現の自由，格差と分断など，論争となっている問題はたくさんある。そういったテーマについてまわりの人と話し合うとよいだろう。そして話し合った内容について，自分の感想を 400 字程度で文章化する訓練をしておくと，さらに効果的である。テーマについては，『文藝春秋オピニオン 2023 年の論点 100』（文藝春秋）などが参考になる。

❷ 読解力をつけよう

　興味をもてるテーマが見つかったら，それに関する新書類を読むとよいだろう。また，雑誌『世界』（岩波書店），『中央公論』（中央公論新社），『文藝春秋』（文藝春秋）の論文などにも目を通してみるとよい。読解力をつけるには，「この筆者はどういうことを問題にしているのか」「なぜそれが問題なのか」「ここで述べられている問題はどういう意味で重要なのか」を意識しながら読むことが大切である。

❸ 要旨をまとめる練習をしよう

　出題形式によらず，内容を簡潔に要約する力は何らかの形で関わっているので練習が欠かせない。対象とする文章はどのようなものでもかまわないが，現代文の入試問題などは難易度や文章の長さの点で参考になるだろう。手近な材料を使って，本文の 10 分の 1 程度の字数で要旨をまとめればよい。要約は数をこなせばうまくなるので，まずは出来映えはあまり気にせず，どんどん練習することが大切である。

❹ 設問の条件をしっかり押さえよう

　設問の条件がかなり細かく設定されているので，まずはそれをしっかり押さえよう。そうすれば，書くべき内容がおのずと決まり，書きやすくなる。特に経済学部の場合，設問条件の正確な理解が求められていると考えるべきである。時間的にかなり厳しいので，設問条件をしっかりと把握せずに書き始めてしまうと，よい答案は書けない。また，統計資料が出題されることも考えられる。統計資料を読み解き，説明するという形式は，経済系の学部ではよく出題されている。他学部の小論文の問

題だけでなく，他大学の類似の問題なども利用して，時間内に書く練習をしておこう。

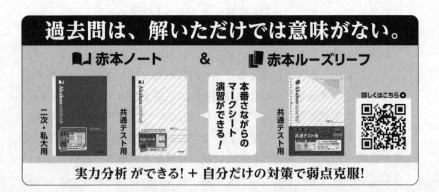

2023年度

解答編

解答編

■英語■

I **解答** 1—3　2—1　3—2　4—2　5—1　6—4
7—4

◆全　訳◆

≪子どもに現金を：出生率の解決策としての政府の資金供与≫

①　世界中で，いろいろな政府が低下する出生率にますます懸念をいだいている。人口の安定を確保するために，合計特殊出生率（TFR）は，1人の女性が一生に産む子どもの平均的な数であるが，2.1である必要がある。世界全体では依然としてこの課題を満たしている。つまり，2020年では世界のTFRは2.4だった。そして，高い出生率はまだアフリカで見られた（最高はニジェールで，6.8というTFRだった）。

②　しかしながら，他のところでは，TFRの低下という悩ましい例は，見つけるのが難しくない。東アジアでは，その傾向は特に顕著である。今日，中国は再び約1.2というTFRの低いレベルになるように思われるが，その前は，1990年代にそうであった。2020年には，シンガポールのTFRは1.1だったし，韓国は0.84に達していた。1.36で，日本はややそれより良いように思われる。しかし，その数字は人口を安定にしておくのに必要とされる出生率よりまだ相当低いことを考えると，これらのどの国でも楽観主義になる理由などあり得ない。

③　個々に考えてみると，そのような状況は決して新しいものではない。ローマ時代でさえ，カエサル=アウグストゥスは，明らかに出生率を上げることを望んで——パピウス・ポッパエウス法（Lex Papia Poppaea）を通して——未婚の男性に税金をかけた。同様の政策が1927年にアメリカのミズーリ州で，1933年にカリフォルニア州で行われた。前ソビエト連邦で，スターリンは，子どもがいないことに税金を制定し，第2次世界大戦の間に被った壊滅的な損失を取り戻すのに役立った。これらのそれぞれ

は，たとえ限られた程度であっても，いくぶんうまくいった。しかしながら，問題の大きさが変わった。2020年に，新型コロナウイルス感染症（COVID-19）の甚大な影響のあおりを受けて，出生の低下は世界的な現象になった。

④　多くの要因がこの憂慮すべき傾向の背後にある。経済的な不透明性とパンデミックはこれらの要因の中で最もよく目に入るものにすぎない。汚染のような環境的な要因もまた働いているのであろう。社会的変化が，家庭外で女性が果たす役割の増加を含めて，より大きな原因だったかもしれない。理由が何であろうとも，医療から年金まで社会制度に置かれた測りしれない重圧を考えると，政府が対応するのが極めて重要である。

⑤　しかし，政府の主導する取り組みは本当に効果的でありえるのか？フランスは，いかに政府の政策が実際に効果的であるかについての良い例を示してくれる。フランスの合計特殊出生率は，2019年にほとんど1.9になり，この点でヨーロッパの最も成功した国の一つになった。明確に家庭生活と子どもの幸福を目指した政府の政策（スウェーデンのように男女の平等を重視する政策とは対照的に）が，この成功の中心にあったのだ。フランスの家庭政策のモデルは，社会階級に関係なく，広範囲に及ぶ育児政策と組み合わされた，家庭に対する寛大な現金給付の上に成り立っている。

⑥　フランスでは，これらの現金給付は，誕生に賛成的という特徴を持っていて，まず大人数の家族に向けられる。しかしながら，間接的な方法が最も有効であるとわかってきた。それゆえ，税控除が，フランスの家族政策システムの土台の一つになっている。すなわち，課税所得は，家族の人数が1人増えるたびに減らされる可能性がある。これは，家族が多くなればなるほど，税負担が減ることを意味する。加えて，フランスは，少なくとも2人の子どもを持つ親に，一般的な家族手当，貧困家庭用の特別手当，追加の住居手当を与える。

⑦　主によく整備された育児サービス制度が理由で，フランス人は子どもを持つことがいやではない。この制度のおかげで，より多くの女性が労働市場に参加することができている。育児制度はまた標準として週35時間という短縮労働時間からも恩恵を受けてきた。フランスの一週間の労働時間は失業を減らすために主に短くされたけれども，この改革の派生的な結

果は仕事と家庭のバランスを改善することであった。

⑧　フランスにおける首尾一貫した寛大な総合的家庭政策は，比較的高い出生率の重要な理由だと考えることができる。さらに，フランスは成功を成し遂げた唯一の政府ではない。すなわち，例をほんの2つ挙げると，カナダとエストニアもまた，赤ん坊手当と「母の給料」を用意することによって，いくらか控えめな出生率の増加を経験した。同様に，他の政府も行動を起こす必要がある。子どもを持ち育てるということになると，社会を支援のない状態にしておくことは，政府の統治する義務を放棄することであり，子どもたちが代表だと主張するまさにその社会の未来に対する責任を負うことを壊滅的に拒絶することである。

■■■■■■◀解　説▶■■■■■■

▶1．「以下のうち，第①段の空所［1］を埋めるのに最も適切なものはどれか」

　第①段第2文（To ensure stability in …）に「人口の安定を確保するために，合計特殊出生率（TFR）は，1人の女性が一生に産む子どもの平均的な数であるが，2.1である必要がある」という記述がある。total fertility rate「合計特殊出生率」　give birth to 〜「〜を生む」　この記述に従って，空所［1］に3の meets this challenge「この課題を満たしている」を入れると，「世界全体では依然としてこの課題を満たしている」となる。as a whole「全体として」　よって，空所の後の部分の「2020年では世界の TFR は 2.4 だった」という記述にうまくつながる。他の選択肢では意味をなさない。

1．「この数値に挑む」

2．「その課題を作る」

4．「その課題を満たすことができない」　fail to *do*「〜できない」

▶2．「以下のうち，第②段の空所［2］を埋めるのに最も適切なものはどれか」

　第②段第1文（Elsewhere, however, worrying examples …）に「しかしながら，他のところでは，TFR の低下という悩ましい例は，見つけるのが難しくない」という記述がある。この記述に従って，空所［2］に1の「顕著な」を入れる。他の選択肢では第1文の記述に反する。

2．「話されて」　3．「理解できる」　4．「悩んで」

6 2023 年度 英語〈解答〉   慶應義塾大-経済

▶3.「以下のうち，第③段の空所［3］を埋めるのに最も適切なものはどれか」

空所の前文の第③段第5文（Each of these was …）に，「これらのそれぞれは，たとえ限られた程度であっても，いくぶんうまくいった」という記述がある。even if ～「たとえ～だとしても（＝even though）」 to a limited degree「限られた程度に」 この記述を受けて，空所に2の「しかしながら，問題の大きさが変わった」を入れると，空所の直後の同段最終文（In 2020, the decline …）の「2020年に，新型コロナウイルス感染症の甚大な影響のあおりを受けて，出生の低下は世界的な現象になった」とうまくつながる。

1.「さらに，いくつかの他の国々が影響を受けている」

3.「その上，総額は驚くべきものだった」

4.「究極的に，これは全く現代的な災害である」

▶4.「以下のうち，第④段の空所［4］を埋めるのに最も適切なものはどれか」

第④段第1文（Many factors are behind …）に「多くの要因がこの憂慮すべき傾向の背後にある」とある。出生率の低下の要因として，空所［4］の前で，「経済的な不透明性」「パンデミック」「汚染」「社会的変化」が順に述べられている。このような話の流れに従って，空所に2の「理由が何であろうとも」を入れる。no matter ～「～が何であろうとも」 すると，空所の後の「医療から年金まで社会制度に置かれた測りしれない重圧を考えると，政府が対応するのが極めて重要である」という部分とうまくつながる。given は「～を考えると」という意の前置詞であることに注意。place *A* upon *B*「*B* に *A* を置く」 この流れで，次の第⑤段の政府の関与というテーマにつながっていく。

1.「この要因にもかかわらず」

3.「何が重要であろうとも」

4.「どちらの場合が起ころうとも」

▶5.「以下のうち，第⑤段の空所［5］を埋めるのに最も適切なものはどれか」

第⑤段第1文（Yet, can government initiatives …）に「しかし，政府の主導する取り組みは本当に効果的でありえるのか？」とある。それを受

けて，次の第２文（France provides a good …）の冒頭で，「フランスは良い例を示してくれる」と述べている。空所に１の「効果的である」を入れると，空所の後でフランスがどのように効果的な政策を実施して成功した国となったのかについて記されているので，話の流れに合う。make a difference「効果的である，違いが生じる」　他の選択肢では話の流れに合わない。

２．「衝撃を際立たせる」

３．「道理に外れている」

４．「いちかばちかやってみる」

▶６．「以下のうち，第⑥段の空所［６］を埋めるのに最も適切なものはどれか」

　空所を含む第⑥段第３文（Tax breaks, therefore, form …）の前半部分に「それゆえ，税控除が，フランスの家族政策システムの土台の一つになっている」とある。tax break「税控除」　よって，４の「１人増えるたびに減らされ」を選ぶと，後半部分が「すなわち，課税所得は，家族の人数が１人増えるたびに減らされる可能性がある」となる。income（which is）subject to taxes「税金が課せられる収入」　which is が省略されていると考えればよい。be subject to 〜 は「〜が課せられる，〜に従属している，〜の影響を受ける」という意の定型表現で，subject は形容詞であることに注意。

１．「１人加わるごとに増やされて」

２．「１人減るごとに下げられて」

３．「１人減るごとに修正されて」

▶７．「以下のうち，第⑧段の空所［７］を埋めるのに最も適切なものはどれか」

　４の very を選ぶと，the very societies「まさにその社会」となり，意味をなす。very は the や this などに続く「まさにその」という意の形容詞であることに注意。

１．「理想的な」　２．「現実の」　３．「いわゆる」

◆━━━━━━━●語句・構文●━━━━━━━◆

（第①段）　fertility rate「出生率」　with high rates still seen in Africa「高い出生率はまだアフリカで見られた」　rate は「出生率」のこと。

with＋名詞＋補語という形で，付帯状況を示す。

（第②段）　seem set to *do*「〜するように思われる」　be set to *do*「〜することになっている，〜する予定である」　considering that〜「〜を考えると」　well below the rate「出生率よりまだ相当低い」　well は「相当，十分」という意の副詞。rate は fertility rate「出生率」のこと。

（第③段）　by no means「決して〜ではない」　place a tax on〜「〜に税をかける」　in the hope of *doing*「〜することを望んで」　enact a tax on〜「〜に税を制定する」

（第④段）　be at work「働いて」　societal shift「社会的変化」

（第⑤段）　stand at 1.9「1.9 である」　close to〜「ほとんど〜，およそ〜，〜に近い」　in this respect「この点で」　as opposed to〜「〜とは対照的に」　gender equality「男女の平等」　at the heart of〜「〜の中心に」　cash transfer「現金給付」　childcare provision「育児政策」　without regard to〜「〜に関係なく」

（第⑥段）　have a pro-birth character「誕生に賛成的という特徴を持っている」　be directed towards〜「〜に向けられる」　the larger the family the lower the tax burden「家族が多くなればなるほど，税負担が減る」　the＋比較級, the＋比較級「〜すればするほどますます…」という定型表現。family と tax burden の後に is（becomes）という動詞が省略されていると考えればよい。in addition「加えて」　family allowance「家族手当」　at least「少なくとも」　housing allowance「住居手当」

（第⑦段）　be reluctant to *do*「〜することが嫌である，気が進まない」　because of〜「〜のために」　allow *A* to *do*「*A* が〜することを可能にする」　participate in〜「〜に参加する（＝take part in〜）」　childcare system「育児制度」　benefit from〜「〜から恩恵を受ける」　working week「一週間の労働時間」　reduce unemployment「失業を減らす」　work-family balance「仕事と家庭のバランス」

（第⑧段）　family policy package「総合的家庭政策」　to give just two examples「例をほんの2つ挙げると」　just は only の意。baby bonus「赤ん坊手当」　take action「行動を起こす」　leave society without support「社会を支援のない状態にしておく」　VOC という構造。when it comes to *doing*「〜するということになると」　duty to govern「統治す

慶應義塾大-経済　　　　　　　　　　　　　　　　2023 年度　英語〈解答〉　9

る義務」　refusal to *do*「～するのを拒絶すること」　take responsibility
for ～「～に対する責任を負う」

II　**解答**　8－2　9－1　10－4　11－3　12－1　13－3
　　　　　　　14－3　15－4　16－2　17－2　18－3　19－1
20－2

━━━━━━◆全　訳◆━━━━━━━━━━━━━━━━━

≪無理な要望?　政府の大家族キャンペーン≫

①　政府は社会でどの問題に取り組むべきかを慎重に選ぶべきである。仕事，犯罪，医療，教育は全て，政府の正当な関心事例である。これは，それぞれの場合に公的な場での国民の行動が議論になるためである。しかしながら，合計特殊出生率は政府が取り組むべき問題ではない。私的な面で国民が生活をどのように行うのかは，決して国家の介入する目標であるべきではない。

②　なるほど，今日の多くの国々は人口統計上の難題に直面している。つまり，あまりにも少ない赤ん坊と高齢化する人口だ。だが，ほとんどの研究は，世界中の人々が，外的な要因がないならば，夫婦あたり2人の子どもを持ちたいと思っていることを示し続けている。人々がしばしば2人の子どもを持たないことは，結局，彼らの選択であり彼らの責任なのだ。政府が権威主義的ではなく国民に選択を強いる気がないと仮定すれば，政府はその選択を尊重する義務を負っているのだ。

③　政府の強力な介入が好ましい影響を及ぼす可能性があると主張する人もいるかもしれない。フランスは合計特殊出生率が 1.9 であり，しばしば模範例として引用される。しかし，フランスの成功は，その育児政策よりはむしろ移民と関係がある。フランスで生まれた国民の出生率は，およそ 1.7 であると見積もられている。しかしながら，いくつかの研究は，移民の出生率は 2.8 から 5.0 の間であることを示唆している。フランスが国境を閉じることを想定してごらん。すると，その出生率は，フランス生まれの人たちのレベルに落ちないけれども，おそらく少なくとも 0.1 下がるだろう。

④　国家主導の財政政策は少しもうまくいかなかった。2000 年代以来，シンガポールは一連の信じられないほど家庭に優しい取り組みを制定した。

最初に，政府は3人以上の子どもを持つ母親に大きな税控除を提供した。それから，政府は赤ん坊手当——第2子には9000ドル，第3子には18000ドル——として現金を与え始めた。政府は，子ども普通預金口座を作ったが，親からの預金と同額の年金のような基金で，育児費用を払うために使うことができた。政府はまた雇用主が最短12週間の有給出産休暇を提供することを義務づけた。政府は，祖父母が育児の手助けをするために孫の近くに住居を見つけることを支援するプログラムを策定した。このような全てが，人々にもっと多くの子どもを持つように促す一般向けキャンペーンを伴っていた。だが，いろいろなことを全て行ったにもかかわらず，シンガポールの出生率は下がり続けた。2013年までには，それは0.79になった——記録された歴史上で最も低い数値の一つであった。

⑤　こうした種類の「人口増加の政策」に関しては，かなりの研究が行われてきた。確かに，このような政府の政策は時として出生率に小さな好ましい影響を及ぼす可能性がある。だが，あらゆる成功話には，多くの失敗がある。純粋に財政的な観点から見ると，このような政策はほとんど意味をなさない。1つの研究が示すところでは，人口増加の費用が25パーセント増加するごとに，社会は短期間で0.6パーセント出生率が増加するが，長い目で見ると4パーセントの増加にすぎない。人口統計学者のジャン=ホーエムが主張したように，出生率を，「（社会）体制上の最終結果として見なすのが一番良いのである。つまり，（社会）体制上の最終結果は，社会の家族に対する優しさの程度のようなより広い特性に依存することが多く，金銭的利益の存在やその詳細な構造には依存することが少ないのである。」

⑥　実際，私たちは，人間の数を増やすことがなぜ常にそんなにも重要な目標であったのかを本当に疑問に思っているべきではないのか。私たちの社会は，通例，消費を通して成長を増す方向に動いている。したがって，どんな減速であれ否定的なこととして見なされる。しかしながら，消費財やプラスチックをますます多く生産することがちょうど近視眼的であるように，おそらく国の人口を維持することへの私たちの依存は，同様に間違った方向に導かれている。なるほど，社会が高齢化するにつれ，困難な移行が差し迫っている。しかしながら，同時に，多くの新しい機会が現れるかもしれない。

慶應義塾大-経済　　　　　　　　　　　　　　2023 年度　英語〈解答〉　*11*

⑦　失業を取りあげてみてほしい。これは，先進世界の合計特殊出生率が既にピークを越えた後の，1970 年代以来の地球規模の問題であった。だが，減少する出生率の世界で，状況が変わり始めるかもしれない。仕事を見つけようと苦労することは，過去のものとなるかもしれない。ほとんどの経済学者は，長期停滞という概念をよく知っている。それは，長期にわたって需要がないことで苦しむ経済を単に言うのである。しかしながら，普通の労働者に大規模な再投資をすれば，仕事自体や仕事の家庭生活との関係の本質を変えることは，より広範囲にわたって経済を再活性化するだろう。皮肉なことに，この方向転換は，労働力不足と十分な雇用のある経済への移行によって，実際は促進されるかもしれない。

⑧　究極的には，私たちは既に人口過密の世界に生きている。1900 年には地球にたった 16 億の人々しかいなかったが，一方，今日では地球にはだいたい 80 億の人々がいる。2 つの地球規模の大戦，無数の小さな戦争，パンデミックと飢饉があっても，このことが起こったのだ。それから，環境には負担がかかっているということは当然である。汚染や廃棄物や他の種の崩壊が増加傾向にあり，気候から海洋まで，人間の活動が地球を傷つけているのだ。私たちがこの逃げることができない事実を考える時，人間の数の減少は，耐えるべき悪ではなくて，私たちが実際に受け入れるかもしれない未来である。

■━━━━◀解　説▶━━━━━

▶ 8．「以下のうち，第②段の空所［8］を埋めるのに最も適切なものはどれか」

　空所の直前にも，空所の後の no external factors の後にも，コンマがあるので，［8］no external factors が挿入語句ではないかと想定できる。この挿入語句を除く部分の「世界中の人々が，夫婦あたり 2 人の子どもを持ちたいと思っている」という意味を基にして，2 の given「〜があるのなら，〜を考慮に入れると」という意の前置詞を入れると，挿入語句と仮定した部分が「外的な要因がないならば」となり，意味をなす。1 のabsent と 4 の unless では文法的に間違っていて，3 の presenting は意味的につながらない。

1．「欠席して」

3．「〜を提示して」　present「〜を提示する」という他動詞の現在分詞。

12 2023 年度　英語〈解答〉　　　　　　　　　　　　　　　　　慶應義塾大-経済

4.「もし～がないならば」

▶ 9.「以下のうち，第③段の空所［9］を埋めるのに最も適切なものは
どれか」

　第③段第 2 ～ 5 文（France, with a total … between 2.8 and 5.0.）で，
次の出生率が述べられている。

フランスの合計特殊出生率＝1.9

フランスで生まれた国民の出生率＝およそ 1.7

移民の出生率＝2.8～5.0

移民の高い出生率（2.8～5.0）を含めて，フランスの合計特殊出生率が
1.9 になっている。よって，フランスが国境を閉鎖して移民の流入をスト
ップした場合には 1.9 より必ず下がる。必ず下がるが，同段最終文
（Suppose France closed …）によると，1.7 まで下がることはないとい
う話の流れである。よって，空所に 0.1 を入れると，うまく意味がつなが
る。文末近くで用いられている by は「～の差で」ということを示す前置
詞で，fall by 0.1 は「0.1 下がる」ことで，「下がって 0.1 になる」とい
うことではない。

▶ 10～12.「以下のうち，第④段の空所［10］，［11］，［12］に入る最も適
切な単語を 3 つ選べ。それぞれの単語は 1 回だけ使えるものとする」

　空所［10］を含む文の前文の第④段第 2 文（Since the 2000s, …）に
「2000 年代以来，シンガポールは一連の信じられないほど家庭に優しい
取り組みを制定した」とある。a series of ～「一連の～」 incredibly
family-friendly initiative「信じられないほど家庭に優しい取り組み」こ
の内容を基にして，空所［10］に 4 の offered「～を提供した」を入れる
と，空所［10］を含む文が「最初に，政府は 3 人以上の子どもを持つ母親
に大きな税控除を提供した」となり，話の流れに合う。次に空所［11］の
直後の that 以下は「雇用主が最低 12 週間の有給出産休暇を提供する」と
いう意味なので，この意味に合うように 3 の mandated「～することを義
務づけた」を入れる。a minimum of ～「最低～」 paid maternity leave
「有給出産休暇」 最後に，空所［12］の後の部分の「人々にもっと多く
の子どもを持つように勧める一般向けキャンペーンによって」という内容
を基にして，空所に 1 の accompanied「伴われて」を入れる。public
campaign「一般向けキャンペーン」 urge *A* to *do*「*A* に～するように勧

める，促す」 他の2つの選択肢は上記の空所には合わない。

2.「〜を作った」 5.「〜を予想した」

▶ 13.「以下の『人口増加の政策』のうち，第④段で著者によって（第⑤段より）前に提起されていなかったのはどれか」

natalist measures「人口増加の政策」という表現は，第⑤段第1文（Considerable research has …）で初めて使われているので，第④段についてのこの質問では previously「前に」という単語を用いている。

1.「子どもが増えるごとの直接的な現金給付」 第④段第4文（Then it started awarding …）で論じられている。

2.「祖父母が転居する住居の払戻金」 第④段第7文（It instituted a program …）で取り上げられている。

3.「公園へのインフラ支出」については第④段で述べられていないので，3が正解である。

4.「母親への税控除」 第④段第3文（First, the government …）で記されている。

▶ 14.「以下のうち，第⑥段の空所［14］を埋めるのに最も適切なものはどれか」

空所を含む文で，従属節の「消費財やプラスチックをますます多く生産することは近視眼的である」と主節の「おそらく国の人口を維持することへの私たちの依存は，同様に間違った方向に導かれている」を比較すると，内容は異なっているが，short-sighted「近視眼的で」と misguided「間違った方向に導かれて」という否定的な意味合いの形容詞が用いられていること，また，similarly「同様に」という副詞が用いられている点から考えて，3の just as「ちょうど〜のように」を空所に入れれば，意味がうまくつながる。他の接続詞的表現では意味が合わない。

1.「〜であるかぎり」

2.「〜にもかかわらず」

4.「いかに〜であろうとも」

▶ 15.「以下のうち，第⑦段の空所［15］を埋めるのに最も適切なものはどれか」

空所に関係があると思われる表現として，第⑦段第2文（This has been …）に a global problem「地球規模の問題」という記述がある。さ

14 2023 年度 英語〈解答〉　　　　　　　　　　　　　　　　慶應義塾大-経済

らに同段第 4 文（Struggling to find …）に「仕事を見つけようと苦労することは，過去のものとなるかもしれない」とある。これらの記述を基に，4 の unemployment「失業」を空所に選ぶ。他の選択肢の言葉ではうまくつながらない。

1．「成長，増加」　2．「停滞」　3．「経済」

▶ 16．「以下のうち，第⑧段の空所［16］を埋めるのに最も適切なものはどれか」

　空所の直後の第⑧段第 5 文（Human activity is …）に「汚染や廃棄物や他の種の崩壊が増加傾向にあり，気候から海洋まで，人間の活動が地球を傷つけているのだ」という記述がある。rising tide は文字どおりには「上げ潮」という意だが，比喩的表現として「増加傾向，上昇時期」という意味でも使われる。この環境への負荷につながる文を考えて，空所には 2 の「それから，環境には負担がかかっているということは当然である」を選ぶ。is there any wonder that ～? この表現は修辞疑問で「～に不思議があろうか，不思議はない」が原義であるが「～は当然である」とでも訳せばよい。

1．「人間の人間に対する絶え間ない闘争には制限がないのか？」 limit to ～「～に対する制限」

3．「確かに，これら全ての災害は全く避けることができたね」

4．「いったい誰がそのような大災害を予期することができようか，できはしない」 この文も修辞疑問である。possibly は wh 疑問文で用いられると「いったい」という意。

▶ 17・18．「以下の意見を考えよ。それから，両方の記事に基づいて，対応する数字⒄，⒅の欄に，もしアフラ＝ディジアックのみがその意見に賛成ならば，1 をマークせよ。もしコール＝シャウアーのみがその意見に賛成ならば，2 をマークせよ。もし両方の著者がその意見に賛成ならば，3 をマークせよ。もしどちらの著者もその意見に賛成ではないならば，4 をマークせよ」

　17．「政府は，TFR に影響を与えようとする政策を作るべきではない」ディジアックは第⑧段最終文（Leaving society without support …）で，「子どもを持ち育てるということになると，社会を支援のない状態にしておくことは，政府の統治する義務を放棄することであり，子どもたちが代

表だと主張するまさにその社会の未来に対する責任を負うことを壊滅的に拒絶することである」と述べ，政府の政策を通して，出生率の上昇への介入が絶対に必要だと主張し，反対の意見を主張している。一方で，シャウアーは第①段第4・5文（The total fertility rate, … state intervention.）で政府が出生率に介入することに反対している。よって，この意見に賛成なのはシャウアーのみで，2が正解である。

　18．「TFRを上げようとする政府の試みはいくぶんかの成功をおさめてきた」ディジアックは第⑤段第2・3文（France provides a good … in this respect.）で，フランスの成功例について述べ，第⑧段第2文（Moreover, it is not …）で，他の2国のいくぶんかの成功例を記している。一方，シャウアーの第⑤段第2文（Admittedly, such government …）にも，出生率上昇においていくぶんかの成功を収めた政策への言及がある。よって，どちらの著者もこのように考えているので，3が正解である。

▶ 19．「以下の単語のうち，他と異なるアクセントのパターンを持つのはどれか」

　各単語の意味とアクセントの位置は次の通りである。1．「理解する」第3音節。2．「強迫観念に取りつかれた，心を取られて放さない」第2音節。3．「状況」第2音節。4．「〜を考える」第2音節。よって正解は1のcomprehendである。

▶ 20．「以下のそれぞれは，動詞と名詞の対である。以下の単語の対のうち，異なるアクセントのパターンを持つのはどれか」

　以下各単語の意味とアクセントのある音節を順に示す。

1．「前進する」第2音節，「進歩」第2音節

2．「〜を行う」第2音節，「行動」第1音節

3．「約束する」第1音節，「約束」第1音節

4．「〜を驚かす」第2音節，「驚き」第2音節

動詞と名詞で異なる音節にアクセントがあるのは，2のconductである。

◆━━◇━━◆━━ ●語句・構文● ━━◆━━◇━━◆

（第①段）legitimate government concerns「政府の正当な関心事」　this is because 〜「これは〜のためである」　in the public sphere「公的な場での」　at issue「意見が分かれて，論争中で，問題になって」　in private「私的な面で」　state intervention「国家の介入」

（第②段）　to be sure「なるほど」は後続文の however「だが〜」と連動する。「なるほど〜，だが…」という表現は，it is true that 〜 but … ∕ true, 〜 but … ∕ indeed, 〜 but … などがある。face a demographic challenge「人口統計上の難題に直面する」　an aging population「高齢化する人口」　across the globe「世界中で（= all over the world）」　prefer to *do*「〜したいと思う，〜することを好む」　per couple「夫婦あたり」　That they often do not do so「人々がしばしばそうしないこと」は「人々がしばしば2人の子どもを持たないこと」である。この部分が主語であることに注意。in the end「結局」　assuming that 〜「〜と仮定すれば」　be disposed to *do*「〜する傾向がある」　impose *A* on *B*「*B* に *A* を強いる，課す」　be obliged to *do*「〜する義務を負っている，〜しなければならない」

（第③段）　have positive effects「好ましい影響を及ぼす」　is often cited as an example「しばしば模範例として引用される」　cite *A* as *B*「*A* を *B* として引用する」　have more to do with 〜「むしろ〜と関係がある」　more 〜 than …「…よりはむしろ〜」　day-care policy「育児政策，保育政策」　be estimated to *do*「〜すると見積もられている」　suppose 〜「〜と想定してごらん，もし〜としたら」suppose の後続節の France closed its borders「フランスがその国境を閉じる」は仮定法過去。「国境を閉じる」とは「移民を国内に入れない」ということ。those born in France「フランス生まれの人たち」　likely「おそらく」

（第④段）　state-led fiscal policy「国家主導の財政政策」　have not worked any better「少しもうまくいかなかった」　この any は副詞で，形容詞や副詞の比較級の前に置き，not any で「少しも〜ない」という意味。award *A* as *B*「*B* として *A* を与える，授与する」　savings account「普通預金口座」　in order to *do*「〜するために」　despite everything はよく「何はともあれ，何を差し置いても，いろいろあるが」と訳されるが，ここでは「いろいろなことを行ったにもかかわらず」と文脈に従って訳している。by 2013「2013 年までには」　stand at 〜「（数値などが）〜になる，〜である」

（第⑤段）　conduct research on 〜「〜に関して研究を行う」　natalist measures は文字どおりには「人口増加提唱者の政策」であるが，「人口

増加の政策」という意。natal は「出生の，誕生の」という意でそれに ist「〜に携わる人，〜を行う人」という接尾辞がつく。admittedly「確かに，明らかに」は yet と連動して，admittedly, 〜, yet … 「確かに〜だが，…（＝it is true that 〜, but …）」となる。in purely financial terms「純粋に財政的な観点から見ると」 in 〜 terms は形容詞を伴って「〜の観点から見ると」という意味になる。make sense「意味をなす，意味が明瞭である，筋が通る」 natalist spending「人口増加の費用」 in the short term「短期間で，短期的には」 in the long run「長い目で見ると，長期的には」 最終文の文字通りの意味は「出生率は，社会の家族に対する優しさの程度のようなより広い特性に依存することが多いが，金銭的利益の存在と詳細な説明には依存することが少ない（社会）体制上の最終結果として一番よく見なされる」である。しかし，関係代名詞の that 以下の修飾部分が相当長くわかりにくいので，that の前でカットして解釈し，受動態は能動態のような訳をしている。is best seen as 〜「〜として一番よく見なされる」 つまり「〜として見なすのが一番よい」ということ。この構造の元の形は see *A* as *B*「*A* を *B* とみなす，考える」である。systemic outcome「（社会）体制上の最終結果」 depend on 〜「〜に依存する」 broader attributes「より広い特性」 the degree of family-friendliness「家族に対する優しさの程度」 monetary benefit「金銭的利益」

（第⑥段） in fact「実際」 be geared towards *doing*「〜する方向に動いている」 any slowdown is seen as a negative thing「どんな減速であれ否定的なこととして見なされる」 肯定文で用いられた any は「あらゆる，どんな〜でも」という意。see *A* as *B*「*A* を *B* とみなす，考える」 increasing amounts of 〜「ますます多くの〜」 short-sighted は「近視眼的で」という意の形容詞。reliance on 〜「〜への依存」 keep up 〜「〜を維持する」 misguided は「間違った方向に導かれて，誤った」という意の形容詞。true 〜 however …「なるほど〜だが…」 as societies age「社会が高齢化するにつれて」 on the horizon「差し迫って，兆しが見えて」 at the same time「同時に」

（第⑦段） things「状況」 struggle to *do*「〜しようと苦労する」 be familiar with 〜「〜をよく知っている」 secular stagnation「長期停滞」

secular は通例「世俗的な，現世の，宗教と関係がない」という意味だが，ここでは「長期間の」という意味で用いられている。suffer from 〜「〜で苦しむ，悩む」 the nature of work itself and its relation to family life「仕事自体や仕事の家庭生活との関係の本質」 work と relation の両方が the nature と接続する。reorientation「方向転換，方針転換」 be spurred on「駆り立てられる，促進される」 spur *A* on「*A* を駆り立てる」 labor shortage「労働力不足」 transition to 〜「〜への移行」

（第⑧段）whereas「だが一方」 close to 〜「だいたい〜，〜に近い」 decline in 〜「〜の減少」 not an evil to be endured, but a future we might actually embrace「耐えるべき悪ではなくて，私たちが実際に受け入れるかもしれない未来」 not *A* but *B*「*A* ではなくて *B*」

Ⅲ 解答

21—1　22—3　23—2　24—4　25—1　26—3
27—1　28—3　29—3　30—1　31—3　32—3

◆全 訳◆

≪介護者待遇：誰の責任？≫

①　2027 年までに，介護の世界市場は 2340 億ドルに達すると予想されている。全世界では，2050 年までには，5 人の大人のうち 1 人以上が 60 歳を超えているだろう。実際，それらの人々の 80 パーセントが低所得や中所得の国々で生活しているだろう。これらの人々に支援を増やす必要があるだろう。アメリカだけでも，1 つの調査によってわかったのだが，65 歳以上の全ての人々のおよそ半分が，在宅介護者であろうが，生活介護施設であろうが，老人ホームであろうが，ある種の長期にわたる介護を必要とするだろう。私たちが彼らを何と呼ぼうが——介護人，介護従事者，介護者——彼らは不足しているのである。

②　その必要にもかかわらず，世界は既に介護分野の従事者の大量の不足に直面している。ほとんどの有給の介護の仕事は給料がよくない（たとえば，アメリカでは，13,000 ドルが平均年間賃金である）ので，介護を魅力がない職業選択にしている。2030 年までには，380 万人の無報酬で高齢者を世話する家族の介護者がいてさえ，アメリカはおそらく 15 万人以上の介護従事者の不足に直面するだろう。

③　この理由は介護の仕事への低い評価である。多くの国において，介護

のシステムは，依然として女性の無報酬の労働に基づいている。イギリスにおいては1960年代に，その時，介護政策が形を取り始めたのだが，女性の3分の1のみが労働人口に参加していた。女性たちは子どもや祖父母の世話をするために家に居たので，プロの介護の必要はなかった。だが，時代は変わる。2011年までには，無報酬の介護者でもあるイギリスの600万以上の働く女性たちは，ある研究では，政府にとって1年に570億ポンドの節約になると見積もられていた。同じ研究でわかったことだが，45歳から64歳までの既婚や同棲の女性たちの半分以上が，高齢の親やパートナーの主要な介護者になっていた。彼女たちの貢献がなければ，社会の介護は崩壊するだろう。

④　介護施設での虐待は広がってきている。これは，社会のあらゆるレベルで，介護の価値が十分に認識されてきていないからである。賃金は低く，訓練と設備にほとんど投資がなされてこなかったのだ。その結果として，高齢者施設が非常に多くあるのだが，著しく質が異なっているということである。高齢者は尊敬に値するし，私たちは適切な介護施設を提供しなければならない。しかしながら，ぞっとするような高齢者の虐待は広範囲にわたってきている。これは多くの国々でしだいに重要な問題となってきている。可能な解決策が，法制化，虐待に対するより厳格な処罰，より良い介護者を引きつけるために賃金を上げることが入るかもしれない。

⑤　移住者は，多くの国にとって現在の政策の中心に位置している。ますます，アメリカにおいて，そして先進世界の他のどこかで，介護のジレンマを解決するために，家族が移住者に頼っている——通例女性たちである。2013年に，国際労働機関が推定したところでは，世界中のおよそ6,700万人の国内労働者の中で，1,150万人が移住者であった。移住者は普通過少報告されるので，その数字はその時もっと高かった可能性が大きく，今日ではもっと相当高い可能性がある。しかしながら，介護部門に関してもっと広範囲に考えれば，この統計は，氷山の一角にすぎない。つまり，現代の移住の流れには，看護師，教師，医師が入っており，かれら全員が介護部門で雇用されている。

⑥　移住した介護者たちは，しばしば優勢な人口集団とは民族的にあるいは人種的に異なる。優勢な人口集団はしばしば介護の仕事を軽蔑し，烙印を押された「他者」にそのような仕事を任せる。孤立した個人宅で働く女

性の介護者は，人種的，民族的，性的ハラスメントを受けやすい。世界中で歴史的に，社会の主流から取り残された社会的地位の低い女性たちを介護の仕事と結びつけて考えることは依然として顕著なままである。アメリカでは，介護の仕事は，かつては黒人の女性たちが行っていたのだが，もっと貧しい国々出身の移住した女性たちの仕事になった。介護の全従事者を励まし多様化することによって，女性たちの仕事と民族的少数派の女性たちの価値を下げるそのような文化的既成概念を壊すことが絶対に必要である。介護従事者を移住先の国のより広い世界に統合することは，依然としてかなりの課題のままである。

⑦　技術は実際果たすべき役割を持っている。患者を持ち上げるのに役立つ技術は，介護従事者から肉体的負担の多くを取り除くことができる。そして一方，ロボットや遠隔医療のような新しい医療技術は，訓練を受けていない介護者でさえリアルタイムで患者の健康をモニターするのに役立つことができる。いくらかの基本的な訓練を受ければ，その他の点では資格のない介護従事者は，最新の医療技術を利用することができるし，患者と医療専門家，特に看護師をつなぐ実際の懸け橋になることができるだろう。したがって，これは看護師と家族の両方の負担を減らすだろう。

⑧　それにもかかわらず，社会における女性の役割の再考は避けられないと思われる。18歳以下の子どもを持つほとんどのヨーロッパとアメリカの家庭では，両親が今や働いている。実際，女性たちは多くの国の全従事者のおよそ40パーセントを占めている。しかもなお，介護の負担は依然として通常は家族の中で女性に降りかかると予想されている。これらの家族の多くは，また「サンドイッチ世代」の一部である。それは，自分自身の子どもたちの世話をしながら年老いた家族を世話している人々のことをいう。それゆえ，多くの女性たちは，仕事に就いているにもかかわらず，両方をするのだ。それは労働が2倍になり，援助は半分ということである。

⑨　ほとんどの女性たちは，ちょうど自分の職業で最高年収に達するとき，介護の問題に直面している。多くの女性たちは，介護の責任事のために仕事で昇進しないか，まったく仕事を辞めさえするかのどちらかだ。もし介護の費用が手頃な価格で利用しやすいならば，女性たちが職を辞するのを容認するだけならば社員を訓練することによって生じる莫大な損失を，会社は回避することができるだろう。民間会社は従業員の介護のニーズと責

慶應義塾大-経済　　　　　　　　　　　　　2023 年度　英語〈解答〉　*21*

任を認める必要がある。これは，従業員の介護のニーズを受け入れる柔軟な予定，手当，慣例を作り出すことを意味する。

⑩　最終的に，私たちは，家族の介護のニーズにもっと包括的に対処する政策を必要とする。アメリカでは，普遍的家族介護プログラムのような企画案は，家族介護保険基金を創設する連邦の法制化を想定している。個々の人は，その基金を使って，介護のニーズに対処するために育児や高齢者介護や勤務からの休暇（の費用）を支払うことができるだろう。もしその基金が採用されるならば，個々の人や家族は，子どもの誕生から家族のメンバーや自分自身の長期にわたる介護まで，生涯を通して介護支援を得ることができるだろう。

━━━━━━◀解　説▶━━━━━━

▶ 21. 「以下のうち，第①段の空所 [21] を埋めるのに最も適切なものはどれか」

空所の前の In the US と選択肢を合わせて「アメリカだけでも」という意味だと考えられる。1．alone「～だけ」は，前の単語を修飾するので，この空所に入る。2．only「～だけ」は，修飾する語句の直前に通例置かれるので，この場合は不可。3．simply「ただ単に」 only とほぼ同義で，修飾する節や句の前に置かれるので，不可。4．solely「ただ，～だけ」 この単語も修飾する語句の前に置かれるので，不可。

▶ 22〜24. 「以下のうち，第③段の空所 [22]，[23]，[24] に入る最も適切な文を 3 つ選べ。<u>それぞれの文は 1 回だけ使えるものとする</u>」

原則として，このような問題では，入れやすいところから空所を埋めていけばよい。

22. 第②段第 2 文（Most paid caregiving jobs …）に「ほとんどの有給の介護の仕事は給料がよくない（たとえば，アメリカでは，13,000 ドルが平均年間賃金である）ので，介護を魅力がない職業選択にしている」とある。そのために介護者の不足が大問題になっているという内容である。この話の流れで，空所に 3 の「この理由は介護の仕事への低い評価である」を入れると，第③段第 2 文（In many countries, …）とうまくつながる。reason for ～「～の理由」 poor status「低い評価」

23. 空所の前の第③段第 3・4 文（In the UK … need for professional caregiving.）は 1960 年代の状況についての言及であった。一方，空所の

後に By 2011「2011 年までには」という表現があり，時間という点からみて，空所で話の方向性が少し変化していることがわかる。よって，2の「だが，時代は変わる」を空所に入れるのが適切だとわかる。

24. 第③段では，無報酬の介護者であった女性の役割が主として論じられている。よって，この段の最後の空所には，4の「彼女たちの貢献がなければ，社会の介護は崩壊するだろう」を入れる。この文は仮定法過去である。without 〜「〜がなければ（＝but for 〜 / if it were not for 〜）」
1.「この全ては社会の高齢化によって説明することができる」第③段までの主要なテーマは介護問題なので，この選択肢はそぐわない。

▶ 25.「以下の文のうち，第④段の空所［25］を埋めるのに最も適切なものはどれか」

第④段では，高齢者施設での虐待の問題について論じられている。よって，この問題に関連する1の「介護施設での虐待は広がってきている」を空所に入れる。abuse「虐待（＝mistreatment）」 systemic は「体系的な，組織の，全身的な」という意味だが，文脈によって「広がって」と訳す。
2.「介護は独占産業の明白な例である」
3.「介護施設を見つけることは主な問題になっている」
4.「どの介護者が支払われるに値するかが今や中心的な問題である」which caregivers deserve to be paid が主語。deserve to *do*「〜するに値する」

▶ 26.「以下のうち，第⑤段の空所［26］を埋めるのに最も適切なものはどれか」

空所を含む文の冒頭の For the care sector considered more broadly「介護部門に関してもっと広範囲に考えれば」という表現もあり，1,150 万人という移民の労働者数についての文であることを考えて，空所に3の tip of the iceberg「氷山の一角，問題のほんの一部」を入れる。1から3は慣用表現である。
1. the best of the bunch「その中で一番良いもの（人），えり抜きのもの（人）」 bunch は「集団，束」という意。
2. the icing on the cake は文字どおりには「ケーキにかけるアイシング（糖衣）」であるが，「おまけ，飾り，添え物，最後の仕上げ」と訳せる。
4.「世界の頂上，頂点」

慶應義塾大-経済　　　　　　　　　　　　　　　2023 年度　英語〈解答〉 *23*

▶ 27.「以下のうち，第⑥段の空所 [27] を埋めるのに最も適切なものは
どれか」

　「他者」という烙印を押された移住した女性たちの仕事が，見下される
介護の仕事であったというこの段の内容を基に，1 の association「結び
つけて考えること」を空所に入れる。association of *A* with *B*「*A* と *B* を
結びつけて考えること」　元になる associate *A* with *B*「*A* と *B* を結びつ
けて考える」という表現を考えてみればわかりやすい。

2.「例，模範」　3.「虐待」　4.「適切なこと，適合」

▶ 28.「以下のうち，第⑦段の空所 [28] を埋めるのに最も適切なものは
どれか」

　第⑦段では，最新技術の介護従事者の負担軽減への寄与の可能性が語ら
れている。空所を含む文では，その他の点では資格のない介護従事者が医
療専門家と空所との懸け橋になり得ると述べられている。よって，空所に
3 の patients「患者」を入れると，話がうまくつながる。2.「刷新者」

▶ 29.「以下のうち，第⑧段の空所 [29] を埋めるのに最も適切なものは
どれか」

　空所の前に still「まだ」があり，空所の後に a job があるので，空所に
3 の holding down「～に就いている」を入れると，第⑧段第 2 文（Both
parents now …）の女性の社会進出の話や最終文（That is double …）の
「それは労働が 2 倍になり，援助は半分ということである」とうまくつな
がる。whilst は while と同意。whilst（they are）still holding down a
job「仕事に就いているにもかかわらず」　主節の主語と be 動詞が省略さ
れている。

1.「～を申し込んでいる」

2.「～を持ち越している」

4.「～を徐々に発展させている，～を徐々に増やしている」

▶ 30.「以下のうち，第⑨段の空所 [30] を埋めるのに最も適切なものは
どれか」

　第⑨段最終文（This means developing flexible …）に「これは，従業
員の介護のニーズを受け入れる柔軟な予定，手当，慣例を作り出すことを
意味する」という記述がある。このためには，会社は従業員が直面してい
る介護に関する問題を理解する必要がある。また，空所の目的語はニーズ

24 2023 年度 英語〈解答〉　　　　　　　　　　慶應義塾大-経済

と責任である。よって，空所に 1 の acknowledge「～を認める」を入れると話の流れに合う。他の単語では意味がうまくつながらない。

2．「～に挑戦する，挑む」　3．「～を取り除く」　4．「～を解決する」

▶ 31．「以下のうち，第⑩段の空所［31］を埋めるのに最も適切なものはどれか」

　選択肢に倒置の表現があるので仮定法ではないかと考える。3 の Were it を空所に入れると，Were it adopted は If it were adopted「採用されるならば」となる。it は a family-care insurance fund「家族介護保険基金」を受ける。

▶ 32．「以下の単語の対のうち，<u>同じ音節に第一強勢を持つのはどれか</u>」

　以下各単語の意味とアクセントのある音節を順に示す。

1．「～を計画する，予想する」第 2 音節，「計画」第 1 音節

2．「参加する」第 2 音節，「参加」第 4 音節

3．「～に烙印を押す，汚名をきせる」第 1 音節，「烙印，汚名」第 1 音節

4．「～を認識する」第 1 音節，「認識」第 3 音節

よって，同じ音節にアクセントがあるのは，3 である。

◆━━◆━━◆ ●語句・構文● ◆━━◆━━◆━━◆

（第①段）　health caregiving「介護」 be projected to *do*「～すると予想されている」 low-income countries「低所得国」 middle-income countries「中所得国」 some kind of ～「ある種の～」 単数名詞の前で用いられた some は「ある～」という意。whether *A, B,* or *C*「*A* であろうが，*B* であろうが，*C* であろうが」 an in-home caregiver「在宅介護者」 an assisted living facility「生活介護施設」 食事や掃除などのサービスが提供されるマンション形式の施設をいう。a nursing home「老人ホーム」 in short supply「不足して」

（第②段）　in the caregiving field「介護分野で」 pay well「給料がよい」 annual wage「年間賃金，年収」 making it an unattractive career choice「介護を魅力がない職業選択にしている」は，前にコンマがないが分詞構文と考える。career choice「職業選択」 unpaid「無報酬の」という意の形容詞。family caregiver「家族の介護者」 the elderly「高齢者」 the＋形容詞で「～の人々」。elderly は「高齢の」という意の形容詞。

（第③段）　remain は「依然として～である」という意の自動詞であるが，

be 動詞に意味が近い。よって，remain based on 〜「依然として〜に基づいている」は be based on 〜「〜に基づいている」と類似表現である。during the 1960s, when caregiving policy began to take shape「1960 年代に，その時，介護政策が形を取り始めたのだが」 when は関係副詞の非制限用法で，「そしてその時」とでも訳す。take shape「具体化する，形になる」 participate in 〜「〜に参加する（＝take part in 〜）」 workforce「労働人口」 care for 〜「〜の世話をする（＝take care of 〜／look after 〜）」 need for 〜「〜の必要，必要性」 be estimated to *do*「〜すると見積もられている」 save the government £57 billion「政府にとって 570 億ポンドの節約になる」 save *A B*「*A*（人，組織など）にとって *B*（お金など）の節約になる」

（第④段） this is because 〜「これは〜のためである」 make investment in 〜「〜に投資をする」 the result is that 〜「結果は〜である」 elderly home「高齢者施設」 while (they are) numerous「非常に多くあるのだが」 while 〜「〜だが」という意の接続詞で，この部分では主語と be 動詞が省略されている。the aged「高齢者（＝the elderly）」 mistreatment「虐待」

（第⑤段） at the heart of 〜「〜の中心で」 turn to migrants「移住者に頼る」 of some 67 million domestic workers「およそ 6700 万人の国内労働者の中で」 数字の前で用いられた some は「およそ，約」という意の副詞。be likely to *do*「〜する可能性が大きい」

（第⑥段） differ from 〜「〜と異なる」 the dominant population group「優勢な人口集団」 which は関係代名詞の非制限用法。look down on 〜「〜を軽蔑する（＝despise）」 反意の表現は look up to 〜「〜を尊敬する（＝respect）」である。leave *A* to *B*「*A* を *B* に任せる」 stigmatized "others"「烙印を押された『他者』」 private home「個人宅」 be vulnerable to 〜「〜を受けやすい，〜に傷つきやすい」 racial, ethnic, and sexual harassment「人種的，民族的，性的ハラスメント」 once undertaken by black women「かつては黒人の女性たちが行っていたのだが」 分詞構文で，once の前に being を補って考えればわかりやすい。integrate *A* into *B*「*A* を *B* に統合する」

（第⑦段） Technology does have a role to play.「技術は実際果たすべ

き役割を持っている」 does は強調の意味で使われている。help (to) lift up patients「患者を持ち上げるのに役立つ」 help の後に to の省略あり。remove *A* from *B*「*B* から *A* を取り除く」 in real time「リアルタイムで，即時に」 otherwise unqualified care workers「その他の点では資格のない介護従事者」 otherwise は「その他の点では」という意の副詞。take advantage of ～「～を利用する」 the latest ～「最新の～」 health-care「医療」 become a real bridge between *A* and *B*「*A* と *B* をつなぐ実際の懸け橋になる」 ease the burden on ～「～への負担を減らす」

(第⑧段) indeed, *A*, yet *B*「なるほど *A* だが，*B* …」 account for ～「～を占める」 around 40%「およそ 40 パーセント」 be expected to *do*「～すると予想されている」 fall on ～「～に降りかかる，～の肩にかかる」 sandwich generation「サンドイッチ世代」 親と子どもの両方を世話しなければならない世代をいう。

(第⑨段) be confronted with ～「～に直面している」 just as ～「ちょうど～のように」 because of ～「～のために」 affordable and accessible「手頃な価格で利用しやすい」 the huge losses implied by training staff just to see them quit「女性たちが職を辞するのを容認するだけならば社員を訓練することによって生じる莫大な損失」 女性が仕事を辞めると，その穴埋めのために新たな社員や他の部門の社員を訓練しなければならないので，大きな損失になるということ。この箇所の不定詞 to see は「もし～ならば」という条件を示す。private-sector「民間部門の」 flexible schedules, benefits, and practices「柔軟な予定，手当，慣例」

(第⑩段) address families' caregiving needs「家族の介護のニーズに対処する」 address は動詞であることに注意。envision federal legislation「連邦法の制定を想定する」 a family-care insurance fund「家族介護保険基金」 pay for ～「～を支払う」 time off「休暇，休み」 attend to caregiving needs「介護のニーズに対処する」〔全訳〕では，第⑩段第 2 文（In the US, proposals …）が長いので，a family-care insurance fund の後で，文を切って訳している。it would allow individuals and families to access caregiving support「個々の人や家族は介護支援を得ることが

できるだろう」 allow *A* to *do*「*A* が〜することを可能にする（＝enable *A* to *do*)」 it は a family-care insurance fund を受ける。

Ⅳ 解答 a−1 b−4 c−2 d−1

◀解　説▶

≪介護問題再考：ジマー氏の難しい選択≫

▶a.「次の考えのうち，批評家が間違ってジマー氏の意見だとしているのはどれか」 attribute *A* to *B*「*A* を *B* のせいにする」

1の「科学と技術の長所を認めることができないこと」が答えである。failure to *do*「〜できないこと，〜しないこと」ジマー氏は第⑦段 (Technology does have … nurses and families.) で科学と技術の長所を認め，いろいろな利用法を述べている。この点で批評家は間違っている。

2.「社会で女性が果たす役割の変化を受け入れること」 change in 〜「〜における変化」ジマー氏は第⑨段第4・5文 (Private-sector companies need … employees' caregiving needs.) で「民間会社は従業員の介護のニーズと責任を認める必要がある。これは，従業員の介護のニーズを受け入れる柔軟な予定，手当，慣例を開発することを意味する」と述べている。よって間違いではない。

3.「介護の市場の大きさの重要性」 ジマー氏の文章の第①段第1文 (By 2027, the global …) に「2027 年までに，介護の世界市場は 2340 億ドルに達すると予想されている」と記されている。よって間違いではない。

4.「介護部門への未来の投資の必要性の欠如」 ジマー氏の文章の第④段第3文 (Wages are low, and …) に「賃金は低く，訓練と装置にほとんど投資がなされてこなかったのだ」とあるので，間違いではない。

▶b.「次の領域で，ジマー氏が論じているが，批評家が言及していないのはどれか」

4の「介護で移住者が果たす役割」について，ジマー氏が第⑤段 (Migration has been … the care sector.) で論じているが，批評家は言及していないので，これが答えである。

1.「介護における男性の変わりつつある役割」 ジマー氏も批評家も論じていないので，間違いである。

2．「政策を作ることへの政府の関与」 involvement in 〜「〜への関与」
ジマー氏は，第⑩段第1・2文（Finally, we need policies … attend to
caregiving needs.）で論じ，一方，批評家の言及は第①段第1文（21世
紀に於いて…）にある。

3．「現在のこの領域への投資の低いレベル」 investment in 〜「〜への
投資」 ジマー氏の文章の第④段第3文（Wages are low, and …）に，投
資の低いレベルへの言及があり，批評家は第③段第4文（特に介護…）で
論じている。

▶ c．「次のどれが，第③段の『地理的に限定されている』という批評家
の表現の意味だろうか」
2の「アジア，アフリカ，ラテンアメリカの国々についてジマー氏が言及
していないこと」が答えである。

1．「アメリカの状況へのジマー氏の集中」 concentration on 〜「〜への
集中」 ジマー氏は第③段第3〜6文（In the UK during … billion per
year.）で，アメリカだけでなくイギリスの状況にも言及しているので，
間違いである。

3．「国際機関のデータをジマー氏が使っていないこと」 ジマー氏は第⑤
段第3文（In 2013 the International …）で，国際労働機関のデータを利
用しているので，間違いである。

4．「各国ごとの状況のジマー氏の記述がないこと」 country-specific は
「各国ごとの」という意の形容詞。ジマー氏は第③段第3〜6文（In the
UK during … billion per year.）でイギリスの，第①段第5文（In the
US …）などでアメリカの状況に言及しているので，間違いである。

▶ d．「ジマー氏の書かれていない仮定や考えのなかで，批評家が<u>直接に</u>
言及しているのはどれか」
1の「政府が介護を改善することに責任を持たなければならないという考
え」が答えである。the idea that 〜「〜という考え」 that は同格を示す
接続詞。批評家は第②段第1文（シーモア・ジマー氏は…）で言及してい
るが，ジマー氏は何も書いていない。

2．「女性は男性よりも介護にもっと適しているという考え」 be suitable
for 〜「〜に適している」 ジマー氏も批評家も男性と比べて女性が適し
ていると述べていないので，不可。

慶應義塾大-経済　　　　　　　　　　　　　2023 年度　英語〈解答〉　*29*

３．「高齢者は尊敬と適切な介護に値するという考え」 be worthy of ～「～に値する」 ジマー氏は第④段第５文（The aged deserve our …）でこのことを述べているので，不可。

４．「社会の主流から取り残された人々の集団は搾取を受けやすいという考え」 be vulnerable to ～「～を受けやすい」 第⑥段第２・３文（Female caregivers who work … work remains strong.）で，ジマー氏は「孤立した個人宅で働く女性の介護者は，人種的，民族的，性的ハラスメントを受けやすい。世界中で歴史的に，社会の主流から取り残された社会的地位の低い女性たちを介護の仕事と結びつけて考えることは依然として顕著なままである」と述べている。よって，明確に書かれているので，不可。

V　解答例

(A) I think that the Japanese government should pay families to have more children because many parents in Japan tend to have fewer children due to the cost of raising and educating them. Government financial support will surely convince them that they can have and raise children by lessening the financial burden. Some people may say that having children is a matter of individual choice. In his 2020 article "Asking the Impossible? Government Campaigns for Larger Families," Schauer claims, "How citizens conduct their lives in private should never be a target for state intervention." Of course, governments cannot oblige people to have children. However, I think that they should help people who want to have children to do so without any anxiety. As Mr. Aphra Disiac mentions in his article (2020, paragraph 8), I also believe that supporting having and nourishing children is the government's duty and responsibility toward the future.

(B) The Japanese government should take action to increase the number of caregivers in society because Japan is aging fast and experiencing a severe shortage of care workers. At present, low salaries and hard work under poor working conditions make paid caregiving work an unattractive career choice. Therefore, there are not so many young people who want to work at assisted living facilities or nursing homes. Governmental initiatives are vital in addressing this kind of issue. Zimmer claims in his article (2020, paragraph 7) that technology can help solve the care worker shortage. However, the use of technology by untrained caregivers can cause confusion or miscommunication. Technology is not the answer to solving the problem. I believe that the priority of the Japanese government should be making the care workplace appealing by ensuring higher pay, better staffing levels, and improved working conditions for workers, which will lead to an increase in the number of care workers.

■■■■■■■■◀解　説▶■■■■■■■■

　設問は「次の2つの設問から1つを選んで自分の意見を英語で書くように」である。

(A)「日本政府はもっと多くの子どもを持ってくれるように家族にお金を支払うべきか。なぜそうすべきか，あるいは，なぜそうすべきでないのか」

(B)「日本政府は社会の介護者の数を増やすために行動を起こすべきか。なぜそうすべきか，あるいは，なぜそうすべきでないのか」

　自分の意見と異なる見解に言及し，それに反論して，問題文Ⅰ，Ⅱ，Ⅲ，Ⅳに記されている見解やことがらを最低1つ引用せよという指示がある。引用例は下記のとおりである。

- 「ワタナベ（2023，第③段）によると，1つの選択は間接課税である。この主張は…であるけれども」
- 「『動物園に反対して』という2019年の記事で，フェーレーは主張する。『自然はコントロールするべき私たちのものではない』彼女は…と主張するが，私はその意見に強く反対する。なぜならば…」
- 「フォーン（2018）によるエッセイの中で『学校は生徒の権利を十分保護していない』と主張するイブ=N．スズキに，私はある程度のみ賛成する。XはYであるという彼女の主張は正しいかもしれないが，…」
  to a certain extent「ある程度」

文法的な間違いをしないように気をつけて，自分が自信を持って使える表現や文構造を用い，できるだけ論理的な流れになるように書くこと。

❖講　評

　2023 年度は，2022 年度と同じ大問 5 題で，そのうちの 3 題が英文読解問題，1 題が短い日本語の評論文読解問題，1 題が英作文の意見論述であった。これまでⅣでは和文英訳問題が出題されていたが，今回読解問題となったのは大きな変更点であった。

　3 題ある読解問題の英文は，いずれも現代社会でよく議論になる問題を扱っており，Ⅰでは「出生率を上げるための政策」，Ⅱでは「出生率を上げるための政策は必要か」という相対立する出生率に関する考えが述べられている。さらに，Ⅲは「介護者待遇」について述べている。設問形式は例年通り空所補充が中心で内容説明やアクセント問題があり，ほとんどが 4 択問題であるが，一部異なる問題もある。英文の量と難度の高さで圧倒されてしまいがちだが，個々の設問の選択肢は比較的理解しやすく，正解を絞りやすいものが多い。また，語彙力・文法力に関する設問もあり，総合力が試されている。

　Ⅳの毎年出題されてきた和文英訳は姿を消し，内容説明の 4 択選択問題となった。Ⅲで出題された「介護者待遇」についての英文と，その英文に関する短い日本語による評論文とを比較して，設問に答えるというものであった。新しい出題形式の問題であったので，戸惑った受験生もいたかもしれないし，設問の一部がわかりにくいと感じた人もいたかもしれない。

　Ⅴの意見論述は，経済学部の入試では毎年出題され，避けては通れない関門だ。2022 年度と同様，読解問題の英文に関連したテーマを与えられ，それについての自分の見解を，英文から必要箇所を引用しつつ述べるというもの。参照する文章はⅣの日本語文を加えた四つとなり，ⅠとⅡ，ⅢとⅣがそれぞれ反対の意見を取り扱っているため，解答に組み込むべき「自分の意見と異なる見解への言及と反論」の参考になっただろう。このようないわゆる「アカデミック・ライティング」には決まった書き方が多く，事前に何度か練習しておくと大変効果的である。できれば，他の人に添削してもらうと，自分の弱点が把握できて有効である。

　全体的に盛りだくさんの出題である。速く，しかも正確に読めて，内容がある文を書くためには普段からのトレーニングがものをいう。さらに時間配分にも十分気を配る必要がある。

日本史

I **解答** 問1．(1)a－4　b－5　ア－2　(2)－1

問2．政府は予算が議会で成立しなかった場合でも，前年度予算を執行する権限を持った。

問3．a－6　b－2　c－7

問4．1

問5．(1)ア．立憲政友会　イ．立憲同志会　ウ．憲政会

(2)a－2　b－7　c－6

(3)貴族院に基礎をおく清浦奎吾内閣は特権階級による超然内閣だと，批判した。

(4)国体の変革や私有財産制度の否認を目的とする結社や人物を十年以下の懲役・禁錮としたが，改正で結社指導者の最高刑は死刑とし，その協力者も処罰対象とした。

━━━━━━◀解　説▶━━━━━━

≪江戸～昭和戦前の政治・外交・文化≫

▶問1．(1)　a．4が正解。ア．2が正解。1792年，根室に来航したラクスマンは，通商要求と江戸湾入航を要求したが，幕府は「そこでの交渉」も「江戸に来ることも許さ」ず，外交交渉は長崎以外では行わないとして長崎回航を諭し，長崎の「通行証」を与えた。

b．5が正解。ラクスマンに与えた通行証（信牌という）を携えて，長崎に来航したのは，レザノフである。レザノフは皇帝の書翰をもって通商を要求したが，「その回答を待」たされたあげく，拒否された。

(2)　1が正解。ラクスマンが伴ってきた漂流民は大黒屋光太夫であり，光太夫を尋問して『北槎聞略』にまとめたのは，桂川甫周である。甫周は蘭学者で，杉田玄白・前野良沢の『解体新書』の翻訳にも協力した。

▶問2．やや難。大日本帝国憲法の規定で，「政府にはどのような予算に関する権限が与えられていたか，その権限の内容について」の説明が求められた。ここで想起すべきなのが，帝国憲法の第71条「帝国議会ニ於テ予算ヲ議定セス又ハ予算成立ニ至ラサルトキハ政府ハ前年度ノ予算ヲ施行

スヘシ」である（前年度予算執行権）。つまり，政府は予算が議会で成立しなかった場合，前年度の予算を執行できた，と示せばよい。

▶問 3．「大教宣布の詔が発せられた」のは 1870 年。「東京大学が設立された」のは 1877 年。「教育令が公布された」のは 1879 年。「帝国大学令」は初代文部大臣森有礼が 1886 年に公布した。「教育勅語が発布された」のは 1890 年。「小学校の教科書が国定となった」のは 1903 年である。

ａ．6 が正解。「内村鑑三が第一高等中学校を辞職した」のは，内村が教育勅語に最敬礼をしなかった行為が不敬であるとされた内村鑑三不敬事件（1891 年）が原因である。不敬事件に気づければ，教育勅語の発布後に限定できる。

ｂ．2 が正解。明治政府の教育施策の第一歩として国民皆学をめざして「学制」を公布したのは，1872 年である。

ｃ．7 が正解。「大学令」は，教育の改善整備を掲げた原敬内閣が，1918 年に公布した。

▶問 4．1 が正解。資料ａは，「驚くべきは現時の文明国における多数人の貧乏である」の有名な書き出しや，「貧乏」を経済学的に説明するといった内容からも，経済学者・河上肇の著書『貧乏物語』だとわかる。

資料ｂは，「君主が御一身の利益のために統治権を保有し給うものとする」説を否定している。これは天皇主権説を否定する立場であるから，天皇機関説を説いた美濃部達吉の主張である。天皇機関説は，統治権は法人である国家に属し，天皇は国家の最高機関として憲法の条項に従って統治権の行使にあたる，とするものである。

資料ｃは，「『政治の目的』が一般民衆の利福に在るということ…『政策の決定』が一般民衆の意向に拠るということ」と，民本主義の定義を述べているから，著者は吉野作造である。

▶問 5．(1) ア．加藤高明は，1900 年に伊藤博文が設立した立憲政友会を基礎に組織された第 4 次伊藤内閣で外務大臣となった。

イ．「桂太郎の新党設立計画に賛同し，桂の没後，その計画によってつくられた」政党は，立憲同志会である。立憲同志会は，第 3 次桂太郎内閣の打倒を叫ぶ第一次護憲運動に対抗するため，桂が立憲国民党などの議員に呼びかけて，1913 年 2 月に結成した。しかし，同年 10 月に桂は病死したため，12 月に正式に立憲同志会は結党式をあげ，加藤高明が総裁となっ

た。

ウ．立憲同志会が，「その後他党との合流をへて成立した」のは，憲政会である。1916年の憲政会創設時から加藤高明は総裁であった。

(2) 日英間で結ばれた条約・協定の資料を，年表を用いて時期確定する問題である。「ノルマントン号事件が起きた」のは，井上馨外相が条約改正交渉中の1886年。「下関講和条約が結ばれた」のは，日清戦争終結時の1895年。三国干渉はその直後で同じ1895年。「ロシアが旅順・大連を清から租借した」のは1898年。北清事変が終結して「北京議定書が締結され」たのは1901年。「日露戦争が始まった」のは1904年。

a．2が正解。資料aは，「大ブリテン国が日本帝国に於て執行したる裁判権」などを「全然消滅に帰」すと，イギリスが日本での領事裁判権の撤廃を認めているから，日英通商航海条約である。この条約は，日清戦争勃発の直前（1894年），陸奥宗光外務大臣のときに締結された。

b．7が正解。やや難。資料bは「大ブリテン国は日本国が…必要と認むる指導，監理及び保護の措置を韓国に於て執るの権利を承認す」る，つまり，イギリスが日本の韓国保護国化を承認している。したがって，これはポーツマス条約調印前の1905年に結ばれた第2回日英同盟協約である。

c．6が正解。やや難。資料cは「若し日本国又は大ブリテン国の一方が」第三国と戦争を始めた場合は「他の一方…は厳正中立を守」るというから，日露戦争前の1902年に結ばれた第1回日英同盟協約である。

(3) 第二次護憲運動の発生原因を清浦内閣の性格に触れつつ記述する。1924年1月に枢密院議長だった清浦奎吾が，陸・海軍大臣を除く全閣僚を貴族院議員から選任した内閣を発足すると，それに対応して第二次護憲運動が開始された。大正デモクラシー思想の浸透を背景に，政治は国民の意思を重視すべきという考えが定着しつつあるなかで，清浦内閣は国民の選挙を経ていない貴族院議員の政治進出のかたちをとっていたため，憲政会・立憲政友会・革新倶楽部の3党は護憲三派を結成して，特権内閣打倒と政党内閣実現をめざす第二次護憲運動を展開したのである。当時の内閣の性格としては，「貴族院を基盤とした」ことや，「非立憲内閣」「超然内閣」「非政党内閣」という表現を一つ示すことができればよい。

(4) 「治安維持法の内容と，のちに田中義一内閣がおこなった改正の内容について」，2行以内での説明が求められている。詳細な知識が必要とな

る問題であり，難問。

治安維持法が加藤高明内閣で制定された当初は「国体ヲ変革シ又ハ私有財産制度ヲ否認スルコトヲ目的トシテ結社ヲ組織シ又ハ情ヲ知リテ之ニ加入シタル者ハ十年以下ノ懲役又ハ禁錮ニ処ス」というものであった。ポイントは「国体の変革（天皇制国家の打倒）」と「私有財産制度（資本主義体制）を否認」する共産主義の結社・人物が処罰対象であったことである。

次に田中義一内閣の改正により「国体ヲ変革スルコトヲ目的トシテ結社ヲ組織シタル者，又ハ結社ノ役員其ノ他指導者タル任務ニ従事シタル者ハ，死刑又ハ無期…」と，最高刑は死刑に引き上げられた。さらに，「目的遂行罪」を新設して「目的遂行のためにする行為」をなした者も処罰の対象とした。これによって政府は，法の適用しうる範囲を拡張しようとしたのである。したがって解答では，「結社の指導者の最高刑に死刑を導入」と，「その協力者も処罰対象になった（目的遂行罪の新設）」の 2 点を指摘したい。ただし「（目的遂行罪の新設により）協力者も処罰対象になった」点の指摘は，詳細な知識であり，難しい。なお，予防拘禁制の導入は1941 年における同法の全面改正のときだから書いてはいけない。

II 解答

問 6．アー 5　イー 4　ウー 7　エー 1

問 7．(1)江戸町会所は，町費の節約分の 7 割を積み立てた七分積金を資金源に運用して米・金を蓄え，貧困者や災害被災者の救済や，町人への低利融資にあたった。

(2)関東農村の治安悪化に対応するため置かれた関東取締出役は，幕領・私領の区別なく関八州全域を巡回し，無宿人や博徒を取り締まり治安の回復を図った。

問 8．a － 7　b － 3　c － 5

問 9．国立銀行条例で設立が認可された国立銀行は，正貨兌換紙幣の発行義務があった当初は 4 行に留まった。その後，条例が改正され不換紙幣も発行可能となると，国立銀行の設立は急増し 153 行に達したところで設立は打ち切られた。

問 10．(1)a － 4　b － 1　c － 3　d － 2

(2)朝鮮戦争の前後に，GHQ はレッドパージを指令する一方，産別会議に対抗する反共勢力による総評の結成を支持した。しかし総評はアメリカと

日本政府が進める単独講和に反対し，日本社会党と結んで左傾化し戦闘的組合に転換した。

◀解　説▶

≪江戸〜平成の文化・政治・外交・社会・経済≫

▶問6．ア．5が正解。本居宣長の「弟子を自称し」，「神道と結びつ」いた，というから，平田篤胤である。篤胤が唱えた復古神道は，尊王攘夷運動や廃仏毀釈運動などの思想運動の中核として，幕末・維新期の政治に大きな影響を与えた。

イ．4が正解。「幕府の援助のもとで，和学講談所を設立した」のは，塙保己一である。保己一は，日本の古代から江戸初期に至るまでの諸史料を集大成した『群書類従』を編纂した。

ウ．7が正解。「大坂の町人が設立した私塾・懐徳堂」の出身で，「『夢の代』をあらわした」のは，山片蟠桃である。

エ．1が正解。「町人出身の学者」で，「心学」を創始したのは，石田梅岩である。

▶問7．(1)　やや難。寛政の改革で設置された江戸町会所の機能について，その資金源にふれつつ2行以内で説明する問題である。まず「資金源」が，寛政の改革の「七分積金の法」とどのようにつながっているか明らかにしよう。寛政の改革では，江戸の町々に命じて，町を運営するために地主が負担している町費（町入用）の節約分の7割を積み立てさせ，それが毎年江戸町会所に預けられた。江戸町会所はその七分積金を資金源として管理・運用して米・金を蓄え，中・下層町人へは低利の融資を行い，貧困者には米や銭などを支給し，災害時には救小屋を建てて被災者の救済にあたった。

(2)　関東取締出役の任務と，その特徴について2行以内で説明する問題である。2つのポイントのうち，①任務は，犯罪者の取締り。②その特徴は，関八州の幕領・私領の区別なく広域の警察権をもったことである。こうした特徴をもつことになった背景は，天明の飢饉以降，離農した百姓が無宿人や博徒となって関東一円に横行し，狼藉を働いたり，金銭等を要求したりするなど治安の乱れがひどくなっていたことにある。しかし関東は，旗本領・藩領が入りくんでおり，他領に逃げ込むと幕府の捜査権は及ばず，また幕領の代官も江戸在住が多く，治安の維持は困難であった。そのため，

勘定奉行のもとに関東取締出役を設置して，幕領・私領の区別なく広域警察権を与えて犯罪者を取り締まり，治安の回復を図ったのである。

▶問8．三越百貨店に関する新聞記事の掲載時期を，年表中に特定する問題である。

a．7が正解。難問。資料aは「大政翼賛会」などが，「消耗戦と資源戦の実相を知らしめるため戦ふ資源展覧会」を開催するという記事である。展示内容は「米英蘭の東亜侵略，敵側の対日圧迫年表」「一転して逆封鎖を受けた敵の資源など」とあることから，今は「米英蘭」を敵として消耗戦の最中で，以前は日本が米英蘭による封鎖を受けたが，今は逆に日本が敵を封鎖していることがわかる。これから，日本に対して米英蘭などでABCD包囲陣が形成された時期よりあとだと判断できる。ABCD包囲陣は，第3次近衛文麿内閣が断行した南部仏印進駐（1941年7月）に対抗してなされたものであるから，aは7の時期である。

b．3が正解。資料bは，三越本店で青年らが「国民生活を蹂躙しドル買ひに狂奔する奸悪の牙城を粉砕せよ」「三井財閥を膺懲せよ」などのビラをまく騒ぎを起こした。その後，三井銀行筆頭常務の池田成彬は「金輸出再禁止を見越して（ドルを）買つたなぞといふことはない」と語った，という記事である。つまり，三井財閥が金輸出再禁止前に円売り「ドル買ひ」を行い，金輸出再禁止後に円相場が下落した時点で，ドルを円に交換して巨額の為替差益を上げたことに怒った人々が起こした騒ぎである。ここから「金輸出再禁止」直後の時期だとわかる。金輸出再禁止は1931年であり，犬養毅首相暗殺は1932年であるから，bは3の時期であると推察できる。

c．5が正解。資料cは，学用品の宣伝広告で，「先頃の日独伊防共協定に因んだ三国の国旗を配したナイフ」など「事変の産んだ時世粧」が現れた学用品に言及している。ここで，「先頃」についての注から，この記事は，第1次近衛文麿内閣が日独伊防共協定を締結した（1937年）3カ月後の頃のものだとわかる。それは年表の，「二・二六事件」（1936年）よりあと，「ドイツがポーランドへの侵攻を開始した」（1939年）の前にあたるから，5の時期に特定できる。

▶問9．設問要求は，「国立銀行の設立状況の推移」を説明することである。付帯条件は「国立銀行が発行する紙幣の性質に関連づけて」である。

明治政府は，近代的銀行制度の導入と政府発行の不換紙幣を兌換紙幣に切り替えるという2つの課題を解決するため，1872年に国立銀行条例を公布した。この法律に基づいて設立されたのが国立銀行だが，設立は4行に留まった。国立銀行は会社組織の民間経営の銀行だが，正貨兌換の国立銀行券の発行を義務づけたことが原因であった。国立銀行券は直ちに兌換請求されてしまい，国立銀行の経営は軒並み行き詰まったためである。

そこで，1876年に国立銀行条例は改正され，正貨兌換義務を廃止し，不換銀行券も発行可能となると，紙幣発行によって銀行は大きな収益をあげられるようになり，国立銀行の設立は急増した。結果，1879年の京都第百五十三国立銀行をもって設立認可が打ち切られた。

▶問10.⑴ 経済学部定番のグラフを用いた時期特定問題で，例年は5年刻みだが，2023年度は10年刻みである。ただ解答方法は例年と同じで，まずグラフの時期を特定する。「20世紀後半から21世紀にかけてのある50年間」で石油の国際価格が大きく変動した出来事は，1973年の第1次石油危機と，1979の第2次石油危機が想起できる。1970年代は「価格低迷期が続いたが一気に高騰し，その6年後にも急騰する」という石油価格の動きをするはずだとわかる。そこでグラフ中から，そうした特徴的な価格推移を示す時期区分を探し出すと，1の時期が1970年代だと特定できる。

a．4が正解。難問。「イラク復興支援特別措置法が公布された」のは，第1次小泉純一郎内閣の2003年である。同年3月にアメリカなどがイラクへの軍事侵攻（イラク戦争）を開始した後，占領・統治するアメリカ軍・イギリス軍などの後方支援にあたる自衛隊などを派遣するために制定された法律である。初めて戦闘のおそれがある地域に自衛隊を派遣することになった。

b．1が正解。1973年10月に勃発した第四次中東戦争に際して，アラブ石油輸出国機構（OAPEC）は，原油の減産・原油価格を大幅に引き上げ，イスラエルよりの欧米や日本向けの輸出制限を行った。これによって原油価格が一気に4倍近くになる第1次石油危機が起こり，世界的不況が起こった。この世界的不況の打開策を協議するため，1975年パリで第1回先進国首脳会議（サミット）が開催され，日本は三木武夫首相が参加した。

c．3が正解。「PKO協力法」は，1991年の湾岸戦争では資金援助にと

どまった日本に対し，人的貢献が不足しているとの国際的批判をうけ，国連の平和維持活動などに自衛隊などを海外派遣する原則を定めたもので，宮沢喜一内閣が1992年に公布した。

d．2が正解。「プラザ合意」は，中曽根康弘内閣の1985年に行われた。ニューヨークのプラザホテルで開かれた先進5カ国の蔵相・中央銀行総裁会議で，アメリカの貿易赤字を縮小するため，ドル高を是正し各国がドル売りの協調介入をすることで合意した。

(2) 難問。設問要求は，日本労働組合総評議会の結成とその路線転換について説明すること。付帯条件は，産別会議・日本社会党・レッドパージの語をすべて用い，3行以内であること。①結成期から書き出し，当初の路線を示し，②転換の契機，③どのように転換したか，を説明しよう。

　①指定語句は論述の方向性を示すヒントである。1950年6月の朝鮮戦争開始に前後して，GHQは官公庁・報道機関・産業界などから共産主義者の追放を指令した（レッドパージ）。これによって，共産党系の労働運動の全国組織・「産別会議」は弱体化していった。一方1950年7月，GHQは「産別会議」に対抗する反共勢力による日本労働組合総評議会（総評）の結成を推進した。当初の総評が，"GHQ（アメリカ）の方針に協力的""反共"，という2つの路線（性格）であった点を示すことがポイントである。

　②しかし朝鮮戦争のさなか，アメリカと日本政府が単独講話締結の動きを促進させたのを契機に，総評は路線転換した。

　③具体的には，アメリカと日本政府の進める単独講和には真っ向から反対し，「日本社会党」と提携して全面講和を主張し，全面講和運動に取り組むようになった。これは，総評の左翼化・左傾化であり，戦闘的な組合に転換したのである。ポイントとしては，総評が"アメリカと政府が進める単独講和に反対"，「日本社会党」と結び"左傾化（左翼化）（戦闘化）"といった転換を果たしたことを示したい。

Ⅲ **解答** 問11．a—4　b—3　c—5
　　　　　問12．a—1　b—2

問13．(1)アー7　イー5　ウー6
(2)大阪会議で漸進的な国会開設方針を決め，これに基づき立法諮問機関の

元老院，最高裁判所にあたる大審院，府知事・県令からなる地方官会議を設置した。

問14. (1)震災手形処理法案の審議中，片岡直温蔵相の失言から取付け騒ぎが起こり金融恐慌が発生した。第1次若槻礼次郎内閣は，鈴木商店の倒産で経営危機に陥った台湾銀行の救済を図ったが，枢密院に緊急勅令案を否決され，総辞職した。

(2)田中義一内閣はモラトリアムを発し，日銀に救済融資を行わせて収束させた。

問15. a—4　b—2

問16. 国家総動員法

━━━━━━━ ◀解　説▶ ━━━━━━━

≪江戸幕末～昭和戦後の政治・外交・経済≫

▶問11. 日露間の条約や宣言の調印・発表の時期を，年表中に特定する問題である。「江華島事件が起きた」のは1875年。「官営八幡製鉄所が操業を開始した」のは1901年。「南満州鉄道株式会社が設立された」のは1906年。「軍部大臣現役武官制が改正され」たのは第1次山本権兵衛内閣のときで1913年。「ワシントン会議で海軍軍縮条約が締結された」のは，高橋是清内閣のときで1922年。

a. 4が正解。資料aの第一条にある日本がもつ満州南部の鉄道の権益とは，日露戦争後にロシアから譲渡された長春以南の鉄道である。そして日本の「韓国」における特殊権益を，ロシアは承認する「協約」だから，日露戦争後に結ばれた日露協約である。日本がロシアの「外蒙古」における特殊権益を承認する，という第三条が決め手となり，1907年締結の第1次日露協約と特定できる。ただ，日露協約は，1907年の第1次から1916年の第4次まで締結されているため，やや難問である。

b. 3が正解。資料bは，第九条で「露西亜帝国政府」が北緯五十度を境界とする「薩哈嗹島南部」を「日本帝国政府に譲与す」とあるから，ポーツマス条約（1905年）である。

c. 5が正解。資料cは「チエツク，スローヴァック」軍のため，「合衆国政府の提議に応じて」日本政府も派兵する，という内容である。よって寺内正毅内閣が行ったシベリア出兵宣言（1918年）である。

▶問12. a. 1が正解。水戸藩主徳川斉昭に登用され，『新論』を執筆し

た人物は，会沢安（正志斎）である。会沢は，斉昭が開設した藩校・弘道館の初代総裁に就任し，水戸学の尊王攘夷思想の教授もおこなった。

ｂ．２が正解。ペリー来航時の老中首座で，徳川斉昭を幕政に参与させたのは阿部正弘である。

▶問13．⑴　ア．７が正解。「福澤諭吉や森有礼ら」が「発行して近代思想を紹介した」のは，『明六雑誌』である。『明六雑誌』は，森有礼が明治６年（1873年）に設立した明六社が翌年創刊した雑誌だったが，政府が1875年に新聞紙条例・讒謗律を出し言論統制強化を図ると，それに抵触することをおそれ廃刊を決めた。

イ．５が正解。陸羯南の発刊した新聞は『日本』である。井上馨外務大臣が進めた極端な欧化政策に反対して，「国家の独立性や国民性を重視する国民主義を主張した」。

ウ．６が正解。「幸徳秋水・堺利彦らが創刊し」，「反戦論や社会主義論を掲載し」たのは，『平民新聞』である。

⑵　設問要求は，「この時期」の政治機構改革について，説明すること。付帯条件は，「木戸孝允が政府に復帰する契機となった会談と，そこで決められた方針に触れ」ることである。「この時期」とは，下線部αに「讒謗律や新聞紙条例」とあるから，1875年である。「木戸孝允が政府に復帰する契機となった会談」は同年の大阪会議で，そこで決められた方針は，「漸進的な国会開設方針」だと判断できる。

　次に政治機構改革が行われるまでの経緯を確認する。この年，板垣退助が大阪に愛国社を設立したことで，「自由民権運動が広まり政府批判が高ま」ったため，内務卿大久保利通は，下野した板垣と木戸孝允を招いて大阪で会議を開いた。大久保は，征韓論争以後の分裂で弱体化した政府を強化するため２人の参議復帰を求め，かわりに木戸の主張をいれて，漸進的な国会開設の方針を決めた。そして政府は，同年４月に漸次立憲政体樹立の詔を出すとともに，左院に代わる立法諮問機関である元老院，最高裁判所にあたる大審院，地方の民情を政治に反映させるため府知事・県令からなる地方官会議を設置したのである。

▶問14．⑴　「震災で決済不能になり支払いが猶予されていた手形」の処理をきっかけとして起きた混乱により内閣が総辞職に至る経緯について，内閣名にふれつつ，３行以内で説明することが求められている。

42　2023 年度　日本史〈解答〉　　　　　　　　　　　　　　慶應義塾大-経済

　第1次若槻礼次郎内閣が議会に出した震災手形処理法案の審議中に，片
岡直温蔵相の失言がきっかけで一部銀行の経営悪化が暴かれ，1927 年 3
月に取り付け騒ぎが起こった。これが金融恐慌の始まりである。さらに 4
月には鈴木商店の倒産で，巨額の不良債権を抱えた台湾銀行が経営危機に
陥った。若槻内閣は台湾銀行を緊急勅令で救済しようと図ったが，枢密院
に勅令案を拒否され，内閣は総辞職に追い込まれた。
以上を 3 行以内にまとめるのだが，このとき設問文があえて「混乱」と表
現しているものは，金融恐慌だと示しておきたい。

⑵　「次の内閣」つまり，田中義一内閣が「混乱をどのように収束させた
か」を説明する問題である。取り付け騒ぎが全国的に拡大するなか，台湾
銀行は休業，十五銀行などの大銀行の多くも破綻する大混乱に陥っていた。
田中内閣は 3 週間のモラトリアム（支払猶予令）を発して，銀行を休業さ
せている間に，銀行の開業に向けて日銀から巨額の救済融資を行わせた。
これにより台湾銀行も普通銀行も救済され，金融恐慌は収束した。

▶問 15.　戦後復興期の日本経済に関する資料を，年表を用いて時期特定
する問題である。

ａ．4 が正解。資料ａは「支出を厳重に引締め…予算の…均衡をはかるこ
と」「収税…強化」「金融機関からの融資は…厳重に限定する」「賃金安定」
「価格統制計画を強化」「外国為替管理を強化」などの文言から，1948 年
に GHQ が第 2 次吉田茂内閣に出した「経済安定九原則」の指令である。
アメリカが対日占領政策を“非軍事化・民主化”から“経済的自立”へと
転換し，その処方箋として出したものだから，「ロイヤル陸軍長官が対日
政策の転換について演説した」1948 年 1 月よりあとである。そして経済
安定九原則の実施にあたり，ドッジが立案した一連の経済政策（ドッジ=
ライン）をふまえた，国鉄職員の人員整理方針を背景に「下山事件が起こ
った」（1949 年）。したがって，ａは両者の間の 4 の時期にあたる。

ｂ．2 が正解。資料ｂの第一条に「金融機関は…封鎖預金…に付ては…其
の支払を為すことを得ず」などとあるから，幣原喜重郎内閣が発した
（1946 年 2 月），預金封鎖などを命じる金融緊急措置令である。「人権指
令を出した」のは，東久邇宮稔彦内閣に対して（1945 年 10 月）である。
そのあとの幣原内閣，第 1 次吉田茂内閣に続いて，「片山哲内閣が発足」
する。よって，ｂは 2 の時期にあたる。

なお，年表中の事項「警察予備隊が設置された」のは，1950年である。

▶問16.「電力国家管理法が制定された同じ議会で」制定された，「議会の承認なしに戦争の遂行のために必要な物資や労働力を利用する権限を政府に与える法律」は，国家総動員法である。この法律は，日中戦争下における戦時統制法令で，1938年第1次近衛文麿内閣が制定したものである。そして国家総動員法に基づいて勅令で定められたものに，平沼騏一郎内閣で制定された国民徴用令，阿部信行内閣で制定された価格等統制令などがある。

❖講　評

　2023年度は，例年と同じ大問3題構成で，記述問題は2022度の1個から4個に増加，選択問題は1個減の32個であった。選択問題のうち，年表を利用した選択法の時期特定問題が，2022年度の4問13個から5問14個と微増。グラフを用いた選択法の時期特定問題は，2022年度の2問8個から1問4個に減少した。また配列問題は2022年度に続き出題はなかった。一方，論述問題は，2022年度は9個，そのうち3行の論述4個，2行の論述4個，1行の論述1個で合計行数は21行であった。2023年度は10個，そのうち3行の論述3個，2行の論述4個，1行の論述3個で合計行数は20行であった。比較的単純な1行論述が増えたが，3行論述が減少し，総行数も1行減少した。

　特筆すべきこととして，2018年度以降，毎年出題されていた地図問題の出題がなかったことと，例年，高難度となるグラフを用いた時期特定問題が8個から4個に半減したことがあげられる。

　時代別の出題範囲は「1600年以降を中心とする」という方針通りであった。なお，近現代の出題割合が増加した。分野別では，文化史問題が2022年度よりも増加した。

　Ⅰは，幕末から大正期までの日独関係に関する問題文を用いて，江戸時代から昭和戦前期の政治・外交・文化について出題された。問2の帝国憲法下の政府の前年度予算執行権を説明するのは，やや難。問5(2)は初見資料だが，年表の範囲から「明治期」に「日英間で結ばれた」条約・協約であることをヒントに，aは日英通商航海条約，bは第2回日英同盟協約，cは第1回日英同盟協約と判断したいが，b・cの区別は

やや難。(4)治安維持法改正で，目的遂行罪の新設により協力者まで処罰対象となったことまで指摘するのは，難問。Ⅰは，一部にやや難・難問も含むが，頻出事項をストレートに問う設問が多く，やや易である。

Ⅱは，近世から昭和戦後の三井家・三井財閥についての問題文を通して，江戸時代〜平成の文化・政治・外交・社会・経済と，多角的に出題された。問7(1)江戸町会所について，掘り下げた知識を前提とした論述問題であり，やや難。問8の新聞記事の資料aは時期確定のキーワード探しに細心の注意を要する難問である。問10(1)10年刻み50年間の石油価格と石油供給量のグラフは，2度の石油危機時の石油価格の変動を手がかりに時期確定したい。ただ，aのイラク復興支援特別措置法は難問。(2)日本労働組合総評議会の路線転換に関する知識は一部の教科書にのみ記載がある内容であり，難問。Ⅱは，大問3題中最も苦戦したであろう，やや難レベルである。

Ⅲは，近現代の大地震に関する問題文に関連して，江戸幕末〜昭和戦後の政治・外交・経済について問われた。問11の資料a中の「協約」「韓国」の語句から，韓国併合条約以前に結ばれた日露協約だとわかれば，正答できる。「第1次」日露協約と判定する必要はないと気づかなければ時間を浪費してしまうから，やや難。Ⅲは基本的知識やそれをもとに思考力・表現力などを試す対応しやすい良問で，やや易レベルであった。

2023年度の経済学部日本史の問題は，時事的問題に関連した出題が目立った。具体的には，2022年2月24日に始まったロシアのウクライナ侵攻をうけて，Ⅰの問1では江戸時代の，Ⅲの問11では明治・大正期の，日露関係史が扱われた。また，ウクライナ侵攻を一因とした石油価格等の高騰を背景にして，Ⅱの問10(1)で1970〜2020年の石油価格と供給量のグラフ問題が出題され，さらにそうした諸物価高騰をうけて本格的な賃上げが叫ばれているためか，Ⅱの問10(2)で，昭和戦後の労働運動を主導した総評について出題された。Ⅲのリード文は，2023年で関東大震災から100年目であることからか，近現代の大地震がテーマに選ばれている。もともと経済学部の入試問題は時事的問題や直近の政治的動向に機敏に対応した傾向があるので，今後も注意が必要である。

一方で，過去に類題の出題歴がある問題も複数あり，年代整序問題の

出題もなく，取り組みやすい問題が目立った。よって，2023年度入試全体としては，やや易化と評価できる。ただし戦後の総評に関する3行の論述問題などの複数の難問は看過できないし，「取り組みやすくなった」と評価する前提には，グラフ・年表を用いた経済学部独特の出題形式を熟知し，教科書の細密な部分までの理解があってのことである。決して経済学部入試のハードルが下がったわけではない。むしろ易化した翌年は反動で難化しやすいと心にとめて，緻密な教科書知識の習得と過去問演習を徹底したい。

■世界史■

I **解答** 問1. (1)スペイン継承戦争に際して神聖ローマ皇帝を支持し，皇帝から王号が認められた。

(2)ダンツィヒ

(3)西ドイツの首相ブラントはソ連・東側諸国との関係改善を図る東方外交を推進し，ポーランドと友好条約を結んでオーデル=ナイセ線をドイツ・ポーランドの国境とすることに合意し，国交を正常化させた。

問2. (1)シパーヒーの反乱鎮圧を機に，イギリスは反乱発生を理由に東インド会社を解散させ，本国政府によるインドの直接統治を開始した。

(2)工業化が進んだ北部諸州は保護関税政策を求め，西部への奴隷制拡大に反対した。一方，南部諸州は黒人奴隷を用いたプランテーションで生産した綿花をイギリスに輸出し，自由貿易と奴隷制の存続を要求した。

問3. a—2 b—3 c—5

問4. ア—9 イ—8 ウ—4 エ—3 オ—7

問5. 4→2→3→5→1

━━━━━◀解　説▶━━━━━

≪近代における日本とドイツの外交関係≫

▶問1. (1) スペイン継承戦争（1701〜13〈14〉年）に際し，ブランデンブルク選帝侯（プロイセン公位を兼任）が，フランス=ブルボン朝のルイ14世と戦った神聖ローマ皇帝（ハプスブルク家）側を支持し，皇帝から王号を許され，1701年にプロイセン王国が成立した。

(2) 1919年のヴェルサイユ条約でドイツは，ポーランド回廊（西プロイセン）をポーランドに割譲し，隣接の貿易港ダンツィヒは自由市となった。

(3) 西ドイツ首相ブラントの東方外交を指摘し，「新しい国境線」としてオーデル=ナイセ線を説明すればよい。オーデル=ナイセ線とはオーデル川とその支流であるナイセ川を結んだ線を指す。

▶問2. (1) 「1850年代にはイギリスのインド支配には制度的な変化が生じた」とあるので，東インド会社解散とイギリス本国政府のインド直接統治をまとめればよい。19世紀後半，インドでシパーヒーの反乱（インド

大反乱：1857～59年）が発生すると，イギリスはこれを鎮圧し，反乱に加担したムガル皇帝をビルマに流刑にしてムガル帝国を滅ぼした（1858年）。同年イギリスは反乱の失政の責任を問う形で東インド会社を解散させ，本国政府によるインド直接統治を開始した。

(2) 北部諸州は産業革命の影響で工業が発展し，イギリス製品を国内市場から排除する必要から保護貿易政策を主張し，奴隷制拡大に反対した。一方，南部諸州は黒人奴隷を労働力にして綿花を栽培するプランテーション（大農場）が普及し，イギリスに綿花を輸出していたため自由貿易政策を主張した。1850年代に西部開拓で生まれた諸州を奴隷州にするか自由州にするかで南北の対立が激化し，この対立が南北戦争（1861～65年）へ発展することになる。

▶問3．a～cの出来事を年表中に入れる年代整序問題。

a．イェーナ大学で，学生らの組織であるブルシェンシャフトが結成されたのは1815年。

b．フランスで，ルイ＝ブランら社会主義者を含む政府が成立したのは1848年。

c．プロイセンとオーストリアが，デンマークと開戦したのは1864年。

年表を整理すると以下のようになる（太字が解答箇所）。

> ウィーン会議が始まった（1814年）
> a．イェーナ大学で，学生らの組織であるブルシェンシャフトが結成された（1815年）
> ドイツ関税同盟が成立した（1834年）
> b．フランスで，ルイ＝ブランら社会主義者を含む政府が成立した（1848年）
> フランクフルトで国民議会がプロイセン国王を皇帝に推した（1849年）
> ビスマルクがプロイセン首相に任じられた（1862年）
> c．プロイセンとオーストリアが，デンマークと開戦した（1864年）
> 北ドイツ連邦が成立した（1867年）
> 普仏戦争（プロイセン＝フランス戦争）が起きた（1870年）

▶問4．ア．「社会契約論」「人民主権論」から『社会契約論』（1762年）を著して人民主権論を唱えたフランスの啓蒙思想家ルソーと判断できる。

イ．ドイツのランケは史料批判による歴史叙述の方法を確立し，近代歴史学の基礎を築いた。

ウ．イギリスのダーウィンは『種の起源』（1859年）を著して生存競争における自然淘汰を主張し，生物進化論を確立した。

エ．イギリスのスペンサーは生物進化論を社会学に応用して社会進化論を説いた。

オ．ドイツの思想家マルクスは，主著『資本論』（1867年初刊）で資本主義経済の構造を究明し，剰余価値説などを説いた。

▶問5．難問。1と2が日本史の内容である上，1と5の選択肢が同年のため前後関係を慎重に考えなければならない。加藤友三郎は海軍大臣としてワシントン会議の全権代表となり，会議後，首相に就任し，シベリア出兵撤兵を決定している。また，米騒動はシベリア出兵（1918～22年）を背景に発生している。

1．加藤友三郎内閣がシベリア本土からの撤兵を決定したのは1922年6月。

2．米騒動が起き，寺内正毅内閣が総辞職したのは1918年。

3．ドイツ領であった赤道以北の南洋諸島が日本の委任統治領となったのは1919年。

4．日本がドイツの膠州湾租借地を占領したのは1914年。

5．ワシントン会議で海軍軍備制限条約が締結されたのは1922年2月。

したがって，古い順に並べると4→2→3→5→1となる。

Ⅱ　解答　問6．明朝は朝貢貿易に限定する海禁政策を実施してきたが，これに反発する後期倭寇の激化や中国周辺での国際交易の活発化を背景に海禁を緩和した。

問7．(1)アー5　イー3　ウー7　エー4　オー2

(2)コーカンド

問8．2

問9．aー5　bー1

問10．第二次世界大戦後，内戦に勝利した共産党が北京を首都に中華人民共和国を樹立すると，敗れた国民党は台北で中華民国政府を維持した。国際連合設立当初は台北政府に国連代表権が認められたが，1971年に代表権が台北政府から北京政府に移った。

◀解　説▶

≪16～20世紀における中国の対外関係≫

▶問6．明は民間貿易を禁じる海禁政策を中心とした朝貢貿易体制を維持

してきたが，16世紀半ばには海禁に反発した後期倭寇が中国東南海岸で活発化し，明を苦しめることになった。16世紀「当時の中国の周辺海域における貿易の状況」については，ポルトガル・スペインによる大航海時代の国際交易の影響が中国周辺や東南アジア地域にも及んでいたことを指摘したい。こうした情勢を背景に明は海禁を緩和している。

▶問7．やや難。(1)ア．アルグン川とスタノヴォイ山脈（外興安嶺）を露清間の国境にしたのはネルチンスク条約（1689年）なので，締結地は地図上の5。

イ．雍正帝時代に露清間で結ばれたキャフタ条約（1727年）でロシアと外モンゴルの国境が画定された。締結地は，バイカル湖南方の地図上の3。

ウ．ロシアがアロー戦争を利用して黒竜江（アムール川）以北を領有したのはアイグン条約（1858年）で，締結地は地図上の7。

エ．ロシアはアロー戦争における清と英仏の講和を調停した代償としてウスリー川以東の沿海州を北京条約（1860年）で獲得した。北京は地図上の4。

オ．東トルキスタンのイスラーム教徒の反乱に乗じてロシアがイリ地方（新疆西北の地域）を占領して露清間の対立が高まったが，1881年のイリ条約でロシアはイリ地方を清に返還した。イリ地方は地図上の2。

(2)　やや難。コーカンド＝ハン国の軍人ヤークーブ＝ベクはイスラーム教徒の反乱に乗じて東トルキスタン（新疆）に侵入し，タリム盆地を制圧したが，清の左宗棠によって討たれた。「1876年にロシアに併合された」から，保護国化されたブハラ＝ハン国・ヒヴァ＝ハン国ではないことからも判断することができる。

▶問8．やや難。a．「白話」とあることから文語を否定して白話（口語）運動を提唱した胡適と判断したい。

b．「食人」「人を食ってきた」「人を食った」という言及は儒教を批判した部分で，これは魯迅の『狂人日記』である。

c．西欧文明を取り入れることを表明しているので，1915年に雑誌『新青年』（刊行時は『青年雑誌』の名称）を刊行し，「民主と科学」をスローガンに西欧式文明を紹介して新文化運動を推進した陳独秀と判断したい。

▶問9．a・bの出来事を年表中に入れる年代整序問題。

a．蔣介石を中心とする勢力が南京に国民政府を建てたのは1927年4月

18 日。

b．中国国民党が党大会で「連ソ・容共・扶助工農」の方針を決定したのは 1924 年。

年表を整理すると以下のようになる（太字が解答箇所）。

b．中国国民党が党大会で「連ソ・容共・扶助工農」の方針を決定した（1924年）
孫文が死去した（1925年3月）
広州に国民政府が成立した（1925年7月）
国民革命軍が北伐を開始した（1926年）
上海クーデタが起きた（1927年4月12日）
a．蔣介石を中心とする勢力が南京に国民政府を建てた（1927年4月18日）
瑞金に中華ソヴィエト共和国臨時政府が成立した（1931年）

▶問 10. 「北京と台北に政府が並立することになった経緯」については，内戦に勝利した共産党による中華人民共和国成立と敗れた中国国民党による中華民国の台湾における政権樹立をまとめればよい。また，国際連合と両国の関係について，中華民国が持っていた国際連合（1945年発足）の代表権が 1971 年に中華人民共和国に移動したことをまでを述べればよい。

Ⅲ 解答

問 11. 4

問 12. (1)内戦期には戦時共産主義で穀物の強制徴発を行うなどしたが，生産力の低下を招き，内戦後，レーニンはネップに転換し農産物の自由販売，中小企業の私的営業を認めた。

(2)ソヴィエト政権はドイツとブレスト＝リトフスク条約を結んで第一次世界大戦から離脱したが，英仏など列強は対ソ干渉戦争を起こした。

問 13. アジアからの移民を禁止し，南欧や東欧からの移民も制限した。

問 14. (1)―1　(2)ア―0　イ―5　ウ―2　エ―3

問 15. (1)GATT はモノの自由貿易をめざしたが，冷戦終結後，世界市場が拡大する中で成立した WTO は，情報・サービスや知的財産権のルールを定め，貿易紛争の解決などを扱う。

(2)a―3　b―1　c―4

問 16. (1)―5　(2)―5

問 17. a―4　b―9　c―3

問 18. a―4　b―2　c―3

慶應義塾大-経済　　　　　　　　　　　　　2023 年度　世界史〈解答〉　51

■■■■◀解　説▶■■■■

≪経済学者ワシリー=レオンチェフの生涯とその業績≫

▶問 11. ロシアのピョートル 1 世がスウェーデンとの北方戦争（1700〜21 年）中に，バルト海に面した新都ペテルブルクを建設した。第一次世界大戦が起こってドイツと開戦すると，ロシア風のペトログラードに改称され，ロシア革命後 1924 年にレーニンが死去したのを機にペトログラードはレニングラードに改称された。その後，ソ連が解体した 1991 年にサンクト=ペテルブルクと旧名に戻されている。

▶問 12. (1)　戦時共産主義とネップ（新経済政策）を述べればよい。ソヴィエト政権は反ソヴィエト政権勢力との内戦（1918〜21 年）の時期に戦時共産主義を採用した。しかし，私企業の禁止，工業国有化，穀物強制徴発などを強行したことで，農民の生産意欲の減退や生産力の低下によって多くの餓死者を出した。そのためレーニンは内戦が終わった 1921 年に経済回復をはかるためネップ（新経済政策）に転換し，小農や中小企業の経営，農産物の自由販売などを認めた。その結果，生産力は 1927 年に戦前の水準に回復した。

(2)　ドイツがブレスト=リトフスク条約でソヴィエト政権と講和した一方，イギリスやフランスが対ソ干渉戦争を行ったことを指摘すればよい。ソヴィエト政権は 1917 年のロシア十月革命を経て成立した。当時は第一次世界大戦（1914〜18 年）の最中である。ロシア十月革命直後にレーニンは「平和に関する布告」を発表し無併合・無償金・民族自決に基づく即時講和を呼びかけた。連合国はこれを無視したが，ドイツは 1918 年にソヴィエト政権からの領土割譲と賠償金を内容とするブレスト=リトフスク条約を結んで講和し，ソヴィエト政権は第一次世界大戦から離脱している。一方，この時期，ソヴィエト政権は反ソヴィエト政権勢力との間に内戦を戦っており，革命の波及を恐れるイギリスやフランスなどの連合国は対ソ干渉戦争を起こしてソヴィエト政権の内政に干渉しようとした。

▶問 13. 第一次世界大戦後，アメリカは一大好況期をむかえたが，一方で共和党政権は孤立主義を提唱し，伝統的な白人社会の価値観が強調されて保守化した。1924 年の移民法では日本・中国などアジア系移民が禁止され，南欧・東欧からの新移民にも一定の制限が設けられている。

▶問 14. (1)　難問。アメリカ経済の指標に関するグラフ問題。まず第 2

図の d に着目し，約 25％のピークに達しているのが世界恐慌時の失業率と推定したい。世界恐慌の影響でアメリカでは労働者の 4 人に 1 人が失業したといわれる。

次に第 1 図の a に注目する。時期区分の 2 に急速に低下しているのは工業生産指数で，世界恐慌の影響が原因である。

以上から，横軸の 2 は世界恐慌発生（1929 年）が含まれる。なお，指数が横軸の 4 で急上昇したのは第二次世界大戦（1939〜45 年），横軸の 6 で上昇したのは朝鮮戦争（1950〜53 年）での軍需生産の拡大によるものと考えられる。残る b が労働組合加入者数，c が関税率である。

なお，横軸の 1 〜 6 の時期は，1 は 1923〜28 年，2 は 1928〜33 年，3 は 1933〜38 年，4 は 1938〜1943 年，5 は 1943〜48 年，6 は 1948〜53 年の計 30 年間と考えられる。

(2) ア．ウィルソン大統領の十四カ条の発表は 1918 年なので 0 が正解。

イ．国際通貨基金（IMF）の発足は 1945 年なので 5 が正解。

ウ．フーヴァー＝モラトリアムが宣言されたのは 1931 年なので 2 が正解。

エ．ワグナー法が制定されたのは 1935 年なので 3 が正解。

▶問 15. (1)　難問。第二次世界大戦後まもなく成立した GATT（関税と貿易に関する一般協定）は，関税障壁を除去して自由貿易を促すことを目的とした。その後，冷戦が終結し 1990 年代にグローバル化が進んで国際貿易が拡大すると，1995 年に WTO（世界貿易機関）が発足し，モノの貿易ルールだけでなく，サービス貿易，知的財産権など広範な分野の国際ルールの確立がめざされることになった。また，貿易紛争の解決などの調停機能も有する。

(2)　難問。a 〜 c の地域共同体や協定の発足を年表に入れる年代整序問題。

a．アジア太平洋経済協力会議（APEC）が発足したのは 1989 年。

b．東南アジア諸国連合（ASEAN）が発足したのは 1967 年。

c．北米自由貿易協定（NAFTA）が発効したのは 1994 年。

年表を整理すると以下のようになる（太字が解答箇所）。

b．東南アジア諸国連合（ASEAN）が発足した（1967 年）

第 1 回先進国首脳会議が開催された（1975 年）

プラザ合意により，ドル高の是正がはかられることになった（1985 年）

a．アジア太平洋経済協力会議（APEC）が発足した（1989 年）

ヨーロッパ連合（EU）の創設などを規定するマーストリヒト条約が調印された

慶應義塾大-経済　　　　　　　　　　　　　　2023 年度　世界史〈解答〉　*53*

（1992 年）

　ｃ．北米自由貿易協定（NAFTA）が発効した（1994 年）

タイの通貨バーツの急落をきっかけにアジア通貨危機が発生した（1997 年）

アフリカ連合（AU）が発足した（2002 年）

アメリカの投資銀行リーマン=ブラザーズが経営破綻して，世界的な金融危機が起こった（2008 年）

▶問 16.　(1)・(2)　資料 a は「1938 年」「チェコスロヴァキアを引渡し」から，ミュンヘン会談のことが述べられている。ミュンヘン会談ではイギリス・フランスがヒトラーにチェコスロヴァキアのズデーテン地方の割譲を認めた。アはフランスで，a の著者はフランスの作家ロマン=ロランである。資料 c には「フランコ将軍」とあることから，イはスペイン。c の著者はスペイン内戦に国際義勇軍として参加したアメリカの作家ヘミングウェー。残る資料 b はウ．ドイツの作家 b．トーマス=マンによるものである。

▶問 17.　ａ．マーシャル諸島のビキニ環礁は地図の４。地図の７は，フランスが核実験を実施した仏領ポリネシアのムルロア環礁。

ｂ．パグウォッシュ会議はカナダ東部の９に位置する。

ｃ．1989 年のゴルバチョフとブッシュ（父）の会談が開催されたのは地中海のマルタ島で，地図の３。

▶問 18.　難問。環境問題の a ～ c の出来事を年表に入れる年代整序問題。

ａ．京都議定書が採択されたのは 1997 年。

ｂ．国連人間環境会議が開催されたのは 1972 年。

ｃ．リオデジャネイロでの「環境と開発に関する国連会議」が開催されたのは 1992 年。

　年表を整理すると以下のようになる（**太字**が解答箇所）。

　　レイチェル=カーソンが『沈黙の春』を刊行した（1962 年）

　　ｂ．国連人間環境会議が開催された（1972 年）

　　オゾン層の保護のためのウィーン条約が採択された（1985 年）

　　ｃ．リオデジャネイロで「環境と開発に関する国連会議」が開催された（1992 年）

　　気候変動枠組条約が発効した（1994 年）

　　ａ．京都議定書が採択された（1997 年）

　　アメリカでバラク=オバマが大統領に就任した（2009 年）

　　気候変動に関する国際的枠組であるパリ協定が採択された（2015 年）

　　アメリカでドナルド=トランプが大統領に就任した（2017 年）

❖講 評

　2023年度も大問数は3題。解答個数は2022年度の35個から46個に大幅に増加した。小論述は2022年度の10問と同様で，論述解答の行数も同じ21行であった。出題形式では，2023年度も例年と同じく資料関連の問題や地図問題・グラフ問題が出題された。2023年度も資料に関連する国家・歴史的事件・人物の特定や年代配列法・年代整序法が目立っており，詳細な年代把握が重視されている。全体的に細かい知識や年代を問う設問が多く，近現代史は用語集レベルの知識が必須。小論述はおおむね教科書レベルで作問されている。

　Ⅰは，「近代の日本とドイツの関係」をテーマとした大問。4問ある論述問題はいずれも標準レベルで書きやすかった。問3の年表問題は他の2問に比べると解きやすいため確実に得点しておきたい。問5は日本史の内容が含まれていたことから世界史受験者には難問となった。

　Ⅱは，「16〜20世紀の中国の対外関係」をテーマとした大問。問6の海禁に関する小論述は明代の政治・経済に関する定番とも言えるテーマである。問10の中華人民共和国・中華民国と国際連合の関係は基礎的知識で十分対応できる。問7(1)の地図問題はやや難。空欄の条約名はわかりやすいが，その地名を地図から選ぶ作業が煩瑣である。(2)のコーカンド=ハン国も得点差が生じやすい。問8の資料問題は資料ｂが魯迅の『狂人日記』であるかどうかを「食人」や「人を食った」で判定しなければならないため，相当の知識が必要であった。慶應義塾大学の文化史では人物と著作名を覚えるだけでなく，著作の内容や詳細な思想についてもきちんと学習する必要がある。

　Ⅲは，「経済学者レオンチェフの生涯とその業績」をテーマに現代史が幅広く問われた。総じて難度が高い設問が多く，この大問で解答個数の半分近くになるため負担が大きい。問14(1)のグラフ問題は難問。グラフが急上昇，急下降する時期の特定を見誤らないようにしたい。問15は(1)(2)とも難度が高い。(1)GATTとWTOの相違点の小論述は，世界史の知識だけでまとめるのは難しく，「政治・経済」分野の知識が必要であった。(2)の年表問題も第二次世界大戦後の政治と経済を中心に問われているため，特定に時間がかかる可能性がある。問16(1)(2)は資料に書かれているキーワードで作家名を特定し，空所補充を完成させたい。

作家の出身国を理解していると推定しやすい。問17はビキニ環礁とパグウォッシュの位置で得点差が生じる可能性がある。問18は難問。環境問題に関する年代整序問題で，気候変動に関する会議・条約・協定などを詳細に学習していないと太刀打ちできないだろう

56　2023 年度　数学〈解答〉　　　　　　　　　　　　　　　　　　　慶應義塾大-経済

■数学■

1　◇発想◇　(2)の関係式は m についての 2 次方程式だから，判別式を計算してみる。

解答　(1) 3　(2) 7　(3) 8　(4) 1　(5) 7　(6) 4　(7) 3　(8) 3　(9) 7　(10) 3
(11) 2　(12) 3　(13) 3　(14) 2　(15) 3　(16) 1　(17) 3　(18) 2　(19) 1
(20)(21) − 4

◀解　説▶

≪正弦定理，余弦定理，外接円・内接円の半径，不定方程式≫

(1)　正弦定理より

$$a : b : c = \sin A : \sin B : \sin C = 3 : 7 : 8$$

であるから　$a = 3k, \ b = 7k, \ c = 8k \quad (k > 0) \quad →(1)\sim(3)$
と表され，c が最大であるから，$\angle C$ が最大角である。
余弦定理から

$$\cos C = \frac{a^2 + b^2 - c^2}{2ab} = \frac{9k^2 + 49k^2 - 64k^2}{2 \cdot 3k \cdot 7k} = -\frac{1}{7} \quad →(4) \cdot (5)$$

$\sin C > 0$ より

$$\sin C = \sqrt{1 - \cos^2 C} = \sqrt{1 - \left(\frac{1}{7}\right)^2} = \frac{4\sqrt{3}}{7}$$

$$\tan C = \frac{\sin C}{\cos C} = -4\sqrt{3} \quad →(6) \cdot (7)$$

$\triangle ABC = \dfrac{1}{2} ab \sin C$ より

$$\frac{1}{2} \cdot 3k \cdot 7k \cdot \frac{4\sqrt{3}}{7} = 54\sqrt{3}, \ k^2 = 9$$

$k > 0$ より　　$k = 3 \quad →(8)$
正弦定理から，外接円の半径は

$$\frac{c}{2\sin C} = \frac{24}{2} \cdot \frac{7}{4\sqrt{3}} = 7\sqrt{3} \quad →(9) \cdot (10)$$

内接円の中心を I，半径を r とおくと

慶應義塾大-経済　　　　　　　　　　　　　　2023 年度　数学〈解答〉　57

$$\triangle IAB + \triangle IBC + \triangle ICA = \triangle ABC$$

より

$$\frac{1}{2}r\,(AB+BC+CA)=54\sqrt{3},\quad \frac{1}{2}r\cdot 18k = 54\sqrt{3}$$

$$r = \frac{6\sqrt{3}}{k} = 2\sqrt{3}\quad \rightarrow (11)\cdot(12)$$

(2) 与えられた 2 点の中点が $\left(p,\ \dfrac{p}{2}\right)$ より

$$\frac{(-3m^2-4mn+5m)+m}{2}=p,\quad \frac{(n^2-3n-3)+n}{2}=\frac{p}{2}$$

p を消去すると

$$\frac{-3m^2-4mn+6m}{2}=n^2-2n-3$$

$$3m^2+2\,(2n-3)\,m+2\,(n+1)\,(n-3)=0\quad \cdots\cdots① \quad \rightarrow(13)\sim(17)$$

①を満たす実数 m が存在する条件は，判別式を D とおくと

$$\frac{D}{4}=(2n-3)^2-6\,(n+1)\,(n-3)=27-2n^2\geqq 0$$

この不等式を満たす自然数 n は　　$n=1,\ 2,\ 3$

$n=1$ のとき

$$① \iff 3m^2-2m-8=0 \iff (m-2)\,(3m+4)=0$$

m は自然数より

$$m=2,\ p=n^2-2n-3=-4$$

$n=2$ のとき

$$① \iff 3m^2+2m-6=0 \iff m\,(3m+2)=6$$

$3m+2$ は 5 以上の 6 の約数だから

$$3m+2=6,\ m=\frac{4}{3}\quad (不適)$$

$n=3$ のとき

$$① \iff 3m^2+6m=0,\ m=0,\ -2\quad (不適)$$

以上より

$$m=2,\ n=1,\ p=-4\quad \rightarrow(18)\sim(21)$$

58 2023 年度　数学〈解答〉　　　　　　　　　　　　　　　　　　慶應義塾大-経済

2　◇発想◇　$a_n = S_n - S_{n-1}$ を利用して S_n を消去する。

また，m, l を $m-l>2$ を満たす自然数の定数とするとき，漸化式

$$(n+m)\, a_{n+1} = (n+l)\, a_n$$

の両辺に $(n+m-1)(n+m-2)\cdots\cdots(n+l+1)$ をかけると

$$\{(n+m-1)(n+m-2)\cdots(n+l)\, a_n\}$$

が一定な数列になることを利用する。

解答　(22) 1　(23) 6　(24) 3　(25) 0　(26) 1　(27) 1　(28) 1　(29) 4　(30) 1

(31) 4　(32) 1　(33)(34) 96　(35) 1　(36) 2　(37) 3　(38) 4　(39)(40) 47

━━━━━━━◀ 解　説 ▶━━━━━━━

≪漸化式，数列の和≫

(1)　$S_n = \dfrac{1}{4} - \dfrac{1}{2}(n+3)\, a_{n+1}$ ……①　$(n \geqq 0)$

①で $n=0$ とおくと，$S_0 = 0$ より

$$\frac{1}{4} - \frac{3}{2} a_1 = 0 \qquad \therefore \quad a_1 = \frac{1}{6} \quad \to(22)\cdot(23)$$

$n \geqq 1$ のとき

$$S_{n-1} = \frac{1}{4} - \frac{1}{2}(n+2)\, a_n \quad \cdots\cdots②$$

①－② より

$$S_n - S_{n-1} = \frac{1}{2}(n+2)\, a_n - \frac{1}{2}(n+3)\, a_{n+1}$$

$S_n - S_{n-1} = a_n$ であるから

$$a_n = \frac{1}{2}(n+2)\, a_n - \frac{1}{2}(n+3)\, a_{n+1}$$

$$(n+3)\, a_{n+1} = n a_n \quad \to(24)\cdot(25)$$

両辺に $(n+2)(n+1)$ をかけると

$$(n+3)(n+2)(n+1)\, a_{n+1} = (n+2)(n+1)\, n a_n$$

$b_n = n(n+1)(n+2)\, a_n$ より

$b_1 = 1\cdot2\cdot3\, a_1 = 1$ であり　　$b_{n+1} = b_n$　$\to(26)\cdot(27)$

が成り立つので，$b_n = 1$ であり　　$a_n = \dfrac{1}{n(n+1)(n+2)}$　$\to(28)$

慶應義塾大-経済 2023 年度 数学〈解答〉 *59*

(2) $\dfrac{a_k}{k+3} - \dfrac{a_{k+1}}{k+4} = \dfrac{a_k}{k+3} - \dfrac{1}{k+4} \cdot \dfrac{k}{k+3} a_k$

$$= \dfrac{a_k}{(k+3)(k+4)} \{(k+4) - k\}$$

$$= \dfrac{4a_k}{(k+3)(k+4)} \quad \to\!(29)$$

$c_k = \dfrac{1}{4} \cdot \dfrac{a_k}{k+3}$ とおくと

$$T_n = \sum_{k=1}^{n} \dfrac{a_k}{(k+3)(k+4)} = \sum_{k=1}^{n} (c_k - c_{k+1})$$

$$= (c_1 + c_2 + \cdots + c_n) - (c_2 + c_3 + \cdots + c_n + c_{n+1}) = c_1 - c_{n+1}$$

$$= \dfrac{1}{4} \cdot \dfrac{a_1}{4} - \dfrac{1}{4} \cdot \dfrac{a_{n+1}}{n+4}$$

$$= \dfrac{1}{96} - \dfrac{1}{4(n+1)(n+2)(n+3)(n+4)} \quad \to\!(30)\cdot(31)$$

よって $A = \dfrac{1}{96} \quad \to\!(32)\sim(34)$

$p = 1, \ q = 2, \ r = 3, \ s = 4 \quad \to\!(35)\sim(38)$

(3) 与えられた不等式から

$$\dfrac{1}{4(n+1)(n+2)(n+3)(n+4)} < \dfrac{1}{10000(n+1)(n+2)}$$

∴ $(n+3)(n+4) > 2500 \quad \cdots\cdots$③

$f(n) = (n+3)(n+4) \ (n \geqq 1)$ とおくと, $f(n)$ は単調に増加し

$f(46) = 49 \cdot 50 < 2500, \ f(47) = 50 \cdot 51 > 2500$

よって, ③を満たす最小の自然数 n は

$n = 47 \quad \to\!(39)(40)$

3

◇発想◇ (4) 和が 15 となる 3 数の組を求めておく。

解答 (41) 6 (42) 8 (43) 9 (44)(45) 14 (46) 9 (47) 8 (48)(49)(50) 243 (51) 7
(52)(53) 81 (54)(55) 79 (56)(57)(58)(59) 5103

◀解 説▶

≪分散, 反復試行の確率, 条件付き確率≫

(1) 3 回の試行後の点数が 23 点であるのは, 引いた 3 枚のカードに記入

60 2023 年度 数学〈解答〉 慶應義塾大-経済

された数字がすべて異なり，小さい順に

  6，8，9 →(41)～(43)

であり，これら 3 つの数字の分散は

$$\frac{1}{3}(6^2+8^2+9^2)-\left\{\frac{1}{3}(6+8+9)\right\}^2=\frac{181}{3}-\left(\frac{23}{3}\right)^2$$

$$=\frac{14}{9}\quad→(44)～(46)$$

(2) 4 回の試行後の点数が 23 点であるのは，引いた 4 枚のカードに記入された数字がすべて異なり，カードに記入された数字を $a,\ b,\ c,\ d$ とおき

  $a+b+c+d=23,\ a>b>c>d$

とする。

$(a,\ b)=(9,\ 8)$ のとき

$c+d=6,\ 8>c>d$ より $(c,\ d)=(5,\ 1),\ (4,\ 2)$

$(a,\ b)=(9,\ 7)$ のとき

$c+d=7,\ 7>c>d$ より $(c,\ d)=(6,\ 1),\ (5,\ 2),\ (4,\ 3)$

$(a,\ b)=(9,\ 6)$ のとき

$c+d=8,\ 6>c>d$ より $(c,\ d)=(5,\ 3)$

$a=9,\ b\leqq5$ のとき $a+b+c+d\leqq9+5+4+3=21$

$(a,\ b)=(8,\ 7)$ のとき

$c+d=8,\ 7>c>d$ より $(c,\ d)=(6,\ 2),\ (5,\ 3)$

$(a,\ b)=(8,\ 6)$ のとき

$c+d=9,\ 6>c>d$ より $(c,\ d)=(5,\ 4)$

$a=8,\ b\leqq5$ のとき $a+b+c+d\leqq8+5+4+3=20$

$a\leqq7$ のとき $a+b+c+d\leqq7+6+5+4=22$

したがって，4 つの数字の組合せは 9 通りであり，求める確率は

$$\frac{9\cdot4!}{9^4}=\frac{8}{243}\quad→(47)～(50)$$

(3) 2 回の試行後の点数が 8 点または 1008 点である数字の組合せは

  $\{1,\ 7\},\ \{2,\ 6\},\ \{3,\ 5\},\ \{4,\ 4\}$

であり，求める確率は

$$\frac{3 \cdot 2 + 1}{9^2} = \frac{7}{81} \quad \rightarrow (51) \sim (53)$$

(4) 2回の試行後の点数が8点または1008点となる事象をA, 5回の試行後の点数が2023点であるという事象をBとおくと，(3)の結果より

$$P(A) = \frac{7}{9^2}$$

3つの数字の和が15になるのは，右表の13組である。
この表を利用して$A \cap B$の数字の組合せを調べると

9, 5, 1	9, 4, 2	9, 3, 3	
8, 6, 1	8, 5, 2	8, 4, 3	
7, 7, 1	7, 6, 2	7, 5, 3	7, 4, 4
6, 6, 3	6, 5, 4		
5, 5, 5			

1, 2回				3〜5回	
7, 1	7, 4, 4	5, 5, 5			$3+1=4$
6, 2	7, 6, 2	6, 6, 3	5, 5, 5		$3!+3+1=10$
5, 3	7, 5, 3	9, 3, 3	6, 6, 3		$3!+3+3=12$
4, 4	9, 4, 2	8, 4, 3	6, 5, 4		$3! \times 3 + 3 \times 3 = 27$
	9, 3, 3	6, 6, 3	7, 7, 1		

したがって

$$P(A \cap B) = \frac{2 \times (4+10+12) + 1 \times 27}{9^5} = \frac{79}{9^5}$$

$$P_A(B) = \frac{P(A \cap B)}{P(A)} = \frac{79}{9^5} \cdot \frac{9^2}{7} = \frac{79}{5103} \quad \rightarrow (54) \sim (59)$$

◇発想◇ (3) z_2を求めて，nの範囲を求めればよい。$6n$, $2n$の範囲を考える。

解答 (1) $y = k - x$ より $z = \log_2 x^2(k-x)$
$x > 0$, $y > 0$ より $0 < x < k$
$f(x) = x^2(k-x) = kx^2 - x^3$ とおくと

$$f'(x) = 2kx - 3x^2 = -3x\left(x - \frac{2}{3}k\right)$$

$f(x)$の増減は右のようになる。

x	0	$\cdots$	$\frac{2}{3}k$	$\cdots$	k
$f'(x)$		$+$	0	$-$	
$f(x)$		↗		↘	

よって，$f(x)$ は $x = \frac{2}{3}k$ のとき最大値 $\frac{4}{27}k^3$

をとり

$$z_1 = \log_2 \frac{4}{27}k^3, \ \text{最大値を与える } x \text{ の値は } x = \frac{2}{3}k \quad \cdots\cdots\text{(答)}$$

(2) $kx + y = 2k$ のとき，$y = k(2-x)$ より $\quad z = \log_2 kx^2(2-x)$

$x > 0, \ y > 0$ より $\quad 0 < x < 2$

$g(x) = x^2(2-x) = -x^3 + 2x^2$ とおくと

$$g'(x) = -3x^2 + 4x = -3x\left(x - \frac{4}{3}\right)$$

$g(x)$ の増減は右のようになる。

x	0	$\cdots$	$\frac{4}{3}$	$\cdots$	2
$g'(x)$		$+$	0	$-$	
$g(x)$		$\nearrow$	$\frac{32}{27}$	$\searrow$	

よって，z の最大値を z_1' とおくと

$$z_1' = \log_2 \frac{32}{27}k$$

z の最大値が z_1 と一致する条件は $\quad z_1 \geqq z_1' \quad \cdots\cdots①$

が成り立つことであり

$$① \iff \log_2 \frac{4}{27}k^3 \geqq \log_2 \frac{32}{27}k \iff \frac{4}{27}k^3 \geqq \frac{32}{27}k \iff k^2 \geqq 8$$

よって，$k > 0$ より $\quad k \geqq 2\sqrt{2} \quad \cdots\cdots\text{(答)}$

(3) $a = \log_2 3$ とおくと

$$1.58 < a < 1.59, \ 47.4 < 30a < 47.7 \quad \cdots\cdots②$$

$$k \geqq 2\sqrt{2} \iff 2^{\frac{n}{5}} \geqq 2^{\frac{3}{2}} \iff \frac{n}{5} \geqq \frac{3}{2} \iff n \geqq \frac{15}{2}$$

よって，$n \geqq 8$ のとき，$z_1 > z_1'$ が成り立ち

$$z_2 = z_1 = \log_2 \frac{4}{27}k^3 = 2\log_2 2 + 3\log_2 2^{\frac{n}{5}} - 3\log_2 3 = 2 + \frac{3}{5}n - 3a$$

$\frac{3}{2} < z_2 < \frac{7}{2}$ より

$$\frac{3}{2} < 2 + \frac{3}{5}n - 3a < \frac{7}{2} \iff 3a - \frac{1}{2} < \frac{3}{5}n < 3a + \frac{3}{2}$$

$$\iff 30a - 5 < 6n < 30a + 15$$

②より $\quad 62.4 < 30a + 15 < 62.7, \ 30a - 5 < 42.7 < 48$

$48 \leqq 6n \leqq 62$ より $\quad 6n = 48, \ 54, \ 60 \quad \therefore \quad n = 8, \ 9, \ 10$

$n \leqq 7$ のとき，$z_1' > z_1$ が成り立ち

$$z_2 = z_1' = \log_2 \frac{32}{27} k = \log_2 2^5 + \log_2 2^{\frac{n}{5}} - 3\log_2 3 = 5 + \frac{n}{5} - 3a$$

$\dfrac{3}{2} < z_2 < \dfrac{7}{2}$ より

$$\frac{3}{2} < 5 + \frac{n}{5} - 3a < \frac{7}{2} \Longleftrightarrow 3a - \frac{7}{2} < \frac{n}{5} < 3a - \frac{3}{2}$$

$$\Longleftrightarrow 30a - 35 < 2n < 30a - 15$$

②より　　$12.4 < 30a - 35 < 12.7,\ 14 < 32.4 < 30a - 15$

$13 \leqq 2n \leqq 14$ より　　$2n = 14$　　$\therefore\ \ n = 7$

よって，n の最小値は 7，最大値は 10　……(答)

◀解　説▶

≪対数関数の最大値と微分法，対数不等式≫

(2) $kx + y = 2k$ のときの z の最大値を z_1' とすると，z_2 は z_1 と z_1' の小さくない方である。したがって，$z_2 = z_1$ ならば，$z_1 \geqq z_1'$ が成り立ち，逆に，$z_1 \geqq z_1'$ ならば，$z_2 = z_1$ も成り立つ。

(3) z_2 を $k = 2^{\frac{n}{5}}$ で表し，$\dfrac{3}{2} < z_2 < \dfrac{7}{2}$ を利用して，n の範囲を a を用いて表せばよい。

5 ◆発想◆ (3) $\vec{n}$ が平面 α と垂直なので，α 上の直線と $\vec{n}$ は垂直である。

(4) 3点 B，M，N を利用して，F を含む多面体を考察する。

解答 (1) $\overrightarrow{PQ} = (-p,\ q,\ 0)$ と $\overrightarrow{PR} = \left(-p,\ 0,\ \dfrac{3}{2}\right)$ が，$\vec{n}$ に垂直だから

$$\vec{n} \cdot \overrightarrow{PQ} = -ap + bq = 0,\ \ \vec{n} \cdot \overrightarrow{PR} = -ap + \frac{3}{2} = 0$$

よって，$ap = bq = \dfrac{3}{2}$ より　　$a = \dfrac{3}{2p},\ b = \dfrac{3}{2q}$　……(答)

(2) 直線 l は平面 α に垂直だから，$\vec{n}$ が方向ベクトルである。

直線 l と xy 平面の交点を H とおくと，H は l 上の点だから，実数 t を用いて

$$\overrightarrow{OH} = \overrightarrow{OF} + t\vec{n} = (1,\ 1,\ 1) + t\left(\frac{3}{2p},\ \frac{3}{2q},\ 1\right)$$

$$= \left(1+\frac{3t}{2p},\ 1+\frac{3t}{2q},\ 1+t\right)$$

と表され，H は xy 平面上の点だから　　$t+1=0,\ t=-1$

また，H の x 座標が $\frac{2}{3}$ より　　$1-\frac{3}{2p}=\frac{2}{3}$　　$\therefore\ p=\frac{9}{2}$

B が線分 PQ 上の点だから，実数 s を用いて

$$\vec{OB}=s\vec{OP}+(1-s)\vec{OQ}=\left(\frac{9}{2}s,\ (1-s)q,\ 0\right)$$

より　　$\frac{9}{2}s=1,\ (1-s)q=1$　　$\therefore\ s=\frac{2}{9},\ q=\frac{9}{7}$

したがって　　$p=\frac{9}{2},\ q=\frac{9}{7}$　……(答)

(3) (2)の結果から　$\vec{n}=\left(\frac{1}{3},\ \frac{7}{6},\ 1\right)$

M は線分 EF 上の点だから M$(1,\ u,\ 1)$（u は実数）とおけて

$$\vec{RM}=\left(1,\ u,\ -\frac{1}{2}\right)$$

直線 RM は平面 α 上にあるから

$$\vec{n}\cdot\vec{RM}=\frac{7}{6}u-\frac{1}{6}=0,\ u=\frac{1}{7}\quad\therefore\ \text{M}\left(1,\ \frac{1}{7},\ 1\right)\ \cdots\cdots\text{(答)}$$

N は直線 FG 上の点だから N$(v,\ 1,\ 1)$（v は実数）とおけて

$$\vec{RN}=\left(v,\ 1,\ -\frac{1}{2}\right)$$

直線 RN は平面 α 上にあるから

$$\vec{n}\cdot\vec{RN}=\frac{1}{3}v+\frac{2}{3}=0,\ v=-2\quad\therefore\ \text{N}(-2,\ 1,\ 1)\ \cdots\cdots\text{(答)}$$

(4) 線分 DG と平面 α の交点を I，線分 CG と平面 α の交点を J とおくと，点 F を含む多面体は，図の三角錐台 GIJ－FMB である。三角錐 NGIJ と三角錐 NFMB は相似で，相似比は　　$2:3$

したがって，三角錐の体積をそれぞれ，$V_1,\ V_2$ とおくと

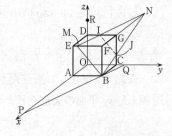

慶應義塾大-経済　　　　　　　　　　　　　　2023 年度　数学〈解答〉　65

$$V_1 : V_2 = 2^3 : 3^3, \quad V_1 = \frac{8}{27} V_2$$

$$V_2 = \frac{1}{6} \text{FM} \cdot \text{FB} \cdot \text{FN} = \frac{1}{6} \cdot \frac{6}{7} \cdot 1 \cdot 3 = \frac{3}{7}$$

$$V = V_2 - V_1 = \frac{19}{27} V_2 = \frac{19}{63} \quad \cdots\cdots（答）$$

◀解　説▶

≪三角錐台の体積≫

(3)　$\text{X}(x, y, z)$ を平面 α 上の点とすると，$\overrightarrow{\text{RX}} = \left(x, y, z - \dfrac{3}{2}\right)$ と

$\vec{n} = \left(\dfrac{1}{3}, \dfrac{7}{6}, 1\right)$ は垂直であるから

$$\vec{n} \cdot \overrightarrow{\text{RX}} = \frac{1}{3}x + \frac{7}{6}y + \left(z - \frac{3}{2}\right) = 0$$

よって　　　$2x + 7y + 6z = 9$　$\cdots\cdots$①

$\text{M}(1, u, 1)$ とおき，①を用いて，$2 + 7u + 6 = 9$，$u = \dfrac{1}{7}$ としてもよい。

参考 ①は平面 α の方程式である。

6 ◇発想◇ (2)の前半はグラフの考え方を利用する。

解答 (1)　$a = \dfrac{3}{2} b \displaystyle\int_{-1}^{1} |x^2 + x| \, dx - \int_{-1}^{1} f(x) \, dx$　$\cdots\cdots$①

$$|x^2 + x| = \begin{cases} -(x^2 + x) & (-1 \leq x \leq 0) \\ x^2 + x & (x \geq 0) \end{cases}$$

より

$$\int_{-1}^{1} |x^2 + x| \, dx = -\int_{-1}^{0} (x^2 + x) \, dx + \int_{0}^{1} (x^2 + x) \, dx$$

$$= -\left[\frac{1}{3}x^3 + \frac{1}{2}x^2\right]_{-1}^{0} + \left[\frac{1}{3}x^3 + \frac{1}{2}x^2\right]_{0}^{1} = 1$$

$$\int_{-1}^{1} f(x) \, dx = \int_{-1}^{1} (x^3 - ax + b) \, dx = 2\int_{0}^{1} b \, dx = 2b$$

よって，①より，$a = \dfrac{3}{2}b - 2b$ であるから　　$b = -2a$　$\cdots\cdots$（答）

(2)　$f(x) = x^3 - ax - 2a$，$f'(x) = 3x^2 - a$

（ⅰ）$a \le 0$ のとき

$f'(x) \ge 0$ より，$f(x)$ は単調に増加し，曲線 C と x 軸の共有点は 1 個。

（ⅱ）$a > 0$ のとき

$$f'(x) = 3\left(x + \sqrt{\frac{a}{3}}\right)\left(x - \sqrt{\frac{a}{3}}\right)$$

$f(x)$ の増減表は次のようになる。

x	$\cdots$	$-\sqrt{\dfrac{a}{3}}$	$\cdots$	$\sqrt{\dfrac{a}{3}}$	$\cdots$
$f'(x)$	$+$	0	$-$	0	$+$
$f(x)$	$\nearrow$		$\searrow$		$\nearrow$

よって，$f(x)$ は $x = \pm\sqrt{\dfrac{a}{3}}$ で極値をもち

$$f\left(\sqrt{\frac{a}{3}}\right) = -\frac{2}{3}a\left(\sqrt{\frac{a}{3}} + 3\right) < 0, \quad f\left(-\sqrt{\frac{a}{3}}\right) = \frac{2}{3}a\left(\sqrt{\frac{a}{3}} - 3\right)$$

曲線 C と x 軸の共有点の個数が 2 個となる条件は，極値が 0 になることから

$$\sqrt{\frac{a}{3}} = 3$$

よって　　$a = 27$ ……（答）

このとき

$$f(x) = x^3 - 27x - 54 = (x+3)^2(x-6)$$

よって，x 軸との交点の座標は，$x = -3,\ 6$ であり

$-3 \le x \le 6$ において，$f(x) \le 0$ が成り立つ。

したがって

$$S = -\int_{-3}^{6} f(x)\,dx = -\int_{-3}^{6} (x+3)^2(x-6)\,dx$$

$$= \frac{1}{12}(6+3)^4$$

$$= \frac{2187}{4} \quad \text{……（答）}$$

━━━━◀解　説▶━━━━

≪定積分の計算，x 軸に接する 3 次関数のグラフ，面積≫

(1)　n を 0 以上の整数，a を正の定数とする。

$y=x^{2n}$ のグラフは y 軸に関して対称，$y=x^{2n+1}$ のグラフは原点に関して対称だから

$$\int_{-a}^{a} x^{2n}dx = 2\int_{0}^{a} x^{2n}dx$$

$$\int_{-a}^{a} x^{2n+1}dx = 0$$

(2) $a=27$ のとき，$x=-3$ は，方程式 $f(x)=0$ の重解である。

❖講 評

1 (1)図形と計量の典型問題で易しい。(2)は，2変数の2次の不定方程式である。m についての2次方程式に整理されているので容易に判別式の利用を思いつき，判別式が0以上の条件から n が限定される。(1)，(2)とも計算ミスをしなければ容易に完答できる。

2 S_n を含んだ漸化式の問題である。誘導が丁寧で解きやすい。(1)は $(*)$ と $b_n=n(n+1)(n+2)a_n$ から，a_n と a_{n+1} を消去してもよい。(2)は，等式 $\sum_{k=1}^{n}(x_k-x_{k+1})=x_1-x_{n+1}$ を利用するように誘導されている。

3 (1)と(3)は易しい。(2)は樹形図を用いて4つの数字の組を求めることもできる。(4)は方針が立っても処理が面倒でやや難。後回しにすべき設問。

4 (1)対数関数の最大値を求める問題で易しい。(2)定義域が和集合の関数の最大値を題材にした問題。$kx+y=2k$ のときの z の最大値を利用すれば，z_2 を求める必要はない。(3)z_2 を求め，与えられた不等式から n の範囲を求めればよいが，工夫しないと小数計算が面倒である。

5 空間ベクトルの応用問題で，三角錐台の体積の問題。誘導が丁寧で解きやすい。(3)条件「M，Nが平面 α 上の点である」の扱い方がポイント。(4)3点B，M，Nで点Fを含む多面体の形状がわかる。

6 x 軸に接する3次関数のグラフを題材にした問題。x 軸との共有点の個数がちょうど2個となるのは，$y=f(x)$ のグラフと x 軸が接する場合に限ることを利用する。

小論文

解答例 ［設問］A．志向的スタンスでふるまいを予測するとは，対象が特定の目的を持っていると仮定して，ふるまいを予測することである。この予測は対象の行為がいかなる信念や欲求に帰属するのかを解釈することでなされるが，対象が合理的行為者であることを前提としている。そのため，対象が非合理的であるときは問題が生じる。対象が誤った知覚的信念を抱く場合や，行動に不整合や自己欺瞞がみられる場合，志向的スタンスによる予測は困難である。（200字以内）

［設問］B．①目の前に立った人が妊婦であった。甲が社会的弱者には配慮が必要であるとの信念を持っていたとすれば，妊婦に席を譲る行為は，社会的義務を果たすことで自身の道徳感情や自尊心を満足させることができたという点で合理的である。②目の前に立った人が席を譲るよう言ってきた。外見からは席を譲る必要があるのかどうか判然としないが，甲はその人の要望に応じた。なにか切迫した事情があるのかもしれないし，相手とトラブルになったり気まずくなったりするよりは自分が少し我慢をすればよいと甲が考えたとすれば，他者との争いを避けるための行動として，甲にとっては合理的な行動である。③目の前に立った人が酩酊状態であった。吊り革につかまってはいるが，足元も不安定で相手の足が甲の膝に接触したりするので，甲はその場を離脱した。このままではトラブルに巻き込まれる恐れがあり，心身の平穏を守る危険回避の行動として合理的である。（400字以内）

◀解　説▶

≪行動の合理性を解釈する≫

▶［設問］A．要求されているのは次の2点である。

①志向的スタンスでふるまいを予測することとはどういうことか説明する。
②その予測に問題が生じるケースとはどのようなものか説明する。

　①に関しては，志向的スタンスとは何かを説明し，志向的スタンスによる予測の特徴を書けばよい。

　志向的スタンスについては，他者のふるまいを予測する3つのスタンス

慶應義塾大-経済　　　　　　　　　　　　2023 年度　小論文〈解答〉　69

（物理的スタンス・設計的スタンス・志向的スタンス）について説明した箇所（第3段落）にある，「志向的スタンス，これを使うためには，ふるまいを予測したい対象のシステムを，志向的状態をもった合理的な行為者とみなしていなければならない」という記述を核として，「志向的状態」とはどういう状態か，「合理的な行為者」とは何かを考える。志向的状態とは，対象の行動の裏にそれを動機づける目的がある状態のこと（第1段落）である。対象がその目的に向かって行動するとき，対象の持つどのような欲求や信念が関係しているのかを解釈するのが，志向的スタンスによる解釈である。

　②に関しては，志向的スタンスによる予測の限界について書けばよい。

　志向的スタンスは対象が「合理性の基準を満たすようにふるまっている」（第1段落）ことを前提としているから，「対象が非合理であったとき」，「志向的スタンスにもとづいた予測には必ず問題が生じる」（第6段落）という論点がみえてくる。そのうえで，課題文では，対象が非合理である2つのケースについて触れている。すなわち，薬物やアルコールの作用によって対象が幻覚をみているような場合と対象のふるまいが不整合であるとか自己欺瞞に陥っている場合である。前者は志向的スタンスでは予測困難だから物理的スタンスで予測する。後者では，合理性からの逸脱が一時的なら暫定的な予測が可能だが，長期的・体系的な場合は，「志向的スタンスではいかなる志向的状態も帰属できず，いかなる予測も立てられない」（第7段落）。

　以上の論点を〈志向的スタンスによる予測の特徴とその限界〉というアウトラインで要領よく簡潔にまとめたい。

▶[設問] B.　あなたが電車に乗って席に座っており，隣にも人（甲）が座っているとする。駅に着き，ある人が甲の席の前に立つと，甲が席を立った。この甲の行動を志向的スタンスで説明できるような3つの異なる状況を設定し，それぞれの状況における甲の行動の「合理性」について説明する。

　要求されているのは次の2点である。
①甲が「席を立つ」異なる3つの状況を設定する。
②それぞれの状況について，「席を立つ」という甲の行為を志向的スタンスで解釈する（解釈者は甲の隣に座っている「あなた」）。

①に関して，自分が甲であったらどのような場合に「席を立つ」のか考えればよいので，状況設定は容易であろう。〔解答例〕では1番目に妊婦を挙げたが，これは高齢者でも身体障害者でも同じ論理が成り立つ。〔解答例〕のほかに，目の前に立った人が悪臭を放っているとか偶然乗り合わせた旧友であったのでじっくり話をしたい，甲の咳が止まらなくなったなども考えられる。

②では，それぞれの状況において，「席を立つ」という行動の「合理性」が，甲のどのような欲求や信念によって担保されているのかを論理的に説明しなければならない。

この設問のように複数の解答を並べなければならないとき，記述方法に迷った受験生もいただろう。〔解答例〕のように番号を振ってもよいし，「1つ目は…」「2つ目は…」「3つ目は…」という書き方でも，「目の前に立った人が妊婦であった場合：…」のように書いてもよい。

❖講　評

2022年度は課題文が2つだったが，2023年度は1つになり2021年度の形に戻った。〔設問〕は2つで200字の内容説明と400字の意見論述という形式に変化はない。

課題文は，人や組織の行動を予測する際にもちいる方針の一つとして志向的スタンスを挙げ，その特徴と限界について説明した文章である。主流派経済学が経済的合理性に基づいてのみ行動する「経済人」をモデルに理論構築したのに対して，近年，時に非合理的な行動もする人間を想定して理論構築する行動経済学が注目されるようになっている。その意味でこの問題は学部系統に沿った出題といえる。やや抽象的な記述だが，「志向的状態」と「合理的行為者」という概念と解釈主義という立場が理解できれば，課題文の読解自体はそれほど難しくない。

〔設問〕Aは，まさに課題文の内容要約である。志向的スタンスの特徴とその限界というアウトラインに沿って要約すればよいのだが，関連箇所をそのまま抜粋するのでは軽く200字を超えてしまう。課題文の全体をかみくだいて，設問の要求事項に過不足なく200字で答えるためには，思考力と文章構成力が必要である。

〔設問〕Bは，課題文をふまえて，具体的な状況の中での人の行動の

「合理性」について論じさせる問題である。異なる3つの状況を設定しなければならず発想力が問われるものの，電車の中という日常的な場面なので，自分の体験と重ね合わせて想定すれば，3つの異なる事例を挙げるのは難しくない。ポイントは，それぞれの状況のもとで，人の行動を特定の「欲求」や「信念」に帰属させ，その合理性の根拠を論理的に説明できるかどうかである。この点でも，自己に引きよせて，自分の行動を合理化するという方針で考察すればよいから難しくはないが，考察したことを簡潔かつ論理的に記述できるかどうか文章構成力が問われた。

　課題文はやや抽象的だが難文というほどでもない。[設問] A も [設問] B も文章構成力という点でやや手強いところはあったものの，比較的取り組みやすい問題であった。「知性とはなにか」を自分で定義しなければならなかった2022年度と比較すると，やや易化したといえる。

# MEMO

MEMO

2022年度

解答編

慶應義塾大-経済　　　　　　　　　　　　　　　2022 年度　英語〈解答〉　3

解答編

■英語■

Ⅰ **解答** 1−2　2−4　3−2　4−1　5−4　6−1
7−3　8−4　9−2

━━━━━━━━◆全　訳◆━━━━━━━━

≪ミニマリズム：より少ないほどより良い≫

①　ミニマリズムは一つの運動であり，その時代がやって来たのだ。日本からアメリカやヨーロッパに至るまで，さまざまな国の人たちが近藤麻理恵に魅せられてしまっている。家をきちんと片付けて物質的所有物を生活で「ときめく」ものだけに限定することによって，彼女は私たちに生活を簡素化するように奨励した。彼女のテレビ番組で，家の隅々に一般的に果てしない大量の物があるアメリカ人の家族の家に彼女は入っていき，彼らの所有物について決定を下すよう彼らを導いたものだ。「こんまりメソッド」のわくわく感は明らかだった。物質的所有物を大いに減らすことによって，人々はもっとのんびりしてもっと幸せになることに気がつき，家族関係が良くなるのを知った。

②　しかしながら，所有物を減らすことは，ミニマリストのライフスタイルへの移行の１段階にすぎない。この哲学を採用する際に，多くの人々は最も重要な消費の選択についてじっくり検討することを選ぶ。たとえば，家の大きさと場所そして通勤手段。郊外の巨大な家をあきらめて，その代わりに町の中心の，大きさがほんの少しのアパートに住む人たちもいる。仕事に公共交通機関を使ったり自転車で行ったりすることを選び，家族が２台目の車をやめたり，ともかくも車を持つ必要性を除外さえしたりすることができる人たちもいる。さらにもっと考えて，持ち主がいつなんどきどこにでも住むことができるトレーラーハウスやキャンピングカーに住むことを選ぶ人たちもいる。

③　ミニマリストのライフスタイルは地球に対する私たちの責任感を反映

している。個人の消費は，深いさまざまな方法でより広い環境や共同社会に影響を及ぼす。たとえば，地元の農産物やパンを求めてファーマーズマーケットで買い物をすることは，食事を改善させるばかりでなく，廃棄物の発生も減らす。ほとんどの人々にとって，一つの食べ物の選択はまったく意味がないように思われるだろう。しかし，大きな長期的な有益さが後に続くかもしれない。なぜならばそれはあなたのお皿に食べ物を持ってくるための地球規模の輸送ネットワークへの依存を減らすことができるからである。究極的に，購入する物を少なくすることは，生産しなければならない物を少なくし，時が経てば，廃棄物も結果としてもっと少なくなることを意味する。これらの環境的な有益さを計算することができるし，計算すべきである。

④　実際，ミニマリズムを選ぶ多くの人たちは，過度の消費によって引き起こされた金銭的なストレスのために，そうするのである。多くの人たちは，かつて買い物中毒者であった。彼らは給料ぎりぎりの生活をして，ただ帳尻を合わせるためにクレジットカードに頼っていた。実際，今日アメリカとイギリスの平均的な大人は 5000 ドル以上の無担保のローンやクレジットカードの負債があり，アメリカ連邦準備制度によると，全てのアメリカの大人のゆうに 4 分の 1 は退職のための貯金がない。人々を貧しい状態にしているのは，もっと多くの物を買いたいという欲求ばかりでなく，清掃費や維持費と同様に，電話契約や保険や税金を含む，持っている物を維持し保管しておくための費用でもあることを，人々はしばしば忘れる。その核心で，ミニマリズムは基本的な財政的健全さを促進する。そういうものとして，あらゆる責任のある政府は，ミニマリズムの原則のいくらかを具体化する政策を採用するだろう。

⑤　ミニマリズムは今日の世界に存在する経済的不均衡のいくらかを是正する能力を持っている。もし仮に豊かな人たちがある程度の消費なしで済ますならば，より多くの資産を利用して，発展途上国の真に貧しい人たちに必要な物を与えることができるだろう。豊かな人たちは，倫理的考慮からとは言わないまでも，そのときは自己の利益から，地球の環境への影響を抑制することができるし，そうすべきである。もし豊かな人たちに新たな機器を提供するための資源のために発展途上国が荒廃させられ続けるならば，地球全体での人の移動と病気の大流行がおそらくどのように起こる

かは誰の目にも明らかである。

⑥　次のように主張する人たちもいる。もし私たち全てがミニマリストの
ライフスタイルで生活するならば，世界経済は破綻するだろう。なぜなら
ば，サプライチェーンを機能させておき，地元の店を開かせておくために
消費者がお金を使うことがなくなるからだ。しかしながら，ミニマリスト
は消費をやめることを決して主張していない。それどころか，彼らはお金
がどんな影響を及ぼすのかに着目したいのである。良心的に消費すること
によって，私たちは最低価格の入札者によって大量生産される品物よりも，
倫理的に生産された地元産の品物を支援することができる。積もっていけ
ば，それぞれの個人の決定がかなりの国の経済的利益を生み出すだろう。
なぜならば，消費者が多国籍企業を拒絶するとき，地元の製造業と家族経
営の商売が復活するからだ。

⑦　批評家はたいていミニマリズムを急進的で反資本主義的な運動と説明
するけれども，ミニマリズムそれ自体は政治運動ではない。ミニマリスト
には財産の個人所有や富の蓄積に関する問題はない。彼らが反対している
のは，社会的な見せびらかしの手段としての人目を引く消費である。将来
に対する蓄えや隣人に対して責任を持つことのような静かな美徳が流行し
なくなった時代に，私たちは生きている。だが，ジェイソン=ロドリゲス
が説明したように，「アメリカのミニマリスト運動は，大量消費主義の悪
徳に対するますます人気上昇中の批判的な反省と消費者資本主義の真った
だ中で新たな生活様式を築き上げようとする努力を表している」。ほとん
どの国の政府にとって，大量消費社会の不平等を撲滅するためにミニマリ
ズムが成し遂げることは何でも，前に進む主要な一歩となるだろう。

■■■■■■■■■　◀解　説▶　■■■■■■■■■

▶1．「以下のうち，第①段の空所［1］を埋めるのに最も適切なものは
どれか」

　第①段第2文（From Japan to the …）で「家をきちんと片付けて物質
的所有物を生活で『ときめく』ものだけに限定する」という記述がある。
この記述に従って，空所［1］に2の「〜について決定を下すよう彼らを
導く」を入れる。他の選択肢では第2文の記述に反する。make a
decision about 〜「〜について決定を下す」

1．「〜を高めるための費用を計算する」

3．「所有者が〜を再整理するのに役立つ」 help *A* to *do*「*A* が〜するのに役立つ」

4．「〜を拡大するために彼らと協力する」

▶ 2 〜 4．「以下の表現から，第②段の空所［2］，［3］，［4］を埋めるのに最も適切な表現を選べ。それぞれの表現は 1 回だけ使えるものとする」

　空所［2］の直後の「最も重要な消費の選択」を基にして，空所［2］に 4 の take stock of「〜についてじっくり検討する」を入れる。他の選択肢は否定的な意味合いで使われることが多いので，この空所には合わない。次に空所［3］の直後に「巨大な家」があり，そのすぐ後にアパートに住むという記述があるので，2 の give up「〜をあきらめる，放棄する」という定型表現を入れる。最後に，空所［4］の後の表現を基にして，空所［4］に 1 の eliminate「〜を取り除く，除外する」を入れる。

3．「〜を補う，埋め合わせをする」

5．「〜をぬぐう，消去する，全て返す」

▶ 5．「以下のうち，第③段の空所［5］を埋めるのに最も適切なものはどれか」

　まず，空所より前に「ほとんどの人々にとって，一つの食べ物の選択は」という表現がある。この表現につながるものとして，空所に 4 のseem absolutely insignificant「まったく意味がないように思われる」を入れる。すると，空所の後の「しかし，大きな長期的な有益さが後に続くかもしれない。なぜならばそれはあなたのお皿に食べ物を持ってくるための地球規模の輸送ネットワークへの依存を減らすことができるからである」とうまくつながる。dependency upon 〜「〜への依存」

1．「とても意味があるように思われる」

2．「多くの不利な点をもたらす」

3．「人生を変える違いを生じる」

▶ 6．「以下のうち，第④段の著者の主旨を最もよく表現しているのはどれか」

　過度の消費のために財政的健全さが低下しているので，ミニマリズムにより消費を抑えれば，健全さは増すという第④段の内容を基にして，1 の「消費を少なくすることは財政的な有益さがある」を選ぶ。consuming less「より少なく消費すること」とは，つまり「消費を少なくすること」である。

2．「ほとんどの人たちは物が少なければより満足する」 be happy with ～「～に満足する」

3．「人々は消費に中毒になってしまっている」 become addicted to ～「～に中毒になる」

4．「保管経費は隠れた財政負担である」

▶ 7．「以下のうち，第⑤段の空所［7］を埋めるのに最も適切なものはどれか」

　空所の前後を考えると，空所に入る表現がわかりやすい。まず，空所の前の第1文（Minimalism has the capacity …）で「ミニマリズムは今日の世界に存在する経済的不均衡のいくらかを是正する能力を持っている」と記されて，ミニマリズムの利点が記されている。次に，空所のある文のコンマ以降に「より多くの資産を利用して，発展途上国の真に貧しい人たちに必要な物を与えることができるだろう」という記述がある。resources「資源」 provide for ～「～に必要な物を与える」 the truly poor「真に貧しい人たち」 the＋形容詞で「～の人たち」を意味する。developing countries「発展途上国」 このコンマ以降の内容と might という単語から，コンマ以降の部分が仮定法過去の帰結節だと想定できるので，空所に入れる条件節を探す。3の Were the rich to go without「もし仮に豊かな人たちが～なしで済ますならば」が形の上でも意味的にも一番適していると考えられる。この部分は条件節の倒置構文であり，元の形は If the rich were to go without である。were to *do*「仮に～」 go without ～「～なしで済ます」 3を空所に入れると，空所の後の a certain portion of their consumption「ある程度の消費」にもうまく合う。a certain portion of ～「ある程度の～，一定の～」 certain は「ある程度の，いくらかの」という意の形容詞。portion は「部分」という意の名詞。なお，この問題の他の選択肢は文法的に少し逸脱しているが，ここで一応の訳をしておく。

1．「豊かな人たちが～を拡張する」

2．「地球のエリートたちが～を減らす必要がある」

4．「貧しい人たちが～を手に入れる」

8 2022 年度 英語〈解答〉 慶應義塾大-経済

▶8．「以下のうち，第⑥段の空所［8］を埋めるのに最も適切なものは
どれか」

空所の前後を考えて，空所に入る文を考える。空所を含む文の前文に
「消費をやめることを決して主張していない」という記述がある。空所の
直前に Instead「それどころか，そうではなく」という副詞があり，この
副詞は前言を打ち消して代わりとなる事柄を提示するときに用いられる。
よって，空所に4の「彼らはお金がどんな影響を及ぼすのかに着目したい
のである」を入れると，空所の後の「良心的に消費することによって，私
たちは最低価格の入札者によって大量生産される品物よりも，倫理的に生
産された地元産の品物を支援することができる」という内容とうまく話が
つながる。focus on ～「～に着目する，注意を向ける」 support *A* over
B「*B* より *A* を支援する」 those which are mass-produced「大量生産さ
れる品物」 those は前出の goods「品物」を受ける代名詞。

1．「彼らの関心の的は世界的なサプライチェーンを強化することである」
2．「彼らは，私たちが持っているものを単に再利用することに賛成であ
る」 argue for ～「～に賛成である」
3．「私たちは高品質の製品のみを買わなければならないと彼らは言う」

▶9．「以下のうち，第⑦段の空所［9］を埋めるのに最も適切なものは
どれか」

空所を含む文の文末に would be a major step forward「前に進む主要
な一歩となるだろう」があるので，空所を含めて our consumerist
society までの部分が主語になるのではないかと見当をつけることができ
る。よって，空所に2の whatever minimalism can「ミニマリズムが～
できることは何でも」を入れると，意味的にも文法的にも一番合う。他の
選択肢では文法的にこの文には合わない。uproot the inequalities「不平
等を撲滅する」 consumerist society「大量消費社会」 consumerist は
「大量消費主義の」という意の形容詞。

1．「ミニマリズムがいかに～であろうとも」
3．「ミニマリズムがいつ～であろうとも」
4．「どちらのミニマリズムが～であろうとも」

◆～◆～◆～◆～◆ ●語句・構文● ◆～◆～◆～◆～◆

（第①段） under the spell of ～「～に魅せられて，～の魔法にかかって」

encourage *A* to *do*「*A* に〜するよう奨励する」 clean up 〜「〜をきちんと片付ける」 limit *A* to *B*「*B* に *A* を限定する，限る」 この段落で *B* に相当するのは only those that "spark joy" in our lives「生活で『ときめく』ものだけ」である。those は名詞の繰り返しを避ける代名詞で，material possessions「物質的所有物」を受ける。spark joy は「喜びを引き起こす，ときめく」という意。she would go into の would「よく〜したものだ」は過去の習慣を示す。piles of stuff「物の山，山のような物，大量の物」

(第②段) some 〜, others …「〜の人たちもいれば，…の人たちもいる」 a city-center apartment one fraction the size「町の中心の，大きさがほんの少しのアパート」 one fraction は「ほんの少し」という意。size は修飾する名詞の直後に置くことに注意。例を示すと，a hole the size of a ball は「ボールの大きさの穴」となる。opt to *do*「〜することを選ぶ（＝choose to *do*）」 cycle to work「仕事に自転車で行く」 ここで cycle は自動詞であることに注意。allow *A* to *do*「*A* が〜するのを可能にする」 get rid of 〜「〜を取り除く，除外する」 the need for one at all「ともかくも車を持つ必要性」 one は a car のこと。at all は肯定文では「ともかく，本当に」という意味である。taken even further「さらにもっと考えて」 take という多義語はここでは「考える，理解する」という意味。even は比較級の前で用いられると「さらに，いっそう」という意の強調用法になる。further は far の比較級。

(第③段) sense of responsibility「責任感」 local produce「地元の農産物」 この produce は名詞でアクセントは第 1 音節にあることに注意。not only *A* but also *B*「*A* ばかりでなく *B* も（＝not just *A* but also *B* ＝*B* as well as *A*)」 purchasing fewer things「より少ない物を購入すること」つまり「購入する物を少なくすること」 less will have to be produced「より少ない量を生産しなければならないだろう」，つまり「生産しなければならない物を少なくする」 この文の less は名詞で「より少ない量」という意。over time「時が経てば，やがて」 less waste will result「より少ない廃棄物が結果としてできる」つまり「廃棄物は結果としてもっと少なくなる」 この文での less は「より少ない」という意の形容詞。result は動詞であることに注意。

（第④段） because of ～「～のために（＝on account of ～）」 shopaholic「買い物中毒者」 似たような単語に alcoholic「アルコール依存症の人」, workaholic「仕事中毒者」などがある。live paycheck to paycheck「給料ぎりぎりの生活をする，その日暮らしの生活を送る（＝live from hand to mouth)」 paycheck は「給料」のこと。rely on ～「～に依存する，頼る（＝depend on ～）」 make ends meet「生活の収支を合わせる，家計をやりくりする」 at its heart「その核心で」 as such「そういうものとして」 any responsible government「あらゆる責任のある政府」 肯定文で用いられた any は「あらゆる」という意。

（第⑤段） environmental footprint「（人間の活動が及ぼす）環境への影響，環境フットプリント」 if not ～「～とは言わないまでも」 この段落では if not *A*, then *B*「*A* とは言わないまでも *B*」という形で連動している。developing nations「発展途上国（＝developing countries)」 この表現と対比的に使われるのは developed〔advanced〕countries〔nations〕「先進国」である。resource は多義語で，複数形で用いられた場合「（石油，石炭などの）資源，資産，財源，手段」という意味があり，この段落では「資源」という意で用いられている。supply *A* with *B*「*A* に *B* を提供する，供給する」 might well *do*「おそらく～だろう」

（第⑥段） keep supply chains running and local stores open「サプライチェーンを機能させておき，地元の店を開かせておく」 VOC の構造である。supply chains は「製品が生産者から物流システムにより販売店へ行き，消費者のもとに届くまでの全ての過程」を言う。cumulatively「累積的に，積もっていけば」 family-based business「家族経営の商売」 multinational corporation「多国籍企業」

（第⑦段） in itself「それ自体」 paint *A* as *B*「*A* を *B* として評する，表現する」 have problems with ～「～に関する問題がある」 object to ～「～に反対する」 as a means of ～「～の手段として」 social display「社会的な見せびらかし」 be responsible to ～「～に対して責任を負う」 to の後には人が来る。reflection on ～「～に対する反省」 an effort to *do*「～しようとする努力，試み」

慶應義塾大-経済 2022 年度　英語〈解答〉 *11*

Ⅱ　解答

10— 4　11— 2　12— 2　13— 1　14— 3　15— 3
16— 2　17— 3　18— 1　19— 4　20— 3　21— 2
22— 1

~~~~~~~~~~~◆全　訳◆~~~~~~~~~~~

≪ミニマリズム：狭量な考え方か？≫

① 　ミニマリズムを表面的に調べると，その肯定的な面のみが明らかにな
る。この現代的な家族中心の哲学は必要とする物だけで生活することを奨
励する。確かに，もし物を少なくして生活することはストレスを解消する
と証明できるならば——実際にそのことを例証している研究もある——
その時にはミニマリズムは健全で価値のある運動である。だが，もっと深
く熟考すると，真実が明らかになる。つまり，美徳の外観の背後に，社会
的交流を制限し新しい社会規範を導入するという目的を持つカルトのよう
なイデオロギーがある。

② 　ミニマリズムの主な魅力は，環境に有益だと認められていることであ
る。消費をより少なくすることによって，私たちは地球を救っているのだ
と言われる。だが，これは真実なのか？　不運にも，ほとんどのミニマリ
ストが認めるよりもはるかにもっと多く考えるべきことがある。第一に，
私たちは，世界の消費の急激な減少が発展途上国に及ぼすであろう影響を
理解する必要がある。というのは，発展途上国の経済は，後に消費財にな
る一次産品を輸出することにしばしば依存しているからだ。その一次産品
を放棄することを単に選んだ豊かな人たちを，これらの国々の人たちが強
く批判しても許されるだろう。結果として，損失の埋め合わせをするため
に，彼らはもっと貴重な天然資源を破壊しなければならないだろう。

③ 　人々はしばしば消費を最小限にすることがもたらす環境への有益さを
指摘する。なるほど，ミニマリズムの環境コストと有益さを算出すること
は必要不可欠である。しかし，これらは，現実生活では何人かの人が信じ
ているより計算するのがもっと難しい。ファーマーズマーケットや地元の
店に行くことが貿易問題全てを解決するとは限らないだろう。規模の経済
は，大きいことは本当に素晴らしいものになりうることを意味する。つま
り，大規模経営はしばしばはるかに少ないゴミではるかに多く生産するこ
とができる。さらに，長距離貿易は環境にとって必ずしも悪いとは限らな
い。国家は，独特の地理や利用可能な資源，異なる環境を反映する政策を

採用する必要がある。

④　論理的には，政府は人々に大量消費を削減するよう勧めるのではなく，大量消費を奨励するべきである。国内消費は，GDP の増加の第一の原動力である。規模もまた重要である。1 人の豊かな人の家を片付けることは，1 人の意思決定者に伴う微調整である。国全体の消費の流れを片付けることは，単に正解のない無数の政治的経済的問題を伴う。

⑤　実際，政治問題は，より広い規模のミニマリズムの採用に続いて自然に起こるであろう。国家が自給できるようになろうとして武力衝突に訴える程度にまで，私たちは実際に国際統合を後退させたいのか？　政府はどちらの貿易相手国が適切なのかを法制化するべきなのか？　政府はどのようにこれをするのだろうか？　そして，「ミニマリスト」の消費はどのようにして正確に計算されるのだろうか？　国内の消費者を考慮に入れてか？　あるいは，さまざまな取り組みが生産物を生み出した関連する多くの生産者と貿易業者は？

⑥　明確にするために言うと，ミニマリストの運動は，インターネットベースの経済と社会への転換によって推進される。そこで，ミニマリストがいかに多くの所有物を生活環境から取り除くとしても，コンピュータとスマートフォンは決してなくなることはない。これらの機器のおかげで，私たちは額入り写真や DVD や書物なしで済ましているのだ。しかしながら，ほとんどの人たちは，このように物を保管する隠れた費用や巨大なエネルギー需要を認めることができない。インターネットのおかげで，人々は自分たちの生活から「物」を取り除くことができる。なぜならば仮想の物はただマウスのクリックやスクリーンのタップでなくなるからだ。理論的には，人々は家に 2 個以上のトイレットペーパーを決して必要としない。なぜならば，もちろん，会社が無料の当日配送で次のトイレットペーパーを渡してくれるからだ。現実には，費用はどこか他の場所に回されているだけだ。

⑦　ミニマリズムがどのようにしてそれ特有の人目につく消費になったかを認識することが重要である。2020 年の中頃に，インスタグラムにはおよそ 1800 万枚の「ミニマリズム」というハッシュタグのついた画像があった。ほとんどは，自撮りをして 800 ドルの真っ白のスニーカーを見せびらかしている自称ファッションリーダーたちによるものである。今までに

慶應義塾大-経済　　　　　　　　　　　　　　　　　　　　　2022 年度　英語〈解答〉　*13*

耳にした最も馬鹿げた物の一つで，最高級の化粧品会社がどういうわけか
「ミニマリストのファンデーション」を売りだして大もうけをしている。
その化粧品は，まるで化粧をしていないかのように見えるという点で評価
されている。ミニマリストの王様は実際に服を着ていないようだ！

⑧　最後に，数人のアメリカのミニマリストたちは，私たちが生きている
現在の大量消費社会でその運動が「根本的な変革」を起こす可能性につい
て語っている。彼らが知ることができないことは，ミニマリズムは実際は
特権であり，先進国の豊かな人たちにのみ限られているということである。
貧しい人たちは物をそんなに簡単に捨て去ることはできない。なぜならば
彼らは将来それらの物を必要とするかもしれないし，それらの物を再び買
うことができないからだ。自分の故国から逃げざるを得ない難民たちは，
何を持っていくことができるのか，何を後に残さなければならないかを決
める時，泣きわめくだろう。もしこれらの人たちが所有物をあきらめるな
らば，それは，生活から物を取り除くことは究極的には彼らをより幸せに
して人間関係を改善するという，いくぶん利己的な考えのためではない。
もしミニマリストが実際に変革を起こしたいのであるならば，彼らは，イ
ンスタグラムのアカウントについて心配するのをやめて，人々が必要性に
応じて消費するもっと公平な社会を目指して議論し始めるべきである。

◀解　説▶

▶ 10.「以下のうち，第①段の空所［10］を埋めるのに最も適切なものは
どれか」

4 の with the aim of「～という目的を持った」を空所に入れると，文
法的にも意味的にも話の流れに合う。この of は「～という」という意の
同格を示す前置詞。他の選択肢では文法的に空所の後の部分とつながらな
い。

1．constitute は「～を構成する」という他動詞。on という前置詞が後
続しない。

2．stress「～を強調する」は他動詞なので on が後に来ることはない。

3．intent「意図」という名詞は with the intent to *do*「～する意図を持
った」という形で用いられる。to の後は動詞の原形なので，動名詞が後
続しない。

▶ 11.「下記の 5 個の単語は組み合わさって，第②段の空所［11］に入る。

14 2022 年度 英語〈解答〉 慶應義塾大-経済

文法的に正しい文になるように単語を並べると，どの単語が3番目に来るのか」

まず，空所の前の they によって，空所には述語動詞が入ると見当をつける。助動詞 might と well があるので，might well「〜だろう」という定型表現ではないかと想定する。後は have と to を組み合わせ，最後に destroy「〜を破壊する」を持ってくる。よって，(As a result, they) might well <u>have</u> to destroy (more precious natural resources to make up for the losses.)「結果として，損失の埋め合わせをするために，彼らはもっと貴重な天然資源を破壊しなければならないだろう」となる。as a result「結果として」 natural resources「天然資源」 make up for 〜「〜の埋め合わせをする」

▶12.「以下のうち，第③段の空所 [12] を埋めるのに最も適切なものはどれか」

空所の直前文に「規模の経済は，大きいことは本当に素晴らしいものになりうることを意味する。つまり，大規模経営はしばしばはるかに少ないゴミではるかに多く生産することができる」と記されている。著者はここで「規模の経済」を例に挙げて，ミニマリズムと対極的な手段が環境に良いと主張していることがわかる。そして，空所の直前に Moreover「さらに」とあることから，空所にはそうした筆者の主張に合う別の例が入ると推測できる。よって，2の「長距離貿易は環境にとって必ずしも悪いとは限らない」を空所に入れると，後に続く文の「独特の地理や利用可能な資源，異なる環境を反映する」と，貿易の話としてつながる。not necessarily は「必ずしも〜とは限らない」という意の部分否定。

1．「生産を最大にするために規模を拡大することは必然的である」

3．「国家は調和した政策を採用するべきだ」 直後の文の主語が同じく Nations であるため，英文の流れとしても不適。

4．「環境に関する計算を統一することは第一歩である」

▶13.「以下の問題のうち，第⑤段で提起されていないのはどれか」

1．Environmentalism「環境保護主義」についてこの段落で述べられていないので，1が正解である。

2．「グローバル化」 第⑤段第2文（Do we really want to …）で記されている。

慶應義塾大-経済　　　　　　　　　　　　2022 年度　英語〈解答〉　15

3．「国際紛争」　第⑤段第 2 文で取り上げられている。

4．「国の経済政策」　第⑤段第 3 文（Should governments legislate …）
で論じられている。

▶ 14．「以下のうち，第⑥段の空所［14］を埋めるのに最も適切なものは
どれか」

　「不必要な物を取り除く」という話の流れから，空所の後の "things"
を含めて，「生活から物を取り除く」という意味だと想定される。よって，
3 の rid their lives of を空所に入れる。rid A of B「A から B を取り除
く」　他の選択肢は文法的に合わない。4 は 3 の表現に似ているが，この
ような使い方をしない。1 と 2 は get rid of ～「～を取り除く」という表
現に類似しているが，このように用いることはない。

▶ 15．「以下のうち，第⑦段の空所［15］に論理的に入るものはどれか」

　各選択肢の意味を考えて，3 の make a killing「大もうけをする」とい
う慣用表現を選ぶ。

1．「（賭博で）胴元をつぶす」

2．「身ぎれいにする」

4．「非難を受ける，打撃を受ける」

▶ 16．「以下のうち，第⑧段の空所［16］を埋めるのに最も適切なものは
どれか」

　空所に後続する文に「貧しい人たちは物をそんなに簡単に捨て去ること
はできない。なぜならば彼らは将来それらの物を必要とするかもしれない
し，それらの物を再び買うことができないからだ」という記述がある。貧
しい人たちにはミニマリズムが認められていないことがわかる。throw
away ～「～を捨てる」　この観点から考えると，1 と 4 は「全ての人」
に言及しているので，空所に適さないことは明白である。3 は特定の国籍
の人にのみ言及しているので，空所に入れるには難がある。このように考
えて，空所には 2 の「先進国の豊かな人たちにのみ限られている」を選ぶ。
空所の前にコンマがあるので，limited 以下が直接 privilege にかかる後置
修飾だとは考えにくい。よって，前に being が省略されている分詞構文だ
と考えればよい。be limited to ～「～に限られる，限定される」

1．「そして，私たちが全ての人たちに担うように奨励すべき義務」
bear an obligation「義務を担う，負う」

3.「アメリカ人のみが利用できる特権」 one は a privilege の代わりに用いられる代名詞。take advantage of 〜「〜を利用する」

4.「そしてその特権を全ての国籍のあらゆる人が共有できる」 which は前にコンマがあるので，関係代名詞の非制限用法である。any は肯定文で用いられているので「あらゆる」という意。

▶17.「第⑧段の下線部で，以下の単語のうち，話される時自然に強勢が置かれるのはどれか」

強勢が置かれるのは強調したい部分である。下線部を含めた文章の意味を考えて，何を強調したいのかを考えること。it is not because of some selfish idea that removing objects from their lives will ultimately make them happier and improve their relationships「それは，生活から物を取り除くことは究極的には彼らをより幸せにして人間関係を改善するという，いくぶん利己的な考えのためではない」 it は if 節の内容を受ける。that は「〜という」という意の同格の接続詞。「that 以下という考えのためではない」という否定的な内容が強調されていると考えられるので，3の not に強勢を置く。

▶18〜20.「以下の意見を考えよ。それから，両方の記事に基づいて，対応する数字(18)，(19)，(20)の欄に，もしクレア=ヤーメスのみがその意見に賛成ならば，1をマークせよ。もしウイニー=D.モースタッフのみがその意見に賛成ならば，2をマークせよ。もし両方の著者がその意見に賛成ならば，3をマークせよ。もしどちらの著者もその意見に賛成ではないならば，4をマークせよ」

18.「消費を削減するための政府の政策は実行されるべきだ」 ヤーメスは第④段最終文（As such, any responsible government …）で消費の削減に賛成している。一方，モースタッフは第④段第1文（Logically, the government …）で，政府が消費を奨励するべきだと，反対の意見を主張している。よって，この意見に賛成なのはヤーメスのみで，1が正解である。

19.「ミニマリズムは豊かな人たちに不当な影響を与える」 ヤーメスは第⑤段第1〜3文（Minimalism has … then from self-interest.）で，経済的不均衡の是正のために，豊かな人たちがある程度の消費なしで済ませば，貧しい人たちの役に立つことを記している。ミニマリズムが与える悪影響

とは程遠い状況で，ヤーメスはこの意見に同意していないと考えればよい。さらに，モースタッフも，第⑧段第2文（What they fail to see is …）で，ミニマリズムは豊かな人たちに限定される特権であると反対の主張をおこなっている。どちらの著者もこの意見に反対である。よって，4を正解とする。

20.「ミニマリズムの環境コストと有益さを計算することは，絶対に必要である」ヤーメスは第③段最終文（These environmental benefits …）で，モースタッフは第③段第2文（True, working out …）で，それぞれ計算の必要性を主張している。どちらの著者もこのように考えているので，3が正解である。

▶21.「以下の単語のうち，他と<u>異なるアクセントのパターン</u>を持つのはどれか」

各単語の意味とアクセントの位置は次の通りである。1.「建築」第1音節。2.「悲しむべき」第2音節。3.「公平な」第1音節。4.「ミニマリズム」第1音節。5.「統合」第1音節。よって正解は2のdeplorable である。

▶22.「以下のそれぞれは，動詞と名詞の対である。以下の単語の対のうち，<u>同じアクセントのパターン</u>を持つのはどれか」

以下各単語の意味とアクセントのある音節を順に示す。
1.「～を配送する」第2音節,「配送」第2音節
2.「～を模倣する」第1音節,「模倣，模造（品）」第3音節
3.「宣言する」第2音節,「宣言」第3音節
4.「記録する」第2音節,「記録」第1音節
名詞も動詞も同じ音節にアクセントがあるのは，1のdeliver と delivery である。

◆━◆━◆━◆━◆ ●語句・構文● ◆━◆━◆━◆━◆━◆━◆━◆━◆━◆━◆

（第①段）certainly, A, yet B「なるほど A だが，B（＝true, A, yet B）」同様の表現に it is true that A, but B がある。if ～, then …「もし～ならば，…」

（第②段）its perceived benefit to the environment の原義は「環境への認められた有益さ」だが，「環境に有益だと認められていること」と訳すとわかりやすい。there is a lot more to consider「はるかにもっと多く

考えるべきことがある」 a lot「はるかに」は比較級の more を修飾する強調表現。to begin with「第一に」 the impact that sharp reductions in global consumption would have on developing countries「世界の消費の急激な減少が発展途上国に及ぼすであろう影響」 この部分で用いられている impact だが，have an impact on ～「～に影響〔衝撃〕を与える」という元の形をしっかり押さえておくこと。be reliant on ～「～に依存している」 be forgiven for ～「～のことで許される」 元の形は forgive *A* for *B*「*B*（行為など）のことで *A*（人）を許す」である。

（第③段） point to ～「～を指摘する，～に注意を向ける」 work out ～「～を算出する，計算する」 not all「全て～だとは限らない」 部分否定である。Economies of scale mean that big really can be beautiful「規模の経済は，大きいことは本当に素晴らしいものになりうることを意味する」 economies of scale「規模の経済」とは生産の規模が拡大すればするほど製品 1 個あたりのコストが下がることを言う。この文の that 以下の部分で，big という形容詞が「名詞化」されて主語になっていることに注意。

（第④段） encourage *A* to *do*「*A* に～するよう勧める」 primary driver「第一の原動力」 tidy up ～「～を片付ける」 consumption stream「消費の流れ」 a myriad of ～「無数の～，数えきれないほどの～」

（第⑤段） follow from ～「～に続いて起こる」 on a wider scale「より広い規模で」 to the point where ～「～の程度にまで」 where は関係副詞。resort to ～「～に訴える」 armed conflict「武力衝突，軍事衝突」 in *one's* attempt to *do*「～しようと試みて，～しようとして」 with *A* in mind「*A* を考慮に入れて，念頭に置いて」

（第⑥段） to be clear「明確にするために言うと，誤解のないように言うと」 no matter how ～「いかに～であろうとも」 remove *A* from *B*「*B* から *A* を取り除く」 fail to *do*「～できない」 in this way「このように」 virtual versions「仮想の版〔型，バージョン〕」，つまり「仮想の物」。a mouse-click or screen tap away「マウスのクリックやスクリーンのタップでなくなって」 away は「なくなって」という意の副詞。in theory「理論的には」 この表現はこの段落の次の文の冒頭の In reality「現実には」と対応している。hand over ～「～を渡す」 with free

same-day delivery「無料の当日配送で」

(第⑦段) one's own kind of ～「…特有の～，…独特の～」 some 18 million images「およそ 1800 万枚の画像」 数字の前に some がつくと「およそ」という意味になる。self-proclaimed fashion gurus「自称ファッションリーダーたち」 take a selfie「自撮りをする」 show off ～「～を見せびらかす」 be valued for ～「～の点で評価される」 元の形は value A for B「B の点で A を評価する」である。as if ～「まるで～であるかのように」 have makeup on「化粧をしている」 it seems (that) ～「～だと思われる，～のようだ」

(第⑧段) the potential of A to do「A が～する可能性」 make a change「変革を起こす」 be forced to do「～せざるを得ない，～するよう強いられる」 元の形は force A to do「A に～するよう強いる」である。leave behind「～を(後に)残す」 stop doing「～することをやめる」 worry about ～「～について心配する」 in proportion to ～「～に応じて，比例して」

Ⅲ 　23—2　24—1　25—3　26—2　27—2　28—3
　　　　　29—1　30—4　31—2　32—4　33—2　34—1
35—1

━━━━━━━━━━◆全　訳◆━━━━━━━━━━

≪ファッションの廃棄物：特大なのか？≫

①　ファッションは環境コストが実にあまりにも高い怪物になってしまった。「持続可能なファッションのための国連アライアンス」によると，ファッション産業は全世界の製造業に 2.4 兆ドルをもたらし，世界中で 7500 万人以上の人々を雇用している。生産の増加はとんでもなかった。国連開発計画の見積もりでは，1000 億枚の衣服が 2014 年だけでも製造され，10 年前の数量の 2 倍の数量であり，地球上の全ての人に 14 枚の衣服を提供するに十分だった。また，そのペースは下降しそうにない。ある概算によると，アパレル全体の消費は，2017 年の 6200 万トンから 2030 年の 1 億 200 万トン――5000 億枚の T シャツに相当する量――へ，63 パーセント上昇し続けるだろうということだ。その後に起こることを推測するのは難しくない。クローゼットは必然的に一杯になり，その後でゴミ箱へ，

そして埋め立て地へ行くことになる。分析者の示唆するところでは，今日の消費者は，15年前に消費者が持っていた期間の半分の期間，衣料品を持っているだけで，最も安い衣服を「ほとんど使い捨てできるもの」として扱いさえする。

② 統計は気の滅入る話をしてくれる。世界全体で見ると，その産業は2015年に9200万トンのファッションの廃棄物を生み出した。先進国は並外れて大きな役割を演じた。たとえば，アメリカ人が捨てた衣服の量は20年にわたって増加し，700万トンから2015年の900万トンになり，大部分は直接埋め立て地に行くのであった。同様に，EUでは1996年から2015年の間に衣服の購入が40パーセント以上増加した。だが，2015年に消費されたおよそ600万トンの新しい衣服のうち，30パーセント以上の衣服が1年以上使われることはなかった。そして，廃棄された衣服のうち，50パーセント以上が最終的にゴミとして埋められたり焼却されたりした。

③ もし廃棄物処理が唯一の関連する損害であるならば，それはすでに，対応策を講じる必要があることをほとんどの人たちに納得させるに十分であろう。だが，そうではないのだ。その産業はまた生産のあらゆる段階で環境に害を及ぼす。たとえば，世界で最も消費される織物である綿を取り上げてみよう。綿の生産は水を大量に消費し，駆除剤にひどく依存する。世界の農地のたった2.4パーセントで綿が植えられているのだが一方，世界の殺虫剤の24パーセントと駆除剤の11パーセントが綿を育てるために使われている。さらに，衣服は目的地に到達するために通例広範囲の距離を移動する。複雑なサプライチェーンや消費者の廃棄や集約型農業は，大きな二酸化炭素排出量を作り出す。2018年の研究が示しているところでは，アパレル産業と履物産業を一緒にすると，地球の気候への影響の8パーセント以上を占めている。それは，全ての国際フライトと船舶旅行を合わせたよりも多い温室効果ガスの排出量になるだろう。

④ この巨大な汚染源とそれに伴う資源の廃棄を抑えるために何ができるのか。たとえば，他の環境問題への多くの反応は，汚染を減らすために新しい技術の導入を必要とする。だが，技術だけがどのようにこの点で役に立つかを知ることは難しい。実際，最も難しい問題を引き起こすかもしれないのは，まさに現代の技術の創造物——合成繊維——である。衣服のおよそ60パーセントが今やこれらの繊維を含んでいる。だが，平均的な

6 キログラムの洗濯物から，70 万以上のプラスチックのマイクロ繊維が川や海に流され，魚によってそして後に人間によって摂取されるだろう。もし技術が演じるべき役割があるならば，それはこのサイクルを元に戻すことであろう。

⑤　また，課税や規制によって市場を調整する方法を見つけることは簡単ではない。確かに，発展途上国の衣服にかかわる貧しい労働者たちの権利は，新しい法律によってよりよく保護されるだろう。しかし，過度の消費を制限することは難しいだろう。つまり，環境への影響のために合成繊維の衣服に課税することは効果的だろうが，政治的には厄介なのである。たとえば，2018 年にイギリスでの全てのファストファッションの衣服に 1 ペニーの税金を導入しようとした企ては，それが公害のコントロールで使うために数百万ポンドを集めたかもしれないけれども，拒絶された。

⑥　それにもかかわらず，私たちはこれらの問題についての社会意識を改善させなければならない。この点で，再利用，発生抑制，再生利用という環境保護論者の目標は再考する価値がある。近年，再利用は，アフリカへ古着を単に輸送すること以上のものを意味しているに違いない。アフリカでは，人々は古着を必要としていると，あまりにも容易に言われている。アメリカ・イギリス・ドイツ・中国は 4 カ国で，今日の古着の貿易のおよそ半分を占めている。これらの国は，主にアフリカのもっと貧しい国へ不必要な衣服を輸送することによって，自分たちの廃棄物を減らしている。それは慈善のように思われるが，その規模がしばしば不適切であり，衣服はしばしば理想的ではない。さらに悪いことに，その貿易はこれらの発展途上国が自分自身の産業を発展させる能力をむしばんでいる。織物製造業がしばしば産業化への道の最初の段階であることを考慮に入れると，これは大きな障害になっている。

⑦　究極的には，私たちは皆衣服のリサイクルの可能性を認識できるし，認識すべきである。このことは，単に古着を雑巾に変えることにとどまらない。それは，容易に溶け再び作ることができる新しい織物を推奨し，その織物に投資することを意味する。リサイクルした素材の経済的側面は現在魅力がない。たとえば，リサイクルされたポリエステルは，新品の素材と比較すると 10 パーセント高価である。ある一流のアウトドアブランドが算定しているように，新しいポリエステルを使うことと比較すると，リ

22 2022 年度 英語〈解答〉　　　　　　　　　　　　　　慶應義塾大-経済

サイクルは必要とされるエネルギーの 75 パーセントを不要にし，二酸化炭素の 40 パーセントをなしで済ますとしても，その主要な数字が変化するまで，会社はほとんど何もしないだろう。技術とリサイクルの経済的側面の両方が劇的に改善する必要がある。

⑧　それにもかかわらず，持続可能なファッション，良質な古着，他の代替品はますます手に入るようになってきているが，その負担は消費者だけにかかるべきではない。ファッション会社が責任を負わなければならない。政府もまた規制や課税構造を通じて貢献できるだろう。それらの地球規模の複雑な問題に取り組むことは，個人の買い物習慣の変化以上のことを必要とする。つまり，それはシステムの変革を必要とする。

■■■■■　◀解　説▶　■■■■■

▶ 23〜25.「以下の文のうち，第①段の空所 [23]，[24]，[25] を埋めるのに最も適切なものはどれか。それぞれの文は 1 回だけ使えるものとする」

　原則として，このような問題では，入れやすいところから空所を埋めていけばよい。空所 [23] に前後の文の内容を基にして，2 の「生産の増加はとんでもなかった」を入れる。absurd は「ばかげた，理屈に合わない，不合理な，途方もない」という意味であるが，ここでは「とんでもない」と訳出している。空所 [24] には，空所の後続文のアパレル全体の消費の上昇という内容を基にして，1 の「また，そのペースは下降しそうにない」を入れる。nor「また〜ない」　nor を含む文の倒置構造に注意。通例 nor は否定の意味を持つ語を含む節や文の後で用いられるが，ここでは肯定文の後に用いられる用法である。be set to *do*「〜しそうである」　set は形容詞であることに注意。この 1 の選択肢は，後続文を基にして空所 [23] にも入りそうである。しかし，空所 [23] の前文と合わないので，空所 [23] には不可。空所 [25] の後続文の「クローゼットは必然的に一杯になり，その後でゴミ箱へ，そして埋め立て地へ行くことになる」という内容に基づいて，空所 [25] に 3 の「その後に起こることを推測するのは難しくない」を入れる。what follows「その後に起こること」　follow は自動詞。

▶ 26.「第②段によると，2015 年の全世界のファッションの廃棄物のおおよそどのくらいの割合がアメリカから来ていたのか」

慶應義塾大-経済　　　　　　　　　　　　2022 年度　英語〈解答〉　23

　第②段第 2 文（Globally, the industry …）の内容から 2015 年の世界の
ファッションの廃棄物は 9200 万トンである。一方，第②段第 4 文（For
example, the volume of clothes …）を基にすると，2015 年のアメリカの
ファッションの廃棄物は 900 万トンである。よって，世界のファッション
の廃棄物に対してアメリカが占める割合は，900 万トン ÷ 9200 万トン ×
100 ≒ 10 ％であり，正解は 2 である。

▶ 27.「以下の文のうち，第③段の空所［27］を埋めるのに最も適切なも
のはどれか」

　空所［27］の前文で，if 節内の主語が単数であるが述語動詞は were な
ので，仮定法過去が用いられていることがわかる。空所の後続文に「その
産業はまた生産のあらゆる段階で環境に害を及ぼす」とあるように，アパ
レル産業に関連する損害は廃棄物処理だけではないことが記されているの
で，2 の「だが，そうではないのだ」を選ぶ。

1.「それは全て真実である」

3.「しかしながら，それで十分である」

4.「これは問題にされるだろう」

▶ 28.「以下のうち，第③段の空所［28］を埋めるのに最も適切なものは
どれか」

　空所の後の「大きな二酸化炭素排出量」と合う表現として，空所に 3 の
make for「〜を生み出す，助長する」を入れる。carbon footprint「二酸
化炭素排出量，カーボンフットプリント」

1.「〜を育てる」

2.「〜に従う，〜と一致する」

4.「〜を取り上げる，〜を始める」

▶ 29.「以下のうち，第④段の空所［29］を埋めるのに最も適切なものは
どれか」

　前後の意味を考えて，1 の alone「〜だけを」を空所に入れる。alone
は名詞や代名詞の直後に用いられると，「〜だけ」という意である。

3.「単に」　4.「単独で，〜だけで」

▶ 30.「以下のうち，第⑤段の空所［30］を埋めるのに最も適切なものは
どれか」

　正しい目的のためでも課税は難しいという第⑤段の内容を基にして，4

の rejected「拒絶されて」という過去分詞を選ぶ。

1．「廃止されて」

2．「考慮に入れられて」

3．「（法案などが）可決されて」

▶ 31．「以下のうち，著者が第⑥段の下線部［31］を使う理由を最も適切に説明しているのはどれか」

　下線部を含む where 以下の意味は「アフリカでは，人々は古着を必要としていると，あまりにも容易に言われている」である。where は関係副詞の非制限用法である。all too「あまりにも」 in need of ～「～を必要として」 第⑥段第5文（They reduce their waste …）が示すように，古着をアフリカに送るのは，自国の廃棄物を減らしたいという先進国の思惑があると著者は述べている。よって，著者の理由は，2の「この話の真実性に疑いを投げかけるため」である。cast doubt on ～「～に疑いを投げかける」

1．「この話の真実性を受け入れるため」

3．「アフリカの貧困を強調するため」

4．「アフリカについて最もありふれた話をするため」

▶ 32．「以下のうち，第⑦段の下線部［32］と入れ替えるのに最も適切なものはどれか」

　下線部を含む文の後半部分は「その主要な数字が変化するまで，会社はほとんど何もしないだろう」という意味である。make little progress「ほとんど進化しない」 ここでは「ほとんど何もしない」と意訳している。第⑦段第4文（The economics of recycled materials …）の後半部分に「たとえば，リサイクルされたポリエステルは，新品の素材と比較すると10パーセント高価である」と記されている。これを基にして，「その主要な数字」は10パーセントであることがわかる。よって，4の「リサイクルされたポリエステルの価格」が求める正解である。

1．「ポリエステルのリサイクル率」

2．「ポリエステルが環境に与える損害」

3．「ポリエステルのエネルギーコスト」

▶ 33～35．「以下の3つの意見を読むように。それから，記事に基づいて，マークシートの対応する数字(33)，(34)，(35)の欄に，もし著者がその意見に賛

成すると思うならば，1をマークせよ。もし著者がその意見に反対すると思うならば，2をマークせよ」

33.「持続可能なファッションの慣行についての消費者教育を増やすことは，ファッションの廃棄物を減らすのに十分である」be sufficient to *do*「～するのに十分である」第⑧段では，消費者ではなくファッション会社や政府の方策が重要であると述べられている。よって，著者がこの意見に反対すると考えられるので，2を選ぶ。

34.「持続可能ではない衣服の生産に課税することは，廃棄物を減らす一つの解決策である」第⑤段第 3 文（Yet, restricting excess consumption …）で「環境への影響のために合成繊維の衣服に課税することは効果的だろう」と述べ，また，第⑧段第 3 文（Governments may also …）で「政府もまた規制や課税構造を通じて貢献できるだろう」と記している。よって，著者はこの意見に賛成すると考えられるので，1を選ぶ。

35.「天然素材と合成素材の両方が環境に有害である」be damaging to ～「～に有害である」damaging は「有害な」という意の形容詞。第③段第 5・6 文（Cotton production is water … to grow it.）では，天然素材である綿の生産は水を大量に消費し，駆除剤を多用すると記されている。また，第 ④ 段 第 4 ～ 6 文（Indeed, it is precisely … later by humans.）では，合成素材である合成繊維は川や海に流出するプラスチックのマイクロ繊維の原因であると述べられている。これらはいずれも，環境に有害である事例である。よって，著者がこの意見に賛成すると考えられるので，1を選ぶ。

◆━◆━◆━◆━◆ ●語句・構文● ◆━◆━◆━◆━◆

（第①段）contribute A to B「B に A をもたらす，貢献する，寄付する」$2.4 trillion「2.4 兆ドル」a figure twice that of a decade earlier は，「10 年前の数量の 2 倍の数量」という意で，twice that of a decade earlier が直前の figure を後置修飾している。that は前出の figure の繰り返しを避けるために用いられている代名詞。この表現は，100 billion garments「1000 億枚の衣服」と同格の機能を果たしていることに注意。provide A with B「A に B を提供する」by one estimate「ある概算〔見積もり〕によると」rise by 63 %「63 パーセント上昇する」by は

数値や程度を示す前置詞。例：miss the bus by seconds「数秒差でバスに乗り遅れる」 an equivalent of 500 billion T-shirts「5000 億枚の T シャツに相当する量」は，直前の 102 million tons in 2030「2030 年の 1 億200 万トン」と同格である。followed by trash bins and landfill sites「その後でゴミ箱へ，そして埋め立て地へ行く」 followed の前に being を補い，分詞構文と考えるとよい。follow は多義語で，ここでは「～の後に続く」という意の他動詞である。例示すると，The meal was followed by a cup of coffee.「食事はコーヒーによって後を続かれた」つまり「食事の後にコーヒーが出た」となる。keep their clothing items for half as long as they did 15 years ago「15 年前に消費者が持っていた期間の半分の期間，衣料品を持っている」 この部分は for long「長い間」と half as long as ～「～の半分の長さで」が重複していると考えればよい。treat A as B「A を B として扱う」 nearly disposable「ほとんど使い捨てできる」

（第②段） with the vast majority going directly to landfills「大部分は直接埋め立て地に行くのであった」 付帯状況の with であることに注意。the EU has seen clothing purchases increase は無生物主語構文で，文字通りの意味は「EU は衣服の購入が増加するのを見た」だが，「EU では衣服の購入が増加した」と訳出している。of the roughly 6 million tons of new clothing consumed in 2015「2015 年に消費されたおよそ 600 万トンの新しい衣服のうち」 最初の of は「～のうち，～の中で」という意で，後ろの more than 30 ％と連結する。同様の使い方をする of の例として，この段落の of those discarded「廃棄された衣服のうち」があり，of は後ろの more than 50 ％と連結する。end up ～「最終的に～となる」

（第③段） the only cost involved「唯一の関連する損害」 involved は前の cost を修飾。action needs to be taken「対応策を講じる必要がある」元の形の take action「行動を起こす，対応策を講じる」を押さえておくこと。water intensive「水集約型で」つまり「水を大量に消費して」という意。while は「～だが一方，…」という意の対照を示す接続詞。plant A with B「A に B を植える」 account for ～「～を占める」 translate into ～「～になる，結びつく」 greenhouse gas emissions「温室効果ガスの排出量」 all international flights and maritime shipping trips combined「全ての国際フライトと船舶旅行を合わせた」 combined は

「合わせた，合計した」という意の形容詞で，名詞の前後で用いる。例：the size of *A* and *B* combined「*A* と *B* を合わせた大きさ」

（第④段）　responses to ～「～への反応」　call for ～「～を必要とする，求める」　synthetic fibers「合成繊維」　washing load「洗濯物」　flush *A* into *B*「*A* を *B* に流す，洗い流す」　to be ingested by fish and later by humans「魚によって，そして後に人間によって摂取される」　この表現の to be ingested は結果を示す不定詞。to の代わりとして and と考えるとわかりやすい。

（第⑤段）　sure enough, *A*, yet *B*「なるほど *A* だが，*B*…」　enough は強調のために用いられているが，通例は enough がないことが多い。類似の表現として true, *A*, yet *B* や it is true that *A*, but *B* などがある。politically awkward「政治的には厄介な」　an attempt to *do*「～しようとする企て，試み」　even though ～「～だけれども，たとえ～だとしても」

（第⑥段）　be worth *doing*「～する価値がある」　these days「近年，この頃」　ship off ～「～を輸送する，船で送る」　second-hand clothes「古着」　worse still「さらに悪いことに」　undermines the ability of these developing countries to develop industries of their own「これらの発展途上国が自分自身の産業を発展させる能力をむしばんでいる」　the ability of *A* to *do*「*A* が～する能力」　of *one's* own「自分自身の」　given that ～「～を考慮に入れると」　the initial step on the ladder to industrialization「産業化への道の最初の段階」　この表現中の単語の原義に関して，ladder は「はしご」であり，step は「（はしごの）段」である。

（第⑦段）　be aware of ～「～を認識する」　go far beyond ～「～をはるかに超える，～にとどまらない」　turn *A* into *B*「*A* を *B* に変える」　floor cloth「雑巾」　invest in ～「～に投資する」　at present「現在」　compared to ～「～と比較すると」

（第⑧段）　quality「良質の」　この quality は形容詞であることに注意。lie with ～「～にある，～の責任である」　take responsibility「責任を負う」　contribute through ～「～を通じて貢献する」　a shift in ～「～の変化」　shopping habits「買い物習慣」

28 2022 年度　英語〈解答〉　　　　　　　　　　　　　　慶應義塾大-経済

Ⅳ　解答

R1 : I am not trying to find fault with you, but I feel that your way of speaking with Mrs. Tanaka last time was a little impolite.

D1 : But on such an occasion, I'm afraid parents won't notice that the situation is serious if I don't say clearly.

R2 : However serious the situation may be, isn't it a bit too much to make them take full responsibility?

D2 : In general, I think that the parents are careless in letting their child carry such a thing to school for fun.

◀解　説▶

　英訳する際には，文法的な間違いに気をつけて，自分が自信を持って使える表現や文構造を用いて英語に直すことが重要である。そのためには，難しい単語を使わずに，自分自身がよく慣れている単語やイディオムを使うことが望ましい。特に，この和文英訳は会話なので，難解な言葉を使わない方がよいだろう。

R1 :「～のあら探しをする」は定型表現を用いて，find fault with ～とする。あるいは，「～のあら探しをする」を「～を批判する」と考えて，criticize を用いるのも可。「この前の言い方」は「この前の田中さんとの話し方」と補足して your way of speaking with Mrs. Tanaka last time とするか，the way you spoke to Mrs. Tanaka last time とする。「ちょっと」は a little か a bit という定型表現を用い，「失礼な」は impolite か rude にする。「この前の田中さんとの話し方」を「あなたが田中さんと話した時」として，you were a little impolite to Mrs. Tanaka when you talked with her とすれば，満点とは言えないが，言いたいことはかなり伝えることができると思われる。

D1 :「ああいう時は」は「そんな場合には」と考えて，on such an occasion や in such a case とする。「はっきり言う」は say clearly を用いる。「事の重大さ」は「起こった事の深刻さ」「状況の深刻さ」と考えて，the seriousness of what happened か the seriousness of the situation とする。あるいは「状況が深刻である」と考えて，the situation is serious とするか，「状況がいかに深刻であるのか」と考えて how serious the situation is とするのも可。

慶應義塾大-経済 2022 年度　英語〈解答〉 *29*

R2：「いくら重大だとしても」は「状況がいかに深刻だとしても」と考え
て，however serious the situation may be とする。however の代わりに
no matter how でもよいし，may be の代わりに is でも可。「全ての責任
を負う」は take full responsibility を使うのもよい。「親に全ての責任を
負わせる」は make the parents take full responsibility となる。あるい
は，blame「（したことへの）責任，非難」を用いると，put all the
blame on the parents となる。「〜するのは行き過ぎである」は it is too
much to *do* を用いる。あるいは，go too far「度を超す」という定型表現
を利用して，it is going too far to *do* を用いてもよい。

D2：「一般的に」は generally や in general を用いる。「あんなもの」は
such a thing とするか，that thing でも可。「遊び道具として」は as a
plaything とするか，「楽しみのために」と考えて，for fun とする。「親の
不注意だ」は the carelessness of the parents とするか，「*A* が〜するの
を許すとは，親は不注意である」と考えて，the parents are careless in
letting *A do* とする。

V 解答例

(A) I do not think that the Japanese government should encourage citizens to adopt a minimalist lifestyle. I have two reasons. First, it would violate individual freedom. A way of life is an expression of a person's values. Thus, the government should not create a climate that would undermine the diversity of individual values. Second, minimalism's reduced consumption could harm the economy. As more people become thrifty, national growth will slow. Given that social security costs will increase in the future in Japan, there is no reason to promote a slowdown in growth. However, in her 2020 article "Minimalism: Less is Better," Clare Yermesse insists that minimalism has economic benefits because it prioritizes the consumption of "ethically produced and locally sourced goods." Minimalism indeed may have the power to solve such problems of consumerism, but considering that the production process involves various people and countries, the primary role of the government should be to determine a larger framework and not to promote the lifestyle. For these reasons, whether or not to adopt minimalism should be left to citizens.

(B) I think the Japanese government should encourage citizens to reduce fashion waste. I have two reasons. First, we should not leave a pile of fashion waste behind. It is a negative legacy for people in the future. If we continue to produce fashion waste at the current rate, it will damage the environment and have adverse influences on people in the future. Second, the government should increase our awareness about reducing fashion waste rather than think of taxation. It is said that the Japanese people originally had a "mottainai" spirit, so we need to inspire this spirit. In her 2020 article "Fashion Waste: Outsized?," Anne Derwahn claims that "Governments may also contribute through regulations and tax structures." However, I see it in a different way. In the current Japanese economic recession, taxation is not effective. It is a burden on consumers. It should be emphasized that clothes are not disposable. People will gradually change their shopping habits and buy fewer clothes, paying more attention to environmental pollution.

━━━━━━━━━ ◀解 説▶ ━━━━━━━━━

設問は「次の2つの設問から1つを選んで自分の意見を英語で書くように」である。

(A)「日本政府はミニマリストのライフスタイルを採用するように国民に奨励するべきか。なぜそうすべきか，あるいは，なぜそうすべきでないのか」

(B)「日本政府はファッションの廃棄物を減らすように国民に奨励するべきか。なぜそうすべきか，あるいは，なぜそうすべきでないのか」

問題文Ⅰ，Ⅱ，Ⅲに記されている見解やことがらを最低1つ引用して，自分の意見と異なる見解に言及し，それに反論せよという指示がある。引用例は下記の通りである。

- 「2010年の記事の『動物園に反対して』で，フェーレーは主張する。『自然はコントロールするべき私たちのものではない』彼女は…と主張するが，私はその意見に強く反対する。なぜならば…」
- 「フォーン（2010）によるエッセーの中で『学校は生徒の権利を十分保

護していない』と主張するイブ=N. スズキにある程度のみ賛成する。X はYであるという彼女の主張は正しいかもしれないが，…」to a certain extent「ある程度」

• 「オワーク（2012, 第7段）によると，1つの選択肢は間接課税である。この議論は…であるけれども」」

文法的な間違いをしないように気をつけて，自分が自信を持って使える表現や文構造を用い，できるだけ論理的な流れになるように書くこと。

◆講　評

　2022年度は，2021年度と同じ大問5題で，そのうちの3題が長文読解問題，1題が和文英訳問題，1題が意見論述であった。

　3題ある読解問題の英文は，いずれも現代社会でよく議論になる問題を扱っており，Ⅰでは「ミニマリズム：より少ないほどより良い」，Ⅱでは「ミニマリズム：狭量な考え方か？」という内容が述べられている。さらに，Ⅲは「ファッションの廃棄物：特大なのか？」について述べている。設問形式は例年通り空所補充や内容説明，内容真偽が中心で，ほとんどが4択問題であるが，一部異なる問題もある。英文の量と難度の高さで圧倒されてしまいがちだが，個々の設問の選択肢は比較的理解しやすく，正解を絞りやすいものが多い。また，語彙力・文法力に関する設問もあり，総合力が試されている。

　Ⅳの和文英訳は内容こそ日常的なもので，一見易しい印象を受けるが，実際に書いてみると正確な英訳が難しいことに気づくはずだ。注意点にもあるように，与えられた日本文をそのまま直訳しようとせず，どこまで英語に訳しやすい別の日本語表現にできるか，いわゆる「和文和訳」のプロセスを上手にたどることが重要である。

　Ⅴの意見論述は，経済学部の入試では毎年出題され，避けては通れない関門だ。2021年度と同様，読解問題の英文に関連したテーマが与えられ，それについての自分の見解を，英文から必要箇所を引用しつつ述べるというもの。このようないわゆる「アカデミック・ライティング」には決まった書き方が多く，事前に何度か練習しておくと大変効果的である。できれば，他の人に添削してもらうと，自分の弱点が把握できて有効である。

全体的に盛りだくさんの出題である。速く，しかも正確に読めて，内容がある文を書くためには普段からのトレーニングがものをいう。さらに時間配分にも十分気を配る必要がある。

■日本史■

I **解答** 問1. 国内の金銀産出量が減少する中，貿易で金銀銅が大量流出して国内の銅が不足したため，新井白石は海舶互市新例を発して貿易額を制限することで，金銀銅の流出を防ごうとした。

問2. a—8 b—1 c—6

問3. (1)大坂は西廻り航路が整備されると江戸と結ぶ南海路の結節地になり，東北・北陸の諸藩が蔵屋敷を設けて年貢米を廻送し，蔵元・掛屋を通して販売し，貨幣を獲得した。こうして大量の蔵米が売買される大坂に立った米市は米流通の中心となった。

(2)江戸など東日本では主に金貨，京都など西日本では主に銀貨を使用したため。

問4. (1)a—2 b—3 (2)ア—4 イ—1

問5. a—1 b—3 c—6 d—4

◀解 説▶

≪江戸時代の外交・経済・文化≫

▶問1. やや難。設問要求は，18世紀前半に幕府が実施した長崎貿易に関する政策転換について説明すること。付帯条件は，その背景と，政策転換を主導した人物の名に触れることである。「18世紀前半」に注目すれば，新井白石が1715年に発した海舶互市新例について説明するのだとわかる。また，内容についても「政策転換」の指摘ができたか注意が必要である。まず政策転換の背景だが，国産金銀の大量流出だけでなく，輸出用の銅不足も問題になっていたのである。17世紀後半には金銀の産出量が減少した一方で，別子銅山・足尾銅山・阿仁銅山などの発展で銅は増産傾向にあり，清での貨幣用銅の需要増加も相まって，長崎貿易での支払いは銅輸出に転換していった。しかし18世紀前半には輸出品の主力となった銅も不足して，貿易が渋滞するといった問題も起こった。こうした背景を受けて，新井白石は，貿易額制限により，金銀に加えて銅の輸出も制限した。

▶問2. a. 8が正解。ケンペルが長崎から江戸へ向かう途中に使った東海道にあって，「大名の夫人がそっと通りぬけたり，銃や武器の類がひそ

かに運ばれるのを防ぐため」「幕府から任命された役人によって検査される」所だから，入鉄砲出女を監視する関所である。またそこは「入江」に立地するから，浜名湖岸の新居関（今切関）に限定できる。東海道には箱根にも関所が置かれたが，箱根山中に位置するから該当しない。

ｂ．やや難。1が正解。「北方の湾に臨んでいるある町」と「炭坑があり，それを人々は大へん珍しいものだ」が手がかりとなる。日本の炭坑は大部分が近代以降に発見・採掘が始まったが，三池炭坑など北九州の炭坑の一部は，江戸時代以前から採掘されていた。

ｃ．6が正解。「築き上げた低い堤防と堀」「川がたくさんあり」「この川を利用して多量の木材を」をヒントに，木曽檜や，木曽川・長良川・揖斐川の三川下流の輪中地帯を想定できれば，正解できよう。木曽檜は，尾張藩が直轄する山林から切り出され，商品化されて有名になった。

▶問3．⑴　やや難。設問要求は，資料アの「この都市」の米市で，米売買が行われた背景について説明すること。付帯条件は「江戸時代の米の流通の特徴に触れ」ることである。資料アには「一刻（約2時間）の間に，五万貫目のたてり商」「米は蔵々に山をかさね」「千石・万石の米をも売買」とさかんな取引の描写があり，「この都市」は，元禄期に上方で活躍した井原西鶴が「日本第一の津」と記すことからも，「大坂」だとわかるだろう。蔵々は蔵屋敷で，大名が年貢米を換金するために蔵物の米（蔵米）を蔵屋敷に納めた。また，大坂の米市で大量の蔵米取引が行われた背景を流通の特徴に触れながら説明する。大坂に蔵物が集まる理由は，17世紀後半に河村瑞賢が幕命により出羽の酒田と大坂とを結ぶ西廻り航路を整備したことで，大坂が南海路と西廻り航路の結節点となったためである。中世以来，北陸地方の米は船で敦賀や小浜で陸揚げされ，琵琶湖水運を利用して大津か坂本に達し，あとは陸路で京都に送られた。しかし出羽酒田から日本海・瀬戸内海の諸港を経て大坂に達する西廻り航路によって，東北・北陸・西国諸藩の年貢米が大坂に直送できるようになった。そこで諸大名は大坂に蔵屋敷を設け，蔵物として換金用の年貢米（蔵米）を廻送し，蔵元を通して蔵米を売りさばいたので，蔵の前に米市が成立したのである。また，米問屋などに買い取られた米は，大坂から南海路で大消費地の江戸などに運ばれた。

⑵　「鯛の事，一枚の代金一両二分づつ…今お江戸にすむ商人なればこそ

食ひはすれ，京の室町にて，鯛一枚を二匁四五分にて買ひ取り」と，鯛の代金が2つの異なる表し方で示されている。江戸が金貨で，京都が銀貨での表示となっている。それは，江戸を中心とする東日本では主に金貨を使い，京都・大坂など上方や西日本では主に銀貨を取引などで使ったためである。また，計数貨幣の金貨の単位は「両・分・朱」であるのに対し，銀貨は秤量貨幣で「貫・匁」などを単位とする違いに触れてもよいだろう。

▶問4．(1)a・b．近松門左衛門の作品『国性爺合戦』は，明の遺臣を父に，日本人を母にもつ主人公の和藤内が，明末期に中国に渡り，明朝の復興のために奮戦する筋書きで，国性爺と呼ばれた鄭成功の史実を脚色した人形浄瑠璃の作品である。

(2)ア．4が正解。「独特の語り方を完成させて人気を博した」から，竹本義太夫が創始した義太夫節を想起したい。

イ．1が正解。徳川綱吉の治世，つまり元禄期の「江戸で歌舞伎」の「荒事芸」つまり勇壮な荒武者などの芝居で名をはせた俳優は，市川団十郎である。

▶問5．江戸時代の天文学に関連する出来事を，年表を用いて年代特定する問題である。

a．1が正解。渋川春海は元の授時暦をもとに，独自の観測結果を加味して初の日本独自の暦である貞享暦を作った，元禄文化の時期に活躍した人物である。貞享が5代将軍徳川綱吉の時代とわかれば，「幕府が渋川春海を天文方に登用した」のも，綱吉の頃と判断できる。

b・d．bの蕃（蛮）書和解御用は1811年，高橋景保の建議により設置された。また，dの高橋景保が投獄されたのは，国禁の地図を帰国するシーボルトに渡したことが発覚したシーボルト事件（1828年）によってである。したがって，b・dは，前後関係と消去法でも正答を導ける。なお，シーボルトが鳴滝塾を開いたのは1824年，蛮社の獄は1839年である。

c．やや難。6が正解。「幕府が蕃書調所をおいた」のは1856年で，ペリー来航と翌年の開国をきっかけに，西洋諸国との外交文書の翻訳や洋式軍事力導入の必要に迫られたためである。したがって，ビッドルの浦賀来航（1846年）の後と判断できる。問題は西周らの留学時期である。そこで想起すべきは，幕府が日米修好通商条約の批准書交換のために勝海舟らの咸臨丸を派遣して（1860年）以後，幕府や長州・薩摩などから留学生が

派遣された点である。ゆえに西周らの留学は 1860 年以後だと判断できる。なお、蕃書調所設置は 1856 年で、1862 年には洋書調所、1863 年には開成所と改称された。

Ⅱ 解答

問6．a－3　b－1　c－5

問7．(1)原敬　(2)a－1　b－6　c－5

(3)領事裁判権を撤廃する代わりに内地雑居を認め、外国人判事を任用するなどの条件がついた改正案は、国家主権の侵害であるとの批判が政府内外から起こり、ノルマントン号事件への反感や極端な欧化政策を非難する世論も高まった。

(4)ア－4　イ－2　ウ－5　エ－8

(5)井上準之助蔵相は緊縮財政策をとり金解禁を断行して金本位制に復帰したが昭和恐慌に陥った。高橋是清蔵相は金輸出再禁止を行って管理通貨制度に移行して円安による輸出促進と、赤字国債の発行で積極財政に転じて恐慌を脱した。

問8．政府が海軍軍令部の反対を抑えて補助艦保有量を決めた条約に調印したことは、憲法が政府から独立した天皇大権の1つである統帥権の干犯だと批判された。

問9．最高決定機関の極東委員会が決定した占領政策は、米国政府を通じて占領の実施機関である GHQ に伝えられ、最高司令官の諮問機関の対日理事会の助言も受けながら、GHQ が指令・勧告を下し、それに従って日本政府が政治を行う間接統治がとられた。

◀解　説▶

≪明治～昭和戦後の政治・外交・経済≫

▶問6．山県有朋の戦功の時期を、明治の経済発展に関する年表中に特定する問題である。年表中の出来事はほぼ基本事項であり、大阪紡績会社の操業開始は 1883 年。「日本郵船会社が設立された」のは 1885 年。貨幣法の公布で金本位制が採用されたのは 1897 年。「官営八幡製鉄所の操業開始」は 1901 年。「鉄道国有法が公布された」のは 1906 年である。

ａ．3が正解。ａは「日清戦争の勃発」から 1894 年の出来事である。

ｂ．1が正解。「鹿児島に…西郷隆盛らの軍と戦った」から、ｂは西南戦争で 1877 年である。

慶應義塾大-経済　　　　　　　　　　　　　2022 年度　日本史〈解答〉　*37*

ｃ．5 が正解。「日露戦争の作戦を指揮した」から，ｃ は日露戦争中の
1904〜05 年のことである。

▶問 7．⑴　正解は，原敬。資料 b では，筆者は内閣総理大臣の「大命を
拝した」ことを西園寺公望に報告し，「閣員人選等の事に関して内談」し
ている。また，筆者は「政友会総裁の職に居」り，組閣に際して山県有朋
から陸軍大臣に田中義一が推薦された，という。リード文中に，山県有朋
は 1922 年に死去したと見えるので，政友会総裁で，西園寺公望の後，
1922 年以前に内閣総理大臣になった原敬（1918 年組閣）と判断できる。

⑵ａ．1 が正解。「講和条約は償金を取らず樺太半分を得たるは不結果な
れども，…目下に於ける奉天地方の露兵は日本兵よりも多し」とあるから，
資料 a の時期は，日露戦争の講和条約であるポーツマス条約（1905 年）
の内容が決定しつつあった頃だとわかる。年表の「戊申詔書」は，日露戦
争後の社会的混乱の是正を図るため，第 2 次桂太郎内閣が 1908 年に出し
た。

ｂ．6 が正解。資料 b は原敬が内閣総理大臣の「大命を拝した」日の叙述
なので，1918 年の米騒動により寺内正毅内閣が辞職した直後である。年
表の「石井・ランシング協定が結ばれた」のは寺内正毅内閣のときで
1917 年。「難波大助が摂政の裕仁親王を狙撃した」のは，第 2 次山本権兵
衛内閣辞職の原因となった虎の門事件（1923 年）である。

ｃ．5 が正解。資料中の「欧州の戦争が極東にまで押移るならば」「自ら
戦争に加入すれば」とするこの戦争は，第一次世界大戦である。年表中の
「シーメンス事件によって，山本権兵衛首相が辞職した」後に成立した第
2 次大隈重信内閣のとき，つまり 5 の時期に第一次世界大戦が勃発し，日
本は参戦する。

⑶　井上馨が推進した条約改正交渉が失敗に終わった理由を，条約改正案
の内容に触れつつ説明することが求められた。まず，改正の主眼は領事裁
判権の撤廃であり，その代わりに内地雑居の承認，欧米同様の法典編纂，
外国人判事任用，という条件がついた。折しも 1886 年のイギリス船ノル
マントン号の沈没事件で日本人乗客全員が死亡したが，領事裁判所が船長
らに下した判決が不当に軽微であったため，領事裁判権に対して憤慨する
世論が高まっていた。しかし，1887 年に政府内に示された改正案に対し，
法律顧問ボアソナードが外国人判事の任用は国家主権の侵害であると批判

し，民権運動も反対運動を展開した。そのため井上外相は条約改正会議の無期延期を通告し，間もなく辞任した。また改正案以外にも，井上馨が交渉促進のためにとった極端な欧化政策も反発を招いた。

(4)ア．4が正解。「第一次世界大戦前はドイツの租借地だった」のは山東半島の膠州湾であり，その港湾都市は4の青島である。なお，イギリスの租借地となった7の威海衛と混同しないように注意しよう。

イ．2が正解。1928年の2回目の山東出兵で，日本軍が「国民革命軍と軍事衝突を起こした」事件を済南事件という。その済南は山東半島の出入り口部にあたる交通の要衝の2である。

ウ．5が正解。関東州とは，ポーツマス条約によって日本がロシアから引き継いだ租借地で，遼東半島南端の旅順・大連などを含む地域である。5は旅順である。

エ．8が正解。関東軍は奉天郊外で張作霖爆殺事件を起こした。奉天は満州軍閥張作霖政権の根拠地で，現在の中国遼寧省瀋陽にある。なお，9は長春で，1932年に建国された満州国では，首都・新京と改称された。

(5) 高橋是清大蔵大臣の「前任者」は，立憲民政党の浜口雄幸内閣・第2次若槻礼次郎内閣の大蔵大臣井上準之助である。よって，設問要求は犬養毅内閣成立にともなって高橋是清が大蔵大臣となった時期の通貨政策および財政政策について，その前任者・井上準之助のとった政策と対比しながら，説明するものである。

	井上準之助	高橋是清
通貨政策	金輸出解禁→金本位制復帰	金輸出再禁止→金本位制停止 管理通貨制度へ
財政政策	緊縮財政を実施 →物価下落を狙う（→旧平価で金解禁により円高に） →産業合理化で国際競争力を強化（→企業倒産増加）	積極財政を実施 →円為替相場の下落 →赤字国債を財源に軍事費中心・農村救済費にも充当
結果	世界恐慌と金解禁不況で輸出激減・正貨の流出 →昭和恐慌に陥る	輸出拡大・重化学工業の発展 →昭和恐慌を克服

井上準之助は，1920年代に繰り返された恐慌で慢性的なインフレ不況にある日本経済を抜本から立て直すことを目標とした。そこで，緊縮財政策をとって物価の引き下げをはかり，産業合理化によって不良中小企業の整理・淘汰による国際競争力の強化をめざした。さらに金輸出解禁を断行して金本位制に復帰することで，為替相場を安定させて輸出を拡大しようとした。しかし世界恐慌の影響と金解禁による不況の二重の打撃を受け，輸出は激減し，正貨は大量に流出して深刻なデフレ不況である昭和恐慌に陥った。

そうした中で就任した高橋是清蔵相は，金輸出再禁止を断行して金本位制を停止し管理通貨制度に移行した。それによって為替相場は下落（円安）したため世界市場において日本製品は格安となり，綿織物などの輸出が激増した。また赤字国債の発行を財源に軍事費中心に積極財政をとって満州事変の軍事費を捻出したことで，重化学工業化が進展して産業界は活気づき，他の資本主義国に先駆けて1933年には世界恐慌以前の生産水準を回復した。つまり恐慌を克服したのである。

▶問8．ロンドン海軍軍縮条約の内容をめぐって起きたのは，統帥権干犯問題である。

1930年ロンドン海軍軍縮会議に向けて，海軍の要求は対英米比7割の補助艦保有量であったが，政府は，これに達しない状態で，海軍軍令部の反対を押し切り，調印した。しかしこれに不満の海軍軍令部や野党政友会・右翼が結束して，政府が調印したことは，大日本国憲法第11条「天皇ハ陸海軍ヲ統帥ス」の天皇の統帥権を犯すものだと批判した。統帥権は天皇大権の1つで，内閣も介入できない規定であった（統帥権の独立）。一方，兵力量の決定は第12条「天皇ハ陸海軍ノ編制及常備兵額ヲ定ム」で，天皇の編制大権に含まれ，本来統帥権とは別の，内閣の輔弼事項とされている。しかし軍縮条約への反対派は，統帥権を拡大解釈して，統帥権干犯と攻撃した。

▶問9．やや難。連合国による日本本土占領統治の機構について，関係する機関の名称と，それらの役割を説明する問題である。

連合国による占領政策の最高決定機関が極東委員会で，アメリカ・ソ連・イギリス・中国・フランスなど11カ国で構成され，ワシントンに置かれた。また，GHQ（連合国軍最高司令官総司令部）の諮問機関として

対日理事会が置かれ，アメリカ・ソ連・イギリス・中国の4カ国からなり，東京に設置された。そして占領政策の実施機関がマッカーサーを最高司令官とするGHQで，東京に置かれた。極東委員会が決定した基本政策は，米国政府を通じてGHQに伝えられ，米国政府が日本の統治では主導的役割を果たしていた。また，GHQは日本政府に対して指令・勧告を下し，それに従って日本政府が政治を行う間接統治方式だったことに言及する。設問文が「日本本土占領統治の機構」と強調しているから，沖縄・小笠原などに敷いた直接軍政との違いを明確に示しておくとよいだろう。

Ⅲ **解答** 問10. 開港場に設けた居留地で外国人商人と日本人商人が取引を行う自由貿易で幕府は統制できず，両国の協定で定めた貿易章程に従い関税を納めると制約された。

問11. a－5　b－4　c－3

問12. a－0　b－3　c－1　d－2

問13. 4

問14. (1)開放経済体制への移行で外資参入の懸念から，占領期に分割を免れた旧財閥系銀行を軸に系列企業が株式持ち合いや相互融資を通じて企業集団に再編された。

(2)a－5　b－3　c－1　d－2

◀解　説▶

≪江戸幕末～平成の政治・外交・経済≫

▶問10.「横浜の開港を取り決めた条約」は，日米修好通商条約である（この条約で約した開港地は神奈川だったが，宿場町で日本人の通行が多いことから，横浜に変更された）。日米修好通商条約の条文には「第三条…此箇条の内に載たる各地は亜墨利加人に居留を許すへし。…双方の国人…其払方等に付ては，日本役人これに立会ハす」とあり，居留地において幕府の役人の干渉のない自由貿易が規定された。また「第四条　総て国地に輸入輸出の品々，別冊の通，日本役所へ，運上を納むへし」とあり，別冊の貿易章程に定めた通り関税を納めることになっていたが，日本にはその税率を決定する関税自主権が欠如していた。自由貿易とは，政府が介入する保護貿易の反対であり，幕府が貿易統制できないことを意味するので，自由貿易も制約内容の1つである。

慶應義塾大-経済　　　　　　　　　　　　　　　2022 年度　日本史〈解答〉 *41*

▶問 11.　アーネスト=サトウの著作からの抜粋資料を，年表を用いて時期
特定する問題である。本問も年表中の出来事はすべて基本事項であり，年
代を記憶しておきたい。「日米修好通商条約が調印された」のは 1858 年。
「五品江戸廻送令が出された」のは 1860 年。「薩摩・会津両藩などが，長
州藩と三条実美らの勢力を京都から追放した」八月十八日の政変は 1863
年。「徳川家茂が急死し，幕府は第二次長州征討を中止した」のは 1866 年。
そして「五稜郭にたてこもっていた榎本武揚らの旧幕府軍が降伏した」五
稜郭の戦いは 1869 年 5 月である。アーネスト=サトウの『一外交官の見た
明治維新』の資料抜粋は，2018 年度 I でも出題されている。

a．5 が正解。資料 a の「江戸市中の住民は，やがて慶喜に突き付けられ
る要求についてはまだ何も知らず，…大火の起こることだけを心配してい
た。（中略）四月四日に，江戸湾の砲台は，…官軍の手に引き渡された」
から，戊辰戦争中，江戸城無血開城（1868 年 4 月）についての記述とわ
かる。

b．やや難。4 が正解。資料 b の「大君は天皇に…力説し，大君の従兄一
橋の切なる献言もあって，天皇もついに条約批准に同意された」は，将軍
徳川家茂の説得と従兄の一橋慶喜の献言もあって，孝明天皇が無勅許調印
された日米修好通商条約批准に同意した 1865 年 10 月の出来事についての
記述で，やや細かい知識である。また実際は，英仏米蘭の四国艦隊下関砲
撃事件（1864 年 8 月）の後，1865 年に艦隊は兵庫沖にも迫り，朝廷に軍
事的圧力をかけたことが勅許の背景にあった。また資料 b の将軍は家茂だ
から，「徳川家茂が急死」するより前であり，4 に限定できる。

c．やや難。3 が正解。「わが方が…鹿児島の町を廃墟と化せしめたにも
かかわらず，薩摩側では自分の力でイギリス艦隊を退却の止むなきに至ら
しめたと主張する」とあるから，c は薩英戦争の記述で，1863 年 7 月で
ある。年代を覚えていても薩英戦争と八月十八日の政変は，1 カ月ほどの
間の出来事であり，因果関係で時期を特定するのがよいだろう。1863 年，
イギリスは生麦事件（1862 年）の報復のため薩英戦争に及んだ。そのた
め，攘夷が不可能であると知った薩摩藩は，会津藩と協力して，攘夷を強
行する尊攘派の長州藩と三条実美ら急進派公家を京都から追放した（八月
十八日の政変）。

▶問 12.　経済学部入試問題では定番の 5 年刻みのグラフを用いた時期特

定問題である。注目すべきは「日本銀行券現在高」の線の始点，つまり2の時期の5番目の点である。それは日本銀行券の発行が始まった1885年にあたる。そこから，このグラフは1876〜90年の15年間を示しているとわかる。

a．0が正解。「新貨条例が公布された」のは1871年である。この条例が出された頃は，明治初年に政府が発行した太政官札・民部省札などの不換紙幣や，旧幕府鋳造の金銀貨なども流通して貨幣制度は混乱していた。そこで貨幣の統一をめざして新貨条例を制定し，初めて円・銭・厘の十進法を採用した。

b．3が正解。「大日本帝国憲法が発布された」のは1889年である。

c．1が正解。1873年に公布された地租改正条例で地租率は地価の3％であったが，1876年に相次いだ地租改正反対一揆を受けて，翌77年に地租率が2.5％へ引き下げられた。

d．2が正解。初の政府の御用政党である立憲帝政党が結成されたのは1882年である。背景には，1881年に国会開設の勅諭が出されて，10年後の国会開設が公約されたことがある。1881年に板垣退助を総理とする自由党が，翌82年に大隈重信を党首とする立憲改進党と，福地源一郎らを中心に立憲帝政党が結成された。

▶問13．4が正解。対華二十一カ条要求のうち，中華民国政府が大部分を承認する以前に，日本側が撤回したのは「日本人顧問の雇用」などを求める第5号である。第5号は，中国の主権に深く関与する内容だけに，それを知ったイギリス・アメリカの反対もあって撤回した。

▶問14．(1)　難問。財閥が戦後の企業集団に再編されることになった経緯を，占領期の経済改革の内容に触れつつ，説明することが求められた。

　占領期には財閥解体が進められ，財閥本体の持株会社や財閥家族が保有した株式は，持株会社整理委員会を通じて市場に放出され，財閥は解体した。しかし財閥系銀行は過度経済力集中排除法による分割対象に入らず，その後の占領政策の転換もあって分割されなかった。企業集団の中核となったのが，こうした旧財閥系銀行である。経緯としては，企業集団形成の社会的背景として，1960年代前半の「資本の自由化」または「開放経済体制への移行」を示したい。日本は1964年のOECD加盟とIMF8条国への移行によって，開放経済体制に入った。これによって外国企業（外資）

の日本企業の株式買収による乗っ取りや，日本市場に外資系企業が参入するなどの懸念が高まった。そこで外資に対抗するため，旧財閥系銀行を中心に，系列企業相互の株式持ち合いや相互融資を通じて結束を強めた結果，企業集団に再編されたのである。こうして三井・三菱・住友などの六大企業集団が成立した。

(2) まず，「日経平均株価の推移」のグラフの時期を特定する。目印は4万円に迫る株価をつけている1の時期の4番目の点である。その翌年には急落し，その後は低迷していることもあり，このピークの点がバブル経済絶頂の1989年だとわかる。よってグラフは1986〜2005年の20年間である。

a. 5が正解。「リーマン=ブラザーズが経営破綻して，世界的な金融恐慌が起こった」とは，2008年のリーマン=ショックである。

b. やや難。3が正解。1998年に成立した小渕恵三内閣は，前任の橋本龍太郎内閣のときに，消費税率5％への引上げとアジア通貨危機，大手金融機関の破綻などで深刻な不況となったことを受け，経済再生内閣をうたい，景気回復最優先とした。それを可能にした要因は，1999年1月に自由党，10月に公明党との連立が成立したこともある。

c. 1が正解。「竹下登内閣が，消費税を導入した」のは1989年である。

d. 2が正解。結党以来初めて自由民主党の単独政権が終焉し，55年体制が崩壊して，非自民8党派連立の「細川護熙内閣が発足した」のは1993年である。

❖講　評

　2022年度は，2021年度と同じ大問3題構成で，記述問題は2021年度の6個から1個に減少，選択問題は5個増の33個であった。誤文選択問題は2019年度から4年続けて出題されなかった。配列問題は2021年度に1個あったが2022年度は0個だった。年表を利用した選択法の年代特定問題は2021年度の5問14個から2022年度は4問13個に，グラフを用いた選択法の年代特定問題は2021年度の2問5個から2022年度は2問8個と増加したから，時代把握・時期特定の設問総数に大きな変化はない。一方で論述問題は2019〜2021年度が8個で，そのうち2021年度は解答欄3行の論述2個，2行の論述6個で合計行数は18行であ

った。2022 年度は論述問題が 9 個で，そのうち 3 行の論述 4 個，2 行の論述 4 個，1 行の論述 1 個で合計行数は 21 行に増加した。解答総数は 42 個から 43 個と増加し，論述問題の行数が 3 行増加したことで，受験生の負担は少し増したといえよう。時代別の出題分野では，江戸時代が 14 個，近現代史分野が 29 個で，出題範囲の「1600 年以降を中心とする」という通りであった。2021 年度に室町時代と織豊政権期からの出題があったことに比べて，対応しやすかったといえる。ただ 2021 年度の前近代史と近現代史の出題数比は，およそ 1 ：6 だったが，2022 年度は，およそ 1 ：2 となった。問題構成では前近代史の問題数が増加したことが特徴的である。地図問題は 2 問 7 個で，2021 年度より 5 個増加。文化史問題は 2 問 8 個と 7 個増加であった。

Ⅰは，ケンペルに関する問題文を通じて，江戸時代の外交・経済・文化が出題された。Ⅰのリード文は世界史のⅠとほぼ同文であり，これは 2020 年度以降続いている。ただし，2022 年度は世界史との小問の共通問題はなかった。問 1 の海舶互市新例は，金銀だけでなく，銅の輸出抑制についての記述は教科書掲載頻度が低く，やや難問。問 2 はケンペルの記録にある場所を地図中から選択する問題。東海道の関所の新居と箱根は基本的知識であり，a は標準レベル。b は，「炭坑」に注目して北九州地方を想起したいが，やや難である。c は，木曽檜や，木曽三川・輪中など地理の知識を活用すれば解けるレベル。問 3 ⑴西廻り航路の整備を背景に，幕藩領主の大坂への蔵物廻送・販売といった「米の流通」をコンパクトにまとめるのは，やや難問。⑵は，江戸時代の貨幣制度に関する 1 行の論述問題，問 4 は元禄期の芸能に関する出題で，いずれもやや易。問 5 は，江戸時代の天文学に関連する事項の年代特定問題で，b・d は高橋景保の事績として前後関係から正答を導けるので標準レベル。c は，蕃書調所の設置時期も年表中の「西周らのオランダ留学」の時期も細かい知識であり，やや難問。総じてⅠは，手応えのある問題が多く，やや難である。

Ⅱは，近代の元老に関する問題文から，明治〜昭和戦後の政治・外交・経済について出題された。問 6 は年表中の「日本郵船会社の設立年」の特定がやや細かいが，a 〜 c いずれも基本事項であり，標準レベル。問 7 ⑵原敬の日記からの抜粋資料 a 〜 c を年表中に年代特定する問

題で，すべて年代を把握しておくべき基本的事項であり，取りこぼしは避けたい。(3)井上馨の「条約改正案の内容」から内地雑居の承認・外国人判事任用問題を，内容以外から極端な欧化政策への反発を指摘したい。(4)山東出兵・張作霖爆殺事件に関する地名の地図選択問題で，アの青島は同じ山東半島の7の威海衛と，エの奉天は同じ中国東北部の9の長春との区別に注意を要するが，いずれも標準レベル。(5)井上準之助と高橋是清の通貨・財政政策の対比型論述問題である。井上財政や昭和恐慌に踏み込みすぎて，高橋財政の記述スペースが不足しないよう注意したい。問8は統帥権干犯問題の根拠を憲法規定に基づいて論述する問題で，2019年度Ⅱ問12(2)に出題歴があるため，過去問演習を重視したか否かで得点差は開いただろう。問9は，2018年度Ⅱ問9(1)に機関名の選択問題の出題歴があるが，本土占領統治の機構の論述問題は初出。各機関の繋がりを機構として説明するのは，やや難。したがって，Ⅱは，選択問題に難度の低い問題が散見される一方，論述問題は全体の過半を占める11行もあり負担が重く，全体としては標準レベルである。

　Ⅲは，2024年度からの新1万円札の肖像に決まった渋沢栄一の伝記を通して，江戸幕末〜平成の政治・外交・経済について問われた。問10の幕末貿易の取引方法には，居留地に限定・協定関税制に加えて自由貿易という制約の指摘も必要である。問11の資料b「孝明天皇の条約勅許」の時期はやや細かい事項であり，cの「薩英戦争」は年表中の「八月十八日の政変」と1カ月しか前後していないこともあり，b・cはやや難。問12は日本銀行券の発行が始まった点が1885年だと気付けば，グラフの時期特定は易しい。またa〜dも基本的事項であり，標準レベル。問14(1)財閥が企業集団に再編される時代背景として，「開放経済体制への移行で外資参入が危惧された」ことの指摘や，「系列企業の株式の持ち合い・相互融資」を通じて再編された経緯を正確に叙述するには，政治経済分野にまたがる総合的な学習を要し，難問。(2)日経平均株価の推移を示したグラフは，過去にも何度か出題されている。突出した株価の年がバブル絶頂の1989年として特定でき，a・c・dは標準レベル。bは，小渕恵三内閣成立時ではなく，「自由党および公明党と連立内閣を成立させた」時期特定を求める意表をつく出題であり，正攻法で解くには緻密な学習を要する。ただ5年幅の時期区分の選択問題な

ので，歴代内閣の順序や重要政策の年代など大掴みの知識から解答は可能だが，やや難。よってⅢ全体としては標準レベルであった。

　総括すれば，3年連続してⅠのリード文が世界史と共通であり，歴史地理的分野・政治経済分野といった学際的な知識や，グラフ・資料など複数の情報を分析して解答に至る応用力を測る出題が目立つという特徴も例年通りである。また過去問に類題の出題歴がある問題も複数あった上に，近現代の文学作品名を選択する難問や，年代整序問題の出題がなく，概ね取り組みやすい問題が増えた。しかし，全く歯が立たないほどの難問ではないが，論述問題の負担が増し，時期や地図上の位置特定問題などにも難度の高いものが含まれることから，全体としては，2021年度よりやや難化したと評価できる。もともと経済学部の入試問題は時事的問題や直近の政治的動向に機敏に対応した傾向があるので，今後も社会環境・政治動向にも影響されて，出題傾向や難易度が変動する可能性はあるだろう。とはいえ日本史教科書の精読をベースとしたオールラウンドな実力養成こそが望まれる。

世界史

I **解答** 問1．(1)商品作物のコーヒー・サトウキビ・藍などをジャワ農民に強制的に栽培させ，一方的に定めた価格で安く買い上げて独占的に国際市場で販売して利益を得た。

(2)スカルノ政権下で台頭した共産党に危機感をもった軍人スハルトが九・三〇事件でスカルノを失脚させて実権を握り，反共的地域機構であったASEANに加盟した。

(3) a ．ポルトガル　 b ．東ティモール

問2．ア－2　イ－6　ウ－7　α－8

問3．3→5→1→4→2

問4．(1)名誉革命で議会主権が確立し，立憲王政となったイギリスは，徴税権を議会が掌握した結果，当時設立されたイングランド銀行が議会の保障する国債を引き受け，その高い信用により国内外から多額の資金を集めることが可能となった。

(2)3→1→2

(3)日本敗戦後，共産党のホー=チ=ミンが樹立したベトナム民主共和国と，これを認めずインドシナ戦争を起こしたフランスがバオダイを擁立して建国したベトナム国。

(4)－1・5

━━━━━━━━ ◀解　説▶ ━━━━━━━━

≪17世紀に日本を訪れたケンペルをめぐる世界の情勢≫

▶問1．(1)　オランダの東インド総督ファン=デン=ボスが1830年からジャワ農民に実施した強制栽培制度について，「制度の特徴」および「制度がオランダに利益をもたらした仕組み」を「主な作物名」に触れつつ説明することが求められた。「制度の特徴」および「制度がオランダに利益をもたらした仕組み」は，安く買い上げて独占的に販売するという構造を説明すればよい。コーヒー・サトウキビ・藍の他，タバコも強制栽培の対象となった。

(2)　「インドネシアにおける政変」とは，共産党系の軍部左派による蜂起

を軍部右派のスハルトらが巻き返し，共産勢力を徹底弾圧した1965年の九・三〇事件を指す。この政変でインドネシア共産党は壊滅した。実権を握ったスハルトは反共親米路線をとってスカルノを解任して1968年大統領に就任した。この間，1967年にインドネシアはマレーシア・シンガポール・フィリピン・タイと，当初，反共的性格を有していたASEAN（東南アジア諸国連合）を結成している。

(3)　「カーネーション革命」を起こした国を特定するのは難しいが，リード文を読めば，インドネシアに併合され1999年に住民投票で独立したのはbの東ティモールなので，そこを植民地にしていたaはポルトガルと判断できる。

▶問2．ア．「1683年」に注意したい。ピョートル1世は北方戦争中の1712年に2のモスクワから1のペテルブルクに遷都している。

イ．難問。イランの石油産地が求められている。当時イランのサファヴィー朝の領土にあった6のバクーは，現アゼルバイジャン共和国の首都。カスピ海西南岸に位置しており，バクー油田がある。

ウ．サファヴィー朝のアッバース1世が16世紀末に建設した新首都イスファハーンは地図の7。

α．バンダレ=アッバースは「イランの主要貿易港」とあるので，海に面した地図の8と推定できる。

▶問3．日本と東アジアの関係史を年代順に並べる設問。

1．江戸幕府がポルトガル船の来航を禁止したのは1639年。

2．鄭成功が台湾をオランダから奪取したのは1661年。

3．秀吉による朝鮮出兵（壬辰・丁酉倭乱）は1592〜93年，1597〜98年。

4．平戸のオランダ商館が長崎の出島に移されたのは1641年。

5．琉球が薩摩の島津氏の支配下に入ったのは1609年。

　以上から，古い順に並べると3→5→1→4→2となる。

▶問4．(1)　やや難。イングランド銀行による国債発行に言及すること。「政治的背景」については1688〜89年の名誉革命と「権利の章典」の制定で王権に対する議会の優位が確立され，徴税権も王権から議会に移ったことを考えたい。安定した徴税が可能となった議会は，イングランド銀行（1694年創設）に国債を引き受けさせ，その資金を戦費に充てるという財政確保の手段を用いてフランスとの戦争を有利に進めた。

慶應義塾大-経済 2022 年度 世界史〈解答〉 49

(2)　やや難。フランスがインドシナ進出の過程で結んだ条約の年代配列問題。

資料 1 は,「安南国はフランスの保護国たることを承認」とあるので, これはベトナム保護国化を決定した 1883・84 年のユエ条約。

資料 2 は,「清朝は」に着目する。清仏戦争 (1884〜85 年) で結ばれた天津条約 (1885 年) の条文。敗れた清朝はベトナムの宗主権を放棄した。

資料 3 は, ナポレオン 3 世が起こした仏越戦争 (1858〜62 年) で結ばれたサイゴン条約 (1862 年) で, フランスはコーチシナ東部 3 省を獲得した。

　以上から, 古い順に並べると 3 → 1 → 2 となる。

(3)　1954 年のジュネーヴ会議にカンボジア・ラオス以外に参加した 2 つの国を問う。正式国名を述べること。1 つは, 日本の敗戦後にインドシナ共産党のホー=チ=ミンが北ベトナムのハノイで樹立したベトナム民主共和国 (1945〜76 年)。もう 1 つは, ベトナム民主共和国独立を拒否するフランスがインドシナ戦争 (1946〜54 年) 中の 1949 年に, 阮朝最後の王だったバオダイを擁立してサイゴンで樹立したベトナム国 (1949〜55 年)。

(4)　1971 年 8 月, ニクソン大統領は「金・ドル交換停止」を発表 (ドル=ショック) し, 同年 12 月のスミソニアン協定で日本円は 1 ドル 360 円から 308 円に調整された (この段階では固定相場制は維持)。しかし, ドル危機は進み, 1973 年までに主要各国が変動相場制に移行したことでブレトン=ウッズ体制は崩壊している。

　したがって, グラフの為替レートが円高に大幅に切り上がっている 1971 年がドル=ショックの年なので, A の時期は 1960〜69 年と判断できる。A の次の年代が 1970 年, その次が 1971 年で, 以降は 1 米ドルあたりの日本円が毎年変動しているのに注意したい。

1．アメリカ軍が北爆を開始したのは 1965 年 (ベトナム戦争開始)。

2．アメリカ軍が南ベトナムから撤退したのは 1973 年。

3．中越戦争が起きたのは 1979 年。

4．ニクソンが訪中し, 毛沢東と会談したのは 1972 年。

5．パリでベトナム和平会談が始まったのは 1968 年。

　以上から A の時期 (1960〜69 年) に該当するのは, 1 と 5 である。

50 2022 年度 世界史〈解答〉 慶應義塾大-経済

II 解答

問5. a−1　b−7
問6. (1)ア−9　イ−4

(2)スペイン国王が先住民のキリスト教化と保護を条件として統治権を植民者に委託した制度。

問7. (1)カトリックとユグノーの宗教対立が貴族の党派争いと結びついてユグノー戦争が起こり，サン＝バルテルミの虐殺が起こるなど混乱していた。

(2)新教からカトリックに改宗し，ナントの王令でユグノーにも信教の自由を与えた。

問8. 三部会は，第一身分の聖職者，第二身分の貴族，第三身分の平民の代表からなる身分制議会。ルイ16世が招集した三部会で議決方法をめぐって聖職者・貴族らの特権身分と第三身分の平民が対立し，第三身分の代表は三部会から離脱して国民議会を発足させた。

◀解　説▶

≪16～18世紀におけるイエズス会の歴史≫

▶問5. a.「14世紀初頭」から判断できる。カペー朝のフランス王フィリップ4世は，1309年フランス人の教皇クレメンス5世をローマから南仏のアヴィニョンに新設した教皇庁に移した。以後約70年間教皇はフランス王権の監視下に置かれた，これが「教皇のバビロン捕囚」(1309～77年)である。

b. イギリスのウィクリフやベーメンのフスなど，各地で教会改革を求める声が高まると，神聖ローマ皇帝ジギスムントはコンスタンツ公会議(1414～18年)を開き，フスを異端として火刑に処し，すでに死去していたウィクリフも異端とした。

▶問6. (1)ア. 拠点が「大きな島」にあり，「船団が…〔メキシコ〕へ赴き」とあるので9のマニラが入る。「大きな島」とはフィリピン北部のルソン島。スペインのガレオン船がルソン島のマニラとメキシコのアカプルコ間を往復し，マニラで新大陸産の銀と中国の絹・陶磁器が交換された。

イ.「インカの帝国の首都」は4のクスコで，現在のペルーに位置する。

(2) スペインがラテンアメリカで16世紀に実施したエンコミエンダ制を問うている。スペイン国王が征服や開拓に功績をあげた植民者に土地と住民に対する統治権を委託（エンコミエンダ）する制度で，先住民の保護と

彼らへのカトリック布教が義務づけられた。スペイン人の植民者はこの制度を利用して先住民を苛酷な鉱山・農業労働などに使役し，巨額の富を得た。

▶問7．(1) 宗教問題に関しては，フランスで勃発したカトリック（旧教）とユグノー（カルヴァン派）とのユグノー戦争（1562～98年）について説明すればよい。当時のフランス国内の政治事情として，貴族の党派争いがユグノー戦争に絡んだことを指摘し，シャルル9世の母后カトリーヌ=ド=メディシスがカトリックと結んで起こしたサン=バルテルミの虐殺（1572年）に触れるとよい。波線部αからだけでは，解答の手がかりがみつけにくい。次の(2)とあわせて取り組むと対応しやすいだろう。

(2) まずヴァンドーム公アンリとは誰かを推察する。「改宗し」て「最も敬虔なフランス王として讃えられる」とあるので，アンリ4世と判断できる。資料は，国王アンリ3世がユグノーのヴァンドーム公（のちアンリ4世）に王位を譲ろうと準備していたため修道士に暗殺されてヴァロワ朝が断絶し，ブルボン朝に交替した経緯を記述している。ユグノーの指導者であったヴァンドーム公アンリはアンリ3世の暗殺後，1589年ブルボン朝を創始してアンリ4世となり，カトリックに改宗した。その後，1598年ナントの王令（勅令）でユグノーにも信仰の自由を認めた。

▶問8．三部会が身分制議会であることとその構成を指摘し，ルイ16世の三部会招集から国民議会の成立までをまとめればよい。三部会は1302年にフランス王フィリップ4世が設立した身分制議会で，聖職者（第一身分）・貴族（第二身分）・平民（第三身分）の代表で構成され，聖職者・貴族が特権身分であった。1615年に解散したが，財政難から1789年5月にルイ16世により特権身分への免税特権を審議するため招集された。しかし，議決方法をめぐって対立が起こり，身分別議決法を主張する聖職者・貴族に対して，個人別票決を主張する第三身分代表は三部会から離脱し，1789年6月に国民議会の設立を宣言した。

Ⅲ **解答** 問9．a－2　b－3　c－1
問10．(1)3 → 2 → 1
(2)a－2　b－3
問11．a－9　b－3　c－4　d－2

52 2022 年度 世界史〈解答〉　　　　　　　　　　　　　　　慶應義塾大-経済

問 12.　(1) a － 2　　b － 3

(2) 19 世紀末にアドワの戦いでイタリア軍を破って独立を保持したが，1935 年にムッソリーニ政権が再び侵略し，国際連盟はイタリアに経済制裁を加えたが効果はなく翌年エチオピアは併合された。

(3) 西ドイツのブラント政権は東側諸国との和解を図るため東方外交を展開し，ソ連と武力不行使条約を結び，ポーランドとはオーデル＝ナイセ線を認めて国交を回復した。また東西ドイツの主権を相互に認めて国連同時加盟を実現させ緊張緩和を進めた。

━━━━━━━　◀解　説▶　━━━━━━━

≪近世～現代における「メセナ」の歴史≫

▶問 9．a.「この審判図」とは，ミケランジェロがシスティナ礼拝堂正面に描いた祭壇画「最後の審判」のこと。「天井画」は『旧約聖書』の創世記を題材とした「天地創造」を指している。ミケランジェロの作品は 2 の「ダヴィデ像」。

b.「誰が主を裏切るであろうか知りたがっている使徒たち」や「ユダの頑な態度，憎悪，裏切りの姿」とあるので，これはレオナルド＝ダ＝ヴィンチの「最後の晩餐」と判断できる。彼の作品は 3 の「モナ＝リザ」。

c.「微風にはこばれてヴィーナスがキューピッドたちとともに海辺へ着く」がヒント。これはフィレンツェの画家ボッティチェリの「ヴィーナスの誕生」を指している。彼の作品は 1 の「春（プリマヴェーラ）」。

なお，作品の 4 は，ラファエロが描いた聖母子画の「美しき女庭師」。

▶問 10．(1) 1．コメコンが解散したのは 1991 年。

2．東ドイツでホネカー書記長が退陣したのは 1989 年。

3．ポーランドでワレサを中心に自主管理労働組合「連帯」が設立されたのは 1980 年。

したがって，古い順に並べると 3 → 2 → 1 となる。

(2)　a・b の出来事を年表中に入れる年代整序問題。

a．アイルランド自治法が成立したのは 1914 年。

b．アイルランド自由国が成立したのは 1922 年。

年表を整理すると以下のようになる（太字が解答箇所）。

ジョゼフ＝チェンバレンが植民相として保守党内閣に入閣した（1895 年）
a．アイルランド自治法が成立した（1914 年）

ダブリンでイースターの期間に蜂起が起き，パトリック＝ピアースら反乱指導者が処刑された（1916年）

ｂ．アイルランド自由国が成立した（1922年）
ウェストミンスター憲章が成立した（1931年）
アイルランド共和国法が制定され，アイルランドは共和国であると宣言された（1949年）

▶問11．ａ．『人間不平等起源論』を著したのはフランスの啓蒙思想家のルソーで，私有財産制を文明社会の悪の根源として批判した。

ｂ．「イギリス経験論の流れをくむ哲学者・経済学者」とは，ベンサムの功利主義を発展させ，社会改良主義を主張した19世紀のジョン＝ステュアート＝ミル。彼は1867年の第2回選挙法改正の実現に尽力し，女性の参政権も主張した。

ｃ．『アンクル＝トムの小屋』（1852年）を著し，奴隷解放運動の気運を高めたのはアメリカの女流作家のストウ夫人。

ｄ．『家族，私有財産および国家の起源』を著したのはドイツの社会主義者エンゲルス。

▶問12．⑴ａ．「エンクルマ（ンクルマ）」がヒント。1957年にイギリス領ゴールドコーストはガーナとしてイギリス連邦内で独立した。首相のエンクルマは1960年に大統領に就任し，完全独立を宣言してガーナ共和国を樹立。この国は地図の2に位置。

ｂ．やや難。2000年のシドニーオリンピックのサッカー競技で優勝したのはカメルーン。ドイツの旧アフリカ植民地の位置を押さえていれば，3がカメルーンと特定できる。ドイツの旧アフリカ植民地は，カメルーンの他に，トーゴ・南西アフリカ（現ナミビア）・東アフリカ（現タンザニア）などがあるが，いずれも地図には番号がついていない。

⑵　アドワの戦い（1896年）でエチオピアがイタリアの侵略を退けて独立を維持したものの，1935年にムッソリーニ政権が再び侵略して併合された経緯を国際連盟の役割と絡めて述べればよい。国際連盟はイタリアに対して経済制裁を加えたが効果がなく，1936年にエチオピアはイタリアに併合された。

⑶　難問。1975年の全欧安全保障協力会議（CSCE）の開催とヘルシンキ宣言に影響を与えた1970年代前半のヨーロッパの国家間関係の変化をテーマとした問題。西ドイツの首相ブラントの東方外交に焦点をすえればよ

い。共産圏諸国との関係改善を図り，緊張緩和（デタント）を進めた彼の東方外交の成果として，まず，1970 年に西ドイツはソ連とソ連=西ドイツ武力不行使条約を結び，ポーランドとはオーデル=ナイセ線を国境に定めて国交正常化条約を締結した。ついで 1972 年に東西ドイツ基本条約を結び，東西ドイツは相互に主権を承認しあい，翌 1973 年に両国は国際連合に加盟している。

❖講　評

　2022 年度も例年と同じく大問数は 3 題で構成されている。解答個数は 2021 年度の 39 個から 35 個に減少した。小論述は 2021 年度の 10 問と同様で，論述解答の行数も 2021 年度と同じ 21 行であった。出題形式では，例年，資料（史料）に加えて視覚資料・地図・年表・グラフなど多彩な形式が出題されており，2022 年度は例年と同じく資料関連が多いが，視覚資料やグラフの問題が復活し，地図問題は 2 つ出題された。2022 年度も資料に関連する国家・都市・条約・人物の特定や年代配列法が目立っており，詳細な年代把握が欠かせない。全体的に細かい知識や年代を問う設問が多く，近現代史は用語集レベルの知識が必須。小論述はおおむね教科書レベルで作問されている。歴史事象の経緯や因果関係など考察力を試す問題も散見される。

　Ⅰは，「17 世紀に日本を訪れたケンペルをめぐる世界の情勢」をテーマとした問題で，総じて「やや難」のレベルで作問されており，3 つの大問で最も難度が高い。問 2．アは「1683 年」当時のロシア帝国の首都が問われたが，モスクワとペテルブルクを混同しやすいため注意が必要であった。イは難問。17 世紀当時のイランにおける原油の産地が求められているが，地図の国境線が現在のものであるので地理的知識を基にした考察が必要。問 3 は日本も含めた東アジアの情勢について正確な年代理解が必要だった。問 4 (1)イングランド銀行と戦費調達について説明する経済史からの出題で，得点差が生じやすい。(2) 19 世紀におけるベトナム関連の条約の理解が求められており，資料を正確に読む力が試された。(4)グラフの読解問題で，ニクソン政権が金・ドル交換を停止した 1971 年がポイントとなった。ここから A の時期を特定し，さらに 1 ～ 5 の年代を検討していかなければならないため時間をとられやすい。

Ⅱは，「16～18世紀におけるイエズス会の歴史」を扱った取り組みやすい大問。問5と問6(1)は都市名を問う標準レベルの問題。問6(2)エンコミエンダ制と問7(1)ユグノー戦争の論述は定番だが，資料から設問の意図を読み取るのは難しかったかもしれない。また，前者は1行，後者は2行なので，まとめ方に注意したい。問8の三部会も書きやすい論述であった。

Ⅲは，「近世～現代における『メセナ』の歴史」をテーマとしている。問9は資料文と絵画の視覚資料をあわせたイタリア=ルネサンスからの出題で，資料文のキーワードから作品を選ぶのはそれほど難しくはない。問10(2)は例年頻出の年表問題。アイルランド独立に至る年代の正確な理解が必要であった。問12(1)bはリード文の記述からカメルーンを連想できても，地図上の位置を選ぶ必要があり，戸惑ったかもしれない。(3)の論述問題は「1975年」から，西ドイツのブラント政権が推進した東方外交を説明しなければならず，得点差が出やすい論述となった。

数学

1

◇発想◇ 点Oが線分BD上にあることを確認し，△DABと相似な三角形を利用する。

解答 (1)2 (2)5 (3)2 (4)(5)12 (6)5 (7)3 (8)3 (9)6

◀解 説▶

≪円に外接する四角形≫

(1) 図のように点をとる。点Aにおける接線の方程式は，$x=-1$，$y=-1$ であるから

$$\angle BAD = \frac{\pi}{2} \quad →(1)$$

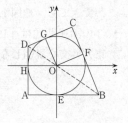

(2) いま，$\angle OGC = \angle OFC = \frac{\pi}{2}$，$OF=OG=1$ より四角形 OFCG は正方形であり，$GC=1$ であるので

$$DH = DG = DC - GC = \frac{5}{3} - 1 = \frac{2}{3}$$

よって

$$DA = DH + HA = \frac{2}{3} + 1 = \frac{5}{3} = DC$$

また $OE = 1 = OF$

したがって，O，Dは∠ABCの二等分線上にあり，Oは線分BD上の点である。

よって，△DAB∽△DHO であり

$$AB : HO = DA : DH$$

$$l : 1 = \frac{5}{3} : \frac{2}{3} \quad より \quad l = \frac{5}{2} \quad →(2)\cdot(3)$$

このとき

慶應義塾大-経済   2022 年度 数学〈解答〉 57

$$\tan\frac{\theta}{2} = \frac{\mathrm{AD}}{\mathrm{AB}} = \frac{2}{3}$$

$$\tan\theta = \frac{2\tan\dfrac{\theta}{2}}{1-\tan^2\dfrac{\theta}{2}} = \frac{2\cdot\dfrac{2}{3}}{1-\left(\dfrac{2}{3}\right)^2} = \frac{12}{5} \quad \rightarrow(4)\sim(6)$$

(3) $\triangle\mathrm{DAB} \equiv \triangle\mathrm{DCB}$ より，$\triangle\mathrm{DAB}$ の面積は $\quad$ 3

$$\tan\frac{\theta}{2} = \frac{\mathrm{OE}}{\mathrm{BE}} = \frac{1}{l-1}$$

これより

$$\mathrm{DA} = \mathrm{AB}\cdot\tan\frac{\theta}{2} = \frac{l}{l-1}$$

よって，$\triangle\mathrm{DAB}$ の面積は $\quad \dfrac{1}{2}\mathrm{DA}\cdot\mathrm{AB} = \dfrac{1}{2}\cdot\dfrac{l^2}{l-1} = 3$

ゆえに $\quad l^2 - 6l + 6 = 0 \quad l = 3 \pm \sqrt{3}$

θ は鋭角より $\quad 0 < \dfrac{\theta}{2} < \dfrac{\pi}{4}$

よって，$0 < \tan\dfrac{\theta}{2} < 1$ であるから

$$0 < \frac{1}{l-1} < 1 \iff l > 2$$

したがって $\quad l = 3 + \sqrt{3} \quad \rightarrow(7)\cdot(8)$

$$\tan\frac{\theta}{2} = \frac{1}{2+\sqrt{3}} = 2 - \sqrt{3}$$

これより

$$\tan\theta = \frac{2\tan\dfrac{\theta}{2}}{1-\tan^2\dfrac{\theta}{2}} = \frac{2\,(2-\sqrt{3})}{1-(2-\sqrt{3})^2} = \frac{2-\sqrt{3}}{-3+2\sqrt{3}}$$

$$= \frac{2-\sqrt{3}}{\sqrt{3}\,(2-\sqrt{3})} = \frac{1}{\sqrt{3}}$$

よって $\quad \theta = \dfrac{\pi}{6} \quad \rightarrow(9)$

58 2022 年度　数学〈解答〉　　　　　　　　　　　　　　　慶應義塾大-経済

2

◆発想◆　(3)　$a_k>0$ $(1\leqq k\leqq m-1)$ より，漸化式を用いて a_k $(1\leqq k\leqq m)$ が求まる。

(4)　a_{2k} と a_{2k+1} の符号を調べる。(2)はそのためのヒントになっている。

解答　(10)(11) 17　(12) 4　(13)(14) 11　(15) 8　(16) 4　(17) 9　(18) 2　(19) 7　(20) 4　(21) 1　(22)(23) 14　(24) 3　(25) 4　(26) 5　(27) 2　(28)(29) 10　(30) 7　(31)(32) 56　(33) 3　(34) 4　(35) 7

◀解　説▶

≪2項間の漸化式≫

(1)　$a_{n+1}=-|a_n|-\dfrac{1}{2}a_n+5$

$$=\begin{cases} -\dfrac{3}{2}a_n+5 & (a_n\geqq 0) \\[2mm] \dfrac{1}{2}a_n+5 & (a_n<0) \end{cases}$$

$a_1=\dfrac{1}{2}$ より

$$a_2=-\frac{3}{2}a_1+5=-\frac{3}{2}\cdot\frac{1}{2}+5=\frac{17}{4}\quad\rightarrow(10)\sim(12)$$

$$a_3=-\frac{3}{2}a_2+5=-\frac{3}{2}\cdot\frac{17}{4}+5=-\frac{11}{8}\quad\rightarrow(13)\sim(15)$$

(2)　$-2\leqq a_n\leqq -1$ より

$$a_{n+1}=\frac{1}{2}a_n+5$$

よって　$4\leqq a_{n+1}\leqq\dfrac{9}{2}$　$\rightarrow(16)\sim(18)$

$$a_{n+2}=-\frac{3}{2}a_{n+1}+5$$

よって　$-\dfrac{7}{4}\leqq a_{n+2}\leqq -1$　$\rightarrow(19)\sim(21)$

(3)　m は $a_n<0$ となる自然数 n のうち最小のものだから

$$a_n>0\quad(n=1,\ 2,\ 3,\ \cdots,\ m-1)\ ,\quad a_m<0$$

慶應義塾大-経済　　　　　　　　　　　　2022 年度　数学〈解答〉　*59*

が成り立ち　　$a_{n+1}=-\dfrac{3}{2}a_n+5$　$(n=1,\ 2,\ 3,\ \cdots,\ m-1)$

よって　　$a_{n+1}-2=-\dfrac{3}{2}(a_n-2)$

$\quad a_n-2=(a_1-2)\left(-\dfrac{3}{2}\right)^{n-1}=\left(\dfrac{2}{3}\right)^{10}\left(-\dfrac{3}{2}\right)^{n-1}$

$\quad a_n=2+(-1)^{n-1}\left(\dfrac{3}{2}\right)^{n-11}$　$(n=1,\ 2,\ 3,\ \cdots,\ m)$

したがって

n が奇数のとき　　$a_n=2+\left(\dfrac{3}{2}\right)^{n-11}>0$

n が偶数のとき，$a_n=2-\left(\dfrac{3}{2}\right)^{n-11}$ より，$a_2>a_4>a_6>\cdots>a_{12}$ が成り立ち

$\quad a_{12}=2-\left(\dfrac{3}{2}\right)>0,\ a_{14}=2-\left(\dfrac{3}{2}\right)^3=-\dfrac{11}{8}<0$

よって　　$m=14$　→(22)(23)

(4)　$k\geqq 7$ のとき，$-2\leqq a_{2k}\leqq -1$　……① が成り立つことを証明する。

(i) $a_{14}=-\dfrac{11}{8}$ より，① は成り立つ。

(ii) $k=l\ (l\geqq 7)$ のとき，① が成り立つと仮定すると　　　$-2\leqq a_{2l}\leqq -1$

よって，(2)の結果から，$-\dfrac{7}{4}\leqq a_{2l+2}\leqq -1$ が成り立ち　　　$-2\leqq a_{2l+2}\leqq -1$

したがって，$k\geqq 7$ のとき，① が成り立ち，(2)の結果から $4\leqq a_{2k+1}\leqq \dfrac{9}{2}$ が成り立つ。

$a_{2k}<0,\ a_{2k+1}>0$ であるから

$\quad a_{2k+2}=-\dfrac{3}{2}a_{2k+1}+5,\ a_{2k+1}=\dfrac{1}{2}a_{2k}+5$

よって

$\quad a_{2k+2}=-\dfrac{3}{2}\left(\dfrac{1}{2}a_{2k}+5\right)+5=-\dfrac{3}{4}a_{2k}-\dfrac{5}{2}$　→(24)〜(27)

$\quad a_{2k+2}+\dfrac{10}{7}=-\dfrac{3}{4}\left(a_{2k}+\dfrac{10}{7}\right)$　$(k\geqq 7)$

これより

$$a_{2k} + \frac{10}{7} = \left(a_{14} + \frac{10}{7}\right)\left(-\frac{3}{4}\right)^{k-7} = \left(-\frac{11}{8} + \frac{10}{7}\right)\left(-\frac{3}{4}\right)^{k-7}$$

ゆえに $\quad a_{2k} = -\frac{10}{7} + \frac{3}{56}\left(-\frac{3}{4}\right)^{k-7} \quad →(28)～(35)$

3

◇発想◇ 共分散は，偏差の表を利用して計算する。

解答 (36) 5　　(37) 2　　(38)(39) 17　　(40) 8　　(41) 1　　(42)(43) 12　　(44)(45) 11　　(46)(47) 48
(48)(49) 37　　(50)(51) 60　　(52)(53) 11　　(54)(55) 20

◀解　説▶

≪平均，分散，共分散，条件付き確率≫

(1) $a_1,\ a_2,\ \cdots,\ a_{100}$ の平均 $\bar{a}$ は

$$\bar{a} = \frac{(1-3x) \times 46 + (1-2x) \times 35 + (1-2x+2x^2) \times 15 + (1-3x+5x^2) \times 4}{100}$$

$$= \frac{(1-3x) \times 50 + (1-2x) \times 50 + 50x^2}{100}$$

$$= \frac{1}{2}(x^2 - 5x + 2) = \frac{1}{2}\left(x - \frac{5}{2}\right)^2 - \frac{17}{8}$$

この関数は，$x = \dfrac{5}{2}$ のとき最小値 $-\dfrac{17}{8}$ をとる。 →(36)～(40)

(2) b : 記録された関数の $x=0$ から $x=1$ までの定積分の値

　　c : 記録された関数の $x=1$ における値

とする。また，$b,\ b^2,\ c$ の平均をそれぞれ $\bar{b},\ \overline{b^2},\ \bar{c}$ とする。

$$\int_0^1 (1-3x)\,dx = \left[x - \frac{3}{2}x^2\right]_0^1 = -\frac{1}{2}$$

$$\int_0^1 (1-2x)\,dx = \left[x - x^2\right]_0^1 = 0$$

$$\int_0^1 (1-2x+2x^2)\,dx = \int_0^1 (1-2x)\,dx + \left[\frac{2}{3}x^3\right]_0^1 = \frac{2}{3}$$

$$\int_0^1 (1-3x+5x^2)\,dx = \int_0^1 (1-3x)\,dx + \left[\frac{5}{3}x^3\right]_0^1 = -\frac{1}{2} + \frac{5}{3} = \frac{7}{6}$$

よって

$$\bar{b} = \frac{\left(-\frac{1}{2}\right) \times 46 + 0 \times 35 + \frac{2}{3} \times 15 + \frac{7}{6} \times 4}{100} = \frac{-\frac{25}{3}}{100} = -\frac{1}{12} \quad →(41)～(43)$$

慶應義塾大-経済   2022 年度 数学〈解答〉 *61*

$$\overline{b^2} = \frac{\left(-\frac{1}{2}\right)^2 \times 46 + 0^2 \times 35 + \left(\frac{2}{3}\right)^2 \times 15 + \left(\frac{7}{6}\right)^2 \times 4}{100} = \frac{\frac{425}{18}}{100} = \frac{17}{72}$$

ゆえに，b の分散は

$$\overline{b^2} - (\overline{b})^2 = \frac{17}{72} - \left(-\frac{1}{12}\right)^2 = \frac{1}{12}\left(\frac{17}{6} - \frac{1}{12}\right)$$

$$= \frac{11}{48} \quad \rightarrow\!\text{(44)}\!\sim\!\text{(47)}$$

$\overline{c}$ は $\overline{a}$ に $x=1$ を代入したときの値である
から，(1)の結果を用いて

$$\overline{c} = -1$$

共分散は右の表により

$$\frac{-\frac{5}{12} \times (-1) \times 46 + \frac{3}{4} \times 2 \times 15 + \frac{5}{4} \times 4 \times 4}{100}$$

$$= \frac{37}{60} \quad \rightarrow\!\text{(48)}\!\sim\!\text{(51)}$$

b	$b-\overline{b}$	c	$c-\overline{c}$	個数
$-\frac{1}{2}$	$-\frac{5}{12}$	-2	-1	46
0	$\frac{1}{12}$	-1	0	35
$\frac{2}{3}$	$\frac{3}{4}$	1	2	15
$\frac{7}{6}$	$\frac{5}{4}$	3	4	4

(3) カードを 1 枚取り出したとき，関数の $x=1$ における値が負になるの
は，$1-3x$，$1-2x$ のカードを取り出す場合の 20 通りで，そのうち，関数
の $x=0$ から $x=1$ までの定積分の値が負になるのは $1-3x$ のカードを取り

出す場合の 11 通りだから，求める条件付き確率は $\dfrac{11}{20}$ $\rightarrow\!\text{(52)}\!\sim\!\text{(55)}$

4 ◇発想◇ (3) 点Cから 3 点O，A，Bを通る平面に下ろした垂
線と，平面の交点を求める。

解答 (1) $\overrightarrow{OA} = (4,\ 2,\ 5)$，$\overrightarrow{OB} = (-1,\ 1,\ 1)$ より
$$|\overrightarrow{OA}|^2 = 45,\ |\overrightarrow{OB}|^2 = 3,\ \overrightarrow{OA} \cdot \overrightarrow{OB} = 3$$

よって，△OAB の面積は

$$\frac{1}{2}\sqrt{|\overrightarrow{OA}|^2|\overrightarrow{OB}|^2 - (\overrightarrow{OA} \cdot \overrightarrow{OB})^2} = \frac{1}{2}\sqrt{45 \cdot 3 - 3^2} = \frac{3\sqrt{14}}{2} \quad \cdots\cdots(答)$$

(2) 3 点O，A，Bを通る平面を α とおく。平面 α に垂直なベクトルを
$\overrightarrow{n} = (a,\ b,\ c)$ とおくと

$$\overrightarrow{OA} \cdot \overrightarrow{n} = 4a + 2b + 5c = 0$$

$$\overrightarrow{OB} \cdot \vec{n} = -a + b + c = 0$$

よって，$b = 3a$，$c = -2a$ より　　$\vec{n} = a(1,\ 3,\ -2)$

以下，$\vec{n} = (1,\ 3,\ -2)$ とする。点 C が平面 α 上にあるとき

$$\overrightarrow{OC} \cdot \vec{n} = (2-t) + 3(4-3t) - 2(6+2t) = -14t + 2 = 0 \quad \text{より} \quad t = \frac{1}{7}$$

よって　　$C\left(\dfrac{13}{7},\ \dfrac{25}{7},\ \dfrac{44}{7}\right)$ ……(答)

(3) $\overrightarrow{OC} = (2,\ 4,\ 6) - t\vec{n}$ より，点 C は点 $(2,\ 4,\ 6)$ を通り，$\vec{n}$ に平行な直線上を動き，この直線は，平面 α に垂直である。したがって，(2)で求めた点を H とすると，四面体 OABC の体積 V は

$$\frac{1}{3} \times (\triangle \text{OAB の面積}) \times |\overrightarrow{CH}|$$

で与えられる。

点 C が xy 平面上にあるとき，$6 + 2t = 0$ より，$t = -3$ であるから，C の座標は $(5,\ 13,\ 0)$ で，この点を C_0 とおくと

$$\overrightarrow{C_0H} = \left(\frac{13}{7},\ \frac{25}{7},\ \frac{44}{7}\right) - (5,\ 13,\ 0) = -\frac{22}{7}(1,\ 3,\ -2)$$

$$V = \frac{1}{3} \times \frac{3\sqrt{14}}{2} \times \frac{22\sqrt{14}}{7} = 22 \quad \text{……(答)}$$

(4) $\overrightarrow{HC} = \overrightarrow{OC} - \overrightarrow{OH}$

$$= (2,\ 4,\ 6) - t(1,\ 3,\ -2) - \left(\frac{13}{7},\ \frac{25}{7},\ \frac{44}{7}\right)$$

$$= \frac{1}{7}(1,\ 3,\ -2) - t(1,\ 3,\ -2)$$

$$= \left(\frac{1}{7} - t\right)(1,\ 3,\ -2)$$

$$= \frac{7}{22}\left(t - \frac{1}{7}\right)\overrightarrow{C_0H}$$

であるから，$|\overrightarrow{CH}| = \dfrac{7}{22}\left|t - \dfrac{1}{7}\right| \cdot |\overrightarrow{C_0H}|$ となる。

よって，四面体 OABC の体積が V の 3 倍となるような t の条件は

$$\frac{7}{22}\left|t - \frac{1}{7}\right| = 3 \iff \left|t - \frac{1}{7}\right| = \frac{66}{7} \iff t - \frac{1}{7} = \pm\frac{66}{7}$$

以上より $\quad t=-\dfrac{65}{7},\ \dfrac{67}{7}$ ……(答)

別解 (2) 3点O,A,Bが通る平面を α とおく。点Cは平面 α 上の点より,実数 $p,\ q$ を用いて

$$\overrightarrow{OC}=p\overrightarrow{OA}+q\overrightarrow{OB}$$
$$\Longleftrightarrow (2-t,\ 4-3t,\ 6+2t)=p\,(4,\ 2,\ 5)+q\,(-1,\ 1,\ 1)$$

と表され

$$\begin{cases} 4p-q=2-t \\ 2p+q=4-3t \\ 5p+q=6+2t \end{cases}$$

この連立方程式を解くと $\quad t=\dfrac{1}{7},\ p=\dfrac{19}{21},\ q=\dfrac{37}{21}$

よって,Cの座標は $\quad\left(\dfrac{13}{7},\ \dfrac{25}{7},\ \dfrac{44}{7}\right)$

(3) 点Cが xy 平面上にあるとき,Cの座標は $(5,\ 13,\ 0)$ で,この点を C_0 とおく。

C_0 から平面 α に下ろした垂線と平面 α の交点をHとし

$$\overrightarrow{OH}=\alpha\overrightarrow{OA}+\beta\overrightarrow{OB}$$

とおくと,$\overrightarrow{C_0H}=(4\alpha-\beta-5,\ 2\alpha+\beta-13,\ 5\alpha+\beta)$ は,$\overrightarrow{OA}$,$\overrightarrow{OB}$ に垂直だから

$$\overrightarrow{OA}\cdot\overrightarrow{C_0H}=4\,(4\alpha-\beta-5)+2\,(2\alpha+\beta-13)+5\,(5\alpha+\beta)$$
$$=45\alpha+3\beta-46=0 \quad\cdots\cdots①$$
$$\overrightarrow{OB}\cdot\overrightarrow{C_0H}=-\,(4\alpha-\beta-5)+(2\alpha+\beta-13)+(5\alpha+\beta)$$
$$=3\alpha+3\beta-8=0 \quad\cdots\cdots②$$

①,②より $\quad\alpha=\dfrac{19}{21},\ \beta=\dfrac{37}{21},\ \overrightarrow{C_0H}=-\dfrac{22}{7}\,(1,\ 3,\ -2)$

よって $\quad V=\dfrac{1}{3}\times(\triangle\mathrm{OAB}\ \text{の面積})\times|\overrightarrow{C_0H}|$

$$=\dfrac{1}{3}\times\dfrac{3\sqrt{14}}{2}\times\dfrac{22\sqrt{14}}{7}=22$$

◀解　説▶

≪四面体の体積≫

3点O, A, Bを通る平面をαとし，点Cからαに下ろした垂線と平面αの交点をHとおく。αに垂直なベクトル$\vec{n}=(l, m, n)$が求まれば，実数tを用いて

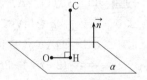

$$\overrightarrow{CH}=t\vec{n} \Longleftrightarrow \overrightarrow{OH}=\overrightarrow{OC}+t\vec{n}$$

と表されるが，Hがα上の点だから，$\overrightarrow{OH}\perp\vec{n}$より

$$\overrightarrow{OH}\cdot\vec{n}=\overrightarrow{OC}\cdot\vec{n}+t|\vec{n}|^2=0 \quad \cdots\cdots(*)$$

この式からtの値が求まる。

本問では，点Cが3点O, A, Bを通る平面に垂直な直線上を動くように設定されているため，(*)の計算が不要である。

(2)以降の解答は，〔別解〕の(2)→〔別解〕の(3)→(4)が自然な流れであるが，やや計算が面倒である。

5 ◆発想◆　(2)　不等式で表された領域に含まれる格子点の個数を数えればよい。

(3)　2次関数の最大値・最小値問題であるが，軸$x=2^{a-1}$が定義域に属しているので場合分けは単純だが，pは整数なので，pの最大値，最小値を求める際に注意が必要。

解答　(1)　$2^{a+1}\log_2 3^x + 2x\log_2\left(\dfrac{1}{3}\right)^x = 2^{a+1}x\log_2 3 + 2x(-x)\log_2 3$

$$= (2^{a+1}x - 2x^2)\log_2 3$$

$$\log_s 9^y = \dfrac{\log_2 3^{2y}}{\log_2 2^{2p+1}} = \dfrac{2y}{2p+1}\log_2 3$$

よって　$\dfrac{2y}{2p+1} = 2^{a+1}x - 2x^2$

　　　$f(x) = (2p+1)(-x^2 + 2^a x)$　……(答)

(2)　不等式$y \leqq f(x)$，$x+y>0$で表される領域に含まれる格子点（x座標，y座標がともに整数である点）の個数を求めればよい。

$a=2$，$p=0$のとき　$f(x) = -x^2 + 4x$

慶應義塾大-経済　　　　　　　　　　　　　　　　　　2022 年度　数学〈解答〉　65

これより，領域は右図の網かけ部分。ただし，
直線 $y=-x$ 上の点は含まない。
直線 $x=k$（$k=1$，2，3，4）上の格子点の y 座
標は

$$-k+1,\ -k+2,\ \cdots,\ -k^2+4k$$

これより，格子点の個数は

$$-k^2+4k-(-k+1)+1=-k^2+5k$$

よって，求める整数の組（m，n）の個数は

$$\sum_{k=1}^{4}(-k^2+5k)=-\frac{1}{6}\cdot4\cdot5\cdot9+5\cdot\frac{1}{2}\cdot4\cdot5=20\text{ 個 }\ \cdots\cdots（答）$$

(3)　$y=f(x)$（$0\leqq x\leqq 2^{a+1}$）の最大値を M とおく。

$$f(x)=(2p+1)(-x^2+2^a x)$$
$$=(2p+1)\{-(x-2^{a-1})^2+2^{2a-2}\}$$

p は整数だから，$2p+1\neq0$ であり，$f(x)$ は 2 次関数なので，
$0<2^{a-1}<2^{a+1}$ より，軸 $x=2^{a-1}$ は定義域に属している。
(i) $2p+1>0$，つまり $p\geqq0$ のとき，$y=f(x)$ は上に凸であり

$$M=f(2^{a-1})=(2p+1)2^{2a-2}\leqq2^{3a}$$

$$\Longleftrightarrow 2p+1\leqq2^{a+2}\Longleftrightarrow p\leqq2^{a+1}-\frac{1}{2}$$

p，2^{a+1} は整数だから　　$0\leqq p\leqq2^{a+1}-1$
(ii) $2p+1<0$，つまり $p\leqq-1$ のとき，$y=f(x)$ は下に凸であり

$$f(0)=0$$
$$f(2^{a+1})=(2p+1)2^{a+1}(2^a-2^{a+1})=-(2p+1)2^{2a+1}>0$$

よって　　　$M=f(2^{a+1})=-(2p+1)2^{2a+1}\leqq2^{3a}$

$$\Longleftrightarrow -(2p+1)\leqq2^{a-1}\Longleftrightarrow p\geqq-2^{a-2}-\frac{1}{2}$$

p，2^{a-2}（$a\geqq2$）は整数だから　　$-2^{a-2}\leqq p\leqq-1$
したがって，p の最大値は $2^{a+1}-1$，最小値は -2^{a-2}　　$\cdots\cdots（答）$

━━■◀解　説▶■━━━

≪対数計算，格子点の個数，2 次関数の最大値・最小値≫
(1)　底の変換公式で，底を 2 にそろえる。
(3)　整数 p の最大値と最小値は，数直線を利用すればわかりやすい。

6

◇発想◇ (1) 積分区間に 1 が含まれているかどうかで場合分けが必要である。
(2) 面積計算が容易になるよう工夫する。

解答 (1) $F(x) = \dfrac{1}{2} + \displaystyle\int_0^{x+1} (|t-1|-1)\,dt$

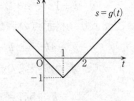

$g(t) = |t-1| - 1$ とおくと

$$g(t) = \begin{cases} t-2 & (t \geq 1) \\ -t & (t < 1) \end{cases}$$

- $x+1 \geq 1$，つまり $x \geq 0$ のとき

$$F(x) = \dfrac{1}{2} + \int_0^1 (-t)\,dt + \int_1^{x+1} (t-2)\,dt$$

$$= \dfrac{1}{2} + \left[-\dfrac{1}{2}t^2\right]_0^1 + \left[\dfrac{1}{2}t^2 - 2t\right]_1^{x+1} = \dfrac{1}{2}x^2 - x$$

- $x+1 < 1$，つまり $x < 0$ のとき

$$F(x) = \dfrac{1}{2} + \int_0^{x+1} (-t)\,dt = \dfrac{1}{2} + \left[-\dfrac{1}{2}t^2\right]_0^{x+1} = -\dfrac{1}{2}x^2 - x$$

よって　$F(x) = \begin{cases} -\dfrac{1}{2}x^2 - x & (x<0) \\ \dfrac{1}{2}x^2 - x & (x \geq 0) \end{cases}$ ……（答）

(2) $P(-2, 0)$, $Q(2, 0)$ である。
$x < 0$ のとき，$F'(x) = -x - 1$ より　$F'(-2) = 1$
よって，l の方程式は $y = x + 2$ である。
l と C の第 1 象限にある交点を T とおくと　$T(2+2\sqrt{2},\ 4+2\sqrt{2})$
x 軸と曲線 C で囲まれた 2 つの図形は原点対称だから，S は右図の網かけ部分の図形の面積と一致する。線分 QT ($y = mx + n$ とおく) と C で囲まれた図形の面積を S' とおくと

$$S' = \int_2^{2+2\sqrt{2}} \left\{(mx+n) - \left(\dfrac{1}{2}x^2 - x\right)\right\} dx$$

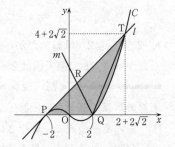

慶應義塾大-経済 2022 年度 数学〈解答〉 67

$$= -\frac{1}{2}\int_{2}^{2+2\sqrt{2}}(x-2)\{x-(2+2\sqrt{2})\}\,dx$$

$$= \frac{1}{12}\{(2+2\sqrt{2})-2\}^3 = \frac{4\sqrt{2}}{3}$$

$$S = \triangle \mathrm{PQT} + S' = \frac{1}{2}\cdot 4\cdot(4+2\sqrt{2}) + \frac{4\sqrt{2}}{3} = 8 + \frac{16\sqrt{2}}{3} \quad \cdots\cdots (\text{答})$$

$\mathrm{R}(t,\ t+2)$ とおくと

$$\triangle \mathrm{PQR} = \frac{1}{2}\cdot 4\,(t+2) = 2\,(t+2)$$

直線 m が S を 2 等分する条件は

$$2\,(t+2) = \frac{1}{2}\Big(8 + \frac{16\sqrt{2}}{3}\Big) \quad \text{より} \quad t = \frac{4\sqrt{2}}{3}$$

よって $\mathrm{R}\Big(\dfrac{4\sqrt{2}}{3},\ \dfrac{4\sqrt{2}}{3}+2\Big)$ ……(答)

━━◀解 説▶━━

≪定積分で表された関数，面積≫

(2) $G(x) = mx + n - \Big(\dfrac{1}{2}x^2 - x\Big)$ とおくと

$$G(2) = G(2+2\sqrt{2}) = 0$$

であるから，因数定理より，$G(x)$ は $x-2$，$x-(2+2\sqrt{2})$ で割り切れる。

また，x^2 の係数が $-\dfrac{1}{2}$ より

$$G(x) = -\frac{1}{2}(x-2)(x-2-2\sqrt{2})$$

と変形できる。

❖講 評

1 円に外接する四角形の問題。原点 O が線分 BD 上の点であることに気付けば容易に完答できる。(2)の $\tan\theta$ の値は，点 D と直線 OG の距離が $\dfrac{2}{3}$ であることから直線 OG の傾きを求める方針でもよい。

2 絶対値記号を含んだ 2 項間の漸化式の問題。 ⃞21 までは易しい。(4)は(2)をヒントに a_{2k}，a_{2k+1} の符号を調べることがポイントである

68 2022 年度 数学〈解答〉 慶應義塾大-経済

がやや難しい。

3 データ分析の問題。平均，分散，共分散を計算するだけの問題で，計算ミスをしないことが大事である。共分散は表を作成して計算するなどの工夫が必要である。(3)の条件付き確率は基本問題である。

4 四面体の体積を題材にした問題である。方針によって計算量が変わってくる。本問は，点 C が △OAB を含む平面に垂直な直線上を動くように設定されているため，このことに気付いた受験生にとっては易しい問題である。(2)までは確実に得点しておくことが大事である。

5 対数計算，領域に含まれる格子点の個数，2 次関数の最大値・最小値問題と内容は豊富だが，いずれの問題も易しい。

6 (1)絶対値記号を含んだ定積分の標準的な計算問題であり，$x+1$ と 1 の大小関係による場合分けが必要である。$g(t) = |t-1| - 1$ のグラフを利用して考えるとわかりやすい。(2)面積の立式は容易であるが，積分計算は面倒である。安易に計算するのではなく，いろいろな計算方法を考えてみることが大事である。本問は，ほとんど積分計算しなくても面積が求まるように作られている。

小論文

解答例 ［設問］Ａ．多数決では個人の多様な意見を反映した意思決定はできない。世論力学によれば３割程度の意見が全体の世論を左右しており，これは，一部の意見を多数と錯覚させるようなSNS上の議論で観察できる。また，情報から隔絶された人々は，その情報を信じている人々に同調し，結果として，個人の生の声は覆い隠されてしまう。このように，多数決が拠りどころとしている多数派の意見は，一部の意見への同調の産物でしかない。（200字以内）

［設問］Ｂ．一般の人々と専門家が協働して研究するのは，多様な立場の人々が持つ知見をうまく集めて問題解決につなげようとの発想からである。ここで非専門家に期待されるのは，個人の立場や経験を活かして，狭い専門知を相対化することだ。ところが，過去の事例を見ると，研究規模が大きくなるに伴って分業化と階層化が進展する。課題文Ⅰで指摘された問題点を踏まえると，階層上部にいる一部の専門家の意見や情報に他の人々が同調して，結局のところ，専門家が研究全体の方向性を決めてしまうという問題が考えられる。このような仕方で一般の人々が受動的同調的態度で研究に従事するなら，彼らは期待された役割を発揮できない。それを避けるために必要なのは，研究過程や成果の共有などの体制を整えるとともに，専門家と非専門家が対等の立場で相互批判的に議論することである。主体的で批判的に思考する知性を個々の参加者が発揮できるようにしなければならない。（400字以内）

━━━━━◀解　説▶━━━━━

≪集合知をつくりだす集団のあり方≫

▶［設問］Ａ．課題文Ⅰに基づき，個人の多様な意見を反映する集団的意思決定ルールとして，多数決の問題点を説明する。この設問では，一般論として多数決の問題点を指摘するのではないことに留意したい。すなわち集団的意思決定に際しては個人の多様な意見が反映されなければならないという前提のもとで，多数決方式にはどのような問題があるのかを答えなければならない。課題文では，意思決定のルールとして人々の信頼を得て

きた多数決には問題があることが２つの事例で示されている。ひとつは，自分の意見を譲らない確信者と他人の意見に影響を受ける浮動票者を想定したとき，確信者の数を 25～30 ％超にまで増やしたときに浮動票者全員が確信者の意見に転じたというシミュレーション。この結果は，SNS 上で確認できる。もうひとつは，情報から隔絶された人々は，情報に接触できる人々の 55 ％が信じる情報に同調して，その８～９割までもが同じ情報に染まってしまったという研究成果である。この２つの事例が示すものは，多数意見とはいっても，その内実は，一部の意見への同調にすぎず，個人の多様な意見を反映していないということである。以上の点を要領よくまとめる。事例の関連性は課題文の記述だけではわかりにくいので，それらを咀嚼して論理的に再構成した上で多数決の問題点の指摘につなげたい。

〔解答例〕では，設問に「多数決の問題点を…説明しなさい」とあることから，まず端的に多数決の問題点を指摘し，その理由を述べるという形にした。もちろん結論が最後にくる構成でもよい。

▶［設問］B．課題文Ⅱに関する設問であるが課題文Ⅰにも関連する問いとなっている。設問の要求は，課題文Ⅰを踏まえた上で，①「学問への参入者の増大」により生じうる問題は何か，②それに対して「一人の人間が持つ知性が一体どんな意味を持ちうるのか」について見解を述べよというものである。

「課題文Ⅰを踏まえた上で」とあるのは課題文Ⅰと課題文Ⅱを連続させることができるということだ。まず両者のつながりを考察する。課題文Ⅱには研究が大規模化したとき参加者一人ひとりの知見をどう結集していくかという問題意識がある。その観点からみると，課題文Ⅰは多様な意見を反映した集団的意思決定の難しさを同調の問題として指摘していると解釈できる。これを踏まえて課題文ⅠとⅡをつなげると，同調という問題を乗り越えながら多様な意見をうまく結集させて集合知を構築するためにはどうしたらよいのか，という問題を読み取れる。

①に関しては，上記の整理に従って課題文Ⅱの内容を説明する。課題文Ⅱによると，研究規模が大きくなり研究への参入者が増大すると分業化と階層化がすすみ，個人は構造の一部になってしまうとある。この現象が「アクションリサーチ」や「シチズン・サイエンス」のめざした集合知と

しての研究を阻む要因であることを，課題文Ⅰの同調という問題と絡めながら，指摘すればよいだろう。

②に関しては，「知性」とは何かを自分なりに定義する必要がある。〔解答例〕では，「主体的で批判的な思考」として特定した。他にも「知と知をつなぐ思考」のことであるとしてもよい。その上で個人の持つ知性が意味を持つような研究のあり方を論ずればよいだろう。

「アクションリサーチ」や「シチズン・サイエンス」について具体的な事例を知っていればそれについて論ずればよいのだが，受験生は具体的な研究分野に関する知見はないのが普通だから，やや抽象的な論述になるのは仕方がないだろう。

❖講　評

2022年度は2021年度と異なり課題文が2つになり，課題文の分量も約1ページ分増えたものの，設問の形式や解答字数に大きな変化はなかった。

課題文Ⅰは，多数決を金科玉条にしてよいのか，多数決は実際には個人の多様な意見を反映できていないのではないかという新聞の論説記事。課題文Ⅱは，学術論に関する書籍が出典で，研究の大規模化に伴う分業化・階層化の進展とその問題点を指摘した部分の引用である。

〔設問〕Aは課題文Ⅰの内容説明である。多数決は一部の人々の意見への同調の結果にすぎないというのが結論なのだが，その根拠は2つの研究成果である。字数内に収めるためにも研究成果を漫然と引用するのではなく，再構成して論理的に説明できるかどうかがポイントであった。

〔設問〕Bには「課題文Ⅰを踏まえた上で」と指示があり，議論の対象が異なる2つの課題文をつなげることが必要となる。しかも課題文は「知性」の意味を限定していないため，受験生自身が「知性」を定義してその意義について論ずる必要があった。深い洞察力と高い思考力が求められる難問といえるだろう。

多様性を活かす集団のあり方や知のあり方といった題材は過去にも登場しており，難解なテーマとはいえないが，課題文の分量増加と〔設問〕Bの要求内容から考えて2021年度よりやや難化したといえよう。

2021年度 解答編

解答編

英語

I 解答
1—2　2—1　3—5　4—2　5—3　6—3
7—2　8—4　9—2　10—4

◆全　訳◆

≪顔認証技術がもたらす恩恵≫

① 顔認証は，顔のいくつかの際立つ特徴を検出することによって個人を特定する，急成長している生体認証技術である。現在，顔認証は，スマートフォンのロックの解除や空港警備での円滑な通過から店での品物の購入まで，さまざまな方法で用いられている。いくつかの見積もりでは，2022年までの顔認証市場は 96 億ドル以上の価値があるかもしれない。

② 近頃では，人々はあらゆる種類のデータで圧倒されていて，データの多く，特に写真やビデオは，顔認証技術を可能にするために必要とされる基本的な情報を構成する。顔認証システムは，高品質の監視カメラやスマートフォンやソーシャルメディアや他のオンライン上の活動によって作られる何百万もの画像や映像を利用している。ソフトウェアでの機械学習と人工知能の能力は，顔の識別できる特徴を数学的に分析し，ビジュアルデータのパターンを検索し，身元を判別するために顔認証データベースに蓄えられた既存のデータと新しい画像を比較する。

③ 顔認証技術は私たちの生活に便利さを提供してくれるだろう。お金やクレジットカードを使わずに，店で支払いをすることがまもなくできるだろう。その代わりに，あなたの顔はスキャンされるだろう。そのようなシステムは，複雑な薬の処方箋がある人たちにとって救いの手となるだろう。そのような薬の処方においては，どんな間違いでも有害な副作用を引き起こしかねない。薬局での顔認証技術は，患者と処方箋の両方を特定できるだろう。この情報は，医者と薬剤師に共有することもできるし，彼らが，患者が適切な薬を与えられたかどうかを確認できるだろう。

④　顔認証技術の別の主な利点は犯罪と戦うことにある。警察は，その技術を使って，犯罪者を発見したり行方不明の子どもたちを見つけたりする。ニューヨークで，ナイフを突きつけて女性を脅した事件の後24時間以内に，警察は顔認証技術を使って強姦の容疑者を見つけることができた。警察が軽犯罪と戦うのに役立つ時間がない地域では，警察は，現在，ビジネスオーナーたちに，顔認証システムを設置して，容疑者が店に入ってきたときその人を監視し特定するように奨励している。結局のところ，そのような協力が犯罪との戦いに必要不可欠である。

⑤　批判者たちは，この技術は市民権にとって重大な脅威となると主張する。そのような情報はそもそも当局に与えられるべきではないと彼らは主張する。しかしながら，これより真実から程遠いものは何もないだろう。顔のスキャンは犯罪の嫌疑をかけられた人々の無実を裏付けるかもしれない。たとえば，特定の時間と場所で犯罪を行ったという嫌疑をかけられた個人は，人間の目撃者がいない場合でさえ，彼らがいたことがカメラによって記録されていたので，実際は異なる場所にいたのだと証明できるかもしれないだろう。もしその技術が設置されていたならば，間違って有罪判決を受けた多くの人たちは恩恵を受けたであろう。結局のところ，顔のスキャンは法律を守る国民に有利に働き，彼らが自分たちの無実を立証するのを可能にするだろう。

⑥　顔認証はまた国民を厳重管理するのに役立つかもしれない。空港が保安検査場に顔認証技術を急いで付け加えている十分な理由がある。米国国土安全保障省は，2023年までに旅行者の97パーセントにその技術が使われるだろうと予想している。明らかなことだが，ほとんどの役人は，ただこの技術が使われているという可能性があるだけで，犯罪を抑止するだろうと信じている。周知のように，人々は自分たちが見張られていると疑うと，彼らが犯罪を行う可能性がより低くなる。しかしながら，以前の活動からか武器を含む購入履歴を通してからかそのどちらかにより，大量殺人犯になる可能性がある人を認識できるかもしれない技術ならどんな技術でも，コストを減らし法の執行を大いに助けるだろう。

⑦　指紋法とか他のセキュリティの手段を使う場合と異なって，個人との身体的接触は顔を認証する技術に必要ないので，顔認証はすばやく安全で自動的な認証を提供してくれる。カギや身元を示す書類のようななくした

り盗まれたりするかもしれない物理的な物に依存するシステムは必要なくなるだろう。批判者たちは，顔認証システムの潜在的な欠陥を熱心に指摘するが，現在の認証方法それ自体に深刻な欠陥があることを大抵は認めたがらない。つまり，署名はでっち上げることができるし，パスポートは偽造することができるし，重要な個人のアカウントは不正利用することもできる。もちろん，顔認証技術それ自体は不法な妨害を受けやすいかもしれない。しかしながら，それがもっと広く用いられるようになるならば，いかなる潜在的な欠陥もすぐに修正されるだろう。

⑧　数世紀前の都市化以前，私たちの大部分がみんなお互いを知っている小さな村に住んでいたとき，人の身元を立証する必要はなかった。社会は自らの治安を維持することができた。今日では，私たちは大衆旅行，移住，見たところ無名の群衆であふれた巨大な都市という混沌とした時代に住んでいるので，私たちは身元を立証するための適切な技術を見つける必要がある。これは恐れるべき発展ではなく，長く失われた秩序をいくらか私たちの生活に取り戻すものである。

■━━━━━◀解　説▶━━━━━■

▶1．「以下のうち，第①段の空所［1］を埋めるのに最も適切なものはどれか」

　空所の前文の，顔認証システムがさまざまな分野で用いられているという内容に対して，空所の後の部分の「2022年までの顔認証市場は96億ドル以上の価値があるかもしれない」という内容は顔認証のマーケット予想である。よって，2のBy some estimates「いくつかの見積もりでは」が内容的に2つの部分を結びつけるのに最適である。more than ～「～以上」　3のaccountは多義語である。ここでは「話」という意で，in all accountsは辞書には掲載されていないが，直訳の「すべての話で」から「誰に聞いても，誰の話でも」という意味だと考えられる。しかしながら，通例は，by all accountsやfrom all accountsという表現が用いられるので，受験生はこちらの表現を理解しておいた方がよい。

1．「すでに」　4．「ますます」

▶2～4．「第②段の空所［2］，［3］，［4］のうち最も適切な空所に以下の単語のうち3つを入れよ。それぞれの単語は1回だけ使えるものとする」

6 2021 年度 英語〈解答〉　　　　　　　　　　　　　　慶應義塾大-経済

　第②段のテーマは顔認証の方法であることをもとにして考える。選択肢はすべて動詞であり，空所を含む文を読めば，述語動詞として用いられていると想定できる。まず mathematically「数学的に」という副詞と facial features「顔の特徴」という表現と共起する動詞として，空所 [2] に analyze「〜を分析する」を入れる。次に空所 [3] の直後の for をもとにして，search「検索する」という自動詞を入れる。search for 〜 は「〜を検索する」。最後に，既存のデータとの比較という意味合いから，空所 [4] に compare「〜を比較する」を入れる。compare *A* with *B*「*A* と *B* を比較する」　要するに，分析→検索→比較という流れである。

▶ 5．「以下のうち，第③段の空所 [5] を埋めるのに最も適切なものはどれか」

　空所を含む前後を考えると，空所に入る単語がわかりやすい。まず，空所を含む文の前半部分で，医者と薬剤師による情報の共有が記されている。次に，空所の直前で，非制限用法の関係代名詞 who が用いられ，who could confirm「医者と薬剤師は確認できるだろう」という表現がある。よって，空所に 3 の whether「〜かどうか」を入れると，空所の後の「その患者が適切な薬を与えられた」とうまくつながる。share *A* with *B*「*B*（人）と *A*（物・情報など）を共有する」

1．「いかに〜であろうとも」

2．「何が〜であろうとも」

4．「そして一方〜」

▶ 6．「以下のうち，第④段の空所 [6] を埋めるのに最も適切なものはどれか」

　顔認証技術は犯罪と戦う点で警察の武器になるが，警察が多忙なときには店の主人たちが顔認証システムを設置することにより軽犯罪に対応できるという第④段の内容をもとにして，3 の「結局のところ，そのような協力が犯罪との戦いに必要不可欠である」を選ぶ。be crucial for 〜「〜に必要不可欠である，重要である」

1．「最終的に，この傾向が続くので，犯罪はほとんど減らないだろう」in the end「最終的に」

2．「結局のところ，警察は働きすぎであってはいけない」 in the final analysis「結局のところ」

４．「これによって，行方不明事件の件数はさらに減少するだろう」

▶７．「以下のうち，第⑤段の空所［７］を埋めるのに最も適切なものはどれか」

　空所の後の had the technology been in place は，元の形が if the technology had been in place「もしその技術が設置されていたならば」であり，仮定法過去完了の条件節の倒置用法だと考えることができる。次に，空所の前の「間違って有罪判決を受けた多くの人たちは」を考慮に入れると，２の might have benefited「恩恵を受けたであろう」が形の上でも意味的にも一番適していると考えられる。文頭の Many の後に people が省略されていると考える。in place「設置されて」

１．「恩恵を受けるかもしれない」

３．「恩恵を受ける必要がある」

４．「恩恵を受けるだろう」

▶８．「以下のうち，第⑥段の空所［８］を埋めるのに最も適切なものはどれか」

　空所を含む文の前文の「米国国土安全保障省は，2023 年までに旅行者の 97 パーセントにその技術が使われるだろうと予想している」という記述をもとにして，空所に４の「ただこの技術が使われているという可能性があるだけで，犯罪を抑止するだろう」を入れると，うまく話がつながる。the mere possibility that 〜 は「ただ〜という可能性があるだけで，」。that は同格の接続詞で「〜という」と訳せばよい。

１．「この技術にたくさん投資することは費用対効果がよくないだろう」invest in 〜「〜に投資する」

２．「人々は，監視下でも自分たちの行動をめったに変えないだろう」rarely if ever は「めったに〜ない」という意。rarely「めったに〜ない」の強調表現である。if が欠落して rarely ever という形で使われることもある。under surveillance「監視下では」

３．「殺人犯を捕らえる機会が極端に高い」

▶９．「以下のうち，第⑦段の空所［９］を埋めるのに最も適切なものはどれか」

　空所の後の any potential flaws would soon be corrected「いかなる潜在的な欠陥もすぐに修正されるだろう」が仮定法過去の帰結節だと想定で

8　2021 年度　英語〈解答〉　　　　　　　　　　　　　　慶應義塾大-経済

きるので，空所の後の more widely used「もっと広く用いられて」と結
合する可能性として，2 の if it became「もしそれが～になるならば」が
形の上でも意味的にも一番適している。

1．「それが～になるときでさえ」

3．「それが～になったので」

4．「それが～になるだろうが，一方で，…」

▶ 10．「以下のうち，第⑧段の空所［10］を埋めるのに最も適切なものは
どれか」

　数世紀前は村社会でお互いをよく知っていたが，現在は混沌とした時代
なので身元を立証する技術を必要とするという第⑧段の内容を考えて，空
所に 4 の「長く失われた秩序をいくらか取り戻す」を入れると，うまく論
理がつながる。空所を含む文の構造は not *A* but *B*「*A* ではなくて *B*」で
ある。one は前述の名詞の繰り返しを避けるための代名詞で，a
development ということ。restore *A* to *B*「*B* に *A* を取り戻す」

1．「小さな価値を呼び戻す」

2．「都市に適切な安全を強調する」

3．「いくらか民主主義的な公正さを提供する」

━━━━━━━━　●語句・構文●　━━━━━━━━

（第①段）　facial recognition「顔認証」　biometric technology「生体認証
技術」　at present「現在」　in a variety of ways「さまざまな方法で」
pass through ～「～を通過する」

（第②段）　be overwhelmed with ～「～に圧倒される」　all kinds of ～
「あらゆる種類の～」　in particular「特に」　millions of ～「何百万とい
う～」　a surveillance camera「監視カメラ」　machine learning「機械学
習」　artificial intelligence「人工知能（＝AI）」　facial features「顔の特
徴」　in order to *do*「～するために」　determine identity「身元を特定す
る」

（第③段）　add *A* to *B*「*B* に *A* を付け加える」　detrimental side effects
「有害な副作用」

（第④段）　police forces「警察，警察隊」　locate「～を見つける」　at
knifepoint「ナイフを突きつけて」　minor crime「軽犯罪，小さな犯罪」

（第⑤段）　represent a threat to ～「～にとって脅威となる」　civil

liberties「人権，市民権，市民の自由」 in the first place「そもそも，まず第一に」 Nothing could be further from the truth.「これより真実から程遠いものは何もないだろう」は文末に than this を補って考えればよい。further は far の比較級で，far from the truth は「真実から程遠い」。people suspected of crime「犯罪の嫌疑をかけられた人々」の元の表現は suspect *A* of *B*「*A*（人）に *B*（犯罪など）の嫌疑をかける」だと理解しておくこと。commit a crime「犯罪を行う」 at a certain time and location「特定の時間と場所で」 certain は「確かな」以外に「ある」「特定の」という意味がある。their presence は「彼らの存在」つまり「彼らがいたこと」。even in the absence of～「～がいない場合でさえ」 ultimately「結局のところ」 favor law-abiding citizens「法律を守る国民に有利に働く」 allow *A* to *do*「*A* が～するのを可能にする」

（第⑥段） there are good reasons why～「～する十分な理由がある」 good は「十分な」という意。the U.S. Department of Homeland Security「米国国土安全保障省」は 2001 年 9 月の同時多発テロを機に米国の安全を保障するために設立された組織である。as is known「周知のように，知られているように」 as は関係代名詞の非制限用法で，文末にあったものが文頭に移動したと考えればよい。be likely to *do*「～する可能性が高い」 この表現に less が入ると，be less likely to *do*「～する可能性がより低くなる」となる。potential mass-murderer は「潜在的大量殺人犯」つまり「大量殺人犯になる可能性がある人」を意味する。either *A* or *B*「*A* か *B* のどちらか」 law enforcement「法の執行，法的処置を行う機関」

（第⑦段） contact with～「～との接触」 rely on～「～に依存する」 be keen to *do*「熱心に～する，～することに熱心である」 point out～「～を指摘する」 be vulnerable to～「～を受けやすい」

（第⑧段） the majority of～「～の大部分」 police は「～の治安を維持する」という意の動詞であることに注意。第 3 文（Today we live in a chaotic age …）では，文頭の Today という副詞が接続詞的に用いられていることに注意。つまり，Today は「今日では」ではなく「今日では～なので」という意である。具体例として接続詞の now を示す。Now (that) you live in a global age, you should practice speaking English

10 2021 年度　英語〈解答〉　　　　　　　　　　　　　　　慶應義塾大-経済

fluently.「あなたはグローバルな時代に生きているのだから，英語を流ち
ょうに話すのを練習すべきだ」　verify who is who「身元を立証する」
who is who は「誰が誰だか」という意で，つまり「身元」のこと。

II 解答

| 11—2 | 12—2 | 13—4 | 14—3 | 15—4 | 16—2 |
| 17—4 | 18—2 | 19—2 | 20—3 | 21—4 | 22—1 |

23—1

━━━━━━━━━━◆全　訳◆━━━━━━━━━━━━━━━━━

≪顔認証技術が及ぼす弊害≫

①　ちょうど70年前に，私たちはあらゆる行動が政府によって監視され
ているような未来について警告を受けた。これはジョージ=オーウェルに
よって彼の小説『1984年』の中で紹介された。その中では，「ビッグ=ブ
ラザー」という指導者が，絶えず登場人物を観察することによって，彼ら
の考えや行動をコントロールしようとする。あいにく，未来に対するオー
ウェルのビジョンは私たちを待っている未来と比較すると穏やかである。
顔認証技術は個人のプライバシーという考えを過去の遺物に急速に変えつ
つある。もっと悪いことに，これらのシステムを推進しているのは政府だ
けではない。つまり，多国籍企業，オンラインのソーシャルメディアサー
ビス，地元の食料品店でさえ，このシステムをどんどん進めている。皮肉
なことに，真剣かつ迅速な政府の監視がなければ，近い将来に私たちはす
べての人によっていつも監視されることになるだろう。

②　顔認証は，現在使われている他の生体認証技術，たとえば指紋による
認証やDNA分析とはほとんど似ていない。私たちは，自分の顔の画像を
誰が取りこみ，記録し，分析するのかについて制御できない。指紋と目の
スキャンは，家や電話やコンピュータを保護するために使われているのだ
が，機能へのユーザーの同意を必要とする。顔認証システムの問題は，登
録手続きを通して，個人が自分の個人的なデータを管理できないというこ
とである。電話に関しては，そのようなデータが自分の個人的な機器で保
護されることをあなたは理解している。

③　顔を記録するということになると，あなたの友人は，あなた自身より
もその件についてはもっと発言権があるだろう。家族や友人と写真を共有
することは自然であるが，それはこの技術の発展にとってまた必要不可欠

であったのだ。私たちが友人と写真を共有することを可能にするソーシャルメディアサービスの急速な成長は，予見できない方法で他の人たちが私たちの画像を使うことを可能にしてきた。新たな人工知能のプログラムがこの技術を極端にまで押しやってきた。今日，そのようなプログラムは，同じことをする現実の人々よりももっと速く画像の中の個人を特定することができる。この調子でいけば，すぐに機械はあなた自身が知っているよりもあなたの社会生活についてもっと多く知ることになるだろう。

④　顔認証技術は個人的な自由への脅威を増加させてきた。私たちは私たちの顔の画像や友人たちの画像を含めて，個人的な情報を集め使う許可を数十億ドル規模の会社に与えてきた。そして，会社はそれが望む，いかなる方法でも自由に私たちをターゲットにするように思われる。すぐにも，地元の店に設置された監視カメラが，もっと買うように絶えず勧める「客認証システム」に変更されるだろう。いつの間にか，通りを歩いているときに個人的にあなたに話しかける「スマート広告」を避けることは不可能になるだろう。

⑤　さらに悪いことに，政府による乱用の可能性が恐ろしい。平和的な抗議の権利がほとんどの民主主義国家では保証されている。だが，抗議者は，国が使う監視カメラから自分の身元を守るためにマスクをするようますます強いられている。政府は，平和的なデモ参加者を逮捕したり投獄したりするために顔の画像を使うかもしれない——明らかに，これらのシステムのまったくの悪用である。絶え間ない監視の下での言論の自由は結局のところ自由ではない。

⑥　人物誤認は別の深刻な問題である。いくつかの場合に，単に店の中に歩いていき何も買わずに店から出て行った無実の人たちが防犯システムによって知らないうちに選び出された。彼らが次にやって来たとき，すぐに店から出て行くように求められた。同様に，2018年に，警察が顔認証技術を使って，18歳の学生を万引きした人間だと特定した。彼女は逮捕された。しかしながら，その犯罪が行われたとき，その学生は学校のダンスパーティーに出ていたことがわかった。最終的に嫌疑は晴れたが，このトラウマが残る経験はこの技術の欠陥の結果である。現在，この学生は，それが引き起こした精神的苦痛を補償してくれるようにその会社を訴えている。

⑦　実際，顔認証の間違いに関係する人種偏見のニュースは，毎日現れているように思われる。問題は，これらの技術がもっとしばしば有色人種を誤って特定することがわかってきたということである。これは，今度は結果的に警察官が許可を得ていない家宅捜索や身体検査を行うということになるかもしれない。これらの間違いは主に有色人種のいるコミュニティに影響するので，このことは，法の執行機関への不信をなおいっそう刺激する可能性があるかもしれない。このことは，世界中で警察の偏見に反対する広範囲の抗議を引き起こしたのだ。

⑧　幸運なことに，この先にいくらか希望がある。憂慮する個人は，顔のデータの収集と共有を停止するように期待してソーシャルメディア会社に対して訴訟を起こした。抗議の行進が可能な改革の議論を引き起こしている。最近の数カ月で，カリフォルニアとマサチューセッツのいくつかの都市が，リアルタイムで人々を調査する「ライブ映像の」顔認証技術を禁止する法律を可決した。うまくいけば，国の法律制定という究極の目標はまもなく実現可能であるかもしれない。実際，オーウェルは，顔認証技術のすべてを見通す目から私たちのプライバシーを保証することは政府の責務であるという状況の皮肉を確かに認識していただろう。

◀解　説▶

▶ 11.「以下のうち，第①段の空所［11］を埋めるのに最も適切なものはどれか」

　小説の中で，指導者がコントロールしようとしているのは，他の登場人物の思考や行動であると考えられるので，２の「登場人物の」を空所に入れると，意味をなす。他の選択肢では意味がつながらない。

▶ 12.「記事によると，第①段で述べられた小説はいつ出版されたのか」

　この記事は 2019 年に出版されたことが記事の題目の下に書かれている。一方，小説は，第①段第 1・2 文（Exactly 70 years ago, … constantly observing them.）で「ちょうど 70 年前に」出版されたとあるので，2019－70＝1949 である。よって，２を正解とする。

▶ 13.「以下のうち，第②段の空所［13］を埋めるのに最も適切なものはどれか」

　空所の直後の文に「顔認証の問題は，登録手続きを通して，個人が自分の個人的なデータを管理できないということである」とあり，私たちが顔

認証をコントロールできないことがわかる。一方，最終文（With phones, you understand …）が示すように，電話などでは，データの保管がうまくいくと記されている。よって，4の「機能へのユーザーの同意」を空所に入れると，話がうまく進んでいく。

1．「オンライン上のサーバからの起動」　2．「政府の承認」　3．「作動するパスワード」

▶14．「以下のうち，第③段の空所［14］を埋めるのに最も適切なものはどれか」

　空所の後には recording your face「顔を記録すること」という表現のみで，ＳＶ関係は成立していない。選択肢の1・2・4は（群）接続詞なので，後にＳＶが必要である。よって，3の When it comes to ～「～ということになると」を空所に入れると，形式の上でも意味の上でも論理が通る。have say in ～「～に対して発言権をもつ」　say は「発言権」という意の名詞。

1．「～するかぎり」　2．「～の程度まで」　4．「～のときはいつでも」

▶15．「第④段において，以下のうち，顔認証技術の広範囲な使用によって生じた個人の自由への最大の脅威として著者が見なしているのはどれか」

　第④段第1・2文（Facial recognition technology … in any way they choose.）に，顔認証技術は個人の自由への脅威となり，利用する許可を数十億ドル規模の会社に与えてきたということが述べられている。よって，この問いに対する答えは4の「大企業」である。

1．「広告会社」　2．「政府機関」　3．「友人たちの画像」

▶16．「以下のうち，第⑤段の空所［16］を埋めるのに最も適切なものはどれか」

　民主主義国家でも顔の画像が悪用される可能性があるという第⑤段の内容をもとにして，2の「まったくの悪用」を選ぶ。ついでながら，a gross misuse of these systems「これらのシステムのまったくの悪用」はダッシュの前の文の内容を別の表現で示している。文法的には同格という。

1．「便利な恩恵」　3．「利口な応用」　4．「必然的な結果」

▶17．「以下のうち，第⑥段の空所［17］を埋めるのに最も適切なものはどれか」

14 2021 年度 英語〈解答〉　　　　　　　　　　　　　　慶應義塾大-経済

　空所を含む文の意味を考えて，4 の simply「単に」を空所に入れる。
他の 3 つの選択肢がすべて否定の意味をもっていることもヒントになる。
1．「めったに〜ない」　2．「ほとんど〜ない」　3．「決して〜ない」

▶18．「以下のうち，第⑥段の空所 [18] を埋めるのに最も適切なものは
どれか」

　空所の前の「現在，この学生はその会社を訴えている」という内容と空
所の後の「それが引き起こした精神的苦痛」という内容を連結するのは，
2 の compensate for 〜「〜を償う，〜の埋め合わせをする」である。
emotional distress「精神的苦痛」

1．「〜に訴える」

3．「〜を切り刻む」

4．「〜に向かって進む，〜に役立つ，〜を助長する」

▶19．「以下のうち，第⑦段の空所 [19] を埋めるのに最も適切なものは
どれか」

　空所を含む文の意味を考えて，選択肢の中から 2 を選ぶ。may
potentially を空所に入れると，論理が通る。他の選択肢では意味がつなが
らない。potentially は「潜在的に」という意だが，「〜する可能性がある」
と訳せば，わかりやすくなる。

1．「望ましくは（できれば）〜だろう」

3．「必ずや〜であるかもしれないだろう」

4．「もしかすると〜であるに違いない」

▶20．「以下のうち，第⑧段で『希望』の最も重要な源として，著者が考
えているのはどれか」

　第⑧段は顔認証技術に反対の運動の行方について記されている。同段第
5 文（Fingers crossed, …）に「国の法律制定という究極の目標はまもな
く実現可能であるかもしれない」とあり，また，最終文（Indeed, Orwell
would …）に「顔認証技術のすべてを見通す目から私たちのプライバシー
を保証することは政府の責務である」と記されている。よって，3 の「連
邦政府」がこの質問に対する答えである。

1．「市政」　2．「個人」　4．「広範囲にわたる抗議」

▶21・22．「以下の意見を考えよ。それから，両方の記事に基づいて，㉑，
㉒の欄に，もしアイ＝シーユーのみがその意見に賛成ならば，1 をマーク

せよ。もし U. C. ミーのみがその意見に賛成ならば，2 をマークせよ。もし両方の著者がその意見に賛成ならば，3 をマークせよ。もしどちらの著者もその意見に賛成ではないならば，4 をマークせよ」

21. 「顔認証技術は政府によってのみ使われるべきだ」 どちらの著者もこのように考えていない。よって，4 が正解である。

22. 「個人の安全は顔認証技術によって改善される」 アイ=シーユーの記事の第⑥・⑦段 （Facial recognition can also help … would soon be corrected.） を読めば，全体的に言って，「顔認証技術によって安全が改善される」と主張していると考えられる。一方，U. C. ミーの記事の第⑥段 （Misidentification is another …） には，顔認証技術により個人の安全が損なわれている事例が挙げられており，反対の主張をしていると考えられる。よって，正解を 1 とする。

▶ 23. 「次の単語の対はそれぞれ名詞と動詞を含む。どの対が同じアクセントのパターンをもつ単語を含むのか」
以下アクセントのある音節を順に示す。
1．「均衡」第 1 音節，「～の均衡をとる，～を考察する」第 1 音節
2．「行為」第 1 音節，「～を案内する，～を行う」第 2 音節
3．「計画」第 1 音節，「～を計画する，～を見積もる」第 2 音節
4．「反逆者」第 1 音節，「謀反を起こす，反抗する」第 2 音節
5．「記録」第 1 音節，「～を記録する，～を登録する」第 2 音節
名詞も動詞も同じ音節にアクセントがあるのは，1 の balance である。

━◆━◆━◆━ ●語句・構文● ━◆━◆━◆━

（第①段） be warned of ～「～について警告を受ける」は，warn A of B「A（人）に B（危険など）を警告する」が元の表現である。watch over ～「～を監視する」 as it happens「偶然にも」 in comparison to ～「～と比較すると」 in store for ～「～を待っている，～に降りかかろうとする」 turn A into B「A を B に変える」 push A along「A をどんどん進める」 in the near future「近い将来に」 all the time「いつも」
（第②段） bear resemblance to ～「～と似ている」 currently in use「現在使われている」 such as ～「～のような」 fingerprint identification「指紋による認証」 have control over ～「～を制御する」 problem with ～「～の問題」

16 2021 年度 英語〈解答〉 慶應義塾大-経済

（第③段） be essential to ～「～に必要不可欠である」 allow *A* to *do*「*A* が～するのを可能にする」 push *A* to extremes「*A* を極端に押しやる」 at this rate「この調子でいけば」

（第④段） multi-billion-dollar company「数十億ドル規模の会社」 those of our friends「友人たちの画像」 those は直前の the images を受ける代名詞。it seems（that）～「～だと思われる」 be free to *do*「自由に～する」 in any way they choose「それが望むいかなる方法でも」 they は multi-billion-dollar companies を受ける。it will not be long until ～「まもなく～」 transform *A* into *B*「*A* を *B* に変える」 encourage *A* to *do*「*A* に～するよう勧める」 before you know it「いつの間にか，あっという間に」

（第⑤段） worse still「さらに悪いことに」 still の前後に形容詞や副詞の比較級が連結すると「さらに」という意になり，その比較級の強調用法となる。still worse という語順も多い。the potential for ～「～の可能性」 the right to ～「～の権利」 be obliged to *do*「～するよう強いられる」 protect *A* from *B*「*B* から *A* を守る」 free speech「言論の自由」

（第⑥段） on several occasions「いくつかの場合に」 on their next visit「彼らが次にやって来たとき」 visit は名詞。be asked to *do*「～するよう求められる」 identify *A* as *B*「*A* を *B* として特定する」 it turns out that ～「結局～だとわかる」

（第⑦段） racial bias linked to facial recognition errors「顔認証の間違いに関係する人種的偏見」 racial bias「人種的偏見」の後に which is が省略されている。be linked to ～「～に関係する」 the problem is that ～「問題は～である」 people of color「有色人種」 in turn「今度は，次は」 result in ～「結果として～になる」 protest against ～「～に反対する抗議」

（第⑧段） on the horizon「この先に，兆しが見えて」 launch a lawsuit against ～「～に対して訴訟を起こす」 pass a law to *do*「～する法律を可決する」 fingers crossed「うまくいけば」は keep *one's* fingers crossed「幸運を祈る」から派生した副詞句で，hopefully と同義。within reach「実現可能な，手の届く範囲に」 up to ～「～の責務で」

慶應義塾大-経済　　　　　　　　　　　　　　2021 年度　英語〈解答〉 17

Ⅲ 解答　24—2　25—3　26—4　27—1　28—3　29—2
　　　　　　　30—1　31—3　32—2　33—1　34—3　35—3
36—1

―――◆全　訳◆―――

≪自動運転車の未来≫

①　2019 年 4 月に，テスラの CEO のイーロン゠マスクは，自動運転の車の未来に焦点を当てた大きなイベントを主催した。マスクは「製造されているテスラの車はすべて，全自動運転にとって必要なハードウェア（コンピュータなど）がついている」と発表した。このことを実現するために残された唯一のことは，その機能を有効にするためのソフトウェアのアップデートである。マスクはまた，テスラの車は個々の所有者が自動的に人々を車で運ぶために自分の車を貸し出すことをまもなく可能にするだろうと発表した。これらの「ロボタクシー」は人間の介入がなくてもうまく機能し，所有者に 1 年当たり 21,000 ドルものお金を儲けさせてくれるだろう。

②　自動運転の車の未来は，多くの技術的な進歩の上に築かれて，疾走している。その進歩とは，周囲の車を発見するためのカメラやレーダー，忙しくアップデートする電気通信，人間よりも早く危険な状況を認識するコンピュータプロセッサーである。自動運転の車の世界市場は，2017 年に 105 億ドルに達し，2027 年までには 650 億ドル以上に増加することが予想されている。経済的な機会は大変大きいので，国は言うに及ばず，どの自動車メーカーもそれを無視することができない。しかしながら，それらの同じ機会は，無人自動車の拡大を抑制するかもしれない重大な新たなリスクと課題に匹敵するものである。

③　無人自動車は，交通事故が過去のものである理想の世界のビジョンを提供してくれる。安全という観点から言って，WHO は，2016 年の道路上の衝突による世界中の死亡者数を過去最高の 135 万人と推定した。対照的に，2001 年から 2018 年までの間，欧州連合（EU）で交通事故による死者数が 50 パーセント以上も減少したことが欧州委員会にはわかった。それは自動化に部分的に起因する達成であった。しかしながら，歩行者の死者数は，ずっともっと低い割合で減少してきて，EU における死者数の 29 パーセントを占め続ける。無人自動車で人為的ミスの可能性が減ったので，都会の通りは自転車のために再設計することができ，このことは歩

くこととサイクリングをより安全により快適にするだろう。

④　安全は唯一の恩恵ではない。自動運転の車を利用すれば，朝の仕事への通勤は，仕事を早く始めたり必要な睡眠を取り戻したりするために使うこともできる——それは，1日に少なくとも2時間半運転をする米国の1900万人の労働者にとっての関心事である。多くの者にとって，生活の質は大いに改善される。身体障害のある人たちは，増大した自由の恩恵を得ることができ，高齢者はもはや移動手段がなくなることについて心配する必要はなくなるだろう。運転の社会的側面もおそらく変わるだろう。無人自動車を呼ぶ容易さが個人で車を所有する必要性を減らし，それによって，自動車を共同で持つことが可能になる。無人自動車は速度制限を決して超えないだろう。結果として，交通違反の減少によって，警察署は，地域社会が直面する他の問題に焦点を当てる時間をもっと多くもつようになるだろう。

⑤　それにもかかわらず，無人自動車の広範囲の採用は多くのスピードバンプに直面する。最も明らかなのは，かかった経費である。主な自動車会社によって提供された現在の世代の自動化された車は，優に10万ドル以上になるからだ。車はいくつかの集積技術に非常に依存しているので，失敗したプログラミングのアップデート，ダウンした衛星システム，損傷したシステムのために，自動車がエラーを起こしやすくなるだろうという懸念があるのだ——スマートフォンのOSをアップデートすることができないためにスマートフォンがいかに役に立たなくなるかというようなものである。

⑥　さらに悪いことに，無人自動車が無線ネットワークに接続されることになるので，他の誰かがあなたの車の制御を奪うかもしれない。2015年に研究者たちは，インターネット接続を通して遠隔で車をハッキングして，GPSの位置を変更し運転手にブレーキを使わせないようにすることができた。さらに，個人のデータの収集について深刻な懸念が依然としてある。無人自動車は，車に乗っている人々についての私的な情報を集めて自動的にこの情報を保存し共有する必要があるかもしれない。

⑦　さらに，法的責任について実際の懸念がある。今日，運転しているときは，車を適切な運転状態にしておいて，事故の場合には保険で処理することが車の所有者と運転手の責任である。無人自動車では，誰が事故の責

任を負うのかという問題が不明確になるだろう。1つの提案は，責任を自動車の製造業者にのみ割り当てることである。しかしながら，そうすることは経費を非常に高く押し上げるので車を単にあまりにも高価にするだろうと，自動車製造会社は反対する。すべての事故を予見できるとは限らないのだから，製造会社がこの不確かさの経費を負うべきではない。事例がどんなものであろうとも，保険と維持管理のための最低限の基準が満たされなければならない。事故の法的効果が曖昧であるという状況を許す政府はほとんどないだろう。

⑧　その恩恵にもかかわらず，また，いくらかの現実の懸念にもかかわらず，無人自動車の進歩にとって本当に制限となっているものは，政治の問題である。自動運転の車のすべての影響は，必然的に，自動車産業，労働組合，立法府の規制，人々の命と生計に対して想定される危険からの抵抗にあうだろう。インドの道路交通大臣のニティン=ガドカリは「インドでは無人自動車は許されない」と言った。どの政府も，特に高い失業率を抱えた国では，最終的に仕事を奪い去る技術を承認しないだろう。ゴールドマン・サックス経済調査部からの報告によると，2014年には米国で400万の運転手の仕事があり，無人のトラックは，そのピークで1年につき30万も仕事の数を減らすだろう。

⑨　無人自動車の本当の衝撃は，すでに存在する，より決まりきった運転の仕事を改善し，運転手が仕事のストレスと危険を減らすのを可能にすることであろうと主張する人もいる。おそらく，ほとんどの運転手はまだ必要とされるだろう。たとえば，飛行機の自動化は，パイロットの必要性を減らしていない。無人自動車は私たちの生活を大いに変えるだろう。問題は，誰が恩恵を得るかである。平均的な運転手であろうか，それとも世界規模の自動車会社の重役であろうか。

■■■■■■■■■◀解　説▶■■■■■■■■■

▶24.「以下のうち，第①段の空所［24］を埋めるのに最も適切なものはどれか」

　意味を考えて，2の left「残されている」を空所に入れる。

1.「利用できる」　3.「正しい」　4.「適切な」

▶25.「以下のうち，第②段の空所［25］を埋めるのに最も適切なものはどれか」

空所を含む文の前の文で，自動運転車の世界市場はどんどん拡大している と述べられている。この内容に沿って，空所には 3 の so grand that 〜「大変大きいので〜」を入れると話の筋に合う。so 〜 that …「大変〜なので…」 let alone 〜「〜は言うに及ばず」

1.「〜ほど魅力的な」

2.「〜ほど切実な」

4.「大変広大なので〜」 such 〜 that …「大変〜なので…」という表現 はあるが，such の後には名詞や名詞相当語句がくる。

▶ 26〜28.「第③段の空所 [26]，[27]，[28] のうち最も適切な空所に以 下の単語のうち 3 つを入れよ。それぞれの単語は 1 回だけ使えるものとする」

空所 [26] を含む文の前文の時制は過去形である。By contrast「対照 的に」という表現を用いて，交通事故死に関して，世界と欧州連合とを比 較している。これより，空所 [26] には過去形の単語が入ると想定される。 意味を考えて，4 の found を入れる。空所 [27] には直後の to をもとに して，1 の attributed を入れると意味がうまくつながる。be attributed to 〜「〜 に 起 因 する」 つ い で な が ら，an achievement that was partially attributed to automation「自動化に部分的に起因する達成」は， 同格の表現である。空所 [28] には fallen と risen のどちらかが入りそう だと想定する。空所 [28] を含む文の前文で，EU における「交通事故に よる死者数の減少」が記されている。このことを頭に入れて，空所 [28] の直後の at a much lower rate「ずっともっと低い割合で」という比較 級があるので，fallen と risen のうち fallen を入れる。さらに，29 % of all fatalities in the EU「EU における死者数の 29 パーセント」という表 現もヒントになる。

▶ 29.「以下のうち，第④段の空所 [29] を埋めるのに最も適切なものは どれか」

空所に後続する文に「結果として，交通違反の減少によって，警察署は， 地域社会が直面する他の問題に焦点を当てる時間をもっと多くもつように なるだろう」と記されている。この記述をもとにして，空所には 2 の「無 人自動車は速度制限を決して超えないだろう」を入れると，話の筋が通る。 as a result「結果として」 with the reduction in traffic violations「交通

違反の減少によって」 この with は「原因や理由」を表し，「〜によって，〜のおかげで，〜のために」などと訳す。

1．「通勤が楽しみになるだろう」

3．「それにもかかわらず，駐車違反の罰金は起こり続けるだろう」

4．「いくらかの交通事故はまだ起こるだろう」

▶ 30.「第⑤段において，以下のうち，潜在的に問題があるとして著者が述べているのはどれか」

第⑤段第 3 文（As the cars are …）に「車はいくつかの集積技術に非常に依存しているので，失敗したプログラミングのアップデート，ダウンした衛星システム，損傷したシステムのために，自動車がエラーを起こしやすいだろうという懸念がある」とある。これをもとにして，1 の「相互依存性」が問題であると著者は言っている。

2．「非効率性」 3．「可動性」 4．「安全」

▶ 31.「以下のうち，第⑦段の空所［31］を埋めるのに最も適切なものはどれか」

空所を含む文の前文で，自動車会社は事故の責任を負うことに反対していると記されている。さらに，空所を含む文の前半部分の「すべての事故を予見できるとは限らない」という内容をもとにして，3 の「自動車会社がこの不確かさの経費を負うべきではない」を空所に入れる。not all 〜「すべて〜とは限らない」 部分否定に注意。

1．「政府が事故の費用をカバーするべきだ」

2．「保険会社がすべての事故のリスクを負うべきではない」

4．「所有者が保険と維持管理に対する責任を負うべきではない」

▶ 32.「以下のうち，第⑧段の空所［32］を埋めるのに最も適切なものはどれか」

空所から後の部分には，産業界，組合，立法規制などさまざまな領域からの影響が論じられている。よって，2 の「政治」を空所に入れる。

1．「財政」 3．「技術」 4．「時間」

▶ 33・34.「以下の意見を読むように。それから，記事全体に基づいて，マークシートの数字(33)，(34)の欄に，もし著者がその意見に賛成すると思うならば，1 をマークせよ。もし著者がその意見に反対すると思うならば，2 をマークせよ。もし著者がその意見について自分の意見を言っていない

と思うならば，3をマークせよ」

33．「無人自動車はサイクリストにとって安全を向上させるだろう」 第③段最終文（With reduced potential for …）に「無人自動車で人為的ミスの可能性が減ったので，都会の通りは自転車のために再設計することができ，このことは歩くこととサイクリングをより安全により快適にするだろう」と記されている。よって，1を選ぶ。

34．「無人自動車の環境への衝撃は大きいだろう」 このような記述は本文に見当たらない。よって，3を選ぶ。

▶ 35・36．「発音するとき，どの2つの単語が同じ母音をもっていないのか」

35．3の grown「成長した」と crown「王冠」は母音が異なる。grown の発音は［gróun］であり，crown の発音は［kráun］である。他の組み合わせは同じ母音である。

1．［bə́ːrd］「鳥」，［həːrd］「聞いた」 2．［tʃúː］「噛む」，［flúː］「飛んだ」 fly の過去形。4．［óun］「所有する，自身の」，［sóun］「縫った」sew の過去分詞形。

36．1の allow「～を許す」と arrow「矢」は母音が異なる。allow の発音は［əláu］であり，arrow の発音は［ǽrou］である。他の組み合わせは同じ母音である。

2．［tʃǽrəti］「慈善」，［pǽrəti］「同額，同等」 3．［láitiŋ］「照明」，［ráitiŋ］「書くこと」 4．［táuəl］「タオル」，［báuəl］「腸，深部」

◆━◇━◆━◇ ●語句・構文● ◇━◆━◇━◆

（第①段） focus on ～「～に焦点を当てる，～に集中する」 allow A to do「A が～するのを可能にする」 loan out ～「～を貸し出す」 as much as ～「～もの」

（第②段） speed along「疾走する，ものすごい勢いで進む」 make updates「アップデートをする」 on the go「大忙しで，忙しく動き回って」 be equaled by ～「～と匹敵するものである」 put the brakes on ～「～にブレーキをかける，～を抑制する」

（第③段） in terms of ～「～という観点から言って」 record high「過去最高の，記録的な」 be redesigned for ～「～のために再設計される」

（第④段） catch up on ～「～を取り戻す」 at least「少なくとも」 the

elderly「高齢者」 the＋形容詞で「〜の人たち」を意味する。no longer「もはや〜ない」 worry about 〜「〜について心配する」 losing their mobility「可動性を失うこと」つまり「移動手段がなくなること」。

(第⑤段) speed bump「スピードバンプ」 これは,「路面に作られた自動車の減速のための隆起」をいう。the cost involved「かかった経費」これは, the cost involved (in the production)「(製造に) かかった経費」と考えるとわかりやすいだろう。be dependent upon 〜「〜に依存している」 there are concerns that 〜「〜という懸念 (不安) がある」that は同格の接続詞。make the cars prone to error「自動車がエラーを起こしやすくする」 fail to update「アップデートすることができない」update は動詞である。operating system「オペレーティングシステム」はいわゆる「OS」で,スマートフォンなどの「基本ソフト」である。

(第⑥段) worse yet「さらに悪いことに」 yet は比較級を強める働きをする。wireless network「無線ネットワーク」 take over 〜「〜を奪う」hack into 〜「〜をハッキングする」 internet connection「インターネット接続」 giving them the ability to change 〜「〜を変える能力を彼らに与えた」 つまり「〜を変えることができた」ということ。この文は分詞構文である。the ability to *do*「〜する能力」 prevent *A* from *doing*「*A* に〜させないようにする」

(第⑦段) in the case of 〜「〜の場合に」 be responsible for 〜「〜に対して責任がある」 assign *A* to *B*「*B* に *A* を割り当てる」

(第⑧段) for all 〜「〜にもかかわらず」 the true limit on 〜「〜の本当に制限となっているもの」 the automotive industry「自動車産業」labor union「労働組合」 legislative regulation「立法府の規制」 end up *doing*「最終的には〜になる」 take away 〜「〜を取り去る」 as many as 〜「〜もの」

(第⑨段) it is likely that 〜「おそらく〜だろう」 the need for 〜「〜の必要性」 the question is 〜「問題は〜である」

IV **解答** B1：Long time no see. You were absent from work without notice for three days straight. What happened?

24 2021 年度 英語〈解答〉　　　　　　　　　　　　慶應義塾大-経済

C1：A lot of things happened. I will be in trouble if I get fired.

B2：If I were the shop manager, I would fire you right away. How about quitting, if you don't want to work?

C2：Well, I can't tell my parents about that. Next time I see the manager, I have to apologize to him.

◀解　説▶

　英訳する際に，文法的な間違いに気をつけて，自分が自信をもって使える表現や文構造を用いて英語に直すこと。そのためには，難しい単語を使わずに，自分自身がよく慣れている単語やイディオムを使うことが望ましい。特に，この和文英訳は会話なので，難解な言葉を使わない方がよいだろう。

B1：「久しぶりだけど」は定型表現を用いて，Long time no see. とする。「三日連続の無断欠勤」は分けて考える。まず，「三日連続して」は for three days straight あるいは，定型表現を用いて，for three days in a row とする。「欠勤」は「あなたは仕事を休んだ」と考えて，You were absent from work. あるいは You were off work. とする。あるいは You didn't work. や You didn't come. でもなんとか意味がつながる。「無断で」は定型表現を使って without notice とするか，「私たちに何も言わないで」と考えれば，without telling us anything とする。「どうしたの」は What happened? を用いる。What's up? や What's wrong (with you)? や What's the matter (with you)? でも可。

C1：「色々あってさ」は「たくさんのことが起こった」と考えて，A lot of things happened. とするか，もっと短く A lot happened. とする。「辞めさせられたら困るなー」で「辞めさせる」は米国式に fire を使うのが簡単でいいが，英国式に sack でも大丈夫である。「辞めさせられる」は受け身にして be fired〔sacked〕となるが，be の代わりに受け身をつくる get を用いて get fired〔sacked〕とすれば，「辞めさせられる影響」を一層強く意識した表現となる。「困る」は be in trouble や be in difficulty とする。よって，I will be in trouble if I get fired. となる。

B2：「店長」は the shop manager とする。「首にする」は上記の「辞めさせる」と同意で，fire や sack を用いる。「当然」は definitely「間違いなく」や actually「実際に」を用いる。あるいは「すぐに」と考えて，right away や at once を用いるのもよい。「僕が店長なら，当然首にするよ」は事実ではないので，仮定法過去を用いる。If I were the shop manager, I would fire you right away. となる。「やる気がないなら」は「働きたくないなら」と考えて if you don't want to work とすればよい。「さっさと辞めれば」は「辞めたらどうですか」と考えて，How about stop working? や How about quitting? にする。あるいは「辞めるべきだ」と考えれば，You should stop working. や You should quit now. となる。

C2：「いや，そんなことは親に言えないよ」では，「そんなこと」は such a thing あるいは「それについて」と考えれば about that となる。Well, I can't tell my parents about that. あるいは，Well, I can't say such a thing to my parents. とする。「今度〜したら」は next time S V という形式の群接続詞を使えばよい。あるいは，「次に〜したとき」と考え，next を副詞として用いて when 〜 next という形もよい。「謝る」は say, "I am sorry." か apologize を用いればよい。apologize は自動詞なので，「彼に謝る」は apologize to him となることに注意。よって，Next time I see the manager, I have to say, "I am sorry." か When I see the manager next, I have to apologize to him. となる。

Ⅴ 解答例

(A) I do not think that the Japanese government should regulate the use of facial recognition technology. I have two reasons. First, facial recognition technology is a strong measure against terrorist attacks. If surveillance cameras are installed everywhere in town, it will be a little easy for the police to discover possible terrorists and follow them to their hiding place. Thanks to facial recognition technology, security gets much better. Second, this technology is very useful and effective in order to prevent people from committing minor crimes. If people think that they are being watched over by surveillance cameras, they usually do not do bad things. In his 2019 article, U. C. Mee asserts, "Facial recognition technology has multiplied threats to our personal freedom." However, I do not think that I agree with his statement. Facial recognition technology is important in securing "personal freedom."

26 2021 年度 英語〈解答〉 慶應義塾大-経済

(B) I think that the Japanese government should promote driverless cars in Japan. I have two reasons. The first reason is Japan is aging. A lot of elderly people live alone or with their partner in villages or towns at present. They can continue to live in villages or towns if driverless cars can carry the goods necessary for them, supporting their daily life. The second reason is that the Japanese population has been decreasing in number, and labor power will soon be in short supply. In such a situation, driverless trucks can be used to carry goods or products from one place to another. According to Otto Matick and Newt Rall's 2019 article, India's Transport and Highways minister said that they would not allow driverless cars in India. However, I see it in a different way. India is young now, but when India gets old and is lacking in working force, it will require driverless cars.

◀解　説▶

　設問は「次の2つの設問から1つを選んで自分の意見を英語で書くように」である。

(A)「日本政府は顔認証技術の利用を規制するべきか。なぜそうすべきか，あるいは，なぜそうすべきでないのか」

(B)「日本政府は日本で無人自動車を促進するべきか。なぜそうすべきか，あるいは，なぜそうすべきでないのか」

　問題文Ⅰ，Ⅱ，Ⅲに記されている見解を最低1つ引用して反論する形にすれば書きやすいだろう。引用例は下記の通りである。

● 「2010年の記事の『動物園に反対して』で，フェーレーは主張する。『自然はコントロールするべき私たちのものではない』　彼女は…と主張するが，私はその意見に強く反対する。なぜならば…」

● 「フォーン（2010）によるエッセーの中で『学校は生徒の権利を十分保護していない』と主張するイブ=N.スズキにある程度のみ賛成する。XはYであるという彼女の主張は正しいかもしれないが，…」　to a certain extent「ある程度」

● 「オワーク（2012，第7段）によると，1つの選択肢は間接課税である。この議論は…であるけれども」

文法的な間違いをしないように気をつけて，自分が自信を持って使える表現や文構造を用い，できるだけ論理的な流れになるように書くこと。

❖講　評

　2021年度は，2020年度と同じ大問5題の出題で，そのうちの3題が長文読解問題，1題が和文英訳問題，1題が意見論述であった。

　3題ある読解問題の英文は，いずれも現代社会でよく議論になる問題を扱っており，Ⅰでは「顔認証技術がもたらす恩恵」，ⅡではⅠと逆の立場として「顔認証技術が及ぼす弊害」という内容が述べられている。さらに，Ⅲは「自動運転車の未来」について述べている。設問形式は例年通り空所補充や内容説明，内容真偽が中心で，ほとんどが4択問題であるが，一部異なる問題もある。英文の量と難度の高さで圧倒されてしまいがちだが，個々の設問の選択肢は比較的理解しやすく，正解を絞りやすいものが多い。また，語彙力・文法力に関する設問もあり，総合力が試されている。

　Ⅳの和文英訳は内容こそ日常的なもので，一見易しい印象を受けるが，実際に書いてみると正確な英訳が難しいことに気づくはずだ。注意点にもあるように，与えられた日本文をそのまま直訳しようとせず，どこまで英語に訳しやすい別の日本語表現にできるか，いわゆる「和文和訳」のプロセスを上手に経ることが重要である。

　Ⅴの意見論述は，経済学部の入試では毎年出題され，避けては通れない関門だ。2020年度と同様，読解問題の英文に関連したテーマが与えられ，それについての自分の見解を，英文から必要箇所を引用しつつ述べるというもの。このようないわゆる「アカデミック・ライティング」には決まった書き方が多く，事前に何度か練習しておくと大変効果的である。できれば，他の人に添削してもらうと，自分の弱点が把握できて有効である。

　全体的に盛りだくさんの出題である。速く，しかも正確に読めて，内容がある文を書くためには普段からのトレーニングがものをいう。さらに時間配分にも十分気を配る必要がある。

日本史

I 解答

問1．(1) $1 \rightarrow 3 \rightarrow 2 \rightarrow 4$

(2)－3

問2．商場という交易地で松前藩の藩士がアイヌと交易を行う商場知行制から，藩士に運上金を納めた商人が商場でのアイヌ交易を請け負う場所請負制となった。

問3．a－6　b－4　c－5

問4．江戸幕府は日露和親条約を結び，千島列島の択捉島以南を日本領，得撫島以北をロシア領とし，樺太は両国人雑居地として国境を決めなかった。その後，明治政府は樺太・千島交換条約で，樺太をロシア領，千島全島を日本領とした。

問5．a－3　b－2　c－1

◀解　説▶

≪豊臣政権期～明治期の日朝関係史≫

▶問1．(1)　豊臣政権期の内政・外交策について，個々の年号が記憶できていればよいが，できていなくても因果関係に注目して年代配列できる。

1．関白に就任した豊臣秀吉はその権威を背景に，諸大名に停戦を命じ（1585年・惣無事令），ついで諸大名に海賊の取り締まりを命じる海賊停止令を出した（1588年）。

→3．停戦命令に応じなかった諸大名を平定・服属させて全国統一（1590年）した後，朝鮮出兵に必要な人員確保のため「武家奉公人が町人や百姓になること」を禁じる身分統制令を出した（1591年）。

→2．朝鮮に大軍を侵入させ，漢城を占領させた（1592年・文禄の役）。

→4．明の来援などで戦争は膠着状態に陥り，日明間で講和の機運が高まって「明皇帝の使節が豊臣秀吉と会見した」（1596年）が，交渉は決裂。翌年朝鮮に再出兵した（慶長の役）。

よって，$1 \rightarrow 3 \rightarrow 2 \rightarrow 4$ の順である。

(2)　3が正解。朝鮮出兵の本拠地は肥前国の名護屋である。現在の佐賀県唐津市で，玄界灘に臨む東松浦半島の先端に位置する。なお，1は平戸，

慶應義塾大-経済　　　　　　　　　　　　　　　2021 年度　日本史〈解答〉　29

2 は壱岐で，どちらも現在は長崎県。4 は博多で現在は福岡県。5 は下関
で現在は山口県。

▶問 2．17〜18 世紀における「松前藩とアイヌとの交易」に関して「制
度の変化」を，2 行以内で説明する問題である。解答に盛り込むべきポイ
ントは 2 点。①制度名が「商場知行制から場所請負制」へ変化したこと，
そして，②その内容が「松前藩藩士とアイヌが商場で交易する形態から運
上金を納めた商人が商場でのアイヌ交易を請け負う形態」へ変化したこと
である。まず前提として，松前藩は米作の収穫がないため，アイヌとの交
易独占権を幕府から認められ，その利益が藩の財政基盤となっていた。そ
こで本題だが，17 世紀には松前藩は商場知行制をとり，蝦夷地内に設定
した商場における交易権を藩士に知行として与えたので，商場で藩士がア
イヌと交易した。18 世紀には，藩士に運上金を上納した内地商人が商場
の経営を請け負い，商人がアイヌ交易を行う場所請負制に変化した。以上
を述べればよい。なお，場所請負制になると，内地商人はアイヌを労働力
として使役したため，アイヌへの収奪は強化された。

▶問 3．a．6 が正解。資料 a は福沢諭吉の「脱亜論」であり，これを
『時事新報』に発表したのは甲申事変の後である。日本公使館守備隊の支
援を受けた「金玉均らがクーデタを起こした」甲申事変は，清国軍の反撃
によって失敗した（1884 年）。福沢は金玉均を援助し甲申事変に深く関わ
っていただけに，事変後の 1885 年 3 月，「我れは心において亜細亜東方の
悪友を謝絶するものなり」と，「悪友」である清・朝鮮への武力行使を主
張して国権論に転じた。また，a の発表は，日清戦争の発端となる，東学
の乱（甲午農民戦争）よりは前であるから，時期 6 にあたる。

b．4 が正解。b は「朝鮮国は自主の邦」と，清の朝鮮に対する宗主権を
否定したうえで，朝鮮を開国させ「日本人民の往来通商」を認めさせた日
朝修好条規であり，1876 年に締結された。次に時期確定だが，征韓論政
変（明治六年の政変）で下野した江藤新平が征韓を主張する不平士族らと
「佐賀で蜂起した」1874 年の佐賀の乱よりは後。また征韓論政変後，不
平士族の反乱などの治安問題にあたる内務省を設置し自ら初代内務卿とな
った大久保利通が，士族反乱の最後である西南戦争鎮圧の翌 1878 年に暗
殺された（紀尾井坂の変）。よって b は，佐賀の乱と紀尾井坂の変の間で，
時期 4 にあたる。

30 2021 年度　日本史〈解答〉　　　　　　　　　　　　　　　慶應義塾大-経済

c．5が正解。cは，「朝鮮の兇徒日本公使館を侵襲し，職員多く難に罹り」から，大院君を担いだ朝鮮の兵士らが起こしたクーデタで，日本公使館も襲撃された壬午軍乱（1882年）の記事だと判断できる。したがって時期は，「大久保利通が暗殺された」紀尾井坂の変の後，「金玉均らがクーデタを起こした」甲申事変の前にあたるから，時期5である。なお，年表中の残った項目は，「日本政府が，対馬藩を通じて朝鮮に新政府成立を通知」が1868年，「日清修好条規」の締結は1871年である。

▶問4．設問の要求は「19世紀後半における日本とロシアの国境の変化について」，「両国の間の2つの条約に触れつつ」3行以内で説明すること。まず，日露間の国境線を初めて画定した日露和親条約は想起できただろう。1855年に江戸幕府がロシアと結んだこの条約では，千島列島の択捉島以南が日本領，得撫島以北がロシア領，樺太については両国人雑居の地として国境を定めなかった。そのため明治政府は樺太の帰属問題を解決すべく1875年に樺太・千島交換条約を締結し，樺太はロシア領，千島列島は占守島までの全島を日本領とした。ここまでが「19世紀後半における」変化である。なお，20世紀初頭（1905年）に結ばれたポーツマス条約で，北緯50度以南の樺太が割譲され日本領となった。

▶問5．a．3が正解。「韓国政府の法令の制定」「行政上の処分は予め統監の承認を経ること」から，日本政府が韓国政府の内政権を掌握した第3次日韓協約である。

b．2が正解。「韓国政府は今後日本国政府の仲介に由らずして…何等の条約若は約束をなさざることを約す」とは，日本政府が韓国の外交権を掌握した第2次日韓協約の内容である。

c．1が正解。韓国政府に日本人の「財務顧問」を備聘させることを決めた内容から，第1次日韓協約である。

Ⅱ　解答

問6．a−3　b−2　c−6

問7．(1)政府は日本の皇室に対する大逆罪を適用して大津事件の犯人の死刑を求めたが，大審院長児島惟謙はこれに反対し，大審院は無期徒刑の判決を下した。

(2)−1

問8．(1)a．伊藤博文　b．松方正義　(2)ア．自由党　イ．進歩党

慶應義塾大-経済　　　　　　　　　　　　2021 年度　日本史〈解答〉　*31*

(3) a － 1　　b － 3　　c － 4

(4)政府は版籍奉還で領地・領民を返上した藩主と公卿を華族とした。その後，将来の貴族院の構成員を補強するため華族令を制定し，旧華族に維新の功臣たる軍人や政治家を加えて華族とし，公・侯・伯・子・男の爵位を授けた。

(5) 2 個師団増設を拒否された陸軍は陸相上原勇作を単独辞職させ，軍部大臣現役武官制を盾に後任を推薦しなかったため，内閣は陸相を得られず総辞職した。

問 9．(1)— 3　(2)— 2・4・5

◀解　説▶

≪明治・大正期の政治・社会≫

▶問 6．明治政府の中央官制の変遷について，年表を用いて時期が問われた。

ａ．3 が正解。左院とは，1871 年の「廃藩置県の詔が出された」後の官制改革で，太政官内に設置された立法の諮問機関である。また，1874 年に「後藤象二郎らが民撰議院設立建白書を提出した」のは，左院に対してであったから，両者の間にあたる時期 3 を選ぶ。

ｂ．やや難。2 が正解。政体書における官制（太政官の下に議政官・行政官・刑法官を置く）にかわって，1869 年 1 月に版籍奉還が上奏された後，3 月に立法機関の議政官下局が公議所となり，7 月に公議所を廃止して集議院が設置された。府藩県の代表者から選出された議員による政府の諮問機関であった。集議院は廃藩置県後の官制改革で太政官左院の下部機関となり，1873 年には左院に吸収された。集議院の設置時期は細かい知識で厳密にはわからなくても，「政体書」で太政官制が復活，「廃藩置県」後に太政官三院制（正院・右院・左院）となる基本知識があれば，両者の間の時期 2 で，設置・改廃されたものだろうと見当はつく。

ｃ．6 が正解。枢密院は，大日本帝国憲法の草案を審議するために設置され（1888 年），そのとき伊藤博文が内閣総理大臣を辞して初代枢密院議長に就任した。この点に注目すれば，内閣制度の創設に伴い「太政官制が廃止された」（1885 年）ことから，枢密院の設置はその後の時期 6 だとわかる。なお，残った「開拓使が廃止された」のは 1882 年である。

▶問 7．(1)　やや難。設問の要求は，「外国の皇族が日本国内で襲撃され

た事件」によって起こった「政府と大審院長との対立」と，「大審院が下
した判決について」，2行以内で説明することである。事件とは，ロシア
皇太子ニコライが津田三蔵巡査に斬りつけられ負傷した大津事件（1891
年）である。第1のポイントは，「政府と大審院長との対立」である。政
府（第1次松方正義内閣）はロシアの報復を恐れて，犯人に日本の皇室に
対する罪である大逆罪（刑法第116条）を適用して死刑にするよう司法当
局に圧力をかけた。しかし大審院長児島惟謙は，大逆罪はあくまで外国の
皇族には適用できないとして，それに反対したのである。第2のポイント
「大審院が下した判決について」とは，児島が担当裁判官を説得して，犯
人を刑法の規定通り通常人に対する謀殺未遂罪を適用し，無期徒刑の判決
を下させたことである。「大逆罪を適用して」や，大審院の判決「無期徒
刑」など，難解な法律用語の知識が必要とされた。

(2)　1が正解。資料は1878年の第2回地方官会議で議論された「地方制
度の改革」に関する法令についての議事録だから，同年制定の，いわゆる
地方三新法のどれかだと見当がつく。地方三新法とは，1．郡区町村編制
法，4．地方税規則，5．府県会規則の総称である。一方，議事録には
「従前の区画を廃する」とは，大区小区を廃することだとの説明がある。
ゆえに，大区小区制を廃止し郡区町村を設置するとした「郡区町村編制
法」の導入を議論した記録とわかる。なお，2の郡制は1890年に制定さ
れ，自治体としての郡の設置を定めた。3の市制・町村制は1888年に制
定された。

▶問8．(1)・(2)　三国干渉をきっかけに対ロシア戦争に向けての軍拡をめ
ざす政府は，「増税を含む予算案を衆議院で可決してもらう」必要から政
党と提携した。第2次伊藤博文（a）内閣には，軍拡とそのための増税を支
持した自由党（ア）が接近し，内務大臣として自由党総理の板垣退助が入閣
した。そのあとを継いだ第2次松方正義（b）内閣と提携したのは，進歩党
（イ）で，「大隈重信が外務大臣として入閣した」ので松隈内閣とも呼ばれ
た。

(3)　女性の社会進出に関する事件a〜cの時期確定問題である。まず，年
表中の衆議院議員選挙法の改正年代を確認しておく。選挙資格を「直接国
税15円以上」に限った選挙法は黒田清隆内閣で1889年，「直接国税10円
以上」と改正されたのは第2次山県有朋内閣で1900年，「直接国税3円以

上」が原敬内閣で1919年，「納税の要件を撤廃」した選挙法の改正は第1次加藤高明内閣で1925年に公布された。

a．1が正解。大阪事件は，旧自由党急進派の景山（福田）英子らが甲申事変（1884年）の失敗を受けて，朝鮮に渡り独立党政権樹立を企てたが渡航前に逮捕された，1885年に起こった自由民権運動の激化事件である。この後，運動は憲法制定・国会開設に向けての大同団結運動に発展する。つまり，大日本帝国憲法と同時に公布された衆議院議員選挙法より前の，時期1にあたる。

b．3が正解。女性解放運動の先駆けとなった青鞜社が，平塚らいてうを中心に結成されたのは1911年であるが，詳細はわからなくても明治末年だとの認識さえあれば，それだけで第2次山県内閣の1900年と原内閣の1919年の間，時期3だとわかる。

c．4が正解。女性の政治参加を禁じた治安警察法第5条改正を求めた新婦人協会は，高橋是清内閣時に第5条の一部改正が実現されると，間もなく解散した（1922年）。その後，護憲三派連立の第1次加藤内閣が成立し，普通選挙法の成立が確実視されるなかで，女性の参政権をめざして市川房枝らが1924年に婦人参政権獲得期成同盟会を設立した。したがって，原内閣による「直接国税3円以上」の選挙法改正と，第1次加藤内閣で「納税の要件を撤廃」の間，時期4である。

(4) やや難。設問の要求は，「明治維新後に華族制度が導入されてから，内閣制度ができるまでの時期の華族制度の変化について」3行以内で説明すること。付帯条件は「どのような資格の人に華族の地位が与えられたのかに触れ」ることである。まず華族制度の導入は，1869年の版籍奉還の布告時である。領地・領民を返上した藩主は知藩事に任命されたが，藩主ではなくなった。そこで同時に出された太政官達で「公卿・諸侯の称を廃し，改めて華族と称す」とされ，旧藩主と公卿が華族とされた。その後の変化は，憲法制定・国会開設に向けて諸制度の準備を進める政府が，将来の貴族院の構成員となる華族層を補強する必要から，1884年に華族令を制定し華族の地位を明確化したことである。ここでは，旧華族たる旧藩主・公卿に，国家に勲功のあった政治家や軍人などを新たに加えて，509名を華族とした。そして華族には公・侯・伯・子・男の5つの爵位を授与した。

こうした経緯から，①華族制度の導入時は，「版籍奉還」のときに，「藩主・公卿」を華族とした。②その後の変化は，「華族令制定」で，「旧華族に加えて国家に勲功のあった者」も華族とし，「公・侯・伯・子・男の爵位を授与」したと説明すればよい。なお，国家に勲功のあった者とは政治家（大久保家・木戸家や伊藤博文など）や軍人（西郷従道など）で，ほとんどが薩長出身者であった。以上に加えて，問8の問題文の下線部β前後に「貴族院議員は，華族議員や，勅選議員などから構成されていた」とあるように，華族令制定の意図は，貴族院が創設された折に議員の構成母体となる華族層をつくることにあった。したがって，③「将来の貴族院の構成員を明確化するために」華族令を制定した，または「華族の範囲を広げて将来の上院の基盤を形成した」と，背景でも結論でもよいが，「帝国議会の創設」と「華族制度の変化」との相関関係に言及できるとよい。以上，①～③が盛り込むポイントである。

(5)　「第2次西園寺公望内閣が総辞職するにいたった経緯を，軍部大臣現役武官制に触れつつ」2行以内で説明することが要求された。「経緯」を組閣時にさかのぼって考えたい。1911年8月に成立した第2次西園寺公望内閣は，行財政整理を政治課題としていた。明治40年恐慌（日露戦後恐慌）以降の経済的不振と，戦費の外債依存によって生じた元利払い負担や，国際収支の赤字傾向などで国家財政が悪化していたためである。しかし，陸軍は新年度予算編成にあたって，前年に併合した新領土朝鮮に2個師団を増設する必要を強く内閣に迫った。西園寺首相が行財政整理を理由に拒否すると，陸軍は上原勇作陸軍大臣を単独辞職させたうえで，後任陸相の推薦を拒否した。そのため西園寺首相は，軍部大臣を現役の大将・中将のみに限定した軍部大臣現役武官制の規定に阻まれて陸相を得られず，総辞職したのである。以上から，情報を取捨選択して「内閣が2個師団増設要求を拒否→陸軍は陸相上原勇作を単独辞職させ後任を推薦せず→軍部大臣現役武官制によって内閣は陸相を得られず総辞職」という筋道にすればよい。

▶問9.　(1)　3が正解。「労働者の共同の組合即ち団結も，大阪或いは東京…九州の方にも起りかけて居り」，「或鉄道会社の労働者が同盟罷工を為したために…公衆が幾許の損害を蒙り，幾許の迷惑をなすか…歎息に堪えない」とある。つまり，労働組合の結成が各地で始まっており，鉄道会社

のストライキによって公衆が蒙った損害は甚だ大きかったということである。次に，この状況から時代を考えたい。日本各地で労働組合の結成が始まるのは，高野房太郎らが1897年に労働組合期成会を設立して，労働組合の結成を訴えたことが契機となる。同年には鉄工組合が，翌年には日本鉄道矯正会などの労働組合が結成された。よって，この記録は「19世紀末年」のものだとみられる。そして，同盟罷工が公衆にとって損害・迷惑と評価する発言者の提議した法律案は労働運動を規制する法律案である。したがって，1900年に成立した3の治安警察法に限定できる。なお，2の集会条例は1880年，4の保安条例は1887年に成立した法律で，労働組合の結成時期以前である。また，1の工場法の制定は1911年で，やはり速記録の社会状況や内容とは異なるので排除できる。

(2)　2・4・5が正解。最初に，出来事1〜5の起きた年代を確認する。1．第1回メーデーは1920年。2．日本社会党の結成は1906年。3．大日本労働総同盟友愛会の結成は1919年で，大正初年に結成された友愛会が，「大戦景気中」の労働運動の高揚を受けて闘争的傾向を強め，この名称に改称したものとの認識でよい。4．日比谷焼き打ち事件は1905年。5．労働組合期成会が結成されたのは1897年である。ここで最も時代が古い5は1897年，最も新しい1が1920年だから，両者の時代幅は24年間であることに注目する。第1図の範囲は「25年間」で，1と5の両年を含むから，「1896〜1920年」か，「1897〜1921年」のどちらかしかあり得ない。そして，そのどちらであろうと，Aの時期に起きたのは2・4・5の明治期の3つに限定される。残りの1・3は大正期の出来事。なお，ストライキ件数の変化から解析すると，図は「1897〜1921年」である。大戦景気中における労働者数の増加・権利意識の向上に加え，急激な物価上昇は労働者の賃金上昇を上回ったので，1917年夏頃から各地で賃上げを要求する労働争議が活発化した。ストライキ件数も1916年が100件余りだったのに対し，1917年には400件ほどに急増して，図中，最も顕著な増加を示す。そこから1919年がピークで500件近くとなる。厳密なデータを覚えていなくても，ストライキ件数が急激に400〜500件と伸びた3年間が「大戦景気中」にあたると判断できれば，大まかな年代確定は可能である。

36 2021 年度　日本史〈解答〉　　　　　　　　　　　　　　　　　　慶應義塾大-経済

III　解答

問 10.　⑴ア．首里　イ．那覇

⑵琉球王国は，幕府将軍の代替わりごとに将軍就任を祝
賀する慶賀使を，琉球国王の代替わりごとにその就任を感謝する謝恩使を
江戸幕府に派遣した。

問 11.　a－3　b－5

問 12.　日本がノモンハンでソ連と戦闘中に，日独伊防共協定を結び反ソ
連で提携してきたドイツが独ソ不可侵条約を締結したため，内閣は欧州情
勢を見失い総辞職した。

問 13.　⑴－6

⑵米国一辺倒の吉田茂に代わり鳩山一郎首相が自主外交を唱えて日ソ共同
宣言に調印し国交を回復すると，日本の国連加盟に反対していたソ連が賛
成に回った。

問 14.　a－0　b－2　c－5　d－1

問 15.　⑴－2　⑵a－1　b－5　c－2

━━━━━━━━━━◀解　説▶━━━━━━━━━━

≪中世～昭和戦後の政治・外交・文化・経済≫

▶問 10.　⑴ア・イ．琉球王国を建てた尚巴志の時代に，首里が王都とし
て整備された。また，東南アジアや中国方面との交易により国際貿易港と
して繁栄した外港は那覇である。

⑵　設問の要求は「琉球王国が江戸幕府に派遣した使節の名称とその派遣
の名目」を 2 行以内で説明することである。琉球王国が薩摩藩と中国
（明・清）の両属関係であったことは設問の前提としてあるので，なぜ使
節を派遣したのかなどに触れる必要はない。単純明快に，使節の名称とそ
の派遣の名目に解答を収斂させればよい。

▶問 11.　a．3 が正解。「尚泰…琉球藩王と為し」とあるから，琉球藩が
置かれ尚泰が藩王に任命されたのであり，それは 1872 年である。明治政
府は，日清両属関係を解消するため，1871 年廃藩置県に際し，琉球を鹿
児島県の管轄とした。さらに翌年，琉球藩として外務省直轄下に置いて，
国王尚泰を琉球藩王として華族に列した。次に，年表中の年代確定だが，
「岩倉具視を大使とする使節団」は，1871 年，廃藩置県のあと条約改正
予備交渉と欧米視察のため「横浜港を出港した」。そして岩倉使節団が帰
国して，征韓論争がおこり「西郷隆盛が下野した」のは，明治六年の政変

ともいうから1873年である。したがって，岩倉使節団の出港と征韓論争の間，時期3にあたる。

b．5が正解。「琉球藩を廃し沖縄県」を置くのだから，琉球処分が断行された1879年である。これは，征韓論争で下野した西郷隆盛が武力蜂起し「西南戦争が始まった」1877年よりあとの時期5にあたる。

▶問12．やや難。第二次世界大戦の直前に「平沼騏一郎内閣が総辞職した。その理由を，日本とドイツとの関係に触れつつ」2行以内で説明することが設問の要求である。端的に言えば，提携を深めていたドイツに突然裏切られ，内閣は状況判断ができず総辞職したのである。時系列に沿って説明しよう。広田弘毅内閣のときに日独防共協定を（1936年），第1次近衛文麿内閣のときには日独伊防共協定を結んで（1937年），日本はドイツとともに反ソ反共陣営を形成した。さらに平沼内閣は，ドイツから防共協定を対ソ・英・仏の軍事同盟へ強化する提案を受けて閣内で検討中であった。つまり①「日本とドイツとの関係」は，防共協定を結び，反ソ連でドイツと提携していたことを述べる。一方，満州国建国以後，満ソ国境紛争が頻発し（1932〜38年で約760回），日本とソ連との関係は緊張が高まっていた。特に平沼内閣では，1939年5月に満蒙ソ国境のノモンハンで軍事衝突が始まり（ノモンハン事件），ソ連の大戦車部隊の攻撃を受けて日本軍の敗北が決定的となったなか，8月23日に突如として独ソ不可侵条約の締結が知らされた。状況の急変に混乱した平沼内閣は，「今回締結せられたる独ソ不可侵条約に依り，欧州の天地は複雑怪奇なる新情勢を生じたので…別途の政策樹立を必要とする」と，自主的な外交政策を立てることができなくなったとして28日に総辞職した。つまり②内閣は，ソ連軍とのノモンハンでの戦闘中に独ソ不可侵条約が締結されたため，欧州情勢に対する判断力を失い総辞職したのである。蛇足だが，ノモンハン事件の停戦協定は，代わって成立した阿部信行内閣によって成立した（9月15日）。

▶問13．(1)　6が正解。文学作品を読んでいなくても，資料中のキーワードから作品名が想起できるよう配慮されている。

aは，唯一「詩」であり，「広島」「やがてボロ切れのような皮膚を垂れた」「泣きながら群れ歩いた裸体の行列」から，原爆投下による広島の惨状を描写していることがわかる。よって，作品は『原爆詩集』であり，作

者は峠三吉に限定できる。

bは，冒頭から「白痴の女が」とあり，「焼夷弾のふりそそぐ」大戦末期の東京を舞台に主人公の俺＝伊沢と白痴の女との生活を描いた小説『白痴』だと見当がつく。よって，作者は坂口安吾である。

cは，「同胞がなお…戦いつつある時，自分のみ安閑として敵中に生を貪るのは，いかにも奇怪な，あるまじきことと思われた」から，自らの俘虜体験を描いた『俘虜記』だと判断できる。よって，作者は大岡昇平である。以上から，6のa．峠三吉，b．坂口安吾，c．大岡昇平が正解。

⑵　設問の要求は，日本の国連加盟が国連総会で認められた背景にある，「サンフランシスコ平和条約以後の日本の外交関係の変化」について2行以内で述べること。付帯条件は，その変化を実現させた「当時の首相の姓名」に触れることである。比較的容易に解答の筋道は，「鳩山一郎首相が登場 → 日ソ共同宣言で国交回復 → ソ連が日本の国連加盟を支持」とわかるだろう。ただ「日本の外交関係の変化について，その変化を実現させた当時の首相の姓名に触れつつ」と，〈変化〉が強調されていることから，「変化の前の状況」にも言及することが必要である。つまり「米国一辺倒」とか「対米依存」「対米追従」と批判される吉田茂首相から，「自主外交」を唱える鳩山一郎首相への外交政策の変化，である。そして，日ソ国交回復と日本の国連加盟という課題が連動している点もはっきりさせよう。ソ連は国交のない日本の国連加盟申請に拒否権を行使していた。そのため鳩山首相自ら1956年10月にソ連を訪問し，北方領土の返還問題は棚上げとして，日ソ共同宣言に調印し，日ソの国交回復を優先させた。共同宣言が同年12月に発効すると，「日本の国連加盟に反対していたソ連が賛成に回った」のである。ソ連の「反対から賛成へ」の変化が読み取れる文章表現を心がけたい。

▶問14．まず，図の時期を確定する。最も特徴的な動きを示すのが，図中の20年間で唯一「実質経済成長率がマイナス（−1％余り）」を示す「期間4の1番目の点」である。その前年の期間3の5番目が8％だから，1年で9％余りも経済成長率が落ち込んでいる。そのことから期間4の1番目の点は，円の変動相場制移行と第1次石油ショックの影響で戦後初のマイナス成長を記録した1974年と特定できる。つまり図は1959〜1978年の20年間とわかる。次に，a〜dの出来事が起きた時期を図中に特定す

る。出来事はいずれも基本事項であり，年代把握は必須である。

a．0が正解。教育委員が公選制から任命制となったのは，鳩山一郎内閣の政策で1956年である。図の期間1は1959～1963年で岸信介・池田勇人内閣時代にあたる。よって，aは時期1より前である。

b．2が正解。公害対策基本法は佐藤栄作内閣で1967年に制定された。よって，1964～1968年にあたる期間2である。なお，期間2の1番目の点は1964年であり，オリンピック景気のため11％もの経済成長率である。翌1965年は昭和40年不況で一時的に経済成長率は6％程度に落ち込むが，1966～70年にはいざなぎ景気となり再び経済成長率は10％を超えている。

c．5が正解。男女雇用機会均等法は1985年に中曽根康弘内閣で制定された。よって，1978年までの期間4より後の5にあたる。

d．1が正解。農業基本法が制定されたのは池田勇人内閣の1961年であり，時期1である。岩戸景気のさなかにあって，さらに池田内閣が所得倍増計画を発表した1960年は，図中最高の13％の経済成長率を示した。その計画実現のためもあり，農業と他産業との経済格差是正をめざして農業基本法が翌1961年に出された。

▶問15．(1)　2が正解。吉田茂内閣時に施政権が返還されたのは，奄美諸島であり（1953年），沖縄島を中心とする沖縄諸島の北に位置する。なお，1は沖縄県の一部，八重山列島であるから，佐藤栄作内閣の1972年に施政権が返還された。3は小笠原諸島であり，佐藤内閣の1968年に返還された。4は日本の東端（東経153.59度）に位置する南鳥島である。小笠原諸島に属するため1968年に返還された。

(2)a．1が正解。「MSA協定が締結された」のは，吉田茂内閣時の1954年である。この年には，ビキニ環礁で第五福竜丸が被爆する事件が起こったため，原水爆禁止運動が全国的に高揚した。それを受けて翌1955年鳩山一郎内閣のときに「第1回原水爆禁止世界大会が開かれた」。よって，時期1にあたる。

b．5が正解。佐藤栄作内閣がアメリカのニクソン大統領との間に1971年に締結した「沖縄返還協定に基づいて」，「沖縄の施政権が返還された」のは翌1972年である。そこで両首脳に注目して時期確定するとよい。「ニクソン大統領が金とドルとの兌換停止を発表した」のは，1971年である。また，次の「日中平和友好条約が締結された」のは1978年で福田赳夫内

閣時である。したがって，両者の間の時期 5 にあたる。

c．2 が正解。岸信介内閣が「日米相互協力及び安全保障条約」を締結したのは 1960 年で，その発効をもって岸内閣は総辞職した。代わって成立した池田勇人内閣の 1964 年に「日本が IMF 8 条国へ移行した」。a で述べたように「第 1 回原水爆禁止世界大会」は 1955 年である。よって，両者の間の時期 2 にあたる。

❖講 評

2021 年度は，2020 年度と同じ大問 3 題構成で，記述問題は 2020 年度の 2 個から 6 個に増加，選択問題は 4 個減の 28 個であった。誤文選択問題は 2019 年度以降出題されていない。配列問題が 2020 年度の 0 個から 1 個復活。その分，年表を利用した選択法の年代特定問題が，2020 年度の 4 問 15 個から 5 問 14 個と 1 個減少したから，時代把握・時期特定の設問総数に変更はない。論述問題は 2019・2020 年度と同じ 8 個だが，解答欄 3 行の論述 2 個，2 行の論述 6 個で，合計行数は 2020 年度より 1 行減少して 18 行になった。4 行以上の長文論述問題もなく，論述の負担はやや軽くなった。解答総数は 42 個で変化がなかった。時代別の出題分野では，室町時代が 2 個，織豊政権期が 2 個，江戸時代が 2 個，近現代史分野が 36 個であった。出題範囲は「1600 年以降を中心とする」とされているが，それより前の時代（室町時代と織豊政権期）からの出題が 4 個あり，2020 年度の 7 個からは 3 個減。また，前近代史と近現代史の出題数比はおよそ 1：6 であり，2019・2020 年度のおよそ 3：7 と比べ，問題構成が前近代史の減少，近現代史にシフトしたといえる。地図問題は 2 問 2 個で，2020 年度より 5 個減少。文化史問題は 1 問 1 個と 8 個減少した。2020 年度は折れ線グラフ 2 点，それらを利用した問題は論述 1 個であったが，2021 年度は棒・折れ線グラフ各 1 点，それらを利用した選択問題が 2 問で，論述問題ではなかった。

Ⅰは，対馬を介して展開した豊臣政権期～明治期の日朝関係中心に出題された。2020 年度同様，Ⅰのリード文は世界史のⅠとほぼ同文であった。問 1(1)脈絡なくみえる豊臣政権の出来事だが「国内統一過程→朝鮮出兵準備→文禄の役緒戦→文禄の役後」と因果関係で配列でき，標準レベル。(2)朝鮮出兵の本拠地，肥前の名護屋を地図中から選ぶ基本問題。

問2は「商場知行制から場所請負制」への変化を，問4は「日露和親条約から樺太・千島交換条約」での国境線変化を説明する，やや易レベルの論述問題である。問3は明治初期～日清戦争までの，問5は第1次～3次日韓協約の，史料を用いた日朝関係史である。問3のb・cは，世界史Ⅰの問2b・cとほぼ共通問題。問3・問5の史料6点とも明解であり，基本レベル。大問全体としては，2020年度同様，リード文および一部設問が世界史と共通であったが，いずれも頻出かつ単純な設問で難易度は下がり，やや易レベルである。

Ⅱは，近代の議事・立法機関とその議事録を通して，明治・大正期の政治史を中心に社会史についても出題された。問6は集議院の時期確定がやや難問。問7⑴は大津事件に関する政府の主張「大逆罪」，大審院判決の「無期徒刑」という法律用語は必須であり，やや難問。問7⑵と問9⑴はいずれも議事の質疑記録から法令名を選ぶ斬新な出題形式だが，時代と史料中の用語から正解を導くのは基本レベル。問8⑶の婦人参政権獲得期成同盟会はやや細かい知識であるが，年表時期区分の幅が広く時期確定は標準レベル。⑷華族制度は有資格者の変化と将来の貴族院開設を見通した制度改革である点まで言及したい，やや難問。⑸第2次西園寺公望内閣倒閣の経緯を軍部大臣現役武官制との関係で説明する論述問題で，コンパクトにまとめる力さえあれば標準レベル。問9⑵ストライキ件数の変化を示したグラフが25年間，選択肢の時代幅が24年間であることから数的処理で正解できると気づけば難しくないが，正攻法で考えるとやや難問。したがって，難易度の傾斜のついた問題構成であったが，大問全体でみれば標準レベルである。

Ⅲは，中世から昭和戦後の琉球・沖縄史を軸に，当該期の政治・外交・文化・経済が出題された。問10⑵は慶賀使と謝恩使に関する語句説明であり，標準レベル。問12は平沼騏一郎内閣の総辞職理由として，ノモンハン事件・防共協定・独ソ不可侵条約の3点を論述答案に盛り込むのはやや難問。問13⑴は2020年度に続き，文学作品と作者の組み合わせ問題であるが，a～cとも資料から作品名を推測しやすい作品であり，標準レベル。⑵は，吉田茂から鳩山一郎への首相交代と，日ソ国交回復・国連加盟実現の関連を示す論述問題で標準レベル。問14は，経済学部頻出の5年刻み20年間分のグラフ読み取り問題である。実質経

済成長率がマイナスとなっている年が 1974 年であると気づけば，a〜dの時期確定は難しくない。問 15(2)の b は 2019 年度Ⅲ問 17 でも資料 c として出題されていた。a〜c ともに基本問題。したがって，大問全体的に，教科書の精読によって解答可能な標準レベルであった。

総括すれば，2020 年度に続き，世界史との共通問題や，現代文学に関する出題など学問分野の垣根をこえた学際的知識，複数の情報を統合・分析して解答に至る応用力を測る出題が目を引いた。一方で，沖縄問題・女性問題・労働問題といった経済学部頻出テーマも多かった。そのうえ例年はグラフの読み取り問題を中心に解答に窮するような難問が数問含まれるが，2021 年度は皆無であった。論述問題も解答の方向性がつかみやすく用語説明レベルの問題が多いので，2020 年度より 1 行減という分量以上に易しくなった印象である。よって全体としては，2020 年度よりやや易化したといえる。ただ，入試制度改革を踏まえた共通テストのあり方なども見据えて，出題傾向や難易度が大きく変動する可能性は十分ある。日本史教科書・史料集・図説集を併用した緻密な学習と，多年度分の過去問演習を通じて経済学部特有の問題への対応力を培いたい。

世界史

I 解答

問1．(1) 5 → 3 → 2 → 1 → 4

(2)清は，反清復明運動を行う鄭氏に対し，経済基盤となっている交易を妨害するため遷界令を発したが，台湾征服後は海禁を解除し，海関を設けて民間貿易を認めた。

問2． a－5　b－3　c－4

問3．アロー戦争中のアイグン条約でロシアは黒竜江以北を領土とし，アロー戦争の講和を仲介した見返りに北京条約で沿海州を獲得した。イリ事件後のイリ条約で清はイリ地方の大半を奪還し，露清の国境がほぼ画定された。

問4．ナロードニキの流れをくむ社会革命党が結成されていた。また，マルクス主義に立脚するロシア社会民主労働党が路線対立から急進派のボリシェヴィキと穏健派のメンシェヴィキに分裂していた。

問5．日清戦争の下関条約で清の宗主権が否定され，冊封体制から離脱した朝鮮は，独立した主権国家を示すため国王を皇帝，国号を大韓帝国に改めることで，清や日本と対等な地位を主張した。

問6． a－4　b－3　c－1

◀解　説▶

≪対馬の歴史≫

▶**問1．**(1)　やや難。清朝の歴代皇帝のときの出来事を年代順に並べる設問。康熙帝の治世中の三藩の乱と『康熙字典』の編纂開始の年代判定がやや細かい。

1．軍機処の設置は第5代雍正帝のときの1730年。

2．第4代康熙帝による『康熙字典』の編纂開始は1710年（完成は1716年）。

3．康熙帝の廃藩令に反抗して呉三桂らが三藩の乱を起こしたのは1673年。

4．ジュンガルを1758年に滅ぼしたのは第6代乾隆帝。

5．李自成が反乱を起こしたのは1631年（1636年という説もある）。こ

44 2021 年度　世界史〈解答〉　　　　　　　　　　　　　　　慶應義塾大-経済

の反乱で明が滅亡（1644 年）すると，これに乗じて清朝第 3 代順治帝が中国本土に進出した。

以上から，古い順に並べると 5 → 3 → 2 → 1 → 4 となる。

(2)　「清と敵対する勢力が活動」は，台湾の鄭氏の活動について述べればよい。鄭氏は，海上交易活動によって経済基盤を確保し，反清復明運動を行った。「活動の終焉」は清の康熙帝による鄭氏台湾の征服である。これらを「清の海上交易政策の変化との関係」と結びつけることが求められている。鄭氏に対抗するため清は遷界令（1661 年）を発して，台湾対岸の広東・福建を中心とする沿岸部から住民を強制的に内陸部に移住させ，海上交易に依拠する鄭氏を孤立させようとした。その後，清は，1683 年に台湾を武力で征服したのを機に，翌年海禁を解除し，1685 年には沿岸部に海関（税関）を設置して民間貿易を認めている。

▶問 2．難問。資料 a ～ c の時期を特定し，年表中に入れる年代整序問題。

a．甲申政変（1884 年）の翌年に日清間で結ばれた天津条約（1885 年）で，将来の朝鮮出兵は事前に両国間で照会することを定めた。

b．江華島事件（1875 年）の翌 1876 年に結ばれた日朝修好条規で，朝鮮が開国した。

c．大院君派が蜂起し，日本公使館を襲撃した壬午軍乱（1882 年）の直後に結ばれた済物浦条約。資料の内容から日本公使館を襲撃したことがわかるので，壬午軍乱に関連する条約と判断したい。

　年表を整理すると以下のようになる（**太字**が解答箇所）。

　　日清修好条規が締結された（1871 年）
　　日本政府が，琉球漂流民殺害事件を口実に台湾に出兵した（1874 年）
　　b．日朝修好条規（1876 年）
　　沖縄県が設置された（1879 年）
　　c．済物浦条約（1882 年）
　　金玉均らがクーデタをおこした（1884 年）
　　a．天津条約（1885 年）
　　東学を奉じる全琫準らが蜂起した（1894 年）

▶問 3．露清間の 3 つの国境画定に関する条約（アイグン条約・北京条約・イリ条約）の内容を述べるだけではなく，前 2 者の条約はアロー戦争との関係，後者はイリ事件との関係にもそれぞれ簡単に触れたい。また，イリ条約で最終的にほぼ露清間の国境線が画定したことを指摘したい。

慶應義塾大-経済　　　　　　　　　　　　　　　2021 年度　世界史〈解答〉　45

▶問 4．日露戦争は 1904〜05 年。農村共同体を基礎に社会主義的な改革
をめざしたナロードニキの流れをくむ社会革命党が 1901 年に結成されて
いた。また，マルクス主義のロシア社会民主労働党が 1903 年に結成され
たが，結成直後に急進派のボリシェヴィキと穏健派のメンシェヴィキに分
裂している。

▶問 5．1868 年から 1897 年の時期の清と朝鮮・韓国の関係の変化に触れ
つつ，朝鮮国王高宗が「皇帝」を称したことが，東アジアの国際秩序にお
いて持った意味が求められている。日清戦争の下関条約（1895 年）で清
が宗主権を放棄した結果，属国であった朝鮮が冊封体制から離脱した点が
清と朝鮮の関係の変化である。また，東アジアの国際秩序においては，高
宗が皇帝を称し，朝鮮が清や日本などの君主国と対等な地位の国家である
ことを主張した点を指摘したい。

▶問 6．資料 a〜c の時期を特定し，年表中に入れる年代整序問題。

ａ．1965 年に締結された日韓基本条約で，日本政府が大韓民国政府を朝
鮮における唯一の合法的な政府として確認した。

ｂ．1951 年に調印されたサンフランシスコ平和条約。

ｃ．1948 年に大韓民国が建国され，その独立式典にマッカーサー元帥が
列席したことを伝える新聞記事。

　年表を整理すると以下のようになる（**太字**が解答箇所）。

　　ｃ．大韓民国の独立式典（1948 年）
　　中華人民共和国の建国が宣言された（1949 年）
　　日本で警察予備隊が設置された（1950 年）
　　ｂ．サンフランシスコ平和条約（1951 年）
　　日ソ共同宣言が出された（1956 年）
　　ａ．日韓基本条約（1965 年）
　　沖縄返還協定に基づいて日本に沖縄の施政権が返還された（1972 年）
　　日中平和友好条約が締結された（1978 年）

Ⅱ　**解答**　問 7．4
　　　　　　　問 8．⑴ア．ユカタン　イ．キープ　⑵ a−1　b−5
問 9．フェリペ 2 世がポルトガルを併合した結果，そのアジア・アフリカ
大陸に及ぶ領土も支配し，地球規模の植民地帝国となったことを意味して
いる。

問 10．(1)エンコミエンダ制による酷使やヨーロッパからの伝染病で先住民が激減し，不足した労働力を補うためアフリカから黒人奴隷を導入した。
(2)― 3・4・6
問 11．メキシコのアカプルコからラテンアメリカ産の銀をガレオン船でフィリピンのマニラに運び，その地で中国商人が持ち込んだ絹・陶磁器と交換した。

━━━━━━ ◀解　説▶ ━━━━━━

≪スペイン・ポルトガルの探検航海≫

▶問 7．難問。資料 a は 1513 年パナマ地峡を横断して太平洋を発見したスペインの探検家バルボアに関する航海記録。彼はこの海（太平洋）を「南の海」と呼んだ。

資料 b には「マルーコ〔モルッカ〕諸島」という語が登場するので，インド航路を発見したヴァスコ＝ダ＝ガマや，パナマ地峡を横断したバルボアは無関係で，1521 年フィリピンに到達したマゼランに関する航海記録と判断したい。マゼラン自身はセブ島で原住民の争いに巻き込まれ殺されたが，部下が航海を続け，ボルネオやモルッカ諸島をへて 1522 年に帰国している。

資料 c はインド航路を開拓したポルトガルの航海者ヴァスコ＝ダ＝ガマに関する記録で，「かの喜望峰を見つけた」がヒントとなっている。アフリカ南端の喜望峰は 1488 年バルトロメウ＝ディアスが到達。この地を回ってヴァスコ＝ダ＝ガマが 1498 年インド西南岸のカリカットに到達した。

▶問 8．(1)ア．マヤ文明が発展したのは，中央アメリカのユカタン半島（現メキシコ南部・グアテマラ・ベリーズ）。

イ．15 世紀後半にコロンビア南部からチリに及ぶアンデス高地一帯に成立したインカ帝国では，数量などの記録としてキープ（結縄）が用いられた。

(2) a．前 1200 年頃までに，メキシコ湾岸地方で成立したオルメカ文明はジャガー信仰を特徴とし，メソアメリカ文明の母体となった。

b．メキシコ高原に 14 世紀に成立したアステカ王国の首都テノチティトランは，テスココ湖上の島に建設された都市であったが，スペイン人コルテスの征服によって破壊され，その上に現在のメキシコシティが建設された。

▶問 9．スペイン=ハプスブルク家のフェリペ 2 世が 1580 年ポルトガルを併合した結果，スペイン植民地の新大陸だけでなく，ポルトガル領のゴア・マラッカ・マカオなどのアジアやアフリカ（沿岸部）も支配下に収め，世界規模の植民地帝国を現出させた。「太陽の沈まぬ国」という形容は，帝国内のどこかで常に太陽が昇っているという状態を表している。

▶問 10．⑴ 「奴隷も労働力として必要とされるにいたった経緯」を「奴隷の主な出身地に触れつつ」説明することが求められている。16 世紀にスペイン人がエンコミエンダ制によって先住民を鉱山で酷使し，ヨーロッパから伝わった天然痘などの伝染病で先住民の人口が激減したため，代わりの労働力としてアフリカ西岸から黒人奴隷を導入したことを説明すればよい。

⑵ スペイン国王カルロス 1 世が在位したのは 1516～56 年。

1．レコンキスタの完了は，ナスル朝の首都グラナダを陥落させた 1492 年。

2．イタリア戦争を終結させたカトー=カンブレジ条約の締結は 1559 年。

3．諸侯にルター派の信仰を容認したアウクスブルクの和議は 1555 年。

4．ドイツ農民戦争（1524～25 年）の指導者ミュンツァーの処刑は 1525 年。

5．ネーデルラント北部 7 州がユトレヒト同盟を結成したのは 1579 年。

6．オスマン帝国がプレヴェザの海戦で勝利したのは 1538 年。

したがって，在位期間中に起こった出来事は 3・4・6 となる。

▶問 11．アカプルコ貿易（ガレオン貿易とも呼ぶ）の説明が求められている。スペインは 16 世紀後半からメキシコのアカプルコとマニラ間でガレオン船を用いて官営の太平洋貿易を営み，ラテンアメリカ大陸産の銀（アジアではメキシコ銀と呼ばれた）をフィリピンのマニラに持ち込み，中国産の絹・陶磁器を買いつけてアカプルコに運んだ。

Ⅲ **解答** 問 12．a－7 b－9 c－2 d－4

問 13．製紙法が普及し，グーテンベルクによる活版印刷術が実用化した。

問 14．⑴資料アの著者：エラスムス 波線部 α の人物：トマス=モア

⑵王妃離婚問題で教皇と対立したヘンリ 8 世が，国王至上法で国王を教会

48 2021 年度 世界史〈解答〉 慶應義塾大-経済

の首長とするイギリス国教会を創立し，カトリック教会から自立した。

問15.　3

問16.　a−3　b−1　c−5　d−8

問17.　国民公会は男性普通選挙で成立し，七月王政下では制限選挙が実施された。

問18.　(1)a−1　b−3　(2)3→4→2→1

■■■■■ ◀解　説▶ ■■■■■

≪パリ大学の歴史≫

▶問12.　a．13世紀にイタリアのトマス＝アクィナスはアリストテレス哲学を導入して『神学大全』を著し，スコラ学（スコラ哲学）を大成した。

b．「実験科学」がキーワード。13世紀に，経験と観察を重視し実験科学を提唱したのはイギリスのロジャー＝ベーコン。

c．スコラ学は信仰と理性の調和をはかるためギリシア哲学，特にアリストテレス哲学を用いてカトリック思想を体系化した。

d．イベリア半島のコルドバ生まれのアラビア系法学者・医学者イブン＝ルシュド（ラテン名アヴェロエス）は，12世紀にアリストテレス哲学の注釈書を著し，そのラテン語訳は西欧のスコラ学に大きな影響を与えた。

▶問13.　すでにイスラーム世界を通じて伝わっていた製紙法の普及とドイツのグーテンベルクが15世紀半ばに改良した活版印刷術の実用化について説明すればよい。それまでの書籍は，主に写本によって製作されていた。

▶問14.　(1)　やや難。資料アの内容から，聖職者（「神学者先生」）を批判している部分を読み取って，エラスムスの『愚神礼賛』と判断したい。『愚神礼賛』は，痴愚の女神の口を借りて聖職者・教会の偽善や悪徳を痛烈に風刺している。もしくは，(2)の「自国の教会制度を従来のものから大きく変化させた」から，波線部βがイギリス国王ヘンリ8世であると確定してから，資料アの著者と波線部αを導き出すことも可能である。資料a〜cは，エラスムスが親交を結んでいたイギリスの人文主義者トマス＝モアにあてた手紙で，文中のα「大兄」とは『ユートピア』の著者でヘンリ8世の大法官を務めたトマス＝モアのこと。彼はカトリックの立場からルターの宗教改革に反対した。

(2)　資料aの波線部βの君主であるイギリス国王ヘンリ8世がカトリッ

ク教会から自立してイギリス国教会を創設したことを述べればよい。ヘンリ8世は教皇が王妃との離婚を認めなかったため，1534年国王至上法（首長法）を発布して国王を首長とするイギリス国教会を創立した。これは，教皇を頂点とするカトリック教会から自立したことを意味する。

▶問15．難問。資料a〜cの著作からキーワードになる語句や著作の主張を読み取った上で，1〜6の選択肢の組み合わせのどれに該当するかを特定していきたい。

資料aは「幾何学者らが，…証明にたどりつく」がヒントで，この著作は，17世紀に合理論哲学を樹立したフランスの哲学者デカルトの『方法序説（方法叙説）』である。「証明」から演繹法を想起したい。また，デカルトは数学者でもある。

資料bは「豊かなラブルール（耕作者）で王国は満ちていなければならない」がヒントで，この著作は，農業生産の拡大が国富の源泉であるとした18世紀フランスの重農主義者ケネーの『経済表』である。

資料cは人間の本性にある「あらそい」に言及しているので，人間は自然状態のもとでは利己的で「万人の万人に対する闘争」が生じるため，自然権を放棄して為政者に委ねたとする社会契約説を提唱した，17世紀イギリスの政治学者ホッブズの著作と判断できる。資料は『リヴァイアサン』。

▶問16．a．1802年に英仏が結んだアミアンの和約。アミアンは北仏の都市で地図の3。

b．1805年にイギリス海軍が勝利したトラファルガーの海戦。場所はスペイン南端のトラファルガー岬付近で地図の1。

c．ナポレオンはイエナの戦いでプロイセンを破り，1806年ベルリンを占領して対英の大陸封鎖令（ベルリン勅令）を発布した。ベルリンはドイツ東部にあり，地図の5。

d．難問。1807年のティルジット条約。ティルジットは地図の8で，当時はプロイセン領。現在はロシア連邦の飛び地にあるソヴィエツクである。

▶問17．フランス革命期の国民公会は立法議会に代わり，男性普通選挙によって成立した一院制議会。王政を廃止し，フランス最初の共和政（第一共和政）を樹立した。それに対し，七月革命でブルボン復古王政を倒して成立した七月王政は多額の納税者のみに選挙権を与える制限選挙を実施し，ルイ＝フィリップを国王とする立憲君主政を敷いた。

▶問 18. (1) a，b の時期を特定し，年表中に入れる年代整序問題。

a．ソ連が米英仏占領地区の西ベルリンに対して行った陸上交通の遮断とはベルリン封鎖のことで 1948 年。

b．ソ連軍の介入でナジ＝イムレが拘束されたのはハンガリー暴動で，1956 年 10 月に発生。

年表を整理すると以下のようになる（太字が解答箇所）。

> a．ソ連がベルリン封鎖を実施（1948 年）
> スターリンが死去した（1953 年）
> ソ連共産党第 20 回大会で，フルシチョフがスターリンを批判した（1956 年 2 月）
> b．ハンガリーの反ソ暴動（1956 年 10 月）
> 東ドイツ政府が東西ベルリンの境界に壁を築いた（1961 年）
> フルシチョフが第一書記および首相の座を追われた（1964 年）

(2) アフリカ諸国の独立に関する年代配列問題。

1．アフリカ統一機構（OAU）が結成されたのは 1963 年。

2．アルジェリアが独立したのは 1962 年。

3．チュニジアが独立したのは 1956 年。

4．フランスで第五共和政が発足したのは 1958 年。

以上から，古い順に並べると 3 → 4 → 2 → 1 となる。

❖講 評

　2021 年度も 2020 年度と同じく大問数は 3 題で構成されている。解答個数は 2020 年度の 45 個から 39 個に減少した。その一方で，小論述は 2020 年度の 8 問から 10 問に増加した。ただし，論述解答の行数は 2020 年度と同じ 21 行であった。出題形式では，例年，資料（史料）に加えて視覚資料・地図・グラフなど多彩な形式が出題されているが，2021 年度は資料関連が多く，視覚資料やグラフの問題は出題されなかったものの，地図問題が出題された。2021 年度も資料の年代・人物の特定や年代配列法が目立っており，詳細な年代把握が求められている。小論述の問題はほぼ標準レベルとなっている。用語集の説明文レベルの知識や，歴史事象の経緯や因果関係の考察力を試される問題も出題されている。

　Ⅰは，「対馬の歴史」をテーマとしているが，出題対象は 17～20 世紀の東アジア（中国・朝鮮・日本）の政治史が中心であった。問 1(2)は，鄭氏の復明運動に対する清の遷界令，台湾征服後の海禁の緩和に言及す

ることが求められた。問2は難問。資料cは，壬午軍乱の直後に結ばれた済物浦条約。資料内容から条約とその年代を特定させる年表問題は例年頻出となっている。問3の露清間の国境条約ではイリ条約を，問4の日露戦争時のロシアの社会主義政党では社会革命党を忘れないようにしたい。問5の朝鮮が大韓帝国を称した背景は考察力が必要で，下関条約による清の冊封体制からの自立，主権独立国家の主張を考えたい。

Ⅱは，「スペイン・ポルトガルの探検航海」をテーマとした標準レベルの問題。問8で古代から16世紀に至る中南米の文明史も出題されている。難問は問7で，資料a〜cは誰の航海記録か判定しにくいのでキーワードを見つけて判断したい。資料bはモルッカ諸島があるのでバルボアではなくマゼランの一隊と推定できる。資料cがポイントで，「かの喜望峰を見つけた」（「かの」とあるので，すでに喜望峰に到達し，その地が知られていたということである）とあるのでヴァスコ＝ダ＝ガマと判断できる。問9は，1580年にポルトガルを併合した点を説明すればよい。問10(1)と問11は定番の論述なので対処しやすい。なお，問10(2)は「番号が小さい順に左から記入」とあるので十分注意したい。

Ⅲは，「パリ大学」をテーマに扱っているが，問12〜問15は中世・近世の文化史（哲学・文学・宗教），問16はナポレオン戦争に関連した地図問題，問18は第二次世界大戦後のソ連の外交政策，アフリカ諸国の独立など幅広い分野から出題されている。総じて標準レベルで作問されているが，問14のエラスムスからトマス＝モアに宛てた書簡や，問15の近世ヨーロッパ思想家の著作などの資料問題は紛らわしい内容で，文化史が苦手な人には手ごわいだろう。

数学

1

◇発想◇ (1) 円の中心間の距離の関係から $r≧1$, 直線 $x=3$ に関して円 C_2 と対称な円を利用すると, $a≦3$ が必要条件であるので, $r=1$ のとき, $a=3$ のときの十分性を確認する。

(4) a, r を求める方針では計算が面倒。(2)の結果を利用して, a を消去する。

解答
(1) 1 　(2) 3 　(3)(4) 48 　(5)(6) −3
(7)(8) 19 　(9) 8 　(10)(11)(12) 195 　(13) 2 　(14)(15) 24 　(16) 7

◀解　説▶

≪2つの円に外接する円≫

(1) 円 C_2 の中心を A(7, 0), 円 C_3 の中心を P(a, b) とおくと, 円 C_1, C_2, C_3 の中心間の距離の関係から

　　OP + AP ≧ OA
　　$(r+2) + (r+3) ≧ 7 \iff r ≧ 1$

直線 $x=3$ に関して C_2 と対称な円を C_4 とおくと, C_4 は中心 $(-1, 0)$, 半径 3 の円より, C_1 は点 $(2, 0)$ で C_4 に内接する。

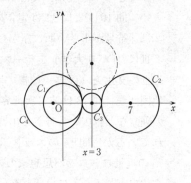

$a>3$ と仮定すると, C_3 が C_2 に外接すれば, C_4 は C_3 の外部にあるから, C_1 と C_3 が外接しないので矛盾する。

よって, $r≧1, a≦3$ が必要条件である。

$a=3, r=1$ のとき, $C_3 : (x-3)^2 + y^2 = 1$ は, C_1, C_2 に外接するから

　　r の最小値は　　1　　→(1)
　　a の最大値は　　3　　→(2)

(2) C_1 と C_3 が外接する条件より

　　$OP = \sqrt{a^2+b^2} = r+2$ ……①

C_2 と C_3 が外接する条件より

$$\mathrm{AP} = \sqrt{(a-7)^2 + b^2} = r + 3 \quad \cdots\cdots ②$$

①, ②より, r を消去すると

$$\sqrt{(a-7)^2 + b^2} = \sqrt{a^2 + b^2} + 1$$

両辺正より平方しても同値なので

$$(a-7)^2 + b^2 = a^2 + b^2 + 1 + 2\sqrt{a^2 + b^2}$$

$$\Longleftrightarrow 24 - 7a = \sqrt{a^2 + b^2} \quad \cdots\cdots ③$$

$a \leqq 3$ より $24 - 7a \geqq 3 > 0$ で, 両辺正より平方しても同値なので

$$(24 - 7a)^2 = a^2 + b^2 \quad (\because \ a \leqq 3)$$

$$\Longleftrightarrow b^2 = (7a-24)^2 - a^2 = (8a-24)(6a-24) = 48(a-3)(a-4) \quad \cdots\cdots ④$$

$$\rightarrow(3)\sim(6)$$

(3) C_3 が直線 $x = -3$ に接する条件は $|a+3| = r$ であるが, $a + 3 < 0 \Longleftrightarrow$ $a < -3$ のときは

$$|a+3| = |a-7| - 10 < \sqrt{(a-7)^2 + b^2} - 10 = r - 7 \quad (\because \ ②)$$

となるので成り立たない。よって, $a + 3 > 0$ であるから

$$a + 3 = r \quad \cdots\cdots ⑤$$

①, ③から, $r + 2 = 24 - 7a$ より $\qquad r = 22 - 7a \quad \cdots\cdots ⑥$

⑤, ⑥から, $a + 3 = 22 - 7a$ より $\qquad a = \dfrac{19}{8} \quad \rightarrow(7)\sim(9)$

このとき, ④から

$$b^2 = 48\left(\dfrac{19}{8} - 3\right)\left(\dfrac{19}{8} - 4\right) = \dfrac{195}{4}$$

$$\therefore \ |b| = \dfrac{\sqrt{195}}{2} \quad \rightarrow(10)\sim(13)$$

(4) $\overrightarrow{\mathrm{OP}} = (a, \ b)$, $\overrightarrow{\mathrm{AP}} = (a-7, \ b)$, $\mathrm{OP} \perp \mathrm{AP}$ より

$$\overrightarrow{\mathrm{OP}} \cdot \overrightarrow{\mathrm{AP}} = a(a-7) + b^2 = 0 \quad \therefore \ b^2 = -a^2 + 7a \quad \cdots\cdots ⑦$$

(2)の④より $\qquad b^2 = 48(a^2 - 7a + 12)$

⑦より $a^2 - 7a = -b^2$ であるから, これを代入すると

$$b^2 = 48(-b^2 + 12)$$

$$b^2 = \dfrac{48 \times 12}{49} = \dfrac{24^2}{7^2}$$

$$\therefore \ |b| = \dfrac{24}{7} \quad \rightarrow(14)\sim(16)$$

54 2021 年度 数学〈解答〉 慶應義塾大-経済

2

◇**発想**◇ (1) 合計点が最大になる場合を考えてみる。

(2) 条件付き確率の公式を利用する。

(3) 「得点が正の数で，かつ，さいころを投げる回数が 14 回以下」である確率を求めるには，確率の加法定理を利用する。

解答 (17) 6　(18) 7　(19) 9　(20)(21) 93　(22)(23) 57　(24)(25) 12　(26)(27) 31

(28) 8　(29) 4　(30) 8　(31) 4　(32) 9

◀**解　説**▶

≪反復試行の確率，条件付き確率≫

(1) $m+1$ 回目に初めて出た 1 以外の目を n，$m+2$ 回目以降に出た目を順に a_1，a_2，$\cdots$，a_n とし

$$X_n = a_1 + a_2 + \cdots + a_n$$

とおく。合計得点を S，さいころを投げた回数を N とおくと

$$S = m+n+X_n, \quad N = m+n+1$$

ただし，m，n は，$0 \leqq m \leqq 9$，$2 \leqq n \leqq 6$ を満たす整数である。

$$1 \leqq a_i \leqq 6 \quad (1 \leqq i \leqq n) \quad \cdots\cdots ①$$

であるから

$$S \leqq 9+n+6n = 7n+9$$

$n \leqq 5$ と仮定すると，$S \leqq 44 < 49$ であるから

$$n = 6 \quad \to(17)$$

このとき，$S = m+6+X_6 = 49$ より

$$X_6 = 43-m$$

① より，$6 \leqq X_6 \leqq 36$ だから，$6 \leqq 43-m \leqq 36$ より　　$7 \leqq m \leqq 37$

$0 \leqq m \leqq 9$ であるから　　$7 \leqq m \leqq 9$　$\to(18) \cdot (19)$

(ⅰ) $m = 7$ のとき　　$N = 14$

$$S = 7+6+X_6 = 49 \Longleftrightarrow X_6 = 36 \quad \therefore \quad a_1 \sim a_6 \text{ はすべて } 6$$

よって，確率は　　$\left(\dfrac{1}{6}\right)^7 \cdot \dfrac{1}{6} \cdot \left(\dfrac{1}{6}\right)^6 = \dfrac{1}{6^{14}}$

(ⅱ) $m = 8$ のとき　　$N = 15$

$$S = 8+6+X_6 = 49 \Longleftrightarrow X_6 = 35 \quad \therefore \quad a_1 \sim a_6 \text{ は } 5 \text{ が } 1 \text{ 個，} 6 \text{ が } 5 \text{ 個}$$

よって，確率は　　$\left(\dfrac{1}{6}\right)^8 \cdot \dfrac{1}{6} \cdot {}_6\mathrm{C}_1\left(\dfrac{1}{6}\right)^6 = \dfrac{1}{6^{14}}$

慶應義塾大-経済　　　　　　　　　　　　　　　2021 年度　数学〈解答〉　*55*

(iii) $m = 9$ のとき　　　$N = 16$

$\quad S = 9 + 6 + X_6 = 49 \Longleftrightarrow X_6 = 34$

$\therefore$ $a_1 \sim a_6$ は 5 が 2 個，6 が 4 個，または 4 が 1 個，6 が 5 個

よって，確率は

$$\left(\frac{1}{6}\right)^9 \cdot \frac{1}{6} \cdot \left\{{}_6\mathrm{C}_2\left(\frac{1}{6}\right)^6 + {}_6\mathrm{C}_1\left(\frac{1}{6}\right)^6\right\} = \frac{21}{6^{16}}$$

$S = 49$ となる事象を A，$N \geqq 15$ となる事象を B とおくと，(i)〜(iii)より

$$P(A) = \frac{1}{6^{14}} + \frac{1}{6^{14}} + \frac{21}{6^{16}} = \frac{93}{6^{16}} \quad \rightarrow\text{(20)(21)}$$

$$P(A \cap B) = \frac{1}{6^{14}} + \frac{21}{6^{16}} = \frac{57}{6^{16}} \quad \rightarrow\text{(22)(23)}$$

さいころを投げる回数が 14 回以下である事象は $\overline{B}$ だから，(i)より

$$P(A \cap \overline{B}) = \frac{1}{6^{14}}$$

よって

$$P_A(\overline{B}) = \frac{P(A \cap \overline{B})}{P(A)} = \frac{\dfrac{1}{6^{14}}}{\dfrac{93}{6^{16}}} = \frac{36}{93} = \frac{12}{31} \quad \rightarrow\text{(24)}\sim\text{(27)}$$

(2)　$N \geqq 15$ となるのは，$(m, n) = (9, 6),\ (9, 5),\ (8, 6)$ だから

$$P(B) = \left(\frac{1}{6}\right)^9 \cdot \frac{1}{6} + \left(\frac{1}{6}\right)^9 \cdot \frac{1}{6} + \left(\frac{1}{6}\right)^8 \cdot \frac{1}{6} = \frac{8}{6^{10}} \quad \rightarrow\text{(28)}$$

$$P_{\overline{B}}(A) = \frac{P(A \cap \overline{B})}{P(\overline{B})} = \frac{P(A \cap \overline{B})}{1 - P(B)}$$

$$= \frac{\dfrac{1}{6^{14}}}{1 - \dfrac{8}{6^{10}}} = \frac{1}{6^4(6^{10} - 8)} \quad \rightarrow\text{(29)}\cdot\text{(30)}$$

(3)　$S > 0$ という事象を C とおくと，$\overline{C}$ は(a)のときなので

$$P(\overline{C}) = \frac{1}{6^{10}}, \quad P(\overline{C} \cap B) = 0$$

ゆえに

$$P(C \cap \overline{B}) = 1 - P(\overline{C} \cup B) = 1 - \{P(\overline{C}) + P(B) - P(\overline{C} \cap B)\}$$

56 2021 年度　数学〈解答〉　　　　　　　　　　　　　　　慶應義塾大-経済

$$= 1 - \frac{1}{6^{10}} - \frac{8}{6^{10}} = 1 - \frac{9}{6^{10}}$$

よって

$$P_{C \cap \overline{B}}(A) = \frac{P(A \cap \overline{B} \cap C)}{P(C \cap \overline{B})} = \frac{P(A \cap \overline{B})}{P(C \cap \overline{B})} = \frac{\dfrac{1}{6^{14}}}{1 - \dfrac{9}{6^{10}}}$$

$$= \frac{1}{6^4(6^{10} - 9)} \quad \to(31)\cdot(32)$$

3　◇発想◇　(2)　k, l は，$l < k$ を満たす自然数の定数とする。

数列 $\{a_n\}$ の漸化式が

$$(n+k)\,a_{n+1} = (n+l)\,a_n \quad (n = 1,\ 2,\ 3,\ \cdots)$$

で与えられているとき，両辺に

$(n+k-1)(n+k-2)\cdots(n+l+1)$ を掛けると

$$(n+k)(n+k-1)(n+k-2)\cdots(n+l+1)\,a_{n+1}$$
$$= (n+k-1)(n+k-2)\cdots(n+l)\,a_n$$

と変形できて

$$b_n = (n+k-1)(n+k-2)\cdots(n+l)\,a_n \quad (n = 1,\ 2,\ 3,\ \cdots)$$

とおけば $b_{n+1} = b_n$ が成り立つ。

解答　(33) 1　　(34) 4　　(35)(36) 40　　(37)(38) 10
(39) 2　　(40) 1　　(41) 3　　(42) 4　　(43) 1　　(44) 2　　(45) 0　　(46) 1　　(47) 2　　(48) 6
(49)(50) 60　　(51) 1　　(52) 2　　(53) 1　　(54)(55) 12

━━━━■◀解　説▶■━━━━

≪漸化式≫

(1)　$S_n = \dfrac{(n-2)(n+1)^2}{4} a_{n+1} \quad (n = 1,\ 2,\ 3,\ \cdots) \quad \cdots\cdots(*)$

(*)で $n=1$ とすると　　$a_1 = -a_2 = -1$　　→(33)

$a_1 + a_2 = 0$ であるから，(*)で $n = 4$, 5 とすると

$$a_3 + a_4 = \frac{25}{2} a_5 \qquad\qquad \cdots\cdots①$$

$$a_3 + a_4 + a_5 = 54 \quad (\because\ a_6 = 2) \quad \cdots\cdots②$$

慶應義塾大-経済　　　　　　　　　　　　　　　　2021 年度　数学〈解答〉　57

①，②より　　　$a_5 = 4$　→(34)

　　　　$a_3 + a_4 = 50$　……③

(*)で $n=3$ とすると　　　$a_3 = 4a_4$　……④

③，④より　　　$a_3 = 40$，$a_4 = 10$　→(35)～(38)

(2)　$n \geq 2$ のとき(*)より　　　$S_{n-1} = \dfrac{(n-3)\,n^2}{4}a_n$

よって

$$S_n - S_{n-1} = \frac{(n-2)(n+1)^2}{4}a_{n+1} - \frac{(n-3)\,n^2}{4}a_n$$

$S_n - S_{n-1} = a_n$ であるから　　　$\dfrac{(n-2)(n+1)^2}{4}a_{n+1} - \dfrac{(n-3)\,n^2}{4}a_n = a_n$

　　　$(n-2)(n+1)^2 a_{n+1} = (n^3 - 3n^2 + 4)\,a_n$　$(n = 2,\ 3,\ \cdots)$　→(39)～(42)

　　　$(n-2)(n+1)^2 a_{n+1} = (n-2)^2(n+1)\,a_n$

よって，$n \geq 3$ のとき，$(n-2)(n+1) \neq 0$ より

　　　$(n+1)\,a_{n+1} = (n-2)\,a_n$　→(43)・(44)

両辺に $n(n-1)$ を掛けると

　　　$(n+1)\,n\,(n-1)\,a_{n+1} = n\,(n-1)\,(n-2)\,a_n$

$b_n = n\,(n-1)\,(n-2)\,a_n$ とおくと　　→(45)～(47)

　　　$b_{n+1} = b_n$　$(n = 3,\ 4,\ \cdots)$

が成り立つ。したがって，$n \geq 3$ に対して，$b_n = b_3$ が成り立ち

　　　$n\,(n-1)\,(n-2)\,a_n = 3 \cdot 2 \cdot 1 \cdot a_3$

　$\therefore$　$a_n = \dfrac{6a_3}{n\,(n-1)\,(n-2)}$　→(48)

(3)　(*)より，$n \geq 2$ のとき

(1)，(2)の結果より $a_{n+1} = \dfrac{6a_3}{(n+1)\,n\,(n-1)} = \dfrac{6 \cdot 40}{(n+1)\,n\,(n-1)}$ だから

　　　$S_n = \dfrac{(n-2)(n+1)^2}{4} \cdot \dfrac{6 \cdot 40}{(n+1)\,n\,(n-1)}$

　　　　$= \dfrac{60\,(n+1)\,(n-2)}{n\,(n-1)}$　→(49)～(53)

　　　$S_n \geq 59 \iff 60\,(n+1)\,(n-2) \geq 59n\,(n-1) \iff n\,(n-1) \geq 120$

$f(n) = n\,(n-1)$ $(n \geq 2)$ とおくと，$f(n)$ は $n \geq 2$ において単調に増加するので

$$f(11) = 110, \quad f(12) = 132$$

したがって，$f(n) \geqq 120$ となる最小の整数 n は　　$n = 12$　→(54)(55)

4 ◇発想◇　(2)　(★)を満たす奇数を列挙する。

(3)　$\dfrac{5^n - 1}{2}$ の桁数と $\dfrac{5^n}{2}$ の整数部分の桁数が等しいことを利用する。

解答　(1)　真数条件から　　$x > 0$　かつ　$6x - 5^k > 0$

$\therefore\quad x > \dfrac{5^k}{6}$　……①

このとき

$$(\bigstar) \Longleftrightarrow \log_5 \dfrac{x^2}{6x - 5^k} < \log_5 5^{k-1}$$

$$\Longleftrightarrow \dfrac{x^2}{6x - 5^k} < 5^{k-1}$$

$$\Longleftrightarrow x^2 < 5^{k-1}(6x - 5^k) \quad (\because\quad 6x - 5^k > 0)$$

$$\Longleftrightarrow x^2 - 6 \cdot 5^{k-1} x + 5^k \cdot 5^{k-1} < 0$$

$$\Longleftrightarrow (x - 5^{k-1})(x - 5^k) < 0$$

$$\Longleftrightarrow 5^{k-1} < x < 5^k \quad ……②$$

①かつ②より，(★)を満たす x の範囲は

$$5^{k-1} < x < 5^k \quad ……(答)$$

(2)　(★)を満たす x のうち奇数は

$$5^{k-1} + 2, \quad 5^{k-1} + 4, \quad \cdots, \quad 5^k - 2$$

これは，公差 2，項数 a_k の等差数列だから

$$5^{k-1} + 2 + 2(a_k - 1) = 5^k - 2$$

よって　　$a_k = 2 \cdot 5^{k-1} - 1$　……(答)

$$S_n = \sum_{k=1}^{n} (2 \cdot 5^{k-1} - 1) = \dfrac{2(5^n - 1)}{5 - 1} - n = \dfrac{5^n - 1}{2} - n \quad ……(答)$$

(3)　$S_n + n = \dfrac{5^n - 1}{2}$，$\dfrac{5^n}{2} - \dfrac{5^n - 1}{2} = \dfrac{1}{2}$ であり，$\dfrac{5^n - 1}{2}$ は整数であるから，

$\dfrac{5^n - 1}{2}$ の桁数と $\dfrac{5^n}{2}$ の整数部分の桁数は一致し，$\dfrac{5^n}{2}$ の整数部分が 10 桁と

慶應義塾大-経済　　　　　　　　　　　　　　　　2021 年度　数学〈解答〉　*59*

なるような自然数 n の値を求めればよい。

このとき

$$10^9 \leq \frac{5^n}{2} < 10^{10} \iff 2 \cdot 10^9 \leq 5^n < 2 \cdot 10^{10}$$

$$\iff \log_{10}2 + 9 \leq n\log_{10}5 < \log_{10}2 + 10$$

$$\iff \frac{\log_{10}2 + 9}{\log_{10}5} \leq n < \frac{\log_{10}2 + 10}{\log_{10}5} \quad (\because \quad \log_{10}5 > 0)$$

$$\iff \frac{\log_{10}2 + 9}{1 - \log_{10}2} \leq n < \frac{\log_{10}2 + 10}{1 - \log_{10}2}$$

$$n_1 = \frac{\log_{10}2 + 9}{1 - \log_{10}2} = -1 + \frac{10}{1 - \log_{10}2}$$

$$n_2 = \frac{\log_{10}2 + 10}{1 - \log_{10}2} = -1 + \frac{11}{1 - \log_{10}2}$$

とおく。

$0.30 < \log_{10}2 < 0.31$ より

$$0.69 < 1 - \log_{10}2 < 0.70$$

であるから

$$\frac{1}{0.7} < \frac{1}{1 - \log_{10}2} < \frac{1}{0.69}$$

よって

$$-1 + \frac{10}{0.7} < n_1 < -1 + \frac{10}{0.69} \qquad 13.2\cdots < n_1 < 13.4\cdots$$

$$-1 + \frac{11}{0.7} < n_2 < -1 + \frac{11}{0.69} \qquad 14.7\cdots < n_2 < 14.9\cdots$$

であり，求める自然数 n の値は　　　$n = 14$　……(答)

◀解　説▶

≪対数不等式，数列の和，桁数≫

(2)　5^{k-1} と 5^k が奇数だから，(★)を満たす最小の整数は $5^{k-1} + 2$, 最大の整数は $5^k - 2$ である。a_k は等差数列の一般項の公式が利用できる。

(3)　公式「正数 M の整数部分が n 桁 $\iff 10^{n-1} \leq M < 10^n$」を用いる。

n_1 のとる値の範囲は

$$9.30 < \log_{10}2 + 9 < 9.31$$

と〔解答〕で示した不等式 $\dfrac{1}{0.7} < \dfrac{1}{1 - \log_{10}2} < \dfrac{1}{0.69}$ を利用して，$\dfrac{9.30}{0.7}$

$< n_1 < \dfrac{9.31}{0.69}$ を導いてもよい。

5

◇発想◇　(2)　△ABC の形状を調べてみる。

(3)　直線 AQ と点 P を含む平面による断面図を利用する。

解答　(1)　2 点 A, B は $\overrightarrow{OA}$ に直交する平面 H 上の点であるから,
$\overrightarrow{OA} \perp \overrightarrow{AB}$ より　　$\overrightarrow{OA} \cdot \overrightarrow{AB} = 0$

よって, $|\overrightarrow{OA}| = 2$ より
$$\overrightarrow{OA} \cdot \overrightarrow{OB} = \overrightarrow{OA} \cdot (\overrightarrow{OA} + \overrightarrow{AB})$$
$$= |\overrightarrow{OA}|^2 + \overrightarrow{OA} \cdot \overrightarrow{AB} = 4 \quad \cdots\cdots(答)$$

(2)　線分 AC を 2:1 に内分する点を E, 直線 l と線分 AB の交点を D とおく。

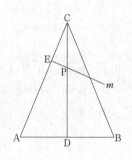

$$|\overrightarrow{BC}|^2 = |\overrightarrow{AC} - \overrightarrow{AB}|^2$$
$$= |\overrightarrow{AB}|^2 + |\overrightarrow{AC}|^2 - 2\overrightarrow{AB} \cdot \overrightarrow{AC}$$
$$= 4a^2 + 9a^2 - 4a^2 = 9a^2$$
$$\therefore |\overrightarrow{BC}| = 3a$$

よって, AC = BC が成り立ち, D は線分 AB の中点である。
また, l は CD と一致する。
CP : PD = t : $(1-t)$ とおくと
$$\overrightarrow{AP} = t\overrightarrow{AD} + (1-t)\overrightarrow{AC} = \dfrac{t}{2}\overrightarrow{AB} + (1-t)\overrightarrow{AC}$$

$$\overrightarrow{EP} = \overrightarrow{AP} - \overrightarrow{AE} = \overrightarrow{AP} - \dfrac{2}{3}\overrightarrow{AC} = \dfrac{t}{2}\overrightarrow{AB} + \left(\dfrac{1}{3} - t\right)\overrightarrow{AC}$$

$\overrightarrow{EP} \perp \overrightarrow{AC}$ より
$$\overrightarrow{EP} \cdot \overrightarrow{AC} = \dfrac{t}{2}\overrightarrow{AB} \cdot \overrightarrow{AC} + \left(\dfrac{1}{3} - t\right)|\overrightarrow{AC}|^2 = ta^2 + (3-9t)a^2 = (3-8t)a^2 = 0$$

$a^2 > 0$ より, $t = \dfrac{3}{8}$ であり, $\overrightarrow{AP} = \dfrac{3}{16}\overrightarrow{AB} + \dfrac{5}{8}\overrightarrow{AC}$ だから

$$\overrightarrow{OP} = \overrightarrow{OA} + \dfrac{3}{16}(\overrightarrow{OB} - \overrightarrow{OA}) + \dfrac{5}{8}(\overrightarrow{OC} - \overrightarrow{OA})$$

$$= \frac{3}{16}\overrightarrow{OA} + \frac{3}{16}\overrightarrow{OB} + \frac{5}{8}\overrightarrow{OC}$$

したがって　　$\alpha = \beta = \dfrac{3}{16}$, $\gamma = \dfrac{5}{8}$　……(答)

別解1　メネラウスの定理を利用して，次のように $\overrightarrow{AP}$ を求めることができる。
直線 m と直線 AB の交点を Z とおく。
△CAD∽△ZAE（相似比は AD：AE
＝1：2）より

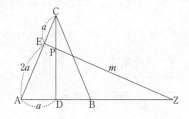

　　　　DZ＝6a － a ＝5a

メネラウスの定理から

$$\dfrac{EA}{CE} \cdot \dfrac{ZD}{AZ} \cdot \dfrac{PC}{DP} = 1 \iff \dfrac{2a}{a} \cdot \dfrac{5a}{6a} \cdot \dfrac{PC}{DP} = 1$$

よって，$\dfrac{PC}{DP} = \dfrac{3}{5}$ だから

　　　　PC：DP＝3：5

$\therefore \overrightarrow{AP} = \dfrac{3\overrightarrow{AD} + 5\overrightarrow{AC}}{8} = \dfrac{3}{16}\overrightarrow{AB} + \dfrac{5}{8}\overrightarrow{AC}$

（以下，〔解答〕に同じ）

別解2　AC を 2：1 に内分する点を E，直線 l と線分 AB の交点を D とおく。
$\overrightarrow{AP} = s\overrightarrow{AB} + t\overrightarrow{AC}$（$s$, t は定数）とおくと，$\overrightarrow{AD}$
$= \dfrac{1}{2}\overrightarrow{AB}$, $\overrightarrow{AE} = \dfrac{2}{3}\overrightarrow{AC}$ より

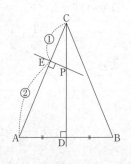

$$\overrightarrow{DP} = \left(s - \dfrac{1}{2}\right)\overrightarrow{AB} + t\overrightarrow{AC}$$

$$\overrightarrow{EP} = s\overrightarrow{AB} + \left(t - \dfrac{2}{3}\right)\overrightarrow{AC}$$

$\overrightarrow{DP} \perp \overrightarrow{AB}$ より

$$\overrightarrow{DP} \cdot \overrightarrow{AB} = \left(s - \dfrac{1}{2}\right)|\overrightarrow{AB}|^2 + t\overrightarrow{AB} \cdot \overrightarrow{AC} = 0$$

$$\left(s - \dfrac{1}{2}\right) \cdot 4a^2 + t \cdot 2a^2 = 0 \quad 2a^2(2s + t - 1) = 0$$

$a^2 > 0$ より　　$2s + t = 1$　……①

$\vec{EP} \perp \vec{AC}$ より

$$\vec{EP} \cdot \vec{AC} = s\vec{AB} \cdot \vec{AC} + \left(t - \frac{2}{3}\right)|\vec{AC}|^2 = 0$$

$$s \cdot 2a^2 + \left(t - \frac{2}{3}\right) \cdot 9a^2 = 0 \qquad a^2(2s + 9t - 6) = 0$$

$a^2 > 0$ より　　$2s + 9t = 6$　……②

①,②を解くと　　$s = \dfrac{3}{16}$,　$t = \dfrac{5}{8}$

$\vec{AP} = \dfrac{3}{16}\vec{AB} + \dfrac{5}{8}\vec{AC}$ だから

$$\vec{OP} - \vec{OA} = \frac{3}{16}(\vec{OB} - \vec{OA}) + \frac{5}{8}(\vec{OC} - \vec{OA})$$

$$\vec{OP} = \frac{3}{16}\vec{OA} + \frac{3}{16}\vec{OB} + \frac{5}{8}\vec{OC}$$

∴　$\alpha = \beta = \dfrac{3}{16}$,　$\gamma = \dfrac{5}{8}$

(3) 点 O は線分 AQ 上にあり, 3点 A, P, Q を通る平面による断面は右図のようになる。球 S と直線 PQ の接点を T, $\angle AQP = \theta$ とおくと, OA = OT = 2, $\vec{OQ} = -2\vec{OA}$ より　　OQ = 4

$$\sin\theta = \frac{OT}{OQ} = \frac{1}{2} \qquad \therefore\ \theta = \frac{\pi}{6}$$

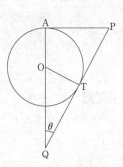

よって

$$|\vec{AP}| = AP = AQ\tan\frac{\pi}{6}$$

$$= 6 \cdot \frac{1}{\sqrt{3}} = 2\sqrt{3}\ \ \cdots\cdots(答)$$

(2)より, $\vec{AP} = \dfrac{3}{16}\vec{AB} + \dfrac{5}{8}\vec{AC}$ であるから

$$|3\vec{AB} + 10\vec{AC}| = 16|\vec{AP}| = 32\sqrt{3}$$

$$9|\vec{AB}|^2 + 60\vec{AB} \cdot \vec{AC} + 100|\vec{AC}|^2 = 32^2 \cdot 3$$

$$(36 + 120 + 900)a^2 = 32^2 \cdot 3 \iff 11a^2 = 32$$

$a > 0$ より　　$a = \sqrt{\dfrac{32}{11}} = \dfrac{4\sqrt{2}}{\sqrt{11}} = \dfrac{4\sqrt{22}}{11}$　……(答)

平面 H 上の点 X に対して線分 QX が球 S に接すれば, 上と同様にして, AX=$2\sqrt{3}$ であるから, AR=$2\sqrt{3}$ より, 点 P, R は点 A を中心とする半径 $2\sqrt{3}$ の円と, 直線 l の交点である。

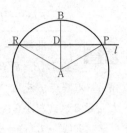

$$PD = \sqrt{AP^2 - AD^2} = \sqrt{(2\sqrt{3})^2 - a^2}$$
$$= \sqrt{12 - \frac{32}{11}} = \frac{10}{\sqrt{11}}$$

よって

$$\triangle APR = 2\triangle ADP = AD \cdot PD = \frac{4\sqrt{2}}{\sqrt{11}} \cdot \frac{10}{\sqrt{11}}$$

$$= \frac{40\sqrt{2}}{11} \quad \cdots\cdots \text{(答)}$$

◀ 解 説 ▶

≪ベクトルと図形, 円錐面≫

(1) 与えられた等式だけでは, $\overrightarrow{OA} \cdot \overrightarrow{OB}$ の値は決まらない。$\overrightarrow{OA}$ と平面 H が垂直であることを利用する。

(2) 原点 O が始点だと, 与えられた条件が扱いにくいので, $\overrightarrow{AP}$ を $\overrightarrow{AB}$ と $\overrightarrow{AC}$ を用いて表し, その後, O を始点とする位置ベクトルに書き換える。$\triangle ABC$ が AC=BC の二等辺三角形になり CD が l と一致する。また, $\triangle ABC$ が二等辺三角形であることに気づかなくても, 〔別解 2〕のように $\overrightarrow{AP} = s\overrightarrow{AB} + t\overrightarrow{AC}$ とおき, $\overrightarrow{DP} \perp \overrightarrow{AB}$, $\overrightarrow{EP} \perp \overrightarrow{AC}$ を用いて s, t の関係式を導けばよい。

(3) 平面 H 上の点 X に対し, 線分 QX が球 S に接するときは, $\angle XQA$ が一定だから線分 AX の長さも一定で, 点 X は点 A を中心とする円周上を動く。$|\overrightarrow{AP}|$ の値はその円の半径になっている。

6 ◇発想◇ (1) 因数定理が利用できる。接点の x 座標は重解である。

(2) 接線 L_β の方程式を変形して導けばよい。$l_\alpha(x)$ は接線 L_α が点 $(\beta, F(\beta))$ を通ることを用いて表すことができる。また, γ は $F(x) - \{l_\alpha(x) + m(x)\}$ を因数分解すれば得られる。

64　2021 年度　数学〈解答〉　　　　　　　　　　　　　　　　　慶應義塾大-経済

(3)　$F(x) - \{l_\alpha(x) + m(x)\}$ を因数分解した式を利用する。

解答　(1)　曲線 $y = F(x)$ と直線 $y = l_\alpha(x)$ は点 A $(\alpha,\ F(\alpha))$ で接し，
点 B $(\beta,\ F(\beta))$ で交わっているので，方程式 $F(x) - l_\alpha(x) = 0$ は，
解 α（重解），β をもつ。

左辺は 3 次式だから，これら以外の解をもたず，因数定理から

$$F(x) - l_\alpha(x) = c(x-\alpha)^2(x-\beta)\quad (c \text{ は定数})$$

と因数分解されるが，x^3 の係数が 1 より $c = 1$ であり

$$G(x) = F(x) - l_\alpha(x) = (x-\alpha)^2(x-\beta)\quad \cdots\cdots① \quad \cdots\cdots\text{(答)}$$

また，曲線 $y = G(x)$ の点 $(\beta,\ G(\beta))$ における接線の方程式は

$$y - G(\beta) = G'(\beta)(x-\beta)$$

すなわち　　　$y = G'(\beta)(x-\beta) + G(\beta)$

であり　　$m(x) = G'(\beta)(x-\beta) + G(\beta)\quad \cdots\cdots②$

①より　　　$G'(x) = 2(x-\alpha)(x-\beta) + (x-\alpha)^2\quad \cdots\cdots③$

①，③より，$G(\beta) = 0,\ G'(\beta) = (\beta-\alpha)^2$ であるから，②に代入すると

$$m(x) = (\beta-\alpha)^2(x-\beta)\quad \cdots\cdots\text{(答)}$$

(2)　接線 L_β の方程式は，$y - F(\beta) = F'(\beta)(x-\beta)$ すなわち

$$y = F'(\beta)(x-\beta) + F(\beta)$$
$$F(x) = G(x) + l_\alpha(x)$$

であり，L_α の傾きは $F'(\alpha)$ より　　　$l_\alpha'(x) = F'(\alpha)$

よって，$F'(x) = G'(x) + F'(\alpha)$ より

$$F'(\beta) = G'(\beta) + F'(\alpha) = (\beta-\alpha)^2 + F'(\alpha)$$

であるから

$$\begin{aligned}
F'(\beta)(x-\beta) + F(\beta) &= \{(\beta-\alpha)^2 + F'(\alpha)\}(x-\beta) + F(\beta)\\
&= (\beta-\alpha)^2(x-\beta) + F'(\alpha)(x-\beta) + F(\beta)\\
&= m(x) + F'(\alpha)(x-\beta) + F(\beta)
\end{aligned}$$

L_α は傾きが $F'(\alpha)$ で点 $(\beta,\ F(\beta))$ を通る直線でもあるから

$$y - F(\beta) = F'(\alpha)(x-\beta)\quad \text{すなわち}\quad y = F'(\alpha)(x-\beta) + F(\beta)$$

ゆえに　　$l_\alpha(x) = F'(\alpha)(x-\beta) + F(\beta)$

よって，L_β の方程式は　　　$y = l_\alpha(x) + m(x)$　　　　　　　（証明終）

(1)より

$$F(x) - \{l_\alpha(x) + m(x)\} = G(x) - m(x)$$

慶應義塾大-経済　　　　　　　　　　　　　　2021 年度　数学〈解答〉　65

$$= (x-\alpha)^2(x-\beta) - (\beta-\alpha)^2(x-\beta)$$
$$= (x-\beta)\{(x-\alpha)^2 - (\beta-\alpha)^2\}$$
$$= (x-\beta)^2(x+\beta-2\alpha)$$

$\alpha < \beta$ より　　$2\alpha - \beta < 2\beta - \beta = \beta$

γ は，$y = F(x)$ と $y = L_\beta(x)$ の交点の x 座標で，$\gamma \neq \beta$ であるから

$$\gamma = 2\alpha - \beta \quad \cdots\cdots(\text{答})$$

別解　前半の証明部分は次のようにしてもよい。

L_α の方程式は，$y - F(\alpha) = F'(\alpha)(x-\alpha)$ すなわち

$$y = F'(\alpha)(x-\alpha) + F(\alpha)$$

よって　　$l_\alpha(x) = F'(\alpha)(x-\alpha) + F(\alpha)$

L_β の方程式を $y = l_\beta(x)$ とすると，同様に　　$l_\beta(x) = F'(\beta)(x-\beta) + F(\beta)$

ここで

$$l_\beta(x) - l_\alpha(x) = \{F'(\beta)(x-\beta) + F(\beta)\} - \{F'(\alpha)(x-\alpha) + F(\alpha)\}$$
$$= F'(\beta)(x-\beta) - F'(\alpha)(x-\alpha) + F(\beta) - F(\alpha) \quad \cdots\cdots①'$$

L_α は点 $(\beta, F(\beta))$ も通るから

$$F(\beta) = F'(\alpha)(\beta-\alpha) + F(\alpha)$$
$$F(\beta) - F(\alpha) = F'(\alpha)(\beta-\alpha) \quad \cdots\cdots②'$$

①$'$ に②$'$ を代入すると

$$l_\beta(x) - l_\alpha(x) = F'(\beta)(x-\beta) - F'(\alpha)(x-\alpha) + F'(\alpha)(\beta-\alpha)$$
$$= \{F'(\beta) - F'(\alpha)\}(x-\beta) \quad \cdots\cdots③'$$

$G(x) = F(x) - l_\alpha(x)$ より，$G'(x) = F'(x) - l_\alpha'(x) = F'(x) - F'(\alpha)$ だから

$$G'(\beta) = F'(\beta) - F'(\alpha) \quad \cdots\cdots④'$$

③$'$ に④$'$ を代入すると

$$l_\beta(x) - l_\alpha(x) = G'(\beta)(x-\beta) = (\beta-\alpha)^2(x-\beta) = m(x)$$

$$\therefore \quad y = l_\beta(x) = l_\alpha(x) + m(x) \qquad\qquad\qquad (\text{証明終})$$

(3)　(2)の結果から　　$F(x) - l_\alpha(x) - m(x) = (x-\beta)^2(x-\gamma)$

$\gamma < \beta$ で，$\gamma \leqq x \leqq \beta$ において，$F(x) - l_\alpha(x) - m(x) \geqq 0$ だから

$$S = \int_\gamma^\beta \{F(x) - l_\alpha(x) - m(x)\}dx$$

$$= \int_\gamma^\beta (x-\gamma)(x-\beta)^2 dx = \frac{1}{12}(\beta-\gamma)^4$$

よって，$\gamma = 2\alpha - \beta$ より　　$S = \frac{1}{12}\{2(\beta-\alpha)\}^4 = \frac{4}{3}(\beta-\alpha)^4 \quad \cdots\cdots(\text{答})$

$-1<\alpha<0$, $1<\beta<2$ より，$1<\beta-\alpha<3$ であるから

$$\frac{4}{3}<S<108 \quad \cdots\cdots(\text{答})$$

◀解　説▶

≪3次関数のグラフと接線で囲まれた図形の面積≫

(1)　因数定理「整式 $P(x)$ が $x-\alpha$ で割り切れる $\Longleftrightarrow P(\alpha)=0$」を利用する。また，曲線 $y=f(x)$ と $y=g(x)$ が $x=\alpha$ で接すれば

$$f(x)-g(x)=(x-\alpha)^{m}h(x) \quad (m \text{ は 2 以上の自然数})$$

と因数分解される。接線の方程式の公式から

$$m(x)=G'(\beta)(x-\beta)+G(\beta)$$

だから，前半の結果を用いて $G'(\beta)$，$G(\beta)$ を求めればよい。

(2)　$F(x)=G(x)+l_{\alpha}(x)=G(x)+F'(\alpha)(x-\alpha)+F(\alpha)$ を用いて，$G(\beta)$，$G'(\beta)$ を求め，接線の方程式に代入すればよい。最後に，$F'(\alpha)(x-\beta)+F(\beta)$ が残るが，これは $l_{\alpha}(x)$ である。

〔別解〕のように，L_{α}，L_{β} の方程式 $y=l_{\alpha}(x)$，$y=l_{\beta}(x)$ に対して，$l_{\beta}(x)-l_{\alpha}(x)$ を変形して $m(x)$ と一致することを証明してもよい。後半の γ の計算は $F(x)-\{l_{\alpha}(x)+m(x)\}$ を因数分解して，$(x-\beta)^{2}(x-\gamma)$ の形にすれば求められる。

(3)　(2)の結果を利用して，$F(x)-\{l_{\alpha}(x)+m(x)\}$ を因数分解した式と与えられた積分の公式を利用する。

❖講　評

　1　2円に外接する円の中心に関する問題である。(1)は a の最大値がやや難。$a<\dfrac{7}{2}$ は図形的にわかるので，(2)の結果を利用して，$a\leqq3$ とすることもできる。(4)は計算の方針を間違えると煩雑になるので要注意。

　2　条件付き確率の問題である。(1)の n の値と m の範囲を正しく求められるかどうかが鍵である。合計得点の最大値は，$9+6+6\times6=51$ 点なので，m，n は大きくないと 49 点にはならないことがわかる。合計得点をうまく数式で表して処理することがポイント。(3)は確率の加法定理を利用する。

　3　S_{n} を含んだ漸化式の問題。[44] までは誘導にしたがって計算

するだけの問題で易しい。〔発想〕で記した内容を知っている受験生は容易に完答できるが，知らないと方針が立っても難しい。得点差のつく問題である。

4 対数不等式，数列の和，桁数の問題。(1)，(2)は易しい。(3)は $\dfrac{5^n}{2}$ の整数部分が10桁になることに気づくことがポイント。条件が不等式で与えられているため，やや煩雑である。

5 (1)は基本的な問題だが，$\overrightarrow{\mathrm{OA}}$ が平面 H に垂直であることを用いないと正解できない。(2)は△ABC が二等辺三角形であることに気づけば，$\overrightarrow{\mathrm{AP}}$ は容易に求まる。(3)は $|\overrightarrow{\mathrm{AP}}|=2\sqrt{3}$ がヒント。X を平面 H 上の点とするとき，線分 QX が球 S に接していれば，$\mathrm{AX}=2\sqrt{3}$ が成り立つことに気づくことがポイントである（線分 QX 全体は円錐面を作る）。

6 3次関数のグラフと接線で囲まれた図形の面積を題材にした問題である。誘導にしたがって計算していけばよいが，(2)がやや難。(3)は(2)の結果を利用すれば易しいので，(2)が完答できなくても解いておくことも大事。

小論文

解答例

［設問］A．アメリカ経済の圧倒的な強さを背景に基軸通貨となったドルは，貨幣が貨幣であるのは，それが貨幣として使われているからであるという自己循環論法により，アメリカを介在せずに世界中で流通している。そのため，アメリカは自国の生産に見合う以上のドルを流通させ，その分だけ余分に他国の製品を購買できるという特権をもつ一方で，自国の貨幣であっても世界全体の利益を考慮して発行せねばならないという責任も負っている。（200字以内）

［設問］B．核兵器不拡散条約に基づいて核軍縮を目指す国際体制において，核保有が認められている5カ国と，その他の加盟国との間には，支配関係は存在しないが，両者は非対称的関係にある。条約では，核保有国については，核兵器の他国への譲渡が禁止され，誠実に核軍縮交渉を行う義務が規定されている。また，非核保有国については，核兵器の製造・取得が禁止され，国際原子力機関による査察等を受け入れることが義務づけられている。この関係において，核保有国は，非核保有国に対する軍事的優位性を利用した，強権的な外交を展開する誘惑に駆られやすい。しかし，それは世界全体の軍拡を助長し，そこに核保有国自身も巻き込まれる結果につながる。そのため，核保有国には，条約の規定通りに核軍縮を進め，規律ある外交態度を守る責任がある。また，非核保有国も，核保有国の動向を監視するとともに，核軍縮や紛争の平和的な解決において協力する共同責任を負っている。（400字以内）

◀解　説▶

≪非対称的な関係における両者の責任≫

▶［設問］A．課題文の筆者が25年ぶりにローマを訪れた際に気づいた「大きなアメリカ」を成立させている条件のなかで，通貨が果たしている役割を説明する。

　まず，①「アメリカの存在の大きさ――それはアメリカの貨幣であるドル…が…基軸通貨…として使われていること」（課題文第5段落）とあるので，これが解答の軸となる。他に課題文が「大きなアメリカ」に言及

しているのは，「小さなアメリカと大きなアメリカとが共存している」（第12段落），「大きなアメリカと小さなアメリカとの間の対立」（第19段落）の2カ所なので，それぞれの前の部分から「通貨が果たしている役割」についての説明を補ってくるとよい。

第6～12段落については，「ドルが基軸通貨であるとは…アメリカの貨幣…でしかないドル…が，アメリカを介在せずに世界中で流通しているということ」（第7段落），②「貨幣が貨幣であるのは，それが貨幣として使われているからであるという貨幣の自己循環論法…によって…全世界でアメリカのドルが使われている」（第12段落）とある。

一方，第13～19段落については，「基軸通貨であることには大きな利益が伴」う（第13段落）という点と，「特権は乱用と背中合わせ」（第15段落）という点の，2つのポイントを押さえる必要がある。前者は，③「アメリカは自国の生産に見合う以上のドルを流通させ…その分だけ他国の製品を余分に購買でき」るため「丸もうけ」が可能であるという「シニョレッジ（君主特権）」のことである（第14段落）。後者は，このシニョレッジによって「基軸通貨を過剰に発行する誘惑」にさらされるということだが，基軸通貨の過剰発行は「基軸通貨の価値に対する信用を失墜させ」るため（第15段落），④「基軸通貨国が基軸通貨国であるかぎり，その行動には全世界的な責任が課される」（第16段落）ことになるのである。

以上①～④の内容について簡潔に説明すればよい。

▶［設問］B．今後も続くと考えられる，支配関係は存在しないが，非対称的な関係にある具体例を挙げ，そこでの両者の責任について意見を述べる。具体例は，個人，組織，国家などは問わない。

まずは，課題文のいう「支配関係は存在しないが，非対称的な関係」とはどういうものかを把握しておく必要がある。課題文が見ているのは，「自国の貨幣…が他のすべての国々で使われる唯一の基軸国アメリカ」と「アメリカの貨幣…を媒介として互いに交渉せざるをえない他のすべての非基軸国」の関係である（第8段落）。この関係は確かに非対称的であって対等ではないが，「世界が覇権国アメリカによって一元的に支配される」というものでもない（第10段落）。［設問］Aで見たように，大きなアメリカは小さなアメリカと共存しており，その大きなアメリカも「圧倒的な強さ」ではなく，非基軸国が「ドルを貨幣として受け入れる」ことによっ

て支えられている（第11段落）。この関係において，基軸国は特権を享受する一方で，自己規律をもって行動する責任を負っており，非基軸国も基軸国を「監視し，助言し，協力する共同責任を負っている」（第22段落）。「非対称的な構造…の中で，基軸国と非基軸国とが運命共同体をなしている」（第21段落）といえるのである。

したがって，ある二者関係が非対称的な構造にありながら，どこかで相互依存的であって，お互いや関係そのものの存続について，それぞれが責任を負っているような事例を挙げることができればよい。ただし，設問文にあるように，「今後も続くと考え」られる関係でなければならないため，かつてはあったが今は存在しないものを具体例とすることはできない。

答案の基本方針としては，まず適切な具体例を挙げ，それが支配関係ではないが非対称的な関係であることを明示した上で，その関係をなす二者それぞれが負っている責任について説明するということになるだろう。しかし，現実の諸関係は複雑であり，ある関係に関与する要素をすべて説明しようとすると，とても制限字数には収まらない。二者関係として図式化できる範囲内で，要素を限って簡潔に論じることが求められる。

〔解答例〕では，核兵器不拡散条約に基づく国際体制（NPT体制）における核保有国と非核保有国の関係を具体例とし，核軍縮および紛争解決における両者の責任について述べた。ほかにも，商品の売り手と買い手，医師と患者，科学者と一般市民など，情報の非対称性をもつ関係を例に，説明責任と意思決定における主体性を指摘することができる。あるいは，SNSのプラットフォーマーとユーザーの関係を例に，デマや暴力の拡散を防ぐため，ユーザーの責任だけでなく，プラットフォーマーにも場を管理する責任があるとすることもできるだろう。いずれにせよ，課題文の示す図式との対応が明確になるよう，構成を工夫することが肝要である。

❖講 評

課題文は，戦後の国際通貨体制における基軸通貨国アメリカとその他の国々との間の非対称的な関係について，それを支配と非支配の関係ではなく，両者が共同責任を負う国際協調関係と説明するものであった。慶應義塾大学の小論文では，「望ましい社会のありかた」という問題意識が通底するテーマのひとつとなっており，2021年度もそうした視点

からの出題であったといえよう。設問構成は，まず内容説明を通して課題文の論理枠組みを正しく把握させ，次いでそれを用いた意見論述をさせるという形になっている。ポイントは，課題文中にもあるように，現実社会の複雑な諸現象を分析・考察するにあたり，認識の第一歩として「図式化」を行うことであった。また，単なる二項対立あるいは支配—従属関係という，ありがちな図式ではなく，非対称的でありながら協調的な関係というとらえ方を求められている点で，発想の柔軟さが試されたといえよう。

2020年度 解答編

慶應義塾大-経済　　　　　　　　　　　　　　2020 年度　英語〈解答〉　3

解答編

英語

Ⅰ 　解答　1—4　2—1　3—2　4—4　5—3　6—4
　　　　　　7—2　8—4　9—4

━━━━◆全　訳◆━━━━

≪政府の支援：芸術にとっての悲劇≫

①　ドナルド=トランプ大統領が，全米芸術基金（NEA）への予算を削除することによって，赤字を減らすことを提案した時，アメリカの多くの人たちは，彼の提案を支持した。驚いたことに，芸術界の中にさえ同意した人々がいたのである。実際，似たような議論は，イギリスを含めて，他の国々で美術批評家によって提案されてきた。世界各国の政府は，2008 年の金融危機によって残された負債をいまだ抱えており，この問題はますます明白になってきた。

②　芸術に対する国家支援は，民間部門による慈善としての寄付をほとんど妨げるものではない。1996 年に，NEA はニューヨークのメトロポリタン=オペラへ約 39 万ドルを助成した。だが，この金額は同基金の 1 億 3 千 3 百万ドルという年間収入のたった 0.29 パーセントを占めているにすぎない。その上，他の美術館や文化機関は，資金を集めるのに注目すべき成功を収めてきた。たとえば，その翌年に，ニューヨーク公共図書館は，4 億 3 千万ドルを集め，メトロポリタン美術館は 3 億ドルを集めた。芸術への国家支援が手厚い国々においてさえ，文化施設を私的に支援することは不可能ではない。たとえば，グラインドボーン劇場は，イギリスの東サセックス州で年に 1 度のオペラ祭を主催しているが，個人からの資金助成にもっぱら依存していると言われている。

③　多くの国で，芸術と文化への民間支援は，政府の資金拠出を不要にするほど十分である。必要なのは，芸術への直接的な資金拠出よりはむしろ，芸術をひっそりと奨励する一連の税制上の規則であり，そしてそれらは企

業や個人が自由に行動することを可能にした。たとえば，アメリカとイギリスの文化団体に対する非課税の慈善状況は，既に重要な財政的援助を提供している。しかしながら，文化団体に，個人や企業の献金者に働きかけるよう奨励することも可能で，さらに献金者は，税制上の優遇措置によって報酬を受けるだろう。こんなわけで，政府が芸術を支援する一番良い方法は，放っておくことだと主張する経済学者もいる。

④　さらに，芸術への国家支援は，芸術それ自体の質へ否定的な影響を及ぼす。資金拠出は政治的な方向性のもとに割り当てられるので，政治は芸術界の公平性と創造性に必然的に影響を与える。一般的に，国家の助成は，通例，才能ある新人や部外者よりはむしろ，有力なコネがある，あるいは定評のある芸術家や団体に与えられる。さらに，芸術家たちは，芸術のための芸術を創造することよりもむしろ，助成金の申請手続きをうまくパスするような芸術を作り出すよう奨励されている。このことは，芸術家の間で冒険をしない態度につながり，究極的には芸術的な刷新の拒絶につながる。たとえば，19 世紀に，アカデミーフランセーズが印象主義と呼ばれる新しい絵画様式を進んで退けたように。

⑤　芸術家たちは，苦境にある時，最も花開く。評価されず金銭的な困難さがあっても，ファン＝ゴッホが傑作を生みだすのを妨げることはできなかった。そして，この記事が印刷される時でさえ，多くの未来のすばらしい芸術家たちが貧困の中で，あるいは少なくとも無名の状態でせっせと働き続けていることを私たちは想像することができる。実際，偉大な芸術はその性質上，創作時にはしばしば認められずにいる。未来の成功は，国家の支援によってもソーシャルメディアによっても保証されるのではなく，未来世代の批評家たちがよく考えた末に下した判断によって保証されるのだ。

⑥　対照的に，実際，それほど有名ではないが才能のある芸術家を支援する準備がある多くの裕福な個人がいる。この種の支援制度は，何世紀もの間存在してきた。今日の後援者は，お金ばかりでなくスタジオや画材を提供し続け，それによって，芸術家は自分たちの作品に集中することができる。かくして，これらの現代のパトロンたちのおかげで，芸術家ははるかにずっと大きな実験をする自由を与えられる。オハイオ芸術評議会の前会長ウェイン＝ローソンによると，これらのパトロンたちは「芸術家の創造

性を信用して，その芸術家の眼を通して，私たちに世界を見せたいのである」。

⑦　多くの政府が既に予算を大幅にオーバーしていることは誰も否定することができない。さらに，2008年以来，ほとんどの政府は少なくとも1回は不況を経験している。この状況では，芸術にお金を使うことは，政治的に困難である。納税者は芸術にお金を使うことに不満足である。なぜなら彼らはそれが社会福祉，医療，国防，教育そして産業への支援といったもっと緊急を要する目的に使われるべきだと信じているからだ。さらに，芸術は実際順応性があるように思われる。2015年に，イギリスのジャーナリストのルパート＝クリスチャンセンが，2009年以来のイギリス政府による助成金削減にもかかわらず，「全体として芸術分野は生き延び，開花さえする方法を見出すことに見事に成功したと証明した」と発表した。

⑧　行動するときは今だ。実際，多くの説得力のある議論は，政府による芸術への助成をただちに廃止するよう私たちに促している。うまくいっている文化団体や催し物は，通例は広告を通して産業界から支援を得ることができる。これは，成功が認識されたということである。すなわち，商業的な資金は人気によって集まってくる。国家の助成金はこのプロセスの逆である――すなわち，大衆の判断というよりはむしろ管理者の書類作業に基づいて「勝者」を選ぼうとする試みである。それは，未来の諸産業にとって，流行遅れであると同時に間違っている国家の支援であり，止めなければならない。

■━━━━◀解　説▶━━━━■

▶1．「以下のうち，第①段の空所［1］を埋めるのに最も適切なものはどれか」

空所の後の the debts left by the 2008 financial crisis「2008年の金融危機によって残された負債」という表現につながるものとして，4のtackle「〜に取り組む」を空所に入れると，意味をなす。

1．「〜を実行する」　2．「〜を促進する」

3．「努力する」は自動詞で，struggle with 〜で「〜と闘う」という意になる。

▶2．「第②段で述べられた4つの組織の中で，以下のうち，政府からの資金を受けているのが一番少ないのはどれか」

6 2020 年度　英語〈解答〉　　　　　　　　　　　　　　　　　　慶應義塾大-経済

　第②段最終文（Glyndebourne, which hosts …）に「グラインドボーン劇場は，イギリスの東サセックス州で年に１度のオペラ祭を主催しているが，個人からの資金助成にもっぱら依存していると言われている」とあるので，政府からの助成はほぼないと思われる．１の Glyndebourne を正答とする．

▶３．「以下のうち，第③段の空所［３］を埋めるのに最も適切なものはどれか」

　まず空所の後の them は the arts「芸術」を受けることを確認する。次に空所の後の「企業や個人が自由に行動することを可能にした」を基にして，２の encourages「～を奨励する」を空所に入れると，この文の一部が「必要なのは芸術をひっそりと奨励する一連の税制上の規則である」となり意味がつながる。他の選択肢では意味がうまくつながらない。

１．「～を適用する」　３．「～に従う」　４．「～を強制する」

▶４．「以下のうち，第④段の空所［４］を埋めるのに最も適切なものはどれか」

　空所を含む文の直前の文に「このことは，芸術家の間で冒険をしない態度につながる」とある。この論理の流れを受けて，最終的につながるものは，４の「芸術的な刷新の拒絶」である。２の「失望と絶望」も入る可能性があるのではないかと考える受験生もいるかもしれないが，空所に続く文に，「たとえば，19 世紀に，アカデミーフランセーズが印象主義と呼ばれる新しい絵画様式を進んで退けたのである」とあるので，これに関係がある４の「芸術的な刷新の拒絶」が確実に空所に入る。

１．「適切な申請についての意見の不一致」　３．「増えた政府の資金」

▶５．「以下のうち，第⑤段の空所［５］を埋めるのに最も適切なものはどれか」

　空所の後の icons は「アイコン，偶像」という意味で用いられることが多いが，ここでは「偶像視される人」という意味で使われ，次の of art と連結して「すばらしい芸術家」という意味だと考える。まず，「芸術家たちは，苦境にある時，最も花開く。評価されず金銭的な困難さがあっても，ゴッホが傑作を生みだすのを妨げることはできなかった」と記されている。現在は無名でも将来有名になるであろう，という流れで空所に３のfuture「未来の」を入れると，空所の後の「貧困の中で，あるいは少なく

とも無名の状態でせっせと働き続けている」とうまくつながる。

1．「有名な」　2．「運命の定まった」　4．「現在の」

▶6．「以下のうち，第⑥段の空所［6］を埋めるのに最も適切なものはどれか」

空所を含む文の前文で「今日の後援者は，お金ばかりでなくスタジオや画材を提供し続け，それによって，芸術家は自分たちの作品に集中することができる」と述べられている。後援者が創作活動全般を支援してくれるという状況では，芸術家は自由に表現できるので，空所に4．「実験する」という動詞を入れると freedom to experiment「実験する自由」となり論理的に整合性がある。したがって「かくして，これらの現代のパトロンたちのおかげで，芸術家ははるかに大きな実験をする自由を与えられる」という意味になる。

1．「公の批判からの」　2．「課税からの」　3．「有名になる」

▶7．「以下のうち，第⑦段の空所［7］を埋めるのに最も適切なものはどれか」

各国の厳しい財政状況について述べた第7段の内容を考えて，「予算を大幅にオーバーしている国が多い」ことは否定できないので，2の None「誰も～ない」を入れると，話の流れがうまくいく。

▶8．「以下のうち，第⑦段の空所［8］を埋めるのに最も適切なものはどれか」

空所の前の「納税者は芸術にお金を使うことに不満足である。なぜなら彼らはそれが社会福祉，医療，国防，教育そして産業への支援といったもっと緊急を要する目的に使われるべきだと信じているからだ」という記述を基にして，空所に4の「さらに，芸術は実際順応性があるように思われる」を入れると，次の文のルパート＝クリスチャンセンの「イギリス政府による助成金削減にもかかわらず，芸術分野は生き残り繁栄することに見事に成功した」という言葉とうまくつながる。what is more は〈さらに〉という意の定型表現。do は強意の用法。

1．「さらに，芸術家と政治家は説明責任を強調している」 insist on ～「～を強調する」

2．「その上，政府は芸術家にお金を払う余裕がない」 cannot afford to *do*「～する余裕がない」

8 2020年度 英語〈解答〉 慶應義塾大-経済

3．「その上，文化は社会福祉ほど重要でない」

▶9．「以下のうち，第⑧段の空所［9］を埋めるのに最も適切なものはどれか」

　空所の次に「今すぐ政府による芸術への助成をやめるべきだ」という内容が続くので，4．「行動するときは今だ」を空所に入れると，論理がうまく流れる。

1．「芸術的な質問が理性的であるのはまれだ」

2．「資金拠出のレベルは明らかに維持されるべきだ」

3．「それはとても難しい質問だ」

◆━◆━◆━◆　●語句・構文●　◆━◆━◆━◆━◆

（第①段）　put forward ～「～を提出する」

（第②段）　the private sector「民間部門，私的部門」　account for ～「～を占める」　be said to *do*「～すると言われている」　rely on ～「～に依存する（＝depend on）」

（第③段）　sufficient to *do*「～するに十分な」　rather than ～「～よりむしろ」　allow *A* to *do*「*A* が～するのを可能にする」　reach out to ～「～に働きかける」　tax breaks「税制上の優遇措置」　this is why ～「こんなわけで～」

（第④段）　have an effect on ～「～に影響を及ぼす」　be encouraged to *do*「～するように勧められる」　art for art's sake「芸術のための芸術」　lead to ～「～につながる」

（第⑤段）　prevent *A* from *doing*「*A* が～するのを妨げる，*A* に～させないようにする」　go to print「印刷される」　work away「せっせと働き続ける」　in obscurity「無名の状態で」　in the nature of ～「～の性質上」　go unrecognized「認められずにいる」　at the moment of ～「～の時期に」

（第⑥段）　by contrast「対照的に」　be prepared to *do*「進んで～する」　not only *A* but also *B*「*A* ばかりでなく *B* も」　thereby「それによって，その結果として」　enable *A* to *do*「*A* が～することを可能にする」　allow artists much greater freedom「芸術家にはるかにずっと大きな自由を与える」　allow *A B*「*A* に *B* を与える」

（第⑦段）　over budget「予算オーバーで」　at least「少なくとも」　in

慶應義塾大-経済　　　　　　　　　　　　　　　　　　2020 年度　英語〈解答〉　*9*

this environment「この状況で」　be dissatisfied with ~「~に不満足で
ある」　health care「医療」　national defense「国防」　despite ~「~に
もかかわらず」　as a whole「全体として」　prove successful「うまくい
くとわかる」

(第⑧段)　urge *A* to *do*「*A* に~するよう促す」　without delay「遅延な
く」　in recognition of ~「~を認めて」　based on ~「~に基づいて」

Ⅱ　**解答**　　10―3　11―3　12―2　13―2　14―2　15―1
　　　　　　　　16―4　17―2　18―1　19―3　20―4　21―4
22―4　23―2

～～～～～～～～～◆全　訳◆～～～～～～～～～～～～～～～～～～

≪芸術：なぜ国家の資金助成が重要なのか≫

①　多くの国で伝統ある政府組織が芸術に資金助成をしている。たとえば，
英国芸術評議会や全米芸術基金（NEA）がある。両者とも，絵画，彫刻，
音楽，舞踊，民芸を含む様々な芸術ばかりでなく，図書館，劇場，美術館
のような文化施設も支援している。加えて，これらの組織は，人々が芸術
と文化的イベントを楽しむのを奨励するために，数々のプログラムに資金
助成をしている。このような支援は特に不況の間は重要である。国の助成
を打ち切るのではなく，私たちは政府による芸術への助成を守り，むしろ
増やす必要がある。

②　第一に，芸術と文化は人々の生活を豊かにする。ロンドンの国立肖像
画美術館の元館長であるサンディ゠ネアンが言っていたように，「文化と芸
術は，個人としてもまた共同体の一員としても人々にとって必要なもので
ある。美術館やアートギャラリーへ行くことであろうと，聖歌隊で歌うこ
と，すばらしい音楽家の演奏に耳を傾けること，詩を読むこと，あるいは
大道芸の興奮に加わることであろうと，これは，人生を価値あるものにす
るもののひとつである」。さらに，移住や社会変化の時代に，芸術は，
人々を団結させること，国民が共通の経験をするのに役立つこと，そして
違いを受け入れる方法を見つけることにおいて重要な役割を果たしている。

③　芸術と文化は，そこに民族の歴史とアイデンティティがしっかりと根
ざしている遺産の典型である。この遺産は，国のさまざまな文化施設で保
存されている。小説家のマイケル゠ローゼンによると，「図書館や美術館，

と公文書館の魅力は，私たちが他者と関係を持つことができる——しば
しば，何百年も何千年も遡って——ということである。これは，私たち
が人類の歴史と輪郭，並びに私たちがその中のどこでどのように属してい
るのかを発見できる方法の1つである」。実際，美術館はこの遺産に関係
する業界のまさにその核心に位置している。それゆえに，美術館を保持し，
支援し，奨励することは私たちの義務である。

④　それにもかかわらず，いくつかの芸術分野は自立して自らを維持する
ことができず，継続的な政府による助成が続くことを求めている。ロンド
ンやニューヨークのような大都市の商業的に成功した大劇場とは対照的に，
もっと小さな都市や町の地元の劇場はチケットの販売が必然的に限られて
いるため，通常安定性を欠いている。また，美術館や図書館は非営利の文
化団体であるため，政府の助成金による支援がなければ，それら組織が施
設を維持し品質の高いサービスを提供することは難しい。さらに，そのよ
うな助成は芸術の刷新のために必要である。なぜならば助成のおかげで，
芸術家が芸術それ自体のために危険を冒し実験することができるからであ
る。

⑤　可能な場合にはどこでも，個人的な寄付が政府の助成金に取って代わ
ることもできるし，また取って代わるべきだと主張する人もいるかもしれ
ない。アメリカでは，芸術と文化に対する個人的な支援は比較的確実なも
のであるが，一方では，他の多くの国々では，芸術への寄付は当然のこと
と思われていない。今日，極端に豊かな個人と企業が世界経済を支配して
おり，明らかに彼らからもっと多くのものを求めることができる。しかし
ながら，民間部門による慈善寄付にはこれ以上は望めないだろう。私たち
の芸術を民間企業の政治的あるいは経済的負担に過度に依存させることは
賢明ではないだろう。経済的に困難な間は，個人的な資金拠出はいつも危
険にさらされるだろう。

⑥　対照的に，政府の安定した助成によって，可能な限り多くの人たちが
芸術と文化を享受することができる。政府の助成金によって，全ての人が
確実に芸術と文化に手ごろな価格で触れることができ，したがって，芸術
と文化が日常生活の必要不可欠な部分になるのだ。収入は不平等であるに
もかかわらず，全ての国民が共通の基盤を見つけることができる。さらに，
美術館の見学ツアーや文化的プログラムによって，裕福な大人たちばかり

でなく貧しい人たちや子どもたちも芸術を享受できる。これらのプログラムを通して，人々は芸術の重要性と未来の世代のために文化的遺産を保護する必要性を理解することができる。

⑦　芸術と文化活動への政府の資金拠出は，観光客を引きつけることによって，経済的な利益をもたらす。このことによって，今度は，郊外の再開発が促進され，観光関連のサービスが成長するよう奨励される。1980年代に，イギリスの政治家たちは，芸術と文化のことを，国内の脱工業化時代の都市再生で一役を演じることのできる貴重な資源とみなしていた。そのときに，イギリスの政治家クリス＝スミスが，「創造的産業」の1つとしての芸術という考えを取り上げた。続いて，芸術政策は芸術と文化に大衆が接する機会を増やし，都市を再生して社会的疎外と戦うのに役立つよう，展開された。この変化は重要であった。今日，英国芸術評議会は，国は芸術への助成における投資1ドルに対して4ドル以上の利益を得ると推定している。

⑧　芸術はより質の高い生活のために必要不可欠である。すなわち，英国芸術評議会は，ウェブサイトではっきりとこの主張をして，「偉大な芸術と文化は，私たちを鼓舞し，私たちを団結させ，私たち自身と私たちの周りの世界について私たちに教えてくれる」と宣言している。個人がいかに多く寄付しようとも，国民に芸術を提供することは常に政府の責任である。そういうわけで，芸術への国家の継続的な支援はきわめて重要で確保されなければならない。

━━━━━━◀解　説▶━━━━━━

▶10.「以下のうち，第①段の空所［10］を埋めるのに最も適切なものはどれか」

　空所を含む文の後半部分の「私たちは政府による芸術への助成を守り，むしろ増やす必要がある」という箇所と論理的整合性のあるものとして3のFar from「～どころか，決して～でない」という定型表現を選ぶ。

1.「結局」　2.「～を除いて」　4.「～に加えて」

▶11.「以下のどの種類の芸術が第②段で議論されていないのか」

　3のfilms「映画」以外は，第②段第3文（Whether enjoying a visit …）で記述されている。1.「コンサート」は「すばらしい音楽家の演奏に耳を傾けること」として，2.「展示」は「美術館やアートギャラリー

12 2020 年度 英語〈解答〉　　　　　　　　　　　　　　　慶應義塾大-経済

へ行くのを楽しむこと」として，4.「文学」は「詩を読むこと」として
述べられている。

▶12.「以下のうち，第③段の空所［12］を埋めるのに最も適切なものは
どれか」

　第③段は，芸術と文化は遺産であり，我々の歴史やアイデンティティを
示すもの，としている。空所の前では，図書館や美術館，公文書館によっ
て我々が歴史について知ることができる，とあり，空所の次の文ではそれ
らを保存し支援することは私たちの義務，とある。この them「それら」
は空所中にあると思われ，それが2の文中にある museums である。2の
「実際，美術館はこの遺産に関係する産業のまさにその核心に位置してい
る」が空所に入る。at the heart of ～「～の核心に」 very は「まさにそ
の」という意味の形容詞である。

1.「あきらかに，多くの作家は私たちの遺産のための内容を作ることに
忙しい」 be busy *doing*「～するのに忙しい」

3.「あきらかに，遺産は国の威信の意識としっかりと結びついている」
be connected to ～「～と結びついている」

4.「究極的に，ナショナリズムの意識は，ほとんどの現代の国家にとっ
て必要不可欠である」 be essential for ～「～にとって必要不可欠であ
る」

▶13.「以下のうち，第④段の空所［13］を埋めるのに最も適切なものは
どれか」

　空所を含む文の後半部分に「もっと小さな都市や町の地元の劇場はチケ
ットの販売が必然的に限られているため，通常安定性を欠いている」と記
されている。このような劇場と対照的な都会の大劇場はうまくいっている
という記述が前半部にあるので，2の commercially「商業的に」を空所
に入れると，第④段の論理の流れに合う。in contrast to ～「～とは対照
的に」

1.「芸術的に」 3.「文化的に」 4.「大規模な」

▶14.「以下のうち，第⑤段の［14］でなぜ著者がその言葉をイタリック
体（斜字体）で書いたのかを最も適切に説明しているのはどれか」

　overly は「過度に」という意の副詞で，その後の dependent と連結し
て「過度に依存して」という意味であるから，2の to emphasize degree

「程度を強調するために」が適切。

1.「対照を強調するために」 3.「驚きを強調するために」 4.「変化を強調するために」

▶ 15.「以下のうち，第⑥段の空所 [15] を埋めるのに最も適切なものはどれか」

空所の前の It allows において，It は前文の A government grant「政府の助成金」を受け，allows は it allows A to do「それによって，A が〜することができる」という文構造である。政府の助成金によって全ての人が芸術や文化に接し，それが生活の一部になる，というこの段落の主旨から，空所に 1 の all citizens to find common ground despite income inequalities を入れると，この文全体の意味が「政府の助成金によって，収入の不平等にもかかわらず，全ての国民が共通の基盤を見つけることができる」となり，論理がうまくつながる。空所に他の選択肢を入れると，文全体が次のようになる。

2.「それによって，政府は芸術への資金拠出を通して収入の不平等を解決できる」

3.「それによって，少数派の人たちが自分たちの芸術への資金拠出によって歓迎されていないと感じる」

4.「それによって，より豊かな国民のみが芸術を鑑賞できる」

▶ 16.「以下のうち，第⑦段の空所 [16] を埋めるのに最も適切なものはどれか」

空所の前で 1980 年代のイギリスで芸術を「創造的産業」ととらえ，積極的に助成を推し進めることにより都市の再生といった変化をもたらしたことが過去形で述べられ，前文では This change has been important と現在完了形で表現されている。空所のある文は現在形で現在の状況が述べられており，4 の Today「今日」を空所に入れれば，意味がつながる。

1.「対照的に」 2.「さらに」 3.「それにもかかわらず」

▶ 17.「以下のうち，第⑧段の空所 [17] を埋めるのに最も適切なものはどれか」

最終文に「そういうわけで，芸術への国家の継続的な支援はきわめて重要で確保されなければならない」とある。国家の支援が必要だという論理の流れと，空所のある副詞節は，個人による寄付についてという，相反す

る内容であることから，2の「いかに多く〜だろうとも」が適切。might
が空所の後に使われているので，譲歩ではないかと見当をつけることもで
きる。

1.「〜するかぎり」 3.「〜でさえ」 4.「〜の程度まで」

▶ 18〜20.「以下の記述を見よ。それから，両方の記事に基づいて，マー
クシートの⒅⒆⒇の欄で該当箇所を塗りつぶせ。もしY＝ボザーのみがそ
の意見に賛成ならば，1をマークせよ。もしスー＝ポータギグのみがその
意見に賛成ならば，2をマークせよ。もし両方の著者がその意見に賛成な
らば，3をマークせよ。もしどちらの著者もその意見に賛成でないならば，
4をマークせよ」

[18]「慈善寄付は芸術を支援するのに十分でありうる」 Y＝ボザーの記
事の第③段第1文（In many countries, …）に「多くの国で，芸術と文化
への個人的な支援は，政府の資金拠出を不要にするほど十分である」とあ
る。スー＝ポータギグは第⑤段で，アメリカは民間からの寄付が比較的安
定しているが多くの国では寄付がさかんではなく，そしてこれ以上は増え
ないだろうと述べている。Y＝ボザーのみがこの意見に賛成なので，1で
ある。

[19]「政治家たちは芸術の方向性に既に影響を与えている」 Y＝ボザー
の記事では，第④段第2文（Since funding is allocated …）に「資金拠出
は政治的な方向性のもとに割り当てられているので，政治は芸術界の公平
性と創造性に必然的に影響を与える」とあり，彼はこの意見に賛成である。
スー＝ポータギグの記事では，第⑦段第3文（In the 1980s, …）に「1980
年代に，イギリスの政治家たちは，芸術と文化を…貴重な資源とみなして
いた」とあり，さらに，クリス＝スミスという政治家が芸術を「創造的産
業」ととらえたことにより，同段第5文（Subsequently, an art policy
…）「続いて，芸術政策は芸術と文化への大衆の接近を拡大し，都市の再
生を行い社会的疎外と戦うのに役立つよう展開された」とあり，スー＝ポ
ータギグも政治家の影響について述べている。よって，両方の著者がその
意見に賛成なので，3である。

[20]「芸術は，価値があるためには利益を出さなければならない」 Y＝
ボザーの記事には，この文章のような言及は何もない。スー＝ポータギグ
の記事の第⑦段最終文（Today, the Arts Council …）で，イギリス政府

が芸術への助成をさかんにした結果，利益を生んだという記述はあるが，「芸術は，価値があるためには利益を出さなければならない」とは主張していない。よって，どちらの著者もその意見に賛成でないので，4が正解。

▶ 21.「以下の対の単語で，アクセントの位置が同じものはどれか」

4の exclusive「排他的な」，exclusion「除外，排他」は両方とも第2音節にアクセントがあるので，これを正解とする。
以下，アクセントのある音節を順に示す。1.「創造的な」第2音節，「創造」第3音節　2.「宣言」第3音節，「宣言する」第2音節　3.「経済の」第3音節，「経済」第2音節　5.「助成金」第1音節，「副次的な，助成金の」第2音節

▶ 22.「以下の対の単語で，動詞と違うように発音する名詞を含むのはどれか」

4の an abuse「乱用，誤用」と to abuse「～を乱用する，誤用する」は名詞と動詞では発音が異なる。最終音が名詞では [s] で，動詞では [z] である。よって，これを正解とする。他の選択肢は名詞も動詞も同じ発音である。
1.「利益」，「利益を得る」　2.「絵画」，「～を描く」　3.「約束」，「～を約束する」　5.「興味，利子」，「～に興味を持たせる」

▶ 23.「次の6つの対のうち5つの対は発音が同じである。発音が異なる対の単語はどれか」

2の freight「貨物」と fright「恐れ，恐怖」は発音が異なる。freight の発音は [freit] であり，fright の発音は [frait] である。他の組み合わせは同じ発音である。
1. [beri]「ベリー（イチゴなど）」，「～を埋める」　3. [ail]「小島」，「（教室や飛行機などの）通路」　4. [souiŋ]「裁縫」，「種まき」　5. [sʌm]「いくらか」，「総計，金額」　6. [θroun]「投げた」，「王座，王位」

━━━━━━━━━━ ●語句・構文● ━━━━━━━━━━

（第①段）　not only A but also B「A ばかりでなく B も」　in addition「加えて」　an array of ～「ずらりと並んだ～，～の数々」は「多くの～」とほぼ同意。economic recessions「不況」

（第②段）　to begin with「第一に」　whether A, B, C, D or E「A であ

ろうが，B であろうが，C であろうが，D であろうが，E であろうが」
in an age of ～「～の時代に」 share in ～「～に加わる，参加する」
street performance は「通りの演芸」つまり「大道芸」である。serve an
important role in *doing*「～することにおいて重要な役割を果たす」
bring A together「A を団結させる」 accommodate their differences
「違いを受け入れる」

(第③段)　be rooted in ～「～に根ざしている」 relate *oneself* with ～
「～と関係を持つ」 fit into ～「～にかかわる，～に属する」

(第④段)　enable A to *do*「A が～することを可能にする」 take risks
「危険を冒す」 for the sake of ～「～のために」

(第⑤段)　wherever possible「可能な場合にはどこでも」 private
donations「個人的な寄付」 whereas ～，「～であるが，一方では」 take
A for granted「A を当然のことと考える」 at risk「危険にさらされて」

(第⑥段)　by contrast「対照的に」 as many people as possible「でき
るだけ多くの人たち」 ensure everyone's affordable access to ～「全て
の人が確実に～に接近する」 affordable は「手に入れることができる」
という形容詞。the poor「貧しい人たち」は the＋形容詞で「～の人々」
の形をとったもの。B, not only A「A ばかりでなく B も（＝not only A
but also B）」 well-to-do は「豊かな（＝wealthy)」という意の形容詞。
gain an understanding of ～「～を理解する（＝understand)」

(第⑦段)　in turn「今度は」 encourage A to *do*「A に～するよう奨励
する」 the renewal of post-industrial cities「脱工業化時代の都市の再
生」 take up ～「～を始める」 widen public access to ～「～への大衆
の接近を拡大する」 drive urban rebirth「都市の再生を行う」 benefit
by over \$4 for every \$1 of investment「投資 1 ドルに対して 4 ドル以上
の利益を得る」 benefit は「利益を得る」という意の自動詞。by は程度
や差を示す前置詞。

(第⑧段)　make this point「このような主張をする」 provide A for B
「B に A を提供する」 that is why ～「そういうわけで～」

慶應義塾大-経済　　　　　　　　　　　　　　2020 年度　英語〈解答〉 *17*

III 解答

24―3　25―1　26―2　27―1　28―4　29―4
30―2　31―6　32―5　33―1　34―2　35―2
36―2

～～～～～～～～◆全　訳◆～～～～～～～～～～～～～～～～～

≪漁業への補助金はどうあるべきか≫

①　あらゆる海で，魚の数は急速に減少している。漁業の補助金は，通例
は金銭的な援助という形だが，この激減の背後にある主要な要因の1つで
ある。2009 年までさかのぼると，これらの補助金は世界全体で合計約 350
億ドルであると，カナダ人の研究者ラシッド=スマイラは推定した。そし
て，補助金は世界中の漁業者が漁獲高を増やす誘因を作り出している。ア
ジアは補助金が最も高い地域であるが，3つの国――日本，中国，そし
てアメリカ――だけで，それぞれ世界全体の補助金の 20 パーセント近く
を占めていた。それでも，少なくとも日本とアメリカに関しては，さまざ
まな国々が世界市場に参入してきたため，世界の全漁獲高にこの2国が占
める割合は 1960 年代以来着実に減少してきた。

②　現在の世界における魚の消費は，1人当たり1年に約 20 キログラム
という過去最高記録に達した。確かに，世界全体の漁獲高と貿易は 1970
年代以来著しく成長し，7千万トンから 2016 年には1億7千万トンを超
えるまで増加した。だが，漁獲高におけるほとんど全ての最近の増加は，
養殖魚によるものであった。養殖は，特に中国において，過去数十年間で
驚くほど増加した。実際，養殖魚は今，世界中で人々が食べる魚全体の半
分以上を占めている。ある程度これは役立ってきたが，それは公海にかか
る圧力が弱まったことを意味しているのではない。

③　国連食糧農業機関（FAO）による 2018 年のアセスメントによれば，
生物学的に持続可能なレベル内にある世界の海洋水産資源は，1974 年の
90 パーセントから 2015 年の 66 パーセントへ減少した。2018 年までには，
世界の漁場の 33 パーセントは生物学的に持続不可能なレベルで利用され，
したがって過剰利用に分類されると推測された。減少率は 2008 年以来鈍
化してきているとはいえ，海洋漁業を本当に持続可能なものにすることに
対してほとんど改善は見られなかった。FAO はさらに，世界の海洋漁場
の 87 パーセントが完全に利用されつくされているか，過剰利用されてい
るかのどちらかであると報告した。実際，少なくとも1つの地球規模の研

究は，これらの傾向を考えると，世界中の商業漁業は 2050 年までには崩壊するだろうと予想した。

④ その数字の背後に存在しているのはこういうことである。つまり，新しい技術のおかげで，漁業がはるかにより効率的になってきたのである。漁獲量の多くが混獲である可能性が大であるとはいえ，現代の漁網によって漁獲高が増大してきた。すなわち，混獲とは，カメやイルカを含めて漁の目的ではない海洋生物であり，そんな生き物は殺されそれから単に海に投げ捨てられる。最も大型の魚を捕りつくすこと一つをとっても，海洋生物にまた大きな被害が及ぶ。クロマグロやマゼランアイナメのようないくつかの種は，国際協定で合法的に設定された制限を優に超えた量がいつも捕獲される。政府によって漁業産業に与えられる補助金は，海上船舶数を不自然に多くし続けることや，船舶に最新の基盤設備を備えつけること，また魚の価格を故意に低くしておくことによって，海洋環境に直接的な影響を与えてきた。3 つの方策は全て持続不可能である。

⑤ なぜ政府は経済的に言って小さな産業にすぎないものにそんなにも注意を払うのか。1 つの理由は単に歴史である。過去において，製造業やデジタル経済が主要になる以前は，漁業は現在よりはるかにもっと価値があった。もう 1 つの理由は，政治的なものである。すなわち，漁業はより辺鄙な地域の人々を雇用する傾向があり，そのような地域では，そういったことがなければ，失業と社会の衰退がもっと深刻になるであろう。しかしながら，これらの理由のみでは，おそらく今日も続いている補助金の説明にはならないだろう。むしろそれは，政府を巻き込む漁業の競争的な性質である。つまり，各国政府は，「無料の」資源（魚）を求めて競争している。魚は，移動するので，どの国にも属していないからだ。さらに，船舶を公海に送ることは政治的な行為であり，たとえそれらの地域における主権を示しているのではないにしても，それらの地域への関心を示しているのだ。

⑥ 助成金は多くの形をとるかもしれない。お金は，水中音波探知機やGPS といった新しい装置のために与えられるかもしれない。あるいは，税金の優遇措置の形で，間接的に保険やローンを利用しやすくするかもしれない。港のインフラや魚の加工施設を改善する助成金もまた効果的である。しかしながら，補助金は国内経済に限定されていない。つまり，しば

しばより豊かな国々は，自国の漁師のために開発途上国周辺水域における権利を買う。たとえば，中国の企業がナミビアのいくつかの企業から漁業権を購入し，その地域で過度に魚を捕ったとしよう。そのような取引はしばしば不当で，たいていの場合，そのより貧しい国にとって長期的には状況がどれほど持続可能になるのかについて何ら注意を払っていない。さらに，国際的な割当協定から免れるために，多くの政府は自国の船舶に海外で登録するよう促し，この明白な矛盾にもかかわらず，船舶に補助金を提供している。

⑦　国の威信，世界の海へ権力と影響力を及ぼしたいという欲求，自らの正当な分け前をもらいたいという競争的な衝動，雇用や伝統と文化の維持，それらがいかに政府に影響を及ぼしているかを理解することは易しい。しかし，それらはそれだけで現在の状況を正当化する十分な理由にはならない。経済学者のギャレット゠ハーディンは，私たちが今目撃していることを「共有地の悲劇」と呼んでいる。すなわち，それは，共有資源を扱う時，いかに人間が聡明な形で協力することができないかを表している。それはそうである必要はない。TPP やさまざまな漁場や魚種資源に関する国際協定のような仕組みを通じて，もっと大きな国際協力が緊急に必要とされている。これは，国力への政治的な要請は失策となるであろう問題である。協力のみが未来を保証することができる。

⑧　短期的な「魚を捕る競争」が，漁業が私たちすべてに与えてくれる長期の環境的，社会的，経済的安全を脅かしていることに，疑いの余地はほとんどない。フランス，スペイン，日本，アメリカのようないくつかの国々では，漁業への補助金は，国内の捕獲によって得られる価値との比率としては，20 パーセント以上である。ほかのノルウェー，アイスランド，ニュージーランドのような国々では，補助金は 10 パーセント以下である。魚が世界中でそのような圧力を受けているので，確かに，私たちが従う必要があるのは後者の例である。補助金は，私たち自身が逃げる必要のあるわななのだ。

━━━━━◀解　説▶━━━━━

▶ 24.「以下のうち，第①段の空所［24］を埋めるのに最も適切なものはどれか」

　空所のある文は，「さまざまな国々が世界市場に～した」なので，3 の

20 2020 年度 英語〈解答〉　　　　　　　　　　　　　　　　　慶應義塾大-経済

entered「〜に参入した」を空所に入れると，意味がうまくまとまる。
various players「さまざまな選手たち」とは various countries のことである。

1．「〜を放棄した」

2．「競争した」　この単語は自動詞で，この例のように直接目的語を取ることはない。

4．「合計〜となった」

▶25．「以下のうち，第②段の空所［25］を埋めるのに最も適切なものはどれか」

　1の attributed を入れると，「漁獲高におけるほとんど全ての最近の増加は，養殖魚によるものであった」という意味になり，段落の内容に合う。attribute *A* to *B*「*A* を *B* に帰する，*A* を *B* の結果だと考える」の *A* を主語とする受動態。

▶26．「第③段によると，2018 年において過剰利用されていたというよりはむしろ完全に利用されつくされていたのは世界の漁場の約何パーセントか」

　fishing areas「漁場」という表現は，第③段第 2 文（By 2018, 33％ …）と第 4 文（The FAO further reported …）で用いられている。第 2 文に「世界の漁場の 33 パーセントは，…過剰利用されている」という記述が見られる。第 4 文には「世界の海洋漁場の 87 パーセントが完全に利用されつくされているか，過剰利用されているかのどちらかである」という記述が見られる。よって，「過剰利用されている」のは 87－33＝54 となり，正解は 2。

▶27．「以下のうち，第④段の空所［27］を埋めるのに最も適切なものはどれか」

　この段落後半では，漁業への補助金が海の環境に及ぼす悪影響について述べられている。この内容を受けて，1の「3 つの方策は全て持続不可能である」を選べば，うまく論理が進む。「3 つの方策」とは，前文で述べられている 3 つの by から後の部分，すなわち「海上船舶数を不自然に多くし続けることや，船舶に最新の基盤設備を備えつけること，また魚の値段を故意に低くしておくこと」を受ける。

2．「これらの影響は両方ともこれらの問題の原因である」

be responsible for 〜「〜の原因である」

3.「これらの技術は大型の魚を危険にさらしている」

4.「漁業が始まって以来，その状況全ては続いてきた」

▶ 28.「以下のうち，第⑤段の空所 [28] を埋めるのに最も適切なものはどれか」

空所の後の account for は「〜を説明する」という意味であり，また，空所の前の these reasons alone「これらの理由のみ」という表現によって，並びに，空所を含む文の後続文の文頭で，Rather「それどころか，むしろ」という接続詞的に用いられた副詞の存在によって，空所に否定を示す表現が入るのではないかと見当をつけることができる。よって，論理の流れを受けて，4の「おそらく〜ではないだろう」を選べば，「これらの理由だけでは〜の説明にはならない」となり，次の文とつながる。

1.「〜するのに十分である」

2.「〜を考慮に入れない」 おそらく，空所の後の account と連結して take A into account「A を考慮する」との混同を狙ったものであろう。A が長ければ take into account A となる。いずれにしてもその場合には，for が文法的に間違っていることになる。

3.「政策の問題として〜だろう」

▶ 29.「以下のうち，第⑤段の空所 [29] を埋めるのに最も適切なものはどれか」

この段落の最終文の後半の分詞構文「たとえそれらの地域の主権を示しているのではないにしても，それらの地域への関心を示している」を考えれば，漁船を公海に派遣することは4の「政治的な」行為である。

1.「商業的な」 2.「正式な」 3.「軍事の」

▶ 30.「以下のうち，空所 [30] を埋めるもので，第⑥段の序文として最もよいものはどれか」

空所に続く文では，補助金がさまざまな用途に交付されていることが述べられており，2の「多くの形をとるかもしれない」が適切である。

1.「漁船を改良することができる」

3.「一般的に直接的な現金による寄付である」

4.「国内で適用される」

▶ 31〜33.「以下の単語のうち3個の単語を，第⑦段の空所 [31] [32]

［33］の最も適切な空所に入れよ。それぞれの単語は1回のみ使用できる」

　　［31］空所を含むコンマで区切られた部分は，政府に影響を及ぼす要因の一つ，「～したいという競争的な衝動」なので，6のshareを入れるとtake *one's* fair share「自らの正当な分け前をもらう」となり，意味がつながる。

　　［32］空所の部分はコロン以下で，「共有地の悲劇」について説明している。「～時，人間はいかに理性的に協力することができないか」の～部分であり5のresourcesを入れると，shared resources「共有資源を扱う」となり，the Tragedy of the Commonsの説明になる。

　　［33］空所に1のareasを入れると，international agreements on various fishing areas or fish stocks「さまざまな漁場や魚種資源に関する国際協定」となり，論理の流れに合う。

▶ 34.「以下のうち，第⑧段の空所［34］を埋めるのに最も適切なものはどれか」

　　第⑧段の最終文（Subsidies are a trap …）が示すように，著者は補助金に反対の立場をとっている。最後から2番目の文に「確かに，私たちが従う必要があるのは後者の例である」とある。後者の例とは，「ノルウェー，アイスランド，ニュージーランド」であり，「20パーセント以上」よりは割合が少ないはずであると予想できる。よって，2の「10パーセント以下で」がこの予想に合致する。less than ～「～以下」
1．「少なくとも50パーセント高く」　3．「多かれ少なかれ同じレベルで」　4．「30パーセント以上で」

▶ 35・36.「下記の2つの文を読んで，それから，記事全体に基づいて，マークシートの（35）と（36）の欄で該当箇所を塗りつぶせ。もし著者がその意見に賛成だと思うならば，1をマークせよ。もし著者がその意見に反対だと思うならば，2をマークせよ。もし著者がその意見については意見を述べていないと思うならば，3をマークせよ」

　　［35］「各国は主に経済的な理由のために補助金を与えている」　第⑤段に，補助金は，歴史的な背景もあり，政治的な理由もあり，国家の威信や関心という理由もあるとしている。政治的な理由の中で，失業や社会の衰退について触れられているが，経済的理由が主であるとはされていない。

慶應義塾大-経済　　　　　　　　　2020 年度　英語〈解答〉 *23*

よって，この文章は，筆者の意見と対立しているので，2 を正解とする。

　［36］「養殖は世界の海洋への圧力を大きく取り除いた」 第②段に養殖
への言及が見られる。同段最終文に「ある程度これは役立ってきたが，そ
れは公海にかかる圧力が弱まったことを意味しているのではない」とあり，
著者の意見と対立しているので，2 を正解とする。

◆━━◆━━◆━━　●語句・構文●　━◆━━◆━━◆

（第①段）in the form of ～「～という形で」 total about \$35 billion
「合計約 350 億ドルである」 total は「合計～になる」という意の動詞で
あることに注意。incentives for fishermen around the world to increase
their catch「世界中の漁業者が漁獲高を増やす誘因」 incentives for *A*
to *do*「*A* が～する誘因」 catch はここでは「漁獲高」という意の名詞。
be accountable for ～「～を占めている（= account for ～）」 as
regards ～「～に関しては」

（第②段）an all-time high「過去最高記録」 all-time は「空前の，前代
未聞の」という意の形容詞で，high は「最高記録」という意の名詞。to
be sure, ～, but …「確かに～だが…」 recent gains「最近の増加」
account for ～「～を占める」 in some ways「ある程度」

（第③段）fish stocks「魚種資源」 biologically sustainable「生物学的に
持続可能な」 fishing areas「漁場」 make progress towards *doing*「～
することに対して進歩する」 given these trends「これらの傾向を考え
ると」 given は形容詞で，前置詞であることに注意。

（第④段）a large percentage of ～「～の多く」 fishing take「漁獲量」
be likely to *do*「～する可能性が大である」 bycatch は「混獲」という意
で，漁業の際に，目指す魚とは別の種の魚を一緒に捕獲してしまうとか，
同じ種でも求める魚よりも小さな魚を一緒に捕ってしまうことを意味し，
漁獲量の減少や乱獲の点で問題だとされる。that is「すなわち」 damage
is done to ～「～に害が及ぼされる」は do damage to ～「～に害を与え
る」の受動の形。fish out ～「～を取り出す，引っ張り出す」 at rates
well above the limits「限界を十分超えた割合で」 provide *A* with *B*「*A*
に *B* を備えつける，提供する」

（第⑤段）pay attention to ～「～に注意を払う」 economically
speaking「経済的に言って」 独立分詞構文。tend to *do*「～する傾向が

ある」 draw in *A*「*A* を引き入れる」 signaling interest in, even if not sovereignty over, those areas「たとえそれらの地域の主権を示しているのではないにしても，それらの地域への関心を示している」 interest in ～「～への関心，興味」も，sovereignty over ～「～の主権」も両方とも文末の those areas と連結する。even if ～「たとえ～だとしても」 signaling ～「～を示している」 分詞構文。

(第⑥段) be limited to ～「～に限定される」 take account of ～「～を考慮する」 in the long run「最終的には」

(第⑦段) the desire to *do*「～したいという欲求」 project *A* into *B*「*B* に *A* を投影する」 the urge to *do*「～したいという衝動」 in *oneself*「それ自体」 label *A* as *B*「*A* を *B* と呼ぶ，分類する」 The Tragedy of the Commons「共有地の悲劇，コモンズの悲劇」 経済学者のギャレット=ハーディンの説。多数の人が利用する共有資源を乱獲することによって，資源の枯渇を招いてしまうという経済学の法則をいう。fail to *do*「～できない」 the political call to national strength「国力への政治的な要請」

(第⑧段) there is little doubt that ～「～ということに疑いの余地はほとんどない」 that は同格の接続詞。race to fish「魚を捕る競争」 fish は動詞であることに注意。escape from ～「～から逃げる」

IV 解答

R1：That was a call from our manager. He said that he needs the material for the Monday meeting. He asked me to show it to him by the end of today.

S1：You're kidding！ I just found a problem with it this morning. I am rewriting it.

R2：Really？ If you had told me about it earlier, I would have helped you.

S2：For now I will do it by myself. If I cannot finish it by noon, I hope you will help me.

◀解　説▶

　英訳する際に，文法的な間違いに気をつけて，自分が自信を持って使える表現や文構造を用いて英語に直すこと。そのためには，難しい単語を使

わずに，自分自身がよく慣れている単語やイディオムを使うことが望ましい。特に，この和文英訳は会話なので，難解な言葉を使わない方がよいだろう。

R1：「部長」は our manager としてもいいし，the head of our division としてもよい。「今のは部長で」は「それは部長からの電話だった」とし，That was a call from our manager. とする。あるいは，「私たちの部長が僕に電話をかけてきた」と考えて，Our manager just called me. とするのもよい。call の代わりに phone という動詞も可。「月曜日の会議に使う資料」は，関係代名詞を使って the material that is going to be used at the Monday's meeting とする。あるいは「月曜日の会議のための資料」と考えて，the material for the Monday meeting または the handout for the Monday's meeting としてもよい。「今日中に」は「今日の終わりまでに」と考えて by the end of today か by the end of the day とする。あるいは，もっと簡単に by today や today でも構わない。「月曜日の会議に使う資料，今日中に見せてくれだって」は 2 つに分けて，「彼は月曜日の会議に使う資料を必要としている」「今日中にそれを見せてくれ」とすれば，簡単になる。

S1：「ウソでしょ！」は「冗談でしょ！」と考え，You're kidding! や You must be kidding! や No kidding! などを使う。英語の lie「うそ」は，だます意図のある「うそ」であり，相手の人格を否定するニュアンスがあるため，会話で lie を用いるのは避けるべきである。「問題を見つけた」は I found a problem〔problems〕とする。「書き直す」は rewrite。

R2：「そうなの？」は Really? か Is that so? とする。相手の表現 I am rewriting it を受けて，Are you? と繰り返す方法を使うのもよい。「もっと早く言ってくれれば私も手伝ったのに」は仮定法過去完了を使い，If you had told me about it earlier, I would have helped you. とする。

S2：「とりあえず自分でやってみるけど」では，「とりあえず」は訳をする必要はないだろう。「自分でやってみる」は I will do it by myself にするか，I think を前につけて，I think I will do it by myself としてもよい。あるいは I will try to do it by myself でも可。「昼までに出来なかったら頼むよ」は「もし私が昼までに終わることができなければ，私を助けてくれるように」と考え，「もし私が昼までに終わることができなければ」を

if I cannot finish it by noon か if I cannot have done it by 12 o'clock と
する。「目的を遂げる，間に合う」という意の make it を使って if I
cannot make it by noon でもよい。「私を助けてくれるように」は I hope
you will help me か I will ask you for help などを使う。簡単に help me
please としてもよいし，定型表現 lend me your hand でも可。

V 解答例

(A) I think that the Japanese government should
reduce funding for the arts. There are two reasons
for this. One reason is that Japan has accumulated a huge deficit for a
long time. If I remember correctly, Japanese people, including babies,
owe over eight million yen per person to banks. In such a situation,
we should reduce spending in every field. The arts are not an
exception. Sue Portagig asserts that state support "is critical, especially
during economic recessions. Far from withdrawing state money, we
need to protect and even increase government funding for the arts."
(2018, paragraph 1) However, I think that regardless of whether the
economy is good or bad, we have to cut spending for the arts because
of the huge deficit. Another reason is that government funding may
make artists unadventurous and unwilling to take risks. As Bothur
says (2018, paragraph 4), funding from the government may rob
artists of their challenging spirit and adventurous attitude. In Japan, it
can be assumed that there are a lot of wealthy companies and
individuals that are willing to support artists so that they can create
their art freely, without being influenced politically.

(B) I do not think that the Japanese government should reduce
subsidies for the fishing industry. I have two reasons. One reason is
that the fishing industry is very important to the Japanese people. We
have eaten fish for a long time, but now, the amount of fish catch has
been declining as many countries have entered the global market. In
such a situation, to eat fish at a low price, the government must
provide subsidies for the fishing industry. Another reason is that more
attention and money should be allocated to aquaculture. Because of the

decrease in fishing catch in the open seas, we are forced to move on to farmed fish, which account for over half of all the fish eaten over the world. Fish farming is becoming more and more important, so the government should not reduce subsidies, and a considerable percentage of subsidies should be allocated to fish farming. Though Nettes claims that "Subsidies are a trap from which we ourselves need to escape" (2018, paragraph 8), I look at the problem in a different way. I am sure that they are a good tool that benefits us.

■■■■■■■◀解　説▶■■■■■■■

　設問は「次の2つの設問から1つを選んで，自分の意見を英語で書くように」である。

(A)「日本政府は芸術への資金拠出を減らすべきか？　なぜそうすべなのか，あるいはなぜそうすべきでないのか」

(B)「日本政府は漁業産業への補助金を減らすべきか？　なぜそうすべきなのか，あるいはなぜそうすべきでないのか」

　問題文Ⅰ，Ⅱ，Ⅲで言及されている見解を最低1つ引用して反論せよという指示がある。引用例は下記のとおりである。

● 「2010年の記事の『動物園に反対して』で，フェーレーは主張する。『自然はコントロールするべき私たちのものではない』　彼女は…と主張するが，私はその意見に強く反対する。なぜならば…」

● 「フォーン（2010）によるエッセーの中で『学校は生徒の権利を十分保護していない』と主張するイブ＝N. スズキにある程度のみ賛成する。XはYであるという彼女の主張は正しいかもしれないが，…」　to a certain extent「ある程度」

● 「オワーク（2012，第7段）によると，1つの選択肢は間接課税である。この議論は…であるけれども」

　文法的な間違いをしないよう気をつけて，自分が自信を持って使える表現や文構造を用い，できるだけ論理的な流れになるように書くこと。

❖講　評

　2020 年度は，2019 年度と同じ 5 題で，そのうちの 3 題が長文読解問題，1 題が和文英訳問題，1 題が意見論述であった。

　3 題ある読解問題の英文は，いずれも現代社会でよく議論になる問題を扱っており，Ⅰでは「政府の支援：芸術にとって悲劇」，ⅡではⅠと逆の立場として「芸術：なぜ国家の資金助成が重要なのか」という内容が述べられている。さらに，Ⅲは「漁業への補助金はどうあるべきか」について述べている。設問形式は例年通り空所補充や内容説明，内容真偽が中心で，ほとんどが 4 択問題であるが，一部異なる問題もある。英文の量と難度の高さで圧倒されてしまいがちだが，個々の設問の選択肢は比較的理解しやすく，正解を絞りやすいものが多い。また，語彙力・文法力に関する設問もあり，総合力が試されている。

　Ⅳの和文英訳は内容こそ日常的なもので，一見易しい印象を受けるが，実際に書いてみると正確な英訳が難しいことに気づくはずだ。注意点にもあるように，与えられた日本文をそのまま直訳しようとせず，どこまで英語に訳しやすい別の日本語表現にできるか，いわゆる「和文和訳」のプロセスを上手に経ることが重要である。

　Ⅴの意見論述は，経済学部の入試では毎年出題され，避けては通れない関門だ。2019 年度と同様，読解問題の英文に関連したテーマを与えられ，それについての自分の見解を，英文から必要箇所を引用しつつ述べるというもの。このようないわゆる「アカデミック・ライティング」には決まった書き方が多く，事前に何度か練習しておくと大変効果的である。できれば，他の人に添削してもらうと，自分の弱点が把握できて有効である。

　全体的に盛りだくさんの出題である。速く，しかも正確に読めて，内容がある文を書くためには普段からのトレーニングがものをいう。さらに時間配分にも十分気を配る必要がある。

日本史

I **解答** 問1．プロテスタントが宗教改革運動でヨーロッパに勢力を拡大すると，カトリックはイエズス会を結成し，アジアでの布教活動で信者を獲得して勢力挽回を図った。

問2．(1)3　(2)3・6・7・8

問3．明は海禁政策をとり私貿易を禁止したが，環東シナ海地域の人々は国の枠をこえた中継貿易を展開していた。ポルトガル商人は明のマカオを根拠地にして，中国産の生糸や絹織物を日本産の銀と交易する日明間の中継貿易に参入した。

問4．幕府は朱印状を交付して海外貿易を奨励したが，生糸輸入は糸割符商人に限定した。後に朱印状とともに老中奉書を受けた奉書船以外の海外渡航を禁じた。

━━━━━ ◀解　説▶ ━━━━━

≪アジアにおけるキリスト教の普及と貿易≫

▶問1．設問の要求は，イエズス会宣教師らのアジアでの布教活動の背景にある，16世紀ヨーロッパのキリスト教の動向を2行以内で説明することである。まず，当時のヨーロッパの動向を詳述しよう。16世紀前半，ルターやカルヴァンらによって，堕落したカトリック教会の信仰を捨てて聖書に復帰しようとする宗教改革運動が起こり，この新教派はプロテスタントと呼ばれた。運動はヨーロッパ各地に広まり，ドイツ・オランダ・イギリスなどに新教義は急速に普及した。これに対抗して，カトリックが勢力の立て直しと失地回復を図って反宗教改革を展開した。その内容は教会内部の改革（トリエント公会議で教会粛正・教義の再確認など）と，改革団体として1534年にイエズス会を創設して，民衆教化や活発な布教活動を行うというものであった。その結果，ヨーロッパではプロテスタントの拡大阻止と，奪われた西南ドイツ・フランスなどの失地回復が実現した。また，新天地アメリカ・インド・中国，そして日本などで信者を獲得し勢力拡大に成功した。以上のうち，①宗教改革の進展でプロテスタント勢力拡大，②カトリックはイエズス会を設立し海外布教で勢力挽回を図った，

の 2 点が解答行数 2 行に盛り込むべきポイントとなる。

▶問 2．(1)　3 が正解。天正遣欧使節を派遣したのは，大友義鎮（豊後）・大村純忠（肥前大村）・有馬晴信（肥前有馬）の 3 名である。なお，大内義隆はフランシスコ=ザビエルに領国での布教を許したが，入信していないので「キリスト教に改宗した大名」の定義からは外れ，キリシタン大名には含まれない。

(2)　やや難。3・6・7・8 が正解。日本から「ポルトガルの植民地の港を経て」リスボンに入るルートを順に挙げれば，明のマカオ，マレー半島のマラッカ，インドのカリカットとゴア，アフリカ東海岸のモザンビークである。これらのうち地図中，インドにある 6 はゴアである。いずれにせよ，現インド領にある点を判断基準に選べばよい。教科書や図説集収載の地図情報とはいえ，細かい知識である。なお，9 のマニラ（現フィリピン）はスペイン領であることから消去できる。

▶問 3．設問の要求は「ポルトガル商人が日本と明との間の貿易を中継するようになった背景」の 3 行以内での説明である。付帯条件は「取引された主な商品と，明の貿易政策に触れ」ることである。まず付帯条件の，① 明の貿易政策として「海禁政策」を示す。それは倭寇対策として，自国民の海外渡航・貿易の禁止と，海外諸国には朝貢貿易のみを許すというものであった。しかし背景として，②環東シナ海の周辺諸国の人々は，国の枠組みをこえた中継貿易を行っていた。一方，ポルトガル人は，③ 16 世紀前半にインド航路で明に達したが，海禁政策ゆえに通商交渉は進展しなかった。しかし 16 世紀半ばに居住権を得たマカオを拠点に，ポルトガル商人が日明間の中継貿易に本格的に参入した。④ポルトガル商人が取引した主な商品は，以下の通り。

輸入品	中国産生糸・絹織物・綿糸・鉄砲・火薬・鮫皮・蘇木
輸出品	銀・硫黄・蒔絵・扇子

以上から「主な中継貿易の商品」として必ず取り上げるべきものは，生糸と銀である。1530 年代に石見銀山に灰吹法が導入され日本銀の生産量は急増した。一方，明では銅銭より取り扱いに便利な銀の需要が増大しており，ポルトガル商人は生糸貿易の代価として銀を仕入れ，明に輸出する中継貿易を展開した。

▶問4. 設問の要求は，1603年から1635年までの，日本人の貿易活動に対する幕府の政策を2行以内で説明することである。この間の幕府が行った貿易政策とは，貿易振興策から管理貿易体制への変化の過程である。日本人対象の政策に限り時系列に並べると，「朱印船貿易の奨励（1601年〜）－糸割符制度の創設（1604年）－奉書船制度の開始・徹底（1631・1633年〜）」となる。日本史論述は，歴史的事実を時系列に書き進めることが原則だから，以下に挙げる3点を「　」部分をおさえつつ，簡明に述べればよい。①朱印船貿易の奨励策から書き始めたい。徳川家康は将軍就任以前の1601年から各国に国書を送付して，日本からの正規の貿易船には朱印状を持参させる，それ以外の船は排除せよと，朱印船制度の創設を通報し，「幕府は東南アジア地域における日本人の海外貿易（＝朱印船貿易）を奨励」した。②一方，16世紀前半から続くポルトガル商人との貿易は，「糸割符制度を創設して幕府の管理下においた」。それは長崎・京都・堺（1631年に江戸・大坂も加わる）の「特定商人に組織させた糸割符仲間が，輸入生糸の価格決定と一括購入」をする方式である。ポルトガル商人の利益独占を抑制し，生糸の販売主導権を日本側が握ることになった政策である。③1631年に幕府は，海外渡航には，朱印状のほかに老中発給の長崎奉行宛奉書も必要であるとした。そして1633年には厳格化して，「奉書船以外の日本船の海外渡航を禁止」した。

II 解答

問5．(1)ア．岡倉天心　イ．東京美術学校
(2)a－4　b－9　c－7　d－1
問6．a－2　b－8　c－1　d－5　e－4　f－3

◀解　説▶

≪明治・大正期の美術・外交≫

▶問5．(1)　設問文中の2段落目の空欄cを先に明らかにしてからア・イを解く。アは，cのフェノロサと協力してイを設立し，その校長をつとめた。さらに横山大観らとともに日本美術院を設立したことから，アは岡倉天心，イは東京美術学校である。

(2)　a．4が正解。タゴールから，横山大観やaの作品は「西洋絵画を模倣せず，それでいて日本の伝統絵画をただ継承したわけでもない」と評されたから，日本画家である。また横山大観らとともに日本美術院を設立し

たことから下村観山である。観山は，東京美術学校の1期生で卒業後は助教授をつとめた。岡倉天心に従って辞職した後，日本美術院を設立した。代表作に「大原御幸」「弱法師」などがある。

b．9が正解。bは動物学者・考古学者で，アメリカにいた教員cを東京大学に推薦し，自身も東京大学で教鞭を執ったアメリカ人ということから，モースと判断できる。モースは1877年に大森貝塚を発見し，日本初の学術発掘を行ったことでも知られる。

c．7が正解。d．1が正解。dは，代表作「悲母観音」を発表したことから，狩野芳崖とわかる。そして，狩野芳崖の作画活動に多大な影響を与え，「アメリカから来日し，東京大学で教えていた」人物ということから，cはフェノロサとなる。

▶問6．a．2が正解。「清国政府は英国政府に対して山東省の威海衛を租貸することに同意する」がキーワードである。欧米諸国の中国分割が本格化するのは日清戦争後で，威海衛は1898年からイギリスの租借地となる。したがって「朝鮮が国号を大韓帝国に改めた」のが1897年，また「アメリカ国務長官ジョン＝ヘイの門戸開放宣言」が1899年であり，aは両者の間の2の時期である。

b．8が正解。「合衆国及日本国両政府ハ，領土相近接スル国家ノ間ニハ，特殊ノ関係ヲ生スルコトヲ承認ス」から，第一次世界大戦中の1917年に締結した石井・ランシング協定である。よって，bは「第4次日露協約が締結された」1916年より後の8の時期である。

c．1が正解。「清国ハ朝鮮国ノ…独立自主ノ国タルコトヲ確認ス」から，1895年に結ばれた下関条約である。よって，cは1の時期である。

d．5が正解。やや難。「大英帝国皇帝陛下とロシア皇帝陛下は，アジア大陸におけるそれぞれの国の利害に関する諸問題…に関して両国の間に誤解を生じうるようなものが一切ないように協約を締結する」から，dが英露間で結ばれた協約（英露協商）だとわかる。イギリスはロシアの南下政策に対抗して第1回日英同盟協約を締結するなどしたが，日露戦争後は敗戦と第1次ロシア革命で弱体化したロシアではなく，むしろドイツの脅威を警戒した。そこで英露協約が締結された。よって，dはポーツマス条約に基づきロシアから譲渡された鉄道を経営する「南満洲鉄道株式会社が設立された」1906年より後だとわかる。さらにヨーロッパには，dの英露

協商と英仏協商（1904年締結）によって三国協商陣営ができ，独・墺・伊の三国同盟諸国との対立が第一次世界大戦を惹起する背景であったことから，dは「日本がドイツに宣戦布告した」第一次世界大戦の緒戦の1914年より前の5か6かまでは絞れる。しかしその二者択一には，英露協商の締結年は1907年という詳細な知識が必要である。dは，「孫文が中華民国臨時大総統に就任した」1912年より前の5の時期。

e．4が正解。露西亜帝国政府が「旅順口・大連…ノ租借権」などを日本政府に「移転譲渡ス」とあるから，1905年に締結されたポーツマス条約である。よって，eは「第1次日英同盟協約が締結された」1902年と，「南満洲鉄道株式会社が設立された」1906年の間の4の時期である。

f．3が正解。「清国皇帝陛下ハ…列国ニ」賠償金を支払うと約諾し，さらに「各国公使館所在ノ区域ヲ…公使館警察権ノ下ニ属セシメタルモノト認メ」各国の軍隊駐留を容認しているから，fは北清事変鎮圧後の1901年，列国と清国との間で締結された北京議定書である。よって，fは3の時期である。

Ⅲ **解答** 問7．(1)3　(2)3　(3)6
(4)a－2　b－6　c－3　(5)3

問8．明治政府の主な財源は，幕藩時代から引き継いだ米納の年貢で，領国ごとに税率が異なり，米の作柄や米価の変動によって歳入が不安定になり，予算編成が困難だった。

問9．(1)a－2　b－7　c－6
(2)価格等統制令で生活物資は公定価格制にして物価騰貴を抑え，七・七禁令でぜいたく品の製造・販売を禁止し，マッチ・砂糖には切符制，米には供出制・配給制を導入した。

問10．(1)a－8　b－5　c－2　(2)a－3　b－4　c－5

問11．6

問12．物不足と通貨増発でインフレが進行し物価が上昇した。政府は金融緊急措置令で貨幣流通量を減らし，傾斜生産方式で石炭などの生産を確保したが物価は抑制できず，経済安定九原則に基づく超均衡予算を実施して物価を安定させた。

問13．新自由主義的な行財政改革を進める中曽根康弘内閣は，電電公社

をNTT，専売公社をJT，日本国有鉄道をJRに分割民営化した。

問14．竹下登内閣がリクルート事件で退陣し，宮沢喜一内閣で佐川急便事件・ゼネコン汚職事件が起き政治不信が高まるなか，自民党は分裂した。総選挙で自民党が敗れ，日本新党の細川護熙を首相とする非自民8党派連立内閣が成立した。

■■■■■■■■ ◀解　説▶ ■■■■■■■■

≪幕末～平成の政治・外交・文化・経済≫

▶問7．(1)　3が正解。(2)　3が正解。幕府は文久の改革の一貫で，「西洋を学ぶための様々な改革」として，西洋諸国で唯一の通商国「オランダ」に1862年，幕府初の留学生として派遣したのが，西周と津田真道であった。明治維新後，西も津田も政府に仕え，明六社同人にもなった。津田は日本初の西洋法学書『泰西国法論』の著者でもある。

(3)　6が正解。廃藩置県（1871年）後の官制改革で，政府組織は太政官を正院・左院・右院とする太政官三院制となった。なお，太政官正院は太政大臣，左右大臣と参議などで構成され内閣にあたった。

(4)　a．2，c．3が正解。年表中にはいくつか日本史教科書の内容のレベルを超える世界史分野の事項が含まれる。よって因果関係から解答を導こう。ラクスマンがロシア皇帝エカチェリーナ2世の命で通商交渉のために根室に来航した（1792年）のを受けて，幕府は近藤重蔵らに千島を調査させた。その折，「大日本恵登呂府」の標柱をたてた（1798年）。このことから，aは2以降の時期だと推定できるが，それを確定するために，2の下限「ナポレオン1世の皇帝就任」の年を明らかにする。ナポレオン1世が皇帝になったのは，フランスが全ヨーロッパ征服を目指した戦争（＝ナポレオン戦争・1796～1815年）の最中である。皇帝就任後も征服戦争を続け，イギリスとも激しく戦った。対抗措置としてイギリスは，フランス支配下のオランダが領有していた植民地を次々に奪取した。その一環で，イギリス船フェートン号がオランダ船捕獲のため長崎港に侵入し（フェートン号事件・1808年），その責任を負って「長崎奉行松平康英が自害した」。また，3は「アヘン戦争が始まった」（1840年）までであることから，先にcが3の時期だと判断できる。また，「重複使用不可」の指示から，aは「ナポレオン1世の皇帝就任（実は1804年）」より以前の2の時期に確定できる。

ｂ．６が正解。「橋本左内が処刑された」のは，大老井伊直弼による一橋派大名らへの弾圧（安政の大獄・1858～1859年）に連座したためである。それ以前の老中堀田正睦が幕政を主導していた時期に「アロー戦争が始まった」（1856年）ことを想起したい。アメリカ総領事ハリスは，アロー戦争の経過を説いて幕府に通商条約の締結を迫ったが，老中堀田は天皇の勅許を得られなかった。その後，大老に就任した井伊直弼は日米修好通商条約の締結に踏み切り，無勅許調印を責めた一橋派を弾圧した。あとは６の時期の下限となる「アメリカで南北戦争が始まった」年代を確定する。これも教科書の内容を超えるが，幕末の貿易状況からヒントを得たい。各国と結んだ修好通商条約に則って貿易が始まる（1859年）と，最大の貿易相手国となったのはイギリスであった。最も熱心に日本との通商を求めたのはアメリカだが，南北戦争（1861～1865年）のために，対日貿易が振るわなかったのである。したがって，ｂは南北戦争勃発前の６の時期である。

(5)　３が正解。やや難。日本史の受験知識で解くために注目するのは，ａ・ｃは小説，ｂは詩であること。選択肢３人のうち詩人は上田敏だけであり，ｂの訳者は上田敏と決まり，選択肢は３と５に絞られた。次にａ・ｃの文体の違いに注目する。ａの文章は，「有った」「のぞかれた」と口語体である。一方，ｃは「知りたるべし」「名なり」「及べり」と文語体である。それらからａが『浮雲』で初めて小説に「だ」体の口語文（言文一致体）を取り入れた二葉亭四迷だと決まり，残るｃが森鷗外と決まる。ａは，二葉亭四迷の『あひびき』。ロシアの作家ツルゲーネフの『猟人日記』の一部を言文一致体で訳したものである。ｂは，上田敏の『海潮音』から，ガブリエレ＝ダンヌンチオの「燕の歌」の訳詩。『海潮音』はイタリアなどの57編の訳詩を収め，日本の近代詩壇に新風をもたらした。ｃは森鷗外の『即興詩人』。アンデルセンの同名小説を擬古文調の文体で訳した。

▶問８．「地租改正条例公布までの時期の明治政府の財源の問題点」の２行以内の説明が求められた。明治政府の主な財源は，旧幕藩時代から引き継いだ，農民が納める本途物成や小物成などの年貢であった。①その中核の本途物成は米納が原則で，米の作柄により収穫は一定せず，米価変動で政府歳入額も不安定であったから，予算編成に支障を来した。②また，税が米などの現物納だと，税の運搬費・保管費・売却経費などの徴税コスト

が高い。③本途物成や小物成などの年貢は，税率も税の種類も領国ごとに
まちまちであり，また商人・職人は税が軽いなど，税負担の公平性に欠け
た。そのため年貢賦課の不満からの農民一揆も続発した。これらのうち，
②・③は専門性が高く，答案は①を中心にまとめればよい。

▶問9(1)　a．2が正解。難問だが，基本に立ち返って論理的に解答を導
きたい。aの「アメリカが日本に日米通商航海条約の破棄を通告した」の
は，平沼騏一郎内閣時代の1939年7月である。その平沼内閣時代には，
問9(2)の〔解説〕でも示すように，日中戦争の長期化で物資不足が深刻に
なり，仏領インドシナやフィリピン・マレー・蘭領東インドといった東南
アジアに進出して，石油・天然ゴムなどの物資を獲得する目的と，あわせ
て援蔣ルートの遮断のための航空基地の獲得を目指して，日本軍の「海南
島の占領」が1939年2月に開始された。これは東南アジア地域に既得権
を持つ英・仏・米・蘭の対日警戒心をあおることになり，アメリカ政府は
7月に日米通商航海条約の破棄を通告した。この警告から半年後に条約は
失効し，日本はアメリカからの物資輸入が困難になった。またこの間に欧
州戦でドイツ軍は優勢で1940年6月フランスは対独降伏，ドイツの占領
下に入った。そこで第2次近衛文麿内閣の成立直後に，南進政策と，その
ために優勢なドイツとの結束強化が決定された（「世界情勢の推移に伴ふ
時局処理要綱」7月27日）。その方針に沿って，北部仏印進駐の開始（9
月23日）と，ほぼ同時に「日独伊三国軍事同盟が締結された」（9月27
日）ことに気づきたい。したがって，日本軍が海南島の占領を開始→アメ
リカが警戒・警告のためaの日米通商航海条約の破棄を通告→日本は北部
仏印進駐を実行，それと同時期に日独伊三国軍事同盟の締結と関係づける
ことができる。よって，aは2の時期に入る。海南島の占領は詳細な知識
で，一部の教科書にしか記載されておらず，因果関係も判断しづらく難し
い。

b．7が正解。第3次近衛文麿内閣は，10月上旬までに日米交渉不成功
の場合は対米開戦も辞さずとした「帝国国策遂行要領」を1941年9月6
日の御前会議で決定した。しかし日米交渉は進展せず打ち切られ，近衛内
閣は総辞職した。かわって成立した東条英機内閣でも継続された日米交渉
において，「アメリカが日本にハル=ノートを提示した」（11月26日）。日
本政府はそれを最後通牒と見なして，12月1日の御前会議で対米・英開

戦を決定し，12月8日真珠湾攻撃の後に「米英に対して宣戦を布告した」。よってbは7の時期である。

c．6が正解。「アメリカが日本への石油輸出を全面的に禁止」（1941年8月）するきっかけとなったのは，第3次近衛文麿内閣成立直後に実行された日本の「南部仏印への進駐」（1941年7月）である。また，bで上述の通り，第3次近衛内閣が「帝国国策遂行要領」を決定したのは，1941年9月の倒閣直前であるから，cは6の時期である。

(2)「国家総動員法制定以降米英に対する宣戦布告までの期間の生活物資に関する統制について」2行以内で説明することが求められた。「経過・推移」型の論述であり，順を追って要点を確認しよう。第1次近衛文麿内閣の国家総動員法制定（1938年）によって，政府が議会の承認を経ずに，勅令によって戦争遂行のため物資も人も統制できるようになった。そのために軍需物資の生産確保と輸入が優先され，生活物資は欠乏し価格が高騰した。①阿部信行内閣は国家総動員法に基づき価格等統制令を出して（1939年），生活物資の公定価格を決め物価統制を強化した。②米内光政内閣で，砂糖・マッチの切符制（代金のほかに回数購入券との交換で物資を購入する）を開始（1940年6月）し，③七・七禁令（1940年7月）でぜいたく品（金糸・銀糸の入った高級呉服や装身具）の製造・販売を禁止した。④第2次近衛文麿内閣は米の供出制（1940年），翌年から配給制（1941年4月）を導入した。

　以上をふまえ，「生活物資に関する統制」についての説明が求められていることから，「価格等統制令による物価統制」「砂糖・マッチの切符制」「米の供出制と配給制」については，特に言及しておきたい。

▶問10.　(1)　a．8，b．5，c．2が正解。「第二次世界大戦中の連合国側の宣言もしくは協定」で，日本に直接関係するのは，カイロ宣言・ヤルタ協定・ポツダム宣言の3つであり，a〜cは各々どれにあたるかを決める。まず，bだけが「ソヴィエト」連邦と明示されているから，ヤルタ協定である。この協定は，ソ連の対日参戦の代償を決めた秘密協定で，世界に向けて宣言しないから「ソヴィエト」と明示されている。次にcが「吾等ハ無責任ナル軍国主義カ世界ヨリ駆逐セラルルニ至ル迄…日本国国民ヲ欺瞞シ之ヲシテ世界征服…ノ過誤ヲ犯サシメタル」，つまり軍国主義的指導者・勢力の除去を謳っているから，ポツダム宣言である。aは，

「三同盟国ハ…日本国ノ無条件降伏ヲ齎スニ必要ナル重大且長期ノ行動ヲ続行スヘシ」と，日本国の無条件降伏を勧告しており，米・英・中3国が行ったカイロ宣言である。したがって，aのカイロ宣言はエジプトのカイロ＝8，bのヤルタ協定はクリミア半島の都市（現ウクライナ共和国）ヤルタ＝5となる。cのポツダム宣言は，ドイツの東部に位置する都市ポツダム＝2を選ぶことになる。

(2)　a．3が正解。ヨーロッパでは，1943年9月にイタリアが無条件降伏した。aのカイロ宣言は，1943年11月22〜26日の会談後，12月1日に発表された。この後1944年にはドイツの敗北が濃厚になる。6月に連合国軍が，北フランスの海岸ノルマンディーからの上陸作戦を実行した。このノルマンディー上陸作戦の時期は日本史教科書に記載はないが，ドイツ敗北の一大転機となる重要ポイントとして記憶したい。よって，aはイタリアの無条件降伏より後であり，bはドイツの無条件降伏より前，かつ「a→bの年代配列」と重複使用不可の条件から，aは3の時期である。

b．4が正解。前述のように，ノルマンディー上陸作戦以後，ドイツは劣勢となり，1945年5月8日に無条件降伏する。bのヤルタ協定はその間の1945年2月に，米・英・ソ3国首脳がドイツの敗北が決定的となったことを受けて，ドイツ降伏後の処理問題や東欧問題，ソ連の対日参戦などを決定した。したがって，bは4の時期である。

c．5が正解。ドイツが無条件降伏した（1945年5月8日）直後に，イギリス首相チャーチルが米・英・ソ3国首脳会談の開催要請をし，ポツダム会談が7月17日から開催され，ポツダム宣言は7月26日に発表された。アメリカは原爆投下を正当化するために日本に対し最後通牒としてポツダム宣言を出す必要があった。果たして日本政府がこれを黙殺したことを受けて，1945年8月6日に「原爆が広島に投下された」。よって，cは5の時期である。なお，ソ連政府はアメリカによる広島への原爆投下の報告を受け取ってから対日攻撃を命じ，8月8日に「日本に宣戦布告した」。

▶問11．6が正解。日本国憲法は，第1次吉田茂内閣によって1946年11月3日に公布された。それ以前に公布されたものを考える手がかりは，幣原喜重郎内閣がGHQから受けた五大改革指令に沿って行われた民主化政策の流れである。特に5と6は，「労働組合の結成奨励」を図るため作られた労働三法のうちの二つであり，幣原内閣で1945年に6の労働組合法，

慶應義塾大-経済　　　　　　　　　　　　　2020 年度　日本史〈解答〉　*39*

第 1 次吉田内閣で 1946 年に労働関係調整法，1947 年に 5 の労働基準法の順番で公布されたものである。よって，正解は 6 である。なお，残りの法律はすべて 1947 年に公布されている。

▶問 12.　第 1 図「実質国民総生産（以下，GNP）と物価水準の推移」と，第 2 図「それぞれの増加率」における，「図の 3 の時期」の「急激な物価上昇をもたらした原因」と「それを鎮静化するために図の 3 から 4 の時期に行われた政策について」，3 行以内での説明が求められた。

　まず，図が示す「30 年間」を確定する。第 1 図で注目するのは，「3 の時期の 2 年目」1 年分のデータ欠損と，第 2 図の「3 の時期の 2・3 年目」の 2 年分のデータ欠損である。これは終戦の混乱で一定期間，データが採取されなかったか，失われたかであると推定される。したがって両図に共通する「3 の時期の 2 年目」は終戦の年である 1945 年と考え，第 1・2 図は「1934〜1963 年の 30 年間のグラフ」と推定できる。

　次に設問の要求の 1 点目「図の 3 の時期」の「急激な物価上昇をもたらした原因」とは，「1946〜1948 年の物価上昇の原因」であると考えられる。したがって，それは「極度の物不足と，通貨増発によって起こった悪性インフレの進行」，つまり「モノとカネの極端なアンバランス」で起こった「インフレ（戦後インフレ・悪性インフレ）」である。終戦による外地からの軍人の復員・海外居留民の引揚げで人口が急増したにもかかわらず，戦時中からの農家の労働力不足と終戦年の台風被害による収穫量減少，植民地からの輸入途絶が重なり，食糧不足は深刻であった。また戦争被害による生産力の落ち込みなどから極度の物不足にもなった。通貨増発の背景は，軍人への復員手当の支払い・戦時中に納入された軍需品への支払いといった終戦処理や，企業や庶民が戦争中に強制されていた預貯金を引き出そうとしたことにあった。そのため，激しい悪性インフレが進行し物価が急激に上昇したのである。

　設問の要求の 2 点目は，急激な物価上昇を鎮静化するために図の 3 から 4 の時期，つまり 1946〜1953 年までの政府のインフレ対策を説明することである。まず，幣原喜重郎内閣が 1946 年 2 月に出した金融緊急措置令を指摘する。これは預金封鎖と新円の発行・旧円の通用禁止によって通貨流通量を強制的に縮減するものであった。しかし第 1 図の物価水準は 1946〜47 年でむしろ急上昇している。続く第 1 次吉田茂内閣から片山哲・

芦田均の3内閣の間，1947～1949年に実施されたのが傾斜生産方式である。石炭・鉄鋼などの基礎材料の供給力を優先するため，資金・人材・資材をこれら基幹産業に重点投入する政策である。しかし，結果は，第1図で1947～1948年の物価水準は急上昇，翌1948～1949年は鈍化したとはいえ，物価水準は上昇している。復興金融金庫からの融資によって生産回復は促進されたが，通貨膨張が進み，復金インフレと呼ばれるインフレが加速して物価は抑制できなかった。そこでGHQは1948年12月第2次吉田茂内閣に経済安定九原則を出し，その実行のため翌年にはドッジを来日させた。彼の指示により，日本政府は超均衡予算の編成や，地方財政・民間企業への補助金の縮小，など一連の財政支出削減策「ドッジ=ライン」を実施した。これは明らかなデフレ政策であり，この結果，第1図にあるように1949～1950年の物価上昇は戦後初めて増加が抑えられ，横ばいに近い状態となり，インフレは収束し，物価の安定が実現したのである。

　以上から，物価上昇の原因は，「物不足と通貨増発によるインフレの進行」にあったことを指摘し，それに対する政府の鎮静化政策として，「金融緊急措置令・傾斜生産方式→（インフレ加速）物価抑制できず」「経済安定九原則に基づくドッジ=ラインの実施→（インフレ収束）物価の安定」の2点を盛り込みたい。

▶問13. 設問の要求は，内閣が行ったNTTを含むいくつかの組織の民営化について2行以内で説明するものである。説明条件は，内閣名を首相の名前で示すこと，そしてNTTを含め，民営化前と後のそれぞれの具体的な組織名を挙げることである。よって内閣名は中曽根康弘内閣，具体的な組織名として電電公社をNTT（日本電信電話株式会社）に，専売公社をJT（日本たばこ産業株式会社）に，そして日本国有鉄道をJR（7社の旅客・貨物会社と生産事業団の全8社）に分割・民営化したことを挙げ，民営化について説明をする。民営化は行財政改革として行われたことは付言したい。さらにその背景として，こうした民営化はイギリスのサッチャー首相・アメリカのレーガン大統領といった世界的な新自由（保守）主義の風潮に同調した世界的潮流であったという視点を示してもよいだろう。こういう説明があれば，中曽根康弘内閣の民営化について正しく理解していることを示したことになるだろう。また，民営化は，前任の鈴木善幸内閣のときに発足（1981年3月）した第2次臨時行政調査会からの答申に

慶應義塾大-経済　　　　　　　　　　　　　　2020 年度　日本史〈解答〉 41

掲げられた「増税なき財政再建」の方策として実施された行財政改革の一
環であったことに言及してもよい。

▶問 14. 設問の要求は，1980 年代から 1990 年代に相次いだ，政官財の癒
着として問題となった事件（以下，汚職事件）の具体例と，その結果成立
した非自民連立内閣について，概要を示しながら 3 行以内で説明すること
である。「1980 年代から 1990 年代」，「非自民連立内閣の成立」をヒント
にし，1993 年に成立した細川護熙内閣について述べることが解答の核で
ある。ポイントは，相次いだ汚職事件と退陣した内閣は，どの事件・どの
内閣かである。1980 年代から 1993 年の細川内閣成立までの内閣のうち，
汚職事件で退陣したのは，リクルート事件での竹下登内閣だけである。そ
して，衆議院議員選挙で自由民主党が過半数割れの敗北を喫して宮沢喜一
内閣が退陣し，細川護熙内閣が成立する。その選挙の敗因は佐川急便事件
とゼネコン汚職事件の発覚で，これによって与党自民党が分裂した。次に，
上記の事柄について詳述しつつ，取捨選択するポイントを考えよう。

　① 1988 年に表面化したリクルート事件は，リクルート社が子会社の未
公開株を，中曽根康弘・宮沢喜一ら自民党有力政治家らに譲渡し，株式公
開後に売却利益を上げさせた贈収賄事件である。さらに時の内閣の竹下登
首相とその秘書が同社から資金提供を受けていたことなどを認め，1989
年 4 月に竹下首相は辞任した。

　②宮沢喜一内閣のときに発覚した佐川急便事件とは，同社元社長から自
民党副総裁金丸信への 5 億円のヤミ献金授受が発覚した事件（1992 年）。
また，その捜査中の 1993 年に，大手建設会社，いわゆるゼネコン各社か
らの中央・地方政界への多額のヤミ献金が次々に発覚した。これがゼネコ
ン汚職事件である。相次ぐ汚職事件で政治改革論議が高揚するなか，宮沢
首相は選挙制度改革を柱とする政治改革の実現を明言したが，自民党執行
部の反対で見送られた。

　③国民の非難が強まる中，国会で内閣不信任案が可決され，宮沢首相は
衆議院を解散。直後に自民党は分裂し，新党さきがけ・新生党が結成され
た。総選挙では，自民党は過半数割れの大敗を喫し，宮沢内閣は退陣した。

　④その結果，日本新党の党首・細川護熙を首相とする非自民 8 党派（新
党さきがけ・新生党・社会党・公明党・民社党など）連立内閣が 1993 年
8 月に発足した。

以上から,「竹下登内閣がリクルート事件で退陣→宮沢喜一内閣では佐川急便事件・ゼネコン汚職事件が発覚→政治改革が進まず自民党が分裂→総選挙で自民党敗北→日本新党の細川護熙を首相とする連立内閣成立」,といった論旨を示したい。

❖講　評

　2020年度は,2019年度と同じ大問3題構成だが,記述問題は2019年度の4個から2個に減少,選択問題は10個減の32個であった。誤文選択問題は2019年度に続き出題されず,配列問題も姿を消した。ただし,年表を利用した選択法の年代特定問題は,2019年度の1問6個から4問15個に増加しており,時代把握を重視する傾向に変わりはない。論述問題は2019年度と同じ8個だが,解答枠4行の長文問題はなく,合計行数は3行減少して19行になり,論述の負担はやや軽くなった。解答総数も55個から42個に減少した。時代別の出題分野では,織豊政権期が7個,江戸時代が4個,近現代史分野が31個であった。織豊政権期の出題は2018年度の1個に比べると,4個は特筆すべきだが,その分,江戸時代の出題が減少した。よって,前近代史と近現代史の出題数比,およそ3：7は2019年度と同程度である。地図問題は2問7個。文化史問題は4問9個の出題で3個減少した。一方,グラフや表の出題は,2018年度に比べ,2019年度は棒グラフ1点・それを利用した問題は4個に減少したが,さらに2020年度は折れ線グラフ2点・それらを利用した問題は論述1個に留まった。

　Iは,織豊政権期から江戸時代初期の「アジアにおけるキリスト教の普及と貿易」をテーマに,外交史中心に出題された。問1・問2⑵・問3は世界史との共通問題で,「世界史Bの出題範囲は1500年以降を中心とし,日本史Bの出題範囲は1600年以降を中心とする」と公表しているが,16世紀の「ヨーロッパにおけるキリスト教の動向」や「ポルトガル人」の立場から問うという出題は日本史選択者の意表をつくものであった。特に問2⑵の地図問題は,教科書収載地図の丁寧な確認を必要とする,やや難問。問1は2014年度Ⅱ問7に類題の出題歴もあり,標準レベル。問2⑴はやや易。問4は取り組みやすく標準レベルであるが,「日本の大名や商人の貿易活動」への政策に絞り,余分な情報まで書か

ないことがポイントである。大問全体としては，標準レベルであった。

Ⅱは，アジア初のノーベル文学賞受賞者タゴールの視点から，日本の明治・大正期の美術・外交についての出題である。問5(1)(2)は明治期の美術に関する基本〜標準レベルの記述・語句選択問題であり，失点は避けたい。問6の資料dは，締結時期の確定に手間どるため，やや難問。しかし，それ以外は初見史料のa・fも内容読解は易しく，時期確定も迷わずできる。したがって，大問全体としては，教科書学習で対応可能であり，やや易レベルといえよう。

Ⅲは，「日本における統計の発展」を問題文に設定し，江戸後期〜平成（1990年代）の政治・外交・文化・経済に関する広範な知識が問われた。Ⅰ，Ⅱとともに，Ⅲの問7(1)(2)(4)(5)，問9(1)，問10(1)(2)を通して，「東西世界と日本との交流の歴史」といった基軸が2020年度入試問題全体を貫いていたようにうかがわれる。問7(4)は，2015年度Ⅰ問4と重複する事項が多い類題であり，a・cは標準レベル。bはアメリカで南北戦争が始まった年代が教科書の内容を超え，判断に苦しむが，貿易開始後に日米貿易額が伸びなかった要因に南北戦争があったことと関連づければ，判断できる問いであった。問7(5)は，翻訳書の抜粋文からその訳者名を選択する斬新な問題である。読書経験の有無ではなく，「言文一致体か文語体か」「小説か詩か」といった日本史と現代文の知識を融合し分析する力が測られた，やや難問であるが，入試改革の指針に基づく新機軸の設問である。問9(1)，特に日本軍が海南島の占領を開始した時期については教科書記述を超える詳細な知識が必要であり，周知の情報との関連づけが難しい問題である。問10(1)は，史料名はわかっても，bのヤルタやcのポツダムの位置特定は，意外に盲点をつく出題であった。問11は2018年度Ⅱ問9(4)に類問の出題歴があった。問12は，経済学部頻出の5年刻み30年間分のグラフを読み取る問題である。第1図の物価水準のグラフは教科書収載の「戦後の小売物価指数」グラフに酷似しており，明確な年代特定ができなくとも物価上昇の原因・その対策に関する論述は取り組みやすかった。問13は2019年度Ⅲ問16・問17，問14は2019年度Ⅲ問19(2)がヒントとなる類題であったが，問19は難問。よって大問全体としては学際的知識やグラフ・地図問題など応用力を要する設問が多く，やや難レベルであった。

総括すれば，2020年度は初めて世界史との共通問題が出題され，世界史レベルの知識を要する年代特定問題や，文学に関する出題を通して，日本史・世界史や現代文といった学問分野の垣根を越えた学際的知識，複数の情報を統合・分析して解答に至る応用力を測る，入試改革の方針に沿った学力判断のための工夫が盛り込まれた出題が目立った。総問数・論述解答行数は減少したが，全体としては2019年度並みの難易度であった。また，こうした出題傾向は，入試制度改革を見据えたもので，今後も増加が予想されよう。したがって，日本史中心の緻密な学習に加え，世界史，地理，現代社会，政治・経済，倫理など社会科系科目全体の総合的な知識獲得も心がけてほしい。

世界史

I **解答** 問1．(1)宗教改革によって新教勢力が台頭すると，危機感を抱いたカトリック側はトリエント公会議を開催して対抗宗教改革を推進した。その先頭に立ったイエズス会はポルトガル・スペインの対外進出とともに海外への布教をめざした。

(2)マテオ=リッチの協力によってエウクレイデスの幾何学書を漢訳して『幾何原本』を著し，アダム=シャールと西洋の暦書を共訳して『崇禎暦書』を刊行するなど，ヨーロッパの幾何学や暦法などの学術を中国に紹介した。

問2．(1)3，6，7，8　(2)2，4，6

(3)イエズス会は中国人のキリスト教信者に対し，中国古来からの慣習である祖先祭祀や孔子崇拝などの典礼を認めながら布教活動を展開した。

問3．朝貢形式による勘合貿易断絶後も海禁が継続され，日明間の貿易は後期倭寇による密貿易が中心となった。海禁緩和後も日明間の民間貿易は禁止され，ポルトガルがマカオと平戸を拠点に日本の銀と中国の生糸を交換する中継貿易に参入した。

━━━━━━◀解　説▶━━━━━━

≪アジアにおけるキリスト教の普及と貿易≫

▶問1．(1)　宗教改革によって新教派が台頭したことに危機感を抱いたカトリック側の対抗（反）宗教改革について説明するとよい。ルターやカルヴァンによる宗教改革に対抗するため，ローマ教会は1545～63年トリエント公会議を開催し，教皇の至上権を再確認して巻き返しを図った。その対抗宗教改革の先頭に立ったイエズス会は，カトリックの失地回復として海外布教に力を注いだ。

(2)　『幾何原本』とマテオ=リッチ，『崇禎暦書』とアダム=シャールの関係などから，翻訳によって徐光啓がヨーロッパの知識を伝えたことを指摘したい。中国だけでなくヨーロッパの農業水利学の知識も収めた『農政全書』も徐光啓の書物なので，これについて言及してもいいだろう。

▶問2．(1)　天正遣欧使節のルートとなったポルトガルの拠点の港市を地

図上から選ぶ設問。南アフリカの喜望峰を通るインド航路のルートを想起することがポイント。地図の3はアフリカ東岸のモザンビーク，6はインド西岸のゴア，7は1511年にマラッカ王国を滅ぼして拠点としたマラッカ，8は1557年に明から居住権をえて中国貿易の拠点としたマカオ。3のモザンビークが難しい。なお，4のアデンにもポルトガルの拠点があったが，天正遣欧使節は立ち寄っていない。9はスペインが拠点としたマニラなので対象外。

(2)　スペイン王フェリペ2世の在位は1556～98年なので，2のネーデルラント北部7州が独立を宣言した1581年，4のポルトガルとスペインの同君連合が成立した1580年，6のレパントの海戦でオスマン帝国を破った1571年の3つが該当する。なお，1の『ドン＝キホーテ』前編の刊行は1605年，3のポトシ銀鉱発見は1545年，5のマゼランのフィリピン到達は1521年。

(3)　イエズス会は，中国のキリスト教信者に対して中国古来の典礼（祖先祭祀，孔子崇拝など）を認めながら布教したが，後発のドミニコ派・フランシスコ派が典礼を迷信としたため論争（典礼問題）となり，康熙帝は典礼非認派を追放し，雍正帝によって1724年にキリスト教布教が全面禁止となった。

▶問3．難問。「取引された主な商品」は日本産の銀と中国産の生糸，「明の貿易政策」については海禁・朝貢・勘合貿易などを説明したい。明は初め日本の室町幕府との間で朝貢形式による勘合貿易を行った。16世紀に入ると海禁・朝貢体制は維持されたものの，16世紀半ばには勘合貿易は断絶した。明は朝貢体制を維持するため密貿易を取り締まり，海禁は継続されたが，これに反発する中国人主体の後期倭寇が日明間の密貿易を行い，活動を活発化させたことなどから，1570年頃海禁を解除した。しかし，倭寇に対する警戒から日本との民間貿易は認めず日明間の民間貿易は途絶えた。このため1550年に平戸，1557年にマカオを根拠地としたポルトガル商人が貿易に参入し，日本の銀を中国に運び，中国産の生糸を日本にもたらす中継貿易を営んだ。

II 解答

問4．(1) 5　(2) 4

問5．(1)ア－1　イ－3　ウ－2

(2)ア－4　イ－2　ウ－1　(3) 3 → 1 → 4 → 2　(4) 1

問6．サトウキビのモノカルチャー経済に特化したため，激増する黒人奴隷のための食糧生産が低下し，また製糖の過程で燃料として大量の木材を必要とした。

問7．イギリスではヨーロッパ大陸からの穀物輸入が激減したためアイルランドの穀物輸入に依存し，穀物価格は高騰した。一方，プロイセンのような大陸国家では対英の穀物輸出が激減したため小麦価格が下落した。

問8．(1)ジャガイモ

(2)農地を秋耕地・春耕地・休耕地に3分して輪作する三圃制農法から，休耕地に家畜飼料用のカブやクローバーなどの植物を栽培する四輪作法に変化した。

■━━━━━ ◀解　説▶ ━━━━━■

≪ヨーロッパにおける甘味料の歴史≫

▶問4．(1)　神聖ローマ皇帝カール4世が1356年に発布した金印勅書で7人の聖俗諸侯に皇帝選挙の特権が付与された。選帝侯に選ばれたのはマインツ・トリーア・ケルンの3大司教と，ベーメン王・ブランデンブルク辺境伯・ザクセン公・ファルツ伯の4大世俗諸侯。

(2)　やや難。ドイツのデューラーの晩年の大作は，4の「四人の使徒」(1526年)。1はホルバインの「エラスムス像」，2はブリューゲルの「農民の婚宴」，3はファン=アイク兄弟の「ガン（ヘント）の祭壇画」。

▶問5．(1)(2)　ア．西インド諸島のキューバ島（地図中の1）の東南にあるイスパニョーラ島（地図中の4）はスペインが植民化したが，1697年に島の西半分をフランスが奪ってサン=ドマング（現ハイチ）と名づけた。東半分はスペイン領として残り，サント=ドミンゴ（現ドミニカ）と称された。

イ．クロムウェルが派遣したイギリス艦隊は1655年キューバの南方のジャマイカ島（地図中の2）を占領した。

ウ．キューバの独立運動に際し，アメリカがハバナ港での米軍艦メイン号爆発沈没事件を理由に1898年アメリカ=スペイン（米西）戦争が勃発。勝利したアメリカはプラット条項でキューバを保護国化した。なお，地図中

の5はプエルトリコ。

(3) 難問。1．オランプ=ドゥ=グージュはフランス革命中，女権運動を開始したが，反革命の容疑で1793年11月に処刑。

2．ハイチの黒人独立運動家トゥサン=ルヴェルチュールの獄死は1803年。

3．ルイ16世は国民公会の裁判で1793年1月に処刑。

4．ロベスピエールはテルミドール9日のクーデタで逮捕され，1794年に処刑。以上から，3→1→4→2の順となる。

(4)やや難。消去法を用いるとよい。ウィルバーフォースは，ピット首相の援助も得て福音主義の立場から奴隷解放運動を推進した。

▶問6．難問。大西洋三角貿易に関連した問題。サトウキビの栽培と収穫，そして製糖の過程には大量の労働力が必要で，プランテーションの労働力として急増する黒人奴隷の食糧供給が不足した点を指摘したい。また，砂糖は，サトウキビを砕いてその原液を煮詰めて生産されるため，燃料として大量の木材が必要であったが，サトウキビプランテーションの拡大にともなって西インド諸島の森林資源が枯渇したため，北アメリカ大陸のイギリス植民地から木材が輸入されたのである。

▶問7．ナポレオンが1806年に大陸封鎖令でヨーロッパ大陸諸国に対してイギリスとの通商を禁止した内容を前提とした問題。第1図のグラフにみられるように，イギリスではプロイセン（首都ベルリン）など大陸諸国からの穀物輸入が激減し，アイルランドの穀物に依存するようになった結果，小麦価格は上昇している。他方，穀物販路を失ったプロイセンでは小麦が国内で過剰となったため小麦価格が下落した。

▶問8．(1) 資料イの「250年前からヨーロッパに知られている」や「パンを食べるのと同様に生きていける」からジャガイモと推測したい。

(2) 三圃制農法から18世紀の四輪作法への変化を説明する。資料のアにテンサイの薄赤が挙げられているが，一般に四輪作法はカブ→大麦→クローバー→小麦を4年周期で輪作し，休耕地をなくした分，家畜用飼料の生産を増大させた。カブとクローバーは牛などの家畜の餌とされた。この輪作法はノーフォーク農法とも呼ばれ，イギリスでは第2次囲い込みを促進させた。

		問9．(1)a－1　b－9　c－4　d－8　ア－4

Ⅲ　**解答**　　　(2)a－2　b－1　c－7　d－8　(3)－1・4

問10．a－4　b－1　c－3　d－2

問11．a－8　b－9　c－6　d－3

問12．(1)α．バルト　β．アドリア　(2)a－6　b－1　c－4

問13．ゴルバチョフは新思考外交のもと，アメリカと中距離核戦力全廃条約を結ぶなど核軍縮を進め，アフガニスタンから撤退した。また新ベオグラード宣言で東欧諸国への不干渉政策を発表した。

問14．4→2→3→1

◀解　説▶

≪ヴァイツゼッカーの第二次世界大戦終戦四十年の記念演説関連史≫

▶問9．(1)a．ヴァイマル共和国の初代大統領は社会民主党のエーベルト（任1919〜25年）。

b．フランスのポアンカレ右派内閣（任1922〜24年）はドイツの賠償金支払い遅延を理由に，1923年ベルギーをさそってドイツ鉱工業地帯のルールを占領した。

c．1923年首相に就任したシュトレーゼマンはルール占領軍への抵抗を中止させてフランスとの協調をはかり，インフレを収拾するためレンテンマルクを発行した。

d．外相となったシュトレーゼマンは，フランスのブリアンとともに平和協調外交を展開し，1925年にロカルノ条約を締結し，翌年にドイツは国際連盟に加入した。

(2)a．イギリスでは第一次世界大戦中，ロイド＝ジョージ内閣が1918年第4次選挙法改正を実施し，21歳以上の男性と30歳以上の女性に参政権を付与した。

b．アメリカでは民主党のウィルソン大統領時代の1920年に女性参政権（男女平等選挙権）が成立した。

c．第一次世界大戦の敗戦国ドイツでは1919年のヴァイマル憲法で男女平等に普通選挙権が付与された。

d．トルコ革命で1923年共和国を樹立したムスタファ＝ケマル（ケマル＝パシャ）大統領が女性解放を推進し，1934年に女性参政権を成立させた。

(3)　第3図のグラフでニューヨーク株式取引所の株価指数が垂直的に暴落

50 2020 年度　世界史〈解答〉　　　　　　　　　　　　　慶應義塾大-経済

したのは 1929 年 10 月 24 日のことで，これを機に世界恐慌が始まった。
そのため A は，1920〜29 年と判定できる。

1．パリで不戦条約が調印されたのは 1928 年。

2．産業別組織会議（CIO）が結成されたのは 1935 年。

3．全国産業復興法（NIRA）が制定されたのは 1933 年。

4．ドイツがドーズ案を受け入れたのは 1924 年。

5．フーヴァー=モラトリアムの宣言は 1931 年。

したがって，A の時期に起こったのは 1 と 4。

▶問 10．a・b．ブルガリアとのヌイイ条約，オーストリアとのサン=ジェルマン条約は 1919 年に，c．ハンガリーとのトリアノン条約，d．オスマン帝国とのセーヴル条約は 1920 年に結ばれた。

▶問 11．a．スターリングラードの戦い（1942〜43 年）なので，地図中の 8。

b．北フランス上陸作戦を協議したのはテヘラン会談（1943 年）なので，地図中の 9。

c．ドイツ戦後処理の大綱を決めたのはヤルタ会談（1945 年 2 月）なので，地図中の 6。

d．日本の無条件降伏などを討議したのはポツダム会談（1945 年 7 〜 8 月）なので，地図中の 3。

▶問 12．資料 a は，1970 年の西ドイツ=ポーランド国交正常化に関する条約で，オーデル=ナイセ線を国境とすることで合意した。

資料 b は，1946 年のチャーチルの「鉄のカーテン」演説。

資料 c は 1954 年のパリ協定で，西ドイツ（ドイツ連邦共和国）の NATO 加盟が承認された。

(1)α．オーデル川は，チェコのズデーテン地方を源流としてバルト海に注いでいる。シュテッティン（シュチェチン）はポーランドの港市。

β．トリエステはアドリア海北東岸にあるイタリアの港市。

(2)資料 a 〜 c の時期を特定し，年表中に入れる年代整序問題。年表を整理すると以下のようになる。（**太字**が解答箇所）。

　　b．チャーチルの「鉄のカーテン」演説（1946 年）
　　トルーマン=ドクトリンが発表された（1947 年 3 月）
　　マーシャル=プランが発表された（1947 年 6 月）

慶應義塾大-経済　　　　　　　　　　　　　　　2020 年度　世界史〈解答〉　*51*

　　スターリンが死去した（1953 年）

　　ｃ．パリ協定（西ドイツの NATO 加盟）（1954 年）

　　ナジ＝イムレが処刑された（1958 年）

　　「プラハの春」が起こった（1968 年）

　　ａ．西ドイツ＝ポーランドの国交正常化（1970 年）

　　　東西ドイツが同時に国連に加盟した（1973 年）

＊資料ｂ：歴史学研究会編『世界史史料 11』

▶問 13.　1989 年 12 月，米大統領ブッシュ（父）とソ連のゴルバチョフ書記長がマルタ会談で冷戦終結を宣言するまでの経緯を，ゴルバチョフの外交政策に触れながら説明することが求められている。そのためには，ゴルバチョフによる「新思考外交」について，アメリカとの間の中距離核戦力（INF）全廃条約（1987 年），新ベオグラード宣言（1988 年）による東欧社会主義共和国への内政不干渉，アフガニスタン撤退（1989 年）という政策を挙げて言及するとよい。なお，新ベオグラード宣言は東欧各国独自の社会主義の道を尊重し，東欧に対するソ連の指導性を否定するものであった。

▶問 14.　１．イギリスのヨーロッパ共同体（EC）加盟は 1973 年。

２．ヨーロッパ経済共同体（EEC）の発足は 1958 年。

３．ヨーロッパ自由貿易連合（EFTA）の発足は 1960 年。

４．ヨーロッパ石炭鉄鋼共同体（ECSC）の発足は 1952 年。

以上から，古い順に並べると４→２→３→１となる。

❖講　評

　2020 年度も 2019 年度と同じく大問数は３題で構成。解答個数は 2019 年度の 49 個から 45 個に減少したが，論述は 2019 年度の７問 20 行から８問 21 行に分量がやや増加した。出題形式では，本年度は史料（資料）に加えて視覚資料・地図・グラフなど多彩な形式の問題が復活しており，特に地図関連が３題，グラフ関連が２題が出題された。また，2019 年度と同じく資料の年代特定や年代配列法が頻出しており，詳細な年代把握が欠かせない。例年と同様，論述問題は概してやや難のレベルで作問されており，用語集や大型参考書の詳細な知識と，歴史事象の経緯や因果関係の考察を試す問題が多い。

　Ⅰは，「アジアにおけるキリスト教の普及と貿易」をテーマとした大

問。16～17世紀のポルトガル・スペインやイエズス会による日本・中国への進出とその影響を扱っており，問2(1)と問3を除いて標準レベルの問題。問2(1)は，ポルトガルの拠点としてマカオ・マラッカ・ゴアは特定しやすいが，アフリカ東南岸のモザンビークは難しいと思われる。問3は日明間の貿易の変化を理解していないとまとめるのが難しい。明の海禁と後期倭寇に必ず言及すること。

Ⅱは，「ヨーロッパにおける甘味料の歴史」をテーマとした大問で，全体的にやや難のレベルで作問されている。問4(2)はやや難。ドイツの画家デューラーの「四人の使徒」は有名だが，絵画作品に見慣れていないと誤答しやすい。問5(3)は難問。1のオランプ=ドゥ=グージュの処刑年代の確定が困難であろう。問6も難問で，サトウキビプランテーションの実態を理解しているかどうかで得点差が生じる。問7のグラフ問題はナポレオンが1806年に発した大陸封鎖令の内容を理解していれば，グラフの国々の関係が説明できる。

Ⅲは，「ヴァイツゼッカー大統領の第二次世界大戦終戦四十年演説」の史料をテーマとした大問。第一次世界大戦から第二次世界大戦以後に至るヨーロッパ政治史を扱っており，標準レベルの問題。問9(3)のグラフの株価指数の暴落が1929年であると判断できるので，Aの時期も特定しやすい。問13は新思考外交が具体的にどのような政策としてあらわれているかを述べていけばよいが，新ベオグラード宣言を見逃しやすいので注意したい。

数学

1

◇発想◇ (1) b^2+3b+9 を平方完成すれば
$$A^2-B^2=C \iff (A+B)(A-B)=C$$
が利用できる。

(2) $ab=21^2-c^2$, $20 \leq ab \leq 110$ より c の範囲が求まる。

(3) c を消去する。p が 5 以上の素数であるから,3 と異なる素数より,$3p^2$ の正の約数は 6 個ある。

解答 (1) 7 (2)(3)(4) 110 (5)(6) 19 (7) 2 (8) 2 (9) 3
(10) 3 (11)(12) 21 (13)(14) 35

◀ **解 説** ▶

≪2 次の不定方程式≫

▶(1) $a^2+b^2+ab=c^2$ ……①

$a=3$ のとき,①より
$$b^2+3b+9=c^2 \quad \left(b+\frac{3}{2}\right)^2 + \frac{27}{4} = c^2$$
$$c^2 - \left(b+\frac{3}{2}\right)^2 = \frac{27}{4} \quad \left(c+b+\frac{3}{2}\right)\left(c-b-\frac{3}{2}\right) = \frac{27}{4}$$
$$(2c+2b+3)(2c-2b-3) = 27$$

b, c は,$3<b$ を満たす自然数だから,$2c+2b+3$, $2c-2b-3$ は,$2c+2b+3>11$ を満たす整数で
$$2c+2b+3=27, \quad 2c-2b-3=1$$
よって $b=5$, $c=7$ →(1)

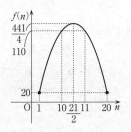

▶(2) 2 つの自然数の一方を n として
$f(n) = n(21-n)$ $(n=1, 2, \cdots, 20)$ とおくと
$$f(n) = -n^2 + 21n = -\left(n-\frac{21}{2}\right)^2 + \frac{441}{4}$$
であるから $20 \leq f(n) \leq 110$
よって,和が 21 になる 2 つの自然数の積の最大値は 110 →(2)〜(4)

$a+b=21$ のとき $\qquad 20\leqq ab\leqq 110$

$\qquad$ ① $\Longleftrightarrow (a+b)^2-ab=c^2 \qquad \therefore \quad ab=441-c^2$

よって

$\qquad 20\leqq 441-c^2\leqq 110 \qquad 331\leqq c^2\leqq 421 \qquad \therefore \quad c=19,\ 20$

$a,\ b$ は偶奇が一致しないから，ab は偶数であり，これより $c^2=441-ab$ は奇数で，c も奇数だから

$\qquad c=19$

このとき，$ab=80$ $(a<b)$ から，$(a,\ b)=(5,\ 16)$ であり，条件を満たす $a,\ b$ $(a<b)$ が存在する。

以上より $\qquad c=19 \quad \rightarrow(5)\cdot(6)$

▶(3) $c=a+b-p$ と①から

$\qquad a^2+b^2+ab=(a+b-p)^2$

$\qquad a^2+b^2+ab=(a+b)^2-2(a+b)p+p^2$

$\qquad ab-2(a+b)p+p^2=0$

$\qquad (a-2p)(b-2p)=3p^2 \quad \rightarrow(7)\sim(9)$

$a<b$ より，$a-2p,\ b-2p$ は，$a-2p<b-2p$ を満たす整数なので，p が 5 以上の素数のとき

$\qquad (a-2p,\ b-2p)=(1,\ 3p^2),\ (3,\ p^2),\ (p,\ 3p),$

$\qquad\qquad\qquad\qquad\quad (-3p^2,\ -1),\ (-p^2,\ -3),\ (-3p,\ -p)$

c が自然数だから，$a+b>a+b-c=p$ より

$\qquad (a-2p)+(b-2p)=a+b-4p>p-4p=-3p \quad \cdots\cdots$②

を満たす。

$p\geqq 5$ のとき

$\qquad -3p>-4p>-p^2-3>-3p^2-1$

であるから，$(a-2p,\ b-2p)=(-3p^2,\ -1),\ (-p^2,\ -3),\ (-3p,-p)$ のとき，②を満たさないので不適。

したがって

$\qquad (a,\ b)=(2p+1,\ 3p^2+2p),\ (2p+3,\ p^2+2p),\ (3p,\ 5p)$

となり，条件を満たす $a,\ b,\ c$ の組は全部で 3 個ある。 $\rightarrow$(10)

また，$p=7$ のとき $\qquad (a,\ b)=(15,\ 161),\ (17,\ 63),\ (21,\ 35)$

$c=a+b-7$ の値が最小となるのは

$\qquad (a,\ b)=(21,\ 35) \quad \rightarrow$(11)$\sim$(14)

慶應義塾大-経済　　　　　　　　　　　　　　　　　　2020 年度　数学〈解答〉 *55*

2　◇発想◇　(1)　出た目の合計が k となる場合の数は，合計が k となる目の組合せを利用して求める。

(2)　さいころを，たとえば 3 回投げて，目の和が 6 となる場合の数は，6 個の「○」と 2 本の「｜」の順列の数を求める考え方が利用できる。ただし，さいころの目であるから両端は「○」で「｜」を続けて並べてはならないことに注意する。

解答　(15)(16) 25　(17)(18)(19) 216　(20) 3　(21) 8　(22) 7　(23) 5
(24) 6　(25) 6　(26) 5　(27) 7　(28) 6　(29) 7　(30) 2　(31) 3

◀解　説▶

≪さいころの確率，二項定理≫

▶(1)　さいころを 3 回投げ終えた時点で，それまでに出た目の合計を X で表すことにする。

$X=9$ となる目の組は

$$\{1,\ 2,\ 6\},\ \{1,\ 3,\ 5\},\ \{1,\ 4,\ 4\},\ \{2,\ 2,\ 5\},\ \{2,\ 3,\ 4\},\ \{3,\ 3,\ 3\}$$

$$\therefore\ P(X=9)=\frac{3!\cdot 3+{}_3C_1\cdot 2+1\cdot 1}{6^3}=\frac{25}{216}\quad\rightarrow(15)\sim(19)$$

$X=12$ となる目の組は　　　$\{1,\ 5,\ 6\},\ \{2,\ 4,\ 6\},\ \{2,\ 5,\ 5\},\ \{3,\ 3,\ 6\},$
　　　　　　　　　　　　　　$\{3,\ 4,\ 5\},\ \{4,\ 4,\ 4\}$

$X=13$ となる目の組は　　　$\{1,\ 6,\ 6\},\ \{2,\ 5,\ 6\},\ \{3,\ 4,\ 6\},\ \{3,\ 5,\ 5\},$
　　　　　　　　　　　　　　$\{4,\ 4,\ 5\}$

$X=14$ となる目の組は　　　$\{2,\ 6,\ 6\},\ \{3,\ 5,\ 6\},\ \{4,\ 4,\ 6\},\ \{4,\ 5,\ 5\}$

$X=15$ となる目の組は　　　$\{3,\ 6,\ 6\},\ \{4,\ 5,\ 6\},\ \{5,\ 5,\ 5\}$

$X=16$ となる目の組は　　　$\{4,\ 6,\ 6\},\ \{5,\ 5,\ 6\}$

$X=17$ となる目の組は　　　$\{5,\ 6,\ 6\}$

$X=18$ となる目の組は　　　$\{6,\ 6,\ 6\}$

$$\therefore\ P(X\geqq 12)=\frac{3!\cdot 7+{}_3C_1\cdot 12+1\cdot 3}{6^3}=\frac{81}{216}=\frac{3}{8}\quad\rightarrow(20)\cdot(21)$$

▶(2)　出た目の合計が 6 になるまでにさいころを投げた回数を Y とする。

$Y=1$ のとき，1 回目に 6 の目が出る場合だから　　$P(Y=1)=\dfrac{1}{6}$

$Y=2$ のときを考える。

たとえば「1回目に2の目，2回目に4の目が出る」は○○│○○○○
と表すことができる。

この対応で，6個の「○」と1本の「│」の順列（両端は「○」）の総数
を求めればよい。このような順列の総数は，「○」で挟まれた5つの部分
から1つ選んでそこに「│」を入れると考えて，$_5C_1$ 通りあり

$$P(Y=2) = {}_5C_1\left(\frac{1}{6}\right)^2$$

同様にして

$$P(Y=3) = {}_5C_2\left(\frac{1}{6}\right)^3 \qquad P(Y=4) = {}_5C_3\left(\frac{1}{6}\right)^4$$

$$P(Y=5) = {}_5C_4\left(\frac{1}{6}\right)^5 \qquad P(Y=6) = {}_5C_5\left(\frac{1}{6}\right)^6$$

したがって，出た目の合計が6になる確率は

$$\sum_{k=1}^{6} P(Y=k) = {}_5C_0\left(\frac{1}{6}\right) + {}_5C_1\left(\frac{1}{6}\right)^2 + {}_5C_2\left(\frac{1}{6}\right)^3 + {}_5C_3\left(\frac{1}{6}\right)^4 + {}_5C_4\left(\frac{1}{6}\right)^5 + {}_5C_5\left(\frac{1}{6}\right)^6$$

$$= \frac{1}{6}\sum_{k=0}^{5} {}_5C_k\left(\frac{1}{6}\right)^k = \frac{1}{6}\cdot\left(1+\frac{1}{6}\right)^5 = \frac{7^5}{6^6} \quad \rightarrow\text{(22)}\sim\text{(25)}$$

▶(3)　出た目の合計が初めて7以上になった時点で，その値が12以上に
なるのは，ある回で，出た目の合計が6になり，その次の回に6の目が出
る場合であるから，確率は(2)より

$$\frac{7^5}{6^6}\cdot\frac{1}{6} = \frac{7^5}{6^7} \quad \rightarrow\text{(26)}\cdot\text{(27)}$$

出た目の合計が初めて7以上になる直前までの目の和を Z，最後の目を
W とおくと，出た目の合計が初めて7以上になった時点で，その値が9
となるのは

$$(Z,\ W) = (6,\ 3),\ (5,\ 4),\ (4,\ 5),\ (3,\ 6)$$

の場合である。

$P(Z=k) = p_k \ (k=3,\ 4,\ 5,\ 6)$ とおくと，(2)の結果から $\quad p_6 = \dfrac{7^5}{6^6}$

また，(2)と同様に

$$p_5 = {}_4C_0\left(\frac{1}{6}\right) + {}_4C_1\left(\frac{1}{6}\right)^2 + {}_4C_2\left(\frac{1}{6}\right)^3 + {}_4C_3\left(\frac{1}{6}\right)^4 + {}_4C_4\left(\frac{1}{6}\right)^5$$

$$= \frac{1}{6} \sum_{k=0}^{4} {}_4\mathrm{C}_k \left(\frac{1}{6}\right)^k = \frac{1}{6} \cdot \left(1 + \frac{1}{6}\right)^4 = \frac{7^4}{6^5}$$

$$p_4 = {}_3\mathrm{C}_0 \left(\frac{1}{6}\right) + {}_3\mathrm{C}_1 \left(\frac{1}{6}\right)^2 + {}_3\mathrm{C}_2 \left(\frac{1}{6}\right)^3 + {}_3\mathrm{C}_3 \left(\frac{1}{6}\right)^4$$

$$= \frac{1}{6} \sum_{k=0}^{3} {}_3\mathrm{C}_k \left(\frac{1}{6}\right)^k = \frac{1}{6} \cdot \left(1 + \frac{1}{6}\right)^3 = \frac{7^3}{6^4}$$

$$p_3 = {}_2\mathrm{C}_0 \left(\frac{1}{6}\right) + {}_2\mathrm{C}_1 \left(\frac{1}{6}\right)^2 + {}_2\mathrm{C}_2 \left(\frac{1}{6}\right)^3$$

$$= \frac{1}{6} \sum_{k=0}^{2} {}_2\mathrm{C}_k \left(\frac{1}{6}\right)^k = \frac{1}{6} \cdot \left(1 + \frac{1}{6}\right)^2 = \frac{7^2}{6^3}$$

よって，出た目の合計が初めて 7 以上になった時点で，その値が 9 となる確率は

$$(p_3 + p_4 + p_5 + p_6) \cdot \frac{1}{6} = \left(\frac{7^2}{6^3} + \frac{7^3}{6^4} + \frac{7^4}{6^5} + \frac{7^5}{6^6}\right) \cdot \frac{1}{6}$$

$$= \frac{7^2}{6^4} \left\{ 1 + \frac{7}{6} + \left(\frac{7}{6}\right)^2 + \left(\frac{7}{6}\right)^3 \right\}$$

$$= \frac{7^2}{6^4} \cdot \frac{\left(\frac{7}{6}\right)^4 - 1}{\frac{7}{6} - 1}$$

$$= \frac{7^2}{6^3} \cdot \left(\frac{7^4}{6^4} - 1\right)$$

$$= \frac{7^6}{6^7} - \frac{7^2}{6^3} \quad \rightarrow\text{(28)}\sim\text{(31)}$$

参考 (1)の $X = 9$ となる確率は，(2)と同様に， 9 個の「○」と 2 本の「｜」の順列（両端は「○」）の数が ${}_8\mathrm{C}_2$ 通りで，そのうち「○」が 7 個連続して現れるものが 3 通りあるから

$$P(X = 9) = \frac{{}_8\mathrm{C}_2 - 3}{6^3} = \frac{25}{216}$$

3 ◇発想◇ (3) S_{3m} は 3 項ずつまとめて計算すると，計算しやすくなる。また，S_{3m} の桁数については，10^{2m} が $2m + 1$ 桁の整数であることを利用する。

解答 (32) 2 (33) 2 (34) 4 (35) 3 (36) 2 (37) 0 (38) 1 (39) 1
(40) 2 (41) 1 (42) 1 (43) 1 (44) 2 (45) 2 (46) 1 (47) 1
(48) 2 (49) 2 (50) 1 (51) 2 (52) 2 (53)(54) 70 (55)(56) 33 (57) 2 (58) 1

━━━━━━ ◀解 説▶ ━━━━━━

≪連立漸化式, 数学的帰納法, 数列の和, 桁数≫

▶(1) $a_1=1$, $b_1=1$ より

$\dfrac{a_1}{b_1}=1<2$ より $a_2=a_1+1=2$, $b_2=b_1=1$

$\dfrac{a_2}{b_2}=2$ より $a_3=a_2=2$, $b_3=b_2+1=2$ →(32)・(33)

$\dfrac{a_3}{b_3}=1$ より $a_4=a_3+1=3$, $b_4=b_3=2$

$\dfrac{a_4}{b_4}=\dfrac{3}{2}<2$ より $a_5=a_4+1=4$, $b_5=b_4=2$

$\dfrac{a_5}{b_5}=2$ より $a_6=a_5=4$, $b_6=b_5+1=3$ →(34)・(35)

▶(2) (1)の結果から

$a_{3m}=2m$, $b_{3m}=m+1$ ……②   →(36)～(39)

が成り立つと推測される。

$m=1$ のとき, (1)の結果から成り立つ。$m=k$ のとき②が成り立つと仮定すると

$\dfrac{a_{3k}}{b_{3k}}=\dfrac{2k}{k+1}=2-\dfrac{2}{k+1}<2$ より

$a_{3k+1}=a_{3k}+1=2k+1$, $b_{3k+1}=b_{3k}=k+1$ →(40)～(43)

$\dfrac{a_{3k+1}}{b_{3k+1}}=\dfrac{2k+1}{k+1}=2-\dfrac{1}{k+1}<2$ より

$a_{3k+2}=a_{3k+1}+1=2k+2$, $b_{3k+2}=b_{3k+1}=k+1$ →(44)～(47)

$\dfrac{a_{3k+2}}{b_{3k+2}}=2$ より

$a_{3k+3}=a_{3k+2}=2k+2$, $b_{3k+3}=b_{3k+2}+1=k+2$ →(48)～(51)

となるので, $m=k+1$ のときにも②は成り立つ。

▶(3) (2)の結果から

$a_{3k+1}=2k+1$, $a_{3k+2}=2k+2$, $a_{3k+3}=2k+2$ $(k=0,\ 1,\ 2,\ \cdots)$

が成り立つから

$$S_{3m} = \sum_{k=1}^{3m} 10^{a_k}$$

$$= \sum_{k=0}^{m-1} (10^{a_{3k+1}} + 10^{a_{3k+2}} + 10^{a_{3k+3}})$$

$$= \sum_{k=0}^{m-1} (10^{2k+1} + 10^{2k+2} + 10^{2k+2})$$

$$= \sum_{k=0}^{m-1} 10^{2k}(10 + 100 + 100)$$

$$= 210 \sum_{k=0}^{m-1} 100^k$$

$$= 210 \cdot \frac{100^m - 1}{100 - 1}$$

$$= \frac{70}{33}(10^{2m} - 1) \quad \to (52)\sim(56)$$

$$\frac{70}{33}(10^{2m} - 1) - 10^{2m} = \frac{1}{33}(37 \cdot 10^{2m} - 70) > 0$$

$$10^{2m+1} - \frac{70}{33}(10^{2m} - 1) = \frac{1}{33}(26 \cdot 10^{2m+1} + 70) > 0$$

よって

$$10^{2m} < S_{3m} < 10^{2m+1}, \quad 2m < \log_{10} S_{3m} < 2m+1$$

が成り立ち，S_{3m} は $2m+1$ 桁の整数 $\to (57) \cdot (58)$

◇発想◇　(2)　Pが線分 RS 上を動くという条件から
$$\overrightarrow{OP} = t\overrightarrow{OR} + (1-t)\overrightarrow{OS} \quad (0 \leq t \leq 1)$$
と表せる。

(3)　三角形の面積の公式
$$S = \frac{1}{2}\sqrt{|\overrightarrow{AB}|^2|\overrightarrow{AC}|^2 - (\overrightarrow{AB} \cdot \overrightarrow{AC})^2}$$
を利用して，S を p, q, r で表すことを考える。

解答　(1)　Pは直線 AC 上にあるから，実数 α を使って
$$\overrightarrow{OP} = \overrightarrow{OA} + \alpha\overrightarrow{AC} \text{ より}$$

$$\overrightarrow{\mathrm{OP}} = (0,\ 0,\ 1) + \alpha\,(p,\ q,\ r-1)$$

$$= (\alpha p,\ \alpha q,\ (r-1)\,\alpha+1)$$

P は xy 平面上の点だから $\qquad (r-1)\,\alpha+1=0$

$\mathrm{C} \neq \mathrm{A}$ より，$r \neq 1$ であるから $\qquad \alpha = \dfrac{1}{1-r}$

$$\therefore\quad \mathrm{P}\left(\frac{p}{1-r},\ \frac{q}{1-r},\ 0\right) \quad \cdots\cdots（答）$$

同様に $\qquad \mathrm{Q}\left(\dfrac{p}{1+r},\ \dfrac{q}{1+r},\ 0\right) \quad \cdots\cdots（答）$

(2) 点 C は原点を中心とする半径 1 の球面の点だから

$$p^2 + q^2 + r^2 = 1 \quad \cdots\cdots①$$

$\mathrm{C} \neq \mathrm{A}$，$\mathrm{C} \neq \mathrm{B}$ より $\qquad -1 < r < 1 \quad \cdots\cdots②$

である。

Q の x 座標，y 座標について

$$X = \frac{p}{1+r},\ \ Y = \frac{q}{1+r} \quad \cdots\cdots③$$

とおく。P が線分 RS 上を動くから

$$\overrightarrow{\mathrm{OP}} = t\overrightarrow{\mathrm{OR}} + (1-t)\,\overrightarrow{\mathrm{OS}} = \left(\frac{t}{2},\ \frac{1-t}{4},\ 0\right) \quad (0 \leqq t \leqq 1)$$

と表され，(1)の結果より

$$\frac{p}{1-r} = \frac{t}{2},\ \ \frac{q}{1-r} = \frac{1-t}{4} \quad \cdots\cdots④$$

①，③より，p と q を消去すると

$$(1+r)^2 X^2 + (1+r)^2 Y^2 + r^2 = 1 \qquad (1+r)^2 (X^2 + Y^2) = 1 - r^2$$

$$X^2 + Y^2 = \frac{1-r}{1+r} \quad \cdots\cdots⑤$$

$X^2 + Y^2 > 0$ であるから，③，④，⑤より

$$(1+r)\,X = \frac{t}{2}(1-r)$$

$$\therefore\quad t = 2X \cdot \frac{1+r}{1-r} = \frac{2X}{X^2 + Y^2} \quad \cdots\cdots⑥$$

$$(1+r)\,Y = \frac{(1-t)\,(1-r)}{4}$$

∴ $1-t = 4Y \cdot \dfrac{1+r}{1-r} = \dfrac{4Y}{X^2+Y^2}$ ……⑦

⑥＋⑦より，t を消去して整理すると

$X^2 + Y^2 - 2X - 4Y = 0$

$(X-1)^2 + (Y-2)^2 = 5$

また，$0 \leq t \leq 1$ より，⑥，⑦から

$X \geq 0$, $Y \geq 0$

したがって，Q の軌跡は右図のような半円である。
ただし，端点 $(2, 0)$ $(0, 4)$ を含む。

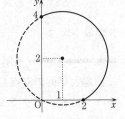

(3) $\overrightarrow{AC} = (p, q, r-1)$, $\overrightarrow{AB} = (0, 0, -2)$ であるから，△ABC の面積を S とすると

$S = \dfrac{1}{2}\sqrt{|\overrightarrow{AB}|^2|\overrightarrow{AC}|^2 - (\overrightarrow{AB}\cdot\overrightarrow{AC})^2}$

$= \dfrac{1}{2}\sqrt{4\{p^2+q^2+(r-1)^2\} - 4(r-1)^2}$

$= \sqrt{p^2+q^2} = \sqrt{1-r^2}$ （①より）

$u = \sqrt{X^2+Y^2}$ とおくと，$u > 0$ であり，⑤より

$r = \dfrac{1-X^2-Y^2}{1+X^2+Y^2} = \dfrac{1-u^2}{1+u^2}$

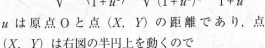

u は原点 O と点 (X, Y) の距離であり，点 (X, Y) は右図の半円上を動くので

$(X, Y) = (2, 0)$ のとき u は最小値 2

$(X, Y) = (2, 4)$ のとき u は最大値 $2\sqrt{5}$

をとり

$2 \leq u \leq 2\sqrt{5}$

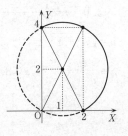

$f(u) = \dfrac{2u}{1+u^2}$ $(u>1)$ とおくと，$1 < \alpha < \beta$ のとき

$f(\alpha) - f(\beta) = \dfrac{2\alpha}{1+\alpha^2} - \dfrac{2\beta}{1+\beta^2}$

$= \dfrac{2\{\alpha(1+\beta^2) - \beta(1+\alpha^2)\}}{(1+\alpha^2)(1+\beta^2)}$

$$= \frac{2(\beta-\alpha)(\alpha\beta-1)}{(1+\alpha^2)(1+\beta^2)} > 0$$

これより，$f(\alpha) > f(\beta)$ が成り立ち，$f(u)$ は $u>1$ で単調減少である。
よって，S は $u = 2\sqrt{5}$ のとき最小値をとり

S の最小値は　$\dfrac{4\sqrt{5}}{21}$　……(答)

◀解　説▶

≪直線と平面の交点，軌跡，三角形の面積≫

▶(1)　直線のベクトル方程式を利用する。点 P が xy 平面上の点であるから，z 座標は 0 である。

▶(2)　p, q, r, t が，①，②，④の条件を満たしながら変化するとき，③によって定義される点 (X, Y) の軌跡を求めればよいから，媒介変数の p, q, r, t を消去して，X, Y だけの関係式を求めればよい。
③より　　$p = (1+r)X$，$q = (1+r)Y$
これを，①，④に代入すれば，p, q が消去でき，得られた⑤と

$$(1+r)X = \frac{t(1-r)}{2}, \quad (1+r)Y = \frac{(1-t)(1-r)}{4}$$

より，r と t を消去すればよい。

▶(3)　三角形の面積の公式を利用して
$$S = \sqrt{p^2+q^2} = \sqrt{1-r^2}$$

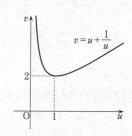

⑤より，$r = \dfrac{1-X^2-Y^2}{1+X^2+Y^2}$ であるから，

$u = \sqrt{X^2+Y^2}$ とおけば，S が u で表される。

$S = \dfrac{2u}{u^2+1}$ 　（$2 \leq u \leq 2\sqrt{5}$）の最小値は

$$S = \frac{2}{u + \dfrac{1}{u}}$$

と変形すれば，$v = u + \dfrac{1}{u}$ のグラフから

S が最小 $\iff u + \dfrac{1}{u}$ が最大 $\iff u = 2\sqrt{5}$

このことを利用して S の最小値を求めることもできる。

慶應義塾大-経済　　　　　　　　　　　　　　　2020 年度　数学〈解答〉 63

5　◇発想◇　(3)　$3\sin\left(\dfrac{s+t}{2}\pi\right)+\cos\left(\dfrac{s+t}{2}\pi\right)$ を合成し，$\dfrac{s+t}{2}\pi$ のと

り得る値の範囲を調べる。

解答　(1)　　　$\log_8(2-\alpha)+\log_{64}(\alpha+1)=\log_4\alpha$　……①

真数は正より，$2-\alpha>0$，$\alpha+1>0$，$\alpha>0$

∴　$0<\alpha<2$　……②

このとき，①より

$$\frac{\log_2(2-\alpha)}{\log_2 8}+\frac{\log_2(\alpha+1)}{\log_2 64}=\frac{\log_2\alpha}{\log_2 4}$$

$$\frac{1}{3}\log_2(2-\alpha)+\frac{1}{6}\log_2(\alpha+1)=\frac{1}{2}\log_2\alpha$$

$$2\log_2(2-\alpha)+\log_2(\alpha+1)=3\log_2\alpha$$

$$\log_2(2-\alpha)^2(\alpha+1)=\log_2\alpha^3$$

$$\alpha^3=(2-\alpha)^2(\alpha+1)$$

$$\alpha^2=\frac{4}{3}$$

よって，②から　　$\alpha=\dfrac{2}{\sqrt{3}}$　……(答)

(2)　点 $(s,\ t)$ は，点 $\left(2,\ \dfrac{4}{3}\right)$ に関して，点 $(x,\ y)$ と対称な点であるか

ら

$$\frac{x+s}{2}=2,\ \ \frac{y+t}{2}=\frac{4}{3}\ \ \ \ ∴\ \ x=4-s,\ y=\frac{8}{3}-t$$

$y=\log_2 x$ だから　　$\dfrac{8}{3}-t=\log_2(4-s)$

∴　$t=\dfrac{8}{3}-\log_2(4-s)$　……(答)

(3)　$K=3\sin\left(\dfrac{s+t}{2}\pi\right)+\cos\left(\dfrac{s+t}{2}\pi\right)$ とおいて

$$s+t=u\ \ \ \ ……③$$

とおくと，合成により　　$K=\sqrt{10}\,\sin\left(\dfrac{u}{2}\pi+\theta_1\right)$

ただし，θ_1 は

$$\sin\theta_1 = \frac{1}{\sqrt{10}}, \quad \cos\theta_1 = \frac{3}{\sqrt{10}}, \quad 0 < \theta_1 < \frac{\pi}{2}$$

を満たす定数である。
s 軸との交点の s 座標は $t=0$ として

$$\log_2(4-s) = \frac{8}{3} \quad 4-s = 2^{\frac{8}{3}} \quad s = 4(1-\sqrt[3]{4})$$

曲線 $t = \frac{8}{3} - \log_2(4-s)$ の $s \leq 0, \ t \geq 0$ の部分は
右図のようになる。ただし,端点
$(4(1-\sqrt[3]{4}), \ 0), \ \left(0, \ \frac{2}{3}\right)$ を含む。
点 $(s, \ t)$ がこの曲線上を動くとき, u のとる
値の範囲は, 直線③と曲線が共有点をもつよう
な u の値の範囲を求めればよい。

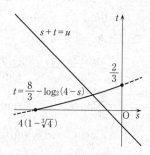

u が最大になるのは, ③が点 $\left(0, \ \frac{2}{3}\right)$ を通る場合で, u が最小になるのは,
③が点 $(4(1-\sqrt[3]{4}), \ 0)$ を通る場合であるから, u の範囲は

$$4(1-\sqrt[3]{4}) \leq u \leq \frac{2}{3}$$

よって $2(1-\sqrt[3]{4})\pi \leq \frac{u}{2}\pi \leq \frac{\pi}{3}$

$\theta_2 = 2(1-\sqrt[3]{4})\pi$ とおくと, $\theta_2 \leq \frac{u}{2}\pi \leq \frac{\pi}{3}$ ……④ と書くことができる。
$1.5 < \sqrt[3]{4} < 1.6$ であるから

$$-1.2 < 2(1-\sqrt[3]{4}) < -1 \quad \therefore \quad -\frac{6}{5}\pi < \theta_2 < -\pi \quad \text{……⑤}$$

$\sin\theta_1 = \frac{1}{\sqrt{10}} < \frac{1}{2}$ より $0 < \theta_1 < \frac{\pi}{6}$ ……⑥

ところで, ④の各辺に θ_1 を加えると

$$\theta_1 + \theta_2 \leq \frac{u}{2}\pi + \theta_1 \leq \frac{\pi}{3} + \theta_1 \quad \text{……⑦}$$

であり, ⑤と⑥を辺々加えることにより

$$-\frac{6}{5}\pi < \theta_1 + \theta_2 < -\frac{5}{6}\pi$$

また，⑥の各辺に $\dfrac{\pi}{3}$ を加えることにより

$$\dfrac{\pi}{3} < \dfrac{\pi}{3} + \theta_1 < \dfrac{\pi}{2}$$

$$\sin\left(-\dfrac{6}{5}\pi\right) = \sin\dfrac{\pi}{5} < \sin\left(\dfrac{\pi}{3} + \theta_1\right)$$

である。

$-2\pi < -\dfrac{6}{5}\pi < -\pi$ かつ $-\pi < -\dfrac{5}{6}\pi < -\dfrac{\pi}{2}$ であるから，⑦の範囲において

$$\dfrac{u}{2}\pi + \theta_1 = -\dfrac{\pi}{2}$$

となるときがあり，最小となる。

したがって，K の最小値は $\quad -\sqrt{10}\quad$ ……(答)

K の最大値は $\dfrac{u}{2}\pi + \theta_1 = \dfrac{\pi}{3} + \theta_1$ のときなので

$$\sqrt{10}\sin\left(\dfrac{\pi}{3} + \theta_1\right) = \sqrt{10}\left(\sin\dfrac{\pi}{3}\cos\theta_1 + \cos\dfrac{\pi}{3}\sin\theta_1\right)$$

$$= \sqrt{10}\left(\dfrac{\sqrt{3}}{2}\cdot\dfrac{3}{\sqrt{10}} + \dfrac{1}{2}\cdot\dfrac{1}{\sqrt{10}}\right)$$

$$= \dfrac{3\sqrt{3}+1}{2}\quad ……(答)$$

◀解　説▶

≪対数方程式，三角関数の最大値と最小値≫

▶(1)　底を 2 にそろえて計算する。

▶(3)　$s + t$ のとる値の範囲は，$s + t = u$ とおいて，この直線と点 $(s,\ t)$ が描く曲線が共有点をもつ条件から求められるが

$$s + t = s + \dfrac{8}{3} - \log_2(4 - s)$$

s の範囲は，$4(1 - \sqrt[3]{4}) \leqq s \leqq 0$ であるから，関数 $f(s) = s + \dfrac{8}{3} - \log_2(4 - s)$

$(4(1 - \sqrt[3]{4}) \leqq s \leqq 0)$ を利用してもよい。

〔解答〕の図より，s が $4(1 - \sqrt[3]{4})$ から 0 まで変化するとき，$f(s)$ は単調増加であるから

$$f(4(1 - \sqrt[3]{4})) \leqq f(s) \leqq f(0)$$

6 ◇発想◇ (1) 3次式 $f(x)$ を
$$f(x) = p(x-a)^3 + q(x-a)^2 + r(x-a) + s \quad (p \neq 0)$$
とおいて考えれば，与えられた条件が使いやすくなる。

(2) $x \geqq 0$ におけるグラフを利用して考える。

解答 (1) $f(x) = p(x-a)^3 + q(x-a)^2 + r(x-a) + s \quad (p \neq 0)$ とおくと
$$f'(x) = 3p(x-a)^2 + 2q(x-a) + r$$

$f(a) = s = 0, \ f'(a) = r = 0$ より
$$f(x) = p(x-a)^3 + q(x-a)^2$$
$$f(0) = -pa^3 + qa^2 = -a^2$$

$a > 0$ より $\quad -ap + q = -1 \quad \therefore \quad q = ap - 1 \quad \cdots\cdots①$

また
$$\int_0^a f(x)\,dx = \int_0^a \{p(x-a)^3 + q(x-a)^2\}\,dx$$
$$= \left[\frac{p}{4}(x-a)^4 + \frac{q}{3}(x-a)^3 \right]_0^a$$
$$= -\frac{p}{4}a^4 + \frac{q}{3}a^3 = a^3\left(-\frac{ap}{4} + \frac{q}{3} \right) = 0$$

$a \neq 0$ より $\quad q = \frac{3}{4}ap \quad \cdots\cdots②$

①，②より $\quad p = \dfrac{4}{a}, \ q = 3$

$$f(x) = \frac{4}{a}(x-a)^3 + 3(x-a)^2$$

$$\therefore \quad f(x) = \frac{4}{a}(x-a)^2\left(x - \frac{a}{4} \right) \quad \cdots\cdots（答）$$

(2) $f(x) = \dfrac{4}{a}(x-a)^3 + 3(x-a)^2$ より

$$f'(x) = \frac{12}{a}(x-a)^2 + 6(x-a) = \frac{12}{a}(x-a)\left(x - \frac{a}{2} \right)$$

$a > 0$ であるから $\dfrac{a}{2} < a$ であり，$x \geqq 0$ における $f(x)$ の増減表は次のようになる。

x	0	$\cdots$	$\dfrac{a}{2}$	$\cdots$	a	$\cdots$
$f'(x)$		$+$	0	$-$	0	$+$
$f(x)$	$-a^2$	↗	$\dfrac{a^2}{4}$	↘	0	↗

ここで $f(x)=\dfrac{a^2}{4}$ を満たす x で $\dfrac{a}{2}$ と異なるものを求めておく。

3次方程式 $f(x)-\dfrac{a^2}{4}=0$ は $x=\dfrac{a}{2}$ を重解にもち，$f(x)-\dfrac{a^2}{4}$ の x^3 の係数は $\dfrac{4}{a}$ であるから

$$f(x)-\dfrac{a^2}{4}=\dfrac{4}{a}\left(x-\dfrac{a}{2}\right)^2(x-b)$$

と表され，$f(0)=-a^2$ より

$$-\dfrac{5}{4}a^2=\dfrac{4}{a}\cdot\dfrac{a^2}{4}\cdot(-b) \quad \therefore\ b=\dfrac{5}{4}a$$

以上より，$y=f(x)$ のグラフは右図のようになる。

$0\leqq x\leqq 1$ における $f(x)$ の最大値を M とおくと，グラフより

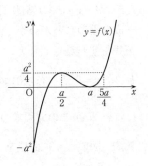

(i) $1<\dfrac{a}{2}\iff a>2$ のとき

$$M=f(1)=\dfrac{4}{a}(1-a)^2\left(1-\dfrac{a}{4}\right)$$

(ii) $\dfrac{a}{2}\leqq 1\leqq\dfrac{5}{4}a\iff\dfrac{4}{5}\leqq a\leqq 2$ のとき $\quad M=\dfrac{a^2}{4}$

(iii) $\dfrac{5}{4}a<1\iff 0<a<\dfrac{4}{5}$ のとき $\quad M=f(1)$

したがって，$0\leqq x\leqq 1$ における $f(x)$ の最大値は

$$\begin{cases}\dfrac{4}{a}(1-a)^2\left(1-\dfrac{a}{4}\right) & \left(0<a<\dfrac{4}{5},\ a>2\right)\\ \dfrac{a^2}{4} & \left(\dfrac{4}{5}\leqq a\leqq 2\right)\end{cases}\quad\cdots\cdots(答)$$

(3) $a=4$ のとき

$$f(x)=(x-4)^2(x-1)=x^3-9x^2+24x-16$$

曲線 $y=f(x)$ と x 軸の共有点の x 座標は $x=1$, 4 であるから,求める図形の面積の和を S とおくと

$$S=-\int_0^1 f(x)\,dx+\int_1^4 f(x)\,dx$$

$F(x)=\dfrac{1}{4}x^4-3x^3+12x^2-16x$ とおくと

$$F(0)=0,\ F(1)=-\frac{27}{4},\ F(4)=0$$

であるから

$$S=-\Bigl[F(x)\Bigr]_0^1+\Bigl[F(x)\Bigr]_1^4=F(0)+F(4)-2F(1)=\frac{27}{2} \quad \cdots\cdots(答)$$

◀解 説▶

≪3次関数のグラフ,最大値,面積≫

▶(1) $f(x)$ が x の多項式のとき,〔解答〕と同じように考えると

$f(x)$ が $(x-a)^2$ で割り切れる $\iff f(a)=0$, $f'(a)=0$

が成り立つことがわかるが,$f(x)$ を $x-a$ の多項式で表しておけば,この公式を使わなくてもよい。

▶(2) $y=f(x)$ $(x\geqq 0)$ のグラフを利用する。$f(x)=f\left(\dfrac{a}{2}\right)$ となる x の値は,$x=\dfrac{a}{2}$ がこの方程式の重解であることを用いる。

▶(3) 図のように面積を S_1, S_2 とおくと

$$S=S_1+S_2$$

一方,与えられた条件から

$$\int_0^4 f(x)\,dx=\int_0^1 f(x)\,dx+\int_1^4 f(x)\,dx$$
$$=-S_1+S_2=0$$

であるから,$S_1=S_2$ が成り立ち $S=2S_1$

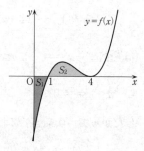

慶應義塾大-経済　　　　　　　　　　　　　　　　　　2020 年度　数学〈解答〉　*69*

❖講　評

　3 は易しいが，**4** の(2)と(3)，**5** の(3)は思考力が必要で，やや難である。**2**，**6** は時間がかかり，2019 年度より難化した。

　1 は 2 次の不定方程式の問題。難問ではなく得点差のつく問題である。いずれも，$A^2 - B^2 = (A + B)(A - B)$ を用いて積の形に変形すればよい。(2)は，$20 \leqq ab \leqq 110$，あるいは，$1 \leqq ab \leqq 110$ に気づくことがポイントである。(3)は p が 3 と異なる素数だから，$3p^2$ の正の約数が 6 個あることに注意が必要である。

　2 の(1)はさいころを繰り返して投げた時の出た目の和を題材にした確率の計算問題である。いずれも数え上げていけばよいが，ミスをしないことが大事である。いきなり，目の出方を考えずに，目の組合せを利用する。(2)と(3)も数え上げていけば求まるが，順列を利用して処理することもできる。

　3 は連立漸化式の問題であるが，誘導に従って計算するだけの問題で解きやすい。(3)の出来で差がついたと思われる。計算ミスに要注意である。

　4 は空間における直線と平面の交点を題材にした軌跡の問題である。(1)は易しいが，(2)はやや難。媒介変数は 3 個または 4 個になり，媒介変数の消去の段階で行き詰まった受験生が多かったと思われる。点 P が線分 RS 上を動く条件をどのように表したかで，軌跡の限界を求めるための処理の手間が違ってくるため，完答は難しい。

　5 の(1)と(2)は基本的な問題で，(3)の合成までは得点しておきたい。$s + t$ の値の範囲を求めた後の処理が煩雑である。

　6 の(1)は 3 次関数の決定問題で難しくはないが，$f(x)$ の方程式の置き方によって計算量が違ってくることに要注意。(2)は $f(x) = f\left(\dfrac{a}{2}\right)$ を満たす x の値を求めることがポイント。解法を是非習得してほしい。

小論文

解答例 ［設問］A．狩猟社会や農業社会では，自然のリズムに合わせなければ人間は生存できない。しかし，自然のリズムは不確実であるから，そうした社会で人間が生き抜くためには，資源や情報の「分かち合い」が欠かせない。また，「分かち合い」は，他者にとって自己の存在が必要不可欠であるという実感をわたしたちに与え，それは，わたしたちの生きがいとなる。「分かち合い」は，人間にとって生存の物質的基盤であるとともに精神的基盤でもある。（200字以内）

［設問］B．課題文の言う「社会サービス」は，人生における様々な困難を，その悲しみを分かち合いながら，協力して乗り越えようとする仕組みである。現在，グローバル化とともに，経済格差をはじめとした社会的分断が深刻化している。すなわち，各自が自己利益の最大化をめざして資源や情報を奪いあう競争が，地球規模で拡大している。今後も，AIの発達と普及によって，格差は一層拡大していくだろう。そのような社会は生きづらい社会である。分断や格差は，わたしたちの生きがいの源泉である，他者の生が自己の生の喜びであるという感覚を奪い去ってしまうからだ。分断や格差を乗り越えて他者とのつながりを回復するためには，「社会サービス」が要る。「社会サービス」を通して，自己のためではなく，社会の構成員全員が互いに与えあえば，わたしたちは，他の人を競争相手ではなく協力者として認められる。したがって，「社会サービス」は，重要性を増すべきである。（400字以内）

◀解　説▶

≪「分かち合い」とその必要性に関する考察≫

▶［設問］A．設問の要求は，2つの課題文に共通する「分かち合い」の必要性を説明せよというものである。

　そこで，［課題文1］と［課題文2］の要点を以下にまとめてみよう。

〔課題文の要点〕

［課題文1］

○北方狩猟採集民の狩猟活動における「分かち合い」の意味について述べ

ている。

○北方狩猟採集民は，狩猟対象となる動物，すなわち，トナカイに大きく依存している。トナカイの生態は季節による移動など一定の規則性があるものの，そこには不確定性が存在している。

○その不確定性に対応するため，北方狩猟採集民が行っているのが，情報（トナカイの発見）と収穫物（トナカイの肉）の分配（＝「分かち合い」）である。

○老猟師が最初のトナカイを狩猟したことを遠くの村まで伝えることは，彼の優れた猟師としての威信を示すためであり，それは彼の喜びでもあるが，それだけでなく，狩猟民全員の資源を最大化させて，集団の生命を維持するための生存戦略なのである。

［課題文２］

○「社会サービス」の本質とそれが必要な歴史的・社会的背景について述べている。

○「社会サービス」の本来的意味はスウェーデン語の「オムソーリ」すなわち「悲しみの分かち合い」である。

○アリストテレスが至言したように「人間は共同体的動物」であり，人間は，一人では生きることはできず，共同体を形成し，「分かち合い」をすることで，自己と他者の生存を維持している。

○さらに「悲しみの分かち合い」は，他者にとって自己が必要だという生きがいを付与する。

○人間が活動する場のうち，家族やコミュニティといった，生命を維持する生活の「場」は，相互扶助や共同作業といった「分かち合いの原理」（協力原理）に基づかなければ成立しない。

○農業を基盤とした市場経済以前の社会も，生きている自然に働きかけるため，共同体の協力原理に基づいて営まれていた。そこでは，協力原理によって，生産と生活が一体となっていた。

○ところが，農業から工業が自立すると，死んだ自然に働きかける工業では人為的行動として生産活動を完結できるため，競争原理に基づく生産活動と協力原理に基づく生活活動が分離していくことになる。

〔解答の方向性〕

「分かち合い」の必要性についての言及に下線部を付した。２つの課題

文に共通するのは，第一に，「分かち合い」は人間にとって，生命を維持（生存）していくために必要ということ。第二に，「分かち合い」は，生きがいや生の喜びを人々にもたらすということである。トナカイの出現を他の狩猟民に伝える老猟師のふるまいからは，自分の狩猟の腕が他の狩猟民に役立っているという自負を読み取れる。こうして，「分かち合い」は人間の生存の物質的基盤であるとともに精神的基盤でもある。これを結論としてその理由を簡潔に述べればよい。

▶［設問］B．設問の要求は，これからの社会において，「社会サービス」の重要性は増すべきか減るべきかについて，自己の見解とその理由を，筆者たちの考えにとらわれず述べよというものである。

〔考察の方向性〕

●2つの課題文が示唆するもの

・「筆者たちの考えにとらわれず」とあるが，課題文を無視していいわけではない。課題文に現れた筆者たちの考えから，出題者の問題意識を探ることも考察の出発点になりうる。

・2つの課題文から，㋐狩猟採集を基盤とする社会（狩猟社会）→㋑農業を基盤とする社会（農業社会）→㋒農業から工業が分離自立した社会（工業社会）という歴史的展開のなかに「分かち合い」を位置づけようという出題者の意図が見て取れる。㋐と㋑は生産と生活が不可分であり協力原理で営まれる社会である。㋒は，競争原理で営まれる生産と協力原理で営まれる生活が分離した近代工業化社会である。その流れでいえば現代は，競争原理の比重が一段と高まった，ポスト工業化社会＝情報社会となるだろう。このような現代社会では，すでに問題視されているように，経済的格差等の分断が深刻である。

・では，設問が言う「これからの社会」とは何か。自分なりの未来像を描けばいいが，未来は現在からつながっているわけだから，現代社会の諸課題をどう解決するかという視点から考えればよい。〔解答例〕では，課題文の流れから，情報社会の先にある社会（「Society 5.0」などとして内閣府第5期科学技術基本計画で提唱されている）を想定してみた。この社会は，端的に言えば，AIの台頭と普及という特徴をもった社会である。そのような社会では，AIが人間の仕事を奪うことで，格差や分断にいっそう拍車がかかると言われている。

慶應義塾大-経済　　　　　　　　　　　　　　　2020 年度　小論文〈解答〉　73

• 〔解答例〕では，こうした理解を踏まえて，格差や分断の意味を課題文に即して明らかにしながら，それらを乗り越えつながりを回復するために，課題文の言う「社会サービス」が必要だと主張した。

〔論の展開〕

• 設問の要求に沿って，オーソドックスに組み立てると次のような展開になろう。

起：「社会サービス」とは何か，課題文に沿って定義する。

承：現代社会の有様からこれからの社会を見通し，問題を指摘。

転：指摘した問題の意味を，課題文の内容から明らかにする（わたしたちの生きがいの源が分かち合いであるという点）。

結：「社会サービス」の重要性を説く。

• ここで問題になるのは「社会サービス」の定義である。すでにある社会保障制度などの公共サービスと違うのか，違わないのか。違うとすれば，それは家族や地域共同体などにおける相互扶助や共同作業といった国家的規模ではない「分かち合い」を指すのであろうか。課題文には，「社会サービス」は「社会全体のために租税を支払うということ」とあり，その点では国家的な規模での公共サービスを指しているようである。

• では，従来の公共サービスとどう違うのか。〔課題文２〕によれば，従来の公共サービスは自己のために租税を負担する仕組み（社会保険）であるけれども，「社会サービス」は，「社会全体のために租税を支払う」仕組みである。この違いを念頭に置いて，論述を展開しよう。

• 〔解答例〕では，「社会サービス」の重要性は増すべきとの結論を導いたが，もちろん逆の結論でもよい。社会全体での「分かち合い」は果たして可能なのか，「分かち合い」は，親しい人々同士での狭いコミュニティでしか成立しないのではないか，という問題意識があれば，筆者の言う「社会サービス」は，家族や地域共同体内にとどめ置かれるべきだと主張できる。このような脈絡では，「社会サービス」に反対であるという論も立てられるだろう。

• 評価のポイントとしては，課題文が提起している問題意識を正しく受けとめることができたか，それを現代社会の諸問題と結合させて考察することができたか，結論に至る論理展開に破綻がないかなどの点であろう。

❖講　評

「分かち合い」の経済学という非市場経済型の経済システムがテーマとなっている。互酬性の関係や贈与制社会といった概念がこれからの社会にとって有効なのかどうかという問題意識が背景にある。2016年度の公共政策のあり方，2018年度の市場型社会におけるフェアな分配規範と関連性のあるテーマである。

2020年度は課題文が2つ提示された点は目新しかった。設問構成は，Aが内容説明，Bが意見論述という点に変わりはない。

［設問］Aは，2つの課題文に共通する「分かち合い」の必要性について述べよという問題である。「分かち合い」は生存のための戦略であると同時にそれが人々に喜び（生きがい）を与えるという，人間にとって重要な役割があることを導けたかどうかがポイント。課題文の引用をつなぎ合わせるだけでは200字で要領よく記述できない。前述の2点を軸に自分の言葉で整理できるかどうかも重要。

［設問］Bは，これからの社会において，「社会サービス」の重要性は増すべきか，減るべきか，自己の見解とその理由を述べよ，というものである。

これからの社会を考えるときには，歴史と現状認識から出発すべきだろう。地球環境問題や貧困・格差問題あるいはこれらに伴う社会の分断の深刻化などを競争原理や協力原理という概念と結び付けて考える視点が持てたかどうかがポイントである。これらの問題はいずれも個人の利益の最大化を追求する経済人的な発想や一国主義的な対応では解決できないのであって，互酬とか連帯・協力といった原理に基づく社会システム構築の必要性を説く根拠にもなる。

課題文自体は決して難解なものではないが，ここから出題者の経済学的問題意識まで見通して，短時間で広い視野から解答するのは受験生にはなかなか困難であろう。そういう点では，経済学の基礎的素養や社会的問題への関心，問題発見の洞察力や思考力が高いレベルで求められる難問であった。

2019年度 解答編

慶應義塾大-経済　　　　　　　　　　　　　　　2019 年度　英語〈解答〉　*3*

解答編

英語

I **解答** 　1—1　2—1　3—3　4—3　5—3　6—3
　　　　　　　7—4　8—2　9—3

◆全　訳◆

≪ツーリズムが与える否定的な影響≫　　　　　　　Binan Dunnit (2016)

① 2015 年の 5 月に，1 つの中国の会社が 4 日間の団体休暇のために 6400 人の従業員をフランスに送った。その旅行には，ルーブル美術館の独占的な見学，パリの 140 のホテルの予約，カンヌとモナコでの 4700 以上の部屋が必要だった。だが，私たちはこの種のツーリズムをどれくらいまで受け入れることができるのか？　今日，私たちはバルセロナやフィレンツェ，ベニスと同様に有名な都市から増えていく不満を耳にする。というのは，それらの都市はすべて観光客に圧倒されているからだ。さらに，観光客は壊れやすいが美しい多くの自然の場所，サンゴ礁から熱帯雨林までをゆっくりと破壊している。ツーリズムが変わらなければならないか，それとも，ツーリズムに規制をかけ始めなければならないかのどちらかである。

② ツーリズムを制限することは，何よりもまず地球環境に対する私たちの義務である。ガラパゴス諸島が完ぺきな例である。ダーウィンが進化論を発展させるのに役立った遠い場所として有名であるが，今日，何万という観光客に訪問されている。しかしながら，クルーズ船は多くの汚染をもたらさざるを得ない。すなわち，石油とプラスチック，人間の排泄物や食品廃棄物，そして遠い岸辺から運ばれたその土地固有ではない種である。もちろん，これは極端な例である。だが，どこに行こうとも，観光客は環境に負荷をかける。彼らは汚染や交通渋滞，浜辺や公園の混雑を引き起こす。

③ 歴史的な場所へのツーリズムは，こういった危険の影響を受けないよ

うに思われるかもしれない。観光客は，遺産の鑑賞を通じて文化的違いを経験するために来ている。しかし，残念なことにあまりにもしばしば，そのようなツーリズムは何ら意味のある文化的な交流も促進することができない。たとえば，フィレンツェをとりあげてみよう。毎年フィレンツェが引きつける1100万の観光客は，しばしば地元の文化と同じぐらいツーリズム自体を経験する。彼らは長い列を我慢するが，その結果，それぞれの観光地で，簡単な説明を受け，非常に限られた時間を与えられるだけなのだ。ボッティチェリの作品を2分間見るために並んで1時間待つことはほとんど価値がないように思われる。実際，多くの観光客を引きつけるところは「本物の文化体験」を約束してくれるが，究極的には偽物を売らざるを得ないのだ。多くの観光客が行く目的地は，しばしば偽のように思われるかもしれない。つまり，そのような目的地は地元の文化を正確に示すことができない。代わりにディズニーランドへの旅も同然なファンタジーを提供しているのだ。

④　ツーリズムの推進者は，その経済的な利点をしばしば引き合いに出す。しかしながら，地元の利益が誇張されているかもしれない。ツーリズムが作り出す仕事の種類は，しばしばハウスキーピング，小売り，輸送における給料の安いサービス部門の仕事である。これらの仕事は，地元の若者にとってほとんど魅力がないので，多くのホテルは代わりに仕事をしてくれる安い移民の労働力に頼る。さらに，多くのツーリズムは特定の季節だけのものである。つまり，町やリゾートは，収入の低下のためにオフシーズンに影響を受けるかもしれない。さらに悪いことに，ツーリズムは犯罪の増加をもたらすかもしれない。目的地によっては，美術館や文化的な名所ではなくバーやストリップクラブで若い人たちの欲求を満たす。そうすると，驚くべきことではないのだが，地元の人たちは望んでいた好景気以上のものを得る——家庭生活や子どもたちの安全に影響するかもしれない社会的混乱である。

⑤　利益への欲求は，ツーリズムの急速な発展の原動力になってきた。ツーリズムは，世界の最大で最も急速に成長する産業になっている。1950年には，約2500万の人たちが外国旅行をした。しかしながら，国連世界観光機関（UNWTO）によると，2015年までに国際旅行でやってきた観光客は12億人近くになり，輸出の収益において1.5兆ドルを生み出した。

慶應義塾大-経済　　　　　　　　　　　　　　　　2019 年度　英語〈解答〉　5

2030 年までに国際旅行をする人たちは 18 億人に達すると，UNWTO は
予想している。

⑥　それにもかかわらず，ツーリズムの利益はしばしば単なる幻想である。
稼いだ金の多くは単に海外へ戻るだけだ。たとえば，研究者たちは知った
のだが，主に外国の会社が企画したパック旅行であるため，ケニアのサ
ファリや浜辺のツーリズムからの収入の半分以下しかケニアに残らない。そ
のようなパック旅行は，外国が所有する航空機とホテルに依存するのだ。
さらに悪いことに，ほとんどの観光客は，彼らがアクセスするサービスに
ついて十分な金を払わない。つまり，増えた観光客は，既存の水道，輸送
システム，駐車場，警察や救急車のような他の公のサービスに過度の負荷
を与えているが，それらは地元の納税者が支払っているのだ。人気のある
観光地では，観光客が家を買い占めるので住宅価格が上昇し，地元の人た
ちのための住居の供給を減らすかもしれない。

⑦　エコツーリズムは，持続可能性と小規模の経営を強調して，これらの
問題への答えだとしばしば言われる。だが，エコツーリズムが仮に役に立
つとしても，規模の問題が残るだろう。エコツーリストの事業でさえ，環
境へ悪い影響を及ぼす。たくさんのエコツーリスト事業，つまり大量のエ
コツーリズムは，必然的に言葉の矛盾である。観光客の要求を弱めるため
に，私たちは，ツーリズムの外部的な費用——社会と環境へのダメージ
に取り組む必要がある。そして，私たちが引き起こしているダメージを修
復する資金を生み出すために，世界中である種のツーリズム税を用いる必
要がある。

⑧　こういったことすべてが，旅行をどう見るべきかに影響するのか？
誰もそのことを疑わないだろう。すべての証拠は，私たちが旅の習慣を変
える必要があることを示唆する。インターネットの時代では，イサク＝ディー
ネセンが言っているように，私たちはすべて「心の中の旅人」になる
ことができる。私たちは，居間を離れることなく地球の遠い片隅を探検す
ることができる。まったく明らかなことに，今日ほとんどの旅人は科学者
でもなければ探検家でもない。現代のほとんどの旅は単にツーリズムであ
る。一種の逃避主義者の楽しみであり，ほとんどのタイプの余暇のように，
適度なことが一番良いのだ。

6 2019 年度 英語〈解答〉 慶應義塾大-経済

■━━━━━━━━◀解 説▶━━━━━━━━■

▶ 1.「以下のうち，第①段の空所［1］を埋めるのに最も適切なものは
どれか」

空所の前の cities を後方から修飾する表現だと見当をつける。cities と
空所の間に which are が省略されていると考えると，2と3は文法的に
見て間違いだということがわかる。また，4の such *A* as *B*「*B* のような
A」という形では *A* は名詞でなければならないので，これも間違いであ
る。よって，1の as famous as ～「～と同様に有名な」を空所に入れれ
ば，うまくつながる。

▶ 2.「第①段の下線部［2］の文を話すとき，以下のどの語の組み合わ
せに自然にアクセントを置くのか」

下線部の文は，Either *A* or *B*「*A* か *B* のどちらかである」の構造であ
る。アクセントは強調したい内容を示す単語に置かれるので，この文の内
容を基にして，1の change … restrictions を正解とする。2のように，
連語の一部である副詞（Either）にアクセントを置くことはあまりない。
3のような助動詞にアクセントは通例置かない。また，4の it のような
指示代名詞にアクセントは通例置かれない。下線部の後半の it must be-
gin to have restrictions placed upon it において，have は使役の動詞で，
have *A done*「*A* を～された状態にする」という形で用いられている。こ
こでの placed は「～を置く」という意の動詞の過去分詞である。place
restrictions on ～「～を制限する」

▶ 3.「以下の5つの語は第②段の空所［3］に入る。それらが文法的に
正しい文を完成させるために3番目にくる語はどれか」

選択肢の中に，but と cannot と help があるので，すぐに cannot help
but ～「～せざるを得ない」という定型表現だと気づくであろう。残った
2個の単語を連結して bring about ～「～をもたらす」を作ると，cannot
help but bring about ～「～をもたらさざるを得ない」となり，3番目に
くる単語は but である。

▶ 4.「以下のうち，第③段の下線部［4］に意味が最も近いものはどれ
か」

下線部の意味は「（観光客は）しばしば地元の文化と同じぐらいツーリ
ズム自体を経験する」である。直後の2文（They endure long … hardly

慶應義塾大-経済 2019 年度　英語〈解答〉　7

seems worthwhile.）においても，名作を 2 分間見るために 1 時間待つというのは「ほとんど価値がない」とあり，as much as が使われているが，現地の文化よりツーリズム自体を体験させられていることに重点が置かれていると考えられる。したがって，これと意味の上で最も近いのは，3 の「彼らはしばしば，地元の観光名所ではなくツーリズムそのものについて知る」である。as opposed to ～「～ではなく」

1．「彼らはしばしば地元の文化と同じようにツーリズム自体にも熟練している」 be experienced at ～「～に熟練している，経験豊富な」

2．「彼らはしばしば，ツーリズムの体験によってよりも地元の文化によってもっと多くを学ぶ」

4．「彼らはふつうツーリズムを通じて地元の文化自体を経験する」

▶ 5．「(a)から(e)の単語でどの 2 つの単語が，第③段の下線部［5］の単語の第 2 音節と同じように発音されるのか」

　下線部［5］の第 2 音節の発音は［ai］である。これと同じ発音を含む単語は(b) environment と(e) revival である。よって，(b)と(e)の組み合わせである 3 を選ぶ。

▶ 6．「以下のうち，第④段の空所［6］を埋めるのに最も適切なものはどれか」

　空所を含む前後の文を考えると，空所に入る単語がわかりやすい。まず，第 4 文（These jobs hold …）に「これらの仕事は，地元の若者にとってほとんど魅力がないので，多くのホテルは代わりに仕事をしてくれる安い移民の労働力に頼る」と記されている。よって，3 の Moreover「さらに」を入れると，空所の後の「多くのツーリズムは特定の季節だけのものである。つまり，町やリゾートは，収入の低下のためにオフシーズンに影響を受けるかもしれない」とうまくつながる。そして，次の第 6 文，Worse still「さらに悪いことに」という定型表現で始まる「ツーリズムは犯罪の増加をもたらすかもしれない」にうまくつながっていく。3 つの文が A. Moreover, B. Worse still, C.「A。さらに B。さらに悪いことに C」という形で連結していることに注意。1．「対照的に」　4．「究極的に」

▶ 7．「以下のうち，第⑥段の空所［7］を埋めるのに最も適切なものはどれか」

　第⑥段第 1 文は「ツーリズムの利益はしばしば単なる幻想である」と述

べている。この考えに基づいて，また空所を含む文のコロン以下，観光客が増えることが「地元の納税者が支払っている」サービスに負荷をかけているという内容から，4の「〜に十分払う」を選べば，空所を含む文が「さらに悪いことに，ほとんどの観光客は，彼らがアクセスするサービスについて十分な金を払わない」という意味になり，文脈に合う。pay for 〜「〜に金を払う」

1．「〜に感謝の意を示す」

2．「〜を十二分に利用する」 make use of 〜「〜を利用する」

3．「〜に忍耐強く耐える」 put up with 〜「〜に耐える」

▶ 8．「以下のうち，第⑦段の空所［8］を埋めるのに最も適切なものはどれか」

　空所の前，第2文（But even if …）の「エコツーリズムが仮に役に立つとしても，規模の問題が残るだろう」という記述を基にして，空所に2の「エコツーリストの事業でさえ，環境へ悪い影響を及ぼす」を入れると，うまく話がつながる。

1．「エコリゾートの広大なネットワークを作ることは明らかに持続可能であろう」

3．「金銭的な負担が環境への影響よりもはるかに大きくなるだろう」
go beyond 〜「〜より大きくなる」

4．「エコリゾートによって環境へのダメージはほとんど生み出されない」
little or no 〜「ほとんど〜ない」

▶ 9．「以下のうち，第⑧段の空所［9］を埋めるのに最も適切なものはどれか」

　3の「誰もそのことを疑わないだろう」を空所に入れると，論理がうまく流れる。Who could doubt it? は修辞疑問文であり，Nobody could doubt it.「誰もそのことを疑わないだろう」という意味である。

1．「実際は，ノーだ」

2．「そうではないようだと思う」

4．「なぜそれが影響を与えるべきなのか，影響を与えないのだ」 この文も修辞疑問文であることに注意。

慶應義塾大-経済　　　　　　　　　　　　　　2019 年度　英語〈解答〉　*9*

━◆━◆━◆━●語句・構文●━◆━◆━◆━◆━

(第①段)　be overwhelmed with ～「～に圧倒される」

(第②段)　first and foremost「何よりもまず」 Famous as the remote location「遠い場所として有名であるが」 tens of thousands of ～「何万という～」 put strains on ～「～に負荷をかける」

(第③段)　be immune to ～「～には影響を受けない」 all too ～「あまりにも～すぎる」 fail to *do*「～できない」 only to receive ～「その結果～を受け取るだけである」結果を示す不定詞である。wait in line「並んで待つ」 tourist magnets「観光客を引きつける名所」 be obliged to *do*「～せざるを得ない」 no better than ～「～も同然」

(第④段)　turn to ～「～に頼る」 due to ～「～のために」 cater for ～「～の欲求を満たす」 more than ～「～以上」

(第⑤段)　desire for ～「～への欲求」

(第⑥段)　less than ～「～以下」 because of ～「～のために」 rely on ～「～に依存する」 even worse「さらに悪いことには」even は後続の形容詞の比較級を修飾し,「さらに」という強調の意味になる。water supplies「水道」 local taxpayer「地元の納税者」 A popular tourist destination may also see housing prices increase「人気のある観光地はまた, 住宅価格が上昇するのを見るかもしれない」いわゆる SVOC 構造の無生物主語構文であり, 日本語に訳すとき少し工夫が必要である。buy up ～「～を買い占める」 the supply of accommodation「住居の供給」

(第⑦段)　with its emphasis on sustainability and small-scale operations「持続可能性と小規模の経営を強調して」 portray *A* as *B*「*A* を *B* として描く」 an abundance of ～「多くの～」 a contradiction in terms「言葉の矛盾」

(第⑧段)　as Isak Dinesen put it「イサク＝ディーネセンが言っているように」put it は「言う, 述べる」という意の定型表現。travelers in our minds「心の中の旅人」実際にその地に旅行しないで, 映像や書物でその地を楽しむこと。neither *A* nor *B*「*A* でも *B* でもどちらでもない」 escapist entertainment「逃避主義者の楽しみ」

10 2019 年度　英語〈解答〉　　　　　　　　　　　　　　　　慶應義塾大-経済

Ⅱ　解答

10— 4　11— 2　12— 3　13— 3　14— 2　15— 4
16— 4　17— 2　18— 3　19— 4　20— 1

◆全　訳◆

≪ツーリズムのもたらす肯定的な影響≫　　　　　　　　　　T. Fortue (2018)

①　世界旅行ツーリズム協議会（WTTC）によると，2016 年に，旅行と
ツーリズムの直接的かつ間接的な影響は，世界の GDP に 8.3 兆ドル
（10.4％），3 億 1300 万の仕事（信じられないことに世界中で 10 に 1 つ
の仕事），1.5 兆ドルの輸出（全輸出の 6.5％であり全世界のサービスの
輸出の 28.8％），8820 億ドルの投資（全投資の 4.5％）に貢献した。これ
らの数字だけで，ツーリズムに対する多くの批判を防ぐのに十分であるは
ずだ。だが，ツーリズムはお金よりもはるかに多くのことに関わっている。
ツーリズムは多くの重要な文化的かつ政治的な影響を及ぼすので，私たち
はツーリズムを支援しようとするばかりでなく，ツーリズムを積極的に拡
大しようとするべきである。

②　最初に，私たちは，ツーリズムが世界の一部の最貧国に及ぼしている
よい影響を認める必要がある。モルジブは，現在かなり豊かになったが，
WTTC によると，2017 年にツーリズムに依存する国の中で第 1 位にラン
クされ，直接ツーリズムから GDP の 39％を得ている。その同じリストで，
バヌアツとカーボベルデ共和国は，まだ貧しく発展の必要性があるが，9
位と 10 位にランクした。しかし，2017 年にツーリズムが最も速く成長し
た 8 つの国に関する同じ組織によるリストは，なお一層意味深い。それら
の国は，エジプト，モンゴル，ジョージア，ニカラグア，トルコ，モルド
バ，リビア，ネパールである。2028 年までに，すべて発展途上国だが，
タンザニア，ミャンマー，ナミビア，バングラデシュもまた大きな発展が
確実であると，WTTC は見積もっている。これらの例はただ，ツーリズ
ムの可能性を例証し始めることしかできない。

③　さらに，観光客は田舎へお金をもたらす。世界中で，都市化の果てし
ない引力は村社会を弱めてきた。観光客がいないと，多くの孤立した小規
模の村落は消え失せたことであろう。多くの風光明媚な地域は，他の実行
可能な収入源を期待できず，製造業や商業のために必要な資源やつながり
がないのだ。特定の季節だけのものであることが多いかもしれないけれど
も，観光産業は地域の経済にとって申し分がなく，観光客の来着に基づい

た仕事や観光客の欲求を満たすホテルやブティックのような事業を作り出す。観光客から集めた余分の販売税はまた，地元の人たちに恩恵も与えるかもしれない。よい例はスペインのマジョルカだろう。つまり，かつてスペインの最も貧しい地域の1つであったが，観光客からの収入のおかげで，今日では1人当たりの所得が最も豊かである。

④　文化資本は定義するのが難しいが，人がいかにそれを定義しようが，ツーリズムはすでに，文化資本を保護することにおいて積極的な役割を果たしている。一見すると，観光客は，金銭的利益のためにホスト国が耐えなければならない重荷にすぎないように思われるかもしれない。しかしながら，ホスト国は，地元の伝統を維持し尊重する強い動機を与えられている。私たちのますますグローバル化する世界で，そのことは重要である。つまり，私たちの遺産のあまりにも多くが，無情な多国籍企業のために失われている。そうしなければ消えるような芸術と技能，言語と文化は，観光客が称賛するために保護されている。さらに，ツーリズムで恩恵を受ける地域は，通常，環境をきれいで安全にしておくことに一層重点を置いていて，そのことが住民すべてに恩恵を与えるのだ。

⑤　ツーリズムに反対する人は，最悪にひどい状態を指摘するのに熱心である。これは単に視野が狭い別の例である。自動車の排気ガスを批判する人は，ふつう同じような間違いをする。すなわち，世界的に見て車の広範囲にわたる貢献と継続的な魅力を認めることなく，彼らはただ否定的なことに焦点を当てているのだ。少数の地域や都市のあら捜しをしてみても，産業としてのツーリズムが信じられない速度で成長し多様化してきたという事実を隠すことはできない。キャンプ場や宿屋や小さなホテルやエコツーリズムに参加する人のロッジから巨大なリゾート地に至るまで，ツーリズムは多くの伝統的な産業よりも世界の発展にずっと貢献してきた。批判する人たちは自分たち自身の立場の弱点を認める必要がある。彼らは，ツーリズム産業が発展しその問題を解決するのを見るよりも，むしろ何億という人たちを貧困のままに生きさせたいと思っている。

⑥　ツーリズムは，特に多くの発展途上国にとって，未来の産業である。世界の最も未開発の国の多くは，ツーリズムが急速な発展への唯一の道を与えてくれることをすでに認めている。産業や専門知識がないかもしれないが，これは，うまく管理すれば，必要な収入をもたらすことのできる1

12 2019 年度 英語〈解答〉　　　　　　　　　　　　　　　　慶應義塾大-経済

つの道である。ツーリズムは，迫りくる貿易戦争の時代における国際理解，巨大な権力の競争の時代における協力，多くの社会がますます国家主義的になるときに寛容さを促進する産業である。一体なぜ私たちはそのような価値のある資源を制限することを考えさえするのであろうか？

■■■■■■◀解　説▶■■■■■■

▶ 10.「以下のうち，第①段の空所［10］を埋めるのに最も適切なものはどれか」

　4の prevent「～を防ぐ」を入れると，空所を含む文が「これらの数字だけで，ツーリズムに対する多くの批判を防ぐのに十分であるはずだ」という意味になり，この段の主題であるツーリズムの重要性に合致する。1.「～を引きつける」　2.「～を奨励する」　3.「焦点を当てる」

▶ 11.「以下のうち，第②段の空所［11］を埋めるのに最も適切なものはどれか」

　多くの例を挙げていること，ツーリズムによる最貧国の国々へのよい影響という論理の流れを基にして，2の「これらの例はただ，ツーリズムの可能性を例証し始めることしかできない」を空所に入れる。

1.「モルジブの模範に従う国は他にほとんどないだろう」

3.「ツーリズムはひどい貧困の解決策としてみなすべきではない」
see *A* as *B*「*A* を *B* とみなす」　a solution to ～「～の解決策」

4.「ツーリズムがなかったら，ほとんどの国は発展を達成できなかっただろう」

▶ 12.「以下のうち，第③段の空所［12］を埋めるのに最も適切なものはどれか」

　空所の前の第1・2文（Furthermore, tourists bring … weakened village communities.）の「さらに，観光客は田舎へお金をもたらす。世界中で，都市化の果てしない引力は村社会を弱めてきた」という内容を基にして，3の「多くの孤立した小規模の村落は消え失せたことであろう」を空所に入れる。

1.「町も田舎も両方とも崩壊したであろう」

2.「より大きな都市の中心が消えたであろう」

4.「相当多くの辺鄙な村が栄えただろう」
quite a few ～「相当多くの～」

慶應義塾大-経済　　　　　　　　　　　　　　　　　　2019 年度　英語〈解答〉13

▶13.「以下のどの単語が，第③段の下線部［13］の単語と同じ母音で発音されるのか」

　下線部 though の母音の発音は［ou］なので，これと同じ母音を持つ単語は 3 の throw「〜を投げる」である。1．［au］　2．［uː］　4．［ʌ］

▶14.「以下のうち，第④段の空所［14］を埋めるのに最も適切なものはどれか」

　空所を含む文の，ツーリズムで恩恵を受ける地域が環境をきれいに安全にしておくことに一層［14］置いているという内容は，第 3 文（However, the hosts …）のホスト国が地元の伝統を維持し尊重する強い動機を与えられているという記述を受けているので，2 の emphasis on 〜「〜の重視」を空所に入れる。また，空所の前に place「〜を置く」という on と共起する動詞があるので，それもヒントになる。place〔put / lay〕A on B「B に A を置く」

1．「〜のためのボーナス」　3．「〜にとっての重要性」

4．「〜に対してのストレス」

▶15.「第④段で，以下のうち，著者が文化資本への最大の脅威とみなしているものはどれか」

view A as B「A を B とみなす」　threat to A「A への脅威」

　第 4 文（In our increasingly …）の「私たちの遺産のあまりにも多くが，無情な多国籍企業のために失われている」という内容を基にして，4 の「多国籍企業」を選択する。

1．「環境破壊」　2．「過度のツーリズム」　3．「金銭的な動機」

▶16.「以下のうち，第⑤段の空所［16］を埋めるのに最も適切なものはどれか」

　空所の前の部分，自動車の排気ガスを批判する人と同じような間違いをするというのは，第 1 文（Opponents of tourism …）のツーリズムに反対する人や批判をする人のこと。彼らが「最悪にひどい状態を指摘するのに熱心」であるという内容に基づいて，4 の「彼らはただ否定的なことに焦点を当てている」を空所に入れると，意味がつながる。focus on 〜「〜に焦点を当てる，〜に集中する」the negative「否定的なこと」いわゆる the ＋形容詞で，抽象名詞的な意味を表す。もちろん「〜の人たち」という意味もある。

14 2019 年度 英語〈解答〉　　　　　　　　　　　　　　　　　　慶應義塾大-経済

1．「彼らはただ肯定的な結果を見ることができる」

2．「彼らは欠陥がないところに欠陥を見つけている」 ここでの where は先行詞を含む関係副詞で「〜のところに」とでも訳せばよい。

3．「彼らはツーリズムよりは自動車についてもっと明らかにしている」

▶ 17．「以下のうち，第⑤段の空所［17］を埋めるのに最も適切なものはどれか」

　ツーリズムを批判する人の発想を基にして，ツーリズムのよい影響として述べられている第②・③段（Initially we need … per capita income.）の内容を否定する2の「何億という人たちを貧困のままに生きさせる」を空所に入れると，うまく話が通じる。have *A do*「*A* に〜させる」 hundreds of millions「何億という人たち」この表現の後に of people が省略されていると考える。in poverty「貧困のままに」 would rather *A* than *B*「*B* よりはむしろ *A* をしたい」*A* と *B* には動詞の原形が入ることに注意。

1．「伝統的な美術工芸の発展について不平を言う」 complain about 〜「〜について不平を言う」complain of 〜 とも言う。

3．「手つかずの荒野を十分に保存する」 in plenty は「十分に」という副詞句。

4．「環境の面で持続可能なツーリズムを促進する」

▶ 18〜20．「以下に列挙された問題を見よ。それから，記事Ⅰと記事Ⅱを比較して，マークシートの(18)(19)(20)の欄で該当箇所を塗りつぶせ。

記事Ⅰだけがその問題を述べているならば，1をマークせよ。

記事Ⅱだけがその問題を述べているならば，2をマークせよ。

もし両方の著者がその問題を述べているならば，3をマークせよ。

もしどちらの著者もその問題を述べていないならば，4をマークせよ」

　［18］「ツーリズムの急速な発展」 ツーリズムの急速な発展に対して，記事Ⅰでは第⑤段（Desire for profit …）にあってそれに否定的意見が述べられ，記事Ⅱでは第①段第1文（According to the …）にあってそれに肯定的な意見が記されている。第②段第4文（However, the same …）に the fastest tourism growth という記述もある。2つの記事でツーリズムの急速な発展が言及されているので，3を選ぶ。

　［19］「ツーリズムにおける女性が果たす役割」 どちらの記事もこのこ

とに言及していないので，4を選ぶ。

　　[20]「外国の人が所有権を持っていること」　記事Ⅰの第⑥段第2・3
文（Much of the … airlines and hotels.）に「外国の人が所有権を持って
いること」についての言及があるので，1を選ぶ。
◆━◆━◆━◆━◆　●語句・構文●　◆━◆━◆━◆━◆

（第①段）　make a contribution to ～「～に貢献する」　tourism is about
much more than money「ツーリズムはお金よりもはるかに多くのこと
に関わっている」about は「～に関わる」という意の前置詞。seek to *do*
「～しようとする」

（第②段）　the positive effects that tourism could have on some of the
world's poorest countries「ツーリズムが世界の一部の最貧国に及ぼすよ
い影響」この箇所は have effects on ～「～に影響を及ぼす」を基にして
いる。derive *A* from *B*「*B* から *A* を得る」　still more revealing「なお
一層意味深い」　この段の最終文に出てくる be set for ～ は，「～の用意
が整っている」という基本的な意味を拡大して，「～の可能性が大である」
とでも訳す。

（第③段）　the endless pull of urbanization「都市化の果てしない引力」
pull は名詞。seasonal though it often may be「特定の季節だけのもので
あることが多いかもしれないけれども」この文は倒置であり，通例，語順
は though it often may be seasonal となる。creating jobs based on
tourist arrivals and businesses like hotels and boutiques「観光客の来着
に基づいた仕事やホテルやブティックのような事業を作り出す」この部分
は分詞構文で，基本構造は creating jobs and businesses「仕事と事業を
作り出す」であり，それぞれに修飾語句が接続する形である。cater to ～
「～の欲求を満たす」　once one of Spain's poorest regions「かつてスペ
インの最も貧しい地域の1つであったが」　thanks to ～「～のおかげで」
per capita は2語からなる「1人当たりの」という意味の形容詞。

（第④段）　however one does so において，do so は先行する動詞を含む
語群の代用をする表現で，この部分の元の形は however one defines
cultural capital「人がいかに文化資本を定義しようが」である。play an
active part in preserving it「それを保持することにおいて積極的な役割
を果たす」　for financial gain「金銭的利益のために」gain は名詞。too

16 2019 年度　英語〈解答〉　　　　　　　　　　　　　　　　慶應義塾大-経済

much of our heritage is being lost to heartless multinational corpora-
tions「私たちの遺産のあまりにも多くが，無情な多国籍企業のために失
われている」受動態の進行形であるので，能動態に変換すると，We are
losing too much of our heritage to heartless multinational corporations.
となる。lose *A* to *B*「*B* のために *A* を失う」という形に注意すること。
例：He lost his mother to cancer.「彼はガンのために母を失った」 re-
gions that benefit from tourism「ツーリズムで恩恵を受ける地域」 ben-
efit from ～「～で恩恵を受ける」の benefit は自動詞で，次の which ben-
efits all residents「そしてそれが住民すべてに恩恵を与える」における
benefit は他動詞。なお，ここの which は関係代名詞の非制限用法。
（第⑤段）　tunnel vision「視野狭窄（きょうさく）症」は，見える範囲が
狭くなる目の病気で，「物事に対する視野や考えや発想が狭いこと」を例
えている。the vast contribution and continued appeal of the car「車の
広範囲にわたる貢献と継続的な魅力」最初に the があることにより，of
the car は前の contribution と appeal を修飾することがわかる。pick
fault with ～「～のあら捜しをする」 find fault with ～ と同意。the fact
that tourism as an industry has grown and diversified at an incredible
speed「産業としてのツーリズムが信じられない速度で成長し多様化して
きたという事実」いわゆる同格の接続詞の that「～という」が用いられ
ている。contribute to ～「～に貢献する」
（第⑥段）　developing countries「発展途上国」 a unique path to rapid
development「急速な発展への唯一の道」 if well managed「うまく管理
すれば」if の後に it is が省略されている。bring in ～「～をもたらす」
an industry which promotes international understanding in a time of
looming trade wars, co-operation in an age of great power competition,
and tolerance when many societies are increasingly nationalistic「迫り
くる貿易戦争の時代における国際理解，巨大な権力の競争の時代における
協力，多くの社会がますます国家主義的になるときに寛容さを促進する産
業」修飾語句がついて少し複雑な文であるが，簡単な構造で考えると，
an industry which promotes understanding, co-operation and tolerance
「理解と協力と寛容さを促進する産業」となる。

慶應義塾大-経済　　　　　　　　　　　　　　2019 年度　英語〈解答〉　**17**

III　解答

21－3　22－1　23－2　24－1　25－1　26－3
27－4　28－3　29－1　30－4　31－2　32－2
33－1　34－1

◆全　訳◆

≪カジノ建設の是非≫　　　　　　　　　　　　　　　Anne T. Uppe (2017)

① ほとんどの人たちは，たとえそれが単に道路の横断や，もう一切れの
ケーキを食べることについての考慮を意味していようとも，ギャンブルを
する。トランプゲームや競馬の世界的人気が示しているように，ギャンブ
ルをすることはおもしろい。同時に，それが深刻な社会問題としてみなさ
れるのも当然である。違法なギャンブルや規制されていないギャンブルが
ありふれている社会の特徴は，借金に関連した暴力や売春や家族の崩壊で
あることが多い。ある意味で，カジノを作ることは安全な解決策だと思わ
れる。カジノは，監督し規制するのが容易なゲームをする大規模で豪華な
建物である。だが，いくつかの疑問が残る。つまり，カジノは実際に良い
ものなのか？　いくつかの国は，たとえばオランダのような国は，カジノ
の全面的自由化とその後に続く再規制の両方を試みたことがある。彼らの
経験はカジノを規制することは避けられないことを示している。カジノを
全面的に禁止してもギャンブルは減らないかもしれないが，カジノに全面
的な自由を与えることは，疑いなく悪い結果を招くだろう。そこで，私た
ちはどのように進んでいくべきか？

② カジノは絶えず増加する経済的な利益をもたらすように思われるが，
その業績はまちまちである。端的な例を見つけるために必要なのは，マカ
オを調べるだけである。2002 年のカジノのライセンスの自由化以来，マ
カオの収入は 2013 年に 450 億ドルを超え，それから，政治的懸念をめぐ
って急激に低下した。今日，10 ％の回復の後でさえ，収入はおよそ 330
億ドルにとどまっている。同様に，シンガポールにおけるカジノギャンブ
ルの年間収入は，2013 年では 40 億ドルでピークに達した。それは相当な
額であるが，GDP の 1.3 ％以下である。

③ カジノ産業からの税は政府のかなりの量の収入源になった。アメリカ
では，商業的なカジノは，2000 年代の中頃以来，50 億ドル以上の年間の
税収を生み出した。カジノはマカオとフィリピンでも有益な税収を提供し
ている。しかしながら，これらの収入は幻想であるかもしれない。多く引

用される 1996 年のジョン=キンドによるイリノイ大学の研究によると，アメリカで得られたギャンブル収入 1 ドルにつき，アメリカは刑事裁判と社会的費用に 3 ドルを費やさなければならなかった。もし外部の資金源から資金を引き込むことができる場合に，カジノは経済的に実行可能なだけだと彼は主張した。その外部の資金源とはふつう観光客を意味する。

④ 雇用はカジノが利益と不利益の両方をもたらす別の領域である。カジノは，慢性的な失業と不完全雇用で苦しんでいる地域に何千というフルタイムの初心者向けの仕事を生み出すことができる。しかしながら，カジノの建設は，時々，他の地元の産業の収入と雇用機会に悪影響を及ぼし，その産業の発展を破壊しさえするかもしれない。ある研究によると，たとえば，イリノイ州の川船のカジノは予想されたツーリズムと経済の成長を生まなかった。なぜならばギャンブルをする人たちは十二分に長く川船にとどまらなかったし，地元のレストランで食事をしなかったからだ。ニュージャージー州に関する別の研究によると，カジノがアトランティックシティで操業し始めて 4 年の間に小売業の数が 3 分の 1 減少し，レストランの数が 243 から 146 に減少した。

⑤ 他方，カジノ自体の悪い影響の多くが誇張されてきた。多くのギャンブルは今日自宅でオンラインで行われたり，ゲーム機を設置するのが簡単なバーや場外馬券売り場で行われたりする。たとえカジノが廃止されたとしても，これはなくならないだろう。そして，それらを閉鎖することは実際，問題を悪化させるかもしれない。カジノのある社会は，より高い犯罪率，売春，破産，過度の借金の重荷，より高い自殺率，児童虐待を含む家庭内暴力があると言われている。しかしながら，カジノが建設されようとされまいと，そのような問題は存在するし，そして，カジノの責任を正確に評価することは簡単ではない。実際，カジノは時々地元の支援を得る。1999 年のあるアメリカの研究によると，回答者の 59 ％は自分たちの地域社会にカジノの施設があることに賛成し，77 ％の人たちは，カジノが地域社会の経済への良い影響を引き起こすことに同意した。

⑥ カジノは良いこともあれば悪いこともあるということを考えると，どのように政府はカジノを規制すべきなのか？ 最初に講じることのできる対策は，ライセンスの厳格なチェックと数と場所においてカジノを制限することを含む。たとえば，シンガポールにおけるように，地元の人間と観

光客を分離し，地元民に相当高い入場料を課すことによって，無料で入場が許される外国の訪問客を優先することができる。さらに，賭けに制限を設けたり，何回顧客が入れるかにおいて彼らを制限したりすることができる。これらすべては，シンガポールで中毒レベルを制御するのに役立つが，それ自体の問題がないこともない。

⑦　ライセンスに関しては，場所を特定するライセンスが，職員に関係するライセンスよりもっと効果的であることがわかった。ほとんどのアメリカの州には，誰がカジノを設立できるのか，誰がそこで働くことができるのかについて法律がある。それにもかかわらず，場所に関係なく，カジノの従業員と組織犯罪の間のうわさのある関係は相変わらず強いように思われる。カジノの数と場所に制限を設けることは，もっと効果的であるように思われる。ネバダ州を例外として，カジノでのギャンブルを許可しているすべてのアメリカの州は，制限を設けてきた。たとえば，ニュージャージー州では，カジノは1つの場所，アトランティックシティに限定されている。コロラド州では，カジノは3つの小さな以前の炭鉱町に限定されている。中西部の諸州では，しばしば水路に沿った場所にカジノを限定している。それでも，このことが収入を制限してきたように思われる。つまり，これらの州のどれも，ネバダ州のカジノの収入の4分の1でさえ生み出していない。

⑧　実際のところ，顧客の行動を規制することが，社会的費用を最小化しながら収入を最大化するための最も効果的な方法であるだろう。シンガポールは国民がカジノに来るたびに約80ドルを課し，1カ月に6回以上来る国民を監視している。しかし，これは完全に効果的であるにはほど遠かったように思われる。つまり，国立中毒管理サービスによると，シンガポールでギャンブル中毒の治療を必要とする人々の数は，2010年以来2倍になった。その年にカジノが開いたのだ。中毒者総数が37％増加する中で，最も急激に増加したのは，ギャンブル中毒の人たちであった。シンガポールはその問題を止めることができなかったが，少なくともシンガポールは，適切な行政措置を講じている。英国やオーストラリアのような多くの国々は，追いつこうと努力している。

⑨　究極的には，人々がギャンブルをするのを奨励したり防いだりすることは政府の仕事ではないのかもしれない。しかしながら，ギャンブルが引

20 2019年度 英語〈解答〉 慶應義塾大-経済

き起こす社会的なダメージを最小化することは、政府の困難な責務である。いくつのカジノをどこに許可すべきか、誰が何回どんな費用でどのくらいの賭け金ですることを認めるべきかが重要な問題である。

━━━━◀解 説▶━━━━

▶21.「以下のうち、第①段の空所［21］を埋めるのに最も適切なものはどれか」

空所前に「たとえそれが単に〜とも、ほとんどの人はギャンブルをする」という内容、空所後に「道路の横断や、もう一切れのケーキを食べることについての考慮」というギャンブルとは言えないような小さな賭けの内容があることから、3の implies「〜を意味する」を空所に入れる。

1. consist「成る」は自動詞なので、空所の後に calculations「考慮、予測、計算」という目的語があるため、ここでは不可。

2.「〜を決める」 4.「〜を供給する」

▶22.「以下のうち、第②段の空所［22］を埋めるのに最も適切なものはどれか」

Although で始まるこの文で、空所の後の部分では、経済的な利益がまちまちであることが述べられている。さらに第3・4文（Since the liberalization … around \$33 billion.）の、カジノによる高い収入が続かなかったということを考えて、1の ever-increasing「絶えず増加する」という形容詞を空所に入れる。track record「業績」

2.「単に一時的な」 3.「ただほとんど〜ない」 4.「よく分配された」

▶23.「第②段に基づいて、2013 年の急落の結果として、マカオのカジノの収入はどのくらい減少したのか」

2013 年の収入は約 450 億ドルである。それから、急激に低下した後の収入を S とする。第4文（Today, even after …）の「10％の回復の後でさえ、収入はおよそ 330 億ドルにとどまっている」に基づいて、10％回復した収入は $S \times 1.1 = 1.1S = 330$ 億ドルである。これを計算すると、$S = 300$ 億ドルである。よって、カジノの収入の減少は 450 億ドル − 300 億ドル ＝ 150 億ドルで、正解は2である。

▶24.「以下のうち、第③段の空所［24］を埋めるのに最も適切なものはどれか」

第1〜3文（Taxes from the … and the Philippines.）の、カジノでか

なりの税収を得られるという内容，および空所に後続する文「得られたギャンブル収入の1ドルにつき，アメリカは刑事裁判と社会的費用に3ドルを費やさなければならなかった」という否定的な内容に基づいて，1の「しかしながら，これらの利益は幻想であるかもしれない」を正解とする。

criminal justice「刑事裁判」 social costs「社会的費用」

2．「それにもかかわらず，進歩は着実であった」

3．「科学的研究がこの結論を支持する」

4．「明白な矛盾は容易に調停される」

▶ 25．「以下のうち，第⑤段の空所 [25] を埋めるのに最も適切なものはどれか」

空所を含む文 However, such problems exist whether casinos [25] or not において，主節が現在形であり，後半は whether ～ or not「～であろうとなかろうと」という意の譲歩を示す副詞節である。これが「カジノが建設されようとされまいと，そのような問題は存在する」という意味になることはわかりやすい。主節が現在形という文法的な観点から考えて，1の are built「建てられる」を選ぶ。

▶ 26．「以下のうち，第⑦段の空所 [26] を埋めるのに最も適切なものはどれか」

空所の後の第4文（Setting limits on …）の内容を考えて，3の regardless of ～「～に関わりなく」を選ぶと，場所にかかわらず（どこでも）カジノの悪評があるので，カジノの数を制限することが効果的であるという流れになる。

1．「～のために」 2．「～にとって重要なことではない」

4．「～に関連して」

▶ 27．「以下のうち，第⑦段の主旨を最もよく表現しているのはどれか」

第1文（As for licenses, …）および最終文（Still, this seems …）の内容を基にして，4の「カジノの場所を規制することは効果的であるが，経済的には魅力がない」を選ぶ。

1．「カジノの数を制限することは，結局最善の方法であることがわかった」 prove to be ～「結局～であることがわかる」

2．「水路のほとりにカジノを設置することは，必ず収入を制限する」 be bound to do「必ず～する」

3.「カジノがどこに設置されようとも，組織犯罪はいつも脅威である」

▶ 28〜30.「以下の単語のうち，3つの単語を第⑧段の空所［28］［29］
［30］の最も適切なところに入れよ。それぞれの単語は1回だけ使えるも
のとする」

［28］　空所の後の customer behavior「顧客の行動」とつながる動詞は，
第2文（Singapore charges about …）のカジノに来る人に課金するとい
う内容を考えて，3の regulating「〜を規制すること」を選ぶ。in prac-
tice「実際のところ」 might well *do*「〜だろう」この表現には「〜する
のももっともだ」という意味もあるが，ここでは推量の意味である。

［29］　空所の後の social costs「社会的費用」とつながる動詞は，第⑥
段第1文（Given that casinos, …）からカジノに対する政府のすべき規制
を考えて，1の minimizing「〜を最小化すること」を選ぶ。towards
doing「〜するために」

［30］　空所の後の addiction treatment「（ギャンブル）中毒の治療」と
つながる動詞は，カジノができた2010年から倍増したという内容を考え
て，4の requiring「〜を必要とすること」を選ぶ。

▶ 31〜33.「以下の3つの文を読み，記事に基づいて，マークシートの㉛
㉜㉝の欄で該当箇所を塗りつぶせ。
もし著者がその意見に賛成するとあなたが考えるならば，1をマークせよ。
もし著者がその意見に反対するとあなたが考えるならば，2をマークせよ。
もし著者がその意見について自分の意見を述べていないとあなたが考える
ならば，3をマークせよ」

［31］「カジノは地元の全体的な雇用を増やす」　第④段第1文（Em-
ployment is another …）に，カジノは雇用に対して良い影響と悪い影響
を及ぼすと記されている。良い影響を述べた後で However でつないで悪
い影響について言及している。著者の考えが However 以下に表れている
と考えると，これは著者の意見と反対なので，正解として2を選ぶ。

［32］「ギャンブルの問題はカジノがなければ存在しないだろう」　第⑤
段第2〜5文（Much gambling nowadays … is not easy.）に基づいて，
カジノがなくてもギャンブルの問題は起こるというのが著者の意見である。
著者が反論すると予想されるので，正解として2を選ぶ。

［33］「シンガポールは，地元の人たちを保護するために彼らを差別し

てきた」 第⑥段第3文（Casinos, by separating …）が示すように，シンガポールは地元の人に高い入場料を課し，外国からの訪問客にはその入場料を無料にした。地元の人たちを金銭的に差別して守ろうとしたわけである。よって，著者はこの文に賛成すると考えられるので，正解として1を選ぶ。

▶ 34.「次の(a)〜(e)の5つの単語はすべて本文に出てくる。発音するとき，どの2つの単語が同じアクセントのパターンなのか」

アクセントのある音節は順に，(a)「利点」第2音節，(b)「カジノ」第2音節，(c)「人気」第3音節，(d)「責務」第4音節，(e)「収入」第1音節。(a)と(b)の単語のアクセントが同じ第2音節にある。よって，この組み合わせを示すのは1である。

◆━◆━◆━◆━◆ ●語句・構文● ◆━◆━◆━◆━◆

（第①段） card games「トランプゲーム」 At the same time, it is rightly regarded as a serious social problem.「同時に，それが深刻な社会問題としてみなされるのも当然である」 この文で，rightly は文修飾副詞で「〜するのも当然で」とでも訳す。また，regard A as B「A を B とみなす」の受け身形が用いられている。A is characterized by B「A は B によって特徴づけられている」という原義だが，「A の特徴は B である」と訳せば日本語らしくなる。family collapse「家族の崩壊」 in one sense「ある意味で」 on a grand scale「大規模に」 Yet questions remain:「だが，問題は残る。すなわち，」コロン（：）は状況によって「すなわち，というのは」と訳せばよい。the Netherlands「オランダ」 the total liberalization and subsequent re-restriction of casinos「カジノの全面的な自由化とその後に続く再規制」the の位置が示すように casinos は liberalization と re-restriction の両方を修飾する。

（第②段） casino licensing「カジノのライセンス」カジノを営業する許可を与えること。peak at 〜「〜でピークに達する」 less than 〜「〜以下」

（第③段） economically viable「経済的に実行可能な」 external sources「外部の資金源」

（第④段） full-time entry-level jobs「フルタイムの初心者向けの仕事」 chronic unemployment and underemployment「慢性的な失業と不完全

雇用」 the anticipated tourism and economic growth「予想されたツーリズムと経済の成長」 Another study on New Jersey「ニュージャージー州に関する別の研究」 Another study は前文の One study と対応している。the number of retail businesses declined by one-third「小売業の数が3分の1減少した」by は「〜だけ，〜の差で」という意で程度や差異を表す前置詞。

（第⑤段） betting shops「場外馬券売り場」 excessive debt burden「過度の借金の重荷」 domestic violence including child abuse「児童虐待を含む家庭内暴力」 favor は「〜に賛成する」という意の他動詞。

（第⑥段） given that 〜「〜を考えると」 mixed blessings「良いこともあれば悪いこともあること」 Measures that can initially be taken「最初に講じることのできる対策」take measures「対策を講じる」を基にしている。the former「前者」ここでは locals を受ける。grant priority to 〜「〜を優先させる」 allow A in「A を入場させる」 without charge「無料で，ただで」 limits can be placed on betting「賭けに制限を設けることができる」place limits on 〜「〜に制限を設ける」を基にしている。help to do「〜するのに役立つ」 not without 〜「〜がないこともない」いわゆる二重否定で，肯定を示す。

（第⑦段） as for licenses「ライセンスに関しては」 those specifying location「場所を特定するライセンス」those は前出の名詞を受ける代名詞で，ここでは licenses を受ける。次の those relating to personnel「職員に関係するライセンス」も同じである。 set limits on 〜「〜に制限を設ける」 with the exception of 〜「〜を例外として」 be limited to 〜「〜に限定される」 mining towns「炭鉱町」 one quarter「4分の1」

（第⑧段） far from completely effective「完全に効果的であるにはほど遠い」 administrative measures「行政措置」 in place「適切な」 catch up「追いつく」

（第⑨段） encourage or prevent people from gambling「人々がギャンブルをするのを奨励したり防いだりする」encourage は通例 encourage A to do「A に〜するように奨励する」となる。ここでは，encourage people to gamble or prevent them from gambling となるべきところが縮まった形である。

慶應義塾大-経済   2019 年度　英語〈解答〉　*25*

IV 　解答

A1：If you don't study in Paris next year, you'll be able to be a member of the club and have an experience of winning the league.

B1：Well, I have studied French for three years, so if I don't use it, it doesn't make sense.

A2：Well, you are going to stay in Paris for a whole year, so it will cost you at least three million yen.

B2：That's almost right, but you have to pay some cost if you want to get something.

━━━━━━━━━━◀解　説▶━━━━━━━━━━

　英訳する際に，文法的な間違いに気をつけて，自分が自信を持って使える表現や文構造を用いて英語に直すこと。そのためには，難しい単語を使わずに，自分自身がよく慣れている単語やイディオムを使うことが望ましい。特に，この和文英訳は会話なので，難解な言葉を使わない方がよいだろう。

A1：「留学する」は study abroad であるが，「パリに留学する」は study in Paris としてもいいし，study abroad in Paris でも可。「クラブを続ける」は「クラブの一員でいる」と考えて be a member of the club とするか，「クラブにとどまる」とみなして stay in the club とする。「リーグ優勝の経験をする」have an experience of winning the league とするか，もっと簡単にして win the league〔championship〕でも可。

B1：「フランス語を 3 年間勉強した」は現在完了形を用いて，have studied French for three years とする。「それを使わないんじゃ意味がないよね」は「もし私がそれを使わなければ，意味をなさない」と考えて，if I don't use it, it doesn't make sense とする。use の代わりに make use of〜「〜を利用する」という定型表現を使うのも可。make sense「意味をなす」という定型表現が思い浮かばなければ，be meaningless を使ってもよい。it would be meaningless のように，婉曲の would を使うのも 1 つの方法である。

A2：「パリにまるまる 1 年だから，少なくとも 300 万円位かかるでしょ」において，「まる 1 年」は a whole year，「お金がかかる」という表現は動詞の cost を用いて cost＋人＋お金という形が簡単でよいだろう。よっ

て,「あなたはパリにまる1年滞在するのでしょう。だから, 少なくとも300万円位かかるだろう」と考えて, you are going to stay in Paris for a whole year, so it will cost you at least three million yen とする。あるいは,「パリでのまる1年は少なくとも300万円位かかるだろう」と「まる1年」を主語にすれば, A whole year in Paris will cost you at least three million yen. としてもよい。

B2:「まあそうだけど, 〜」は「ほとんどそのとおりだが, 〜」と考えて, That's almost right, but 〜 や Maybe, you're right, but 〜 にする。もっと簡単に言えば, Maybe so, but 〜 や, Right, but 〜 でも可。「やっぱり犠牲なくして得るものなしだよね」は「何かを手に入れたいならば, いくらか代価を払わなければならない」と考えて, you have to pay some cost if you want to get something とする。あるいは, ことわざを思い出せるならば, Nothing ventured, nothing gained.「冒険をしなければ何も得られない（虎穴に入らずんば虎子を得ず）」を使うのもよい。

V 解答例

(A) I think the Japanese government should encourage many more tourists to come to Japan. In his 2016 article, Binan Dunnit asserts that "Promoters of tourism often cite its economic advantages. However, its local benefits can be exaggerated." However, I don't think I agree with his statement. If more tourists visit Japan, they will come to big cities as well as remote villages in the mountains and fishing villages on the coast. If they visit many other parts of Japan, they will spend more money on buying local food and experiencing local activities, and it will have positive effects on the local economy. People living in the countryside are suffering from a decrease in the population. If more foreign people visit the countryside, villagers will have more opportunities to talk with foreign visitors, and it will make village life more active and more comfortable to live in.

(B) The Japanese government should regulate the casino industry. We should be careful to introduce casinos, which Japan does not currently allow, into society. Furthermore, according to T. Uppe (2017, paragraph 1), as the experiences of some other countries show, building casinos without any restrictions will surely bring about various negative impacts; thus, regulating casinos is unavoidable. Some people may say that the adverse consequences of casinos have been over-stated. However, casinos can encourage gambling addiction, which leads to severe personal problems such as bankruptcy and the collapse of the individual's family. In addition, the rate of gambling addicts in Japan is higher than that in other industrial nations. I agree with Uppe's opinion that the government is responsible for minimizing the social damage gambling can cause. We need strict restrictions on local customers; for example, we should limit the number of entries and conduct thorough identification processes. Another option is to make casinos available only to those who have passed a strict screening process for financial status and other factors.

━━━━━━━━ ◀解　説▶ ━━━━━━━━

　設問は「次の2つの設問から一つを選んで自分の意見を英文で書くように」である。

(A)「日本政府はもっと多くの観光客に日本に来るように奨励するべきか？ なぜそうすべきか，あるいは，なぜそうすべきでないのか」

(B)「日本政府はカジノ産業を規制するべきか？　どのようにしてするべきか，なぜそうするべきか」

　問題文Ⅰ，Ⅱ，Ⅲに記されている見解を「最低一つ引用して」反論せよという指示がある。引用例の訳は下記のとおりである。

• 「2010年の記事『動物園に反対して』で，フェーレーは主張する。『自然はコントロールするべき私たちのものではない』彼女は…と主張するが，私はその意見に強く反対する。なぜならば…」

• 「フォーン（2010）によるエッセイの中で『学校は生徒の権利を十分保護していない』と主張するイブ=N. スズキにある程度のみ賛成する。XはYであるという彼女の主張は正しいかもしれないが，…」

to a certain extent「ある程度」

• 「オワーク（2012, 第7段）によると，一つの選択肢は間接課税である。この議論は…であるけれども」

文法的な間違いに気をつけて，自信を持って使える表現や文構造を用いて，できるだけ論理的な流れになるように英語で書くこと。

❖講 評

2019年度は2018年度と同じ5題で，そのうちの3題が長文読解問題，1題が和文英訳問題，1題が英作文（意見論述）であった。

3題ある読解問題の英文は，いずれも現代社会でよく議論になる問題を扱っており，Ⅰでは「ツーリズムが与える否定的な影響」，ⅡではⅠと逆の立場として「ツーリズムのもたらす肯定的な影響」という内容が述べられている。さらに，Ⅲは「カジノ建設の是非」について述べている。設問形式は例年通り空所補充や内容説明，内容真偽が中心で，ほとんどが4択問題であるが，一部異なる問題もある。英文の量と難度の高さで圧倒されてしまいがちだが，個々の設問の選択肢は比較的理解しやすく，正解を絞りやすいものが多い。また，語彙力・文法力に関する設問もあり，総合力が試されている。

Ⅳの和文英訳は内容こそ日常的なもので，一見易しい印象を受けるが，実際に書いてみると正確な英訳が難しいことに気づくはずだ。注意点にもあるように，与えられた日本文をそのまま直訳しようとせず，どこまで英語に訳しやすい別の日本語表現にできるか，いわゆる「和文和訳」のプロセスを上手に経ることが重要である。

Ⅴの英作文（意見論述）は，経済学部の入試では毎年出題され，避けては通れない関門だ。2018年度と同様，読解問題の英文に関連したテーマを与えられ，それについての自分の見解を，英文から必要箇所を引用しつつ述べるというもの。このようないわゆる「アカデミック・ライティング」には決まった書き方が多く，事前に何度か練習しておくと大変効果的である。できれば他の人に添削してもらえると，自分の弱点が把握できて有効である。

全体的に盛りだくさんの出題である。速く，しかも正確に読めて，内容がある文を書くためには，普段からのトレーニングがものを言う。さらに時間配分にも十分気を配る必要がある。

日本史

I **解答** 問1. (1)a—7　b—8　c—3　d—1　e—6
(2)—2

問2. 幕府は対清俵物貿易を長崎口で独占した。薩摩藩は松前口～長崎口間で俵物を抜け買いして，琉球が行う朝貢貿易を通して清国に売る密貿易で利益を得た。

問3. 3

問4. (1)清はアヘン戦争に敗れ，南京条約で英国に香港割譲や上海開港などを約した。

(2)—1

問5. a—9　b—7　c—6　d—5　e—2

問6. 阿部正弘はペリーの開国要求への対応を国難と認識し，挙国的に対策を立てようと，朝廷に情報を報告し諸大名・幕臣に諮問した。これが朝廷の権威浮上と雄藩の発言力の強化を招き，幕府の専制的政治運営を転換させる契機となった。

━━━━━━◀解　説▶━━━━━━

≪江戸時代後期の外国との交流≫

▶問1. (1)　a. 7が正解。「ロシアから」「根室に来航」したのは，ラクスマンである。

b. 8が正解。ラクスマンの後，「長崎に来航して通商を求め」たが幕府に拒否されたのは，レザノフである。

c. 3が正解。「オランダ船を追って長崎に侵入し，薪水や食料を要求する」事件を起こした「イギリス軍艦」は，フェートン号である。

d. 1が正解。「国後島に上陸したロシアの軍艦の艦長」で，「捕らえられ，監禁され」たのは，ゴローウニンである。

e. 6が正解。「アメリカ船」で「日本人漂流民の送還と通商交渉のため浦賀沖に接近」し撃退されたのは，モリソン号である。

(2)　2が正解。「1825年」に幕府が出した法令αは，異国船打払令（無二念打払令）である。したがって，その内容を示す資料は，「異国船乗寄せ

候を見受け候はば，…有無に及ばず，一図に打払ひ」と命じた2である。
なお1は，「文政八（1825）年」の異国船打払令を廃し，「食料，薪水等乏
しく，帰帆成難き趣に候はば，望みの品相応に与へ帰帆致すべき旨申諭
し」とする天保の薪水給与令である。3は，「おろしや船に相違ひ無」け
れば，食料薪水等を「相与へ，帰帆致さすべく候」とあるから，ロシアの
漂流船には，食料薪水等を与え帰帆を促すなど穏便な対応を定めた文化の
撫恤令（文化の薪水給与令）である。

▶問2．やや難。設問の要求は，「清国と薩摩藩との密貿易について」2
行で説明すること。条件は「定められた『四つの口』と関連づけ」ること
である。

(i)「四つの口」とは，「鎖国」以後，幕府が公認した対外的窓口で，オラ
ンダ・中国と通じる幕府直轄の長崎口，朝鮮と通じる対馬藩（対馬口），
アイヌと通じる松前藩（松前口），琉球と通じる薩摩藩（薩摩口）である。
(ii)薩摩藩は，琉球征服後も琉球に中国の冊封を受けさせて朝貢貿易を継続
させ，中国で入手した唐物（生糸や薬種など）を大坂で売却して利益をあ
げた。幕府は薩摩藩の琉球を介した対中貿易は黙認したから，これ自体は
密貿易ではない。密貿易は，19世紀前半，薩摩藩主島津重豪に登用され
た調所広郷が藩財政の再建策として推進したものである。
①密貿易の背景は，幕府が田沼時代に，長崎に俵物役所を設けて主要な輸
出品である俵物の独占的集荷体制を強化し，清との俵物貿易を長崎口で独
占したことである。②薩摩藩の俵物の入手法は，幕府独占の俵物が松前口
から積み出され長崎口に船で輸送される際，その途中の船から密かに買い
つけるというものだった。③密貿易の実態は，琉球の朝貢貿易を通じて清
国に俵物を売却することで利益を得るというものである。
「四つの口」のうち，長崎・松前・薩摩の3つとの関連を挙げながら，以
上の①〜③を骨子として密貿易を説明しよう。

▶問3．3が正解。資料aは林子平の『海国兵談』，資料cは本多利明の
『経世秘策』である。教科書収載の資料a・cの判断は易しく，それだけ
で選択肢は限定できる。資料bは「此度も御打払ひにこれ有るべく候，…
たとひ敵船に候とも，自国のもの，其内にこれ有り候えば，漫りに放砲仕
ざる事に御座候」から，漂流民の送還を期して接近したモリソン号を異国
船打払令にもとづいて撃退した措置を批判していることが読み取れる。よ

って，高野長英の『戊戌夢物語』である。

▶問4．(1) 異国船打払令を改め，天保の薪水給与令を発するという「幕府の方針転換の契機」は，アヘン戦争で清国がイギリスに敗北したこと。「条約の内容」は，南京条約での香港の割譲や上海など5港の開港である。
(2) 1が正解。天保の改革期の政策を示す資料を選べばよい。1は株仲間解散令。2は寛政異学の禁。3は上げ米の令。天保の改革期の政策は株仲間解散令である。

▶問5．江戸時代の医学等に関する書名から著者を選ぶ基本的な問題。
ａ．9が正解。日本最初の解剖図録『蔵志』は，山脇東洋が著した。
ｂ．7が正解。ｃ．6が正解。『解体新書』を訳述した人物のうち，回想記『蘭学事始』の著者ｃが杉田玄白になり，残るｂが前野良沢となる。
ｄ．5が正解。『北槎聞略』で大黒屋光太夫の体験をまとめたのは，桂川甫周である。
ｅ．2が正解。『西説内科撰要』を著したのは宇田川玄随である。

▶問6．設問の要求は，開国の決定に際して阿部正弘が行なった①情報共有・意見聴取，②その背景，③意義について説明することである。
①の阿部正弘が行なった「情報共有・意見聴取」は，「朝廷にペリー来航を報告し，諸大名・幕臣からも意見を聴取した」など挙国一致で対応しようとしたことを書けばよい。②「背景」は，「ペリー来航（開国要求）を国難と認識した」ことである。幕府は，「日本は朝鮮・琉球を通信の国，オランダ・中国を通商の国とし，それら以外とは関係をもたないのが祖法」としていたが，ペリー率いる艦隊（黒船）の威嚇に屈し，祖法をまげてアメリカ大統領の国書を受理した。さらにペリーはその国書への回答を受け取るため，もっと大きな艦隊を率いて再来日すると威圧した。よって，老中阿部正弘は，国書への対応を誤れば未曾有の対外的危機を招くと認識したのである。③「意義」は，単なる結果ではなく，後の歴史的展開のなかで持つ価値や重要性を述べることである。よって，(i)朝廷の政治的権威が高まり，(ii)雄藩の発言力が強化された，という結果に加えて，その後，前水戸藩主徳川斉昭が幕政に参与し，越前藩主松平慶永・薩摩藩主島津斉彬・宇和島藩主伊達宗城らの協力も得るようになったことを念頭に，「幕府の専制的政治運営を転換させる契機となった」点を示したい。

II 解答

問7．(1)— 2・3（順不同） (2)共産 (3)— 3

問8．1→2→3→4→5

問9．c—6　d—3　e—2　f—4

問10．(1)日本国憲法は主権在民の理念に立つ民主主義である。民本主義は天皇主権の明治憲法のもと主権の所在には触れず，政治の目的は民衆の福利にあり，政策の決定は民衆の意向に基づくべきとし，普通選挙と政党内閣制の実現を唱えた。

(2)天皇の臣民とされた国民は，信教の自由のほか，法律の範囲内で言論・集会などの自由が保障された。また，公選された議員で構成する衆議院が予算案・法律案の審議権を有することにより，国政への参与も認められた。

問11．a—8　b—2　c—3　d—4

問12．(1)a—7　b—2　c—5　d—8

(2)海軍軍令部の同意を得ずに政府が兵力量を決める条約に調印したことは，内閣が関与できない天皇大権として憲法が定める統帥権の干犯だと軍部や政友会が批判した。

問13．1

◀解　説▶

《明治〜昭和戦前期の政治・外交・文化》

▶問7．(1)　正解は2・3（順不同）。設問文から，α・βは1933年に声明文を発表したとされ，資料aには「（　α　）・（　β　）の転向は，…翼賛時代への，時代的転換点たる位置を占める」とある。よって，α・βは，その後大量の転向を引き起こした，佐野学・鍋山貞親である。

(2)　資料bに，転向した佐野学・鍋山貞親が「我々は過去十一年間（　ア　）党の指導者として，…働いて来た」とあり，（　ア　）党が1922年に結党したと考えられることから，アは「共産」である。

(3)　3が正解。「コミンターン」とは，「コミンテルン」のことであり，ロシア革命を世界に広めるため，1919年に「ソヴィエト連邦」のモスクワで結成された共産党の国際組織である。共産主義インターナショナル，第3インターナショナルとも呼ばれる。

▶問8．犬養毅内閣と斎藤実内閣の2年間ほどの間に起きた事項の年代配列問題である。因果関係に注目して，発生年月の暗記に頼らずとも解答したい。

慶應義塾大-経済　　　　　　　　　　　　　　　　　　2019 年度　日本史〈解答〉　*33*

1．犬養毅内閣にかわってもなお深まる農村窮乏を招いたとして，金解禁を断行して昭和恐慌を惹起した井上準之助前大蔵大臣と，その恐慌下に円売りドル買いで儲けたとして三井合名会社理事長の団琢磨が，右翼団体の血盟団員に暗殺された（1932 年 2 ～ 3 月）。

→ 2．関東軍が樹立させた満州国の承認を渋る犬養毅内閣を倒し，軍部内閣樹立を図る海軍青年将校らが犬養毅首相を射殺した五・一五事件が起こる（1932 年 5 月 15 日）。

→ 3．犬養内閣が倒れ，かわって斎藤実内閣が成立する（1932 年 5 月 26 日）。

→ 4．斎藤実内閣は，国際連盟がリットン報告書を公表する前に満州国を承認して満州国成立を既成事実化しようと，日満両国間で日満議定書を取り交わした（1932 年 9 月）。

→ 5．国際連盟の臨時総会では，リットン報告書にもとづき満州国の承認を撤回する勧告が採択され，これを不服とする日本政府は国際連盟からの脱退を正式に通告した（1933 年 3 月）。

したがって，正解は 1 → 2 → 3 → 4 → 5 となる。

▶問 9．「明治末期から大正期」という時期と，著作の抜粋資料の内容をヒントに著者名を選ぶ。いずれも未見資料ながら内容は比較的易しかった。

c．6 が正解。「安倍貞任に関する伝説」として，前九年合戦で滅ぼされた安倍貞任に関する伝説や地名を紹介する内容から，民間伝承や郷土研究などを通して日本民俗学を確立した柳田国男の著作である。

d．3 が正解。「記紀の記載」は「歴史であるかどうか，もし歴史だとすれば，それはどこまで事実として信用すべきものか」と，『古事記』『日本書紀』を文献学的に批判していることから，歴史学者の津田左右吉の著作である。

e．2 が正解。「今日の社会が貧乏といふ大病に冒されつゝある」より，『貧乏物語』を著した経済学者の河上肇である。

f．4 が正解。「善とは一言にていへば」と，善について論究していることから，『善の研究』を著した哲学者の西田幾多郎である。

▶問 10．やや難。

(1)　吉野作造が唱える「民本主義」の特徴を，日本国憲法の民主主義と比較し，3 行以内で説明することが求められた。

比較・対比型の論述であるから，まず対比ポイントを示す。それは「日本国憲法は主権在民」であるのに対して，「民本主義は，天皇主権（の大日本帝国憲法）を前提」または「主権の所在を問わない」点である。次に吉野作造の主張を展開する。吉野は，デモクラシーの訳語を，天皇主権を原則とする大日本帝国憲法に抵触するおそれのある民主主義ではなく，「国家の主権の活動の基本的目標は政治上人民に在るべし」という主張に基づき，「民本主義」とした。したがって，民本主義は，「政治の目的を民衆の福利に置き，政策の決定は民衆の意向に基づく」ことを主張している。さらに，この政策決定のあり方として，民衆に選挙権を与え，その意見を集約して政策を実現できる政党が政権を掌握して政治を運営すること，つまり「普通選挙と政党内閣制の実現」を目標とした点まで言及できるとよいだろう。

(2)　難問。大日本帝国憲法の条文に見られる「人権保障を含む民主主義的要素」について，3行以内で説明することが求められた。よって，①人権保障の要素だけでなく，②他の要素にも言及することが必要である。
①天皇に統治される「臣民」とされた国民の人権は，第二章の「臣民権利義務」に明文化されたが条数は少ない。そのうち第28条の「日本臣民ハ安寧秩序ヲ妨ケス及臣民タルノ義務ニ背カサル限ニ於テ信教ノ自由ヲ有ス」，第29条の「日本臣民ハ法律ノ範囲内ニ於テ言論著作印行集会及結社ノ自由ヲ有ス」などは想起できたであろう。つまり，大日本帝国憲法では，制限付きではあるが，臣民に信教・言論・集会などの自由が保障されていたのである。②大日本帝国憲法は立法機関として衆議院と貴族院からなる帝国議会を設置し，それは天皇のもつ立法権を協賛する機関とされた（第5条）。そのうち公選による議員で組織された衆議院（第35条）に注目したい。第37条「凡テ法律ハ帝国議会ノ協賛ヲ経ルヲ要ス」，第64条「国家ノ歳出歳入ハ毎年予算ヲ以テ帝国議会ノ協賛ヲ経ヘシ」，第65条「予算ハ前ニ衆議院ニ提出スヘシ」より，法律や予算の成立には衆議院の同意が必要とされ，帝国議会での法律案・予算案の審議を通じて，臣民にも国政参与の道が開かれていたのである。

▶問11．a．8が正解。西安事件は，1936年12月，中国共産党軍の討伐にあたる地方軍閥軍を督励するため西安に赴いた蔣介石を，張学良らが監禁し，共産党との内戦の停止と抗日を要求した事件である。西安は唐代の

都長安であり，中国西部（現在は陝西省）の都市である。

b．2が正解。張鼓峰事件は，1938年，ソ連・満州・朝鮮との国境付近の張鼓峰で起こった日ソ両軍による軍事衝突事件である。張鼓峰は，中国東北部豆満江の下流で，朝鮮半島の北である。

c．3が正解。柳条湖事件は，1931年9月，奉天郊外の柳条湖での，関東軍参謀石原莞爾らによる南満州鉄道の線路爆破事件であり，満州事変の発端となった。柳条湖は現在の中国遼寧省瀋陽にある。

d．4が正解。盧溝橋事件は，1937年7月，北京郊外の永定河にかかる盧溝橋で起こった日中両軍の衝突事件で，日中戦争の発端となった。盧溝橋は現在の中国河北省北京市にある。

　なお，1は1939年にノモンハン事件が起こった地点である。満州国とモンゴル人民共和国（外蒙古）との国境紛争で，日本軍はモンゴル軍・ソ連軍に壊滅的打撃を受けた。5は上海である。1932年1月には第1次上海事変，1937年8月には第2次上海事変が起こった。いずれも日中両軍の武力衝突である。6は広州である。7は重慶である。1937年12月の日本軍による南京占領後，蔣介石は重慶に拠点を移して抵抗した。

▶問12．(1)　a．7が正解。「張作霖爆殺事件の処理をめぐって昭和天皇の不興を買い総辞職した」のは，田中義一内閣である。

b．2が正解。「金解禁を実施し」た浜口雄幸内閣の蔵相は，井上準之助である。

c．5が正解。「国際協調路線の方針」をとった浜口雄幸内閣の外相は，幣原喜重郎である。

d．8が正解。ロンドン海軍軍縮会議に全権として派遣された「首相経験者」は，若槻礼次郎である。

(2)　ロンドン海軍軍縮条約への「憲法違反との批判」を説明することが求められている。これは「統帥権干犯との批判」を説明することになるため，①憲法上の「統帥権」とは何か，②具体的にどういう行為が「干犯」とされたのかを2行以内で過不足なく説明したい。

①大日本帝国憲法では第11条で「天皇ハ陸海軍ヲ統帥ス」として，統帥権（軍隊の最高指令権）を規定している。これは天皇大権の一つで，陸海軍の統帥機関（陸軍参謀本部・海軍軍令部）の補佐のもとに行使され，内閣が関与する一般国務からは独立し（統帥権の独立），介入できない慣行

とされていた。一方，兵力量の決定は第12条で「天皇ハ陸海軍ノ編制及常備兵額ヲ定ム」と，天皇の編制大権ではあるが，これは内閣の輔弼事項とされた。②1930年，浜口雄幸内閣は，海軍軍令部の同意を得ないまま，補助艦の保有トン数に関するロンドン海軍軍縮条約に調印した。海軍は，兵力量の決定に関する第12条の編制大権も，第11条の統帥権に含まれると主張し，浜口内閣の軍令部の同意なき軍縮条約調印は，第11条の統帥権を侵犯する（統帥権干犯）憲法違反だと批判したのである。

▶問13．1が正解。問7(3)の〔解説〕を参照。なお，2の「共産党および労働者党情報局」の略称は，コミンフォルムである。3の「国際社会主義者会議委員会」の略称は，コミスコ（COMISCO）である。4の「ソヴィエト社会主義共和国連邦共産党中央委員会」は，ソ連邦共産党の中央最高機関で，略称はCCCPSUとなる。

Ⅲ **解答** 問14．ア．憲法調査会　イ．施政権　ウ．核
問15．エー5　オー1

問16．4
問17．a－9　b－2　c－5　d－7　e－3　f－8
問18．湾岸戦争の際にアメリカから国際貢献を迫られた海部俊樹内閣は，憲法の制約から多額の資金援助と停戦後のペルシャ湾に自衛隊掃海艇を派遣したが，人的貢献不足と批判を受けた。宮沢喜一内閣は自衛隊の海外派遣を可能にするPKO協力法を成立させ，カンボジアの停戦監視要員などに自衛隊の派遣を開始した。
問19．(1)橋本龍太郎内閣のときに普天間飛行場の返還について日米政府で合意した。その後辺野古移設に向けて計画が進む中，鳩山由紀夫内閣は代替地の県外移設を表明したが，実現できずに退陣した。第2次安倍晋三内閣のもとで沖縄県の仲井眞弘多知事は辺野古埋め立てを承認したが，基地反対派の翁長雄志が新知事に当選すると埋め立て承認は取り消された。
(2)g－6　h－2　i－2　j－7

◀解　説▶

≪昭和戦後～平成の外交・政治≫

▶問14．ア．資料bの「新たに発足した自由民主党を基礎として成立した」から，この内閣は第3次鳩山一郎内閣である。よって，第3次鳩山一

郎内閣が「憲法の改正」のために内閣に設置した組織は，憲法調査会である。

イ．資料 c は「琉球諸島及び大東諸島は，本年五月十五日，わが国に復帰することになりました」から，佐藤栄作首相が 1972 年に行った国会演説である。本土復帰以前の状況を漢字 3 字で示すと考えると，アメリカの「施政権」下にあったが適当。

ウ．1969 年の佐藤栄作首相とニクソン大統領の日米首脳会議で，「核抜き・本土並み」の沖縄返還に合意した。したがって，正解は「核」である。

▶問 15．エ．5 が正解。ウの〔解説〕中の日米首脳会議を佐藤・ニクソン会談という。

オ．1 が正解。資料 e の「私は，このほど，日米両国間の相互協力と安全保障に関する条約等に署名のため訪米」から，「私」とは，1960 年に日米相互協力及び安全保障条約（新安保条約）に調印した岸信介首相である。したがって，そのときのアメリカ大統領はアイゼンハワーである。

▶問 16．4 が正解。資料 f に「電電公社，専売公社，国鉄の民営化」などの諸改革を行ったとあるから，これは中曽根康弘首相の国会演説である。したがって，その政治課題は，行・財政改革の推進を訴えた「戦後政治の総決算」である。なお，1 の「寛容と忍耐」は池田勇人首相，2 の「クリーンな政治」は三木武夫首相，3 の「聖域なき構造改革」は小泉純一郎首相，5 の「日本列島改造」は田中角栄首相が掲げた政治目標である。

▶問 17．a．9 が正解。「イラクは，クウェート侵略という暴挙に出た」「国連が示した一月十五日の期限まで，…あらゆる国際的努力が行われました」から，資料 a は，1991 年当初の海部俊樹首相の演説である。したがって，竹下登内閣の 1989 年 4 月 1 日に「3 パーセントの消費税課税が開始された」より後の「9」の時期に入る。

b．2 が正解。問 14 のアの〔解説〕で示したように，資料 b は第 3 次鳩山一郎内閣発足時の 1955 年に行われた演説である。この第 3 次鳩山一郎内閣は，1956 年に日ソ共同宣言に調印し，ソ連の賛成を得たことで「日本の国際連合加盟が実現した」。よって，資料 b はその直前の「2」の時期に入る。

c．5 が正解。問 14 のイの〔解説〕で示したように，資料 c は佐藤栄作首相が 1972 年に行った国会演説である。1965 年に日韓基本条約が調印さ

れたときも佐藤内閣であった。また,「ベトナム和平協定が調印された」のは1973年で,田中角栄内閣の時代であるから,資料cは「5」の時期に入る。

d. やや難。7が正解。資料dは「日本国と中華人民共和国との間の平和友好条約は,…署名調印されました」から,1978年の福田赳夫首相の演説である。「衆議院総選挙において,自由民主党の議席数が結党以来,初めて過半数を割り込んだ」のは,ロッキード事件で田中角栄が逮捕された年の総選挙であることから1976年,「第2次臨時行政調査会(臨調)が発足した」のは,鈴木善幸内閣の1981年3月。したがって,dは両者の間の「7」の時期に入る。

e. 3が正解。問15のオの〔解説〕に示したように,資料eは1960年に岸信介首相が行った演説である。「国際連合加盟」は1956年,「農業基本法が制定された」のは岸首相退陣後の池田勇人内閣のときで1961年。よって,eは「3」の時期に入る。

f. 8が正解。問16の〔解説〕で示したように,資料fは1987年4月の「国鉄の民営化」をなしとげた後に,中曽根康弘首相が行った演説である。したがって,fは「8」の時期に入る。

▶問18. 設問の要求は,資料aの発言者の海部俊樹首相と,次の首相の政権が行った,自衛隊の海外派遣に関する経緯を4行で説明することである。

まず大筋は「①積極的な貢献の要請→②海部俊樹内閣の対応→③宮沢喜一内閣でPKO協力法成立→④自衛隊の海外派遣」となることは想定できるだろう。そこで文頭では,①下線部Aの「積極的な貢献」が,1991年に勃発した湾岸戦争の際に,多国籍軍の主力となったアメリカから「国際貢献」の要請をうけたことを指すことを示したい。これが契機となって,②海部俊樹内閣は,憲法の制約から自衛隊の軍事行動への参加はせず,多国籍軍への総計130億ドルの資金援助を行い,停戦後にペルシャ湾での機雷除去のために海上自衛隊の掃海艇を派遣した。これが自衛隊初の海外派遣であるから「ペルシャ湾への派遣」,「自衛隊掃海艇を派遣」などの明記は必須である。しかし国際社会からは"too little, too late"(少なすぎる遅すぎる)と非難され,加えて終戦後にクウェートが感謝を示した30カ国の中に日本の国名はなかった。そのため次の③宮沢喜一内閣で,PKO協

力法（国際平和協力法）案が提出され，1992年6月に成立した。そして
④国連の要請をうけて1992年9月からカンボジアへ陸上自衛隊派遣を開
始した。なおこのときは，停戦監視要員や道路・橋の修理などのインフラ
整備にあたり，約1年後に撤収した。2人の首相時代の国際協力・海外派
遣を示すにあたっては，改憲論議が巻き起こっている昨今の情勢をふまえ，
海部俊樹内閣で「憲法の制約」ゆえにとった対応が「国際社会では認めら
れず」，宮沢喜一内閣は「違憲の批判をおさえて」PKO協力法を成立させ
た，など「日本国憲法と自衛隊の海外派遣との整合性」といった視点を加
味できると，よりよい解答になるだろう。

▶問19.（1）難問。沖縄県の米軍施設問題の経緯を，1996年以降2015年
までの時期について説明する，という時事的問題である。わざわざ「資料
jの発言者の政権期間を含め」とあり，鳩山由紀夫内閣期の迷走がポイン
トとなることは明白である。この間の経緯をみていこう。
①1996年，橋本龍太郎首相とクリントン大統領の日米首脳会議で，普天
間飛行場など11施設を，基地機能の移設を条件に5〜7年以内に返還す
ると決定した。返還に伴う代替地が「県内移設」であるとされ，沖縄県民
は失望したが，1999年に稲嶺恵一沖縄県知事・岸本健男名護市長が，辺
野古移設受け入れを表明し，同年，小渕恵三内閣は辺野古移設を閣議決定
した。②2006年小泉純一郎内閣のときに，名護市・宜野座村の合意を得
たことで，日米両政府は最終合意に達し，2014年までに辺野古沿岸部を
埋め立ててV字型滑走路をもつ代替施設を建設し，普天間飛行場を移転さ
せるとした。③しかし，2009年8月の衆議院議員総選挙で民主党の鳩山
由紀夫代表が，普天間移設問題について「可能であれば海外，最低でも県
外」と発言して勝利し，鳩山由紀夫内閣が成立した。鳩山首相は普天間基
地の代替地の県外移設を再度審議したが，アメリカを説得できず，辺野古
の代替地も見つからず，結局2010年に県外移設を断念した。こうして
2010年6月，沖縄県普天間基地移設問題を混乱させたなどの責任をとり
鳩山は首相を辞任した。沖縄県民は普天間基地の県外移設の期待を裏切ら
れたが，同年には名護市市長選で「県内移設反対」を掲げる稲嶺進が当選
し，「県外移設の実現を求める」とした仲井眞弘多知事が再選した。④
2012年12月の衆議院議員総選挙で自由民主党が勝利し，第2次安倍晋三
内閣が成立した。ここで国と県との水面下の交渉の結果，2013年に仲井

眞知事は辺野古の埋め立てを承認した。⑤しかし2014年には名護市市長
選で基地反対派の稲嶺進が再選し，沖縄県知事選でも「普天間基地の閉
鎖・撤去，県内移設断念」，「あらゆる手法を駆使して，辺野古に新基地は
つくらせない」と訴えた翁長雄志（おながたけし）が当選した。2015年翁長新知事は，仲
井眞前知事が承認した辺野古の埋め立て承認の取り消しに踏み切った。

　以上，「日本史」「現代社会」「政治・経済」の教科書にも資料集などに
も詳述されていない時事問題である普天間基地移設問題を概観した。ポイ
ントは「橋本龍太郎内閣で普天間基地移設の日米合意が成立，後に辺野古
が代替地に決定→鳩山由紀夫内閣で県外移設を模索するも実現できず退陣
→第2次安倍晋三内閣のもと沖縄県知事は辺野古埋め立てを承認→反対派
の推す新知事が当選し埋め立て承認を取り消し」といった経緯を示すこと
である。

(2)　難問。まず，資料g～jの演説内容から，首相と演説時期を確定する。

　資料gは，総選挙の勝利を背景に「改めて郵政民営化関連法案を提出し
…成立を期す決意」とあるから，第3次小泉純一郎内閣が成立した2005
年の演説である。

　資料hは，「三党派が，…五五年体制に終止符を打ち，さらに，一年間
の連立政権の経験を検証する中から，…結集した」内閣がヒントである。
55年体制崩壊後に細川護熙内閣，次に羽田孜内閣で「一年間の連立政権」
の後，日本社会党・自由民主党・新党さきがけの3党派連立で成立したの
は村山富市内閣である。よって，資料hは1994年の村山富市の首相就任
時の演説である。

　資料iは，「現行中選挙区制にかえて小選挙区比例代表並立制を導入」
と「八党派によって樹立された」から，1993年に日本新党・日本社会党・
公明党などの8党派連立内閣が成立したおり，首相となった細川護熙の演
説である。

　資料jは，総選挙において国民が政権交代を選択し「民主党，社会民主
党，国民新党の三党連立」内閣が成立したとのヒントから，2009年に成
立した鳩山由紀夫内閣の首相就任演説である。

　次にグラフの0～9の時期を確定する。2つ目印となる選挙がある。1
つ目が，自由民主党の当選人数が最高の，定数480中296議席を占めた
「5－6間の選挙」である。これが「郵政民営化」を争点に絞った小泉純

一郎内閣のもとで行われた2005年9月の衆議院議員総選挙（以下，「選挙」と略す）だとわかる。自民党圧勝を背景に，小泉純一郎首相はその後6の時期に「改めて郵政民営化関連法案を提出し」，2005年10月には郵政民営化法が成立した。したがって，gは6の時期である。

2つ目の目印となるのが，自民党議員が最少の119議席となった「6－7間の選挙」である。この選挙こそ政権交代を招いた2009年の選挙である。よって，7の時期に鳩山由紀夫が首相に就任し資料jを発表した。jは7の時期である。

残ったiの細川・hの村山両内閣はともに小泉内閣以前の時期なので，「0～4間の選挙」に注目すればよい。この間に自由民主党議員数が初めて過半数を割ったのが「1－2間の選挙」である。それが1993年宮沢喜一内閣のもとで行われ自由民主党が大敗した選挙である。そして，非自民8党派連立のiの細川護熙内閣が誕生した。よって，iは2の時期である。

最後に残ったhの村山富市首相の演説時期の確定は難問。細川護熙内閣が8カ月余りで退陣し，後を受けて羽田孜が新生党など非自民5会派の連立内閣をつくった。しかし連立政権からの離党が相次ぎ，少数与党となった羽田内閣は退陣。1994年の首相指名で政権復帰を狙う自由民主党議員が日本社会党党首村山富市に投票し，日本社会党・自由民主党・新党さきがけの3党連立内閣が誕生した。つまり，この間には民意を問う衆議院議員総選挙は行われていない。よって，hも2の時期である。

なお，「0－1間の選挙」が海部俊樹内閣の解散後，1990年2月実施の選挙。「2－3間の選挙」は，1996年10月橋本龍太郎内閣で実施された初の小選挙区比例代表並立制での選挙。「3－4間の選挙」は森喜朗内閣解散後の2000年6月の選挙。「4－5間の選挙」は小泉純一郎内閣のマニフェスト解散後の2003年11月の選挙。そして「7－8間の選挙」は，民主党の野田佳彦内閣のもとに行われた2012年12月の選挙。この選挙後，自民党が政権に復帰し，第2次安倍晋三内閣が成立した。「8－9間の選挙」は2014年12月の選挙である。安倍首相の行う経済政策「アベノミクス」への信を問う解散総選挙の結果，与党自民党・公明党が勝利し，第3次安倍内閣が発足した。

❖講 評

　2019 年度は，2018 年度の大問 2 題構成から 2017 年度までの大問 3 題構成にもどった。記述問題は 2018 年度の 15 個から 4 個に減少，選択問題は 3 個減の 42 個であった。経済学部では例年，誤文選択問題が出題されており，2018 年度は 5 個だったが，2019 年度は姿を消した（正文選択は 1 個）。配列問題は 2018 年度より 1 個減少して 1 個。論述問題は 3 個増加して 8 個にもどったが，そのうち 2 個が解答枠 4 行の分量があった。結果，合計行数は 2018 年度より 9 行増の 22 行と負担増となった。よって，解答総数は 67 個から 55 個に減少したものの，論述の負担は特に重くなった。出題分野は，江戸時代の出題が 16 個・近現代史分野が 39 個であった。近現代史分野は総数の約 70 ％であり，90 ％を超えた 2017・2018 年度に比べるとその割合は低下した。地図問題は 1 問 4 個で 2018 年度並みであるが，大陸における事件発生地が扱われた。文化史問題は 3 問 12 個の出題で分量・難度とも 2018 年度並みである。一方，折れ線グラフに加え円グラフや統計表など，グラフや表などの資料が例年は複数出題されてきたが，2019 年度は衆議院議員総選挙の結果に関する棒グラフ 1 点に留まった。しかし，そのグラフの時期確定問題は，難度が高かった。

　Ⅰは，江戸時代後期の幕府の外交政策を中心に，薩摩藩の密貿易，経世思想・近世医学の発展，幕府の三大改革・幕末の政治など幅広く出題された。問 2 は，薩摩藩の後期藩政改革のなかでも密貿易だけに絞り，幕府の「四つの口」と関連づけて説明することを要求した論述問題で，意表を突くテーマである上に，幕府の外交体制と流通統制の理解を要する，やや難度の高い設問であった。その他は，問 1⑵が幕府の外交史料 3 点，問 3 は経世書の史料 3 点，問 4⑵は幕政史料 3 点と多数の史料が出題されたが，いずれも標準レベル。また問 6 は，老中阿部正弘が行った情報共有・意見聴取に関する論述問題だが，設問の要求が明快であり，標準レベルであった。よって，全体的に，教科書学習を徹底することで対応できる標準レベルである。大問 3 題中最も得点しやすいので，ここで確実に得点を稼ぎたい。

　Ⅱは，「佐野学・鍋島貞親の転向声明」と高畠通敏の論考を軸に，明治から昭和戦前期の政治・外交・文化が出題された。問 8 の 1930 年代

の年代配列問題と，問12(1)の浜口雄幸内閣の閣僚名の空所補充問題は基本レベル。また，問7は「転向声明」に関連する史料問題，問9も明治末期から大正期の学術思想に関する史料問題で，いずれも未見史料ながら内容は理解しやすく，標準レベル。問11の満州事変〜日中戦争期の諸事件の発生位置を問う地図問題も，標準レベルであった。一方，問10(1)は民本主義の特徴を日本国憲法と比較して述べる論述問題で，やや難しい。しかし，2014年度Ⅰ問2に出題歴があり，過去問演習の習熟度次第では高得点も可能であった。問10(2)は大日本帝国憲法における民主主義的要素についての論述問題であり，難問である。また，問12(2)は統帥権干犯問題に関する論述問題で，標準レベルである。総じて，設問間の難易度の差が大きいが，大問全体としては標準レベルである。

Ⅲは，10人の首相演説を題材に1955年から2015年までの政治・外交について出題された。大問の前半（問14〜問18）は，55年体制の成立からその終末期の外交・政治を扱い，後半（問19）は，連立政権時代から政権交代を経て再び自由民主党が政権与党となるまでの政治，沖縄の基地問題が扱われた。前半の6人の首相中4人が2017年度Ⅱ問14(2)と重複するなど頻出事項であり，首相名の特定は易しい。だが問17の「自由民主党の議席数が結党以来，初めて過半数を割り込んだ」衆議院議員総選挙の時期は詳細な知識であり，資料dの時期特定はやや難。また問18はPKO協力法成立までの経緯と実績を説明する論述であった。2018年度Ⅱ問15など，時期確定・年代配列などの出題形式では頻繁に出題されてきた事項であり，解答の方向性は明らかだが，4行の分量はやや負担が大きかったであろう。後半は例年，現代経済史・外交史が出題されてきただけに，詳細な現代政治史が扱われ意表を突かれたが，平成最後の入試となった本問で，平成時代の政治動向や，その影響で迷走する基地問題を考えてほしいという経済学部の出題意図が汲み取れる。問19(1)の普天間基地の移転問題を政権交代とからめて論述する問題は，教科書記述を超える「現代社会」分野の精緻な時事的問題であり，4行の分量もあいまって難問。また，問19(2)は「衆議院議員総選挙での議員定数と自由民主党の当選人数」を表す棒グラフを用いて，4人の首相の演説時期を特定する問題である。2018年度Ⅱ問15で4人とも扱われ

ていたが，衆議院議員総選挙の結果との関係と照合するという作業は，図説を併用した精緻な現代政治史学習を要する難問である。したがって，大問全体としては難問である。

　総括すれば，2019年度は，2017・2018年度の易化傾向から一転して難化した。特に過去に出題歴のない現代政治史分野や沖縄の基地移設問題といった時事的問題の関心・理解が測られたのが特徴であった。したがって，1990年代・2000年代の政治・外交・経済分野まで，「日本史」教科書・史料集・図説集・用語集などを併用した，精緻な受験対策が必須である。さらに新聞で読解力や表現力を学びながら時事問題の理解を深め，「現代社会」や「政治・経済」の教科書・資料集なども用いた幅広い対策が望まれる。

慶應義塾大-経済　　　　　　　　　　　　　　2019 年度　世界史〈解答〉　*45*

世界史

I **解答** 問1．a－8　b－7　c－4
　　　　　ア－2　あ－6　い－5

問2．3，5

問3．(1)－4

(2)旧教〔カトリック〕対新教〔プロテスタント〕，ブルボン家対ハプスブルク家が対立軸となった。

(3)1→5→2→4

(4)－3

問4．フランスでは市民らによる選挙法改正運動を政府が弾圧したのを機に革命が起こり，七月王政を倒して第二共和政が成立した。一方，ドイツでは統一国家の形成を求めてフランクフルト国民議会が開催され，自由主義的憲法が採択されたが，皇帝に推されたプロイセン王の拒絶によってドイツ統一は失敗した。

問5．(1)－4　(2)(a)－1　(b)－4

問6．ナポレオン1世の甥のルイ＝ナポレオンが大統領に当選し，クーデタで独裁権を握り，国民投票で皇帝に即位した結果，1852 年に第二共和政は終焉を迎えた。

問7．第3回分割でポーランド王国は消滅し，ナポレオン1世が建国したワルシャワ大公国はウィーン会議で解体され，ロシア皇帝が国王を兼ねるポーランド立憲王国が誕生した。アレクサンドル2世の農奴解放令の影響で起こった反乱の鎮圧を機に専制支配が強まったが，第一次世界大戦末期に独立を宣言し，ヴェルサイユ条約で共和国として独立した。

━━━━━━　◀解　説▶　━━━━━━

≪1848 年革命≫

▶問1．a．1848 年の二月革命で，七月王政を維持していたルイ＝フィリップ（位 1830～48 年）は退位し，イギリス（「ア」の正解）に亡命した。

b．二月革命はオーストリアに波及してウィーン三月革命が起こり，ウィーン体制を主導したメッテルニヒは失脚し，イギリスに亡命。ウィーン体

制は崩壊した。

c．ハンガリーのマジャール人（「あ」の正解）の民族運動家コシュート
は三月革命に乗じ，オーストリアからのハンガリー独立を指導したが，
1849年侵入したロシア軍によって鎮圧された。

い．三月革命の影響でベーメン（ボヘミア）ではチェック人（チェコ人）
が蜂起し，自治が認められた。

▶問2．1848年より後の出来事は3と5である。

3．適当。ロンドンで第1インターナショナルが結成されたのは1864年。

5．適当。ディアスは1877年メキシコ大統領となったが，メキシコ革命
で1911年に国外に亡命した。

1．不適。ジャクソン大統領は1829年に大統領に就任し，ジャクソニア
ン=デモクラシーを開始した。

2．不適。チャーティストらは1837年に人民憲章を作成し，1839年に議
会に第1回の請願を行った。

4．不適。望厦条約と黄埔条約は1844年に結ばれた。

6．不適。1840年ロンドン会議で，ムハンマド=アリーはエジプト総督位
の世襲を認められた。

▶問3．やや難。(1)　三十年戦争（1618～48年）の講和条約であるウェ
ストファリア条約は，ヨーロッパの「勢力均衡（バランス・オブ・パワ
ー)」をめざしており，その理念はウィーン体制にも受け継がれた。

(2)　三十年戦争の対立軸は，宗教面で旧教と新教の対立，国家間でフラン
スのブルボン家と神聖ローマ帝国のハプスブルク家の対立の2つである。

(3)　1648年のウェストファリア条約から1814～15年のウィーン会議の間
に起こった出来事を4つ選び，それを年代順に配列させる問題。

6．ユグノー戦争の開始は1562年。

1．第1次イギリス=オランダ戦争の開始は1652年。

5．スペイン継承戦争の開始は1701年。

2．オーストリア継承戦争の開始は1740年。

4．七年戦争の開始は1756年。

3．ギリシア独立戦争の開始は1821年。

　したがって，6と3は対象外となり，1→5→2→4の順となる。

(4)　3．誤文。ハイチ共和国の独立はウィーン会議以前のこと。カリブ海

のハイチはフランス革命の影響を受け，1791年に黒人奴隷反乱が起こる
と，トゥサン=ルヴェルチュールが独立軍を率いてフランス軍に抗戦した。
彼の活躍もあり，1804年に世界初の黒人共和国としてハイチは独立した。

▶問4．1848年革命におけるフランスとドイツの相違点を問う問題。指
定語句から推察して答案を練ること。フランスの二月革命は選挙法改正運
動など政治的改革を目的として起こり，七月王政を廃して共和政（第二共
和政）の樹立に成功した。一方，ドイツの三月革命は統一国家の形成をめ
ざしてフランクフルト国民議会を開き，プロイセン国王をドイツ皇帝に推
す憲法を採択したが，国王の受諾が得られず失敗した点をまとめたい。

▶問5．(1) 4．誤文。共和主義者のガリバルディは1860年に千人隊
（赤シャツ隊）を率いて両シチリア王国を征服し，征服地を国王ヴィット
ーリオ=エマヌエーレ2世に献上している。

(2)(a) イタリア王国は普墺戦争でプロイセン側に立って参戦し，その講
和条約により1866年オーストリアからヴェネツィアを得た。

(b) 「未回収のイタリア」のトリエステ（アドリア海北東岸の港市）と南
チロルは，1919年のサン=ジェルマン条約でイタリア領となった。

▶問6．二月革命で成立した第二共和政（1848〜52年）の崩壊の経緯を
論じる問題。ルイ=ナポレオンが大統領から皇帝になった経緯を示すこと。
ナポレオン1世の甥であった彼は1848年12月の大統領選挙で当選し，
1851年のクーデタで任期10年の大統領となった。その後，1852年の国民
投票で帝位につき，ナポレオン3世として第二帝政を樹立したため第二共
和政は終焉を迎えた。

▶問7．やや難。第3回ポーランド分割からポーランド共和国の独立まで
の経緯を論述させる問題。言及するべきポイントを以下の①〜④に分けて
整理しておく。アレクサンドル2世はポーランドの反乱との関連で言及す
ること。

①第3回ポーランド分割（1795年）でポーランド王国はロシア・オース
トリア・プロイセン3国に最終的に分割され，ポーランド王国は消滅した。
②ナポレオン1世はプロイセン領ポーランド（ポーランド西北部）にワル
シャワ大公国（1807〜15年）を建国。しかし，ウィーン会議で大公国は
解体され，ロシア皇帝が国王を兼任するポーランド立憲王国が樹立された。
③ロシア皇帝アレクサンドル2世が発した1861年の農奴解放令に誘発さ

48 2019 年度 世界史〈解答〉　　　　　　　　　　　　　　　　慶應義塾大-経済

れてポーランド反乱（1863〜64 年）が発生，鎮圧後，専制支配が強化された。

④第一次世界大戦末期の 1918 年，ドイツの敗北とロシア革命の影響に乗じて独立を宣言し，ヴェルサイユ条約で共和国として独立を達成した。

Ⅱ 　**解答**　　問 8．　a－2　　b－6　　c－5
　　　　　　　　問 9．㋐ラタナコーシン朝〔チャクリ朝，バンコク朝〕
㋑ラーマ 5 世〔チュラロンコン〕

問 10．3

問 11．フランスがユエ条約でベトナムを保護国化すると，清はベトナムに対する宗主権を主張して清仏戦争が始まったが，敗れた清は天津条約でベトナムの宗主権を放棄した。

問 12．3

◀解　説▶

≪タイの近現代史≫

▶問 8．この資料文がタイの国王宛に提出された国政改革の意見具申書であることを確認すること。「1885 年」という年代や資料内容をしっかり認識したい。英仏など列強のアジア侵略の中，タイの独立と不平等条約改正のため近代化改革の推進を国王ラーマ 5 世に具申した内容。

a．「マラヤを奪いつつある」とあるのでイギリスが正解。1867 年にペナン・マラッカ・シンガポールからなる海峡植民地（1826 年成立）をイギリス本国は直轄地とし，マレー半島に進出した。

b．「カンボジアを取る」とあるのでフランスが正解。1863 年にフランスはカンボジアを保護国化した。

c．「条約改正」から日本と判断したい。日本は 1868 年の明治維新後，国制を整えて文明化を進めた。

▶問 9．㋐　1885 年当時のタイの王朝は，現在も続いているラタナコーシン朝（チャクリ朝，バンコク朝）。1782 年にチャクリ（ラーマ 1 世）が創始した王朝。王宮が運河とチャオプラヤー川に囲まれたラタナコーシン島にあることからラタナコーシン朝，首都の名を取ってバンコク朝とも呼ばれている。

㋑　1885 年当時のタイの国王はラーマ 5 世（チュラロンコン：位

慶應義塾大-経済　　　　　　　　　　　　　　2019 年度　世界史〈解答〉　49

1868〜1910 年）で，行政・司法・軍事の西欧化政策を推進し，タイの独立保持と近代化に貢献した。国王の即位年は日本の明治維新の年にあたるため，その近代化改革は日本の明治維新になぞらえられる。

▶問 10.　3．誤文。「スルタンの反撃にあい憲法の復活はできなかった」が誤り。オスマン帝国のアブデュルハミト 2 世は 1876 年にミドハト憲法を発布したが，翌 1877 年のロシア＝トルコ（露土）戦争の勃発を口実に憲法を停止し，専制政治を復活した。反発した青年将校や知識人らは「統一と進歩団」を結成し，1908 年に青年トルコ革命を起こしてミドハト憲法を復活している。

▶問 11.　清仏戦争の経緯を，原因と講和条約の内容に言及して論じさせる問題。原因として，フランスが阮朝越南国（1802〜1945 年）とユエ条約（1883・84 年）を結び，ベトナムに対する保護権を獲得したことを指摘すること。これに対し，清朝は朝貢国であるベトナムの宗主権を主張し，清仏戦争（1884〜85 年）が開始した。敗れた清朝は 1885 年に天津条約を結び，ベトナムに対する宗主権を放棄している。

▶問 12.　3．誤文。「共和政に移行」が誤り。軍人ピブンは 1932 年にタイ立憲革命を指導し，ラタナコーシン朝下の専制政治を廃して立憲君主政と議会開設を実現させ，1938 年に首相に就任した。

Ⅲ　解答　問 13.　(1)ア—1　イ—6　(2)—2
　　　　　　　　(3)あ．ラビン　い．アラファト　(4)グラスノスチ

問 14.　2

問 15.　イランでモサデグ首相がアングロ＝イラニアン石油会社を国有化すると，国王パフレヴィー 2 世はクーデタで彼を追放し，白色革命で上からの近代化を進めた。これに反対して起きたイラン革命でパフレヴィー朝は倒されイラン＝イスラーム共和国が成立した。

問 16.　(1)—1

(2)エジプトはイスラエルを承認し，イスラエルはエジプトにシナイ半島を返還した。

問 17.　1968 年にチェコスロヴァキアのドプチェク政権下で「プラハの春」と呼ばれる民主化運動が起こると，ソ連とワルシャワ条約機構が軍事介入し，これを弾圧した。ソ連のブレジネフは社会主義体制を守ることは一国

50 2019 年度 世界史〈解答〉 慶應義塾大-経済

の主権に優先するとする制限主権論を主張し，この介入を正当化した。

問 18. 3 → 2 → 4 → 1

問 19. (1)スペイン (2)β−8 γ−1 δ−7

(3)マッキンリー

問 20. a−1 b−8 c−7 d−6 e−5 f−3

━━━━━ ◀解 説▶ ━━━━━

≪第二次世界大戦後のアメリカ合衆国大統領の発言≫

　第二次世界大戦後のアメリカ大統領による 6 つの発言資料をもとに作問されている。a の資料はトルーマン=ドクトリン（1947 年），b は，ブッシュ（子）による「対テロ戦争」宣言（2002 年），c は，「パレスチナ暫定自治協定（オスロ合意）」（1993 年），d は，冷戦終結を宣言した「マルタ会談」（1989 年），e は，「中距離核戦力（INF）全廃条約」（1987 年），f は，「キューバ危機」（1962 年）に関する声明。

▶問 13. (1)　資料 a は，「ギリシア」「共産主義者」などから，対ソ封じ込め政策のトルーマン=ドクトリンと判断したい。

ア．難問。ギリシア北西の国境にバルカン半島のアルバニアがある。

イ．トルーマン=ドクトリンの狙いはギリシア・トルコへの軍事支援。

(2)　資料 b は，ブッシュ大統領（子）（任 2001〜09 年）が 2001 年の同時多発テロを機に同年秋のアフガニスタン攻撃をへて，2002 年 1 月に発表した一般教書演説。アル=カーイダなどイスラーム過激派への「対テロ戦争」宣言や，北朝鮮・イラン・イラク 3 国を悪の枢軸として糾弾した。この翌 2003 年 3 月にフセイン政権打倒のイラク戦争を断行している。

(3)　資料 c は，1993 年にアメリカのクリントン大統領の仲介で調印されたパレスチナ暫定自治協定（オスロ合意）の内容。

あ．当時のイスラエル首相はラビン。

い．パレスチナ解放機構（PLO）の議長はアラファト。

この功績によって両者は 1994 年にノーベル平和賞を受賞している。

(4)　ソ連のゴルバチョフ書記長（任 1985〜91 年）は行き詰まったソ連の社会・経済を立て直すためペレストロイカ（改革）を推進し，その一環としてグラスノスチ（情報公開）を実行。1986 年のチェルノブイリ原発事故がその契機となった。

▶問 14. 2．誤文。「ドイツ民主共和国の成立を受けて，コメコンから除

名」が誤り。独自の社会主義路線をとるユーゴスラヴィアの大統領ティトーがアメリカによるマーシャル＝プランの受け入れを決定すると，反発したソ連のスターリンは1948年，ユーゴスラヴィアをコミンフォルム（共産党情報局）から除名した。ドイツ民主共和国の成立は翌1949年。

▶問15. 指定語句の「白色革命」の使い方に工夫がいる。第二次世界大戦後，米英と結んで独裁を強めたパフレヴィー朝のイラン王国では，民族派のモサデグ首相が，1951年にイギリス資本のアングロ＝イラニアン石油会社の国有化を断行したが，1953年に国王派の軍事クーデタが起こり，モサデグは失脚した。その後，国王パフレヴィー2世は農地改革・女性参政権などの白色革命と呼ばれる上からの近代化を推進したが，急激な改革による社会矛盾（貧富の格差，伝統的イスラーム社会との摩擦）への不満が高まり，1979年のイラン革命でパフレヴィー朝は倒され，シーア派のホメイニが指導するイラン＝イスラーム共和国が成立した。

▶問16. やや難。資料cは，「パレスチナ暫定自治協定」（1993年）であり，その「14年前」に調印されたのはキャンプ＝デーヴィッド合意（1978年）。これを受けて，翌1979年にエジプト＝イスラエル平和条約が締結された。

(1) この合意を仲介したのはアメリカのカーター大統領（任1977～81年）。当時のエジプト大統領はサダト，イスラエル首相はベギン。

(2) エジプト・イスラエルの国交正常化，シナイ半島（第3次中東戦争でイスラエルが占領）の返還の2つを指摘すること。この条約締結後，サダトは1981年イスラーム過激派に暗殺されている。

▶問17. やや難。「制限主権論」（ブレジネフ＝ドクトリン）を理解していないと，「ソ連の対応」が説明できない仕掛けになっている。

◎「プラハの春」：1968年春のチェコスロヴァキアにおける民主化運動をさす言葉。1968年1月に就任したドプチェク第一書記はチェコの自由化，非スターリン化路線を推進し，ソ連からの自立をはかり西側に接近した。

◎ソ連の対応：1968年8月，ソ連を中心とするワルシャワ条約機構軍が自由化を阻止するため軍事介入し，ドプチェクら首脳をソ連に連行。この介入を正当化するためソ連のブレジネフ第一書記は，制限主権論として知られるブレジネフ＝ドクトリンを発表。これは社会主義の共同体制を守ることは，個々の社会主義国の主権に優先するという理論である。

▶問 18. 軍縮条約に関する年代配列問題。下線部 E は中距離核戦力（INF）全廃条約。年代順に並べると，3→2→4→1 となる。

3．米ソが第 1 次 SALT（戦略兵器制限交渉）に調印したのは 1972 年。

2．米ソが中距離核戦力（INF）全廃条約に調印したのは 1987 年。

4．米ソが第 1 次 START（戦略兵器削減条約）を妥結したのは 1991 年。

1．国連総会が CTBT（包括的核実験禁止条約）を採択したのは 1996 年。

▶問 19. 資料文は，1898 年のアメリカ=スペイン（米西）戦争を終結させたパリ条約。第 1 条で，スペインはキューバの独立を承認した。

(1) α に入る国名はスペイン。

(2) β.「西インド諸島」とあるので，プエルトリコが入る。

γ.「マリアナ諸島」とあるので，グアムが入る。

δ. 合衆国にスペインから割譲された領土で残っているフィリピンが入る。

(3) アメリカ=スペイン戦争の強行など帝国主義政策を推進したのは共和党のマッキンリー大統領（任 1897～1901 年）。

▶問 20. やや難。資料 a ～ f の発言時期を特定し，年表中に入れる年代整序問題。年表を整理すると以下のようになる（太字が解答箇所）。

チャーチル前首相が「鉄のカーテン」演説（1946 年）

a．トルーマン=ドクトリン演説（1947 年）

ワルシャワ条約機構結成（1955 年）

フルシチョフがソ連共産党第 20 回大会で「スターリン批判」演説（1956 年）

f．「キューバ危機」に関する演説（1962 年）

中国で文化大革命開始（1966 年）

ソ連が親ソ政権支援のためアフガニスタンに侵攻開始（1979 年）

e．中距離核戦力（INF）全廃条約の調印（1987 年）

東ドイツのホネカー書記長が退陣（1989 年 10 月）

d．マルタ会談の開催（1989 年 12 月）

イラクがクウェートに侵攻開始（1990 年）

c．パレスチナ暫定自治協定（オスロ合意）（1993 年）

アメリカがターリバーン政権を崩壊させるためアフガニスタンを攻撃開始（2001 年）

b．「対テロ戦争」宣言の一般教書演説（2002 年）

イラクのサダム=フセイン政権が崩壊（2003 年）

❖講　評

　2019 年度も 2018 年度と同じく大問数は 3 題で構成。解答個数は 2018
年度の 54 個から 49 個と減少したが，論述は 2018 年度の 8 問 16 行から
7 問 20 行に分量がやや増加した。出題形式では以前は頻出したグラフ
や地図は出題されず，資料（史料）と年代関連の問題が大半を占めた。
論述問題は 2019 年度も 2018 年度と同様，全体的にやや難のレベルで作
問されており，用語集の詳細な知識と，歴史事項の経緯や因果関係の理
解を試す問題が多かった。また，2019 年度も年代関連問題に難問が目
立った。

　I は，「1848 年革命」をテーマとした問題。近世・近代ヨーロッパの
政治史を扱った標準レベルの大問。問 2 の 1848 年より後に起こった出
来事の選択問題も易しい。問 3(1)の条約の特定はやや難。資料文の「諸
勢力の均衡」に着目し，ヨーロッパに国際新秩序を築いたウェストファ
リア条約（1648 年）を想起すること。それがわかれば(2)と(3)は容易に
答えが導き出せる。問 7 の近現代ポーランド史の論述はやや難。3 つの
指定語句から連想する出来事を推察する力が求められている。

　II は，「タイの近現代史」をテーマとした標準レベルの問題。1885 年
にタイの国王宛に提出された国政改革の意見具申書を資料とし，それに
関連して設問が作成されている。タイの国名は明示されていないが，資
料文から容易に推測できるように作問されているため対応しやすい。問
11 の論述も書きやすい内容であった。

　III は，「第二次世界大戦後のアメリカ合衆国大統領の発言」をテーマ
とした大問で，総じてやや難のレベルで作問されている。資料 a 〜 f の
6 つの発言をしたアメリカ大統領とそれらの年代が判定できないと，苦
戦が強いられる。問 13(1)資料 a は，ギリシア・トルコへの支援を表明
したトルーマン＝ドクトリンであると判断できるが，空欄アのアルバニ
アはミスしやすい。問 16 は資料からそれ以前に結ばれたキャンプ＝デー
ヴィッド合意に関連して問われており，やや難。問 17 は「プラハの春」
の説明は易しいが，ソ連の対応を「制限主権論」（ブレジネフ＝ドクトリ
ン）の概念を用いて説明するには工夫がいる。問 18 の軍縮条約の年代
は過年度の問題でも頻出しており，対策を立てていた受験生はクリアで
きたと思われる。問 20 は単なる年代整序問題ではなく，まず資料 a 〜

f の発言の時期を特定させた上で，年表中の出来事の時期も判定させる
煩瑣な年表問題で，時間をとられやすかったと思われる。

数学

1

◆発想◆ 円 C の中心は直線 $x=3$ 上の点であり，Q は円 C と直線 l の交点であることを利用する。

解答 (1) 3 (2) 1 (3) 2 (4) 3 (5) 3 (6) 3 (7) 9 (8) 3 (9) 3
(10) 6 (11) 4 (12) 3 (13) 6 (14) 2

◀解 説▶

≪円と直線の方程式，正弦定理≫

▶(1) 円 C の中心を C とおくと，C は OP の垂直二等分線，すなわち直線 $x=3$ 上にあるから，C が x 軸上にあるとき，C の x 座標は
$$3 \quad \to (1)$$

OP は円 C の直径だから $\angle OQP = \dfrac{\pi}{2}$ →(2)・(3)

▶(2) $l : y = -\sqrt{3}x + 6\sqrt{3}$ ……①

$C(3, a)$ $(a>0)$ とおくと，$OC = 2\sqrt{3}$ より
$$a^2 + 3^2 = (2\sqrt{3})^2 \quad \therefore \quad a = \sqrt{3} \quad \to (4)$$
$$C : (x-3)^2 + (y-\sqrt{3})^2 = 12 \quad \cdots\cdots ②$$

①，②から x を消去すると
$$\left(3 - \dfrac{y}{\sqrt{3}}\right)^2 + (y-\sqrt{3})^2 = 12 \iff y^2 - 3\sqrt{3}y = 0$$

$y > 0$ より $y = 3\sqrt{3}$ →(5)・(6)

▶(3) l の傾きは $-\sqrt{3}$ だから，$\angle QPO = \dfrac{\pi}{3}$ である。
$$\angle POQ = \pi - (\angle OQP + \angle QPO)$$
$$= \pi - \left(\dfrac{5}{12}\pi + \dfrac{\pi}{3}\right) = \dfrac{\pi}{4}$$

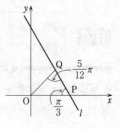

よって，直線 OQ の方程式は
$$y = x \quad \cdots\cdots ③$$

①，③から x を消去すると

56 2019 年度 数学〈解答〉　　　　　　　　　　　　　　　慶應義塾大-経済

$$y = -\sqrt{3}\,y + 6\sqrt{3}$$

$$\therefore \quad y = \frac{6\sqrt{3}}{\sqrt{3}+1} = 9 - 3\sqrt{3} \quad \rightarrow(7)\sim(9)$$

▶(4)　$\sin\dfrac{5}{12}\pi = \sin\left(\dfrac{\pi}{6}+\dfrac{\pi}{4}\right)$

$$= \sin\frac{\pi}{6}\cos\frac{\pi}{4} + \cos\frac{\pi}{6}\sin\frac{\pi}{4}$$

$$= \frac{\sqrt{6}+\sqrt{2}}{4} \quad \rightarrow(10)\cdot(11)$$

円 C の半径を R とおくと，円 C は △OPQ の外接円だから，正弦定理より

$$\frac{\mathrm{OP}}{\sin\dfrac{5}{12}\pi} = 2R$$

よって

$$R = \frac{3}{\sin\dfrac{5}{12}\pi} = 3\cdot\frac{4}{\sqrt{6}+\sqrt{2}}$$

$$= 3\left(\sqrt{6}-\sqrt{2}\right) \quad \rightarrow(12)\sim(14)$$

2　◇発想◇　(3)　黒球の個数を b，白球の個数を w とおくと
$$b + w = 18, \quad wb^2 = 2^4 \cdot 7^2$$
が得られる。b か w を消去して 3 次方程式を導いて考えてもよいが，w，b が自然数であることを利用すれば，b が 7 の倍数であることが容易にわかる。

解答　⒂ 3　　⒃ 8　　⒄ 1　　⒅⒆⒇ 192
(21)(22) 14　　(23) 4　　(24)(25) 25　　(26)(27)(28) 216

◀解　説▶

≪反復試行の確率≫

▶(1)　(a)より，試行を 1 回行うとき，白または黒の球が取り出される確率は $\dfrac{3}{4}$ であるから，求める確率は

$$_2C_1\left(\frac{1}{4}\right)\left(\frac{3}{4}\right)=\frac{3}{8} \quad \rightarrow \text{(15)} \cdot \text{(16)}$$

▶(2) 試行を 1 回行うとき，赤の球，黄の球が取り出される確率をそれぞれ r, y とおくと

(a)より $\quad r+y=\dfrac{1}{4}$

(b)より $\quad _2C_1ry=\dfrac{1}{36} \quad \therefore \quad ry=\dfrac{1}{72}$

よって，求める確率は

$$r^3+y^3=(r+y)^3-3ry(r+y)$$

$$=\left(\frac{1}{4}\right)^3-3\cdot\frac{1}{72}\cdot\frac{1}{4}=\frac{1}{192} \quad \rightarrow\text{(17)}\sim\text{(20)}$$

▶(3) 袋に入っている黒球の個数を b，白球の個数を w とおくと

(a)より $\quad b+w=24\times\dfrac{3}{4}=18 \quad \cdots\cdots\text{①}$

(c)より $\quad _3C_1\left(\dfrac{w}{24}\right)\left(\dfrac{b}{24}\right)^2=\dfrac{49}{288} \quad \therefore \quad wb^2=2^4\cdot7^2 \quad \cdots\cdots\text{②}$

①より，7 が b と w の公約数になることはなく，$w<18<49$ であるから，7 は b の約数であり，②から

$$(b, w)=(7, 16), \quad (14, 4)$$

このうち，①を満たすものは $\quad w=4$, $b=14$

よって

黒球の個数は $\quad 14$ 個 $\quad \rightarrow$(21)(22)

白球の個数は $\quad 4$ 個 $\quad \rightarrow$(23)

参考 b, w は連立方程式を解いて求めてもよい。

①，②より，w を消去して整理すると

$$b^3-18b^2+2^4\cdot49=0 \Longleftrightarrow \left(\frac{b}{2}\right)^3-9\left(\frac{b}{2}\right)^2+2\cdot49=0$$

$\dfrac{b}{2}=t$ とおくと

$$t^3-9t^2+98=0 \Longleftrightarrow (t-7)(t^2-2t-14)=0$$

t は自然数より，$t=7$ であり $\quad b=14$, $w=4$

▶(4) 試行を 1 回行うとき，白球が取り出される確率は $\quad \dfrac{4}{24}=\dfrac{1}{6}$

58 2019年度　数学〈解答〉　　　　　　　　　　　　　　　慶應義塾大-経済

よって，求める確率は

$$_4C_2\left(\frac{1}{6}\right)^2\left(\frac{5}{6}\right)^2=\frac{25}{216} \quad \rightarrow(24)\sim(28)$$

3　◇発想◇　(2)　公式：数列 $\{a_n\}$ が，$a_{n+1}-a_n=f(n)$ $(n\geqq1)$ を満たすとき

$$a_n=a_1+\sum_{k=1}^{n-1}f(k)\quad(n\geqq2)$$

を用いればよいが，忘れてしまった場合は

$$\sum_{k=1}^{m}(c_{k+1}-c_k)=\cdots\cdots=c_{m+1}-c_1$$

を計算してみる。c_m が右辺に現れるように m を決めればよい。

解答　(29) 3　　(30) 3　　(31) 3　　(32) 5　　(33) 1　　(34) 2　　(35) 1　　(36) 1
(37) 2　　(38) 1　　(39)(40) -1　　(41) 2　　(42)(43) -1　　(44) 2　　(45) 2　　(46) 1
(47) 2　　(48) 2　　(49) 1　　(50) 2　　(51) 1　　(52) 2　　(53) 1
(54) 2　　(55) 3　　(56) 2　　(57) 1

━━━◀解　説▶━━━

≪漸化式，数列の和≫

▶(1)　$a_{2m}=a_{2m-1}+2m+1$ ……①, $a_{2m+1}=ra_{2m}$ ……② $(m\geqq1)$ より

$a_2=a_1+3=r+3$ →(29)

$a_3=ra_2=r^2+3r$ →(30)

$a_4=a_3+5=r^2+3r+5$ →(31)・(32)

▶(2)　$b_m=a_{2m-1}$ とおくと　　$b_1=a_1=r$ →(33)

$b_{m+1}=a_{2m+1}=ra_{2m}$ $(\because$ ②$)$

$=r(a_{2m-1}+2m+1)$ $(\because$ ①$)$

$=r(b_m+2m+1)$ →(34)・(35)

両辺を r^{m+1} で割ると

$$\frac{b_{m+1}}{r^{m+1}}=\frac{1}{r^m}(b_m+2m+1)$$

$c_m=\dfrac{b_m}{r^m}$ より　　$c_1=\dfrac{b_1}{r}=1$ →(36)

慶應義塾大-経済　　　　　　　　　　　　　　　　2019 年度　数学〈解答〉 59

$$c_{m+1} = c_m + \frac{2m+1}{r^m}$$

$$d_k = c_{k+1} - c_k = \frac{2k+1}{r^k} \quad \rightarrow (37) \cdot (38)$$

したがって，$m \geqq 2$ ならば

$$c_m = c_1 + \sum_{k=1}^{m-1} d_k \quad \rightarrow (39) \cdot (40)$$

$$= 1 + \sum_{l=2}^{m} d_{l-1} = 1 + \sum_{l=2}^{m} \frac{2l-1}{r^{l-1}} = \sum_{l=1}^{m} \frac{2l-1}{r^{l-1}} \quad \rightarrow (41) \sim (43)$$

$$1 + \left(1 - \frac{1}{r}\right) c_m = 1 + \sum_{l=1}^{m} \left(\frac{2l-1}{r^{l-1}} - \frac{2l-1}{r^l}\right)$$

$$= 1 + \frac{2-1}{r^0} + \sum_{l=2}^{m} \left(\frac{2l-1}{r^{l-1}} - \frac{2l-3}{r^{l-1}}\right) - \frac{2m-1}{r^m}$$

$$= 2 + \sum_{l=2}^{m} \frac{2}{r^{l-1}} - \frac{2m-1}{r^m}$$

$$= \sum_{l=1}^{m} \frac{2}{r^{l-1}} - \frac{2m-1}{r^m} \quad \rightarrow (44) \sim (46)$$

$$= \frac{2\left\{1 - \left(\frac{1}{r}\right)^m\right\}}{1 - \frac{1}{r}} - \frac{2m-1}{r^m}$$

$$= \frac{2}{r^{m-1}} \cdot \frac{r^m - 1}{r - 1} - \frac{2m-1}{r^m}$$

$$\frac{r-1}{r} c_m = \frac{2}{r^{m-1}} \cdot \frac{r^m - 1}{r - 1} - \frac{2m-1}{r^m} - 1$$

よって

$$c_m = \frac{2(r^m - 1)}{r^{m-2}(r-1)^2} - \frac{2m-1}{r^{m-1}(r-1)} - \frac{r}{r-1} \quad \rightarrow (47) \sim (49)$$

となる。この式は $m = 1$ のときも成り立つ。

▶(3)　$a_{2m-1} = r^m c_m$ より

$$a_{2m-1} = \frac{2r^2(r^m - 1)}{(r-1)^2} - \frac{(2m-1)r}{r-1} - \frac{r^{m+1}}{r-1}$$

$$= \frac{1}{(r-1)^2} \{2r^2(r^m - 1) - (2m-1)r(r-1) - r^{m+1}(r-1)\}$$

$$= \frac{1}{(r-1)^2}\{r^{m+2}+r^{m+1}-(2m+1)r^2+(2m-1)r\} \quad \rightarrow (50)\sim(53)$$

$$a_{2m}=a_{2m-1}+2m+1$$

$$= \frac{1}{(r-1)^2}\{r^{m+2}+r^{m+1}-(2m+1)r^2+(2m-1)r\}+2m+1$$

$$= \frac{1}{(r-1)^2}\{r^{m+2}+r^{m+1}-(2m+1)r^2+(2m-1)r$$

$$\qquad\qquad\qquad\qquad\qquad +(2m+1)(r-1)^2\}$$

$$= \frac{1}{(r-1)^2}\{r^{m+2}+r^{m+1}-(2m+3)r+(2m+1)\} \quad \rightarrow (54)\sim(57)$$

4

◇発想◇　$27^y+125^z=(3^y)^3+(5^z)^3$ より，27^y+125^z は X で表せる。$3^y>0$, $5^z>0$, $X>0$ から X の範囲を求め，この範囲において 27^y+125^z を最小にする X の値を求めればよい。

解答 (1)　与えられた連立方程式を変形すると

$$27\cdot 3^y+25\cdot 5^z=1-\frac{1}{2}X \quad \cdots\cdots ①$$

$$3\cdot 3^y-5\cdot 5^z=1-2X \quad\quad \cdots\cdots ②$$

①＋②×5 より

$$42\cdot 3^y=6-\frac{21}{2}X \qquad \therefore\quad 3^y=-\frac{1}{4}X+\frac{1}{7} \quad \cdots\cdots (答)$$

$$5\cdot 5^z=3\cdot 3^y+2X-1=3\left(-\frac{1}{4}X+\frac{1}{7}\right)+2X-1$$

$$\qquad\qquad =\frac{5}{4}X-\frac{4}{7}$$

$$\therefore\quad 5^z=\frac{1}{4}X-\frac{4}{35} \quad \cdots\cdots (答)$$

$X>0$, $3^y>0$, $5^z>0$ より

$$\frac{16}{35}<X<\frac{4}{7} \iff \frac{16}{35}<2^x<\frac{4}{7} \iff \log_2\frac{16}{35}<x<\log_2\frac{4}{7}$$

したがって，x の取りうる値の範囲は

$$4-\log_2 5-\log_2 7<x<2-\log_2 7 \quad \cdots\cdots (答)$$

(2)　　　$Y^3 + Z^3 = (Y+Z)^3 - 3YZ(Y+Z) = P^3 - 3PQ$　……(答)

(3)　$Y = 3^y$，$Z = 5^z$ とすると

　　　$27^y + 125^z = Y^3 + Z^3 = P^3 - 3PQ$

$P = Y + Z = \dfrac{1}{35}$ より

　　　$27^y + 125^z$ が最小 $\Longleftrightarrow Q$ が最大

　　　$Q = YZ$

　　　　$= \left(-\dfrac{1}{4}X + \dfrac{1}{7} \right)\left(\dfrac{1}{4}X - \dfrac{4}{35} \right)$

　　　　$= -\dfrac{1}{16}X^2 + \dfrac{9}{140}X - \dfrac{4}{245}$

　　　　$= -\dfrac{1}{16}\left(X - \dfrac{18}{35} \right)^2 + \dfrac{1}{16}\left(\dfrac{18}{35} \right)^2 - \dfrac{4}{245}$

$\dfrac{16}{35} < \dfrac{18}{35} < \dfrac{4}{7}$ であるから，Q が最大値をとる X の値は $\dfrac{18}{35}$ であり，求める

x の値は，$2^x = \dfrac{18}{35}$ より

　　　　$x = \log_2 \dfrac{18}{35} = 1 + 2\log_2 3 - \log_2 5 - \log_2 7$　……(答)

━━━━■◀解　説▶■━━━━

≪指数関数の最小値，対数計算≫

▶(1)　X を固定すると，与えられた連立方程式は，3^y，5^z についての連立
1次方程式である。$2^x > 0$，$3^y > 0$，$5^z > 0$ から X の範囲は求まる。

▶(3)　$27^y = (3^3)^y = 3^{3y} = (3^y)^3$，$125^z = (5^3)^z = 5^{3z} = (5^z)^3$ より，(1)と(2)の結
果が利用できる。

━━━━━━━━━━━━━━━━━━━━━━━━━━━━━━━━━

5　◇発想◇　(4)

①正四面体 O′A′B′C′ において，辺 O′A′ の中点を S，辺 B′C′ の
中点をTとするとき，ST⊥O′A′，ST⊥B′C′ が成り立ち，ST は
2直線 O′A′，B′C′ の共通垂線である。

②ねじれの位置にある2直線はただ1つの共通垂線をもつ。

これらのことを利用して，M，Nの位置を予想する。

解答　(1)　$|\vec{a}-\vec{b}|^2 = 21$, $|\vec{a}| = 5$, $|\vec{b}| = 4$ より

$$|\vec{a}|^2 - 2\vec{a}\cdot\vec{b} + |\vec{b}|^2 = 21$$

$$25 - 2\vec{a}\cdot\vec{b} + 16 = 21$$

$$\vec{a}\cdot\vec{b} = 10 \quad \cdots\cdots(\text{答})$$

(2)　(1)の結果から　　$\vec{a}\cdot\vec{c} = \vec{a}\cdot\vec{b} = 10$

点Mは線分BCを$2:1$に内分する点だから

$$\overrightarrow{OM} = \frac{\vec{b}+2\vec{c}}{3}$$

$$\overrightarrow{MN} = \overrightarrow{ON} - \overrightarrow{OM} = s\vec{a} - \frac{\vec{b}+2\vec{c}}{3}$$

$MN \perp l_1$ より，$\overrightarrow{MN}\cdot\overrightarrow{OA} = 0$ であるから

$$\overrightarrow{MN}\cdot\vec{a} = \left(s\vec{a} - \frac{\vec{b}+2\vec{c}}{3}\right)\cdot\vec{a}$$

$$= s|\vec{a}|^2 - \frac{\vec{a}\cdot\vec{b}+2\vec{a}\cdot\vec{c}}{3}$$

$$= 25s - 10 = 0$$

よって　　$s = \dfrac{2}{5}$ $\cdots\cdots(\text{答})$

また，$MN \perp l_2$ より，$\overrightarrow{MN}\cdot\overrightarrow{BC} = 0$ であるから

$$\overrightarrow{MN}\cdot(\vec{b}-\vec{c}) = \left(\frac{2}{5}\vec{a} - \frac{\vec{b}+2\vec{c}}{3}\right)\cdot(\vec{b}-\vec{c})$$

$$= \frac{2}{5}\vec{a}\cdot(\vec{b}-\vec{c}) - \frac{1}{3}(\vec{b}+2\vec{c})\cdot(\vec{b}-\vec{c})$$

$$= -\frac{1}{3}(\vec{b}+2\vec{c})\cdot(\vec{b}-\vec{c}) \quad (\because\ \vec{a}\cdot\vec{b} = \vec{a}\cdot\vec{c})$$

$$= -\frac{1}{3}(|\vec{b}|^2 + \vec{b}\cdot\vec{c} - 2|\vec{c}|^2)$$

$$= -\frac{1}{3}(\vec{b}\cdot\vec{c} - 2) = 0 \quad (\because\ |\vec{b}| = 4,\ |\vec{c}| = 3)$$

よって　　$\vec{b}\cdot\vec{c} = 2$ $\cdots\cdots(\text{答})$

(3)　$|\overrightarrow{MN}|^2 = \left|\dfrac{2}{5}\vec{a} - \dfrac{1}{3}\vec{b} - \dfrac{2}{3}\vec{c}\right|^2$

$$= \frac{4}{25}|\vec{a}|^2 + \frac{1}{9}|\vec{b}|^2 + \frac{4}{9}|\vec{c}|^2 - \frac{4}{15}\vec{a}\cdot\vec{b} + \frac{4}{9}\vec{b}\cdot\vec{c} - \frac{8}{15}\vec{a}\cdot\vec{c}$$

$$= \frac{4}{25} \cdot 25 + \frac{1}{9} \cdot 16 + \frac{4}{9} \cdot 9 - \frac{4}{15} \cdot 10 + \frac{4}{9} \cdot 2 - \frac{8}{15} \cdot 10$$

$$= \frac{8}{3} \quad \cdots\cdots \text{(答)}$$

(4) 正四面体 O'A'B'C' の頂点として,図のように l_1 上に O',A' を,l_2 上に B',C' をとる。

$\overrightarrow{B'N} = \overrightarrow{B'M} + \overrightarrow{MN} = \alpha(\vec{b}-\vec{c}) + \overrightarrow{MN}$ (α は実数)

より

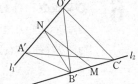

$$\overrightarrow{B'N} \cdot \vec{a} = \alpha(\vec{b}-\vec{c}) \cdot \vec{a} + \overrightarrow{MN} \cdot \vec{a} = 0$$
$$(\because \vec{a}\cdot\vec{b} = \vec{a}\cdot\vec{c},\ \overrightarrow{MN}\cdot\vec{a} = 0)$$

よって　　B'N⊥A'O'

△B'O'A' は正三角形であるから,N は線分 O'A' の中点である。
同様に,M は線分 B'C' の中点である。

$$B'M = \frac{d}{2},\ B'N = \frac{\sqrt{3}}{2}d$$

△NMB' は直角三角形であるから

$$B'M^2 + MN^2 = B'N^2$$

$$\left(\frac{d}{2}\right)^2 + \frac{8}{3} = \left(\frac{\sqrt{3}}{2}d\right)^2$$

よって　　$d = \frac{4}{3}\sqrt{3}$　……(答)

━━━━▶ 解　説 ◀━━━━

≪共通垂線の長さ,正四面体の1辺の長さ≫

▶(3) $\overrightarrow{MN}\cdot\vec{a} = 0$,$\overrightarrow{MN}\cdot(\vec{b}-\vec{c}) = 0$ を利用して,$|\overrightarrow{MN}|^2$ を次のように計算してもよい。

$$\overrightarrow{MN} = \frac{2}{5}\vec{a} - \frac{\vec{b}+2\vec{c}}{3}$$

$$= \frac{2}{5}\vec{a} - \frac{\vec{b}-\vec{c}}{3} - \vec{c}$$

よって

$$|\overrightarrow{MN}|^2 = \overrightarrow{MN}\cdot\left(\frac{2}{5}\vec{a} - \frac{\vec{b}-\vec{c}}{3} - \vec{c}\right)$$

$$= -\overrightarrow{MN}\cdot\vec{c}$$

$$= -\frac{2}{5}\vec{a}\cdot\vec{c} + \frac{1}{3}\vec{b}\cdot\vec{c} + \frac{2}{3}|\vec{c}|^2 = \frac{8}{3}$$

▶(4) 正四面体のねじれの位置にある 2 辺の中点を結ぶ線分は，この 2 辺の共通垂線である。

6

◇発想◇ (1) $F(x)$ は α_1, α_2 で表される。
(2) $F(x) - F(\alpha)$ は α, γ で表される。
(3) $F'(x) = f(x)$ であるから，面積 S は $F(x)$ を利用して計算できる。

解答 (1) $F(x) = 0$ の解は $x = \alpha_1$, α_2（重解）である。
$F(x)$ は x^3 の係数が 1 の 3 次式であるから，因数定理から
$$F(x) = (x-\alpha_1)(x-\alpha_2)^2$$
と表せる。このとき
$$F'(x) = (x-\alpha_2)^2 + 2(x-\alpha_1)(x-\alpha_2)$$
$$= (x-\alpha_2)\{x-\alpha_2 + 2(x-\alpha_1)\}$$
$$= 3(x-\alpha_2)\left(x - \frac{2\alpha_1+\alpha_2}{3}\right)$$

$\alpha_1 < \alpha_2$ より，$\alpha_1 < \frac{2\alpha_1+\alpha_2}{3} < \alpha_2$ であるから，$F(x)$ の増減表は次のようになる。

x	…	$\frac{2\alpha_1+\alpha_2}{3}$	…	α_2	…
$F'(x)$	+	0	−	0	+
$F(x)$	↗	極大値	↘	極小値	↗

したがって　　$\alpha = \frac{2\alpha_1+\alpha_2}{3}$, $\beta = \alpha_2$ ……（答）

(2) 接線 l の方程式は $y = F(\alpha)$ であり，$F(x) - F(\alpha) = 0$ の解は，$x = \alpha$（重解），γ である。

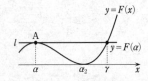

したがって
$$F(x) - F(\alpha) = (x-\alpha)^2(x-\gamma)$$
と表される。

$$f(x) = F'(x) = 2(x-\alpha)(x-\gamma) + (x-\alpha)^2$$
$$\therefore\ f(\gamma) = (\gamma-\alpha)^2\ \cdots\cdots(答)$$

また, $f(x) = 3(x-\alpha)(x-\alpha_2)$ より
$$f(\gamma) = 3(\gamma-\alpha)(\gamma-\alpha_2)$$

よって
$$3(\gamma-\alpha)(\gamma-\alpha_2) = (\gamma-\alpha)^2$$

$\gamma \neq \alpha$ であるから $\quad 3(\gamma-\alpha_2) = \gamma-\alpha$

$$\therefore\ \gamma = \frac{3\alpha_2-\alpha}{2} = \frac{3\alpha_2 - \dfrac{2\alpha_1+\alpha_2}{3}}{2} = \frac{4\alpha_2-\alpha_1}{3}\ \cdots\cdots(答)$$

(3) $f(x) = F'(x)$ であるから,(1)の増減表より, $y = f(x)$ のグラフは右図のようになる。

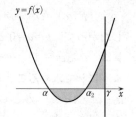

$$S = -\int_\alpha^{\alpha_2} f(x)\,dx + \int_{\alpha_2}^\gamma f(x)\,dx$$
$$= -\Big[F(x)\Big]_\alpha^{\alpha_2} + \Big[F(x)\Big]_{\alpha_2}^\gamma$$
$$= F(\alpha) + F(\gamma) - 2F(\alpha_2)$$

$F(\alpha) = F(\gamma),\ F(\alpha_2) = 0,$
$$\gamma - \alpha_1 = \frac{4}{3}(\alpha_2-\alpha_1),\quad \gamma-\alpha_2 = \frac{1}{3}(\alpha_2-\alpha_1)$$

であるから
$$S = 2F(\gamma) = 2(\gamma-\alpha_1)(\gamma-\alpha_2)^2$$
$$= 2 \cdot \frac{4}{3}(\alpha_2-\alpha_1) \cdot \left\{\frac{1}{3}(\alpha_2-\alpha_1)\right\}^2$$
$$= \frac{8}{27}(\alpha_2-\alpha_1)^3\ \cdots\cdots(答)$$

$\alpha_2 \geqq \alpha_1{}^2 + 1$ のとき
$$\alpha_2 - \alpha_1 \geqq \alpha_1{}^2 - \alpha_1 + 1 = \left(\alpha_1 - \frac{1}{2}\right)^2 + \frac{3}{4} \geqq \frac{3}{4}$$

したがって, $\alpha_2 - \alpha_1 \geqq \dfrac{3}{4}$ が成り立つ。

等号が成り立つ条件は
$$\left\lceil\alpha_1 - \frac{1}{2} = 0\ \text{かつ}\ \alpha_2 = \alpha_1{}^2 + 1\right\rfloor \Longleftrightarrow \alpha_1 = \frac{1}{2},\ \alpha_2 = \frac{5}{4}$$

したがって，S の最小値 T は $\dfrac{8}{27}\left(\dfrac{3}{4}\right)^3 = \dfrac{1}{8}$ ……(答)

◀解 説▶

≪3次関数の極値，放物線と直線で囲まれた図形の面積≫

▶(1) 点 $(\alpha_2, 0)$ における C の接線が x 軸であるから
$$F(\alpha_2) = F'(\alpha_2) = 0$$
$F(x)$ を $(x-\alpha_2)^2$ で割った商を $Q(x)$，余りを $px+q$ とおくと
$$F(x) = (x-\alpha_2)^2 Q(x) + px + q$$
$$F'(x) = 2(x-\alpha_2)Q(x) + (x-\alpha_2)^2 Q'(x) + p$$
$x = \alpha_2$ とおくと
$$F(\alpha_2) = p\alpha_2 + q = 0, \quad F'(\alpha_2) = p = 0$$
したがって，$p = q = 0$ となり，$F(x)$ は $(x-\alpha_2)^2$ で割り切れる。

▶(3) $\alpha_2 \geqq \alpha_1^2 + 1$ ……① が成り立つとき，$\alpha_2 - \alpha_1$ がとる値の範囲は次のようにして求めることができる。

$\alpha_2 - \alpha_1 = k$ ……② とおく。

①を満たす点 (α_1, α_2) の存在範囲は右図の網かけ部分である。ただし，境界を含む。この領域と直線②が共有点をもつ k の範囲を求めればよい。
$\alpha_2 = \alpha_1^2 + 1$ と②が接する条件は
$$\alpha_1^2 + 1 = \alpha_1 + k \iff \alpha_1^2 - \alpha_1 + 1 - k = 0$$
が重解をもつことであるから，判別式を D とおくと

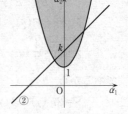

$$D = 1 - 4(1-k) = 0 \quad \therefore \quad k = \dfrac{3}{4}$$

したがって，k の値の範囲は $k \geqq \dfrac{3}{4}$

❖講 評

全体的に標準的な問題が出題されている。難易度は2018年度よりやや易化。すべての大問が2018年度とほぼ同じ単元からの出題であったことが特徴的である。

1 円と直線の問題。最後に三角形の外接円の半径が出題されている

が，いずれも基本的な問題で，確実に得点しておきたい。

2 球を取り出す確率の問題である。(3)の出来で差がついたと思われる。連立方程式を立てて，3次方程式を利用する解法では，やや計算が面倒になる。球の個数は自然数なので，整数問題として考えれば容易に答えがわかる。

3 2018年度と同じような，数列の漸化式，数列の和の問題である。誘導に従って計算していけばよいが，後半はやや計算量が多くなり，計算ミスをしないことが大事である。(41)～(43)は $\sum$ 計算に慣れていないとやや難と思われる。

4 指数・対数計算を題材にした最小値を求める標準的な問題。誘導に従って計算していけばよい。$a^x>0$ であることを利用して X の範囲を求める。計算ミスに要注意である。

5 空間ベクトルの内積の問題。(3)までは頻出内容である。(4)はやや思考力が必要であるが，正四面体のねじれの位置にある2辺の中点を結ぶ直線が共通垂線であることを知っていれば，答えは容易に推測できる。

6 (1)，(2)は因数定理を用いて $F(x)$，$F(x)-F(\alpha)$ を因数分解できるかどうかがポイントである。(2)の $f(\gamma)$，(3)の S を求めるには，$F'(x)=f(x)$ が成り立つことを利用する。方針をたてずに計算していては時間不足になってしまうので要注意。

小論文

解答例　［設問］A．第一に，数量主義は量という物差しだけで価値を測り量の多さを豊かさとするのに反して，生物多様性は複数の物差しをもち多様性に豊かさを認める。第二に，数量主義に基づく貨幣経済はすべてのものをお金と交換可能とするけれども，生物多様性は生態系をお金に換算できないものとみなす。第三に，数量主義は数値を重視する一方で，生物多様性の領域では不確かな予想値しかない。これらの理由から数量主義は生物多様性と相性が悪い。（200字以内）

［設問］B．一般的な日本企業は人材の背景が均質なので，簡単なコミュニケーションで組織は稼動する。しかし，業界の常識に縛られて前例踏襲に陥るなど，その保守性から市場環境の変化や未知の問題に対応することが困難である。一方，人種・国籍・学歴・職歴や価値観あるいは働き方が多様な組織であれば，暗黙の了解がないだけに，コミュニケーションが必要になる。すると，異なる視点が多様な発想を生み，それらの相乗効果からイノベーションが起こりやすくなる。このようなダイバーシティ経営は，人材のさまざまな違いが豊かさであるという発想に基づいているという点で，筆者の主張を支持する事例である。

　企業の多様性を支える仕組みとしては，数値目標に偏った業績評価のあり方を変える，フルタイムだけでなくパートタイムや在宅など多様な働き方ができる仕組みを整える，タテ型の組織管理でなくヨコに連携するネットワーク型の組織マネジメントなどが必要であろう。（400字以内）

◀解　説▶

《多様性と人間社会のあり方》

▶［設問］A．数量主義が生物多様性と相性が悪いのはなぜか，課題文で述べられている理由をすべて説明することが要求されている。課題文の主張を二項対立のパターンに落としこんだのが次の表である。これをまとめればよいのだが，「すべて」とあるにもかかわらず字数が200字なので，要点を絞ってまとめる必要がある。

　「一様」と「多様」，「一本の物差し」と「複数の物差し」，貨幣経済に対

する評価の違いなどを軸に論述したい。

数 量 主 義	生物多様性
一見異なるものも質はみな一様とみなし，量の多少という一本の物差しで価値を測る。 量が多いのが豊かさ。	複数の物差しをもち，それぞれの物差しについて量は問わない。 多様である（一様でない）のが豊かさ。
お金に換算して，異なるもの同士を交換できる（貨幣経済）。	お金では買えないから交換不可，それぞれがかけがえのないもの。 貨幣経済の帰結が大量消費社会，大量消費社会が生物多様性などを食いつぶした。
普通の算数で表現できる事柄が客観的事実，数字がなければ信じない。	普通の算数が通用せず（10000－1＝100），すべての数値が曖昧，客観的事実の調査も予測も困難。 予想値に裏打ちされたはっきりしたことがいえない。

▶［設問］Ｂ．要求されているのは次の３点である。

①「多様とは豊かなことなのです」という筆者の主張を支持すると思われる現実の人間社会における事例をひとつ挙げる。

②その事例はどのように筆者の主張を支持しているのかという点について述べる。

③その事例中の多様性を支える仕組みとして何が必要とされるかを述べる。ただし，課題文のみにとらわれなくてよい。

　現実の人間社会における「多様性（ダイバーシティ）」の事例を発想できるかどうかが第一の関門だろう。「ダイバーシティ」は企業統治の観点から話題になることが多いので，〔解答例〕では企業組織における多様性の事例を挙げたが，音楽・美術など芸術作品の多様性は生物多様性と近似的なので論じやすい。ナチスの芸術統制（「頽廃芸術」への弾圧）などを例に芸術の多様性の価値について論じることも可能だろう。また，議会構成の多様化，それを支える積極的差別是正策なども事例として適切である。

70　2019年度　小論文〈解答〉　　　　　　　　　　　　　　慶應義塾大-経済

❖講　評

　近年，社会や企業のあり方として重視される「多様性（ダイバーシティ）」がテーマとなっている。課題文は本川達雄著『生物多様性─「私」から考える進化・遺伝・生態系』より，現代社会の支配的考え方を数量主義として，生物多様性の考え方との相性の悪さを述べた部分が抜粋されている。2018年度の経済学的視点より文明論的に視野が拡大したともいえるが，貨幣経済批判が論点となってもいるから，経済学部の問題として違和感はない。課題文は難解なものではない。

　〔設問〕Ａは，数量主義が生物多様性と相性が悪いのはなぜか，課題文で述べられている内容の要約である。「理由すべて」とあるから，課題文が正確に読解できているか，論点を過不足なく記述できるかという基本的な論述力が問われた。生物多様性と貨幣経済が非親和的である点を見落としなく書くことができるかどうかがポイントとなろう。

　〔設問〕Ｂは，「多様とは豊かなことなのです」という筆者の主張を支持すると思われる現実の人間社会における事例をひとつ挙げ，その事例はどのように筆者の主張を支持しているのかという点について述べ，その事例中の多様性を支える仕組みとして何が必要とされるかを述べよという要求である。

　どのような事例を取り上げるのか，その着想力が全てであるといっても過言ではない。ここは社会事象に関する知識の吸収とともに日ごろからどれほど社会事象に問題意識を持って接しているかで大きな差が出るところだろう。なお，2019年度のテーマは2017年度の「ソクラテス的に議論できる人材が活躍できる組織」と問題意識が通底しているとみることができよう。

2024年版
大学入試シリーズ

慶應義塾大学
経済学部

別冊
問題編

矢印の方向に引くと
本体から取り外せます
→

教学社

2023年度

問題編

慶應義塾大-経済 2023 年度 問題 *3*

■一般選抜

問題編

▶試験科目・配点

方式	教 科	科　　　　目	配 点
A方式	外国語	コミュニケーション英語Ⅰ・Ⅱ・Ⅲ，英語表現Ⅰ・Ⅱ	200 点
	数　学	数学Ⅰ・Ⅱ・A・B	150 点
	小論文	高校生にふさわしい知識，理解力，分析力，構想力，表現力を問う。高等学校の特定の教科とは直接には関わらない。	70 点
B方式	外国語	コミュニケーション英語Ⅰ・Ⅱ・Ⅲ，英語表現Ⅰ・Ⅱ	200 点
	地　歴	日本史B，世界史Bのうち1科目選択	150 点
	小論文	高校生にふさわしい知識，理解力，分析力，構想力，表現力を問う。高等学校の特定の教科とは直接には関わらない。	70 点

▶備　考

- 数学Ⅱの「微分・積分の考え」においては一般の多項式を扱うこととする。数学Aは「場合の数と確率」・「整数の性質」・「図形の性質」を，数学Bは「数列」・「ベクトル」を出題範囲とする。上記範囲とその応用を出題する。

- 日本史Bの出題範囲は 1600 年以降を中心とし，世界史Bの出題範囲は 1500 年以降を中心とする。2 科目とも基礎的理解並びに体系的理解を問う。

- A方式は「外国語」の問題の一部と「数学」の問題の一部の合計点が一定の得点に達した受験生について，「外国語」の残りの問題と「数学」の残りの問題および「小論文」を採点する。B方式は「外国語」の問題の一部が一定の得点に達した受験生について，「外国語」の残りの問題と「地理歴史」および「小論文」を採点する。A・B両方式とも，最終判定は総合点によって合否を決定する。

- 「外国語」と「小論文」はA・B両方式共通。

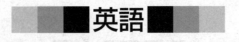

(100 分)

(注意事項) 英語の問題のうち，問題ⅠからⅢが最初に採点されます。問題Ⅳ
とⅤは，最初に採点される問題の得点（数学受験者については数学の得点の
一部をそれに加味した合計）が一定点に達した受験生のみ，採点されます。

I. Read the following article and answer the questions as indicated.

Cash for Kids: Government Finance as Fertility Solution
by Aphra Disiac (2020)

① Across the world, governments are increasingly concerned about falling fertility rates. To ensure stability in any population, the total fertility rate (TFR), which is the average number of children each woman gives birth to over her lifetime, needs to be 2.1. The world as a whole still [1]: in 2020 the world TFR was 2.4, with high rates still seen in Africa (the highest was Niger, with a TFR of 6.8).

② Elsewhere, however, worrying examples of decline in the TFR are not hard to find. In East Asia the trend is particularly [2]. Today, China seems set to experience again the low levels of TFR around 1.2, last seen in the 1990s. In 2020, the TFR in Singapore was 1.1 and Korea had reached 0.84. At 1.36, Japan seems slightly better, but considering that the figure is still well below the rate required to keep the population stable, there can be no cause for optimism in any of these countries.

③ In isolation, such situations are by no means new. Even in Roman times, Caesar Augustus placed a tax on unmarried men – via the *Lex Papia Poppaea* – apparently in the hope of raising the birth rate. Similar measures were attempted in the US states of Missouri in 1927 and California in 1933. In the former Soviet

Union, Stalin enacted a tax on childlessness, helping reverse the devastating losses suffered during WWII. Each of these was somewhat successful, even if to a limited degree. [3]. In 2020, the decline in fertility has become a global phenomenon, enhanced by the devastating impact of COVID-19.

④ Many factors are behind this alarming trend. Economic uncertainties and the pandemic are merely the most visible of these. Environmental factors such as pollution could also be at work. Societal shifts, including the greater role played by women outside the home, might have further contributed. [4], given the immense strains it has placed upon social systems, from healthcare to pensions, it is vital that governments respond.

⑤ Yet, can government initiatives really be effective? France provides a good illustration of how government policies may indeed [5]. France's total fertility rate stood at close to 1.9 in 2019, making it one of Europe's most successful countries in this respect. Government policies aimed explicitly at family life and children's well-being (as opposed to those emphasizing gender equality, like in Sweden) have been at the heart of this success. The French family policy model is built on generous cash transfers towards families combined with an extensive childcare provision, without regard to social class.

⑥ In France, these cash transfers have a pro-birth character and are directed foremost towards large families. However, an indirect approach has been found to be the most productive. Tax breaks, therefore, form one of the cornerstones of the French family policy system: income subject to taxes can be [6] in family size. This means the larger the family the lower the tax burden. In addition, France grants universal family allowances to parents with at least two children, special allowances for poor families, and extra housing allowances.

⑦ The French are not reluctant to have children largely because of their well-organized system of childcare services. This system has allowed more women to participate in the labor force. The childcare system has also benefited from a shorter working week, with 35 hours as standard. Although the French work week was mainly shortened to reduce unemployment, a secondary result of this reform was to improve work-family balance.

⑧ The consistent and generous family policy package in France can be considered an important reason for its relatively high fertility. Moreover, it is not the sole government to achieve success: Canada and Estonia, to give just two examples, also experienced some modest fertility growth by offering baby bonuses and a "mother's salary." Similarly, other governments need to take action. Leaving society without support when it comes to creating and nourishing children is to abandon the government's duty to govern and is a disastrous refusal to take responsibility for the future of the [7] societies whom they claim to represent.

Answer the questions [1]—[7] as indicated.

1. Which of the following would best fill the gap at [1] in Paragraph ① ? Answer by filling in the corresponding slot under the number (1) on the mark sheet.
    1. challenges this figure
    2. makes the challenge
    3. meets this challenge
    4. fails to meet the challenge

2. Which of the following would best fill the gap at [2] in Paragraph ② ? Answer by filling in the corresponding slot under the number (2) on the mark sheet.
    1. pronounced
    2. spoken
    3. understandable
    4. worried

3. Which of the following would best fill the gap at [3] in Paragraph ③ ? Answer by filling in the corresponding slot under the number (3) on the mark sheet.
    1. Additionally, several other countries are affected
    2. However, the scale of the problem has changed
    3. Moreover, the totals have been alarming
    4. Ultimately, this is a wholly modern disaster

慶應義塾大-経済   2023 年度　英語　7

4．Which of the following would best fill the gap at ［4］in Paragraph ④？
　　Answer by filling in the corresponding slot under the number（4）on the
　　mark sheet.

　　1.　Despite this factor

　　2.　No matter the reason

　　3.　Whatever matters

　　4.　Whichever cases might arise

5．Which of the following would best fill the gap at ［5］in Paragraph ⑤？
　　Answer by filling in the corresponding slot under the number（5）on the
　　mark sheet.

　　1.　make a difference

　　2.　mark an impact

　　3.　stand no reason

　　4.　take a chance

6．Which of the following would best fill the gap at ［6］in Paragraph ⑥？
　　Answer by filling in the corresponding slot under the number（6）on the
　　mark sheet.

　　1.　increased with each addition

　　2.　lowered with each reduction

　　3.　modified with each reduction

　　4.　reduced with each increase

7．Which of the following would best fill the gap at ［7］in Paragraph ⑧？
　　Answer by filling in the corresponding slot under the number（7）on the
　　mark sheet.

　　1.　ideal

　　2.　real

　　3.　so-called

　　4.　very

Ⅱ. Read the following article and answer the questions as indicated.

Asking the Impossible? Government Campaigns for Larger Families
by Cole Schauer (2020)

① Governments should choose carefully which issues to tackle in society. Jobs, crime, healthcare, and education are all examples of legitimate government concerns. This is because in each case, citizens' behavior in the public sphere is at issue. The total fertility rate, however, is not an issue that governments should try to tackle. How citizens conduct their lives in private should never be a target for state intervention.

② To be sure, many countries today are facing a demographic challenge: too few babies, and an aging population. However, most studies continue to show that people across the globe would prefer, [8] no external factors, to have two children per couple. That they often do not do so is, in the end, their choice and their responsibility. Assuming that governments are not authoritarian, and not disposed to impose choices on their citizens, they are obliged to respect that choice.

③ Some might argue that strong government intervention can have positive effects. France, with a total fertility rate of 1.9, is often cited as an example. But France's success has more to do with immigration than its day-care policy. The fertility of citizens born in France is estimated to be about 1.7. However, several studies suggest the fertility rate of immigrants is between 2.8 and 5.0. Suppose France closed its borders: its fertility rate, although not falling to the levels of those born in France, would likely fall by at least [9].

④ State-led fiscal policies have not worked any better. Since the 2000s, Singapore enacted a series of incredibly family-friendly initiatives. First, the government [10] big tax breaks to mothers with three or more children. Then it started awarding cash as baby bonuses – $9,000 for a second child and $18,000 for a third. The government created child savings accounts that matched parental savings dollar-for-dollar in pension-like funds that could be used to pay for childcare expenses. The government also [11] that employers offer a minimum of 12 weeks of paid maternity leave. It instituted a program to help grandparents find housing near the grandkids, in order to help with childcare. All of this was [12] by public campaigns urging people to have more children. Yet, despite everything, Singapore's fertility rate continued to fall. By 2013 it stood at 0.79 – one of the lowest marks in recorded history.

⑤ Considerable research has been conducted on these kinds of "natalist measures" [13]. Admittedly, such government policies can sometimes have a small, positive effect on fertility rates. Yet, for every success story there are many failures. In purely financial terms, these schemes make little sense. One study suggests that for every 25 percent increase in natalist spending, society gets a 0.6 percent fertility increase in the short term, and only a 4 percent increase in the long run. As the demographer Jan Hoem argued, fertility is "best seen as a systemic outcome that depends more on broader attributes, such as the degree of family-friendliness of a society, and less on the presence and detailed construction of monetary benefits."

⑥ In fact, shouldn't we really be questioning why increasing human numbers was ever such an important goal? Our societies are geared towards increasing growth, usually via consumption. Thus, any slowdown is seen as a negative thing. However, [14] producing increasing amounts of consumer goods and plastics is short-sighted, maybe our reliance on keeping up national populations is similarly misguided. True, as societies age, difficult transitions are on the horizon. However, at the same time, many new opportunities might appear.

⑦ Take [15]. This has been a global problem since the 1970s, after the total fertility rate in the developed world had already passed its peak. Yet in a world of declining fertility, things may start to change. Struggling to find a job may become a thing of the past. Most economists are familiar with the concept of secular stagnation, which simply refers to economies suffering from long-term lack of demand. However, with massive re-investment in ordinary workers, changing the nature of work itself and its relation to family life will re-energize the wider economy. Ironically, this reorientation might actually be spurred on by labor shortages and the transition to a fully-employed economy.

⑧ Ultimately, we already live in an over-populated world. In 1900 the globe held just 1.6 billion people, whereas today it contains close to 8 billion. This occurred even with two massive global conflicts, countless minor wars, pandemics, and famines. [16] Human activity is hurting the planet, from the climate to the oceans, with rising tides of pollution and waste and collapse of other species. When we consider this inescapable fact, a decline in human numbers is not an evil to be endured, but a future we might actually embrace.

Answer the questions [8]−[20] as indicated.

8. Which of the following would best fill the gap at [8] in Paragraph ②?
   Answer by filling in the corresponding slot under the number (8) on the
   mark sheet.
   1. absent
   2. given
   3. presenting
   4. unless

9. Which of the following would best fill the gap at [9] in Paragraph ③?
   Answer by filling in the corresponding slot under the number (9) on the
   mark sheet.
   1. 0.1
   2. 0.2
   3. 1.0
   4. 1.8

10, 11, 12. Place three of the words below into the most suitable of the gaps
   marked [10], [11], and [12] in Paragraph ④. Each word may be used
   only once. Fill in the corresponding slots under the numbers marked (10),
   (11) and (12) on the mark sheet.
   1. accompanied
   2. created
   3. mandated
   4. offered
   5. predicted

慶應義塾大-経済 2023 年度 英語 *11*

13. Which of the following "natalist measures" was **NOT** previously mentioned by the author **in Paragraph** ④ ? Answer by filling in the corresponding slot under the number (13) on the mark sheet.
    1. Direct cash grants for additional children
    2. Housing rebates for grandparents to relocate
    3. Infrastructure spending on parks
    4. Tax breaks for mothers

14. Which of the following would best fill the gap at [14] in Paragraph ⑥ ? Answer by filling in the corresponding slot under the number (14) on the mark sheet.
    1. as far as
    2. for all that
    3. just as
    4. no matter how

15. Which of the following would best fill the gap at [15] in Paragraph ⑦ ? Answer by filling in the corresponding slot under the number (15) on the mark sheet.
    1. growth
    2. stagnation
    3. the economy
    4. unemployment

16. Which of the following would best fill the gap at [16] in Paragraph ⑧ ? Answer by filling in the corresponding slot under the number (16) on the mark sheet.
    1. Are there no limits to humanity's ceaseless conflict with itself?
    2. Is there any wonder, then, that the environment is under strain?
    3. Surely all these disasters were entirely avoidable, weren't they?
    4. Who could possibly anticipate such catastrophes?

17, 18. Look at the statements below. Then, based on **BOTH** articles, under the corresponding number (17) and (18), fill in

Slot 1, if **only Aphra Disiac** would agree with that statement

Slot 2, if **only Cole Schauer** would agree with that statement

Slot 3, if **both authors** would agree with that statement

Slot 4, if **neither author** would agree with that statement

17. Governments should not make policies that try to influence the TFR.

18. Government attempts to raise the TFR have had some success.

19. Which one of the following words has a **different stress pattern** from the others? Answer by filling in the corresponding slot under the number (19) on the mark sheet.
    1. comprehend
    2. compulsive
    3. condition
    4. consider

20. Each of the following is a verb-noun pair. Which one of the following pairs of words has the **different stress pattern**? Answer by filling in the corresponding slot under the number (20) on the mark sheet.
    1. advance (verb) – advance (noun)
    2. conduct (verb) – conduct (noun)
    3. promise (verb) – promise (noun)
    4. surprise (verb) – surprise (noun)

慶應義塾大-経済   2023 年度　英語 *13*

Ⅲ. Read the following article and answer the questions as indicated.

Caring for Care Workers: Whose Responsibility?
by Seymour Zimmer (2020)

① By 2027, the global market for health caregiving is projected to reach $234 billion. Globally, by 2050, over one in five adults will be over the age of 60. Indeed, 80% of those people will live in low and middle-income countries. These people will require increasing support. In the US [21], one survey found that about half of all people over 65 will need some kind of long-term care, whether it is an in-home caregiver, at an assisted living facility, or in a nursing home. Whatever we call them – carers, care workers, or caregivers – they are in short supply.

② Despite the need, the world already faces a massive shortage of workers in the caregiving field. Most paid caregiving jobs do not pay well (in the US, for example, $13,000 is an average annual wage) making it an unattractive career choice. By 2030, the US likely faces a shortage of more than 150,000 care workers, even with 3.8 million unpaid family caregivers for the elderly.

③ [22]. In many countries, the system of caregiving remains based on women's unpaid labor. In the UK during the 1960s, when caregiving policy began to take shape, only one third of women participated in the workforce. Because women stayed home to care for children and grandparents, there was no need for professional caregiving. [23]. By 2011, over six million working women in the UK who were also unpaid caregivers were estimated in one study to save the government £57 billion per year. The same study found that over half of married or cohabiting women between 45 and 64 had become primary caregivers for elderly parents and/or their partners. [24].

④ [25]. This is because at every level of society, the value of care has not been given sufficient recognition. Wages are low, and little investment has been made in training and equipment. The result is that elderly homes, while numerous, vary markedly in quality. The aged deserve our respect and we must provide proper care facilities. However, shocking mistreatment of the elderly has become widespread. This has gradually become a significant issue in many countries.

14 2023 年度 英語　　　　　　　　　　　　　　慶應義塾大-経済

Possible solutions may include legislation, stricter penalties for mistreatment, or increasing wages to attract better workers.

⑤　Migration has been at the heart of current policies for many countries. Increasingly, in the US and elsewhere in the developed world, families are turning to migrants – usually women – to solve their care dilemmas. In 2013 the International Labour Organization estimated that of some 67 million domestic workers worldwide, 11.5 million were migrants. Since migration is usually under-reported, that figure is likely to have been higher then, and considerably higher today. For the care sector considered more broadly, however, this total is just the [26]: modern migration streams include nurses, teachers, and doctors, all of whom are employed in the care sector.

⑥　Migrant caregivers often differ ethnically or racially from the dominant population group, which often looks down on care work and leaves such jobs to stigmatized "others." Female caregivers who work in isolated private homes are vulnerable to racial, ethnic, and sexual harassment. Worldwide, the historical [27] of women of marginalized social status with care work remains strong. In the US, care work, once undertaken by black women, has become the task of migrant women from poorer countries. Breaking such cultural stereotypes that undervalue the work of women and women from ethnic minorities by strengthening and diversifying the care workforce is essential. Integrating migrant care workers into the wider society of a host country remains a considerable challenge.

⑦　Technology does have a role to play. Technologies that help lift up patients can remove much of the physical burden from workers, while new medical technologies, like robots and telemedicine, can help even untrained caregivers monitor patients' health in real time. With some basic training, otherwise unqualified care workers can take advantage of the latest health-care technologies and could become a real bridge between the [28] and health-care specialists, especially nurses. This will thereby ease the burden on both nurses and families.

⑧　Nevertheless, reconsidering the role of women in society seems inevitable. Both parents now work in most European and American households with

慶應義塾大-経済   2023 年度　英語　*15*

children under 18. Indeed, women account for around 40% of the workforce in many countries. Yet, the burden of caregiving is still usually expected to fall on female family members. Many of these families are also part of the "sandwich generation," which describes people who are taking care of an older family member while taking care of their own children. Many women, therefore, do both, whilst still [29] a job. That is double the labor with half the help.

⑨　Most women are confronted with caregiving issues just as they reach the peak earning years in their careers. Many are not promoted at their work because of their caregiving responsibilities, or even quit altogether. If the cost of care was affordable and accessible, companies could avoid the huge losses implied by training staff just to see them quit. Private-sector companies need to [30] the caregiving needs and responsibilities of their employees. This means developing flexible schedules, benefits, and practices that accommodate employees' caregiving needs.

⑩　Finally, we need policies that more comprehensively address families' caregiving needs. In the US, proposals such as the Universal Family Care program envision federal legislation that would create a family-care insurance fund that individuals could use to pay for childcare, elder care, or for time off from work to attend to caregiving needs. [31] adopted, it would allow individuals and families to access caregiving support throughout their lifetime, from the arrival of a child to long-term care for a family member or oneself.

Answer the questions [21] − [32] as indicated.

21. Which of the following would best fill the gap at [21] in Paragraph ① ? Answer by filling in the corresponding slot under the number (21) on the mark sheet.
   1. alone
   2. only
   3. simply
   4. solely

22, 23, 24. Place three of the sentences below into the most suitable of the gaps

16　2023 年度　英語　　　　　　　　　　　　　　　慶應義塾大−経済

marked [22], [23], and [24] in Paragraph ③. <u>Each sentence may be</u> <u>used only once.</u> Fill in the corresponding slots under the numbers marked (22), (23) and (24) on the mark sheet.

1.　All of this can be explained by the aging of society

2.　But times change

3.　The reason for this is the poor status of care work

4.　Without their contribution, social care would collapse

25.　Which of the following would best fill the gap at [25] in Paragraph ④？ Answer by filling in the corresponding slot under the number (25) on the mark sheet.

1.　Abuse at care facilities has become systemic

2.　Care is a clear example of a monopoly industry

3.　Finding a care home has become a major problem

4.　Which caregivers deserve to be paid is now the central issue

26.　Which of the following would best fill the gap at [26] in Paragraph ⑤？ Answer by filling in the corresponding slot under the number (26) on the mark sheet.

1.　best of the bunch

2.　icing on the cake

3.　tip of the iceberg

4.　top of the world

27.　Which of the following would best fill the gap at [27] in Paragraph ⑥？ Answer by filling in the corresponding slot under the number (27) on the mark sheet.

1.　association

2.　example

3.　mistreatment

4.　suitability

28.　Which of the following would best fill the gap at [28] in Paragraph ⑦？ Answer by filling in the corresponding slot under the number (28) on the mark sheet.

1.　doctors

慶應義塾大-経済   2023 年度 英語 *17*

   2. innovators

   3. patients

   4. robots

29. Which of the following would best fill the gap at [29] in Paragraph ⑧ ?
    Answer by filling in the corresponding slot under the number (29) on the
    mark sheet.

   1. applying for

   2. carrying over

   3. holding down

   4. working up

30. Which of the following would best fill the gap at [30] in Paragraph ⑨ ?
    Answer by filling in the corresponding slot under the number (30) on the
    mark sheet.

   1. acknowledge

   2. challenge

   3. remove

   4. solve

31. Which of the following would best fill the gap at [31] in Paragraph ⑩ ?
    Answer by filling in the corresponding slot under the number (31) on the
    mark sheet.

   1. Be it

   2. Was it

   3. Were it

   4. Would it be

32. Which one of the following pairs of words has the **primary stress** (第一強勢)
    on the same syllable (音節)? Answer by filling in the corresponding slot
    under the number (32) on the mark sheet.

   1. project (v) – project (n)

   2. participate (v) – participation (n)

   3. stigmatize (v) – stigma (n)

   4. recognize (v) – recognition (n)

18 2023 年度 英語　　　　　　　　　　　　　　　　慶應義塾大-経済

IV. Read the following piece and answer the questions (a-d) as indicated.

次の日本語の文章は問題 III の Seymour Zimmer 氏の論考に対するフクシ・セイタ氏による論評からの抜粋である。この文書を読んで，それに続く質問（a，b，c，d）に答えなさい。解答は解答用紙 B の IV 欄に書くこと。

介護問題再考：ジマー氏の難しい選択
フクシ・セイタ（2021）

① 21世紀に於いては，高齢者を十分に尊重した介護政策を立案しなければならない。最近，介護の問題に関し社会や政治を扱う多くの専門家の関心が集まっている。これまでこの問題を取り上げた著書や論文が数多く出版されてきたが，主要な新聞，雑誌の社説や講評欄でも取り上げられてきている。

② シーモア・ジマー氏は長年この介護問題に取り組んできた専門家であるが，当該問題を解決するためには，基本的に公共政策に於ける抜本的な改革が必要であると考える立場を取っている。しかし，まず初めに理解しておかなければならないのは，いかなる国のいかなる政府にとっても，唯一の理想的な解決策，または，一連の明確な解決策など存在しないということである。

③ ジマー氏が介護問題の歴史的経緯とその広範に及ぶ社会的な影響をよく認識していることは評価できる。だが，扱っている事例が地理的に限定されているために，主張の論拠が弱くなってしまっている。この論考を注意深く読んでみると，様々な解決方法を提案しているが，科学技術のメリットを見落としていることは明らかである。特に介護に対する投資が世界規模で不足していることを氏が十分理解していることに鑑みると，この点は非常に残念である。また，氏は科学技術ではなく，女性の役割を再検討する必要性ばかりを強調しているが，確かにそのことに関しては更なる議論が必要ではあるが，政府が直接社会的な操作を行うことは果たして良いことであろうか。

a. Which of the following ideas does the reviewer <u>incorrectly</u> attribute to Zimmer? Write the correct number in box (a) on answer sheet B.

1. A failure to acknowledge the merits of science and technology
2. An acceptance of the change in the role played by women in society
3. The importance of the size of the caregiving market
4. The lack of need for future investment in the caregiving sector

b. Which of the following areas is discussed by Zimmer, but is <u>not</u> mentioned by the reviewer? Write the correct number in box (b) on answer sheet B.
1. The changing role of men in caregiving
2. The involvement of government in shaping policy
3. The low level of investment currently in this area
4. The role played by migrants in caregiving

c. Which of the following would most likely be the meaning of the reviewer's phrase 地理的に限定されている in paragraph ③? Write the correct number in box (c) on answer sheet B.
1. Zimmer's concentration on the situation in the U.S
2. Zimmer's failure to mention countries in Asia, Africa, and Latin America
3. Zimmer's failure to use data from international institutions
4. Zimmer's lack of description of country-specific situations

d. Which of Zimmer's <u>unwritten</u> assumptions or ideas does the reviewer <u>directly</u> mention? Write the correct number in box (d) on answer sheet B.
1. The idea that governments must bear responsibility for improving caregiving
2. The idea that women are more suitable for caregiving than men
3. The idea that the aged are worthy of respect and proper care
4. The idea that marginalized communities are vulnerable to exploitation

20   2023 年度　英語　　　　　　　　　　　　　　　　　慶應義塾大-経済

V.
以下の設問（A），（B）の中から一つ選んで，問題文 I 〜 IV を基にして，
自分の意見を解答用紙 B の V. 欄に英語で書きなさい。注意点をよく読ん
でから書くこと。

（A）　　Should the Japanese government pay families to have more children?
　　　　Why or why not?

（B）　　Should the Japanese government take action to increase the number
　　　　of caregivers in society? Why or why not?

注意点：

（1）　箇条書きは不可。

（2）　**自分の意見と異なる見解に言及し，それに反論すること。**

（3）　問題文 I，II，III または IV で言及されている見解やことがらを**最低一つ引用
　　　　して，**自分の意見をまとめること。引用する際には，下の例を参考にして，
　　　　英語で書くこと。

引用例：

・　According to Watanabe (2023, paragraph 3), one option is indirect taxation.
　　Although this argument …,

・　In her 2019 article "Against Zoos", Faerrer claims, "Nature is not ours to
　　control". She argues that …. However, I strongly disagree with that
　　statement, because ….

・　I agree only to a certain extent with Eve N. Suzuki who argues, "Schools
　　do not protect the rights of students enough" in the essay by Foane (2018).
　　Her claim that X is Y may be true, but ….

〔解答欄（(A)(B)とも）〕タテ約 1 cm × ヨコ約 25 cm × 23 行

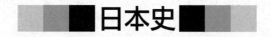

（80 分）

Ⅰ 近代の日本とドイツの関係について述べた次の文章を読んで，問1〜問5に答えなさい．**解答は，設問で指定された場合を除いて，すべて番号で解答用紙の〔解答欄A〕の所定の欄に記入しなさい．**

　日本とドイツとの外交関係は，1860年9月，ケーニヒスベルク（現在のカリーニングラード）出身の_Aフリードリヒ・ツー・オイレンブルク伯爵を長とする使節団が，江戸に来航し，1861年1月，日本と_Bプロイセン王国のあいだで条約が調印されたことに始まる．この時期のドイツは統一国家を形成していなかった．そのため，オイレンブルクは，プロイセンをはじめ，30を超える国と日本との条約締結を使命として来日した．しかし，幕府はそのような多数の国家との条約締結を拒み，結局，プロイセン1国を相手とした条約が締結されたのである．条約締結後には，幕府の蕃書調所ではドイツ語の学習も始まった．この時期にドイツ語を学んだ知識人の1人にのちに東京大学総理などを歴任し，_C日本の教育界に足跡を残した加藤弘之がいる．また，_D日本からドイツへの留学生も多かった．

　19世紀末から20世紀初頭にかけて，ドイツの外交政策が転換すると，日本とドイツは外交的には対立関係に入った．第一次世界大戦がはじまると，_E日本はドイツに対して宣戦布告し，山東半島のドイツ租借地やドイツ領南洋諸島を占領した．

問1　下線部Aに関連して，次の資料は，オイレンブルク使節団の公式報告書中に記された，江戸時代の日本の対外関係に関する叙述の日本語訳からの抜粋である（必要に応じて表現を改めた）．これを読んで，以下の（1），（2）に答えなさい．

> （　a　）は贈物とシベリア総督の書翰（しょかん）を用意し（中略）蝦夷（中略）に上陸し，そこで歓迎された．（中略）書翰にたいする回答（中略）によると，（中略）そこでの交渉はできず，また彼が江戸に来ることも許されない．彼は通行証を提出のうえ（　ア　）港へ入るように．α遭難者に関しては，ロシア人は彼らを置いていこうとふたたび連れ帰ろうと，好きなようにするがよかろう（中略）というのであった．（中略）（　a　）は（　ア　）へ行かなかった．その代り，日本の書翰とそれに添えられた通行証を見た皇帝アレクサンドル1世は，1803年，シベリアと千島に詳しい侍従（　b　）をかなりの全権を与えて派遣した．（中略）奉行は，彼が江戸に行きたいという要望を断固として拒否した．（　b　）は，皇帝の書翰を（　ア　）の官憲に差し出し，その回答を待つということで満足しなければならなかった．
>
> 〔資料出所〕『オイレンブルク日本遠征記』上巻
> 〔中井晶夫訳〕

（1）資料中の空欄（a），（b）に入る人名を，次の〔語群A〕の1〜5の中から，空欄（ア）に入る地名を，〔語群B〕の1〜5の中からそれぞれ選びなさい．

〔語群A〕

1. ウィッテ　　2. ゴローウニン（ゴローニン）　　3. プチャーチン　　4. ラクスマン　　5. レザノフ

〔語群B〕

1. 下田　　2. 長崎　　3. 根室　　4. 箱館　　5. 松前

（2）　波線部αに関連して，資料中の空欄（ a ）の人物が伴ってきた漂流民の談話などをもとに『北槎聞略』が
まとめられた．これをまとめた人物の名を，次の1～5の中から選びなさい．

1. 桂川甫周　　　2. 工藤平助　　　3. 近藤重蔵　　　4. 志筑忠雄　　　5. 林子平

問2　下線部Bに関連して，大日本帝国憲法は，プロイセン王国の憲法や，それについての法学者による解釈の影響を
受けている．例えば，予算に関する規定がある．議会は政府の同意なくして予算案を削減できないとされていたが，
他に政府にはどのような予算に関する権限が与えられていたか．その権限の内容について，**〔解答欄B〕の所定の**
欄の範囲内で説明しなさい．　　　　　　　　　　　　　　　〔解答欄〕約17cm×1行

問3　下線部Cに関連して，近代日本の教育に関する次のa～cの出来事は，下の年表のどこに入れるのが適当か．
年表中の空欄1～7の中からそれぞれ選びなさい．（重複使用不可）

a. 内村鑑三が第一高等中学校を辞職した．
b. 学制が公布された．
c. 大学令が公布された．

1

大教宣布の詔が発せられた．

2

東京大学が設立された．

3

教育令が公布された．

4

帝国大学令が公布された．

5

教育勅語が発布された．

6

小学校の教科書が国定となった．

7

問4　下線部Dに関連して，次の資料a～cは，ドイツに留学した経験のある人物による著作の一部である（必要に
応じて表現を改めた）．資料a～cとその著者の組み合わせとして適当なものを，下の1～6の中から1つ選びな
さい．

慶應義塾大−経済　　　　　　　　　　　　　　　　　　2023 年度　日本史　*23*

a

> 驚くべきは現時の文明国における多数人の貧乏である．（中略）私がここに，西洋諸国にはたくさんの貧乏人がいるというのは，経済学上特定の意味を有する貧乏人のことで，かりにこれを第三の意味の貧乏人といっておく．そうしてそれを説明するためには，私はまず経済学者のいうところの貧乏線の何ものたるやを説かねばならぬ．

b

> もし君主が統治権の主体であると解してすなわち君主が御一身の利益のために統治権を保有し給うものとするならば，統治権は団体共同の目的のために存するものではなく，ただ君主御自身の目的のためにのみ存するものとなって，君主と国民とは全くその目的を異にするものとなり，したがって国家が一つの団体であるとする思想と全く相容れないことになるのであります．

c

> この定義は自ら二つの内容を我々に示す．一つは政権運用の目的即ち「政治の目的」が一般民衆の利福に在るということで，他は政権運用の方針の決定即ち「政策の決定」が一般民衆の意向に拠るということである．換言すれば，一は政治は一般民衆のために行われねばならぬということで，二は政治は一般民衆の意向によって行われねばならぬということである．

（資料出所はいずれも省略する．）

1. a 河上肇　　　　b 美濃部達吉　　　c 吉野作造
2. a 河上肇　　　　b 吉野作造　　　　c 美濃部達吉
3. a 美濃部達吉　　b 河上肇　　　　　c 吉野作造
4. a 美濃部達吉　　b 吉野作造　　　　c 河上肇
5. a 吉野作造　　　b 河上肇　　　　　c 美濃部達吉
6. a 吉野作造　　　b 美濃部達吉　　　c 河上肇

問5　下線部Eに関連して，日本が第一次世界大戦へ参戦した当時の外務大臣である加藤高明について述べた次の文章を読んで，以下の（1）～（4）に答えなさい．

　　加藤高明は，1860年，尾張藩の下級武士の家に生まれた．大学卒業後は三菱本社などにつとめたのち官僚となり，外務省，大蔵省で働いた．外交官としては α イギリス に駐在していた期間が長く，親英的な立場をとった．第四次伊藤内閣で外務大臣となり，当初は伊藤博文が設立した（　ア　）に近かったが，桂太郎の新党設立計画に賛同し，桂の没後，その計画によってつくられた（　イ　）の総裁となった．その後他党との合流をへて成立した（　ウ　）でも総裁を務めた．（　ア　）に近かった寺内正毅内閣の成立以降，野党の党首であったが，β 第二次護憲運動 ののちに首相となった．加藤高明内閣のもとでは，男子普通選挙が実現したほか，γ 治安維持法 も成立した．

（1）文章中の空欄（　ア　）～（　ウ　）に入る，それぞれ異なる政党の名称を，〔解答欄B〕の所定の欄に記入しなさい．

24 2023 年度　日本史　　　　　　　　　　　　　　　　　　　慶應義塾大-経済

（2）　下線部 α に関連して，次の資料 a〜c は，日本とイギリスとの間で結ばれた条約・協定の一部である（必要に応じて表現を改めた）．資料 a〜c の条約・協定が結ばれた時期を，下の年表中の空欄 1〜7 の中からそれぞれ選びなさい．（重複使用不可）

a

> 大ブリテン国が日本帝国に於て執行したる裁判権，及び該権に属し又は其の一部として大ブリテン国臣民が享有せし所の特典，特権及び免除は，本条約実施の日より，別に通知をなさず全然消滅に帰したるものとす．

b

> 日本国は韓国に於て政事上，軍事上及経済上の卓絶なる利益を有するを以て，大ブリテン国は日本国が該利益を擁護増進せむが為，正当且必要と認むる指導，監理及び保護の措置を韓国に於て執るの権利を承認す．

c

> 若し日本国又は大ブリテン国の一方が上記各自の利益を防護する上に於て，列国と戦端を開くに至りたる時は，他の一方の締約国は厳正中立を守り，併せて其同盟国に対して他国が交戦に加はるを妨ぐることに努むべし．

〔資料出所〕『日本外交年表竝主要文書』上巻

1

ノルマントン号事件が起きた．

2

下関講和条約が結ばれた．

3

ロシアなど 3 国が，日本に遼東半島の清への返還を要求した．

4

ロシアが旅順・大連を清から租借した．

5

北京議定書が締結され，清に巨額の賠償金が課せられた．

6

日露戦争が始まった．

7

（3）　下線部 β はどのような事態を批判して発生したか．当時の内閣の性格に触れつつ，〔**解答欄 B**〕の所定の欄の範囲内で説明しなさい．　　　〔解答欄〕約 17cm×1 行

（4）　下線部 γ に関連して，治安維持法の内容と，のちに田中義一内閣がおこなった改正の内容について，〔**解答欄 B**〕の所定の欄の範囲内で説明しなさい．　　　〔解答欄〕約 17cm×2 行

慶應義塾大-経済　　　　　　　　　　　　　　　　　　　　2023 年度　日本史　*25*

Ⅱ 近世から明治期の三井家・三井財閥について述べた次の文章を読んで，問 6 〜問10に答えなさい．**解答は，設問で指定された場合を除いて，すべて番号で解答用紙の〔解答欄 A〕の所定の欄に記入しなさい．**

　　A伊勢松坂を発祥の地とし，17世紀に創業した三井越後屋は，京都，江戸，大坂など各地に拠点を持ち，呉服商，両替商などを営んだ．両替店は，幕府の御用として，江戸・大坂間の送金業務を担い，それは三井に大きな利益をもたらした．一方で，幕末になると，財政難に苦しむB幕府は，三井に巨額の御用金を課し，それは三井の経営を圧迫した．

　　維新後の三井は，新しい時代に対応するための改革を実行した．呉服業と金融業を分離したのもその 1 つである．このとき分離された呉服業が，後にC三越百貨店となり，金融部門はD三井銀行に発展してゆく．やがて三井の事業は多角化し，E商社や鉱業会社なども含む三井財閥が形成された．

問 6　下線部 A に関連して，伊勢松坂出身の人物として，国学者の本居宣長がいる．江戸時代の思想家について述べた次の文章を読んで，空欄（　ア　）〜（　エ　）に入る人名を，下の 1 〜 8 の中からそれぞれ選びなさい．（重複使用不可）

　　本居宣長は日本古典の研究を通じて，日本独自の思想のあり方を探った学者であるが，国学にはさまざまな潮流があった．宣長の影響を強く受け，その弟子を自称した（　ア　）は，神道と結びつき，その思想は幕末・維新期の政治に大きな影響を与えた．一方，（　イ　）は古典の文献学的研究に従事し，幕府の援助のもとで，和学講談所を設立した．

　　本居宣長は町人出身で，自身は医師だったが，江戸時代には町人出身の学者は少なくない．大坂の町人が設立した私塾・懐徳堂は，『夢の代』をあらわした（　ウ　）のような学者を輩出した．また，（　エ　）の心学は，町人たちの道徳規範として広く受け入れられた．

1.　石田梅岩　　　2.　賀茂真淵　　　3.　太宰春台　　　4.　塙保己一

5.　平田篤胤　　　6.　山県大弐　　　7.　山片蟠桃　　　8.　山崎闇斎

問 7　下線部 B に関連して，近世後期に幕府がおこなった改革に関する，以下の（1），（2）に答えなさい．

（1）　18世紀末の寛政の改革では，江戸に町会所が設置された．江戸町会所の機能について，その資金源に触れつつ，〔解答欄 B〕の所定の欄の範囲内で説明しなさい．　　　　　〔解答欄〕約17cm×2行

（2）　近世後期の幕府が関東地方の統治を改革するために置いた役職に，関東取締出役がある．この役職の任務と，その特徴について，〔解答欄 B〕の所定の欄の範囲内で説明しなさい．　　　　　〔解答欄〕約17cm×2行

問 8　下線部 C に関連して，次の資料 a 〜 c は，三越百貨店に関する新聞記事である（必要に応じて表現を改めた）．資料 a 〜 c が新聞に掲載された時期を，下の年表中の空欄 1 〜 7 の中からそれぞれ選びなさい．（重複使用不可）

26 2023 年度 日本史　　　　　　　　　　　　　　　　　　　　　　　　　慶應義塾大-経済

a

商工省，大政翼賛会，戦時物資活用協会では消耗戦と資源戦の実相を知らしめるため戦ふ資源展覧会を大蔵，
内務両省，情報局協賛のもとに十八日から二十七日まで三越本店で開催する（中略）その内容はまづ米英蘭の
東亜侵略，敵側の対日圧迫年表から戦前の我国資材の対米依存状況なども展示され，ここで一転して逆封鎖を
受けた敵の資源などが戦果と共に示される．

b

二日午前十一時頃，日本橋区三越本店へ学生風や労働者風の男が三々五々百名余集合不穏の形勢あるといふの
で所管堀留署員十余名で警戒中，この一隊は三井銀行寄りの一階休憩室から腕を組み雪崩れを打つて飛びだし
『ワッショワッショ』の喚声と共に真向ひの三井銀行裏門へ殺到『国民生活を蹂躙しドル買ひに狂奔する奸悪
の牙城を粉砕せよ』とか『三井財閥を膺懲せよ』等印刷したビラを散布しつゝ受付へ現れ（中略）堀留署に
検束された社会青年同盟員二十六名は（中略）単なる財閥に対する反感からこの挙に出たものとみられてゐる．
青年同盟は社会民衆党内にある前衛分子からなるもので（中略）騒ぎが一段落ついたあとで同銀行の筆頭常務
池田成彬氏は語る．（中略）銀行としてのまじめな商取引の上からドルを買つたもので金輸出再禁止を見越して
買つたなぞといふことはない．

c

楽しい新入学を待つお子さん方や，目出度く進級の諸子諸嬢の為に，時節柄の新装を凝らした学用品がもう
店頭に客待ち顔に並んでゐます．（中略）日章旗を持つた兵士と云つた軍国調の鉛筆削り（各十銭）と先頃(*)
の日独伊共防協定に因んだ三国の国旗を配したナイフ（六十五銭）と爆弾型のナイフ（三十五銭）等事変の
産んだ時世粧がはつきりとこんな些細なものにまで現れてゐます（三越にて）．

（＊）先頃とは，資料 c の記事が掲載された約 3 ヶ月前のことである．

（資料出所はいずれも省略する．）

| 1 |

張作霖が殺害された．

| 2 |

ニューヨークのウォール街で株価が大暴落した．

| 3 |

犬養毅首相が殺害された．

| 4 |

二・二六事件が起きた．

| 5 |

ドイツがポーランドへの侵攻を開始した．

| 6 |

日本軍が南部仏印に進駐した．

| 7 |

問9　下線部Dに関連して、三井家は、三井銀行設立以前に第一国立銀行の設立にかかわっていた．国立銀行の設立状況の推移について、国立銀行が発行する紙幣の性質に関連づけて、〔解答欄B〕の所定の欄の範囲内で説明しなさい．

〔解答欄〕約17cm×3行

問10　下線部Eに関連して、第二次世界大戦後の三井物産・三井鉱山に関する次の文章を読んで、以下の(1)，(2)に答えなさい．

　　三井財閥の商社部門である三井物産は、財閥解体のなかで、連合国軍最高司令官総司令部(GHQ/SCAP)の指令によって一度解散させられ、多くの企業に分かれたが、その後、アメリカの対日政策の転換を受けて、旧三井物産系企業の合同によって、新しい三井物産が設立された．αエネルギー源の石炭から石油への転換がすすむなか、三井物産はインドネシアなどで石油開発に乗りだした．
　　一方、エネルギー転換によって石炭産業は人員整理を迫られた．三井三池炭鉱では労働者の解雇がおこなわれたが、労働組合はこれに反発して激しい労働争議が起こった．β日本労働組合総評議会や、その傘下の日本炭鉱労働組合の支援もあったが、争議は労働者側の敗北に終わった．

(1)　下線部αに関連して、次の第1図は、20世紀後半から21世紀にかけてのある50年間における石油の国際価格および日本における石油供給量の動向をグラフ化したものである．図の横軸1～5は10年ごとの区分である．下のa～dの出来事が起きた時期を、図の1～5の中からそれぞれ選びなさい．ただし、1の時期より前の場合は0を、5の時期より後ろの場合は6を記入しなさい．（重複使用不可）

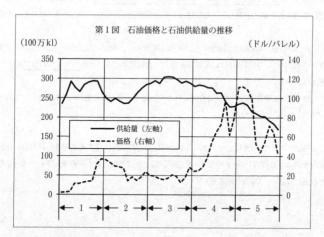

〔資料出所〕資源エネルギー庁『エネルギー白書』および
BP p.l.c., *Statistical Review of World Energy* より作成．

a．イラク復興支援特別措置法が公布された．
b．第1回先進国首脳会議が開催された．
c．PKO協力法が公布された．
d．プラザ合意によりドル高の是正がはかられることになった．

（2） 下線部βに関連して，日本労働組合総評議会の結成とその路線転換について，次の語をすべて用いて，〔解答欄B〕の所定の欄の範囲内で説明しなさい．

〔解答欄〕約17cm×3行

産別会議　　　日本社会党　　　レッドパージ

Ⅲ 19世紀後半から現代までの日本で起きた大地震に関して述べた次の文章を読んで，問11～問16に答えなさい．**解答は，設問で指定された場合を除いて，すべて番号で解答用紙の〔解答欄A〕の所定の欄に記入しなさい．**

　地震の多い日本では，大規模な被害を出す地震が何度も起きてきた．地震の被害が社会に大きな影響を与えることも多く，また地震に対する反応からその当時の政治や文化の特徴を理解することもできる．

　江戸時代末期には大地震が相次いだ．安政東海地震では津波が発生し，当時開国と国境の画定を求め来航していたＡロシアの使節の乗艦も被害を受けた．翌年には安政江戸地震が発生し，水戸藩のＢ徳川斉昭の腹心として活躍した藤田東湖も地震で死亡した．

　明治時代中期には濃尾地震が発生し，5年後には明治三陸地震が発生した．濃尾地震や明治三陸地震では当時発達しつつあったＣ新聞による報道でその被害が日本全国に報じられ，多くの義援金も集まり，これ以降災害時に義援金を送る文化が定着していった．

　1923年には関東大震災が発生して東京や横浜は大きな被害を受け，10万人を超える死者・行方不明者を出した．経済への打撃も深刻であり，Ｄ震災で決済不能になり支払いが猶予されていた手形が不良債権化して問題となった．一方，その後起きた昭和恐慌により東北を中心とした農村の生活は一層苦しくなり，それに追い打ちをかける形で昭和三陸地震が起きた．

　太平洋戦争中には鳥取地震，昭和東南海地震，三河地震が起きたが，報道統制が敷かれ国民に被害の実情が十分知らされることはなかった．一方，終戦直後には昭和南海地震，福井地震が起き，Ｅ戦争からの復興途上だった被災地はさらに打撃を受けた．

　平成に入ると阪神・淡路大震災が起きた．さらに東日本大震災では原子力発電所の事故が起き，これを契機に日本のＦ電力政策のあり方についても議論が起きた．

問11　下線部Aに関連して，次の資料a～cは，日本とロシアとの関係に関する条約または宣言の抜粋である（必要に応じて表現を改めた）．資料a～cの条約・宣言が調印または発表された時期を，下の年表中の空欄1～6の中からそれぞれ選びなさい．（重複使用不可）

慶應義塾大-経済　　　　　　　　　　　　　　　　2023 年度　日本史　29

a

> 第一条　日本国は満洲に於ける政事上及び経済上の利益及び活動の集注する自然の趨勢に顧み，かつ競争の
> 結果として生ずることあるべき紛議を避けんことを希望し，本協約追加約款に定めたる分界線以北の満洲に
> 於て，自国の為又は自国臣民若しくは其の他の為，何等鉄道又は電信に関する権利の譲与を求めず，又同地
> 域に於て露西亜国政府の扶持する該権利譲与の請求を直接間接共に妨礙せざることを約す．露西亜国は亦た
> 同一の平和的旨意に基き前記分界線以南の満洲に於て自国の為，又は自国臣民若しくは其の他の為，何等
> 鉄道又は電信に関する権利の譲与を求めず，又同地域に於て日本国政府の扶持する該権利譲与の請求を直接
> 間接共に妨礙せざることを約す．
> 　（中略）
> 第二条　露西亜は日本国と韓国との間に於て，現行諸条約及び協約（中略）に基き存在する政事上利害共通
> の関係を承認し，該関係の益々発展を来すに当り之を妨礙し又は之に干渉せざることを約す．
> 　（中略）
> 第三条　日本帝国政府は外蒙古に於ける露西亜国の特殊利益を承認し，該利益を損傷すべき何等の干渉を為さ
> ざることを約す．

b

> 第二条　露西亜帝国政府は日本国が韓国に於て政事上，軍事上及び経済上の卓絶なる利益を有することを承認
> し日本帝国政府が韓国に於て必要と認むる指導，保護及び監理の措置を執るに方り之を阻礙し又は之に干渉
> せざることを約す．
> 　（中略）
> 第九条　露西亜帝国政府は薩哈嗹島南部及び其の附近に於ける一切の島嶼並びに該地方に於ける一切の公共
> 営造物及び財産を完全なる主権と共に永遠日本帝国政府に譲与す．其の譲与地域の北方境界は北緯五十度と
> 定む．（後略）

c

> 抑々「チエツク，スローヴァック」軍は夙に建国の宿志を抱き，終始聯合列強と共同敵対するものなるが故
> に，其の安危の繋る所延いて与国に影響すること尠しとせず．是れ聯合列強及び合衆国政府が同軍に対し多大
> の同情を寄与する所以なり．（中略）合衆国政府も亦同く其の危急を認め，帝国政府に提議して先ず速に救援
> の軍隊を派遣せむことを以てせり．是に於てか帝国政府は合衆国政府の提議に応じて其の友好に酬い，且つ今
> 次の派兵に於て聯合列強に対し歩武を斉しうして履信の実を挙ぐる為速に軍旅を整備し，（後略）．

〔資料出所〕『日本外交年表並主要文書』上巻

1

江華島事件が起きた．

2

官営八幡製鉄所が操業を開始した．

3

南満州鉄道株式会社（満鉄）が設立された．

30 2023 年度 日本史　　　　　　　　　　　　　　　　　　　　　　　慶應義塾大-経済

4

軍部大臣現役武官制が改正され，陸海軍大臣の資格が予備役・後備役にまで拡大された．

5

ワシントン会議で海軍軍縮条約が締結された．

6

問12　下線部Bに関連して，次の文章を読んで，文章中の空欄（ａ），（ｂ）に入る人名を，下の1〜8の中からそれ
ぞれ選びなさい．（重複使用不可）

　　徳川斉昭は水戸藩主となると，藤田東湖や，『新論』を執筆して民心統合の核に天皇を位置づける国体論を提示
した（　ａ　）を登用して藩政改革を進めた．ペリーが来航すると老中首座（　ｂ　）は諸大名や幕臣にも意見を
求めるなどの改革を進める中で斉昭を幕政に参与させた．その後斉昭は安政の大獄で永蟄居を命ぜられ間もなく
死去する．

1. 会沢安（正志斎）　　2. 阿部正弘　　　3. 安藤信正　　　4. 海保青陵
5. 佐藤信淵　　　　　6. 本多利明　　　7. 松平慶永（春嶽）　8. 水野忠邦

問13　下線部Cに関連して，次の文章を読んで，以下の（1），（2）に答えなさい．

　　明治に入り，活版印刷や洋紙製造の技術が導入されることにより日刊新聞や雑誌が次々に創刊され，報道や評論
を行った．福澤諭吉や森有礼らは『（　ア　）』を発行して近代思想を紹介した．当初は，政府内の α 木戸孝允など
も新聞の発行を奨励する立場をとっていたが，自由民権運動が広まり政府批判が高まると，政府は讒謗律や新聞紙
条例を制定して言論を取り締まるようになった．明治時代中期には初期の欧化主義への反動もあり，陸羯南の新聞
『（　イ　）』などが国家の独立性や国民性を重視する国民主義を主張した．一方で幸徳秋水・堺利彦らが創刊した
『（　ウ　）』は反戦論や社会主義論を掲載して当局から弾圧を受けた．

（1）　文章中の空欄（ア）〜（ウ）に入る新聞・雑誌名を，次の1〜8の中からそれぞれ選びなさい（重複使用
不可）．

1. 国民之友　　　2. 時事新報　　　3. 太陽　　　　　4. 中央公論
5. 日本　　　　　6. 平民新聞　　　7. 明六雑誌　　　8. 万朝報

（2）　下線部 α に関連して，政府は言論を取り締まる一方で，自由民権運動に対応した政治機構の改革も進めた．
この時期の政治機構改革について，一度は政府を去った木戸孝允が政府に復帰する契機となった会談と，そこで
決められた方針に触れつつ，〔解答欄B〕の所定の欄の範囲内で説明しなさい．　　〔解答欄〕約17cm×2行

問14　下線部Dの手形の処理は政治状況とも関わり内閣交代につながる大きな混乱を引きおこした．これに関連して，
以下の（1），（2）に答えなさい．

（1）　手形の処理をきっかけとして起きた混乱により内閣が総辞職に至る経緯について，内閣名に触れつつ，〔解答

慶應義塾大-経済　　　　　　　　　　　　　　　　　　2023 年度　日本史　*31*

欄B〕の所定の欄の範囲内で説明しなさい.　　　　　　　　　〔解答欄〕約 17cm×3 行

（2）（1）で総辞職した内閣の次の内閣は混乱をどのように収束させたか，内閣名に触れつつ，〔**解答欄 B**〕の所定
　の欄の範囲内で説明しなさい.　　　　　　　　　　　　　　　　〔解答欄〕約 17cm×1 行

問15　下線部 E に関連して，戦後復興期の日本経済に関する次の資料 a，b（必要に応じて表現を改めた）が出された
　　　時期を，下の年表中の空欄 1 〜 6 の中からそれぞれ選びなさい.（重複使用不可）

a

> 　支出を厳重に引締め，かつ必要適切と認められる新財源を含めて最大限の収入を確保することによつて一日
> もはやく総合予算の真の均衡をはかること，
> 　収税計画を促進強化し，脱税者にたいしては迅速かつ広範囲にわたつて徹底的刑事訴追措置をとること，
> 　金融機関からの融資は日本の経済回復に貢献する諸事業にだけ与えるよう厳重に限定すること，
> 　賃金安定を実現するための効果的計画を作成すること，
> 　現行の価格統制計画を強化し，必要があればその範囲を拡張すること，
> 　外国貿易管理の操作を改善し，かつ現行外国為替管理を強化すること，これらの措置を適切に日本側機関に
> 移譲することが出来る程度にまで行うこと，
> 　（後略）

b

> 第一条　金融機関は本令施行の際，現に存する預金其の他金融業務上の債務にして命令を以て定むるもの（以下
> 　　封鎖預金等と称す）に付ては，第三条第二項の規定に依るの外，其の支払を為すことを得ず.
> 　　日本銀行券預入令第四条第二項の規定に依り生じたる預金，貯金及び金銭信託は之を封鎖預金等と看做す.
> 　　（中略）
> 第六条　大蔵大臣は命令の定むる所に依り金融機関其の他大蔵大臣の指定する者に対し，資金の融通を制限し
> 　　又は禁止することを得.

（資料出所はいずれも省略する.）

1

連合国軍最高司令官総司令部（GHQ/SCAP）が人権指令を出した.

2

片山哲内閣が発足した.

3

ロイヤル陸軍長官が対日政策の転換について演説した.

4

下山事件が起こった.

5

警察予備隊が設置された.

6

32 2023 年度 日本史 慶應義塾大-経済

問16 下線部 F に関連して，近年まで続いていた電力の地域独占体制は，日中戦争勃発後に制定された電力国家管理法に基づく体制が第二次世界大戦後に再編成されて成立した．電力国家管理法が制定された同じ議会では，議会の承認なしに戦争の遂行のために必要な物資や労働力を利用する権限を政府に与える法律が制定された．この法律の名称を，〔**解答欄 B**〕の所定の欄に記入しなさい．

世界史

（80 分）

Ⅰ　近代の日本とドイツの関係について述べた次の文章を読んで，問1〜問5に答えなさい．**解答は，設問で指定された場合を除いて，すべて番号で解答用紙の〔解答欄 A〕の所定の欄に記入しなさい.**

　　日本とドイツとの外交関係は，1860年9月，_Aケーニヒスベルク（現在のカリーニングラード）出身の _Bフリードリヒ・ツー・オイレンブルク伯爵を長とする使節団が，江戸に来航し，1861年1月，日本とプロイセン王国のあいだで条約が調印されたことに始まる．この時期の _Cドイツは統一国家を形成していなかった．そのため，オイレンブルクは，プロイセンをはじめ，30を超える国と日本との条約締結を使命として来日した．しかし，幕府はそのような多数の国家との条約締結を拒み，結局，プロイセン1国を相手とした条約が締結されたのである．条約締結後には，幕府の蕃書調所では _Dドイツ語の学習も始まった．

　　19世紀末から20世紀初頭にかけて，ドイツの外交政策が転換すると，日本とドイツは外交的には対立関係に入った．第一次世界大戦がはじまると，_E日本はドイツに対して宣戦布告した．

問1　下線部Aに関連して，カリーニングラード（ケーニヒスベルク）の歴史について述べた次の文章を読んで，以下の（1）〜（3）に答えなさい．

　　　現在のカリーニングラードを州都とするカリーニングラード州は，ロシアの飛び地となっている．こうした状況は，国家とは国境線で囲まれた領域的なまとまりをもつものだという現在の常識からみれば例外的なものだが，かつてのヨーロッパでは，王侯が分散した支配領域を持つのはごく普通のことであった．

　　　現在のカリーニングラード，かつてのケーニヒスベルクは，13世紀にドイツ騎士団によって建設された城塞に起源をもち，のちにプロイセン公国の中心都市となった．プロイセン公位はブランデンブルク選帝侯のホーエンツォレルン家に継承され，18世紀初頭には，_αブランデンブルク選帝侯はプロイセン王の称号を名乗ることを認められていた．ホーエンツォレルン家の当主がブランデンブルクとプロイセンの君主を兼ねたとはいえ，当初，両者は地理的につながっていたわけではない．あいだにはポーランドが存在していた．1772年の第1次ポーランド分割の結果，両者は一体的な領域となった．

　　　_β第一次世界大戦後，ケーニヒスベルクを含む地域はドイツの飛び地となった．ところが，第二次世界大戦後には，_γ戦前のポーランドの東部とともに，ケーニヒスベルク周辺はソ連領となる．そして，ケーニヒスベルクはカリーニングラードと改称された．その後，ソ連邦の解体を経て，今度はロシアの飛び地となって現在にいたるのである．

（1）　下線部αに関連して，ブランデンブルク選帝侯がプロイセン王の称号を名乗ることを認められた経緯について，〔解答欄 B〕の所定の欄の範囲内で説明しなさい．

〔解答欄 B〕約17cm×1行

34 2023 年度　世界史　　　　　　　　　　　　　　　　　　　　　慶應義塾大-経済

（2）　下線部βに関連して，次の文章を読んで，空欄（ア）に入る地名を，**〔解答欄 B〕の所定の欄に記入しなさい．**

　　　第一次世界大戦後のヴェルサイユ条約によって，ドイツから領土を割譲されたポーランドは，海への出口と
　　なる回廊を確保した．一方，ドイツはこの回廊によって分断された．この回廊は貿易港（　ア　）と接していた
　　が，ドイツ系住民が大半を占める（　ア　）とその周辺地域は国際連盟の保護下におかれ，自由市となった．た
　　だし，この自由市において，貿易のために必要な施設や鉄道などを使用し，管理する権利はポーランドが有した．
　　　1930年代後半に，ドイツは，東欧各地に支配地域を拡大させるなか，ポーランドに対してこの自由市の返還を
　　要求していた．

（3）　下線部γに関連して，ポーランドは第二次世界大戦以前の領土の東部をソ連に割譲するかわりに，大戦前の
　　ドイツ領の東部を領有することになった．しかし，ドイツ連邦共和国（西ドイツ）がこの新しい国境線を承認す
　　るには，西ドイツの対外政策の転換を待たなければならなかった．この西ドイツの対外政策の転換について，
　　新しい国境線の位置に触れつつ，**〔解答欄 B〕の所定の欄の範囲内で説明しなさい．**

〔解答欄〕約 17 cm × 3 行

問2　下線部Bに関連して，次の資料は，オイレンブルク使節団の公式報告書に付された序文の日本語訳からの抜粋
　　であり，使節団が派遣された当時の国際情勢について叙述したものである（必要に応じて表現を改めた）．この
　　資料を読んで，以下の（1），（2）に答えなさい．

　　αロンドンで世界大博覧会が開かれた1851年とその後の時代は，世界貿易の点で一つの転換を画するものと
　　なった．至る所で自由主義の原理が台頭し，国際的諸関係はますます活発となり，企業精神はあらゆる方面に
　　向って道を開いていった．中国の産物に対する消費の増加，オーストラリア及び β北アメリカの西海岸に
　　おける植民の急激な発展（中略）．これらは，当時，太平洋沿岸の諸国の商業上の意義を，ここ2，30年前に
　　は考えられなかったほど高めたのである．

〔資料出所〕『オイレンブルク日本遠征記』上巻

（中井晶夫訳）

（1）　波線部αに関連して，この博覧会では，インドからもたらされた「コーイヌール」と呼ばれるダイヤモンド
　　が展示された．この石は，第2次シク戦争後にヴィクトリア女王に譲り渡され，のちにイギリス王室の戴冠宝器
　　となったものである．この戦争への勝利を経てインドの大部分がイギリスの支配下に入ったが，1850年代には
　　イギリスのインド支配には制度的な変化が生じた．この変化について，それをもたらす契機となった出来事に
　　触れつつ，**〔解答欄 B〕の所定の欄の範囲内で説明しなさい．**

〔解答欄〕約 17 cm × 2 行

（2）　波線部βに関連して，19世紀半ばにおけるアメリカ合衆国の西部への領土拡大は，北部諸州と南部諸州の対立
　　を激化させた．両者の対立について，産業構造および貿易をめぐる立場の相違に触れつつ，**〔解答欄 B〕の所定**
　　の欄の範囲内で説明しなさい．

〔解答欄〕約 17 cm × 3 行

問3　下線部Cに関連して，次のa〜cの出来事は，ドイツの統一に関する下の年表のどこに入れるのが適当か．
　　年表中の空欄1〜7の中からそれぞれ選びなさい．（重複使用不可）

慶應義塾大-経済　　　　　　　　　　　　　　　　　2023 年度　世界史　*35*

　a．イェーナ大学で，学生らの組織であるブルシェンシャフトが結成された．

　b．フランスで，ルイ＝ブランら社会主義者を含む政府が成立した．

　c．プロイセンとオーストリアが，デンマークと開戦した．

1

ウィーン会議が始まった．

2

ドイツ関税同盟が成立した．

3

フランクフルトで国民議会がプロイセン国王を皇帝に推した．

4

ビスマルクがプロイセン首相に任じられた．

5

北ドイツ連邦が成立した．

6

普仏戦争（プロイセン＝フランス戦争）が起きた．

7

問4　下線部Dに関連して，この時期にドイツ語を学んだ知識人の1人に，のちに東京大学総理などを歴任し，日本
　　の教育界に足跡を残した加藤弘之がいる．加藤弘之に関する次の文章を読んで，空欄（ア）〜（オ）に入る人名
　　を，下の1〜9の中からそれぞれ選びなさい．（重複使用不可）

　　加藤弘之は，スイス出身でドイツで法学者となったブルンチュリの『一般国法学』の抄訳を出版している．この
　本でブルンチュリは，君主に絶対的な権力を認める立場と，社会契約論にもとづく（　ア　）の人民主権論をとも
　に批判した．これは急進派と保守派の双方を批判する立場に立つものであった．ブルンチュリが教えを受けた学者
　の1人に，歴史的な見地から法学を研究したサヴィニーがいる．歴史への関心は，ドイツのナショナリズムの特徴
　の1つで，近代歴史学の基礎を築いた（　イ　）もまた，政治的には急進派と保守派の中間に立っていた．

　　また，加藤は，『人権新説』を著して天賦人権論を批判した．この本は（　ウ　）の生物学的な自然淘汰の理論
　を社会に適用しようとした当時の欧米の思潮の影響を受けている．（　ウ　）と同時代に，社会の進化を考察した
　イギリスの思想家（　エ　）の著作も『人権新説』のなかで言及されている．（　オ　）もまた，その主著『資本
　論』を（　ウ　）に献呈するなど，当時（　ウ　）の思想は自然科学にとどまらない影響力を持っていた．

　1．コッホ　　　　2．コント　　　　3．スペンサー　　　4．ダーウィン　　　5．フーリエ
　6．ホッブス　　　7．マルクス　　　8．ランケ　　　　　9．ルソー

問5　下線部Eに関連して，日本の動向に関する次の1〜5の出来事を，年代の古い順に並べ替え，その番号を
　　左から順に記入しなさい．

　1．加藤友三郎内閣がシベリア本土からの撤兵を決定した．

　2．米騒動が起き，寺内正毅内閣が総辞職した．

36 2023 年度　世界史　　　　　　　　　　　　　　　　　　　　　慶應義塾大-経済

　3．ドイツ領であった赤道以北の南洋諸島が日本の委任統治領となった．

　4．日本がドイツの膠州湾租借地を占領した．

　5．ワシントン会議で海軍軍備制限条約が締結された．

Ⅱ　中国の対外関係について述べた次の文章を読んで，以下の問 6 〜問10に答えなさい．**解答は，設問で指定された**
場合を除いて，すべて番号で解答用紙の〔解答欄 A〕の所定の欄に記入しなさい．

　　中国の歴代王朝は，様々な形で周辺地域との関係を結び，貿易を含む交流を行ってきたが，A貿易を制限する政策
を行うこともあった．また，B王朝の統治領域は周辺地域との関係に応じて変化し，必ずしも一定していなかった．

　　こうした中国の王朝と周辺地域の関係は，欧米諸国の東アジア進出が本格化した19世紀半ば以降に大きな転機を
迎えた．中国では，世界の潮流に対応したC新たな文化や，D政権の形，他国との関係のあり方が模索されることと
なる．そうした模索は，20世紀後半においては，E冷戦という国際環境に規定されるなかで継続した．そのなかで中国
は，変化する国際情勢を踏まえて，より積極的に国際社会と関わるようになっていった．

問 6　下線部 A に関連して，明朝は，海上貿易の統制政策を実施したが，16世紀にその政策を緩和している．明朝が
　　統制政策を緩和した背景について，政策の内容を述べた上で，当時の中国の周辺海域における貿易の状況に触れつ
　　つ，〔解答欄 B〕の所定の欄の範囲内で説明しなさい．　　　　　　　　　〔解答欄〕約 17 cm×2 行

問 7　下線部 B に関連して，次の文章を読んで，以下の（1），（2）に答えなさい．

　　広大な領域を統治していた清朝は，同じく巨大な帝国であったロシアと隣接しており，その国境は時期によって
　変動した．康熙帝時代には，当時黒竜江（アムール川）方面に進出していたロシアと対峙し，（　ア　）条約を
　結んでアルグン川とスタノヴォイ山脈（外興安嶺）を国境と定めた．また，雍正帝時代には，（　イ　）条約を
　締結し，さらなる国境を画定するとともに，通商や逃亡者の引きわたし，北京への教会の設置などに関する取り
　決めを結んだ．

　　しかし19世紀半ばになると，欧州諸国の東アジア進出を背景として，ロシアの清朝に対する圧力が強まり，黒竜
　江以北をロシア領とする（　ウ　）条約が黒竜江沿岸の（　ウ　）において結ばれた．また，（　エ　）条約では，
　ウスリー川以東の沿海州がロシア領となった．

　　さらに，イスラーム教徒の反乱をきっかけとして，（　a　）＝ハン国の軍人であるヤークーブ＝ベクが勢力を
　拡大し，清朝の統治地域内に独立政権を樹立した．この政権は清朝の左宗棠らによって打ち倒されたが，ロシアは
　これを機に清朝の領域内の（　オ　）地方を一時的に占領した．その後，（　オ　）条約によりその地域は清朝に
　返還された．また，（　a　）＝ハン国は，1876年にロシアに併合された．

（1）　文章中の空欄（ア）〜（オ）には地名が入る．（ア）〜（オ）の地名の位置として最も適当なものを，下の
　　　地図中の 1 〜 9 の中からそれぞれ選びなさい．（重複使用不可）

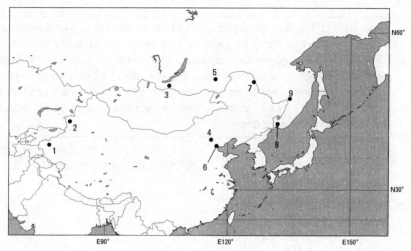

備考：国境線は現在のもの．

（2） 文章中の空欄（a）に入る語を，〔解答欄B〕の所定の欄に記入しなさい．

問8　下線部cに関連して，1910年代には，中国において新文化運動と呼ばれる思想・文化面での革新を訴える運動が起きた．次の資料a～cはその運動を代表する人物による著作の日本語訳からの抜粋である（必要に応じて表現を改めた）．それぞれの著作の著者の組み合わせとして適当なものを，下の1～6の中から選びなさい．

a

> また近世の文学を見てみると，なぜ『水滸伝』，『西遊記』，『儒林外史』，『紅楼夢』を「生きた文学」と称することができるのだろうか．それらはみな生きた文字で書かれたものだからである．もし，その作者らがみな文言で書物を書いたなら，かれらの小説はこのような生命を持つことはできず，このような価値を持つことはなかったのだ．（中略）この一千年余りの文学で，およそ真に文学的な価値のあるもので，白話の性質を帯びていないものはない（中略）．だからわたしは，「死んだ文字は決して生きた文学を生むことはできない」と言うのである．

b

> わたしは歴史をひもといて調べてみたが，その歴史には年代がなく，くねくねとどのページにもみな「仁義道徳」という字が書いてあるのである．わたしはどのみち眠れないので，夜中まで丹念に読んでみたところ，字と字のあいだから字が見えてきた．本にはびっしりと「食人」という二字が書かれているのだ！（中略）四千年来，いつも人を食ってきたところ．今日やっとわかったのだが，わたしもそこで長いあいだすごしてきたのだ．（中略）人を食ったことのない子供なら，まだいるかもしれないではないか？子供を救え……．

c

> われわれがもし，中国の法は，孔子の道であり，それがわれわれの国家を組織し，われわれの社会を支配して，それで今日の競争の世界で生存するに耐えると考えるのであれば，ただ共和国憲法を廃すべきのみならず，（中略）あらゆる新政治，新教育は（中略）ことごとく廃止し（中略）なければならない．万一（中略），西洋式の新国家を建設し，西洋式の新社会を組織し，現在の世界で適者として生存しようなどと（中略）考えるのであれば，根本問題は，西洋式の社会・国家の基礎，いわゆる平等・人権の新信仰をまっさきに輸入しなければならないということであり，この新社会・新国家・新信仰と相容れない孔教に対しては，徹底した覚醒，勇猛な決心を持たなければならない．

（資料出所はいずれも省略する．）

資料 a：佐藤公彦訳／資料 b：駒田信二訳／資料 c：小野寺史郎訳

1. a 胡適　　　b 陳独秀　　　c 魯迅

2. a 胡適　　　b 魯迅　　　c 陳独秀

3. a 陳独秀　　b 胡適　　　c 魯迅

4. a 陳独秀　　b 魯迅　　　c 胡適

5. a 魯迅　　　b 胡適　　　c 陳独秀

6. a 魯迅　　　b 陳独秀　　c 胡適

問9　下線部 D に関連して，次の a，b の出来事は，下の年表のどこに入れるのが適当か．年表中の空欄 1 〜 6 の中からそれぞれ選びなさい．（重複使用不可）

　　a．蔣介石を中心とする勢力が南京に国民政府を建てた．
　　b．中国国民党が党大会で「連ソ・容共・扶助工農」の方針を決定した．

1

孫文が死去した．

2

広州に国民政府が成立した．

3

国民革命軍が北伐を開始した．

4

上海クーデタが起きた．

5

瑞金に中華ソヴィエト共和国臨時政府が成立した．

6

問10　下線部 E に関連して，第二次世界大戦後の中国での内戦の結果，中国を代表すると主張する政府が北京と台北にそれぞれ存在する状況が生まれた．これにより，国際社会では，どちらを正式な中国政府として承認するかが問題となったが，国際連合は，その成立から現在にいたるまで，この問題に対してどのような立場をとってきたか．北京と台北に政府が並立することになった経緯に触れつつ，〔**解答欄 B**〕の所定の欄の範囲内で説明しなさい．

〔解答欄〕約 17cm × 3 行

慶應義塾大-経済　　　　　　　　　　　　　　　　　　　　　　2023 年度　世界史　*39*

Ⅲ　経済学者ワシリー・レオンチェフに関して述べた次の文章を読んで，以下の問11～問18に答えなさい．**解答は，設問で指定された場合を除いて，すべて番号で解答用紙の〔解答欄A〕の所定の欄に記入しなさい.**

　　1905年生まれ^(※)のレオンチェフは，大学教授である父親が勤務する大学があった現在の A ロシアにて，幼少期と青年期を過ごし，15歳で大学に入学し，10代で卒業した．レオンチェフは，B ソヴィエト政権に対して，学問の自治，言論の自由を求める反政府活動に参加していたことから，拘束されることもあったが，病気を理由に国外に出ることが許され，ドイツの大学で研究を続け，20代前半で博士号を取得した．そして，ドイツのキール大学の世界経済研究所に勤務し，1931年に，アメリカの全米経済研究所（NBER）から招聘され，C アメリカに移住し，翌年にハーバード大学に移り，1946 年には教授になった．

　　レオンチェフは，第二次世界大戦中，アメリカ統合参謀本部戦略情報局の顧問を務めるとともに，自らが発展させた産業連関分析により，戦時体制から平時の経済体制への移行が，D アメリカ経済に及ぼす影響の予測も行なった．さらに，レオンチェフは，E 国際貿易の基本理論であるヘクシャー＝オリーンの定理と矛盾する「レオンチェフの逆説」と呼ばれる現象を発見するなど，産業連関分析の発展の業績により，1973年に F ノーベル賞（ノーベル経済学賞）を受賞している．

　　レオンチェフは，次々と産業連関分析を現実の経済問題に適用し，冷戦構造の下でのアメリカにおける軍事支出の大きさとその影響や，G 軍縮が世界経済に与える影響に関する研究なども行っている．また，ノーベル賞受賞記念講演の基礎となった研究は，H 環境問題が世界経済に及ぼす影響に関するものである．

　　レオンチェフは，慶應義塾との学術的交流の一環として，1992年に，三田キャンパスにて講演を行うなど，精力的に研究活動を続けたが，1999年に93歳で死去した．

　　　　　　　　　　　　　　　　　（※）　レオンチェフの生誕年については，1906年という記述もある．

問11　下線部Aに関連して，レオンチェフが幼少期と青年期を過ごした都市に関する次の文章を読んで，空欄（a）～（c）に入る都市名の組み合わせとして適当なものを，下の1～6の中から選びなさい．

　　　バルト海に面したこの都市は，スウェーデンとの戦争中にピョートル1世が建設した都市である．1712年にロシア帝国の首都となった．第一次世界大戦開戦後，（　a　）と改称され，1918年に首都はモスクワに移された．その後，名称は，（　b　）に改められたが，ソ連邦が解体した年に，（　c　）と呼ばれるようになり現在まで続いている．

　　1．a　サンクト＝ペテルブルク　　　b　ペトログラード　　　　c　レニングラード

　　2．a　サンクト＝ペテルブルク　　　b　レニングラード　　　　c　ペトログラード

　　3．a　ペトログラード　　　　　　　b　サンクト＝ペテルブルク　c　レニングラード

　　4．a　ペトログラード　　　　　　　b　レニングラード　　　　c　サンクト＝ペテルブルク

　　5．a　レニングラード　　　　　　　b　サンクト＝ペテルブルク　c　ペトログラード

　　6．a　レニングラード　　　　　　　b　ペトログラード　　　　c　サンクト＝ペテルブルク

問12　下線部Bに関連して，以下の（1），（2）に答えなさい．

（1）　ソヴィエト政権が反ソヴィエト政権勢力との内戦の時期に実施した経済政策は，内戦終結とともにどのように転換されたか，転換後の政策の呼称を明示しつつ，〔解答欄B〕の所定の欄の範囲内で説明しなさい．

〔解答欄〕約 17cm×2 行

（2）ソヴィエト政権の発足によって，諸外国との関係はどのように変化したか．その発足から（1）の内戦の時期にかけてのイギリス，ドイツ，フランスとの関係に触れつつ，〔解答欄B〕の所定の欄の範囲内で説明しなさい．

〔解答欄〕約17cm×2行

問13　下線部Cに関連して，レオンチェフがアメリカへ移住した当時，アメリカへの移民は1924年の移民法に基づいて管理されていた．その移民法はアメリカへの移民の出身地域・国の構成にどのような影響を与えたか．〔解答欄B〕の所定の欄の範囲内で説明しなさい．

〔解答欄〕約17cm×1行

問14　下線部Dに関連して，次の第1図，第2図は，20世紀のある30年間（2つの図で共通に設定）におけるアメリカの工業生産指数，労働組合加入者数，関税率，失業率の動向をグラフ化したものである．図の横軸の1～6は，5年ごとの区分（2つの図で共通に設定）である．これらの図に関する以下の（1），（2）に答えなさい．

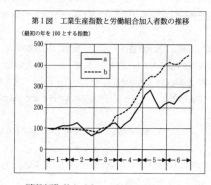
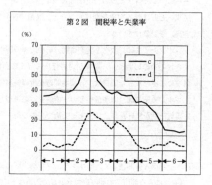

〔資料出所〕United States, Bureau of the Census, *Bicentennial Edition: Historical Statistics of the United States, Colonial Times to 1970*（工業生産指数，関税率，失業率），Troy, L., 'Trade Union Membership, 1897-1962,' *The Review of Economics and Statistics*, vol.47（労働組合加入者数）より作成．

（1）第1図のaおよびb，第2図のcおよびdの組み合わせとして，最も適当なものを下の1～4から選びなさい．

1．a　工業生産指数　　　b　労働組合加入者数　　　c　関税率　　　d　失業率
2．a　工業生産指数　　　b　労働組合加入者数　　　c　失業率　　　d　関税率
3．a　労働組合加入者数　b　工業生産指数　　　　　c　関税率　　　d　失業率
4．a　労働組合加入者数　b　工業生産指数　　　　　c　失業率　　　d　関税率

（2）次のア～エの出来事が起きた時期を，図の1～6からそれぞれ選びなさい．ただし，1の時期より前の場合は0を，6の時期より後ろの場合は7を記入しなさい．（重複使用不可）

ア．ウィルソン大統領が十四カ条を発表した．
イ．国際通貨基金（IMF）が発足した．
ウ．フーヴァー＝モラトリアムが宣言された．
エ．ワグナー法が制定された．

慶應義塾大-経済　　　　　　　　　　　　　　　　　　　　　　2023 年度　世界史　*41*

問15　下線部Ｅに関連して，以下の（1），（2）に答えなさい.

（1）　第二次世界大戦後，世界では関税と貿易に関する一般協定（GATT）を中心として，貿易の自由化が進展し
　　ていったが，GATT は世界貿易機関（WTO）に継承された．GATT と WTO の相違点について，WTO の
　　設立時期の世界経済の環境の変化に触れつつ，〔解答欄Ｂ〕の所定の欄の範囲内で説明しなさい.

〔解答欄〕約 17cm × 2 行

（2）　レオンチェフは，国際貿易に関しては，地域的な国際貿易の進展による発展途上国の発展の重要性も指摘して
　　いる．次のａ～ｃの地域共同体あるいは地域協定に関する出来事は，下の年表のどこに入れるのが適当か.
　　年表中の空欄１～７の中からそれぞれ選びなさい.（重複使用不可）

　　ａ．アジア太平洋経済協力会議（APEC）が発足した.
　　ｂ．東南アジア諸国連合（ASEAN）が発足した.
　　ｃ．北米自由貿易協定（NAFTA）が発効した.

| 1 |
第 1 回先進国首脳会議が開催された.
| 2 |
プラザ合意により，ドル高の是正がはかられることになった.
| 3 |
ヨーロッパ連合（EU）の創設などを規定するマーストリヒト条約が調印された.
| 4 |
タイの通貨バーツの急落をきっかけにアジア通貨危機が発生した.
| 5 |
アフリカ連合（AU）が発足した.
| 6 |
アメリカの投資銀行リーマン＝ブラザーズが経営破綻して，世界的な金融恐慌が起こった.
| 7 |

問16　下線部Ｆに関連して，ノーベル文学賞を受賞した作家の中には，現実の社会についての論説を記した者も多い.
　　次の資料ａ～ｃは，ノーベル文学賞を受賞した３名の作家のそれぞれの著作からの抜粋を日本語に訳したものであ
　　る（必要に応じて表現を改めた）．これらを読んで，以下の（1），（2）に答えなさい.

ａ

1938 年は，（　ア　）にとって，喪の年である．（　ア　）は国際的友好を裏切り，チェコスロヴァキアを
引渡し，（　イ　）を見捨てた.（中略）われわれは，名誉を救ってくれたわれわれの同胞にたいしてただただ
感謝するばかりである．共和国（　イ　）に彼らの血を捧げに行った英雄的な義勇兵たちに，（　ア　）政府
は（中略），彼らの帰還にあたって，輝かしく，愛情のこもった，公の歓迎をするべきだった！

42 2023年度 世界史

慶應義塾大-経済

b

> 私のような類の（ ウ ）気質は，アメリカという名の，この人種的民族的宇宙において，客人を手厚く
> もてなすコスモポリスにおいてこそ，最も適切に保護されています．（中略）スイスへの旅行は，田舎から世界
> へと出て行く旅でした．（中略）スイスは中立であり，複数の言語が使われ，（ ア ）の影響を受けていて，
> （中略）実際，北方の政治的大国よりもはるかに「世界」であり，ヨーロッパを目のあたりにできる場所だっ
> たのです．

c

> われわれは，重機関銃とライフルの砲火の中を（ イ ）の歩兵の列と共に丘陵の頂上で伏せていた．（中略）
> ファシスト軍はわれわれの背後の道や野原に80ミリ迫撃砲で砲撃してきた．（中略）ニューヨークから受取った
> ばかりの新聞には，フランコ将軍が勝利に向けた最後の攻撃を開始する前に，政府側に降伏を決断させる
> ため，5日間の猶予を与えたことが書かれていたが，（中略）反乱軍の重要な拠点に我々が歩いて入ってきた
> ということとは，少しばかり矛盾しているようだ．

（資料出所はいずれも省略する.）

（1） 資料a～cの空欄（ア）～（ウ）に入る国名の組み合わせとして適当なものを，下の1～6の中から選びな
さい.

1. ア. スペイン　　イ. ドイツ　　　ウ. フランス
2. ア. スペイン　　イ. フランス　　ウ. ドイツ
3. ア. ドイツ　　　イ. スペイン　　ウ. フランス
4. ア. ドイツ　　　イ. フランス　　ウ. スペイン
5. ア. フランス　　イ. スペイン　　ウ. ドイツ
6. ア. フランス　　イ. ドイツ　　　ウ. スペイン

（2） 資料a～cの著者名の組み合わせとして適当なものを，下の1～6の中から選びなさい.

1. a トーマス=マン　　b ヘミングウェー　　c ロマン=ロラン
2. a トーマス=マン　　b ロマン=ロラン　　c ヘミングウェー
3. a ヘミングウェー　　b トーマス=マン　　c ロマン=ロラン
4. a ヘミングウェー　　b ロマン=ロラン　　c トーマス=マン
5. a ロマン=ロラン　　b トーマス=マン　　c ヘミングウェー
6. a ロマン=ロラン　　b ヘミングウェー　　c トーマス=マン

問17 下線部Gに関連して，レオンチェフは，アメリカのノーベル経済学賞受賞者などを中心に組織された団体で
ある「軍縮問題を考えるエコノミストの会（ECAAR）」などの活動を通じて軍縮問題にも積極的にかかわって
いた. 軍縮に関する次の文章を読んで，文章中の空欄（a）～（c）の場所として最も適当なものを，下の地図中
の1～9の中からそれぞれ選びなさい.（重複使用不可）

1954年にマーシャル諸島の（　a　）での水爆実験で被爆事件がおきると，原水爆禁止を求める運動が世界各地に広がり，翌1955年には広島で第1回原水爆禁止世界大会が開催され，1957年には日本の湯川秀樹ら東西各国の22人の科学者たちが集まって（　b　）で第1回（　b　）会議を開き，核兵器禁止を訴えた．1962年に起きたキューバ危機を契機に，核戦争勃発の危険性が認識されるようになり，核兵器の管理が進むことになった．その後も冷戦は続いたが，1989年にゴルバチョフ共産党書記長とブッシュ大統領が（　c　）で会談し，冷戦の終結が宣言され，1991年に第1次戦略兵器削減条約（START1）が米ソ間で調印された．

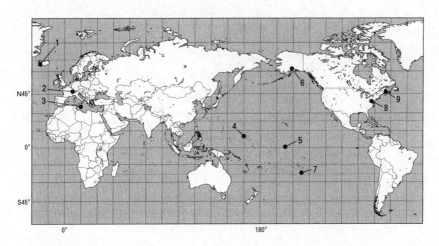

備考：国境線は現在のもの．

問18　下線部Hに関連して，環境問題の解決を目指した次のa〜cの出来事は，下の年表のどこに入れるのが適当か．年表中の空欄1〜7の中からそれぞれ選びなさい．（重複使用不可）

a．京都議定書が採択された．
b．国連人間環境会議が開催された．
c．リオデジャネイロで「環境と開発に関する国連会議」が開催された．

　　1
レイチェル＝カーソンが『沈黙の春』を刊行した．
　　2
オゾン層の保護のためのウィーン条約が採択された．
　　3
気候変動枠組条約が発効した．
　　4
アメリカでバラク＝オバマが大統領に就任した．
　　5
気候変動に関する国際的枠組みであるパリ協定が採択された．

6

アメリカでドナルド=トランプが大統領に就任した.

7

数学

(80 分)

(注意事項)

1. 数学の問題のうち，問題の［1］から［3］が最初に採点されます。問題の［4］から［6］は，数学の最初に採点される問題と英語の最初に採点される問題の得点が一定点に達した受験生についてのみ，採点されます。

2. ① 問題の［1］から［3］の解答は，解答用紙A（マークシート）の解答欄にマークしてください。

   ［例］ ⑾ ⑿ と表示のある問いに対して，「45」と解答する場合は，解答欄⑾の④と解答欄⑿の⑤にマークしてください。

   なお，解答欄にある⊖はマイナスの符号－を意味します。

   ② 解答欄(1), (2), …の一つ一つは，それぞれ0から9までの数字，またはマイナスの符号－のいずれか一つに対応します。それらを(1), (2), …で示された解答欄にマークしてください。

   下の例のように，数字は右によせて表示し，マイナスの符号－は左端に置いてください。空のマスがあれば0を補ってください。分数の分母と分子がともに解答欄のときは，分母を正で，約分しきった形で解答してください。

   ［例］

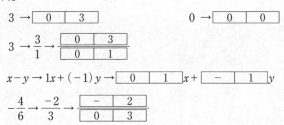

46 2023 年度　数学　　　　　　　　　　　　　　　　　　慶應義塾大-経済

[1] 以下の問いに答えよ.

(1) △ABC において，頂点 A, B, C に向かい合う辺 BC, CA, AB の長さをそれぞ
れ a, b, c で表し，∠A, ∠B, ∠C の大きさを，それぞれ A, B, C で表す.

$$\sin A : \sin B : \sin C = 3 : 7 : 8$$

が成り立つとき，ある正の実数 k を用いて

$$a = \boxed{(1)}\,k, \quad b = \boxed{(2)}\,k, \quad c = \boxed{(3)}\,k$$

と表すことができるので，この三角形の最も大きい角の余弦の値は $-\dfrac{\boxed{(4)}}{\boxed{(5)}}$

であり，正接の値は $-\boxed{(6)}\sqrt{\boxed{(7)}}$ である. さらに △ABC の面積が $54\sqrt{3}$ で

あるとき，$k = \boxed{(8)}$ となるので，この三角形の外接円の半径は $\boxed{(9)}\sqrt{\boxed{(10)}}$

であり，内接円の半径は $\boxed{(11)}\sqrt{\boxed{(12)}}$ である.

(2) m, n を自然数とし，p を実数とする. 平面上の点 $\left(p, \dfrac{p}{2}\right)$ に関して点 (m, n) と
対称な点が $(-3m^2 - 4mn + 5m, \ n^2 - 3n - 3)$ であるとき，関係式

$$\boxed{(13)}\,m^2 + 2\left(\boxed{(14)}\,n - \boxed{(15)}\right)m + 2\left(n + \boxed{(16)}\right)\left(n - \boxed{(17)}\right) = 0$$

が成り立つ. ゆえに $m = \boxed{(18)}$, $n = \boxed{(19)}$, $p = \boxed{(20)}\boxed{(21)}$ である.

慶應義塾大-経済   2023 年度　数学　**47**

[2]　数列 $\{a_n\}$ に対して $S_n = \displaystyle\sum_{k=1}^{n} a_k$ $(n = 1, 2, 3, \ldots)$ とし，さらに $S_0 = 0$ と定める．
$\{a_n\}$ は，

$$S_n = \frac{1}{4} - \frac{1}{2}(n+3)a_{n+1} \qquad (n = 0, 1, 2, \ldots)$$

を満たすとする．

(1) $a_1 = \dfrac{\boxed{(22)}}{\boxed{(23)}}$ である．また $n \geqq 1$ に対して $a_n = S_n - S_{n-1}$ であるから，

関係式

$$\left(n + \boxed{(24)}\right)a_{n+1} = \left(n + \boxed{(25)}\right)a_n \qquad (n = 1, 2, 3, \ldots) \tag{$*$}$$

が得られる．数列 $\{b_n\}$ を，

$$b_n = n(n+1)(n+2)a_n \qquad (n = 1, 2, 3, \ldots)$$

で定めると，$b_1 = \boxed{(26)}$ であり，$n \geqq 1$ に対して $b_{n+1} = \boxed{(27)}\,b_n$ が成り立つ．
ゆえに

$$a_n = \frac{\boxed{(28)}}{n(n+1)(n+2)} \qquad (n = 1, 2, 3, \ldots)$$

が得られる．

次に，数列 $\{T_n\}$ を $T_n = \displaystyle\sum_{k=1}^{n} \frac{a_k}{(k+3)(k+4)}$ $(n = 1, 2, 3, \ldots)$ で定める．

(2) $(*)$ より導かれる関係式

$$\frac{a_k}{k+3} - \frac{a_{k+1}}{k+4} = \frac{\boxed{(29)}\,a_k}{(k+3)(k+4)} \qquad (k = 1, 2, 3, \ldots)$$

を用いると，

$$T_n = A - \frac{\boxed{(30)}}{\boxed{(31)}\,(n+p)(n+q)(n+r)(n+s)} \qquad (n = 1, 2, 3, \ldots)$$

が得られる．ただしここに，$A = \dfrac{\boxed{(32)}}{\boxed{(33)}\,\boxed{(34)}}$ であり，$p < q < r < s$ として

$p = \boxed{(35)}$, $q = \boxed{(36)}$, $r = \boxed{(37)}$, $s = \boxed{(38)}$ である．

(3) 不等式

$$\left| T_n - A \right| < \frac{1}{10000(n+1)(n+2)}$$

を満たす最小の自然数 n は $n = \boxed{(39)}\boxed{(40)}$ である．

48 2023年度 数学　　　　　　　　　　　　　　　　　　　慶應義塾大-経済

[3] 袋の中に，1 から 9 までの数字を重複なく 1 つずつ記入したカードが 9 枚入っている．この袋からカードを 1 枚引き，カードに記入された数字を記録してから袋に戻すことを試行という．この試行を 5 回 繰り返し行う．また以下の (a), (b) に従い，各回の試行後の点数を定める．ただし，1 回目の試行前の点数は 0 点とする．

(a) 各回の試行後，その回の試行で記録した数字と同じ数字のカードをそれまでに引いていない場合は，その回の試行前の点数にその回の試行で記録した数字を加える．

(b) 各回の試行後，その回の試行で記録した数字と同じ数字のカードをそれまでに引いている場合は，その回の試行前の点数にその回の試行で記録した数字を加え，さらに 1000 点を加える．

(1) 3 回の試行後の点数は 23 点であった．それまでに引いた 3 枚のカードに記入された数字は，小さい順に $\boxed{(41)}$，$\boxed{(42)}$，$\boxed{(43)}$ である．これら 3 つの数字の分散は $\dfrac{\boxed{(44)}\,\boxed{(45)}}{\boxed{(46)}}$ である．

(2) 4 回の試行後の点数が 23 点となる確率は $\dfrac{\boxed{(47)}}{\boxed{(48)}\,\boxed{(49)}\,\boxed{(50)}}$ である．

(3) 2 回の試行後の点数が 8 点または 1008 点となる確率は $\dfrac{\boxed{(51)}}{\boxed{(52)}\,\boxed{(53)}}$ である．

(4) 2 回の試行後の点数が 8 点または 1008 点であるとき，5 回の試行後の点数が 2023 点となる条件付き確率は $\dfrac{\boxed{(54)}\,\boxed{(55)}}{\boxed{(56)}\,\boxed{(57)}\,\boxed{(58)}\,\boxed{(59)}}$ である．

慶應義塾大-経済   2023 年度　数学　49

[4] x, y を正の実数とし，$z = 2\log_2 x + \log_2 y$ とする．また k を正の実数とする．

(1) x, y が $x + y = k$ を満たすとき，z の取りうる値の最大値 z_1 およびそのときの x の値を，k を用いて表せ．

(2) x, y は $x + y = k$ または $kx + y = 2k$ を満たすとする．このとき，z の取りうる値の最大値 z_2 が (1) の z_1 と一致するための必要十分条件を，k を用いて表せ．

(3) n を自然数とし，$k = 2^{\frac{n}{5}}$ とする．(2) の z_2 について，$\dfrac{3}{2} < z_2 < \dfrac{7}{2}$ を満たす n の最大値および最小値を求めよ．なお，必要があれば $1.58 < \log_2 3 < 1.59$ を用いよ．

[5] xyz 空間における 8 点 O(0,0,0), A(1,0,0), B(1,1,0), C(0,1,0), D(0,0,1), E(1,0,1), F(1,1,1), G(0,1,1) を頂点とする立方体 OABC-DEFG を考える．また p と q は，$p > 1, q > 1$ を満たす実数とし，3 点 P, Q, R を P$(p,0,0)$, Q$(0,q,0)$, R$\left(0,0,\dfrac{3}{2}\right)$ とする．

(1) a, b を実数とし，ベクトル $\vec{n} = (a, b, 1)$ は 2 つのベクトル $\overrightarrow{PQ}, \overrightarrow{PR}$ の両方に垂直であるとする．a, b を，p, q を用いて表せ．

以下では 3 点 P, Q, R を通る平面を α とし，点 F を通り平面 α に垂直な直線を ℓ とする．また，xy 平面と直線 ℓ の交点の x 座標が $\dfrac{2}{3}$ であるとし，点 B は線分 PQ 上にあるとする．

(2) p および q の値を求めよ．

(3) 平面 α と線分 EF の交点 M の座標，および平面 α と直線 FG の交点 N の座標を求めよ．

(4) 平面 α で立方体 OABC-DEFG を 2 つの多面体に切り分けたとき，点 F を含む多面体の体積 V を求めよ．

[6] a, b を実数の定数とする．また，x の関数 $f(x) = x^3 - ax + b$ は

$$a = \int_{-1}^{1} \left\{ \frac{3}{2} b |x^2 + x| - f(x) \right\} dx$$

を満たすとする．

(1) b を，a を用いて表せ．

(2) $y = f(x)$ で定まる曲線 C と x 軸の共有点の個数がちょうど 2 個となるような a の値を求めよ．また，曲線 C と x 軸で囲まれた図形の面積 S を求めよ．なお，必要があれば $\alpha < \beta$ を満たす実数 α, β に対して成り立つ公式

$$\int_{\alpha}^{\beta} (x - \alpha)^2 (x - \beta) dx = -\frac{1}{12} (\beta - \alpha)^4$$

を用いてもよい．

小論文

（60 分）

（注意事項）　字数をかぞえるとき，句読点も１字とかぞえます．ただし，算用数字は１マスに
　　　２つまで記入できます．

次の課題文を読んで，設問A，Bに答えなさい．解答は解答用紙の所定の欄に横書きで記入しな
さい．

［課題文］

カフェでじっとチョコレートケーキを見つめている小さな女の子を見かけ，あなたは考える．
「あの子，あのケーキが食べたいんだな」．このとき，あなたはその子のふるまいを解釈した．つま
り，志向的状態（この場合はケーキを食べたいという欲求）を帰属することで，彼女のふるまいを
説明したのである．誰かの行っていることを理解しようとする場合や，次に行うことを予測しよう
とする場合，私たちは相手を志向的行為者とみなす．そして相手の動作や発言の裏に，それを動機
づける志向的状態があるものと考える．こうした志向的状態にもとづいてふるまいを予測・説明す
ることは，解釈という実践にふくまれる．以下のような例を考えてほしい．「あのウェイターが親
切なのは，チップがたくさんほしいからだ」．「あの男の子が興奮して飛び跳ねているのは，おばあ
ちゃんにおもちゃ屋へ連れて行ってもらえるからだ」．「あのチームのコーチは，ミッドフィルダー
を下げてストライカーを出すだろう．試合はもう終わりかけで，自チームはゴールを決めないと勝
てないのだから」．

（中略）

さてここで，２人の哲学者の名前をあげたい．彼らの研究内容は明らかに異なっているが，重なり
合う部分も有している．１人はドナルド・デイヴィドソン．もう１人は，ダニエル・デネット．両
者とも，私たちが誰かのふるまいを解釈するプロセスに関心をもっていて，そのプロセスの本質的
な側面をとらえようとしたのである．では，彼らのコミットした見解はどのようなものだったか．
ある人がある信念や欲求をもっている，と正しく述べられるためには条件があるが，彼らによると
その条件の１つは，解釈の可能性によって与えられる．すなわち，もし適切な位置におかれた解釈
者がいたなら，その人はまさにその信念や欲求をもっていると解釈されるだろう，ということが条
件となる．さらに彼らによると，解釈者はある決まった前提のもとでしか，志向的な言葉を用いて
ふるまいを説明・予測することができない．そのなかでも中心的とされるのが，相手は合理性の基

準を満たすようにふるまっている，との前提なのだ．以上の主張へのコミットメントを基本的な理念とするのが，解釈主義——解釈の実践を見ることで，志向的行為者性の本性がわかるという見解——である．

　では，解釈主義者たちが考える合理性とはどのようなものか？　デネットの論文「本当に信念をもつ者たち」(1981) での説明によると，ある行為者が合理的といえるのは，もつべき信念と欲求をもっており，なすべきことを行っている場合である．ここでの「なすべきこと」は，自分の目的を達成するためになすべきこと，という意味であり，それは行為者の信念と欲求によって変わってくる．それでは，行為者がもつべき信念と欲求とはどのようなものか．これは論争を呼ぶ話題だが，デネット自身の提案はこうだ．ある行為者が合理的であるためには，自分が知りうる範囲にあり，かつ関心をもっている真理をすべて信じねばならない．さらに，何かが自分にとってよいものだと思ったならば，それを欲求せねばならない．志向的システム理論とよばれるデネットの理論においては，このような意味での合理性が必要不可欠な前提とされる．その人が合理的であることを前提しなければ，人のふるまいを予測するべく方針を立てることはできないというのだ．

　デネットによると，人が他者のふるまいを予測するために使う方針は 3 種類ある．まず，物理的スタンス．このスタンスをとることで，予測したいシステムのふるまいについては一定の洞察が得られるが，そこで参照されているのは，システムの物理的な組成，システムに影響する可能性があるものの物理的本性，および物理法則の知識である．観察者がこの方針をとるのは，水が何度で沸騰するか，日曜日に雨は降るか，といったことを予測するときだ．次に，設計的スタンス．この方針でシステムのふるまいを予測する場合，そのシステムがどうふるまうように設計されたかがポイントとなる．観察者が設計的スタンスに立つのは，目覚まし時計がいつ鳴るのかを予測するときや，パソコンのキーボードの ESC キーを押したら何が起こるのかを予測するときだ．こうした出来事を予測する際に物理的スタンスをとり，目覚まし時計やコンピュータの物理的組成に注目することもできはする．だが，このようなシステムは複雑だから，設計的スタンスのほうが便利だし経済的なのだ．ただし，もしシステムに誤作動が生じたならば，物理的スタンスへ立ち戻らないといけなくなる．それはシステムが設計通りにふるまわなくなった，ということなのだから．そして最後に，志向的スタンス．これを使うためには，ふるまいを予測したい対象のシステムを，志向的状態をもった合理的な行為者とみなしていなければならない．ゆえに，解釈者には考えねばならないことが出てくる．たとえば，対象のシステムの目的を前提したとき，そのシステムはどのような信念と欲求をもっているべきか．こうしたことを考えてはじめて，そのシステムが目的を達成するべく，帰属された信念と欲求にそってどう動くかが予測できるようになる．この文脈において，解釈者はある特定の意味で対象の合理性を前提している．つまり，対象のシステムがもつべき信念と欲求をもっていると前提している．そして，その信念と欲求を前提したとき，システムが目的を達成するため行うべきことを行うとも前提している．解釈の対象が人の行為者のふるまいである場合，

慶應義塾大-経済　　　　　　　　　　　　　　　2023 年度　小論文　*53*

この志向的スタンスがデフォルトの方針となる.

　原則としては，1 つ目と 2 つ目の方針，すなわち物理的スタンスや設計的スタンスで人のふるまいを予測することも可能である. だがそれでも，志向的スタンスが余計だということにはならない. ここでデネットは以下のように論じている. 外部からやってきて人のふるまいを観察する存在，たとえば好奇心旺盛な火星人が仮にいたとしよう. もしこの火星人が志向的スタンスをとらなかったとしたら，おそらく大事なことを見落としてしまうだろう. 火星人が認識できるふるまいのパターンのなかには，志向的スタンスでの一般化と予測を支えるパターンがふくまれていないのである. 物理的スタンスや設計的スタンスをとり，物理的な組成や生物学的な機能だけで考えたせいで，火星人は人のふるまいを最もシンプルに説明することができなくなってしまった. そして，人がお互いを理解し，相互に協力することを可能にしているパターンを見抜くこともできなくなってしまったのだ（例：人は悪いニュースを聞くと悲しくなる. ディナーに招待された人は，おそらくワインとかチョコレートを持参する. バス停の横に立っている人々は，バスがもうすぐ来ると信じていて，来れば乗れるとも信じている）.

　志向的スタンスでふるまいを予測することは，どのような個体に対しても可能ではある. じっさい，ペットや植物，時計，雲といったもののふるまいを志向的な言葉で語ることもある（「トマトの苗木が日光を欲しがっている」「あの犬は，リスがオークの木の上にいると信じている」といったように）. だが，志向的スタンスがふるまいの予測で本領を発揮するのは，やはりペットでも植物でも時計でも雲でもなく，人に関して予測を立てるときだ. 人々はひっきりなしに志向的スタンスでやりとりをしている. そして通常，仲間の人間のふるまいを説明・予測することが非常にうまい. 相手を志向的なシステムとみなし，このシステムについて前提を立て，そうした前提にもとづいてふるまいを説明・予測する，この一連の作業にたいへんすぐれているのだ. デネットにいわせれば，これは驚くようなことではない. 進化の過程で人は合理的なものとして設計されたのだから.

　では対象が非合理であったとき，解釈にはどのような影響が出るだろうか？　デネットの場合，志向的スタンスにもとづいた予測には必ず問題が生じることになる. とはいえ非合理性にはさまざまな形があり，それに応じて対応も変わってくる可能性がある. 明らかに誤った知覚的な信念，たとえば幻覚による信念を考えてみよう. デリアはアルコールか薬物のせいで幻覚を見ており，まわりの環境に関して誤った知覚的な信念（例：「目の前にチカチカ光るものがある」）を抱いたとする. このときデリアのふるまいは，アルコールか薬物が視覚にもたらす影響によって説明可能である. 彼女のふるまいをうまく説明するためには，知覚のメカニズムに異常が生じていることに言及すればよいのだから，予測したければ志向的スタンスでなく物理的スタンスに立てばよいのだ.

　それでは，対象のふるまいが不整合であるとか，自己欺瞞的であると見受けられた場合はどうか. デネットによればこうした場合，解釈者は明確ではっきりした信念・欲求の帰属を行うことができず，予測も不安定になってしまう. メアリーが自己欺瞞に陥っているとしよう. 息子のジ

ミーが銀行強盗犯であるはずがない，と彼女は自分にいい聞かせている．だが本当は，ジミーを犯人と示す証拠がたくさんあることを彼女は知っている．息子が重大な犯罪に手を染めたという事実を，彼女は受け入れられないのである．解釈者はメアリーにどちらの信念を帰属するべきだろうか？　ジミーは無実だという信念を帰属したなら，彼女が次に何をするか，信頼に足る予測を行えるだろうか？　合理性からの逸脱が一時的で，たまにしか起こらないものである場合には，信念と欲求をはっきりしない形とはいえ帰属して暫定的な予測を立てられる．こうしたケースは規則にとっての例外なのだ．だが，もしふるまいがどこを取っても，そして体系的に非合理であるならば，志向的スタンスではいかなる志向的状態も帰属できず，いかなる予測も立てられない．

（リサ・ボルトロッティ著，鴻浩介訳『非合理性』岩波書店，2019年より抜粋．見出しは省略した．）

※ 常用漢字表にない漢字については，一部ふりがなをつけた．

［設　問］

A.　課題文に基づき，「志向的スタンスでふるまいを予測すること」とはどういうことか，およびその予測に問題が生じるケースとはどのようなものか，200字以内で説明しなさい．

B.　あなたが電車に乗って席に座っており，隣にも人（以下「甲」とよぶ）が座っているとする．駅に着き，ある人が甲の席の前に立つと，甲が席を立った．課題文に基づき，この甲の行動を志向的スタンスで説明できるような3つの異なる状況を設定し，各々の状況における「席を立つ」という甲の行動の「合理性」について400字以内で説明しなさい．

2022年度

問題編

慶應義塾大-経済   2022 年度　問題　*3*

■一般選抜

問題編

▶試験科目・配点

方式	教 科	科　　　　目	配　点
A方式	外国語	コミュニケーション英語Ⅰ・Ⅱ・Ⅲ，英語表現Ⅰ・Ⅱ	200 点
	数　学	数学Ⅰ・Ⅱ・A・B	150 点
	小論文	高校生にふさわしい知識，理解力，分析力，構想力，表現力を問う。高等学校の特定の教科とは直接には関わらない。	70 点
B方式	外国語	コミュニケーション英語Ⅰ・Ⅱ・Ⅲ，英語表現Ⅰ・Ⅱ	200 点
	地　歴	日本史B，世界史Bのうち1科目選択	150 点
	小論文	高校生にふさわしい知識，理解力，分析力，構想力，表現力を問う。高等学校の特定の教科とは直接には関わらない。	70 点

▶備　考

- 数学Ⅱの「微分・積分の考え」においては一般の多項式を扱うこととする。数学Aは「場合の数と確率」・「整数の性質」・「図形の性質」を，数学Bは「数列」・「ベクトル」を出題範囲とする。上記範囲とその応用を出題する。

- 日本史Bの出題範囲は 1600 年以降を中心とし，世界史Bの出題範囲は 1500 年以降を中心とする。2科目とも基礎的理解並びに体系的理解を問う。

- A方式は「外国語」の問題の一部と「数学」の問題の一部の合計点が一定の得点に達した受験生について，「外国語」の残りの問題と「数学」の残りの問題および「小論文」を採点する。B方式は「外国語」の問題の一部が一定の得点に達した受験生について，「外国語」の残りの問題と「地理歴史」および「小論文」を採点する。A・B両方式とも，最終判定は総合点によって合否を決定する。

- 「外国語」と「小論文」はA・B両方式共通。

■英語■

(100 分)

(注意事項) 英語の問題のうち，問題ⅠからⅢが最初に採点されます。問題Ⅳ
とⅤは，最初に採点される問題の得点（数学受験者については数学の得点の
一部をそれに加味した合計）が一定点に達した受験生のみ，採点されます。

Ⅰ. Read the following article and answer the questions as indicated.

"Minimalism: Less is Better"
by Clare Yermesse (2020)

① Minimalism is a movement whose time has arrived. From Japan to the US
and Europe, people in various countries have fallen under the spell of Marie
Kondo, who encouraged us to simplify our lives by cleaning up our homes and
limiting our material possessions to only those that "spark joy" in our lives. On her
television show, she would go into the homes of American families who typically
had never-ending piles of stuff in every corner of their homes, and [1] their
possessions. The thrill of the *KonMari Method* was clear. By greatly reducing
material possessions, people found they became more relaxed, happier, and saw
their family relationships improve.

② Reducing possessions, however, is only one step in the transition to a
minimalist lifestyle. In adopting this philosophy, many people choose to [2]
their most important consumption choices: home size and location and modes of
transportation, for example. Some [3] their giant homes in the suburbs and live
instead in a city-center apartment one fraction the size. Others opt to use public
transportation or cycle to work, allowing families to get rid of their second car,
or even [4] the need for one at all. Taken even further, some people choose to
live in mobile homes or camping vans that allow their owners to live anywhere
at any time.

③ The minimalist lifestyle reflects our sense of responsibility to the planet.

慶應義塾大-経済　　　　　　　　　　　　　　　　　　　2022 年度　英語　*5*

Personal consumption impacts the broader environment and community in profound ways. For example, shopping at farmers markets for local produce and bread not only improves your diet, but also reduces the creation of waste. For most people a single food choice might [5]. However, great long-term benefits can follow because it can reduce dependency upon global transportation networks to bring food to your plate. Ultimately, purchasing fewer things means that less will have to be produced and, over time, less waste will result. These environmental benefits can and should be calculated.

④　Indeed, many people who choose minimalism do so because of the financial stress caused by overconsuming. Many were once shopaholics. They lived paycheck to paycheck and relied on credit cards just to make ends meet. In fact, today the average adult in the US and the UK has unsecured loans or credit card debt of over $5,000 and, according to the US Federal Reserve, fully one quarter of all US adults have no savings for retirement. People often forget that it is not just the desire to buy more that keeps people poor, but there are also costs just for keeping and storing the things they have, including phone subscriptions, insurance and taxes, as well as cleaning and maintenance costs. At its heart, minimalism promotes basic financial health. As such, any responsible government would adopt policies that embody some of the principles of minimalism. [6]

⑤　Minimalism has the capacity to correct some of the economic disparities that exist in the world today. [7] a certain portion of their consumption, more resources might be freed to provide for the truly poor in developing countries. The rich can and should restrain their global environmental footprint, if not from moral considerations, then from self-interest. If developing nations continue to be ravaged for resources to supply the rich with new devices, one can see how global migrations and the outbreaks of disease might well follow.

⑥　Some claim that if we all lived minimalist lifestyles the global economy would crash because there would be no consumer spending to keep supply chains running and local stores open. However, minimalists never advocate the end of consumption. Instead, [8]. By consuming conscientiously, we can support ethically produced and locally sourced goods over those which are mass-produced by the lowest bidder. Cumulatively, each individual decision will produce considerable national economic benefits, as local manufacturing and family-based businesses will revive when consumers reject multinational corporations.

⑦ Minimalism is not in itself a political movement, though its critics usually paint it as a radical, anti-capitalist movement. Minimalists have no problems with individual ownership of property or the accumulation of wealth. What they object to is conspicuous consumption as a means of social display. We live in an age where quiet virtues like saving for the future and being responsible to one's neighbors have become unfashionable. Yet, as Jason Rodrigues has explained, "The US minimalist movement represents an increasingly popular critical reflection on the ills of consumerism and an effort to forge new ways of living amidst consumer capitalism." For most national governments, [9] achieve to uproot the inequalities of our consumerist society would be a major step forward.

Answer the questions [1]—[9] as indicated.

1. Which of the following would best fill the gap at [1] in Paragraph ① ? Answer by filling in the corresponding slot under the number (1) on the mark sheet.
   1. calculate the costs for upgrading
   2. guide them to make decisions about
   3. help the owners to rearrange
   4. work with them to expand

2, 3, 4. From the expressions below, choose the most suitable expression to fill in the gaps marked [2], [3], and [4] in Paragraph ②. Each expression can only be used once. Fill in the corresponding slots under the numbers marked (2), (3) and (4) on the mark sheet.
   1. eliminate
   2. give up
   3. make good
   4. take stock of
   5. wipe off

5. Which of the following would best fill the gap at [5] in Paragraph ③ ? Answer by filling in the corresponding slot under the number (5) on the mark sheet.
   1. appear very meaningful

慶應義塾大-経済　　　　　　　　　　　　　　　　　　　2022 年度　英語　7

    2.　bring many disadvantages

    3.　make life-changing differences

    4.　seem absolutely insignificant

6 .　Which of the following best expresses the author's **main idea** in paragraph
   ④? Answer by filling in the corresponding slot under the number (6) on
   the mark sheet.

    1.　Consuming less has financial benefits.

    2.　Most people are happier with fewer things.

    3.　People have become addicted to consuming.

    4.　Storage costs are hidden financial strains.

7 .　Which of the following would best fill the gap at [7] in Paragraph ⑤?
   Answer by filling in the corresponding slot under the number (7) on the
   mark sheet.

    1.　Might the rich extend

    2.　Need the global elite reduce

    3.　Were the rich to go without

    4.　Would the poor gain

8 .　Which of the following would best fill the gap at [8] in Paragraph ⑥?
   Answer by filling in the corresponding slot under the number (8) on the
   mark sheet.

    1.　their focus is on reinforcing global supply chains

    2.　they argue for simply reusing what we have

    3.　they say we must buy only high-quality products

    4.　they want to focus on what impacts our money might have

9 .　Which of the following would best fill the gap at [9] in Paragraph ⑦?
   Answer by filling in the corresponding slot under the number (9) on the
   mark sheet.

    1.　however minimalism will

    2.　whatever minimalism can

    3.　whenever minimalism might

    4.　whichever minimalism may

Ⅱ. Read the following article and answer the questions as indicated.

"Minimalism: Small-Minded?"
by Winnie D. Morstuf (2021)

① A superficial examination of minimalism reveals only its positive face. This modern, family-centered philosophy encourages living only with the things you need. Certainly, if living with less stuff can be shown to relieve stress, which some studies indeed demonstrate, then minimalism is a sound and worthwhile movement. Yet deeper reflection reveals the truth: behind the appearance of virtue lies a cult-like ideology [10] restricting our social interactions and installing new social norms.

② The chief appeal of minimalism is its perceived benefit to the environment. By consuming less, we are told, we are saving the planet. But is this true? Unfortunately, there is a lot more to consider than most minimalists admit. To begin with, we need to understand the impact that sharp reductions in global consumption would have on developing countries, whose economies are often reliant on exporting primary commodities which later become consumer goods. People in these countries might be forgiven for strongly criticizing the rich who simply chose to abandon them. As a result, they [11] more precious natural resources to make up for the losses.

③ People often point to the environmental benefits of minimalizing consumption. True, working out minimalism's environmental costs and benefits is imperative. Yet these are harder to calculate in real life than some might believe. Going to the farmers market or local shop will not solve all our trading problems. Economies of scale mean that big really can be beautiful: massive operations can often produce far more with far less waste. Moreover, [12]. Nations need to adopt measures that reflect their unique geography, available resources, and varying circumstances.

④ Logically, the government should be encouraging mass consumption, not encouraging people to reduce it. Domestic consumption is the primary driver of growth in GDP. Scale is also important. Tidying up one rich person's house is a minor adjustment involving a single decision-maker. Tidying up a whole nation's consumption stream involves a myriad of political and economic questions to which there are simply no right answers.

⑤ Indeed, political questions would naturally follow from the adoption of minimalism on a wider scale. Do we really want to reverse international integration to the point where nations will resort to armed conflict in their attempts to become self-sufficient? Should governments legislate which trading partners are suitable? How would they do this? And how would truly "minimalist" consumption be calculated? With the domestic consumer in mind? Or the many producers or traders whose efforts created the products involved? [13]

⑥ To be clear, the minimalist movement is powered by the shift to an Internet-based economy and society. So, no matter how many possessions a minimalist removes from their living environment, the computer and smartphone are never absent. These devices let us do without framed photographs, DVDs, and books. However, most people fail to recognize the hidden costs and massive energy demands of storing things in this way. The Internet allows people to [14] "things" because virtual versions are only a mouse-click or screen tap away. In theory, people never need more than two toilet paper rolls in the house because, of course, companies will hand over the next roll with free same-day delivery. In reality, the costs are only shifted elsewhere.

⑦ It is important to recognize how minimalism has become its own kind of conspicuous consumption. In mid-2020 there were some 18 million images on Instagram with the hashtag "minimalism." Most are by self-proclaimed fashion gurus who take selfies showing off their $800 all-white sneakers. In one of the most ridiculous things ever heard, high-end makeup companies somehow [15] selling their "minimalist foundations," which are valued for making people appear as if they have no makeup on. It seems the minimalist emperor really has no clothes!

⑧ Finally, several American minimalists have spoken about the potential of the movement to make a "radical change" in the current consumerist society we live in. What they fail to see is that minimalism is in fact a privilege, [16]. The poor are not able to throw away things so easily, as they might need them in the future and cannot repurchase them. Refugees who are forced to flee their homes will cry as they decide what they can bring with them and what they must leave behind. If these people are giving up their possessions, it is not because of some selfish idea that removing objects from their lives will ultimately make them happier and improve their relationships. [17] If minimalists really want to make a change, they should stop worrying about their Instagram accounts and begin arguing for a more equitable society in which people consume in proportion to their needs.

Answer the questions [10] — [22] as indicated.

10. Which of the following would best fill the gap at [10] in Paragraph ① ? Answer by filling in the corresponding slot under the number (10) on the mark sheet.
    1. that constitutes on
    2. that stresses on
    3. with the intent to
    4. with the aim of

11. Together, the five words below fill the gap at [11] in Paragraph ②. Which word **must come third** in order for the words to complete a grammatical sentence? Answer by filling in the corresponding slot under the number (11) on the mark sheet.
    1. destroy
    2. have
    3. might
    4. to
    5. well

12. Which of the following would best fill the gap at [12] in Paragraph ③ ? Answer by filling in the corresponding slot under the number (12) on the mark sheet.
    1. increasing scale to maximize production is inevitable
    2. long-distance trade is not necessarily bad for the environment
    3. nations should be adopting harmonized policies
    4. standardizing environmental calculations is a first step

13. Which of the following issues is **NOT** raised in paragraph ⑤ ? Answer by filling in the corresponding slot under the number (13) on the mark sheet.
    1. Environmentalism
    2. Globalization
    3. International conflicts
    4. National economic policies

慶應義塾大-経済   2022 年度　英語　*11*

14. Which of the following would best fill the gap at [14] in Paragraph ⑥?
    Answer by filling in the corresponding slot under the number (14) on the
    mark sheet.
    1. get rid off their lives
    2. get rid their lives of
    3. rid their lives of
    4. rid their lives off

15. Which of the following logically fills the gap at [15] in Paragraph ⑦?
    Answer by filling in the corresponding slot under the number (15) on the
    mark sheet.
    1. break the bank
    2. get cleaned up
    3. make a killing
    4. take a hit

16. Which of the following would best fill the gap at [16] in Paragraph ⑧?
    Answer by filling in the corresponding slot under the number (16) on the
    mark sheet.
    1. and an obligation that we should encourage all to bear
    2. limited only to the wealthy in the developed countries
    3. one that only Americans can take advantage of
    4. which everyone of any nationality can share

17. Which one of the following words from the underlined phrase in
    Paragraph ⑧ is **naturally stressed** when spoken? Answer by filling in
    the corresponding slot under the number (17) on the mark sheet.
    1. it
    2. is
    3. not
    4. because
    5. of
    6. some

18, 19, 20. Look at the statements below. Then, based on **BOTH** articles, under
    the corresponding number (18), (19), and (20), fill in

    Slot 1, if **only Clare Yermess** would agree with that statement
    Slot 2, if **only Winnie D. Morstuff** would agree with that statement
    Slot 3, if **both authors** would agree with that statement
    Slot 4, if **neither author** would agree with that statement

12 2022 年度 英語   慶應義塾大-経済

18. Government policies to reduce consumption should be implemented.
19. Minimalism impacts the rich unfairly.
20. Calculating the environmental costs and benefits of minimalism is essential.

21. Which one of the following words has a **different stress** (アクセント) **pattern** from the others? Answer by filling in the corresponding slot under the number (21) on the mark sheet.
    1. architecture
    2. deplorable
    3. equitable
    4. minimalism
    5. synthesis

22. Each of the following is a verb-noun pair. Which one of the following pairs of words has the **same stress** (アクセント) **pattern**? Answer by filling in the corresponding slot under the number (22) on the mark sheet.
    1. deliver (v) – delivery (n)
    2. imitate (v) – imitation (n)
    3. proclaim (v) – proclamation (n)
    4. record (v) – record (n)

III. Read the following article and answer the questions as indicated.

"Fashion Waste: Outsized?"
by Anne Derwahn (2020)

① Fashion has become a monster whose environmental costs are simply too high. According to the United Nations Alliance for Sustainable Fashion, the fashion industry contributes $2.4 trillion to global manufacturing and employs over 75 million people worldwide. [23]. The United Nations Development Program estimated that 100 billion garments were produced in 2014 alone, a figure twice that of a decade earlier, and enough to provide every person on the planet with fourteen items of clothing. [24]. By one estimate, overall apparel consumption will continue to rise by 63%, from 62 million tons in 2017, to 102 million tons in 2030, an equivalent of 500 billion T-shirts. [25]. Closets inevitably become full, followed by trash bins and landfill sites. Analysts suggest that today's consumers only keep their clothing items for half as long as they did 15 years ago, even treating their cheapest clothes as "nearly disposable".

② The statistics tell a depressing story. Globally, the industry created 92 million tons of fashion waste in 2015. Developed countries played an outsize role. For example, the volume of clothes Americans threw away rose over 20 years from 7 million to 9 million tons in 2015, with the vast majority going directly to landfills. Similarly, the EU has seen clothing purchases increase by over 40% between 1996 and 2015; yet of the roughly 6 million tons of new clothing consumed in 2015, more than 30% have not been used for over a year, and of those discarded, more than 50% end up buried or burnt as trash. [26]

③ If waste disposal were the only cost involved, that would already be enough to convince most people that action needs to be taken. [27] The industry also damages the environment at every stage of production. Take cotton, for example, the world's most consumed fabric. Cotton production is water intensive and relies heavily on pesticides. While only 2.4% of the world's farming land is planted with cotton, 24% of the world's insecticides and 11% of pesticides are used to grow it. Furthermore, garments usually travel vast distances to reach their destination. Complex supply chains, consumer waste, and intensive farming [28] a heavy carbon footprint. A 2018 study showed that the apparel and footwear industry together account for more than 8% of global climate impacts. That might translate into more greenhouse gas emissions than all international flights and maritime shipping trips combined.

④ What can be done to curb this massive source of pollution, and the accompanying waste of resources? Many responses to other environmental issues call for the introduction of new technologies – to reduce pollution, for example. Yet it is hard to see how technology [29] can help here. Indeed, it is precisely the creations of modern technology – synthetic fibers – which may cause the most difficult problems. Roughly 60% of our clothes now contain these fibers. Yet, from an average 6kg washing load, over 700,000 plastic microfibers could be flushed into rivers and oceans, to be ingested by fish and later by humans. If technology has a part to play, it will be to undo this cycle.

⑤ Nor is it easy to find ways to adjust the market by taxation or regulation. Sure enough, the rights of poor garment workers in developing countries might be better protected by new laws. Yet, restricting excess consumption might be difficult: taxing synthetic garments for their environmental impact might be effective but it is politically awkward. For example, an attempt to introduce a single penny tax on all fast fashion garments in the UK in 2018 was [30], even though it might have raised millions for use in pollution control.

⑥ Nevertheless, we must improve social awareness of these problems. Here, the environmentalists' goals of re-use, reduce, and recycle are worth reconsidering. These days, re-use must mean more than simply shipping off old clothes to Africa, where people are all too easily said to be in need of them. [31] Between them, the USA, UK, Germany, and China account for roughly half of the trade in second-hand clothes today. They reduce their waste by shipping unwanted clothes to poorer countries, mainly in Africa. It seems charitable, but the sizes are often inappropriate, and the clothes are often not ideal. Worse still, the trade undermines the ability of these developing countries to develop industries of their own. Given that textile manufacturing is often the initial step on the ladder to industrialization, this has become a major obstacle.

⑦ Ultimately, we all can, and should, be aware of the recycling possibilities for our clothing. This goes far beyond just turning old clothes into floor cloths. It means advocating and investing in new fabrics which can be readily dissolved

慶應義塾大-経済   2022 年度　英語　*15*

and remade. The economics of recycled materials are unappealing at present; recycled polyester, for example, is 10% more expensive compared to fresh materials. Even though, as one leading outdoor brand estimates, recycling saves 75% of the energy needed and 40% of the CO_2 compared to using virgin polyester, companies will make little progress until that key number changes. [32] Both the technology and the economics of recycling need to improve dramatically.

⑧　Nevertheless, while sustainable fashion, quality second-hand clothing, and other alternatives are becoming increasingly available, the burden should not just lie with consumers. Fashion companies must take responsibility. Governments may also contribute through regulations and tax structures. Tackling those global and complex issues requires more than a shift in an individual's shopping habits, it requires a system change.

Answer the questions [23] − [35] as indicated.

23, 24, 25.　Which of the sentences would best fill the gaps marked [23], [24], and [25] in Paragraph ①? Each sentence should be used only once. Fill in the corresponding slots under the numbers marked (23), (24) and (25) on the mark sheet.

1.　Nor is the pace set to drop
2.　The growth in production has been absurd
3.　What follows is not hard to guess

26.　According to Paragraph ②, roughly what percentage of global fashion waste in 2015 came from the USA? Answer by filling in the corresponding slot under the number (26) on the mark sheet.

1.　5%
2.　10%
3.　20%
4.　40%

27.　Which of the following sentences would best fill the gap at [27] in Paragraph ③? Answer by filling in the corresponding slot under the number (27) on the mark sheet.

1.　All that is true.

16 2022 年度 英語　　　　　　　　　　　　慶應義塾大-経済

2. But it is not.

3. However, such is enough.

4. This could be questioned.

28. Which of the following would best fill the gap at [28] in Paragraph ③? Answer by filling in the corresponding slot under the number (28) on the mark sheet.

   1. bring up

   2. conform to

   3. make for

   4. take up

29. Which of the following would best fill the gap at [29] in Paragraph ④? Answer by filling in the corresponding slot under the number (29) on the mark sheet.

   1. alone

   2. only

   3. simply

   4. solely

30. Which of the following would best fill the gap at [30] in Paragraph ⑤? Answer by filling in the corresponding slot under the number (30) on the mark sheet.

   1. abolished

   2. considered

   3. passed

   4. rejected

31. Which of the following would best describe the author's reason for using the phrase underlined at [31] in Paragraph ⑥? Answer by filling in the corresponding slot under the number (31) on the mark sheet.

   1. to accept the truth of this story

   2. to cast doubt on the truth of this story

   3. to emphasize the poverty in Africa

   4. to give the most common story about Africa

32. Which of the following would best replace the phrase underlined at [32] in Paragraph ⑦? Answer by filling in the corresponding slot under the

number (32) on the mark sheet.

1. the recycling rate of polyester
2. the environmental damage of polyester
3. the energy cost for polyester
4. the cost of recycled polyester

33, 34, 35. Read the three statements below. Then, based on the article, under the corresponding number (33), (34), and (35) on the mark sheet, fill in **slot 1** if you think the author would **agree with the statement**, or **slot 2** if you think the author would **disagree with the statement**.

33. Increasing consumer education about sustainable fashion practices is sufficient to reduce fashion waste.
34. Taxing unsustainable clothing production is one remedy to reduce waste.
35. Both natural materials and synthetic materials are damaging to the environment.

Ⅳ. 以下の会話文を英語に直して，解答用紙BのⅣ. のR1，D1，R2，D2 と記載されている行に書きなさい。

注意点：
　　日本語の表現をうまく英語にできない場合は，別の言い方に変えてから英語にしてみましょう。(例) 難解 → 分かりにくい → hard to understand

会話の場面：

小学校の教員RとDがある生徒が起こしたトラブルについて話している。

会話文：
R1： あら探しをするつもりはないけど、この前の言い方、ちょっと田中さんに失礼だった気がするのですけど。
D1： でもああいう時は、はっきり言わなければ、親たちは事の重大さに気が付かないわ。

18 2022 年度　英語　　　　　　　　　　　　　　　　　　　　　　　　　慶應義塾大-経済

R2：　いくら重大だとしても、親に全ての責任を負わせるのは行き過ぎではない
でしょうか。

D2：　一般的にあんなものを遊び道具として学校に持ち込ませるのは親の不注意だ
と思う。

Ⅴ. 以下の設問（A），（B）の中から一つ選んで，問題文Ⅰ～Ⅲを基にして，自分の意見を解答用紙ＢのⅤ. 欄に英語で書きなさい。注意点をよく読んでから書くこと。

（A）　　Should the Japanese government encourage citizens to adopt a minimalist lifestyle? Why or why not?

（B）　　Should the Japanese government encourage citizens to reduce fashion waste? Why or why not?

注意点：

（1）　箇条書きは不可。

（2）　**自分の意見と異なる見解に言及し，それに反論すること。**

（3）　問題文Ⅰ，Ⅱまたは Ⅲ で言及されている見解やことがらを<u>最低一つ引用して</u>，自分の意見をまとめること。引用する際には，下の例を参考にすること。

引用例：

・　In her 2010 article "Against Zoos", Faerrer claims, "Nature is not ours to control". She argues that .... However, I strongly disagree with that statement, because ....

・　I agree only to a certain extent with Eve N. Suzuki who argues, "Schools do not protect the rights of students enough" in the essay by Foane (2010). Her claim that X is Y may be true, but ....

・　According to O'Werke (2012, paragraph 7), one option is indirect taxation. Although this argument ...,

〔解答欄（(A)(B)とも）：タテ約 1 cm×ヨコ約 25 cm×21 行〕

慶應義塾大-経済　　　　　　　　　　　　　　　　　　　　　　　　　2022 年度　日本史　*19*

■■■日本史■■■

（80 分）

I 17世紀に日本を訪れたケンペルに関して述べた次の文章を読んで，問1～問5に答えなさい．**解答は，設問で指定された場合を除いて，すべて番号で解答用紙の〔解答欄A〕の所定の欄に記入しなさい.**

　17世紀の日本には，オランダ東インド会社の活動に付随してオランダ人以外の外国人も訪れた．その一人が博物学者であるエンゲルベルト＝ケンペルである．ドイツ出身のケンペルは，1683年にスウェーデンの使節団に書記官として参加し，ロシアおよびイラン（ペルシア）を訪れた．イランでオランダ東インド会社の医師となったケンペルは，さらに旅をつづけ，インドを経由してバタヴィアに到着した．そこで，A 長崎のオランダ商館付きの医師として採用され，1690年に来日し，約2年間滞在した．ケンペルは，滞在中に2度江戸参府をおこない，B 道中で見聞きしたことや調べたことなどを記録した．江戸では，C 徳川綱吉にも謁見している．ケンペル没後に出版された『日本誌』は，ヨーロッパ諸国に日本の歴史や文化を紹介する役割を担った．また，ケンペルの著作はヨーロッパの様々な言語に訳されただけではなく，日本語にも訳され紹介された．D 志筑忠雄がケンペルの著作を訳し，日本が諸外国との関係を閉ざしている状態に「鎖国」という訳語をあてたことはよく知られている．

問1　下線部Aに関連して，18世紀前半に幕府が実施した長崎貿易に関する政策転換について，その背景と，政策転換を主導した人物の名に触れつつ，〔解答欄B〕の所定の欄の範囲内で説明しなさい．　　　（解答欄：約17cm×2行）

問2　下線部Bに関連して，次の資料a～cは，ケンペルが1691年に長崎から江戸へ向かった際の記録の日本語訳からの抜粋である（必要に応じて表現を改めた）．資料a～cで述べられている場所の位置として最も適切なものを，下の地図中の1～9の中からそれぞれ選びなさい．（重複使用不可）

a

> ここは（中略）小さな入江の狭くなった所にあり，約四〇〇戸の家がある．ここではすべての旅行者，とりわけ大名の荷物が，幕府から任命された役人によって検査される．また，それは大名の夫人がそっと通りぬけたり，銃や武器の類がひそかに運ばれるのを防ぐためである．

b

> 昼食をとってから，われわれは元気な馬に乗りかえて，川岸まで小一里ばかりを下り，さらに二里進んで，北方の湾に臨んでいるある町に着いた．この町には他のすべての小さい村と同様に，二〇〇～三〇〇の小屋や粗末な家があった．途中には炭坑があり，それを人々は大へん珍しいものだとしてわれわれに見せた．

c

> 町は三つの地区（中略）から成っていて，（中略）最初と最後の地区は，築き上げた低い堤防と堀に囲まれ，立派な門と番所とがある。これに対して中の地区は堤防もなく，土地は低く，川がたくさんあり，水に囲まれている。（中略）正午一二時には雨があがって良い天気になったので，七里半の海を渡って宮の町へ行くために，われわれは馬や荷物と一緒に四艘の舟に乗込んだ。（中略）この川を利用して多量の木材を（中略）流して来るが，また他の地方に運ばれて行く。

〔資料出所〕ケンペル（斎藤信訳）『江戸参府旅行日記』

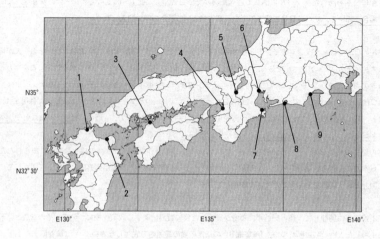

備考：都府県境・海岸線は現在のもの．

問3　下線部cに関連して，次の資料ア，イはこの将軍の治世に活躍した井原西鶴の同一の著作からの抜粋である（必要に応じて表現を改めた）。これを読んで，以下の（1），（2）に答えなさい。

ア

> 惣じてここの米市は，日本第一の津なればこそ，一刻の間に，五万貫目のたてり商もある事なり。その米は蔵々に山をかさね，夕の嵐，朝の雨，日和を見合せ，雲の立所をかんがへ，夜のうちの思ひ入れにて，売る人あり，買ふ人あり。一分二分をあらそひ，人の山をなし，互ひに面を見知りたる人には，千石・万石の米をも売買せしに，両人手打ちて後は，少しもこれに相違なかりき。（中略）空さだめなき雲を印の契約をたがへず，その日切に損徳をかまはず売買せしは，扶桑第一の大商人の，心も大腹中にして，それ程の世をわたるなる。（中略）数千軒の問丸甍をならべ，白土雪の曙をうばふ。

（注）扶桑：日本，大腹中：度量の大きいこと，問丸：問屋

慶應義塾大-経済　　　　　　　　　　　　　　　　　　　　2022 年度　日本史　*21*

イ

> その日は諸商人万事をやめて，我が分限に応じいろいろ魚鳥を調へ，一家あつまりて酒くみかはし，亭主作り
> 機嫌に，下々いさみて小歌・浄瑠璃，江戸中の寺社・芝居，その外遊山所の繁昌なり．（中略）人みな大腹中
> にして，諸事買物大名風にやつて，見事なる所あり．今日のえびす講は，万人肴を買ひはやらかし，自然と
> 海も荒れて，常より生物をきらし，α 殊に鯛の事，一枚の代金一両二分づつ，しかも，尾かしらにて一尺二三
> 寸の中鯛なり．これを町人の分として，内証料理につかふ事，今お江戸にすむ商人なればこそ食ひはすれ．京
> の室町にて，鯛一枚を二匁四五分にて買ひ取り，五つにわけて，杠秤にかけて取るなど，これに見合せ，都の
> 事をかし．

　　　　　　　　　　　　　　　　　　　　　　　　　　　　　　　　　　　　　　（注）内証：家庭

　　　　　　　　　　　　　　　　　　　　　　　　　　　　　　　（資料出所はいずれも省略する．）

（1）　資料アはある都市の米市に関する記述である．この都市の米市で記述のように米売買がおこなわれた背景に
　ついて，江戸時代の米の流通の特徴に触れつつ，**〔解答欄 B〕の所定の欄の範囲内で説明しなさい．**

　　　　　　　　　　　　　　　　　　　　　　　　　　　　　　　（解答欄：約 17 cm × 3 行）

（2）　資料イ中の波線部 α では，鯛の代金が 2 つの異なる表し方で示されている．その理由を，**〔解答欄 B〕の所定
の欄の範囲内で説明しなさい．**　　　　　　　　　　　　　　　　（解答欄：約 17 cm × 1 行）

問4　下線部Cに関連して，次の文章を読んで，以下の（1），（2）に答えなさい．

　　徳川綱吉の治世には，浄瑠璃や歌舞伎の分野においても新たな展開がみられた．近松門左衛門が数々の作品を
　生みだしはじめ，優れた演者も登場した．近松作品の1つである『国性爺合戦』は，（　a　）による（　b　）の
　復興を題材とした作品であり，主人公の和藤内は（　a　）がモデルとなっている．この作品は，人形浄瑠璃と
　して1715年に大坂で初演をむかえ，好評のため17ヶ月にわたるロングランとなった．この初演がおこなわれた劇場が，
　独特の語り方を完成させて人気を博した（　ア　）によって1684年に創設されたものである．この作品は，1717年
　には江戸で歌舞伎として上演され，初世（　イ　）の荒事芸を受け継いだ二世（　イ　）が和藤内を演じた．

（1）　文章中の（　a　）に入る最も適切な人名を，次の〔語群 A〕の1〜4の中から，（　b　）に入る最も適切な語を，
　〔語群 B〕の1〜4の中からそれぞれ選びなさい．

　〔語群 A〕

　1．呉三桂　　　2．鄭成功　　　3．李自成　　　4．李舜臣

　〔語群 B〕

　1．元朝　　　2．清朝　　　3．明朝　　　4．李朝

（2）　文章中の（　ア　），（　イ　）に入る最も適切な語を，次の1〜8の中からそれぞれ選びなさい．（重複使用不可）

　1．市川団十郎　　　2．尾上菊五郎　　　3．坂田藤十郎　　　4．竹本義太夫

　5．辰松八郎兵衛　　　6．近松半二　　　7．鶴屋南北　　　8．芳沢あやめ

22　2022 年度　日本史　　　　　　　　　　　　　　　　　　　　　慶應義塾大-経済

問5　下線部Dの人物は，ケンペルの著作以外にも天文学や物理学などのヨーロッパの学問を翻訳を通じて紹介し，
　　　自らもその学問の研究にあたった．江戸時代の天文学に関連する次のa〜dの出来事は，下の年表のどこに入れる
　　　のが適当か．年表中の空欄1〜7の中からそれぞれ選びなさい．（重複使用不可）

　　　a．幕府が渋川春海を天文方に登用した．
　　　b．幕府が天文方に蕃（蛮）書和解御用をおいた．
　　　c．幕府が蕃書調所をおいた．
　　　d．幕府天文方の高橋景保が投獄された．

1

徳川吉宗が将軍になった．

2

松平定信が老中首座についた．

3

シーボルトが鳴滝塾を開いた．

4

高野長英が蛮社の獄で捕えられた．

5

アメリカ東インド艦隊司令長官ビッドルが浦賀に来航した．

6

西周らが幕命によりオランダに留学した．

7

慶應義塾大-経済　　　　　　　　　　　　　　　　　　　　　　2022 年度　日本史　*23*

Ⅱ　近代日本の元老に関して述べた次の文章を読んで，問 6〜問 9 に答えなさい．**解答は，設問で指定された場合を除いて，すべて番号で解答用紙の〔解答欄Ａ〕の所定の欄に記入しなさい.**

　　近代日本の政界では，元老と呼ばれる政治家たちが，重要な役割を果たしていた．元老にはっきりした資格や定義はないが，彼らの多くは，幕末維新期からの政治経験をもち，明治国家の形成期に政府の中枢に入った人びとである．初代内閣総理大臣となった伊藤博文をはじめ，陸軍の創設や地方制度の整備にかかわった A 山県有朋，長きにわたって財政に関与した松方正義などが元老に含まれる．彼らは，明治時代に相次いで B 内閣総理大臣の地位について政府を率い，政界の一線を退いたのちは，総理大臣が交代する際に，次の総理大臣を天皇に推薦する役割を担った．政党の影響力は次第に増していったが，政権の行方を左右する元老の力は依然として大きいものがあった．

　　しかし，やがて元老たちはその生涯を終えてゆく．1922年に山県が，1924年に松方が死去すると，残された元老は西園寺公望ただ一人となった．西園寺が，政党の党首を総理大臣に推薦しつづけたことによって，1920年代なかばから30年代初頭まで政党内閣がつづくが，1932年に犬養毅首相が五・一五事件で暗殺されると，西園寺は C 海軍の長老，斎藤実を総理大臣として推薦し，これによって政党内閣の時代は終わった．西園寺の影響力も次第に低下して，総理大臣推薦は内大臣や総理大臣経験者らの合議でおこなわれるようになり，1940年に西園寺が死去したことによって元老制度は消滅した．第二次世界大戦後，D 日本国憲法では，内閣総理大臣は国会が指名することと定められ，議院内閣制が法の上で確立した．

問 6　下線部 A に関連して，次の a〜c の出来事は，日本の経済発展に関する下の年表のどこに入れるのが適当か．年表中の空欄 1〜6 の中からそれぞれ選びなさい．（重複使用不可）

　　a. 日清戦争の勃発により，山県有朋が第一軍司令官として朝鮮半島に渡った．

　　b. 山県有朋が鹿児島に派遣され，西郷隆盛らの軍と戦った．

　　c. 山県有朋が参謀総長として，日露戦争の作戦を指揮した．

　　┌──────────┐
　　│　　　　1　　　　│
　　└──────────┘
　　渋沢栄一らが設立した大阪紡績会社が操業を開始した．
　　┌──────────┐
　　│　　　　2　　　　│
　　└──────────┘
　　日本郵船会社が設立された．
　　┌──────────┐
　　│　　　　3　　　　│
　　└──────────┘
　　貨幣法が公布され，金本位制が採用された．
　　┌──────────┐
　　│　　　　4　　　　│
　　└──────────┘
　　官営八幡製鉄所の操業がはじまった．
　　┌──────────┐
　　│　　　　5　　　　│
　　└──────────┘
　　鉄道国有法が公布された．
　　┌──────────┐
　　│　　　　6　　　　│
　　└──────────┘

問 7　下線部 B に関連して，次の資料 a〜c は，内閣総理大臣もつとめた，ある一人の政治家の日記からの抜粋である（必要に応じて表現を改めた）．これを読んで，以下の（1）〜（5）に答えなさい．

a

> α 井上伯を訪ふ，講和条約は償金を取らず樺太半分を得たるは不結果なれども，御前会議の決する所にて，山県は目下に於ける奉天地方の露兵は日本兵よりも多し，此上の発展には十師団の増設を要し，費用も到底如何ともする事能はざるに付，已むを得ざる次第なりし事を物語れり．

b

> 午後西園寺を訪問して大命を拝したる顚末を告げ，尚ほ閣員人選等の事に関して内談したり．
> 午後二時頃山県を訪問し大命を拝したる事を告げ，政友会総裁の職に居らざれば自由なれども，現位地は一身の利害を顧慮すべきにあらざれば御受をなすの外なしと告げ，尚ほ閣員の詮考に付注意を求め，差向き海軍は留任を希望するも，陸軍には（中略）誰を適任となすやと尋ねたるに，山県は今回は人選等に口出をせざる積なりしも左様の事ならば β 田中義一と決定しては如何と云ふに付，余之を快諾（後略）

c

> γ 高橋是清が米国財界の有力者シフより電信を受取れりとて示すを見るに「報道せらるゝが如き日本の態度が真実にして欧州の戦争が極東にまで押移るならば最も悲しまざるを得ず，日本は中立によりて万事に利益を得べし，自ら戦争に加入すれば莫大なる危険を犯すべし（中略）」と，誠に適当の注意なれども今は如何ともなす能はざるべし，高橋は此電信を外相に送り，又シフには政府に送りたる旨返電せりと云ふに付，元老，枢密院の知人等にも送附すべしと注意せり．

（資料出所はいずれも省略する．）

(1) この日記は誰の日記か．その姓名を〔**解答欄B**〕の所定の欄に記入しなさい．

(2) 資料a～cが記された時期を，次の年表中の空欄1～7の中からそれぞれ選びなさい．（重複使用不可）

> | 1 |
> 戊申詔書が発せられた．
> | 2 |
> 幸徳秋水が大逆罪で処刑された．
> | 3 |
> 立憲同志会の結党式が挙行された．
> | 4 |
> シーメンス事件によって，山本権兵衛首相が辞職した．
> | 5 |
> 石井・ランシング協定が結ばれた．
> | 6 |
> 難波大助が摂政の裕仁親王を狙撃した．
> | 7 |

(3) 資料a中の波線部αの人物は井上馨である．井上馨が外務卿・外務大臣として推進した欧米との条約改正交渉が失敗に終わった理由を，この時の条約改正案の内容に触れつつ，〔**解答欄B**〕の所定の欄の範囲内で説明しな

さい.

(4) 資料b中の波線部βの人物のもとでとられた外交政策について述べた次の文章を読んで，文章中の（ア）～（エ）に入る地名の位置として最も適切なものを，下の地図中の1～9の中からそれぞれ選びなさい．（重複使用不可）

田中義一内閣では，田中首相は外務大臣を兼ね，そのもとで，中国大陸に対する強硬な外交政策がとられた．当時の中国大陸では，蔣介石のもとで，国民革命軍が中国の統一をめざして北伐を進めていたが，田中内閣は軍閥張作霖を支援する一方で，山東半島に日本軍を派遣した．1928年の2回目の派兵では，第一次世界大戦前はドイツの租借地だった港湾都市（ア）に上陸した日本軍は，（イ）で国民革命軍と軍事衝突を起こした．一方，（ウ）などを含む関東州や満鉄沿線を守備する任務を帯びていた関東軍は，（エ）郊外で，張作霖の乗った列車を爆破して殺害し，これに乗じて満州の日本勢力拡大をはかろうとした．田中首相はこの事件を契機に，昭和天皇の信任を失い，内閣は総辞職した．

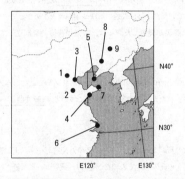

備考：国境線は現在のもの．

(5) 資料c中の波線部γの人物はたびたび大蔵大臣をつとめた．この人物が，1930年代に立憲政友会内閣の成立にともなって大蔵大臣となった時期の通貨政策および財政政策について，その前任者のとった政策と対比しながら，〔解答欄B〕の所定の欄の範囲内で説明しなさい．

問8 下線部Cに関連して，ロンドンで開かれた海軍軍縮会議で日本が結んだ条約の内容をめぐって，当時の浜口雄幸内閣は国内で批判にさらされた．その批判について，批判の根拠となった憲法の規定に触れつつ，〔解答欄B〕の所定の欄の範囲内で説明しなさい．

問9 下線部Dに関連して，1946年にマッカーサーが新憲法制定を急いだ背景には，この時期に連合国の日本本土に対する占領統治機構が本格的に始動するという事情があった．連合国による日本本土占領統治の機構について，関係する機関の名称と，それらの役割を〔解答欄B〕の所定の欄の範囲内で説明しなさい．

Ⅲ 渋沢栄一に関して述べた次の文章を読んで，問10〜問14に答えなさい．**解答は，設問で指定された場合を除いて，すべて番号で解答用紙の〔解答欄A〕の所定の欄に記入しなさい．**

渋沢栄一は，1840年に，現在の埼玉県深谷市血洗島で生まれた．生家は，農業，養蚕，製藍を家業とする豪農であった．こうした農家で生産された生糸は，A 横浜が開港して外国貿易がはじまった際には重要な輸出品となった．

渋沢は，B 尊王攘夷の志士として活動したものの，一転して一橋家につかえることになった．1867年には，徳川昭武にしたがって，パリ万博使節団としてフランスへ出立した．そして，西欧諸国の資本主義的な経済の仕組みを自分の目で確認した．

江戸幕府崩壊の報を受けて日本へ帰国した渋沢は，商法会所を設立した．しかし，大隈重信の要請を受けて，1869年に明治政府へ出仕することになった．政府では，C 民部省や大蔵省で租税制度の改正などに取りくんだ．1873年に大蔵省を辞めた渋沢は，以後は民間企業の育成に力を注いだ．同年7月には，第一国立銀行（のちの第一銀行）を開業し，総監役となった．それだけでなく，多様な分野で，近代日本の企業勃興に深くかかわっていった．

日本は，経済が発展したことにくわえ，日清・日露戦争に勝利して国際的地位を上昇させ，第一次世界大戦後には国際連盟の常任理事国となった．その一方で，日本は，D 中国への進出を活発化させた．渋沢は，E 第一銀行頭取を1916年に辞めたことで実業界から引退していたが，移民問題の解決や国際親善をめざして，ワシントン会議にオブザーバーとして参加している．1923年に関東大震災が発生した際には，大震災善後会を創立して副会長となるなど社会貢献事業にも取りくんだ．

問10　下線部Aに関連して，この当時に横浜の開港を取り決めた条約では，日本人商人と条約締結国の外国人商人との取引方法はどのように制約されたか．その制約の内容について，〔解答欄B〕の所定の欄の範囲内で**説明しなさい**．

（解答欄：約17cm×2行）

問11　下線部Bに関連して，次の資料a〜cは，イギリスの外交官アーネスト＝サトウが日本の政情を回想した著作の日本語訳からの抜粋である（必要に応じて表現を改めた）．資料a〜cで述べられている出来事は，下の年表のどこに入れるのが適当か．年表中の空欄1〜6の中からそれぞれ選びなさい．（重複使用不可）

a

江戸市中の住民は，やがて慶喜に突き付けられる要求についてはまだ何も知らず，昨年十二月薩摩屋敷の焼打ちの際に一部の者の被った災厄を思い出して，大火の起こることだけを心配していた．（中略）四月四日に，江戸湾の砲台は，町の方へ向けられていた大砲をおろして，官軍の手に引き渡された．これが八日の情報であった．

b

ところで，外国代表と伯耆守との会談は数時間つづいたが，その要点は次のようなものであった．すなわち，大君は天皇に対して自己の所信を力説し，大君の従兄一橋の切なる献言もあって，天皇もついに条約批准に同意されたが，その際一橋は，天皇がこれに応じなければ，自分は腹を切るつもりであると明言した（ということである）．

c

> われわれが去るとき，日本の大砲はまだわれわれ目がけて発砲をつづけていた．弾丸は一つも，わが艦隊のところまで届かなかったのであるが，しかし，このようにわれわれを追い撃ちしたので，わが方が数か所の砲台を破壊し，また鹿児島の町を廃墟と化せしめたにもかかわらず，薩摩側では自分の力でイギリス艦隊を退却の止むなきに至らしめたと主張するのも無理ではなかろう．

〔資料出所〕アーネスト＝サトウ（坂田精一訳）『一外交官の見た明治維新』

| 1 |
日米修好通商条約が調印された．
| 2 |
五品江戸廻送令が出された．
| 3 |
薩摩・会津両藩などが，長州藩と三条実美らの勢力を京都から追放した．
| 4 |
徳川家茂が急死し，幕府は第二次長州征討を中止した．
| 5 |
五稜郭にたてこもっていた榎本武揚らの旧幕府軍が降伏した．
| 6 |

問12　下線部Cに関連して，次の図は，年号が明治と改元されたのちの，ある15年間における日本の政府紙幣残高および日本銀行券の発行残高と米価の動向をグラフ化したものである．図の横軸の1〜3は，5年ごとの区分である．次のa〜dの出来事が起きた時期を，図の1〜3の中からそれぞれ選びなさい．ただし，1の時期より前の場合は0を，3の時期よりの後ろの場合は4を記入しなさい．（重複使用不可）

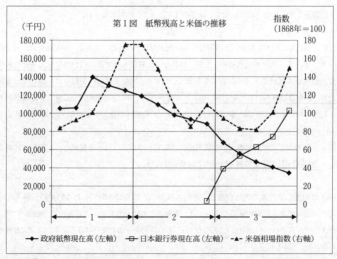

〔資料出所〕『明治以降 本邦主要経済統計』より作成．

28 2022年度　日本史　　　　　　　　　　　　　　　　　　　　　　　　慶應義塾大-経済

　　a．新貨条例が公布された．

　　b．大日本帝国憲法が発布された．

　　c．地租率が地価の3％から2.5％へ引き下げられた．

　　d．福地源一郎らを中心に立憲帝政党が結成された．

問13　下線部Dに関連して，次の資料1〜4は対華二十一カ条要求の内容の一部である（必要に応じて表現を改めた）．
　　　中華民国政府は1915年5月にこの要求の大部分を承認したが，それ以前に日本側が撤回したものを，1〜4の中
　　　から1つ選びなさい．

　1

支那国政府は，支那国沿岸の港湾及島嶼を他国に譲与し若くは貸与せざるべきことを約す

　2

支那国政府は，本条約締結の日より九十九ヶ間日本国に吉長鉄道の管理経営を委任す

　3

支那国政府は，南満州及東部内蒙古に於ける鉱山採掘権を日本国臣民に許与す，其採掘すべき鉱山は，別に協定すべし

　4

中央政府に，政治財政及軍事顧問として，有力なる日本人を傭聘せしむること

〔資料出所〕『日本外交年表竝主要文書』上巻

問14　下線部Eに関連して，次の文章を読んで，以下の（1），（2）に答えなさい．

　　　第一銀行は，1971年に日本勧業銀行と合併して第一勧業銀行となった．この第一勧業銀行は，日本の有力な都市
　　銀行の1つとして，第二次世界大戦前のα財閥とは異なった特徴を有する，いわゆる企業集団を形成した．この
　　企業集団は，戦後日本経済に大きな影響力をもっていたが，β地価や株価の変動などを通じて日本経済が大きく
　　変わったため，新たな状況への対応を迫られることになった．しかし，国際化が進む中で，企業集団も政府もこの
　　変化に対応しきれないまま，日本経済の低成長からの脱出への模索がつづいている．

（1）　下線部αに関連して，財閥が戦後の企業集団に再編されることになった経緯を，占領期の経済改革の内容に
　　　触れつつ，〔解答欄B〕の所定の欄の範囲内で説明しなさい．　　　　　　　　　　　　　（解答欄：約17cm×2行）

（2）　下線部βに関連して，次の図は，第二次世界大戦後の，ある20年間における日本の日経平均株価の推移を
　　　グラフ化したものである．図の横軸の1〜4は，5年ごとの区分である．次のa〜dの出来事が起きた時期を，
　　　図の1〜4の中からそれぞれ選びなさい．ただし，1の時期より前の場合は0を，4の時期より後ろの場合は5
　　　を記入しなさい．（重複使用不可）

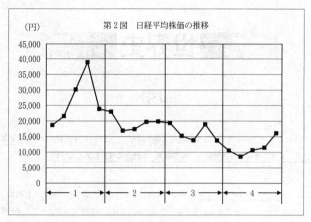

〔資料出所〕『近現代日本経済史要覧 補訂版』より作成.
（注）株価は年末現在のもの.

a. アメリカの投資銀行のリーマン=ブラザーズが経営破綻して，世界的な金融恐慌が起こった.
b. 小渕恵三内閣が，自由党および公明党と連立内閣を成立させた.
c. 竹下登内閣が，消費税を導入した.
d. 細川護熙内閣が発足した.

■世界史■

(80分)

Ⅰ　17世紀に日本を訪れたケンペルに関して述べた次の文章を読んで，問1〜問4に答えなさい．**解答は，設問で指定された場合を除いて，すべて番号で解答用紙の〔解答欄A〕の所定の欄に記入しなさい．**

17世紀の日本には，A オランダ東インド会社の活動に付随してオランダ人以外の外国人も訪れた．その一人が博物学者であるエンゲルベルト＝ケンペルである．ドイツ出身のケンペルは，1683年にスウェーデンの使節団に書記官として参加し，B ロシアおよびイラン（ペルシア）を訪れた．イランでオランダ東インド会社の医師となったケンペルは，さらに旅をつづけ，インドを経由してバタヴィアに到着した．そこで，C 長崎のオランダ商館付きの医師として採用され，1690年に来日し，約2年間滞在した．ケンペルは，滞在中に2度江戸参府をおこない，道中で見聞きしたことや調べたことなどを記録した．江戸では，徳川綱吉にも謁見している．ケンペル没後に出版された『日本誌』は，D ヨーロッパ諸国に日本の歴史や文化を紹介する役割を担った．また，ケンペルの著作はヨーロッパの様々な言語に訳されただけではなく，日本語にも訳され紹介された．志筑忠雄がケンペルの著作を訳し，日本が諸外国との関係を閉ざしている状態に「鎖国」という訳語をあてたことはよく知られている．

問1　下線部Aに関連して，次の文章を読んで，以下の（1）〜（3）に答えなさい．

　1602年に設立されたオランダ東インド会社はアジアにおいて広範な貿易ネットワークを築いただけではなく，ジャワ島を拠点に領土支配も進めた．その後，同社は解散したが，19世紀前半には α オランダ本国による植民地支配が進んだ．オランダの支配地域は拡大し，のちの β インドネシアに相当する地域が植民地支配下におかれた．

（1）下線部 α に関連して，ジャワ島では1830年に東インド総督ファン＝デン＝ボスによって政府（強制）栽培制度が導入されると，オランダに多大な利益がもたらされた．この制度の特徴および，この制度がオランダに利益をもたらした仕組みを，栽培の対象となった主な作物名に触れつつ，〔解答欄B〕の所定の欄の範囲内で説明しなさい．　　　　　　　　　　　　　　　　　　　　　　　　　　（解答欄：約17cm×2行）

（2）下線部 β に関連して，1967年に，インドネシアを含む東南アジア5カ国が加盟する ASEAN（東南アジア諸国連合）が発足した．インドネシアが発足当時から加盟した背景にはインドネシアにおける政変があった．その政変とインドネシアの ASEAN 加盟との関係について，〔解答欄B〕の所定の欄の範囲内で説明しなさい．　　　　　　　　　　　　　　　　　　　　　　　　　　　　　　　　　　　　（解答欄：約17cm×2行）

（3）下線部 β に関連して，次の文章中の（a），（b）に入る語を，〔解答欄B〕の所定の欄に記入しなさい．

　（　a　）で「カーネーション革命」によって長期の軍事政権が倒れると，（　a　）の植民地である（　b　）

でも独立運動が活発になった．そうした中，インドネシアが（ b ）に侵攻し，併合した．その後，独立の是非を問う住民投票と国際連合の暫定統治を経て，（ b ）は（ b ）民主共和国として独立した．

問2　下線部Bに関連して，次の文章中の（ア）〜（ウ）および下線部αの場所として最も適切なものを，下の地図中の1〜9の中からそれぞれ選びなさい．（重複使用不可）

　1683年にスウェーデンを発ったケンペルは，ロシアの首都（ ア ）でピョートル1世に謁見したのち，イランに向かった．イランに入り，待機している間に訪れた（ イ ）の近郊で，ケンペルは噴出する原油を見ている．翌1684年に，ケンペルは，アッバース1世が建設した新首都（ ウ ）に到着し，使節としての任務を果たした．（ ウ ）にしばらく滞在したのち，ケンペルはスウェーデンには戻らず，イランの主要貿易港 α バンダレ＝アッバースに移動した．

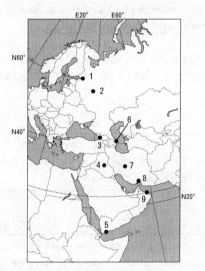

備考：国境線は現在のもの．

問3　下線部Cに関連して，東アジアの国際関係における次の1〜5の出来事を，年代の古い順に並べ替え，その番号を左から順に記入しなさい．

1．江戸幕府がポルトガル船の来航を禁止した．
2．鄭成功が台湾をオランダから奪取した．
3．豊臣秀吉が朝鮮出兵をおこなった．
4．平戸のオランダ商館が長崎の出島に移された．
5．琉球が薩摩の島津氏の支配下に入った．

32 2022 年度　世界史　　　　　　　　　　　　　　　　　　　　　　慶應義塾大-経済

問4　下線部Dに関連して，ケンペル同様，日本に関する書物を残した人物としてフランソワ＝カロンがいる．カロン
　　に関する次の文章を読んで，以下の（1）〜（4）に答えなさい．

　　　オランダ東インド会社に雇われて1619年に来日し，商館長もつとめたカロンは，約20年間日本に滞在した．その
　　経験は『日本大王国志』として残されている．そのカロンは，ルイ14世の治世にフランス東インド会社が再建され
　　ると，今度は同社の理事として招かれた．こうして，カロンは，オランダのみならずフランスのアジア進出におい
　　ても活躍した．
　　　フランスはインドにおいた拠点を中心にアジアにおける貿易活動を展開したが，_αイギリスとの断続的な戦い
　　において18世紀後半には劣勢におちいり，インドでは植民地支配を拡大することはできなかった．しかし，19世紀
　　後半になると，_βインドシナを植民地支配下においた．

　（1）　下線部αに関連して，イギリスがフランスよりも有利に戦争を遂行できた理由の1つに，戦費調達の能力が
　　　あり，18世紀のイギリス政府は多額の戦費を調達することができた．それを可能にした方法について，その政治
　　　的背景に触れつつ，〔解答欄B〕の所定の欄の範囲内で説明しなさい．　　　　　　　　（解答欄：約17cm×3行）

　（2）　下線部βに関連して，次の資料1〜3はフランスのインドシナ進出に関する条約の一部を日本語に訳したもの
　　　である（必要に応じて表現を改めた）．資料1〜3を，調印された時期の古い順に並べ替え，その番号を左から
　　　順に記入しなさい．

　　1

　　┌───┐
　　│　第一条　安南国はフランスの保護国たることを承認し，（中略）それを受けいれる．すなわち，フランスは，│
　　│　清朝をふくむあらゆる国との外交関係を，安南政府とともに統制するが，安南政府はただフランスの仲介に　│
　　│　よってのみ，前述の国々と外交上，通ずることを許される．　　　　　　　　　　　　　　　　　　　　　　│
　　└───┘
　　（注）安南：ベトナム

　　2

　　┌───┐
　　│　第二条　清朝は，フランスが企図するいかなる和平への働きかけをも妨げず，現在また将来にわたって，フ　│
　　│　ランスと安南国との間で直接成立した，あるいは今後成立するであろう条約，協約，そして協定を尊重する　│
　　│　と約定する．　　　│
　　└───┘

　　3

　　┌───┐
　　│　第二条　フランスおよびスペイン両国の臣民は安南国において，キリスト教を信仰することを許され（後略）│
　　│　第三条　ビエンホア，ザーディン，ディントゥオン（ミトー）全三省（中略）の主権は，本条約をもって，　│
　　│　フランス人民の皇帝陛下に全面的に移譲される．　　　　　　　　　　　　　　　　　　　　　　　　　　　│
　　└───┘

　　　　　　　　　　　　　　　　　　　　　　　　　　　　　　　　　　（資料出所はいずれも省略する．）

　（3）　下線部βに関連して，インドシナ戦争の停戦に関してジュネーブで開催された会議には，インドシナの4つ
　　　の政府が参加した．この4つのうちカンボジアとラオスを除く2つの政府とは何か．それぞれが樹立された政治
　　　的背景に触れつつ，〔解答欄B〕の所定の欄の範囲内で説明しなさい．　　　　　　　　（解答欄：約17cm×2行）

（４） 下線部βに関連して，第二次世界大戦後のインドシナではフランスの植民地支配が終焉し，その後アメリカの影響力が拡大した．次の図は，20世紀後半の，ある20年間におけるアメリカの貿易収支（左軸）と為替レート（右軸）の推移を示している．図中のAの時期に起こった出来事を，下の１〜５の中からすべて選び，その番号を〔解答欄B〕の所定の欄に記入しなさい．（順不同）

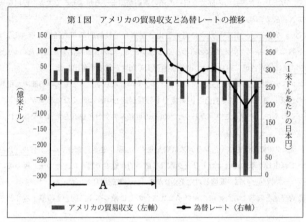

備考：横軸の目盛りは１年の区切りを指す．為替レートは12月末のもの．

〔資料出所〕アメリカの貿易収支は U.S. Census Bureau, Economic Indicator Division より，為替レートは『日本銀行百年史（資料編）』より作成．

１．アメリカ軍が北爆を開始した．
２．アメリカ軍が南ベトナムから撤退した．
３．中越戦争が起きた．
４．ニクソンが訪中し，毛沢東と会談した．
５．パリでベトナム和平会談がはじまった．

34 2022 年度　世界史　　　　　　　　　　　　　　　　　　　　　　　　慶應義塾大-経済

Ⅱ　イエズス会の歴史に関して述べた次の文章を読んで，問 5～問 8 に答えなさい．**解答は，設問で指定された場合を除いて，すべて番号で解答用紙の〔解答欄 A〕の所定の欄に記入しなさい．**

　　16世紀初頭，のちにプロテスタントと総称される諸派の登場によって A カトリック世界の一体性は大きく損なわれた．時を同じくして，カトリック教会の内部でも自己改革の機運が高まったが，そこで大きな役目を果たしたのが1534年に設立されたイエズス会である．

　　イエズス会は B スペイン・ポルトガルの海外進出と連携して積極的な布教活動を展開し，ヨーロッパの外部におけるキリスト教はカトリックが大多数を占めることとなった．このような活動を支えたのが同会の教育事業である．C イエズス会の学院は世界各地に設立され，時代を牽引する知性を数多く輩出した．

　　他方で，イエズス会の思想や布教方針は，プロテスタントのみならず，カトリックの間でも批判や反発を絶えず引きおこした．そのうえ，ヨーロッパで教会と国家権力の分離が進む中，かたくなに教皇至上主義を掲げる同会に対し，諸王室は弾圧をくわえた．そうした中，カトリック世界の足並みの乱れを懸念したローマ教皇は，1773年に同会に解散を命じた．

　　しかし，カトリック世界は間もなく，フランスに端を発する混乱に巻き込まれてゆく．D ルイ16世が招集した三部会が紛糾し，つづいて誕生した革命政府はカトリック教会に敵対的な態度で臨んだ．その後，権力をにぎったナポレオン＝ボナパルトも，ローマ教皇との間で妥協と対立をくりかえし，宗教的混乱が広がった．ナポレオンの帝国崩壊後，ローマ教皇はその宗教的混乱を収拾するために，再びイエズス会の力に頼るべく，同会を復興することを決めた．

問 5　下線部 A に関連して，次の文章中の（ a ），（ b ）に入る地名を，下の 1～9 の中からそれぞれ選びなさい．（重複使用不可）

　　カトリック世界の一体性は，中世末にも大きく揺らいでいる．14世紀初頭に教皇庁は（　a　）に移されたが，およそ70年を経てローマに戻った後も複数の教皇が並びたつ混乱がつづいた．この間に，聖書の英訳をこころみたウィクリフや，彼に共鳴したベーメンの神学者フスなど，各地で教会の改革を求める声があがった．これに対し，神聖ローマ皇帝の求めで（　b　）で開かれた公会議では，ウィクリフとフスはともに異端とされた．くわえて，新教皇が選出され，教会の分裂状態にも終止符が打たれた．

　　1．アヴィニョン　　　2．アナーニ　　　3．ウィーン　　　4．クラクフ　　　5．クリュニー
　　6．コルドバ　　　　　7．コンスタンツ　　8．トリエント　　9．プラハ

問 6　下線部 B に関連して，次の資料 a，b はスペインの進出先に関する記録の日本語訳からの抜粋である（必要に応じて表現を改めた）．これを読んで，以下の（1），（2）に答えなさい．

a

> （　ア　）を拠点として，この大きな島の他の諸州及び周辺の諸島の平定が続けられて行ったが（中略）州の首府，港，建設された市や町の住民は，その他特別の α エンコミエンダと共に国王の所有とされ，色々の必要性や王室金庫の経費〔の捻出〕にそなえられた．そして統治の政務と原住民の改宗は，必要な形で行なわれており，毎年船団が用意されてヌエバ・エスパニャ〔メキシコ〕へ赴き定期的な援助物資を積んで帰って来る（後略）

　　　　　　　　　　　　　　　　　　　　　　　　　　　　　　　　（注）〔　〕内は訳者による注である．

慶應義塾大-経済　　　　　　　　　　　　　　　　　　　　　　　2022 年度　世界史　*35*

b

> この（　イ　）ほど高貴な美点を持った形の都はない．この都市はインカの帝国の首都であり，王たちの玉座
> だったのである．それだけでなく，〔ここと比べれば〕インディアスの他の諸地方は，ただ人が住んでいるだ
> け，というにすぎない．かりに集落があったとしても，褒めるに価するような文明も秩序も計画性も存在しな
> いのである．

(注)〔　〕内は訳者による注である．
(資料出所はすべて省略する．)

資料 a：神吉敬三・箭内健次 訳／資料 b：増田義郎 訳

（1）　資料 a 中の（ア），資料 b 中の（イ）に入る地名を，次の 1～9 の中からそれぞれ選びなさい．（重複使用不可）

　　1．アカプルコ　　2．アモイ　　3．カリカット　　4．クスコ　　5．ゴア　　6．パナマ
　　7．ポトシ　　8．マカオ　　9．マニラ

（2）　資料 a 中の波線部 α に関連して，エンコミエンダとはどのような制度か．**〔解答欄 B〕の所定の欄の範囲内で**
　　説明しなさい．　　　　　　　　　　　　　　　　　　　　　　　　　　　　　　　　（解答欄：約 17cm×1 行）

問7　下線部 C に関連して，次の資料は，ローマのイエズス会学院で教鞭をとったスペイン人イエズス会士フアン＝
　　デ＝マリアナの著作の一部を日本語に訳したものである（必要に応じて表現を改めた）．これを読んで，以下の
　　（1），（2）に答えなさい．

> たとえどんなに強力な君主であれ，（中略）人々の怒りが支配者の息の根を止めることを示す事例は過去にも
> 現在にも数多く挙げられる．嘆かわしくも際立ったこの種の事例が，最近フランスの王侯の間で発生した．
> この事例は，（中略）民の心を平穏に保つことがどれほど重要かを示している．α フランス王アンリ 3 世は，
> ある修道士に（中略）殺された．この不快だが忘れがたい出来事は，邪悪な行ないが見逃されることは無いのだ，
> ということを君主に教える役目を果たしている．（中略）子がいなかったため，彼は義理の兄弟のヴァンドーム公
> アンリに彼の王国を譲ろうと準備していた．ヴァンドーム公は幼い頃より腐敗した宗教思想に汚染され，同時に
> ローマ教皇に厳しく非難されて継承権を奪われていたにもかかわらずである．とはいえ，今や β ヴァンドーム公
> は改宗し，最も敬虔なフランス王として讃えられる人物になっている．

(資料出所は省略する．)

（1）　資料中の波線部 α の事件は，当時のフランスが直面していた宗教問題を背景としていた．この宗教問題につ
　　いて，フランス国内の政治事情に触れつつ，**〔解答欄 B〕の所定の欄の範囲内で説明しなさい**．

(解答欄：約 17cm×2 行)

（2）　資料中の波線部 β に関連して，この王がフランスの宗教問題に関してとった政策について，**〔解答欄 B〕の所**
　　定の欄の範囲内で説明しなさい．　　　　　　　　　　　　　　　　　　　　　　（解答欄：約 17cm×1 行）

問8　下線部 D に関連して，三部会とは何かを明記したうえで，ルイ16世が全国三部会を招集してから，三部会の
　　議員の一部が国民議会という名称の採用を宣言するにいたるまでの経緯を，**〔解答欄 B〕の所定の欄の範囲内で**
　　説明しなさい．　　　　　　　　　　　　　　　　　　　　　　　　　　　　　　　　（解答欄：約 17cm×3 行）

36 2022 年度　世界史　　　　　　　　　　　　　　　　　　　　　　　　慶應義塾大-経済

Ⅲ　メセナに関して述べた次の文章を読んで，問9〜問12に答えなさい．**解答は，設問で指定された場合を除いて，す**
べて番号で解答用紙の〔解答欄A〕の所定の欄に記入しなさい．

　　古代ローマ皇帝アウグストゥスにつかえた政治家マエケナスは，ウェルギリウスやホラチウスといった詩人を庇護し
た．このマエケナスの名にちなみ，芸術家を支援する活動のことを，のちに「メセナ」と呼ぶようになった．たとえば
Aルネサンス期のフィレンツェでは，メディチ家のもと，数多くの芸術家が活躍した．絶対王政期のフランスでは，
ルイ14世の時代に，芸術を組織的に振興した．フランスに限らず，Bバロック音楽の作曲家たちは，教会や宮廷に職を
得て活動した．19世紀になると，君主や教会によるメセナに代わって，C資産家による芸術家支援がおこなわれた．た
だし芸術家のなかにはこれを脱しようとする風潮もあった．
　　現代では，「メセナ」という語は，とりわけ企業による芸術文化支援活動に対してもちいられる．企業メセナによる
文化プログラムは，2021年に東京で開かれたDオリンピック・パラリンピック競技大会に際しても開催された．

問9　下線部Aに関連して，メディチ家につかえた画家，建築家であるヴァザーリは，イタリアの芸術家たちの伝記
　　『芸術家列伝』を著した．次の資料a〜cはその日本語訳からの抜粋であり，それぞれある芸術家の業績について
　　述べたものである（必要に応じて表現を改めた）．資料a〜cで述べられている芸術家が制作した作品を，下の
　　1〜4の中からそれぞれから選びなさい．（重複使用不可）

a

　　さてこの審判図が公開されるや，それは，かつてそこで制作したことのある第一級の芸術家たちに立ち勝って
　　いるばかりか，〔システィーナ〕天井画にさえ勝っていることを証したのであった．その天井画は，かつて彼が
　　大いに賞揚されたものだが，彼はそれすら越えようとしたのである．つまり截然とそれに立ち勝ることで，
　　自己をも越えたのである．彼はそれら審判の日々の恐怖を思い描き，正しく生きなかった人の大いなる罪の
　　ために，主の受難を描いたのであった．

　　　　　　　　　　　　　　　　　　　　　　　　　　　　　　　　　（注）〔　〕内は訳者による注である．

b

　　ミラノにおいて彼はサンタ＝マリーア＝デッレ＝グラーツィエ寺の聖ドミニコ派宗団のためにこの絵を描いたが
　　（中略）そこで構想した，誰が主を裏切るであろうか知りたがっている使徒たちを襲った不安と危惧の念の表現
　　に見事に成功した．それゆえに使徒たちの顔には，愛，恐怖，怒り，さらにまたキリストの心を理解すること
　　のできぬ悲しみが宿っている．これらに劣らずすばらしいのは，対するユダの頑な態度，憎悪，裏切りの姿で
　　ある．その上，作品のどの部分においても信じられぬほどの丹念さで描かれ，テーブルクロスの布の質にいた
　　るまで描きこんでおり，本物のリンネル布でさえこれ以上本物らしくは見えないようであった．

c

　　メディチ家の館では，ロレンツォ＝ヴェッキオ豪華王のためにたくさんの仕事をした（中略）．フィレンツェ市
　　中のさまざまな邸のために自分の手で円い絵を作り，また裸の婦人像もかなりたくさん作ったが，そのなかの
　　二枚の作品が今日でもコジモ公の別荘であるカステッロに伝わっている．その一枚は（中略）微風にはこぼれ
　　てヴィーナスがキューピッドたちとともに海辺へ着くところであり（中略）彼の手でまことに生き生きと優雅に
　　描かれている．

　　　　　　　　　　　　　　　　　　〔資料出所〕ジョルジョ＝ヴァザーリ（田中英道他訳）『芸術家列伝』白水社
　　　　　　　　　　　　　　　資料a：田中英道・森雅彦 訳／資料b：田中英道 訳／資料c：平川祐弘 訳

1

2

3

4

2の写真は，著作権の都合により，類似のものと差し替えています．
(ユニフォトプレス提供)

問10　下線部Bに関連して，次の文章を読んで，以下の(1)，(2)に答えなさい．

　バロック音楽を代表する二人の作曲家，バッハとヘンデルはともに1685年に生まれたが，その人生は対照的である．アイゼナハの音楽家一族に生まれたバッハは，ミュールハウゼン，ヴァイマル（ワイマール），ケーテンなどのドイツ領邦国家内の宮廷や教会に職を得た．バッハは数多くのオルガン曲，宗教曲などを残し，1750年にαライプツィヒで没した．死後，その作品はかえりみられることが少なかったものの，1829年にメンデルスゾーンの指揮で『マタイ受難曲』が演奏されたことによって再発見された．
　一方ハレに生まれたヘンデルは，ドイツの他イタリアなどのヨーロッパ各地で活動した．その後，ロンドンに活動拠点を移し，イギリス王室礼拝堂付音楽家となった．ヘンデルは，オペラやオラトリオを中心に創作し名声を得た．不遇の時期も経験したが，βアイルランド総督の依頼で作曲され，1742年にダブリンで初演された『メサイア』は絶賛され，彼の代表作となった．

38 2022年度 世界史　　　　　　　　　　　　　　　　　　　　　　　　慶應義塾大-経済

（1）　下線部αに関連して，ライプツィヒの聖ニコライ教会では，1980年代に民主化を求める運動がはじまった．
　　　1980年代から1990年代初頭にかけて起きた次の1〜3の出来事を，年代の古い順に並べ替え，左から順に記入し
　　　なさい．

　　　1．コメコンが解散した．
　　　2．東ドイツでホネカー書記長が退陣した．
　　　3．ポーランドでワレサを中心に自主管理労働組合「連帯」が設立された．

（2）　下線部βに関連して，次のa，bの出来事は，下の年表のどこに入れるのが適当か．年表中の空欄1〜5の
　　　中からそれぞれ選びなさい．（重複使用不可）

　　　a．アイルランド自治法が成立した．
　　　b．アイルランド自由国が成立した．

1

ジョゼフ＝チェンバレンが植民相として保守党内閣に入閣した．

2

ダブリンでイースターの期間に蜂起が起き，パトリック＝ピアースら反乱指導者が処刑された．

3

ウェストミンスター憲章が成立した．

4

アイルランド共和国法が制定され，アイルランドは共和国であると宣言された．

5

問11　下線部Cに関連して，次の文章中の（a）〜（d）に入る人名を，下の1〜9の中からそれぞれ選びなさい．
　　　（重複使用不可）

　　　アメリカの資産家で，特に印象派の絵画を蒐集したルイジーヌ＝ハヴマイヤーは，女性参政権論者としても活動
　　した．女性参政権が認められるまでには，各国で紆余曲折があった．イギリスで1792年に『女性の権利の擁護』を
　　発表し，女性参政権を主張したメアリ＝ウルストンクラフトは，その著作のなかで，『人間不平等起源論』を著した
　　思想家（　a　）の女性観を批判した．イギリス経験論の流れをくむ哲学者・経済学者である（　b　）は，イギ
　　リス下院議員として，1867年の選挙法改正に際し，女性参政権を認める修正案を提出するものの，否決された．
　　アメリカでは，小説『アンクル＝トムの小屋』を発表し，奴隷制を批判した（　c　）が女性参政権運動にもかか
　　わった．社会主義者のなかでは，『家族，私有財産および国家の起源』を1884年に刊行した（　d　）が，史的
　　唯物論の立場から，女性の地位の変遷を分析した．

　　　1．ヴォルテール　　2．エンゲルス　　3．ジョン＝ステュアート＝ミル　　4．ストウ　　5．ディケンズ
　　　6．フーリエ　　　　7．マルサス　　　8．モンテスキュー　　　　　　　　9．ルソー

問12　下線部Dに関連して，次の文章を読んで，以下の（1）～（3）に答えなさい．

オリンピックやパラリンピックにおける選手団の活躍は，その出身地とともに人々の記憶に刻まれてきた．ローマ・東京・メキシコと，3つのオリンピックに出場したマラソン選手アベベは，α エチオピア出身で，「はだしの王者」として知られた．1952年にβ ヘルシンキで開かれたオリンピックには，イギリス領ゴールドコーストから初めて選手団が派遣された．その後，イギリス領ゴールドコーストは同じくイギリスの支配下にあったトーゴランドとともに，（ a ）共和国となり，1960年にエンクルマ（ンクルマ）が大統領に就任した．2000年のシドニーオリンピックのサッカー競技で金メダルを獲得した（ b ）も，第一次世界大戦前にはドイツの植民地となっていた．

（1）上の文章中の（a），（b）に入る国の位置を，次の地図中の1～9の中からそれぞれ選びなさい．（重複使用不可）

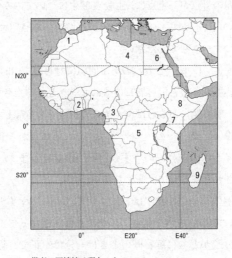

備考：国境線は現在のもの．

（2）下線部αに関連して，エチオピアが独立を失ったのは，アフリカの多くの地域の植民地化よりも後の時期であった．エチオピアが独立を失うにいたった経緯を，次の語をすべて用いて，〔解答欄B〕の所定の欄の範囲内で説明しなさい．
（解答欄：約17cm×2行）

アドワの戦い　　　国際連盟

（3）下線部βの都市で，1975年に，ヨーロッパ諸国33カ国とアメリカ，カナダを合わせた35カ国が参加した全欧安全保障協力会議が開催された．最終日に採択されたヘルシンキ宣言では，国家主権の尊重，国境の不可侵，人権と基本的諸自由の尊重などの十原則が掲げられた．この会議が開催された背景にある，1970年代前半のヨーロッパの国家間関係の変化について，〔解答欄B〕の所定の欄の範囲内で説明しなさい．
（解答欄：約17cm×3行）

数学

(80分)

(注意事項)

1. 数学の問題のうち，問題の［1］から［3］が最初に採点されます。問題の［4］から［6］は，数学の最初に採点される問題と英語の最初に採点される問題の得点が一定点に達した受験生についてのみ，採点されます。

2. ① 問題の［1］から［3］の解答は，解答用紙A（マークシート）の解答欄にマークしてください。

　　［例］ ⑾ ⑿ と表示のある問いに対して，「45」と解答する場合は，解答欄⑾の④と解答欄⑿の⑤にマークしてください。

　　なお，解答欄にある⊖はマイナスの符号−を意味します。

② 解答欄(1), (2), …の一つ一つは，それぞれ0から9までの数字，またはマイナスの符号−のいずれか一つに対応します。それらを(1), (2), …で示された解答欄にマークしてください。

　　下の例のように，数字は右によせて表示し，マイナスの符号−は左端に置いてください。空のマスがあれば0を補ってください。分数の分母と分子がともに解答欄のときは，分母を正で，約分しきった形で解答してください。

［例］

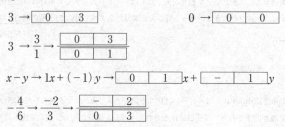

慶應義塾大-経済   2022 年度　数学　*41*

[1] 座標平面上の四角形 ABCD は以下の条件を満たすとする.

(a) 頂点 A の座標は $(-1, -1)$ である.

(b) 四角形の各辺は原点を中心とする半径 1 の円と接する.

(c) $\angle$BCD は直角である.

また, 辺 AB の長さを l とし, $\angle$ABC $= \theta$ とする.

(1) $\angle$BAD $= \dfrac{\pi}{\boxed{(1)}}$ である.

(2) 辺 CD の長さが $\dfrac{5}{3}$ であるとき, $l = \dfrac{\boxed{(2)}}{\boxed{(3)}}$, $\tan\theta = \dfrac{\boxed{(4)}\,\boxed{(5)}}{\boxed{(6)}}$ である.

(3) θ は鋭角とする. 四角形 ABCD の面積が 6 であるとき, $l = \boxed{(7)} + \sqrt{\boxed{(8)}}$, $\theta = \dfrac{\pi}{\boxed{(9)}}$ である.

[2] 数列 $\{a_n\}$ は

$$a_{n+1} = -|a_n| - \frac{1}{2}a_n + 5 \quad (n = 1, 2, 3, \dots)$$

を満たすとする.

(1) $a_1 = \dfrac{1}{2}$ ならば, $a_2 = \dfrac{\boxed{(10)}\,\boxed{(11)}}{\boxed{(12)}}$, $a_3 = -\dfrac{\boxed{(13)}\,\boxed{(14)}}{\boxed{(15)}}$ である.

(2) $-2 \leqq a_n \leqq -1$ ならば, a_{n+1} および a_{n+2} の取り得る値の範囲は, それぞれ

$$\boxed{(16)} \leqq a_{n+1} \leqq \dfrac{\boxed{(17)}}{\boxed{(18)}}, \quad -\dfrac{\boxed{(19)}}{\boxed{(20)}} \leqq a_{n+2} \leqq -\boxed{(21)}$$ である.

以下, $a_1 = 2 + \left(\dfrac{2}{3}\right)^{10}$ とする.

(3) $a_n < 0$ となる自然数 n のうち最小のものを m とすると, $m = \boxed{(22)}\,\boxed{(23)}$ である.

(4) **(3)** の m に対して, 自然数 k が $2k \geqq m$ を満たすとき,

$$a_{2k+2} = -\dfrac{\boxed{(24)}}{\boxed{(25)}}a_{2k} - \dfrac{\boxed{(26)}}{\boxed{(27)}}$$

より

$$a_{2k} = -\frac{\boxed{(28)}\,\boxed{(29)}}{\boxed{(30)}} + \frac{3}{\boxed{(31)}\,\boxed{(32)}}\left(-\frac{\boxed{(33)}}{\boxed{(34)}}\right)^{k-\boxed{(35)}}$$

が成り立つ.

[3] x の関数が印刷されているカード 25 枚が 1 つの袋に入っている. その内訳は, 11 枚に $1-3x$, 9 枚に $1-2x$, 4 枚に $1-2x+2x^2$, 1 枚に $1-3x+5x^2$ である. この袋からカードを 1 枚取り出し, 印刷されている関数を記録してから袋に戻すことを 100 回繰り返したところ, 記録の内訳は $1-3x$ が 46 回, $1-2x$ が 35 回, $1-2x+2x^2$ が 15 回, $1-3x+5x^2$ が 4 回であった.

(1) 記録された関数の実数 x における値を $a_1, a_2, \ldots, a_{100}$ とおく. $a_1, a_2, \ldots, a_{100}$ の平均値は, x の値を定めるとそれに対応して値が定まるので, x の関数である. この関数は $x = \dfrac{\boxed{(36)}}{\boxed{(37)}}$ のとき最小となり, その値は $-\dfrac{\boxed{(38)}\,\boxed{(39)}}{\boxed{(40)}}$ である.

(2) 記録された関数の $x=0$ から $x=1$ までの定積分を $b_1, b_2, \ldots, b_{100}$ とおく. $b_1, b_2, \ldots, b_{100}$ の平均値は $-\dfrac{\boxed{(41)}}{\boxed{(42)}\,\boxed{(43)}}$ であり, 分散は $\dfrac{\boxed{(44)}\,\boxed{(45)}}{\boxed{(46)}\,\boxed{(47)}}$ である. また, 記録された関数の $x=1$ における値を $c_1, c_2, \ldots, c_{100}$ とおくとき, 100 個のデータの組 $(b_1, c_1), (b_2, c_2), \ldots, (b_{100}, c_{100})$ の共分散は $\dfrac{\boxed{(48)}\,\boxed{(49)}}{\boxed{(50)}\,\boxed{(51)}}$ である.

(3) カードがすべて袋に入った状態から 1 枚取り出したとき, 印刷されている関数の $x=1$ における値が負である条件のもとで, その関数の 0 から 1 までの定積分が負である条件付き確率は $\dfrac{\boxed{(52)}\,\boxed{(53)}}{\boxed{(54)}\,\boxed{(55)}}$ である.

慶應義塾大-経済   2022 年度　数学　43

[4] t を実数とする．また，O を原点とする座標空間内に 3 点 A$(4,2,5)$, B$(-1,1,1)$,
C$(2-t,4-3t,6+2t)$ をとる．

(1) △OAB の面積を求めよ．

(2) 4 点 O, A, B, C が同一平面上にあるとき，C の座標を求めよ．

(3) 点 C が xy 平面上にあるとき，四面体 OABC の体積 V を求めよ．

(4) 四面体 OABC の体積が (3) で求めた V の 3 倍となるような t の値をすべて
求めよ．

[5] a を 2 以上の整数，p を整数とし，$s = 2^{2p+1}$ とおく．実数 x,y が等式

$$2^{a+1}\log_2 3^x + 2x\log_2\left(\frac{1}{3}\right)^x = \log_s 9^y$$

を満たすとき，y を x の関数として表したものを $y = f(x)$ とする．

(1) 対数の記号を使わずに，$f(x)$ を a,p および x を用いて表せ．

(2) $a = 2, p = 0$ とする．このとき，$n \leqq f(m)$ を満たし，かつ，$m+n$ が正となる
ような整数の組 (m,n) の個数を求めよ．

(3) $y = f(x)$ $\left(0 \leqq x \leqq 2^{a+1}\right)$ の最大値が 2^{3a} 以下となるような整数 p の最大値と
最小値を，それぞれ a を用いて表せ．

[6] 関数 $F(x) = \dfrac{1}{2} + \displaystyle\int_0^{x+1}\bigl(|t-1|-1\bigr)dt$ に対し，$y = F(x)$ で定まる曲線を C とする．

(1) $F(x)$ を求めよ．

(2) C と x 軸の共有点のうち，x 座標が最小の点を P，最大の点を Q とする．P に
おける C の接線を ℓ とするとき，C と ℓ で囲まれた図形の面積 S を求めよ．また，
Q を通る直線 m が S を 2 等分するとき，ℓ と m の交点 R の座標を求めよ．

44 2022年度 小論文　　　　　　　　　　　　　　　　　　　慶應義塾大-経済

小論文

（60分）

（注意事項）　字数をかぞえるとき，句読点も1字とかぞえます。ただし，算用数字は1マスに
　2つまで記入できます。

　　次の2つの課題文Ⅰ，Ⅱを読んで，設問A，Bに答えなさい。解答は解答用紙の所定の欄に横書き
で記入しなさい。

［課題文］

Ⅰ．多数決は誰の意思か

　　（日本経済新聞2021年7月11日朝刊より抜粋）

　　世界を動かす力の一つにオピニオンがある。人々が織りなす考えや主張は社会のムードをつく
り，時代を塗り替えてきた。そのオピニオン誕生の力学がスマートフォンやSNS（交流サイト）
の普及で変わってきたのではないか。好奇心旺盛な科学者らが新たな原理の探索に乗り出した。

　　【多数決】賛成者の多い意見を集団として受け入れて物事を決めるしくみ——。私たちは多数決
が公平さを担保し，民主主義の根幹をなすと信じている。だからこそ，人々は選挙などの結果を
受け入れる。だが，多数決は金科玉条なのか。

　　「2～3割の人の意見が，全体に優先してしまう」。高知工科大学の全卓樹教授は自らの研究をも
とに，多数決とは言いがたい例がある現実をこう明かす。

　　全教授は，多くの人が周りと意見を交わすうちに世論のような社会のムードができあがるしくみ
を解明する「世論力学（オピニオンダイナミクス）」理論の第一人者だ。2020年にフランス・国立
科学研究センターのセルジュ・ガラム博士と共同で発表した論文は民主主義を強く信じてきた人々
に少なからず動揺をもたらした。

　　論文では，集団の意思が決まるまでの過程をシミュレーション（模擬計算）した。自分の意見を
譲らない「確信者」と，他人の意見に影響を受ける「浮動票者」を想定し，集団全体の意見の変遷
を数値の変化でわかるようにした。途中，確信者の意見に対して，浮動票者の考えが揺れ動く。突
如，変化が起きた。確信者の数を25～30％超まで増やしたとたん，浮動票者全員が確信者の意見
に転じたのだ。

　　3割程度の意見が全体の世論を左右する様子は，集団の意思決定時にふさわしいとされた多数決
の力学とは異なる。「多数決」どころか「3割決」の傾向は，SNSを介して議論するような場合に
観察できるという。「集団の意思決定に別のしくみが現れた」と全教授はいう。

　　多数決への信仰が生まれたのは，紀元前5世紀ごろの古代ギリシャだ。市民が戦争や財政につい

慶應義塾大-経済　　　　　　　　　　　　　　　　　　　　　　　　　　2022 年度　小論文　*45*

て語り合い，今でいう多数決で方針を決めた．社会が発展すると王政や貴族政治が続き，ファシズムなどを乗り越えて，法律や財政，外交などの重要課題を多数決で決めるのが慣例になった．

議論に加わる人数が限られた昔は，一部の意見が多数を支配する傾向が強かった．以前にガラム博士が発表した論文では，わずか17％の意見が世論を左右するとの計算結果が出た．

今はSNSがある．全教授は「マスコミを通じて数人のオピニオンリーダーが世論を率いた2000年頃よりも前と現在は違う」と話す．そうだとしたら，デジタル社会のさらなる進展で「一人ひとりの多様な意見を全体に反映するのはたやすい」「民意を直接，確実に届ける国民投票がかなうかもしれない」と思えてくる．

だが，SNSは民主主義を支える多数決の理想型に近づく可能性を感じさせる一方で，地域や生活様式を超えたつながりやすさゆえに「一部」の意見を「多数」と惑わす遠因にもなる．理想と現実との間の溝を高知工科大学の研究成果は浮き彫りにする．

鳥取大学の石井晃教授らの理論研究では，一人ひとりの真意を吸い上げる難しさが明らかになった．

研究では，世界に1千人が住み，100人は「ほかの誰もが見聞きできる情報」をじかに入手できないと仮定した．

この情報を550人以上が信じてSNSや会話で周りに言いふらしたとして計算すると，情報から隔絶されている100人の8〜9割までもが次第に同じ情報に染まっていった．集団の55％が信じる情報が同調を招き，一人ひとりの生の声を覆い隠すという結果になった．

（中略）

一人ひとりが情報の海の中で生きる現代は，意思決定が誰にとっても難しい時代でもある．そんな今を生きているという自覚が求められている．（草塩拓郎）

Ⅱ．変容する科学とその行方

（隠岐さや香『文系と理系はなぜ分かれたのか』星海社，2018年より抜粋）

学術が，科学がどうなるのか．未来のことは誰にもわかりません．ただ，現代は，めざましい情報技術の進展も手伝って，この先どうなるのだろうかという，期待と不安に包まれた時代だと思います．

歴史を振り返る限り，「文系・理系」を含め，学問の分類を大きく変えてきたのは，人間が扱える情報の増大と，学問に参入できる人の増加です．たとえば，活版印刷が生まれて本が普及したことは，近代的な諸学問が発展したことと無関係ではないでしょう．その意味で，近年の情報技術の発展が私たちに何をもたらすのか，未知数の側面はあります．

ただ，文理の区分を含め，私自身はすぐに大きな変化があるとは思っていません．情報技術は，あらゆる分野で処理可能なデータの量を飛躍的に増やしましたが，現状では，研究の手段を豊かにしたという段階に留まっている気がします．

むしろ，明白な変化が起きているのは，人と人のマッチングや交流のあり方です．（中略）尖った専門性のある人とその間をつなぐ人とで補い合い，集合知を発揮する，という方向の取り組みが今後増えていきそうです．

学問への参入者の増大という点については，情報技術の問題とは独立に，前から新しい動きがあります．研究をしたことがない一般の人が，参加し，貢献することができるような研究活動が，様々な分野で出現しているのです．社会科学や一部の環境科学的プロジェクトにおいては，「参加型研究」「アクションリサーチ」などといわれます．理工医系では「シチズン・サイエンス」という言葉がよく使われています．

背景には，集合知としての研究を追求する視点，すなわち，学問の諸分野に加えて，一般市民も含めた，多様な立場の人が持つ知見をうまく集めて問題解決につなげよう，との発想があります．

典型的な参加型研究の取り組みは，ある地域の課題解決を目指すタイプのものです．それも，研究者が一方的に専門家として住民を受け身の「調査対象」とするのではなく，コミュニティの人々と共に改善の可能な問題について話し合い，可能な作業を分担するといった形を取ります．

（中略）

このように様々な分野で，壮大な挑戦のため，世界中の市民と研究者が協働しています．

ただ，素晴らしい試みの陰には，常に課題も生じることを忘れてはならないでしょう．参加する人々が多様化し，規模が大きくなる場合について，私たちはようやく知見を積み重ね始めたばかりです．特に，情報技術や，先進国の豊富な資金源でもってその可能性が極限まで引き上げられている場合や，市場を通じた価値づけがなされる可能性のある研究の場合は，それが参加者一人一人にとって何を意味するのか，常に考え続ける必要があると思います．

まだこれからの試みですから断言はできませんが，社会科学系の「アクションリサーチ」と自然科学系の「シチズン・サイエンス」に関する文献からは，いくつかの課題も浮かび上がってきます．それは主に，人間に関するものと，データの扱いによるものに大別できるようです．「アクション・リサーチ」では，地域の生活に関わるテーマも多い関係上，「個々の参加者と人間として向き合う」ことが必要となります．特に，地域住民が「生活を乱された」「研究の道具にされた」という気持ちにならないようなアプローチは重要な関心事です．

「シチズン・サイエンス」では「集まってきたデータと向き合う」ことが基本となりやすく，データ処理に関する課題が検討されているようです．たとえば，「質の違いが大きいデータをどのように気をつけて分析するべきか」「参加者によりデータ収集への貢献度が大きく違うことが多いが，報酬をどのように設定するべきか」などの議論がみられました．ただ，課題の性質上，「市民に科学への親しみを持ってもらえる」「科学に関心のある市民に，研究者と一般社会の橋渡しをしてもらえる」という明るい論調が前面に出ていました．

問題が起きないのなら，それに越したことはありません．ただ，こんな話をするのは，世界中の人々が研究のため，データ収集に関わるような状況が仮に生じると仮定した場合，ある過去の議論を思い出すからです．

一九六〇年代のことです．デレク・プライスは，二〇世紀における自然科学研究者の人口と研究論文数の指数関数的増加に着目しました．そして，職人の工房のような「リトル・サイエンス」から，大型装置を備えた工場のような研究室でチーム作業の行われる「ビッグ・サイエンス」に移行したと認識しました．プライスが鋭いのは，そこに科学の普及と民主化よりは，徹底した分業と，階層化の進展を見出したことです．実際のところ，出現したのは，各分野で，少数の科学者が非公

式のエリートグループを作り，情報の流通を密に行いながら，階層秩序の頂点に立って全体のトレンドに影響を与えていくという構造でした．そして，多くの研究者にとっては，巨大装置を用いて毎日大量のデータをモニタリングし，そこからひたすら情報処理を繰り返すのが仕事になっていきました．

　科学の対象が複雑化し，膨大な情報処理が必要となる時代においては，学際的な研究の営みへとこれまで以上に多くの人が引き込まれていくのでしょう．そして，人文社会でも，理工医でも，研究の内容が，膨大な作業の分業のような性質のものであるとき，個人は巨大な構造の一部となります．爆発的に増え続ける情報と，それを扱える技術の出現．巨大化する協働のコミュニティを前に，一人の人間が持つ知性が一体どんな意味を持ちうるのか．そうしたことも考えなければいけない時代となっている気がします．

　※ 常用漢字表の例にない漢字については，原文にある以外に一部ふりがなをつけた．

[設　問]

A．課題文Ⅰに基づき，個人の多様な意見を反映する集団的意思決定ルールとして，多数決の問題点を200字以内で説明しなさい．

B．課題文Ⅰを踏まえた上で，課題文Ⅱにおける「学問への参入者の増大」により生じうる問題と，それに対して「一人の人間が持つ知性が一体どんな意味を持ちうるのか」について，あなたの考えを400字以内にまとめなさい．

2021年度

問題編

慶應義塾大-経済　　　　　　　　　　　　　　　　　　2021 年度　問題　*3*

■一般選抜

問題編

▶試験科目・配点

方式	教科	科　　　　　目	配　点
A方式	外国語	コミュニケーション英語Ⅰ・Ⅱ・Ⅲ，英語表現Ⅰ・Ⅱ	200 点
	数　学	数学Ⅰ・Ⅱ・A・B	150 点
	小論文	高校生にふさわしい知識，理解力，分析力，構想力，表現力を問う。高等学校の特定の教科とは直接には関わらない。	70 点
B方式	外国語	コミュニケーション英語Ⅰ・Ⅱ・Ⅲ，英語表現Ⅰ・Ⅱ	200 点
	地　歴	日本史B，世界史Bのうち1科目選択	150 点
	小論文	高校生にふさわしい知識，理解力，分析力，構想力，表現力を問う。高等学校の特定の教科とは直接には関わらない。	70 点

▶備　考

- 数学Ⅱの「微分・積分の考え」においては一般の多項式を扱うこととする。数学Aは「場合の数と確率」・「整数の性質」・「図形の性質」を，数学Bは「数列」・「ベクトル」を出題範囲とする。上記範囲とその応用を出題する。

- 日本史Bの出題範囲は 1600 年以降を中心とし，世界史Bの出題範囲は 1500 年以降を中心とする。2科目とも基礎的理解並びに体系的理解を問う。

- A方式は「外国語」の問題の一部と「数学」の問題の一部の合計点が一定の得点に達した受験生について，「外国語」の残りの問題と「数学」の残りの問題および「小論文」を採点する。B方式は「外国語」の問題の一部が一定の得点に達した受験生について，「外国語」の残りの問題と「地理歴史」および「小論文」を採点する。A・B両方式とも，最終判定は総合点によって合否を決定する。

- 「外国語」と「小論文」はA・B両方式共通。

英語

（100 分）

（注意） 英語の問題のうち，問題 I から III が最初に採点されます。問題IVとV
は，最初に採点される問題の得点（数学受験者については数学の得点の一部
をそれに加味した合計）が一定点に達した受験生のみ，採点されます。

I. Read the following article, and answer the questions as indicated.

"Facial Recognition Technology: wrongly perceived?"
by Ai Shiyu (2019)

① Facial recognition is a fast-growing biometric technology that identifies
individuals by detecting some distinguishable features of their faces. At present,
it is used in a variety of ways, from allowing the unlocking of smartphones, or
smoothly passing through airport security, to purchasing products at stores.
[1], the facial recognition market by 2022 may be worth more than $9.6 billion.

② Nowadays, people are overwhelmed with all kinds of data, and much of
this, in particular photos and videos, constitutes the basic information required
to enable facial recognition technology. Facial recognition systems utilize millions
of images and videos created by high-quality surveillance cameras, smartphones,
social media, and other online activity. Machine learning and artificial intelligence
capabilities in the software [2] distinguishable facial features mathematically,
[3] for patterns in the visual data, and [4] new images with existing data stored
in facial recognition databases in order to determine identity.

③ Facial recognition technology will add convenience to our lives. You will
soon be able to pay at stores without using money or credit cards; instead, your
face will be scanned. Such a system could be a lifesaver for people who have
complicated drug prescriptions, where any mistake could cause detrimental side
effects. Facial recognition technology at the pharmacy would be able to identify
both the patient and the prescription. This information could be shared with

doctors and pharmacists, who could confirm [5] the patient has been given the right medication.

④ Another major advantage of facial recognition technology is in combatting crime. Police forces use the technology to uncover criminals or to find missing children. In New York, the police were able to locate a suspected rapist using facial recognition technology within 24 hours of an incident where he threatened a woman at knifepoint. In areas where the police do not have time to help fight minor crimes, they are now encouraging business owners to install facial recognition systems to watch and identify persons of interest when they come into their stores. [6]

⑤ Critics argue that this technology represents a grave threat to our civil liberties. They argue that such information should not be given to authorities in the first place. However, nothing could be further from the truth. Face scans may confirm the innocence of people suspected of crime. For example, individuals suspected of committing a crime at a certain time and location might be able to prove they were actually at a different location, since their presence would have been recorded by cameras, even in the absence of human witnesses. Many who have been wrongly convicted [7], had the technology been in place. Ultimately, scans favor law-abiding citizens and will allow them to establish their innocence.

⑥ Facial recognition can also help to keep citizens secure. There are good reasons why airports are quickly adding facial recognition technology to security checkpoints; the U.S. Department of Homeland Security predicts that it will be used on 97 percent of travelers by 2023. Clearly, most officials believe that [8]. As is known, when people suspect they are being watched, they are less likely to commit crimes. However, any technology which could recognize potential mass-murderers, either from previous activities or via a purchase history involving weapons, would reduce costs and significantly aid law enforcement.

⑦ Since no physical contact with the individual is necessary for the technology to recognize a face, unlike with fingerprinting or other security measures, facial recognition offers quick, safe, and automatic verification. Systems that rely on physical objects, such as keys or identity documents, which can be lost or stolen, will become unnecessary. Critics are keen to point out the potential flaws in facial recognition systems, but are usually unwilling to acknowledge that the current methods of verification are themselves deeply flawed: signatures can be forged, passports can be faked, and vital personal accounts can be hacked. Of course, facial recognition technology itself might be vulnerable to illegal interference. However, [9] more widely used, any potential flaws would soon be corrected.

⑧ Centuries ago, before urbanization, when the majority of us lived in small villages where everyone knew each other, there was no need to verify someone's identity. Societies could police themselves. Today we live in a chaotic age of mass-travel, migration, and huge cities filled with seemingly anonymous crowds; we need to find appropriate technology to verify who is who. This is not a development to be feared, but one which will [10] to our lives.

Answer the questions [1]—[10] as indicated.

1. Which of the following would best fill the gap at [1] in Paragraph ① ? Answer by filling in the corresponding slot under the number (1) on the mark sheet.
   1. Already
   2. By some estimates
   3. In all accounts
   4. Increasingly

2, 3, 4. Place three of the words below into the most suitable of the gaps marked [2], [3], and [4] in Paragraph ②. Each word may be used only once. Fill in the corresponding slots under the numbers marked (2), (3) and (4) on the mark sheet.
   1. analyze
   2. compare
   3. copy
   4. reuse
   5. search

5. Which of the following would best fill the gap at [5] in Paragraph ③ ? Answer by filling in the corresponding slot under the number (5) on the mark sheet.
   1. however

2. whatever

3. whether

4. while

6. Which of the following would best fill the gap at [6] in Paragraph ④ ? Answer by filling in the corresponding slot under the number (6) on the mark sheet.

1. In the end, crime will hardly be reduced as this trend continues.

2. In the final analysis, the police cannot be overworked.

3. Ultimately, such collaboration is crucial for fighting crime.

4. With this, the number of missing-person cases will be reduced further.

7. Which of the following would best fill the gap at [7] in Paragraph ⑤ ? Answer by filling in the corresponding slot under the number (7) on the mark sheet.

1. may benefit

2. might have benefited

3. need benefit

4. will benefit

8. Which of the following best fills the gap at [8] in Paragraph ⑥ ? Answer by filling in the corresponding slot under the number (8) on the mark sheet.

1. investing heavily in this technology will not be cost-effective

2. people rarely if ever change their behavior under surveillance

3. the chances of capturing murderers are extremely high

4. the mere possibility that this technology is being used will deter crime

9. Which of the following best fills the gap at [9] in Paragraph ⑦ ? Answer by filling in the corresponding slot under the number (9) on the mark sheet.

1. even as it becomes

2. if it became

3. since it became

4. while it will become

10. Which of the following best fills the gap at [10] in Paragraph ⑧ ? Answer

8 2021 年度 英語 慶應義塾大-経済

by filling in the corresponding slot under the number (10) on the mark
sheet.

1. bring back small-scale values
2. highlight urban-appropriate security
3. provide some democratic fairness
4. restore some long-lost order

Ⅱ. Read the following article, and answer the questions as indicated.

"Facial Recognition Technology: the thin edge of the wedge"
by U. C. Mee (2019)

① Exactly 70 years ago, we were warned of a future where our every action
would be watched over by the government. This was introduced by George
Orwell in his novel *Nineteen Eighty-Four*, wherein the leader "Big Brother" seeks
to control [11] thoughts and behaviors by constantly observing them. As it
happens, Orwell's vision of the future is mild in comparison to the one in store
for us. Facial recognition technology is quickly turning the notion of individual
privacy into a relic of the past. Worse, governments are not alone in advancing
these systems: multinational corporations, online social media services, and even
local grocery stores are pushing them along. Ironically, without serious and
immediate government oversight, in the near future we will be watched by
everyone all the time. [12]

② Facial recognition bears little resemblance to other biometric technologies
currently in use, such as fingerprint identification or DNA analysis. We have no
control over who captures, records, and analyzes images of our faces. Fingerprints
and eye scans, which are used to secure our homes, phones, and computers,
require [13]. The problem with facial recognition systems is that individuals
cannot control their personal data through a registration process. With phones,
you understand such data will be secured on your personal device.

③ [14] recording your face, your friends might have more say in the matter
than you yourself. Sharing photos with family and friends is natural, but it has
also been essential to the development of this technology. The rapid growth of

social media services that allow us to share photos with friends has allowed others to use our images in unforeseen ways. New artificial intelligence programs have pushed this technology to extremes. Today, they can identify an individual in an image more quickly than real people doing the same. At this rate, machines will soon know more about your social life than you do yourself.

④ Facial recognition technology has multiplied threats to our personal freedom. We have given permission to multi-billion-dollar companies to collect and use our personal information, including the images of our faces and those of our friends, and it seems they are free to target us in any way they choose. It will not be long until security cameras located in local stores are transformed into "customer recognition systems" that will constantly encourage you to buy more. Before you know it, it will be impossible to avoid "smart advertisements" that talk to you personally as you walk down the street. [15]

⑤ Worse still, the potential for government abuse is frightening. The right to peaceful protest is guaranteed in most democracies; however, protestors are increasingly obliged to wear masks to protect their identities from surveillance cameras employed by the state. Governments may use the facial images to arrest or imprison peaceful demonstrators – obviously [16] of these systems. Free speech under constant surveillance is ultimately not free.

⑥ Misidentification is another serious issue. On several occasions, innocent people who [17] walked into and out of stores without buying anything were unknowingly marked by the security systems. On their next visit they were asked to leave the store immediately. Similarly, in 2018, the police used facial recognition technology to identify an 18-year-old student as a shoplifter. She was arrested; however, it turned out that the student was at a school dance when the crime was committed. The charges were eventually dropped, but this traumatic experience is the result of flaws in this technology. Now this student is suing the company to [18] the emotional distress it caused.

⑦ Indeed, news of racial bias linked to facial recognition errors seems to appear daily. The problem is that these technologies have been shown to more frequently misidentify people of color. This, in turn, can result in police officers conducting home or body searches that are not warranted. Since these mistakes largely affect communities of color, this [19] further inflame distrust of law enforcement.

This has prompted widespread protests against police prejudice throughout the world.

⑧ Fortunately, there is some hope on the horizon. Concerned individuals have launched lawsuits against social media companies that one can hope will stop the collection and sharing of facial data. Protest marches are prompting discussion of possible reforms. In recent months, cities in California and Massachusetts passed laws to ban "live" facial recognition technology that surveys people in real time. Fingers crossed, the ultimate goal of national legislation may soon be within reach. Indeed, Orwell would surely have recognized the irony of a situation in which it is up to the government to guarantee our privacy from the all-seeing eyes of facial recognition technology. [20]

Answer the questions [11] − [23] as indicated.

11. Which of the following would best fill the gap at [11] in Paragraph ① ? Answer by filling in the corresponding slot under the number (11) on the mark sheet.
    1. our
    2. the characters'
    3. the readers'
    4. their

12. According to the article, when was the novel mentioned in Paragraph ① published? Answer by filling in the corresponding slot under the number (12) on the mark sheet.
    1. 1914
    2. 1949
    3. 1951
    4. 1984

13. Which of the following would best fill the gap at [13] in Paragraph ② ? Answer by filling in the corresponding slot under the number (13) on the mark sheet.
    1. activation from online servers
    2. government authorization
    3. passwords to work
    4. users' consent to function

慶應義塾大-経済　　　　　　　　　　　　　　　2021 年度　英語　*11*

14. Which of the following would best fill the gap at [14] in Paragraph ③ ? Answer by filling in the corresponding slot under the number (14) on the mark sheet.

1. As far as
2. To the extent that
3. When it comes to
4. Whenever

15. In Paragraph ④, which of the following does the author view as the greatest threat to personal freedom posed by the widespread use of facial recognition technology? Answer by filling in the corresponding slot under the number (15) on the mark sheet.

1. advertising companies
2. government agencies
3. images of friends
4. large corporations

16. Which of the following would best fill the gap at [16] in Paragraph ⑤ ? Answer by filling in the corresponding slot under the number (16) on the mark sheet.

1. a convenient benefit
2. a gross misuse
3. a smart application
4. an inevitable consequence

17. Which of the following best fills the gap at [17] in Paragraph ⑥ ? Answer by filling in the corresponding slot under the number (17) on the mark sheet.

1. barely
2. hardly
3. never
4. simply

18. Which of the following best fills the gap at [18] in Paragraph ⑥ ? Answer by filling in the corresponding slot under the number (18) on the mark sheet.

1. appeal to

12   2021 年度　英語　　　　　　　　　　　　　　　　慶應義塾大-経済

    2.　compensate for

    3.　cut up

    4.　make for

19.　Which of the following best fills the gap at [19] in Paragraph ⑦? Answer
    by filling in the corresponding slot under the number (19) on the mark
    sheet.

    1.　could preferably

    2.　may potentially

    3.　might necessarily

    4.　must possibly

20.　Which of the following does the author view as the most important source
    of "hope" in paragraph ⑧? Answer by filling in the corresponding slot
    under the number (20) on the mark sheet.

    1.　city governments

    2.　individual citizens

    3.　the federal government

    4.　widespread protests

21, 22.　Look at the statements below. Then, based on **BOTH** articles, under
    the corresponding number (21) and (22), fill in

        Slot 1, if **only Ai Shiyu** would agree with that statement
        Slot 2, if **only U. C. Mee** would agree with that statement
        Slot 3, if **both authors** would agree with that statement
        Slot 4, if **neither author** would agree with that statement

    21.　Facial-recognition technology should only be used by governments.

    22.　Individual security is improved by facial recognition technology.

23.　Each of the following pairs of words contains a noun and a verb. Which
    of the pairs contains words that have **the same stress** (アクセント) **pattern**?
    Answer by filling in the corresponding slot under the number (23) on the
    mark sheet.

    1.　the balance – to balance

    2.　the conduct – to conduct

    3.　the project – to project

4. the rebel – to rebel
5. the record – to record

III. Read the following article, and answer the questions as indicated.

"Driving the Future of Driverless Cars"
by Otto Matick and Newt Rall (2019)

① In April 2019, Tesla CEO Elon Musk hosted a major event focusing on the future of self-driving cars. Musk announced, "Tesla cars being produced all have the hardware necessary – computer and otherwise – for full self-driving." The only thing [24] to make this a reality is a software update to turn on the feature. Musk also announced that Tesla vehicles would soon allow individual owners to loan out their cars to drive people automatically. These "robotaxis" would work without human intervention and could make their owners as much as $21,000 in profit per year.

② The future of autonomous vehicles is speeding along, built upon many technological advances: cameras and radar to detect surrounding cars, telecommunications to make updates on the go, and computer processers that recognize dangerous conditions faster than humans. The global market for autonomous vehicles reached $10.5 billion in 2017 and is forecast to increase to over $65 billion by 2027. The economic opportunities are [25] no automaker, let alone any nation, can ignore them. Those same opportunities, however, are equaled by significant new risks and challenges that may put the brakes on the expansion of driverless cars.

③ Driverless cars provide a vision of an ideal world in which traffic accidents are a thing of the past. In terms of safety, the WHO estimated a record high 1.35 million deaths worldwide from road crashes in 2016. By contrast, the European Commission [26] a decline in traffic deaths in the European Union by more than 50% between 2001 and 2018, an achievement that was partially [27] to automation. Pedestrian deaths, however, have [28] at a much lower rate and continue to make up 29% of all fatalities in the EU. With reduced potential for human error with driverless cars, urban streets can be redesigned for bicycles, which will

14 2021 年度 英語　　　　　　　　　　　　　　　　　　　慶應義塾大-経済

make walking and cycling safer and more enjoyable.

④　Safety is not the only benefit. With an automated car, the morning commute to work can be used to get an early start on work or to catch up on needed sleep – a concern for the 19 million workers in the US who drive at least 2.5 hours a day. For many, the quality of life can be vastly improved. Disabled individuals can gain the benefits of enhanced freedom, and the elderly will no longer need to worry about losing their mobility. The social dimensions of driving will likely change too, as the ease of summoning a driverless car reduces the need for individual ownership, thereby allowing cars to be communally shared. [29] As a result, with the reduction in traffic violations police departments will have more time to focus on other problems facing the community.

⑤　Nevertheless, the broad adoption of driverless cars faces many speed bumps. The most obvious is the cost involved, as the current generation of automated cars offered by leading car manufacturers can easily reach more than $100,000. As the cars are highly dependent upon several integrated technologies, there are concerns that failed programming updates, a downed satellite system, or damaged systems could make the cars prone to error – much like how failing to update a smartphone operating system can render it useless. [30]

⑥　Worse yet, as driverless cars will be connected to wireless networks, someone else may take over control of your car. In 2015, researchers remotely hacked into a car via its internet connection, giving them the ability to change its GPS position and to prevent the driver from using the brakes. Moreover, serious concerns remain about the collection of personal data. Driverless cars might require collecting private information about the people in the car and automatically storing and sharing this information.

⑦　Furthermore, there are real concerns about liability. When driving today, it is the responsibility of the car owner and driver to keep their car in proper working condition, and to be insured in the case of an accident. With driverless cars, the question of who is responsible for an accident would become unclear. One suggestion is to assign responsibility solely to car manufacturers; however, they object that doing so would raise costs so high that it would make the cars simply too expensive. Not all accidents can be foreseen, and [31]. Whatever the case, minimum standards for insurance and maintenance must be implemented. Few governments could tolerate a situation in which the legal consequences of

慶應義塾大-経済   2021 年度　英語　*15*

accidents are unclear.

⑧　For all the benefits and despite some real concerns, the true limit on the advancement of driverless cars is a question of [32]. The full effects of self-driving vehicles will inevitably be met by resistance from the automotive industry, labor unions, legislative regulations, and the perceived dangers to people's lives and their livelihoods. Nitin Gadkari, India's Transport and Highways minister said, "We won't allow driverless cars in India." No government, especially in a country with high unemployment, will endorse a technology that ends up taking away jobs. According to a report from Goldman Sachs Economic Research, there were four million driver jobs in the US in 2014, and driverless trucks could reduce the number of jobs by as many as 300,000 per year at its peak.

⑨　Some argue that the real impact of driverless cars will be to improve the more routine driving jobs which already exist, allowing drivers to reduce the stress and danger of their jobs. It is likely that most drivers will still be needed. Automation in airplanes, for example, has not reduced the need for pilots. Driverless cars will profoundly alter our lives: the question is, who will benefit? Will it be the average driver or the executives of global automotive companies?

Answer the questions [24] − [36] as indicated.

24. Which of the following would best fill the gap at [24] in Paragraph ① ? Answer by filling in the corresponding slot under the number (24) on the mark sheet.
    1.　available
    2.　left
    3.　right
    4.　suitable

25. Which of the following would best fill the gap at [25] in Paragraph ② ? Answer by filling in the corresponding slot under the number (25) on the mark sheet.
    1.　so attractive as
    2.　so compelling as
    3.　so grand that

16 2021 年度 英語 慶應義塾大-経済

4. such vast that

26, 27, 28. Place three of the words below into the most suitable of the gaps marked [26], [27], and [28] in Paragraph ③. Each word may be used only once. Fill in the corresponding slots under the numbers marked (26), (27) and (28) on the mark sheet.
1. attributed
2. granted
3. fallen
4. found
5. risen

29. Which of the following would best fill the gap at [29] in Paragraph ④ ? Answer by filling in the corresponding slot under the number (29) on the mark sheet.
1. Commuting will become a pleasure.
2. Driverless cars will never exceed the speed limit.
3. Parking fines will nonetheless continue to occur.
4. Some traffic accidents will still occur.

30. Which of the following issues does the author mention as potentially problematic in Paragraph ⑤ ? Answer by filling in the corresponding slot under the number (30) on the mark sheet.
1. Interdependency
2. Inefficiency
3. Mobility
4. Security

31. Which of the following would best fill the gap at [31] in Paragraph ⑦ ? Answer by filling in the corresponding slot under the number (31) on the mark sheet.
1. governments should cover the costs of accidents
2. insurers should not bear all accident risks
3. manufacturers should not bear the cost of this uncertainty
4. owners should not bear responsibility for insurance and maintenance

32. Which of the following would best fill the gap at [32] in Paragraph ⑧ ?

慶應義塾大-経済   2021 年度　英語　*17*

Answer by filling in the corresponding slot under the number (32) on the mark sheet.

1. finance
2. politics
3. technology
4. time

33, 34.　Read the statements below. Then, based on the article as a whole, under the corresponding number (33) or (34) on the mark sheet, fill in **slot 1** if you think the author would **agree with the statement**, or fill in **slot 2** if you think the author would **disagree with the statement**, or fill in **slot 3** if you think **the author does not express an opinion about the statement**.

33. Driverless cars will improve safety for cyclists.
34. The environmental impact of driverless cars will be positive.

35, 36.　Which of the following pairs of words **do not have matching vowel sounds** (do not rhyme) when spoken? Answer by filling in the corresponding slots under the numbers (35) and (36) on the mark sheet.

35. 1. bird – heard
　　2. chew – flew
　　3. grown – crown
　　4. own – sewn

36. 1. allow – arrow
　　2. charity – parity
　　3. lighting – writing
　　4. towel – bowel

18 2021 年度 英語　　　　　　　　　　　　　　　　　　慶應義塾大-経済

Ⅳ. 以下の会話文を英語に直して，解答用紙BのⅣ. のB1，C1，B2，C2と記載されている行に書きなさい。

注意点：

　　日本語の表現をうまく英語にできない場合は，別の言い方に変えてから英語にしてみましょう。(例) 難解 → 分かりにくい → hard to understand

会話の場面：

| 同じコンビニでバイトしている学生同士の会話です。 |

会話文：

　B1： 久しぶりだけど、三日連続の無断欠勤、どうしたの？
　C1： 色々あってさ。でも辞めさせられたら困るなー。
　B2： 僕が店長なら、当然首にするよ。やる気がないなら、さっさと辞めれば。
　C2： いや、そんなことは親に言えないよ。今度店長に会ったら謝ってみるよ。

慶應義塾大-経済   2021 年度　英語　*19*

V. 以下の設問（A），（B）の中から<u>一つ選んで</u>，問題文 I ～ Ⅲ を基にして，
自分の意見を解答用紙 B の V. 欄に<u>英語で書きなさい</u>。<u>注意点をよく読ん
でから書くこと</u>。

（A）　Should the Japanese government regulate the use of facial recognition
technology? Why or why not?

（B）　Should the Japanese government promote driverless cars in Japan?
Why or why not?

注意点：

（1）　箇条書きは不可。

（2）　**自分の意見と異なる見解に言及し，それに反論すること**。

（3）　問題文 I，Ⅱ または Ⅲ で言及されている見解やことがらを<u>最低一つ引用
して</u>，自分の意見をまとめること。引用する際には，下の例を参考にするこ
と。

引用例：

- In her 2010 article "Against Zoos", Faerrer claims, "Nature is not ours to
control". She argues that .... However, I strongly disagree with that statement,
because ....

- I agree only to a certain extent with Eve N. Suzuki who argues, "Schools
do not protect the rights of students enough" in the essay by Foane
(2010). Her claim that X is Y may be true, but ....

- According to O'Werke (2012, paragraph 7), one option is indirect taxation.
Although this argument ...,

〔解答欄（(A)(B)とも）：タテ約 1cm×ヨコ約 25.4cm×21 行〕

日本史

（80 分）

I 対馬の歴史に関して述べた次の文章を読んで，問 1 〜問 5 に答えなさい．**解答は，設問で指定された場合を除いて，すべて番号で解答用紙の〔解答欄 A〕の所定の欄に記入しなさい．**

九州と朝鮮半島のあいだに位置する対馬は，古くから，大陸と日本列島の社会を結びつける役割を果たしてきた．

鎌倉時代から室町時代にかけて力を伸ばし，対馬の支配者となった宗氏は，朝鮮王朝から貿易を許されるようになった．それゆえ，A 豊臣秀吉が朝鮮出兵をおこなった際には，朝鮮と豊臣政権のあいだで困難な立場に立たされることになった．豊臣政権に代わった江戸幕府は，日朝関係の修復をめざした．朝鮮との貿易から利益を得ていた宗氏も，日朝間の緊張緩和に尽力した．これ以降，宗氏を藩主とする B 対馬藩は「鎖国」体制下の日本で，対朝鮮外交・貿易を担う存在となった．

19 世紀後半には，対馬は，C 日本・中国・朝鮮の関係のみならず，ヨーロッパを含む国際関係のなかでも焦点となった．1861 年には，D ロシアの軍艦が対馬にあらわれ，兵士が上陸し，一部地域を占領した．イギリスはこれに抗議し，ロシア兵は退去した．両国にとっての対馬の戦略的重要性がこの事件の背景にあった．

対馬藩は，対外関係や幕府とのやり取りなどに関する膨大な文書を作成した．それらの文書の一部は，E 日本の韓国併合後，朝鮮の歴史を編纂する事業で利用するために朝鮮半島に運ばれ，現在は大韓民国国史編纂委員会に所蔵されている．日本側に残った史料は，対馬の長崎県対馬歴史研究センターをはじめ，全国のいくつかの機関に分散して所蔵されており，慶應義塾大学もそのうち約 1500 点を所蔵している．

問 1　下線部 A に関連して，以下の（1），（2）に答えなさい．

（1）　豊臣政権期に起きた次の 1 〜 4 の出来事を，年代の古い順に並び替え，その番号を左から記入しなさい．

1.　海賊停止令（海賊取締令）が出された．
2.　漢城が日本軍によって占領された．
3.　武家奉公人が町人や百姓になることが禁じられた．
4.　明皇帝の使節が豊臣秀吉と会見した．

（2）　豊臣秀吉が，朝鮮への出兵にあたり，本拠地とした場所の位置として，最も適切なものを，次の地図中の 1 〜 5 の中から選びなさい．

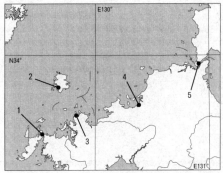

備考：県境・海岸線は現在のもの．

問 2　下線部 B に関連して，対馬は，江戸幕府の対外交渉・貿易の窓口の 1 つとして位置づけられた．対馬以外には，松前，長崎，薩摩がそうした窓口であったが，このうち松前藩とアイヌとの交易に関して，17〜18 世紀における交易の制度の変化について，〔解答欄 B〕の所定の欄の範囲内で説明しなさい．　　　　　（解答欄：約 17 cm × 2 行）

問 3　下線部 C に関連して，次の資料 a〜c は，日本と中国・朝鮮の関係にかかわる条約または新聞論説の一部である（必要に応じて表現を改めた）．資料 a〜c のうち，条約が締結された時期，新聞論説が発表された時期を，下の年表中の空欄 1〜7 の中からそれぞれ選びなさい．（重複使用不可）

a

> 今日の謀を為すに，我国は隣国の開明を待て共に亜細亜を興すの猶予あるべからず，むしろ其伍を脱して西洋の文明国と進退を共にし，その支那朝鮮に接するの法も隣国なるがゆえにとて特別の会釈に及ばず，正に西洋人がこれに接するの風に従て処分すべきのみ．悪友を親しむ者は共に悪名を免かるべからず．我れは心において亜細亜東方の悪友を謝絶するものなり．

b

> 朝鮮国は自主の邦にして，日本国と平等の権を保有せり，嗣後両国和親の実を表せんと欲するには，彼此互に同等の礼儀を以て相接待し，毫も侵越猜嫌する事あるべからず（中略）
> 朝鮮国政府は（中略）日本人民の往来通商するを准聴すべし

c

> 日本暦七月二十三日，朝鮮暦六月九日の変は朝鮮の兇徒日本公使館を侵襲し，職員多く難に罹り，朝鮮国聘する所の日本陸軍教師亦惨害せらる

（資料出所はいずれも省略する．）

　　1

日本政府が，対馬藩を通じて朝鮮に新政府成立を通知した．

　　2

日清修好条規が締結された．

22 2021 年度　日本史　　　　　　　　　　　　　　　　　　　　　　　　　慶應義塾大-経済

3

江藤新平が佐賀で蜂起した.

4

大久保利通が暗殺された.

5

金玉均らがクーデタを起こした.

6

東学を奉じる全琫準らが蜂起した.

7

問4　下線部Dに関連して，19世紀後半における日本とロシアの国境の変化について，両国の間の2つの条約に触れ
　　つつ，〔解答欄B〕の所定の欄の範囲内で説明しなさい.　　　　　　　　　　　　　　（解答欄：約17cm×3行）

問5　下線部Eに関連して，韓国併合にいたる過程では，3次にわたって日韓協約が結ばれた.次の資料a～cは，
　　それらの協約の条文の一部である（必要に応じて表現を改めた）.資料a～cが下の1～3の協約のどれに含まれる
　　か，それぞれ選びなさい.

a

韓国政府の法令の制定および重要なる行政上の処分は 予 め統監の承認を経ること

b

韓国政府は今後日本国政府の仲介に由らずして国際的性質を有する何等の条約 若 は約束をなさざることを約す

c

韓国政府は日本政府の推薦する日本人一名を財務顧問として韓国政府に傭聘し，財務に関する事項は総てその 意見を詢い施行すべし

〔資料出所〕『日本外交年表並主要文書』上巻

1.　第1次日韓協約
2.　第2次日韓協約
3.　第3次日韓協約

慶應義塾大-経済　　　　　　　　　　　　　　　　　　　　2021 年度　日本史　23

Ⅱ　近代日本の，議事機関・立法機関とその議事録に関して述べた次の文章を読んで，問 6 ～問 9 に答えなさい．**解答は，設問で指定された場合を除いて，すべて番号で解答用紙の〔解答欄 A〕の所定の欄に記入しなさい．**

　　明治政府は，その成立直後から，政府の基盤を固めることを目的とし，また官員の意見交換や情報の共有をはかるために，A さまざまな機関を設置した．こうした機関のなかには，その会議の内容が印刷・出版されたものもあった．しかし，当時の日本では，まだ速記術が定着していなかったため，それらの議事録は，議場での発言をそのまま記録したものではなく，参加者の発言の概要を文語体で記したものであった．

　　1890年，B 帝国議会が開会すると，議事の記録は速記術によって逐語的に記録されるようになり，その C 議事速記録は，原則として『官報』号外として公刊されるようになった．

問 6　下線部 A に関連して，次の a ～ c の事項は下の年表のどこに入るか．年表中の空欄 1 ～ 6 の中からそれぞれ選びなさい．（重複使用不可）

　　a. 左院が設置された．
　　b. 集議院が設置された．
　　c. 枢密院が設置された．

1

政体書が公布された．

2

廃藩置県の詔が出された．

3

後藤象二郎らが民撰議院設立建白書を提出した．

4

開拓使が廃止された．

5

太政官制が廃止された．

6

問 7　下線部 A に関連して，次の文章を読んで，以下の（1），（2）に答えなさい．

　　明治維新後に設置された会議組織のなかに，各府県の地方官を集めて開催された地方官会議があった．この会議は，漸次立憲政体樹立の詔によって，元老院，α 大審院とともに設立された．第 1 回の地方官会議は，1875年に開かれ，各府県の議会のあり方や，土木費をはじめとする費用負担の方法などが話し合われた．β 第 2 回は1878年に開かれ，地方制度の改革について議論した．第 3 回は1880年に開催され，第 2 回の会議をうけて制定された地方制度を手直しすることなどが話し合われた．

（1）　下線部 α に関連して，大日本帝国憲法が制定された後，外国の皇族が日本国内で襲撃された事件をめぐり，政府と大審院長との対立が起きた．その対立と，大審院が下した判決について，**〔解答欄 B〕の所定の欄の範囲内で説明しなさい．**　　　　　　　　　　　　　　　　　　　　　（解答欄：約 17 cm × 2 行）

（2）　下線部 β に関連して，次の資料は，第 2 回地方官会議の議事の記録の一部である（必要に応じて表現を改めた）．ここでは，ある法令についての質疑応答がなされている．その法令の名称を，下の 1 ～ 5 の中から選びなさい．

24 2021 年度 日本史

慶應義塾大-経済

> 平山靖彦曰く 「従前の区画を廃する」とある区画は，単に現今の大区小区の事を指すものなるや（中略）
> 松田道之曰く 「従前の区画」とは大小区を指したるものにして，国・郡を指すに非ず

〔資料出所〕『地方官会議議事筆記』

1. 郡区町村編制法　　2. 郡制　　3. 市制・町村制　　4. 地方税規則　　5. 府県会規則

問8　下線部Bに関連して，次の文章を読んで，以下の（1）～（5）に答えなさい.

　　帝国議会は，衆議院と貴族院の両院から構成された. α衆議院議員は国民の選挙で選ばれたが，貴族院議員は，β華族議員や，勅選議員などから構成されていた. 両院の権限は対等であり，両院の同意がなければ，予算や法律を成立させることはできなかった. 初期の帝国議会では政府と政党が激しく対立したが，政府は，積極的な経済政策をおこなうためには政党に歩み寄り，増税を含む予算案を衆議院で可決してもらう必要があった. このため政府は，しだいに政党との協力を模索するようになっていった. 第2次（ a ）内閣と（ ア ）が接近し，内務大臣として板垣退助が入閣したのに続き，第2次（ b ）内閣と（ イ ）が提携し，大隈重信が外務大臣として入閣した. そして，第2次山県有朋内閣は，憲政党の支持を得て，地租の増税を実現した. 第2次山県有朋内閣は政党と協調する一方で，軍部大臣現役武官制を導入した. γこの制度は，のちの政治に大きな影響を及ぼした.

（1）　文章中の空欄（ a ），（ b ）に入る人名（姓名）を，〔**解答欄B**〕の所定の欄に記入しなさい.

（2）　文章中の空欄（ ア ），（ イ ）に入る政党名を，〔**解答欄B**〕の所定の欄に記入しなさい.

（3）　下線部αに関連して，次のa～cの出来事が起きた時期を，衆議院議員選挙法の内容にかかわる下の年表中の空欄1～5の中からそれぞれ選びなさい.（重複使用不可）

　　a. 景山（福田）英子が大阪事件で逮捕された.
　　b. 青鞜社が結成された.
　　c. 婦人参政権獲得期成同盟会が設立された.

1

直接国税15円以上を納める25歳以上の男性に選挙権を与える選挙法が公布された.

2

選挙権の納税要件を，直接国税10円以上とする選挙法の改正が公布された.

3

選挙権の納税要件を，直接国税3円以上とする選挙法の改正が公布された.

4

選挙権の規定から納税の要件を撤廃する選挙法の改正が公布された.

5

（4）　下線部βに関連して，明治維新後に華族制度が導入されてから，内閣制度ができるまでの時期の華族制度の変化について，どのような資格の人に華族の地位が与えられたのかに触れつつ，〔**解答欄B**〕の所定の欄の範囲内で説明しなさい.

(解答欄：約17cm×3行)

（5）下線部γに関連して，第2次西園寺公望内閣が総辞職するにいたった経緯を，軍部大臣現役武官制に触れつつ，〔解答欄B〕の所定の欄の範囲内で説明しなさい．　　　　　　　　　　　　　（解答欄：約17cm×2行）

問9　下線部Cに関連して，次の資料は，帝国議会の議事速記録の一部である（必要に応じて表現を改めた）．これを読んで，以下の（1），（2）に答えなさい．

> 近来工業が発達致しまするに付きましては，雇主と労働者の間に随分確執を生じ易くなって居るのでございます．御承知の通，労働者の共同の組合即ち団結も，大阪或いは東京其外今日では九州の方にも起りかけて居ります（中略）御承知の如く，或鉄道会社の労働者がα同盟罷工を為したために，その鉄道は数日間運転を停止したのでございます．それがために公衆が幾許の損害を蒙り，幾許の迷惑をなすかと申すことは（中略）歎息に堪えない程の程度であったことでございます．

（資料出所は省略する．）

（1）この資料はある法律の案を審議している際の議事速記録の一部である．その法律の名称を，次の1～4の中から選びなさい．

1．工場法　　2．集会条例　　3．治安警察法　　4．保安条例

（2）下線部αに関連して，次の図は，19世紀後半から20世紀前半の，ある25年間における同盟罷業（ストライキ）件数の変化を示したものである．下の1～5はいずれも，この25年間に起きた出来事である．グラフ中のAの時期に起きた出来事を，下の1～5の中からすべて選び，その番号を，〔解答欄B〕の所定の欄に記入しなさい．

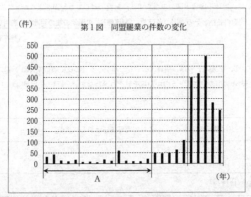

備考：図中の区切り線は，5年ごとの区分を示す．
〔資料出所〕『日本労働運動史料』第10巻より作成．

1．上野公園で第1回メーデーが開かれた．
2．堺利彦らが日本社会党を結成した．
3．大日本労働総同盟友愛会が結成された．
4．日比谷焼き打ち事件が起きた．
5．労働組合期成会が結成された．

26 2021 年度　日本史　　　　　　　　　　　　　　　　　　　　　　　慶應義塾大-経済

Ⅲ 沖縄の歴史に関して述べた次の文章を読んで，問10〜問15に答えなさい．**解答は，設問で指定された場合を除いて，すべて番号で解答用紙の〔解答欄A〕の所定の欄に記入しなさい．**

　　A琉球王国は，明治維新ののち，日本政府によってB日本領土に編入されていった．日本編入後，20世紀に入るまでの沖縄では，従来の土地制度や租税制度を維持する旧慣温存策がとられた．また，経済開発が進まず，県民の所得が総じて低かったため，出稼ぎや移民による人口流出が起こった．

　　c第二次世界大戦において，沖縄は，上陸したアメリカ軍との激しい戦闘の場となった．そのため，沖縄では民間人を含めて多くの犠牲者が出た．

　　D敗戦後，日本本土は，戦後改革を通じて復興への道を歩みはじめ，国際社会へ復帰した．Eめざましい経済成長も実現された．その一方で，沖縄は，Fアメリカ合衆国の施政権下におかれ，本土復帰まで時間を要することになった．本土復帰した後も，沖縄には依然として広大な米軍基地がおかれたままである．

問10　下線部Aに関連して，次の文章を読んで，以下の（1），（2）に答えなさい．

　　　　1429年に中山王尚巴志によって，三山に分かれていた琉球が統一され，琉球王国が成立した．琉球王国では，王都（　ア　）の整備が進められ，その外港である（　イ　）は国際貿易港として繁栄した．琉球王国は，明の冊封体制のもとで朝貢（進貢）貿易をおこなっていた．しかし，1609年に，薩摩の島津家久の軍が琉球王国を征服すると，薩摩藩は，琉球王国の貿易を管理しながら，朝貢貿易を継続させた．こうして，琉球王国は，江戸時代には，薩摩藩の支配を受けながら，明そして清を宗主国とするというα両属関係におかれることとなった．

　（1）　文章中の空欄（　ア　），（　イ　）に入る地名を，それぞれ**〔解答欄B〕**の所定の欄に記入しなさい．

　（2）　下線部αに関連して，琉球王国は中国のみならず江戸幕府に対しても使節を送ることになった．琉球王国が江戸幕府に派遣した使節の名称とその派遣の名目を，**〔解答欄B〕**の所定の欄の範囲内で説明しなさい．

　　　　　　　　　　　　　　　　　　　　　　　　　　　　　　　　　　　　（解答欄：約17cm×2行）

問11　下線部Bに関連して，次の資料 a，b は，詔書・法令の一部である（必要に応じて表現を改めた）．資料 a，b が発せられた時期を，下の年表中の空欄 1〜5 の中からそれぞれ選びなさい．（重複使用不可）

　a

　┌───┐
　│　尚泰能く勤誠を致す，宜しく顕爵を予ふへし，陛して琉球藩王と為し（後略）　│
　└───┘

　b

　┌───┐
　│　琉球藩を廃し沖縄県を被置候　　　　　　　　　　　　　　　　　　　　│
　└───┘

　　　　　　　　　　　　　　　　　　　　　　　　　　　　（資料出所はいずれも省略する．）

　　　┌──────────────┐
　　　│　　　　　　1　　　　　　│
　　　└──────────────┘
　　王政復古の大号令が発せられた．
　　　┌──────────────┐
　　　│　　　　　　2　　　　　　│
　　　└──────────────┘
　　岩倉具視を大使とする使節団が横浜港を出港した．
　　　┌──────────────┐
　　　│　　　　　　3　　　　　　│
　　　└──────────────┘
　　征韓論争で西郷隆盛が下野した．

慶應義塾大-経済　　　　　　　　　　　　　　　　　　　2021 年度　日本史　*27*

4

西南戦争が始まった.

5

問12　下線部Cに関連して，ヨーロッパにおける第二次世界大戦は，ドイツのポーランド侵攻によって始まったが，その
　　　直前に日本では平沼騏一郎内閣が総辞職した．その理由を，日本とドイツとの関係に触れつつ，**［解答欄B］**の所定
　　　の欄の範囲内で説明しなさい.

(解答欄：約 17cm×2 行)

問13　下線部Dに関連して，以下の（1），（2）に答えなさい.

（1）次の資料 a～c は，戦後に発表された文学作品からの抜粋である（必要に応じて表現を改めた）．それぞれの
　　　文学作品の作者の組み合わせとして適切なものを，下の 1～6 の中から選びなさい.

a

> 渦巻くきいろい煙がうすれると　／　ビルディングは裂け，橋は崩れ
> 満員電車はそのまま焦げ　／　涯しない瓦礫と燃えさしの堆積であった広島
> やがてボロ切れのような皮膚を垂れた　／　両手を胸に
> くずれた脳漿を踏み　／　焼け焦げた布を腰にまとって
> 泣きながら群れ歩いた裸体の行列

b

> 白痴の女が焼け死んだら──土から作られた人形が土にかえるだけではないか．もしこの街に焼夷弾のふり
> そそぐ夜がきたら……伊沢はそれを考えると，変に落着いて沈み考えている自分の姿と自分の顔，自分の目
> を意識せずにいられなかった．俺は落着いている．そして空襲を待っている．よかろう．彼はせせら笑うの
> だった.

c

> 兵器が進歩し，戦闘を決定する要素において人力の占める割合が著しく減少した今日，局所の戦闘力に懸絶を
> 生ぜしめたのは指揮者の責任であり，無益な抵抗を放棄するのは各兵士の権利であるとさえ思っていた．しかし，
> （中略）同胞がなお生命を賭して戦いつつある時，自分のみ安閑として敵中に生を貪るのは，いかにも奇怪な，
> あるまじきことと思われた.

(資料出所はいずれも省略する.)

1.　a 大岡昇平　　b 坂口安吾　　c 峠三吉
2.　a 大岡昇平　　b 峠三吉　　　c 坂口安吾
3.　a 坂口安吾　　b 大岡昇平　　c 峠三吉
4.　a 坂口安吾　　b 峠三吉　　　c 大岡昇平
5.　a 峠三吉　　　b 大岡昇平　　c 坂口安吾
6.　a 峠三吉　　　b 坂口安吾　　c 大岡昇平

（2） 日本はサンフランシスコ平和条約において，国際連合に加盟する意思を表明したが，日本の国連加盟はその後にもちこされた．日本の国連加盟が国連総会で認められた背景にある，サンフランシスコ平和条約以後の日本の外交関係の変化について，その変化を実現させた当時の首相の姓名に触れつつ，〔解答欄B〕の所定の欄の範囲内で説明しなさい．

（解答欄：約17cm×2行）

問14　下線部Eに関連して，次の図は，第二次世界大戦後の，ある20年間における日本の実質経済成長率の推移をグラフ化したものである．図の横軸の1～4は，5年ごとの区分である．次のa～dの出来事が起きた時期を，図の1～4の中からそれぞれ選びなさい．ただし，1の時期より前の場合は0を，4の時期より後ろの場合は5を記入しなさい．（重複使用不可）

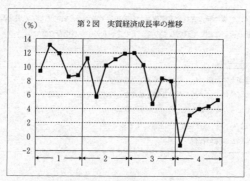

〔資料出所〕『近現代日本経済史要覧　補訂版』より作成．

a．教育委員が，公選制から地方自治体首長による任命制となった．
b．公害対策基本法が制定された．
c．男女雇用機会均等法が制定された．
d．農業基本法が制定された．

問15 下線部Fに関連して,以下の(1),(2)に答えなさい.

(1) 吉田茂内閣時に,アメリカ合衆国から日本に施政権が返還された場所として最も適切なものを,次の地図中の1～4の地点の中から選びなさい.

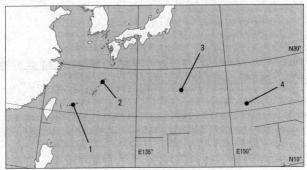

備考：国境は現在のもの．

(2) 次のa～cの出来事はそれぞれ下の年表のどこに入るか．年表中の空欄1～6の中からそれぞれ選びなさい．
（重複使用不可）

a．アメリカ合衆国と日本との間にMSA協定が締結された．
b．沖縄返還協定に基づいて日本に沖縄の施政権が返還された．
c．日米相互協力及び安全保障条約が締結された．

1

広島で第1回原水爆禁止世界大会が開かれた．

2

日本がIMF8条国へ移行した．

3

日韓基本条約が締結された．

4

ニクソン大統領が金とドルとの兌換停止を発表した．

5

日中平和友好条約が締結された．

6

30 2021 年度 世界史 慶應義塾大-経済

■ 世界史 ■

（80 分）

Ⅰ 対馬の歴史に関して述べた次の文章を読んで，問 1 ～問 6 に答えなさい．**解答は，設問で指定された場合を除いて，すべて番号で解答用紙の〔解答欄 A〕の所定の欄に記入しなさい.**

　九州と朝鮮半島のあいだに位置する対馬は，古くから，大陸と日本列島の社会を結びつける役割を果たしてきた．

　鎌倉時代から室町時代にかけて力を伸ばし，対馬の支配者となった宗氏は，朝鮮王朝から貿易を許されるようになった．それゆえ，豊臣秀吉が朝鮮出兵をおこなった際には，朝鮮と豊臣政権のあいだで困難な立場に立たされることになった．豊臣政権に代わった江戸幕府は，A 東アジア域内の関係の安定化をめざした．朝鮮との貿易から利益を得ていた宗氏も，幕府と朝鮮とのあいだの緊張緩和に尽力した．宗氏を藩主とする対馬藩は「鎖国」体制下の日本で，対朝鮮外交・貿易を担う存在となった．

　19世紀後半には，対馬は，B 日本・中国・朝鮮の関係のみならず，C ロシアやイギリスとの関係のなかでも焦点となった．1861年には，ロシアの軍艦が対馬にあらわれ，兵士が上陸し，一部地域を占領した．イギリスはこれに抗議し，ロシア兵は退去した．両国にとっての対馬の戦略的重要性がこの事件の背景にあった．

　明治維新後，廃藩置県によって宗氏の対馬支配は終わりを迎えるが，対馬の戦略的な重要性は D 日露戦争時にも変化せず，対馬沖で日本海海戦が起きている．

　対馬藩は，対外関係や幕府とのやり取りなどに関する膨大な文書を作成した．それらの文書の一部は，日本が E 大韓帝国を併合した後，朝鮮の歴史を編纂する事業で利用するために朝鮮半島に運ばれ，現在は F 大韓民国国史編纂委員会に所蔵されている．日本側に残った史料は，対馬の長崎県対馬歴史研究センターをはじめ，全国のいくつかの機関に分散して所蔵されており，慶應義塾大学もそのうち約1500点を所蔵している．

問 1　下線部 A に関連して，17～18世紀の東アジア情勢について，以下の（1），（2）に答えなさい.

（1）　次の 1 ～ 5 の出来事を，年代の古い順に並び替え，その番号を左から記入しなさい.

　　1．軍機処が設置された.

　　2．康熙字典の編纂が始まった.

　　3．呉三桂ら三人の藩王が反乱を起こした.

　　4．ジュンガルが滅亡した.

　　5．李自成が反乱を起こした.

（2）　17世紀の台湾では，鄭成功ら，清と敵対する勢力が活動していた．そうした勢力の活動およびその活動の終焉と，清の海上交易政策の変化との関係について，〔解答欄 B〕の所定の欄の範囲内で説明しなさい.

（解答欄：約 17cm × 2 行）

慶應義塾大-経済　　　　　　　　　　　　　　　　　　　　　　　2021 年度　世界史　*31*

問2　下線部 B に関連して，次の資料 a 〜 c は，日本と中国・朝鮮の関係にかかわる条約の一部である（必要に応じ
　　て表現を改めた）．資料 a 〜 c が締結された時期を，下の年表中の空欄 1 〜 6 の中からそれぞれ選びなさい．（重複
　　使用不可）

a

> 将来朝鮮国若し変乱重大の事件ありて日中両国あるいは一国兵を派するを要するときは，応に先ず互に行文
> 知照すべし

b

> 朝鮮国は自主の邦にして，日本国と平等の権を保有せり，嗣後両国和親の実を表せんと欲するには，彼此互に
> 同等の礼儀を以て相接待し，毫も侵越猜嫌する事あるべからず．（中略）
> 朝鮮国政府は（中略）日本人民の往来通商するを准聴すべし

c

> 日本暦七月二十三日，朝鮮暦六月九日の変は朝鮮の兇徒日本公使館を侵襲し，職員多く難に罹り，朝鮮国
> 聘する所の日本陸軍教師亦惨害せらる

〔資料出所〕『日本外交年表並主要文書』上巻

```
   1
```
日清修好条規が締結された．
```
   2
```
日本政府が，琉球漂流民殺害事件を口実に台湾に出兵した．
```
   3
```
沖縄県が設置された．
```
   4
```
金玉均らがクーデタをおこした．
```
   5
```
東学を奉じる全琫準らが蜂起した．
```
   6
```

問3　下線部 C に関連して，19世紀後半におけるロシアと清の間の国境の変化について，両国間の 3 つの条約の締結
　　の経緯に触れつつ，〔解答欄 B〕の所定の欄の範囲内で説明しなさい．　　　　　　（解答欄：約 17cm × 3 行）

問4　下線部 D に関連して，日露戦争中に開かれた社会主義者の国際組織・第 2 インターナショナルの第 6 回大会で
　　は，日本代表の片山潜が，戦争に反対する演説をおこない，ロシアの代表と握手を交わした．日露戦争時のロシア
　　の社会主義者の主要な諸党派について，〔解答欄 B〕の所定の欄の範囲内で説明しなさい．
　　　（解答欄：約 17cm × 3 行）

問5　下線部 E に関連して，1868年に，対馬藩が，朝鮮に日本の新政府の成立を知らせた文書に，日本の君主を示す
　　用語として「皇」が用いられていたことを理由として，朝鮮は文書の受領を拒否した．一方，1897年に，朝鮮国王

高宗は，国号を大韓帝国と改め，君主の称号を，国王から皇帝に改称した．この2つの出来事のあいだの時期の清と朝鮮・韓国の関係の変化に触れつつ，高宗が「皇帝」を称したことが，東アジアの国際秩序において持った意味を，〔解答欄 B〕の所定の欄の範囲内で説明しなさい．

(解答欄：約17cm×3行)

問6　下線部Fに関連して，次の資料 a，b は日本が調印した条約，c は日本の新聞記事の一部である（必要に応じて表現を改めた）．資料 a，b が調印された時期，および資料 c が発表された時期を，下の年表中の空欄1～6の中からそれぞれ選びなさい．（重複使用不可）

a

> 大韓民国政府は，国際連合総会決議第195号（Ⅲ）に明らかに示されているとおりの朝鮮にある唯一の合法的な政府であることが確認される．

b

> 日本国は，朝鮮の独立を承認して，済州島，巨文島及び鬱陵島を含む朝鮮に対するすべての権利，権原及び請求権を放棄する．

c

> マッカーサー元帥は大韓民国独立式典に列席するため，日本に来て以来二回目の国外旅行をすることとなった．すなわち総司令部ではマッカーサー元帥が15日朝，空路京城に向かい，式典に列席ののち直ちに帰任するむね13日発表した．

(資料出所はいずれも省略する．)

1

中華人民共和国の建国が宣言された．

2

日本で警察予備隊が設置された．

3

日ソ共同宣言が出された．

4

沖縄返還協定に基づいて日本に沖縄の施政権が返還された．

5

日中平和友好条約が締結された．

6

慶應義塾大-経済　　　　　　　　　　　　　　　　　　　　　2021 年度　世界史　*33*

Ⅱ　スペイン，ポルトガルの探検航海に関して述べた次の文章を読んで，問7〜問11に答えなさい．**解答は，設問で指定された場合を除いて，すべて番号で解答用紙の〔解答欄 A〕の所定の欄に記入しなさい．**

　　15世紀，イベリア半島を中心として，ヨーロッパの国々は A<u>大西洋に活路を求めていく</u>．この時期，世界の一体化に重要な役目を果たしたのがスペインである．スペインは，短期間のうちに B<u>アステカ，インカという先住民国家</u>をあいついで征服し，やがて，自他ともに認める C<u>「太陽の沈まぬ国」</u>となった．
　　ヨーロッパと結びついたアメリカ大陸は，様々な富をもたらすことになる．D<u>なかでも世界に大きな影響を与えたのが，ラテンアメリカの各地で発見された豊かな銀の鉱脈である</u>．銀に代表されるモノ，人そして情報が行き交うことで地球上の各地が繋がり，人類史上初のグローバル化が実現したのだ，と考える研究者も少なくない．

問7　下線部 A に関連して，次の資料a〜cは，探検航海に関する記録の日本語訳からの抜粋である（必要に応じて表現を改めた）．資料a〜cに記された航海に関わった人物の組み合わせとして適切なものを，下の1〜6の中から選びなさい．

a

> これら26人と公証人アンドレス＝デ＝バルデラーバノは南の海に足を浸した最初のキリスト教徒であった．彼らはみな，水を手にすくい，北のもう一つの海のように塩からいかどうかを調べようと初めて口にする物のように，水を口に含んでみた．塩からいと分り，自分たちがどこにいるかを考えて，彼らはこの発見に対して神に深い感謝を捧げたのであった．

b

> これら二つの島を通過すると，11月6日水曜日に，東の方へ14レーガ〔約78キロ〕の地点にわれわれは四つの高い島の姿を望見した．船に抑留していた水先案内人が，あれがマルーコ〔モルッカ〕諸島だ，と告げた．

（注）〔　〕内は訳者による注である．

c

> そこでわれわれは南南東へと船を進め，土曜日の夕方，かの喜望峰を見つけた．（中略）日曜日の朝，11月19日，再び岬に接近したが，風は南南東の風で喜望峰は北東から南西へ伸びているのでまわれなかった．

（資料出所はいずれも省略する．）

資料a・c：野々山ミナコ 訳／資料b：長南実 訳

　　1．a ヴァスコ＝ダ＝ガマ　　　　b バルボア　　　　　　　　c マゼラン

　　2．a ヴァスコ＝ダ＝ガマ　　　　b マゼラン　　　　　　　　c バルボア

　　3．a バルボア　　　　　　　　　b ヴァスコ＝ダ＝ガマ　　　c マゼラン

　　4．a バルボア　　　　　　　　　b マゼラン　　　　　　　　c ヴァスコ＝ダ＝ガマ

　　5．a マゼラン　　　　　　　　　b ヴァスコ＝ダ＝ガマ　　　c バルボア

　　6．a マゼラン　　　　　　　　　b バルボア　　　　　　　　c ヴァスコ＝ダ＝ガマ

問8　下線部 B に関連して，次の文章を読んで，以下の（1），（2）に答えなさい．

　　ヨーロッパの人々が到来する前の中南米には，大きく二つの文明圏があった．一つはメキシコ高原と（　ア　）

34 2021年度　世界史 慶應義塾大-経済

半島に開花したメソアメリカ文明圏であり，もう一つはアンデス文明圏である．

　絵文字をもち，聖獣ジャガーを信仰する（　a　）文明は，メソアメリカにおける最初期の文明であり，メキシコ湾岸地方に成立した．その後，（　ア　）半島を中心に，（　a　）の文化を継承しつつ，マヤ文明が発展した．メキシコ中央部では14世紀なかばからアステカ王国が栄えた．アステカ人が湖上に建設した（　b　）は大都市に成長し，スペイン人が到来した頃にはその人口は20万人以上であったといわれる．

　一方，アンデス山脈の南北に版図を広げていたインカ帝国では，統計や数字などの記録を，縄を用いた（　イ　）という手段によって残した．

（1）　空欄（ア），（イ）に入る語を，カタカナで，それぞれ〔解答欄B〕の所定の欄に記入しなさい．

（2）　空欄（a），（b）に入る語を，次の1〜6の中からそれぞれ選びなさい．（重複使用不可）

　　1．オルメカ　　　　　　2．クスコ　　　　　　3．チャビン

　　4．テオティワカン　　　5．テノチティトラン　　6．マチュ＝ピチュ

問9　下線部Cに関連して，「太陽の沈まぬ国」という言葉は，16世紀末のスペインのどのような状態を意味するのか．それがどのような出来事の結果として生じたものかについて触れつつ，〔解答欄B〕の所定の欄の範囲内で説明しなさい．
　　　　　　　　　　　　　　　　　　　　　　　　　　　　（解答欄：約17cm×2行）

問10　下線部Dに関連して，次の資料は，スペイン国王カルロス1世（神聖ローマ皇帝としてはカール5世）が公布した文書の一部である（必要に応じて表現を改めた）．これを読んで，以下の（1），（2）に答えなさい．

> 鉱山で働く α インディオと奴隷には，聖なる秘蹟を執りおこない，カトリックの教義を教える司祭ないし修道士を配置し，その報酬は，鉱山関係者が支払うべし．

　　　　　　　　　　　　　　　　　　　　　　　　　　　　（資料出所は省略する．）

（1）　下線部 α にみられるように，スペイン王室がラテンアメリカに有する鉱山では奴隷が働いていた．その奴隷の主な出身地に触れつつ，奴隷も労働力として必要とされるにいたった経緯を，〔解答欄B〕の所定の欄の範囲内で説明しなさい．
　　　　　　　　　　　　　　　　　　　　　　　　　　　　（解答欄：約17cm×2行）

（2）　カルロス1世が在位していた期間に起きた出来事を，次の1〜6の中から3つ選び，番号が小さい順に左から記入しなさい．

　　1．イベリア半島でのレコンキスタが完了した．

　　2．カトー＝カンブレジ条約が結ばれた．

　　3．諸侯がルター派を信仰することが，アウクスブルクにおいて承認された．

　　4．ドイツ農民戦争を指導したミュンツァーが処刑された．

　　5．ネーデルラント北部7州がユトレヒト同盟を結成した．

　　6．プレヴェザの海戦でオスマン帝国軍が勝利した．

問11　下線部Dに関連して，スペインのアジアにおける支配拡大にともない，16世紀後半以降に本格化した，スペイン領ラテンアメリカ物産と中国物産の交易について，〔解答欄B〕の所定の欄の範囲内で説明しなさい．
　　　　　　　　　　　　　　　　　　　　　　　　　　　　（解答欄：約17cm×2行）

慶應義塾大-経済   2021 年度　世界史　35

Ⅲ　パリ大学の歴史に関して述べた次の文章を読んで，問12〜問18に答えなさい．**解答は，設問で指定された場合を除いて，すべて番号で解答用紙の〔解答欄 A〕の所定の欄に記入しなさい．**

　　中世ラテン語の *Universitas* という語は「共同体」を意味した．パリ大学もそうした教師と学生の「共同体」からはじまった．その起源は12世紀後半にもとめられ，13世紀前半に教皇の特許状を得て，自治をおこなった．神学部を中心とし，ラテン語が用いられた．A 教師も学生もしばしば複数の大学を遍歴した．しかしのちに，パリ大学は自治権を王に奪われた．パリ大学につどった神学者たちは，B ルネサンス期には人文主義を歓迎せず，C 17世紀，18世紀に生まれた新しい思潮に対しては，それらを批判した．
　　フランス革命は，大学制度にとっても転換点となり，パリ大学は他大学とともに廃止された．その後，D ナポレオンのもとで再び導入された大学制度により，パリ学区に五つの学部が設置された．E フランス革命以後，19世紀のフランスではさまざまな政治的事件が起きたが，学生たちもそこに参加した．20世紀後半，1968年には五月危機（革命）が起き，大学はその主な舞台の一つとなった．その際，F 哲学者サルトルは，学生運動への支持を表明した．

問12　下線部 A に関連して，次の文章を読んで，（a）〜（d）に入る人名を，下の 1 〜 9 の中からそれぞれ選びなさい．
　　（重複使用不可）

　　中世の大学に用いられた教育法はスコラ学に基づき，講読と討論とを中心とした．スコラ学を大成し『神学大全』を著わした（　a　）は，ナポリ，パリ，ケルンなどで学んだあと，パリ大学教授となり，イタリア各地でも教えた．経験と観察を重んじ『大著作』において「実験科学」という語を用いた（　b　）は，オクスフォードのみならず，パリにも赴いた．スコラ学に欠かせないのが古代ギリシアの（　c　）の哲学である．コルドバ生まれの法学者であり，医学者でもある（　d　）は，イスラーム世界につたわる（　c　）のほぼすべての著作に注釈をおこない，それがラテン語に翻訳され，スコラ学にも大きな影響を与えた．

　　1．アベラール　　　　　　　　2．アリストテレス　　　　　　3．イブン＝ハルドゥーン
　　4．イブン＝ルシュド　　　　　5．ウィリアム＝オブ＝オッカム　6．ソクラテス
　　7．トマス＝アクィナス　　　　8．プロタゴラス　　　　　　　9．ロジャー＝ベーコン

問13　下線部 B に関連して，15世紀なかばに，ヨーロッパにおいて書籍の製作が飛躍的に容易になった．その要因は何か．2 つの技術に触れつつ，〔解答欄 B〕の所定の欄の範囲内で説明しなさい．　　　　　（解答欄：約 17cm × 1 行）

問14　下線部 B に関連して，次の資料アは16世紀に出版されたある文芸作品の日本語訳からの抜粋である（必要に応じて表現を改めた）．これを読んで，以下の（1），（2）に答えなさい．

　　ア

> ところが，わが神学者先生たちときたら，自己満足にひたって得意満々，みずからを褒めちぎって，昼夜を分かたずこの心楽しいいとなごとに没頭していますから，一度たりとも福音書やパウロの書簡を繙く暇もありません．それでいて，学校でこんな馬鹿げた遊びに耽っていながら，自分こそは三段論法で全教会を支えており，さもなくば教会は崩壊するであろうと考え，それは，詩人たちが詠っているように，アトラスが両肩で天を支えているのと同じことだとしているのです．

　　　　　　　　　　　　　　　　　　　　（注）アトラス：ギリシャ神話における巨神族の一人．
　　　　　　　　　　　　　　　　　　　　　　　　　　　　　　　（資料出所は省略する．）

　　　　　　　　　　　　　　　　　　　　　　　　　　　　　　　沓掛良彦 訳

36 2021 年度　世界史　　　　　　　　　　　　　　　　　　　　　　慶應義塾大-経済

（1）　次の資料 a ～ c は，資料アの著者が，資料 a ～ c 内の波線部 α にあてた手紙の日本語訳からの抜粋である
　　　（必要に応じて表現を改めた）．これを読んで，資料アの著者および波線部 α の人物の名を，それぞれ **解答欄 B**
　　　の所定の欄に記入しなさい．

　　a

> α 大兄がいやいやながら宮廷へ引きずり込まれてしまったことについては，α 大兄がお仕えするのが最上
> の β 君主だということが，唯一の慰めです．しかしそれは間違いなく，私にとっても文芸にとっても，
> α 大兄というものが失われたということになるのです．

　　b

> α 大兄もタンスタルも力を尽くして，私にルターに論駁する筆を執らせようとしておられますね．（中略）お二
> 人とも，私が全力を挙げてルターに立ち向かったならば，世人への影響力は大きいとお考えのようです．とこ
> ろが私としては，そんなことをすればただ蜂の巣をつついて蜂を怒らせるだけだと，まあ固く信じています．

　　　　　　　　　　　　　　　　　　　（注）タンスタル：カスバート＝タンスタル．資料アの著者の友人．

　　c

> 私はと言えば，私にこんなことを強いた実に愚かな神学者どもを時折呪いながら，世にも危険な旅路へ踏み
> 出そうとしています．（中略）私の遣わしたジョンが，α 大兄と話し合って，使用人の一人として雇ってい
> ただけることになったと聞きました．それが本当なら，本当にうれしいことです．なにしろ彼の母親は，
> 息子が無事でいられるのはイギリスだけだと思っていますからね．

　　　　　　　　　　　　　　　　　　（注）ジョン：ジョン＝スミス．資料アの著者のメッセンジャー役であった．
　　　　　　　　　　　　　　　　　　　　　　　　　　　　　　　（資料出所はいずれも省略する．）

　　　　　　　　　　　　　　　　　　　　　　　　　　　　　　資料 a ～ c：沓掛良彦 訳

（2）　資料 a 内の波線部 β は，自国の教会制度を従来のものから大きく変化させた．波線部 β の人名を明らかにした
　　　うえで，その変化の内容を，**解答欄 B** の所定の欄の範囲内で説明しなさい．　　　　（解答欄：約 17 cm × 2 行）

問15　下線部 C に関連して，次の資料 a ～ c は，それぞれ 17 世紀から 18 世紀にかけてヨーロッパで発表された著作の
　　　日本語訳からの抜粋である（必要に応じて表現を改めた）．それぞれの著作の著者名の組み合わせとして適切なも
　　　のを，下の 1 ～ 6 の中から選びなさい．

　　a

> 幾何学者らが，かれらの最も骨の折れた証明にたどりつくために，つねに用い慣れた，実に単純で容易な，
> 論拠から論拠への長い鎖は，何かのおりに私にこんなことを考えさせたのである，人間に知られうるような
> ものは何から何まで，これと同様の仕方で連続し合っているのであろう，そうしてそれらのもののうち真な
> らぬものを真なるものとして決して受けいれることなく（中略）必要な順序を守りつづけさえするならば，
> 最後まで到達できぬほどの遠くにあるものも，発見できぬほどに隠されているものも，断じてありえないで
> あろうと．

b

> 20 耕作すべき大領土を持っていて，さかんな粗生産物貿易を容易に行うことのできる国民は，農業の労働と支出を犠牲にしてまで，金と人を製造業と奢侈品商業に使いすぎる，といったようなことは避けなければならない．何より先ず，豊かなラブルールで王国は満ちていなければならないからである．
>
> 21 政府は節約に専念するよりも，王国の繁栄に必要な事業に専念すること．なぜなら，支出が多過ぎても，富が増加すれば，過度でなくなりうるからである．

(注) ラブルール：耕作者を意味する．

c

> それであるからわれわれは，人間の本性のなかに，三つの主要な，あらそいの原因を見いだす．第一は競争，第二は不信，第三は誇りである．
> 第一は，人びとに，利得をもとめて侵入をおこなわせ，第二は安全をもとめて，第三は評判をもとめて，そうさせる．第一は自分たちを他の人びとの人格，妻子，家畜の支配者とするために，暴力を使用し，第二は自分たちを防衛するために，第三は，一語一笑，ちがった意見，その他すべての過小評価のしるしのような，些細なことのために，それらが直接にかれらの人格にむけられたか，間接にかれらの親戚，友人，国民，職業，名称にむけられたかをとわず，暴力を使用する．

(資料出所はいずれも省略する．)

資料 a：落合太郎 訳／資料 b：平田清明，井上泰夫 訳／資料 c：水田洋 訳

1. a ケネー 　 b デカルト 　 c ホッブズ
2. a ケネー 　 b ホッブズ 　 c デカルト
3. a デカルト 　 b ケネー 　 c ホッブズ
4. a デカルト 　 b ホッブズ 　 c ケネー
5. a ホッブズ 　 b ケネー 　 c デカルト
6. a ホッブズ 　 b デカルト 　 c ケネー

問16 下線部Dに関連して，次の文章を読んで，（a）～（d）に入る地名の場所として最も適切なものを，下の地図中の1～9の中からそれぞれ選びなさい．（重複使用不可）

ナポレオンの台頭は，ヨーロッパ諸国をさらなる戦争に巻きこんだ．一連の戦争の背景の一つには，英仏の経済的対抗関係があった．1802年に両国は（　a　）で和約を結んで講和したが，対立はすぐに表面化し，再び戦争が始まった．海上では，1805年にネルソン提督率いるイギリス軍が（　b　）岬沖で勝利し，フランスのイギリス本土上陸を頓挫させたが，大陸に軍を展開させたナポレオンは，オーストリア，ロシア，プロイセンに次々と勝利していった．こうした中，1806年に（　c　）を占領したナポレオンは，イギリス経済への打撃をねらって大陸封鎖の勅令を（　c　）で発した．翌年，（　d　）でロシアとプロイセンはそれぞれフランスと和約を結び，ロシアは大陸封鎖に協力することになり，プロイセンは広大な領土を失った．しかし，大陸封鎖はイギリスと密接な経済関係をもっていた大陸諸国の経済を疲弊させ，ナポレオンの大陸支配を動揺させていった．

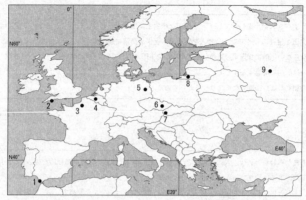

備考：国境線は現在のもの．

問17　下線部Eに関連して，フランスではフランス革命以後，選挙制度も変遷した．国民公会を成立させた選挙制度と，七月王政下の選挙制度との違いについて，〔解答欄B〕の所定の欄の範囲内で説明しなさい．

(解答欄：約17cm×1行)

問18　下線部Fに関連して，次の文章を読んで，以下の（1），（2）に答えなさい．

　サルトルは1905年，パリに生まれた．1938年に小説『嘔吐』を，1943年には哲学書『存在と無』を発表した．第二次世界大戦後は実存主義が流行し，名声を得，発言の機会が増した．1948年から49年にかけて資本主義とも共産主義とも異なる第三の道を探る革命的民主連合に参加する．しかし，この運動はいきづまり，1952年リッジウェイ将軍訪仏反対をめぐる事件を機に，フランス共産党の「同伴者」となる．しかし，α ソ連の外交政策をきっかけに，ソ連を批判し，共産党と訣別する．β アルジェリア戦争に際しては，アルジェリア独立派を擁護した．1966年に日本を訪れた際には，慶應義塾大学三田キャンパスで講演をおこなった．

（1）下線部αに関連して，次のa，bの出来事はそれぞれ下の年表のどこに入るか．年表中の空欄1～5の中からそれぞれ選びなさい．（重複使用不可）

　　a．ソ連が，ドイツの米英仏占領地区での通貨改革に反発し，米英仏占領地区から西ベルリンへの陸上交通を遮断した．
　　b．ソ連軍がハンガリー国内に軍事介入し，ナジ＝イムレが拘束された．

　　　　1
スターリンが死去した．
　　　　2
ソ連共産党第20回大会で，フルシチョフがスターリンを批判した．
　　　　3
東ドイツ政府が東西ベルリンの境界に壁を築いた．
　　　　4
フルシチョフが第一書記および首相の座を追われた．
　　　　5

慶應義塾大-経済　　　　　　　　　　　　　　　　　　2021 年度　世界史　*39*

（2）　下線部 β に関連して，アフリカ諸国の独立に関わる次の 1 ～ 4 の出来事を，年代の古い順に並べ替え，その
　　　番号を左から記入しなさい.

　　　1．アフリカ統一機構が結成された.

　　　2．アルジェリアが独立した.

　　　3．チュニジアが独立した.

　　　4．フランスで第五共和政が発足した.

数学

(80分)

(注意)

1. 数学の問題のうち，問題の［1］から［3］が最初に採点されます。問題の［4］から［6］は，数学の最初に採点される問題と英語の最初に採点される問題の得点が一定点に達した受験生についてのみ，採点されます。

2. ① 問題の［1］から［3］の解答は，解答用紙Ａ（マークシート）の解答欄にマークしてください。

   ［例］ (11) (12) と表示のある問いに対して，「45」と解答する場合は，解答欄(11)の④と解答欄(12)の⑤にマークしてください。

   なお，解答欄にある⊖はマイナスの符号－を意味します。

   ② 解答欄(1)，(2)，…の一つ一つは，それぞれ0から9までの数字，またはマイナスの符号－のいずれか一つに対応します。それらを(1)，(2)，…で示された解答欄にマークしてください。

   下の例のように，数字は右によせて表示し，マイナスの符号－は左端に置いてください。空のマスがあれば0を補ってください。分数の分母と分子がともに解答欄のときは，分母を正で，約分しきった形で解答してください。

   ［例］

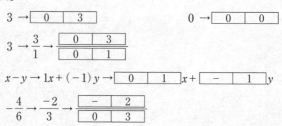

慶應義塾大-経済   2021 年度　数学　*41*

[1] 座標平面上の原点を中心とする半径 2 の円を C_1，中心の座標が $(7,0)$，半径 が 3 の円を C_2 とする．さらに r を正の実数とするとき，C_1 と C_2 に同時に外接する円 で，その中心の座標が (a,b)，半径が r であるものを C_3 とする．ただし，2 つの 円が外接するとは，それらが 1 点を共有し，中心が互いの外部にあるときをいう．

(1) r の最小値は $\boxed{(1)}$ であり，a の最大値は $\boxed{(2)}$ となる．

(2) a と b は関係式

$$b^2 = \boxed{(3)}\boxed{(4)}\left(a + \boxed{(5)}\boxed{(6)}\right)(a-4)$$

を満たす．

(3) C_3 が直線 $x = -3$ に接するとき，$a = \dfrac{\boxed{(7)}\boxed{(8)}}{\boxed{(9)}}$，$|b| = \dfrac{\sqrt{\boxed{(10)}\boxed{(11)}\boxed{(12)}}}{\boxed{(13)}}$ である．

(4) 点 (a,b) と原点を通る直線と，点 (a,b) と点 $(7,0)$ を通る直線が直交するとき，$|b| = \dfrac{\boxed{(14)}\boxed{(15)}}{\boxed{(16)}}$ となる．

42 2021 年度　数学　　　　　　　　　　　　　　　　　　　　　慶應義塾大-経済

[2]　1 個のさいころを繰り返し投げ，出た目の数により以下の (a), (b) に従い得点を定
める.

(a) 最初から 10 回連続して 1 の目が出た場合には，10 回目で投げ終え
て，得点を 0 点とする.

(b) m を $0 \leqq m \leqq 9$ を満たす整数とする. 最初から m 回連続して 1 の
目が出て，かつ $m+1$ 回目に初めて 1 以外の目 n が出た場合には，
続けてさらに n 回投げたところで投げ終えて，1 回目から $m+n+1$
回目までに出た目の数の合計を得点とする. ただし，最初から 1 以
外の目が出た場合には $m = 0$ とする.

(1) 得点が 49 点であるとする. このとき，$n = \boxed{(17)}$ となり，m の取り得る値の
範囲は $\boxed{(18)} \leqq m \leqq \boxed{(19)}$ であり，得点が 49 点となる確率は $\dfrac{\boxed{(20)}\,\boxed{(21)}}{6^{16}}$ で
ある. また，得点が 49 点で，さいころを投げる回数が 15 回以上である確率
は $\dfrac{\boxed{(22)}\,\boxed{(23)}}{6^{16}}$ となる. さらに，得点が 49 点である条件のもとで，さいころ
を投げる回数が 14 回以下である条件付き確率は $\dfrac{\boxed{(24)}\,\boxed{(25)}}{\boxed{(26)}\,\boxed{(27)}}$ となる.

(2) さいころを投げる回数が 15 回以上である確率は $\dfrac{\boxed{(28)}}{6^{10}}$ となる. ゆえに，さ
いころを投げる回数が 14 回以下である条件のもとで，得点が 49 点となる条
件付き確率は，$k = \boxed{(29)}$ とおいて $\dfrac{1}{6^k \left(6^{10} - \boxed{(30)} \right)}$ となる.

(3) 得点が正の数で，かつ，さいころを投げる回数が 14 回以下である条件のもと
で，得点が 49 点となる条件付き確率は，$l = \boxed{(31)}$ とおいて $\dfrac{1}{6^l \left(6^{10} - \boxed{(32)} \right)}$
となる.

慶應義塾大-経済   2021 年度　数学　*43*

[3] 数列 $\{a_n\}$ に対して

$$S_n = \sum_{k=1}^{n} a_k \qquad (n = 1, 2, 3, \dots)$$

とおく．$\{a_n\}$ は，$a_2 = 1$, $a_6 = 2$ および

$$(*) \qquad S_n = \frac{(n-2)(n+1)^2}{4} a_{n+1} \qquad (n = 1, 2, 3, \dots)$$

を満たすとする．

(1) $a_1 = -\boxed{(33)}$ である．$(*)$ で $n = 4, 5$ とすると，$a_3 + a_4$ と a_5 の関係が 2 通り
定まり，$a_5 = \boxed{(34)}$ と求まる．さらに $(*)$ で $n = 3$ として，$a_3 = \boxed{(35)}\boxed{(36)}$,
$a_4 = \boxed{(37)}\boxed{(38)}$ と求まる．

(2) $n \geqq 2$ に対して $a_n = S_n - S_{n-1}$ であるから，$(*)$ とあわせて

$$\left(n - \boxed{(39)}\right)\left(n + \boxed{(40)}\right)^2 a_{n+1} = \left(n^3 - \boxed{(41)}n^2 + \boxed{(42)}\right)a_n \qquad (n = 2, 3, \dots).$$

ゆえに，$n \geqq 3$ ならば $\left(n + \boxed{(43)}\right)a_{n+1} = \left(n - \boxed{(44)}\right)a_n$ となる．そこで，
$n \geqq 3$ に対して $b_n = (n-r)(n-s)(n-t)a_n$ とおくと，漸化式

$$b_{n+1} = b_n \qquad (n = 3, 4, 5, \dots)$$

が成り立つ．ただしここに，$r < s < t$ として $r = \boxed{(45)}$, $s = \boxed{(46)}$, $t = \boxed{(47)}$
である．したがって，$n \geqq 4$ に対して

$$a_n = \frac{\boxed{(48)}a_3}{(n-r)(n-s)(n-t)}$$

となる．この式は $n = 3$ のときも成立する．

(3) $n \geqq 2$ に対して

$$S_n = \frac{\boxed{(49)}\boxed{(50)}\left(n + \boxed{(51)}\right)\left(n - \boxed{(52)}\right)}{n\left(n - \boxed{(53)}\right)}$$

であるから，$S_n \geqq 59$ となる最小の n は $n = \boxed{(54)}\boxed{(55)}$ である．

[4] k を実数の定数とする．実数 x は不等式

$(\star)$ $\qquad\qquad\qquad 2\log_5 x - \log_5(6x - 5^k) < k - 1$

を満たすとする．

(1) 不等式 $(\star)$ を満たす x の値の範囲を，k を用いて表せ．

(2) k を自然数とする．$(\star)$ を満たす x のうち奇数の個数を a_k とし

$$S_n = \sum_{k=1}^{n} a_k \qquad (n = 1, 2, 3, \ldots)$$

とおく．a_k を k の式で表し，さらに S_n を n の式で表せ．

(3) **(2)** の S_n に対して，$S_n + n$ が 10 桁の整数となるような自然数 n の値を求めよ．なお，必要があれば $0.30 < \log_{10} 2 < 0.31$ を用いよ．

[5] 空間の 2 点 O と A は $\left|\overrightarrow{OA}\right| = 2$ を満たすとし，点 A を通り $\overrightarrow{OA}$ に直交する平面を H とする．平面 H 上の三角形 ABC は，正の実数 a に対し

$$\left|\overrightarrow{AB}\right| = 2a, \qquad \left|\overrightarrow{AC}\right| = 3a, \qquad \overrightarrow{AB} \cdot \overrightarrow{AC} = 2a^2$$

を満たすとする．ただし，$\overrightarrow{u} \cdot \overrightarrow{v}$ はベクトル $\overrightarrow{u}$ と $\overrightarrow{v}$ の内積を表す．

(1) $\overrightarrow{OA} \cdot \overrightarrow{OB}$ の値を求めよ．

さらに，線分 AB の平面 H 上にある垂直二等分線を ℓ，線分 AC を $2:1$ に内分する点を通り，線分 AC に直交する H 上の直線を m とする．また，ℓ と m の交点を P とする．

(2) ベクトル $\overrightarrow{OP}$ を，実数 α, β, γ を用いて $\overrightarrow{OP} = \alpha\overrightarrow{OA} + \beta\overrightarrow{OB} + \gamma\overrightarrow{OC}$ と表すとき，α, β, γ の値をそれぞれ求めよ．

(3) 空間の点 Q は $2\overrightarrow{OA} + \overrightarrow{OQ} = \overrightarrow{0}$ を満たすとする．直線 PQ が，点 O を中心とする半径 2 の球 S に接しているとき，$\left|\overrightarrow{AP}\right|$ の値および a の値を求めよ．さらに，直線 ℓ 上の点 R を，直線 QR が S に接し，P とは異なる点とする．このとき $\triangle$APR の面積を求めよ．

慶應義塾大-経済   2021 年度　数学　*45*

[6] $F(x)$ は実数を係数とする x の 3 次式で，x^3 の項の係数は 1 であり，$y = F(x)$ で定まる曲線を C とする．$\alpha < \beta$ を満たす実数 α, β に対して，C 上の点 $\mathrm{A}\big(\alpha, F(\alpha)\big)$ における C の接線を L_α とするとき，C と L_α との A 以外の共有点が $\mathrm{B}\big(\beta, F(\beta)\big)$ であるとする．さらに，B における C の接線を L_β とし，C と L_β との B 以外の共有点を $\big(\gamma, F(\gamma)\big)$ とする．

(1) 接線 L_α の方程式を $y = \ell_\alpha(x)$ とし，$G(x) = F(x) - \ell_\alpha(x)$ とおく．さらに，曲線 $y = G(x)$ 上の点 $\big(\beta, G(\beta)\big)$ における接線の方程式を $y = m(x)$ とする．$G(x)$ および $m(x)$ を，それぞれ α, β を用いて因数分解された形に表せ．必要ならば x の整式で表される関数 $p(x), q(x)$ とそれらの導関数に関して成り立つ公式

$$\{p(x)q(x)\}' = p'(x)q(x) + p(x)q'(x)$$

を用いてもよい．

(2) 接線 L_β の方程式は，(1) で定めた $\ell_\alpha(x), m(x)$ を用いて，$y = \ell_\alpha(x) + m(x)$ で与えられることを示せ．さらに，γ を α, β を用いて表せ．

(3) 曲線 C および L_β で囲まれた図形の面積を S とする．S を α, β を用いて表せ．さらに α, β が $-1 < \alpha < 0$ かつ $1 < \beta < 2$ を満たすとき，S の取り得る値の範囲を求めよ．必要ならば $r < s$ を満たす実数 r, s に対して成り立つ公式

$$\int_r^s (x - r)(x - s)^2 dx = \frac{1}{12}(s - r)^4$$

を用いてもよい．

小論文

（60分）

（注意）　字数をかぞえるとき，句読点も1字とかぞえます．ただし，算用数字は1マスに2つ
まで記入できます．

次の課題文を読んで，設問A，Bに答えなさい．解答は解答用紙の所定の欄に横書きで記入しな
さい．

[課題文]

　二十五年ぶりにローマを訪れました．そこで気付いたことが二つほどあります．一つはアメリカ
の存在の小ささ，もう一つはアメリカの存在の大きさです．

　ローマの町は観光客であふれています．耳を澄ますと，ドイツ語，日本語，中国語，フランス
語，韓国語，英語 —— ありとあらゆる国の言葉が聞こえてきます．四半世紀前にはどこに行って
も英語しか聞こえてこなかったのに，何と言う様変わりでしょう．

　ところが一歩，観光客相手の店に入るとどうでしょう．そこはアメリカが支配する世界です．ど
の国の観光客もなまりのある英語で店員と交渉しています．代金支払いもドルの小切手やアメリカ
のクレジットカードで済ませています．

　かくも存在の小さくなったアメリカがなぜかくも存在を大きくしているのか．これはローマの町
を歩く一人のアジア人の頭だけをよぎった疑問ではないはずです．現代の世界について少しでも考
えたことのある人間なら，だれもが抱く疑問であるはずです．

　アメリカの存在の大きさ —— それはアメリカの貨幣であるドル，アメリカの言語である英語が
それぞれ基軸通貨，基軸言語として使われていることにほかなりません．

　では，基軸通貨，そして基軸言語とはなんでしょうか．単に世界の多くの人々がアメリカ製品を
ドルで買ってもドルは基軸通貨ではなく，アメリカ人と英語で話しても英語は基軸言語ではありま
せん．

　ドルが基軸通貨であるとは，日本人がイタリアでドルを使って買い物をし，チェコの商社とイン
ドの商社がドル立てで取引をすることなのです．英語が基軸言語であるとは，日本人がイタリア人
と英語で会話し，台湾の学者とチリの学者が英語で共同論文を書くことなのです．アメリカの貨幣
と言語でしかないドルと英語が，アメリカを介在せずに世界中で流通しているということなのです．

　ローマの町で私が見いだしたのは，まさに非対称的な構造を持つ世界の縮図だったのです．一方
には，自国の貨幣と言語が他のすべての国々で使われる唯一の基軸国アメリカがあり，他方には，
そのアメリカの貨幣と言語を媒介として互いに交渉せざるをえない他のすべての非基軸国があるの

です.

　もちろん，これは極端な図式です．現実には，非基軸国同士の直接的な接触も盛んですし，地域地域に小基軸国もありますし，欧州連合（EU）や東南アジア諸国連合（ASEAN）のような地域共同体への動きもあります．だが，認識の第一歩は図式化にあります．

　ソ連が崩壊したとき，冷戦時代の思考を引きずっていた人々は，世界が覇権国アメリカによって一元的に支配される図を大まじめに描いていました．だが，私が今見出した基軸国と非基軸国の関係は，支配と非支配の関係として理解すべきではありません．

　確かに，ドルが基軸通貨となるきっかけは，かつてのアメリカ経済の圧倒的な強さにあります．だが，今，世界中の人々がドルを持っているのは，必ずしもアメリカ製品を買うためではありません．それは世界中の人がそのドルを貨幣として受け入れるからであり，その世界中の人がドルを受け入れるのは，やはり世界中の人がドルを受け入れるからにすぎないのです．

　ここに働いているのは，貨幣が貨幣であるのは，それが貨幣として使われているからであるという貨幣の自己循環論法です．そして，この自己循環論法によって，アメリカ経済の地盤沈下にもかかわらず全世界でアメリカのドルが使われているのです．小さなアメリカと大きなアメリカとが共存しているのです．

　さて，基軸通貨であることには大きな利益が伴います．例えば日本の円が海外に持ち出されたとしても，それはいつかまた日本製品の購入のために戻ってきます．非基軸通貨国は自国の生産に見合った額の貨幣しか流通させることができないのです．

　ところがアメリカ政府の発行するドル札やアメリカの銀行の創造するドル預金の一部は，日本からイタリア，イタリアからドイツ，ドイツから台湾へ，と回遊しつづけ，アメリカには戻ってきません．アメリカは自国の生産に見合う以上のドルを流通させることができるのです．もちろん，アメリカはその分だけ他国の製品を余分に購買できますから，これは本当の丸もうけです．この丸もうけのことを，経済学ではシニョレッジ（君主特権）と呼んでいます．

　特権は乱用と背中合わせです．基軸通貨国は大いなる誘惑にさらされているのです．基軸通貨を過剰に発行する誘惑です．何しろドルを発行すればするほどもうかるのですから，これほど大きな誘惑はありません．だが，この誘惑に負けると大変です．それが引き起こす世界全体のインフレは基軸通貨の価値に対する信用を失墜させ，その行き着く先は世界貿易の混乱による大恐慌です．

　それゆえ次のことが言えます．基軸通貨国は普通の資本主義国として振る舞ってはならない，と．基軸通貨国が基軸通貨国であるかぎり，その行動には全世界的な責任が課されるのです．たとえ自国の貨幣であろうとも，基軸通貨は世界全体の利益を考慮して発行されねばならないのです．

　皮肉なことに，冷戦時代のアメリカは資本主義陣営の盟主として，ある種の自己規律をもって行動していました．だが，冷戦末期から，かつての盟友であった欧州や東アジアとの競争が激化し始めると，アメリカは内向きの姿勢を強めるようになりました．

　近年には自国の貿易赤字改善の方策として，ドル価値の意図的な引き下げを試み始めています．とくに純債務国に転落した一九八六年以降，その負担を軽減しうる切り下げの誘惑はますます強まっているはずです．

　基軸通貨国のアメリカが単なる一資本主義国として振る舞いつつあるのです．大きなアメリカと小さなアメリカとの間の対立——これが二十一世紀に向かう世界経済が抱える最大の難問の一つです．

48 2021年度 小論文　　　　　　　　　　　　　　　　　　　　　　慶應義塾大-経済

　この難問にどう対処すればよいのでしょうか．理想論で済むならば，全世界的に管理される世界貨幣への移行を唱えておくだけでよいでしょう．だが，貨幣は生き物です．ドルは上からの強制によって流通しているわけではないのです．人工的な世界貨幣の導入の試みは，エスペラント語の普及と同様，ことごとく失敗してきました．

　世界は非対称的な構造を持っているのです．その構造の中で，基軸国と非基軸国とが運命共同体をなしていることを私たちは認識しなければなりません．

　当然のことながら，基軸国であるアメリカは基軸国としての責任を自覚した行動を取るべきです．だがより重要なのは，非基軸国でしかない日本のような国も自国のことだけを考えてはいられないことです．非基軸国は非基軸国として，基軸国アメリカが普通の国として行動しないよう，常に監視し，助言し，協力する共同責任を負っているのです．

　私たちは従来，国際関係を支配の関係か対等の関係か，という二者択一で考えてきましたが，冷戦後の世界に求められているのは，まさにそのいずれでもない非対称的な国際協調関係なのです．それはだれの支配欲もだれの対等意識も満足させないものです．だが，世界経済の歴史の中で一つの基軸通貨体制の崩壊は決まって世界危機をもたらしたことを思い起こせば，この非対称的な国際協調関係に賭けられた二十一世紀の賭け金は大変に大きなものであるはずです．

　さて次は基軸言語としての英語について語らねばなりません．だがここでは，今まで貨幣について述べたことは言語についても言えるはずだ，と述べるだけにとどめておきます．それについて詳しく論ずるには，今よりはるかに大きな紙幅を必要とするからです．なにしろ歴史によれば，一つの基軸通貨体制の寿命はせいぜい百年，二百年であったのに対し，あのラテン語はローマ帝国滅亡の後，千年にもわたって欧州の基軸言語としての地位を保っていたのですから．

（岩井克人『二十一世紀の資本主義論』筑摩書房，2000年より抜粋）

［設　問］

A．筆者が25年ぶりにローマを訪れた際に気づいた「大きなアメリカ」を成立させている条件のなかで，通貨が果たしている役割を課題文に則して200字以内で説明しなさい．

B．課題文は1997年に書かれたものであるが，その指摘は現在も生きていると思われる．一方，課題文で述べられている，支配関係は存在しないが，非対称的な関係にある事例は，ドルや英語における国家や個人の例に限らず，他にも存在すると考えられる．あなたが今後も続くと考える，支配関係は存在しないが，非対称的な関係にある具体例を挙げ，そこでの両者の責任についてあなたの意見を400字以内で書きなさい．具体例は，個人，組織，国家などは問わない．

2020年度

問題編

慶應義塾大-経済　　　　　　　　　　　　　　　　　　2020 年度　問題　*3*

■一般入試

問題編

▶試験科目・配点

方式	教　科	科　　　　目	配　点
A方式	外国語	コミュニケーション英語Ⅰ・Ⅱ・Ⅲ，英語表現Ⅰ・Ⅱ	200 点
	数　学	数学Ⅰ・Ⅱ・A・B	150 点
	小論文	高校生にふさわしい知識，理解力，分析力，構想力，表現力を問う（高等学校の特定の教科とは直接には関わらない）	70 点
B方式	外国語	コミュニケーション英語Ⅰ・Ⅱ・Ⅲ，英語表現Ⅰ・Ⅱ	200 点
	地　歴	日本史B，世界史Bのうち１科目選択	150 点
	小論文	高校生にふさわしい知識，理解力，分析力，構想力，表現力を問う（高等学校の特定の教科とは直接には関わらない）	70 点

▶備　考

- 数学Ⅱの「微分・積分の考え」においては一般の多項式を扱うこととする。数学Aは「場合の数と確率」・「整数の性質」・「図形の性質」を，数学Bは「数列」・「ベクトル」を出題範囲とする。上記範囲とその応用を出題する。

- 日本史Bの出題範囲は 1600 年以降を中心とし，世界史Bの出題範囲は 1500 年以降を中心とする。２科目とも基礎的理解並びに体系的理解を問う。

- A方式は「外国語」の問題の一部と「数学」の問題の一部の合計点が一定の得点に達した受験生について，「外国語」の残りの問題と「数学」の残りの問題および「小論文」を採点する。B方式は「外国語」の問題の一部が一定の得点に達した受験生について，「外国語」の残りの問題と「地理歴史」および「小論文」を採点する。A・B両方式とも，最終判定は総合点によって合否を決定する。

- 「外国語」と「小論文」はA・B両方式共通。

英語

(100 分)

(注意) 英語の問題のうち，問題 I から III が最初に採点されます。問題 IV と V
は，最初に採点される問題の得点（数学受験者については数学の得点の一部
をそれに加味した合計）が一定点に達した受験生のみ，採点されます。

I. Read the following article and answer the questions as indicated.

"**Government Support: A Tragedy for the Arts?**" by Y. Bothur (2018)

① When President Donald Trump proposed to reduce the deficit by eliminating
funding for the National Endowment for the Arts (NEA), many people in the
US supported his suggestion. Surprisingly, even some people in the art world
agreed. Indeed, similar arguments have been put forward by art critics in other
countries, including the UK. As the world's governments continue to [1] the
debts left by the 2008 financial crisis, this issue has become increasingly visible.

② State support for the arts hardly discourages charitable giving by the
private sector. In 1996 the NEA gave about $390,000 to the Metropolitan Opera
of New York, but this amount accounts for only 0.29% of its annual income of
$133 million. Besides, other museums and cultural organizations have had some
notable successes in raising funds; in the next year, the New York Public
Library raised $430 million and the Metropolitan Museum of Art raised $300
million. Even in countries where state support for the arts is strong, it is not
impossible to privately support cultural institutions. Glyndebourne, which
hosts an annual opera festival in East Sussex in the UK, for example, is said to
rely solely on private funding. [2]

③ In many countries, private support for the arts and culture is sufficient to
make government funding unnecessary. Rather than direct funding for the arts,
what is needed is a set of tax rules that quietly [3] them, allowing corporations
and individuals to act freely. For example, the tax-free charitable status of
cultural institutions in the US and the UK already offers important financial

慶應義塾大-経済   2020 年度　英語　*5*

assistance. However, cultural institutions can be encouraged to reach out to individual and corporate donors, who could be further rewarded through tax breaks. This is why some economists have claimed that governments can best support the arts by leaving them alone.

④　Furthermore, state support for the arts has a negative effect on the quality of art itself. Since funding is allocated under political direction, politics inevitably influences both fairness and creativity in the art world. Typically, state funding usually goes to well-connected or well-established artists and institutions rather than to talented newcomers and outsiders. Besides, artists are encouraged to produce art that will successfully pass the application process for a grant rather than to create art for art's sake. This leads to unadventurous attitudes among artists, and ultimately to [4]; for example, in the nineteenth century, the French Academy happily dismissed the new painting style called Impressionism.

⑤　Artists flourish best when they are challenged. Lack of appreciation and financial difficulties did not prevent Van Gogh from creating his masterpieces, and we can expect that even as this article goes to print, many [5] icons of art are working away in poverty, or at least in obscurity. Indeed, it is in the nature of great art that it often goes unrecognized at the moment of its creation. Future success cannot be guaranteed by state support, nor by social media, but by the considered verdict of future generations of critics.

⑥　By contrast, there are in fact plenty of wealthy individuals who are prepared to support less famous but talented artists. This kind of patronage system has existed for centuries. Sponsors today continue to provide not only money, but also a studio and materials, thereby enabling artists to concentrate on their work. Thus, these modern patrons allow artists much greater freedom [6]. According to Wayne Lawson, former director of the Ohio Arts Council, these patrons "trust the artist's creativity and want to let us see the world through the artist's eyes."

⑦　[7] can deny that many governments already spend vastly over budget. Moreover, since 2008, most governments have experienced at least one recession. In this environment, spending on the arts is politically difficult. Taxpayers are dissatisfied with any spending on the arts because they believe it should be used for more urgent purposes such as social welfare, health care, national defense, education, and support for industry. [8]. In 2015, the English journalist Rupert Christiansen found that, despite the cuts to funding by the British government since 2009, "the arts sector as a whole has proved admirably successful in finding ways to survive and even flourish."

⑧　[9]. Indeed, many persuasive arguments urge us to abolish the funding of the arts by the government without delay. Successful cultural institutions and events can usually gain support from industry via advertising. This is in recognition of success: commercial funds are attracted by popularity. State sponsorship is the reverse of this process – an attempt to pick "winners" based on an administrator's paperwork rather than the verdict of the public. It is as mistaken as old-fashioned state support for future industries, and must be discontinued.

*****

Answer questions [1]—[9] as indicated.

1. Which of the following would best fill the gap at [1] in Paragraph ①? Answer by filling in the corresponding slot under the number (1) on the mark sheet.
   1. execute
   2. promote
   3. struggle
   4. tackle

2. Of the four institutions mentioned in Paragraph ②, which of the following received the least funding from the government? Answer by filling in the corresponding slot under the number (2) on the mark sheet.
   1. Glyndebourne
   2. The Metropolitan Museum of Art
   3. The Metropolitan Opera of New York
   4. The New York Public Library

3. Which of the following would best fill the gap at [3] in Paragraph ③? Answer by filling in the corresponding slot under the number (3) on the mark sheet.
   1. applies
   2. encourages
   3. follows

慶應義塾大-経済　　　　　　　　　　　　　　　　　　　2020 年度　英語　7

　　　　4．obliges

4．Which of the following would best fill the gap at ［4］in Paragraph ④?
　　Answer by filling in the corresponding slot under the number（4）on the
　　mark sheet.
　　1．disagreements about proper applications
　　2．discouragement and despair
　　3．increased governmental funding
　　4．the rejection of artistic innovations

5．Which of the following would best fill the gap at ［5］in Paragraph ⑤?
　　Answer by filling in the corresponding slot under the number（5）on the
　　mark sheet.
　　1．celebrated
　　2．fated
　　3．future
　　4．present

6．Which of the following best fills the gap at ［6］in Paragraph ⑥? Answer
　　by filling in the corresponding slot under the number（6）on the mark sheet.
　　1．from public criticism
　　2．from taxation
　　3．to become famous
　　4．to experiment

7．Which of the following would best fill the gap at ［7］in Paragraph ⑦?
　　Answer by filling in the corresponding slot under the number（7）on the
　　mark sheet.
　　1．All
　　2．None
　　3．Some
　　4．We

8．Which of the following best fills the gap at ［8］in Paragraph ⑦? Answer
　　by filling in the corresponding slot under the number（8）on the mark sheet.
　　1．Additionally, artists and politicians are insisting on accountability.
　　2．Moreover, governments cannot afford to pay artists.
　　3．Further, culture is less important than social welfare.

8 2020 年度　英語　　　　　　　　　　　　　　　　　　　慶應義塾大-経済

　　4. What is more, the arts do seem to be adaptable.

　9. Which of the following best fills the gap at [9] in Paragraph ⑧ ? Answer
　　　by filling in the corresponding slot under the number (9) on the mark sheet.
　　1. Artistic questions are rarely rational
　　2. Funding levels should clearly be maintained
　　3. It is a very difficult question
　　4. The time to act is now

Ⅱ. Read the following article, and answer the questions as indicated.

"The Arts: Why State Funding is Critical" by Sue Portagig (2018)

①　Long-established government organizations fund the arts in many nations,
for example, the Arts Council England and the National Endowment for the
Arts (NEA) in the US. Both support not only a variety of arts including painting,
sculpture, music, dance, and folk arts, but also cultural institutions such as
libraries, theaters, and museums. In addition, these organizations fund an array
of programs to encourage people to enjoy the arts and cultural events. This support
is critical, especially during economic recessions. [10] withdrawing state money,
we need to protect and even increase government funding for the arts.

②　To begin with, art and culture enrich public life. As Sandy Nairne, a former
director of the National Portrait Gallery in London said, "Culture and art are a
necessity for people both as individuals and as part of communities. Whether
enjoying a visit to a museum or art gallery, singing in a choir, listening to
extraordinary musicians, reading poetry or sharing in the excitement of street
performance, this is a part of what makes life worthwhile." Furthermore, in an
age of migration and social change, the arts serve an important role in bringing
people together, helping to give citizens common experiences, and finding ways
to accommodate their differences. [11]

③　Art and culture represent the heritage in which a people's history and identity
are firmly rooted. This heritage is preserved in the various cultural institutions
of a nation. According to novelist Michael Rosen, "The wonder of libraries,

museums, and archives is that we can relate ourselves with others – often stretching back hundreds or thousands of years. This is one of the ways in which we can discover the history and shape of humanity and where or how we fit into it." [12]. It is, therefore, our duty to preserve, support, and encourage them.

④ Nevertheless, some fields of art cannot sustain themselves independently and require constant governmental funding to continue. In contrast to [13] successful grand theaters in big cities such as London and New York, local theaters in smaller cities and towns usually lack stability because ticket sales are necessarily limited. Also, since museums and libraries are non-profit cultural organizations, it is difficult for them to maintain their facilities and offer a high quality of services without support from government grants. Moreover, such funding is required for artistic innovation because it enables artists to take risks and experiment for the sake of art itself.

⑤ Some may argue that, wherever possible, private donations can and should replace government grants. Whereas in the US, private support for art and culture is relatively secure, donations to the arts cannot be taken for granted in many other countries. Today, when extremely wealthy individuals and corporations are dominating the global economy, more can clearly be asked of them. However, charitable giving by the private sector will only go so far. It would be unwise to make our arts *overly* [14] dependent on the political or economic demands of private enterprise. During times of economic difficulty, private funding would constantly be at risk.

⑥ By contrast, stable government funding enables as many people as possible to enjoy art and culture. A government grant ensures *everyone's* affordable access to art and culture, and thus makes them an integral part of daily life. It allows [15]. Moreover, gallery tours and cultural programs bring the arts to the poor and to children, not only to well-to-do adults. Through these programs, people can gain an understanding of the importance of art and the need to protect cultural heritage for future generations.

⑦ Government funding of the arts and cultural activities brings economic benefits by attracting tourists. This, in turn, can promote the redevelopment of suburbs and encourage tourism-related services to grow. In the 1980s, politicians in the UK recognized art and culture as valuable resources that could play a part in the renewal of post-industrial cities in the country. At that time, a British politician Chris Smith took up the idea of the arts as one of the "creative industries." Subsequently, an art policy was developed to widen public access to art and culture and to help drive urban rebirth and fight social exclusion. This change has been important. [16], the Arts Council of England estimates that the nation benefits by over $4 for every $1 of investment in art funding.

⑧ The arts are vital for a better quality of life; the Arts Council England makes this point clearly on their website, declaring that "great art and culture inspires us, brings us together and teaches us about ourselves and the world around us." [17] individuals might contribute, providing art for citizens is always the responsibility of government. That is why continued state support of the arts is critical and must be ensured.

*****
Answer questions [10] − [23] as indicated.

10. Which of the following would best fill the gap at [10] in Paragraph ① ? Answer by filling in the corresponding slot under the number (10) on the mark sheet.
    1. Above all,
    2. Except for
    3. Far from
    4. In addition to

11. Which of the following types of art is NOT discussed in Paragraph ② ? Fill in the blank at the number (11) on the mark sheet.
    1. concerts
    2. exhibitions
    3. films
    4. literature

12. Which of the following would best fill the gap at [12] in Paragraph ③ ? Answer by filling in the corresponding slot under the number (12) on the mark sheet.
    1. Clearly, many writers are busy creating content for our heritage
    2. Indeed, museums are at the very heart of this heritage-related industry

慶應義塾大-経済   2020 年度　英語　*11*

3. Obviously, heritage is firmly connected to a sense of national pride

4. Ultimately, a sense of nationalism is essential for most modern nations

13. Which of the following would best fill the gap at [13] in Paragraph ④?
Answer by filling in the corresponding slot under the number (13) on the
mark sheet.
    1. artistically
    2. commercially
    3. culturally
    4. large-scale

14. Which of the following **best** explains why the author wrote the word in
italics at [14] in Paragraph ⑤? Answer by filling in the corresponding
slot under the number (14) on the mark sheet.
    1. to emphasize a contrast
    2. to emphasize degree
    3. to emphasize surprise
    4. to emphasize a change

15. Which of the following would best fill the gap at [15] in Paragraph ⑥?
Answer by filling in the corresponding slot under the number (15) on the
mark sheet.
    1. all citizens to find common ground despite income inequalities
    2. governments to resolve income inequality through arts funding
    3. minorities to feel unwelcome through funding their arts
    4. only wealthier citizens to appreciate art

16. Which of the following would best fill the gap at [16] in Paragraph ⑦?
Answer by filling in the corresponding slot under the number (16) on the
mark sheet.
    1. By contrast
    2. Moreover
    3. Nevertheless
    4. Today

17. Which of the following would best fill the gap at [17] in Paragraph ⑧?
Answer by filling in the corresponding slot under the number (17) on the
mark sheet.
    1. As far as
    2. However much
    3. So much as
    4. To the extent that

12 2020 年度　英語　　　　　　　　　　　　　　　　　　　　　慶應義塾大-経済

18, 19, & 20.　Look at the statements below. Then, based on **BOTH** articles, under the corresponding number (18), (19), and (20), fill in:

> Slot 1, if only Y. Bothur would agree with that statement
> Slot 2, if only Sue Portagig would agree with that statement
> Slot 3, if both authors would agree with that statement
> Slot 4, if neither author would agree with that statement

18.　Charitable giving can be sufficient to support the arts.

19.　Politicians have already influenced the direction of the arts.

20.　Art must make a profit in order to be valuable.

21.　In which of the following pairs do both words have **the same stress (アク セント) pattern**? Answer by filling in the corresponding slot under the number (21) on the mark sheet.
1.　creative – creativity
2.　declaration – declaring
3.　economic – economy
4.　exclusive – exclusion
5.　subsidy – subsidiary

22.　Which one of the following pairs (1 ～ 5) contains a noun which is **pronounced differently** from the verb? Answer by filling in the corresponding slot under the number (22) on the mark sheet.
1.　a benefit (n) – to benefit (vb)
2.　a picture (n) – to picture (vb)
3.　a promise (n) – to promise (vb)
4.　an abuse (n) – to abuse (vb)
5.　an interest (n) – to interest (vb)

23.　Five of the following six pairs contain words that are **pronounced identically**. Which of the pairs contains words that are **pronounced differently**? Answer by filling in the corresponding slot under the number (23) on the mark sheet.
1.　berry – bury
2.　freight – fright
3.　isle – aisle
4.　sewing – sowing
5.　some – sum
6.　thrown – throne

慶應義塾大-経済   2020 年度　英語　*13*

Ⅲ. Read the following article, and answer the questions as indicated.

"Caught in their own traps? Governments, subsidies, and fish"
by M. T. Nettes (2018)

① In every ocean, fish numbers are rapidly declining. Fishing subsidies, usually in the form of financial assistance, are one of the key factors behind this collapse. As far back as 2009, these subsidies were estimated by the Canadian researcher Rashid Sumaila to total about $35 billion globally, and they create incentives for fishermen around the world to increase their catch. Though Asia is the region where subsidies are highest, three countries alone – Japan, China, and the USA – were each accountable for nearly 20% of global subsidies. Nevertheless, as regards Japan and the USA at least, their share of the world's total catch has been steadily dropping since the 1960s as various players [24] the global market.

② Current world fish consumption has risen to an all-time high of about 20 kilos a year per person. To be sure, global fish production and trade have grown remarkably since the 1970s, rising from 70 million tons to over 170 million in 2016. But almost all the recent gains in production have been [25] to farmed fish. Aquaculture, especially in China, has grown amazingly in the past decades: indeed, farmed fish now account for over half of all the fish that people eat worldwide. In some ways this has helped, but it does not mean that the pressure on the open seas has eased.

③ Based on a 2018 assessment by the UN Food and Agriculture Organization (FAO), world ocean fish stocks within biologically sustainable levels declined from 90% in 1974 to 66% in 2015. By 2018, 33% of the world's fishing areas were estimated to be exploited at a biologically unsustainable level, and therefore classified as over-exploited. While the rate of decrease has slowed since 2008, little progress has been made towards making ocean fishing truly sustainable. The FAO further reported that 87% of the world's marine fishing areas are either fully exploited or over-exploited. Indeed, at least one global study has predicted that, given these trends, commercial fisheries worldwide might collapse by 2050. [26]

④ What lies behind the numbers is this: new technologies have made fishing much more efficient. Modern nets have improved catches, even though a large percentage of any fishing take is likely to be bycatch — that is, unwanted sea creatures including turtles and dolphins, which are killed and then simply thrown back into the sea. Major damage is also done to marine life simply by fishing out the biggest fish: some species like Bluefin Tuna or the Patagonian Toothfish are regularly caught at rates well above the limits that have legally been set in international agreements. Subsidies given by governments to the fishing industry have directly impacted the marine environment, by keeping the numbers of boats at sea artificially high, by providing them with modern infrastructure, and by keeping prices for fish deliberately low. [27]

⑤ Why do governments pay such attention to what is, economically speaking, a minor industry? One reason is simply history. In the past, fisheries were far more valuable than today, before manufacturing and the digital economy became dominant. Another is political: fishing tends to employ people in remoter rural areas, where unemployment and social decline might otherwise be more serious. However, these reasons alone [28] account for today's continuing subsidies. Rather, it is the competitive nature of fishing which draws in governments: they are competing for "free" resources (fish), which, being mobile, belong to no nation. Furthermore, the sending of boats out to open ocean zones is a [29] act, signaling interest in, even if not sovereignty over, those areas.

⑥ A subsidy [30]. Money can be provided for fresh equipment, such as sonar or GPS. Or it might be a tax break, indirectly easing access to insurance or loans. Grants that improve port infrastructure and fish processing facilities are also effective. However, subsidies are not limited to the domestic economy: often, richer nations buy rights for their fishermen in the waters surrounding under-developed countries; for example, a Chinese company purchased fishing rights from several Namibian companies and then overfished the area. Such bargains are often unfair and usually take no account of how sustainable the situation might be for the poorer country in the long run. Furthermore, to escape international quota agreements, many governments encourage their vessels to register abroad, funding them despite this apparent contradiction.

⑦ It is easy to understand how national pride, the desire to project power and influence into the world's oceans, the competitive urge to take one's fair [31],

慶應義塾大-経済　　　　　　　　　　　　　　　　　　2020 年度　英語　*15*

the maintenance of employment, or of traditions and cultures can influence governments. Yet they are not sufficient reasons in themselves to justify the current situation. The economist Garrett Hardin has labeled what we are witnessing as "The Tragedy of the Commons": it illustrates how humans fail to cooperate intelligently when dealing with shared [32]. It need not be that way. Greater international cooperation, through mechanisms such as the TPP or international agreements on various fishing [33] or fish stocks, is urgently needed. This is one issue where the political call to national strength would be a mistake. Only cooperation can secure the future.

⑧　There is little doubt that the short-term "race to fish" is threatening the long-term environmental, social, and economic security that fisheries offer us all. In some countries, such as France, Spain, Japan, and the USA, subsidies to the fishing industry are, as a proportion of the value earned by domestic catches, over 20%. In others, such as Norway, Iceland, and New Zealand, they stand [34]. With fish under such pressure across the globe, surely it is the latter examples that we need to follow. Subsidies are a trap from which we ourselves need to escape.

*****
Answer questions [24] − [36] as indicated.

24. Which of the following would best fill the gap at [24] in Paragraph ① ? Answer by filling in the corresponding slot under the number (24) on the mark sheet.
    1. abandoned
    2. competed
    3. entered
    4. totaled

25. Which of the following would best fill the gap at [25] in Paragraph ② ? Answer by filling in the corresponding slot under the number (25) on the mark sheet.
    1. attributed
    2. comprised
    3. likened
    4. pointed

16 2020 年度 英語 　　　　　　　　　　　　　　慶應義塾大-経済

26. Based on Paragraph ③, approximately what percentage of the world's fishing areas were **fully** rather than **over**-exploited in 2018? Answer by filling in the corresponding slot under the number (26) on the mark sheet.

   1. 33%
   2. 54%
   3. 67%
   4. 87%

27. Which of the following would best fill the gap at [27] in Paragraph ④? Answer by filling in the corresponding slot under the number (27) on the mark sheet.

   1. All three policies are simply unsustainable.
   2. Both of these impacts are responsible for these problems.
   3. These technologies are endangering large fish species.
   4. The whole situation has continued since fishing began.

28. Which of the following would best fill the gap at [28] in Paragraph ⑤? Answer by filling in the corresponding slot under the number (28) on the mark sheet.

   1. are sufficient to
   2. do not take into
   3. will as a matter of policy
   4. would probably not

29. Which of the following would best fill the gap at [29] in Paragraph ⑤? Answer by filling in the corresponding slot under the number (29) on the mark sheet.

   1. commercial
   2. formal
   3. military
   4. political

30. Which of the following fills the gap at [30], **and best introduces** Paragraph ⑥? Answer by filling in the corresponding slot under the number (30) on the mark sheet.

   1. can improve fishing vessels

慶應義塾大-経済 2020 年度 英語 *17*

   2. can take many forms

   3. is generally a direct cash gift

   4. is applied domestically

31, 32, 33. Place three of the words below into the most suitable of the gaps marked [31], [32], and [33] in Paragraph ⑦. Each word may be used only once. Fill in the corresponding slots under the numbers marked (31), (32), and (33) on the mark sheet.

   1. areas

   2. finances

   3. pride

   4. profit

   5. resources

   6. share

   7. treaties

34. Which of the following would best fill the gap at [34] in Paragraph ⑧ ? Answer by filling in the corresponding slot under the number (34) on the mark sheet.

   1. at least 50% higher

   2. at less than 10%

   3. at more or less the same level

   4. at more than 30%

35, 36. Read the two statements below. Then, based on the article as a whole, under the corresponding number (35) and (36) on the mark sheet, fill in **slot 1** if you think the author would **agree with the statement**, or fill in **slot 2** if you think the author would **disagree with the statement**, or fill in **slot 3** if you think **the author does not express an opinion about the statement**.

35. Countries give subsidies mainly for economic reasons.

36. Fish farming has largely removed pressure on the world's oceans.

18 2020 年度 英語　　　　　　　　　　　　　　　　　　　　慶應義塾大-経済

Ⅳ. 以下の会話文を英語に直して，解答用紙BのⅣ. のR1，S1，R2，S2
　　と記載されている行に書きなさい。

金曜日の朝一番に部長から入った電話の内容を社員Rが同僚Sに伝える会話です。

会話文：

　R1：　今のは部長で，月曜日の会議に使う資料，今日中に見せてくれだって。
　S1：　ウソでしょ！ 今朝問題を見つけたばかりで，書き直してるところなんだ。
　R2：　そうなの？ もっと早く言ってくれれば私も手伝ったのに。
　S2：　とりあえず自分でやってみるけど，昼までに出来なかったら頼むよ。

注意点：

　　　日本語の表現をうまく英語にできない場合は，別の言い方に変えてから英語にし
　　てみましょう。(例) 難解 → 分かりにくい → hard to understand

Ⅴ. 以下の設問 (A), (B) の中から<u>一つ</u>選んで，問題文Ⅰ〜Ⅲをもとにし
　　て，自分の意見を解答用紙BのⅤ. 欄に<u>英語</u>で書きなさい。<u>注意点をよく
　　読んでから書くこと。</u>

　(A)　　Should the Japanese government reduce funding for the Arts? Why,
　　　　 or why not?

　(B)　　Should the Japanese government reduce subsidies for the fishing
　　　　 industry? Why, or why not?

注意点：

　(1)　箇条書きは不可。

　(2)　<u>自分の意見と異なる見解に言及し，それに反論すること。</u>

　(3)　問題文Ⅰ，Ⅱまたは Ⅲ で言及されている見解やことがらを<u>最低一つ引用
　　　　して，</u>自分の意見をまとめること。引用する際には，下の例を参考にするこ
　　　　と。

慶應義塾大-経済　　　　　　　　　　　　　　　　　2020 年度　英語　*19*

引用例：

- In her 2010 article "Against Zoos", Faerrer claims, "Nature is not ours to control". She argues that .... However, I strongly disagree with that statement, because ....

- I agree only to a certain extent with Eve N. Suzuki who argues, "Schools do not protect the rights of students enough" in the essay by Foane (2010). Her claim that X is Y may be true, but ....

- According to O'Werke (2012, paragraph 7), one option is indirect taxation. Although this argument ...,

〔解答欄（(A)(B)とも）：タテ約 1 cm×ヨコ約 25 cm×21 行〕

日本史

(80 分)

I アジアにおけるキリスト教の普及と貿易に関して述べた次の文章を読んで，問1～問4に答えなさい．**解答は，設問で指定された場合を除いて，すべて番号で解答用紙の〔解答欄A〕の所定の欄に記入しなさい.**

　16世紀のアジアでは，ポルトガルやスペインなどの宣教師らによるキリスト教布教活動が盛んとなった．日本では1549（天文18）年に来日した _Aイエズス会宣教師フランシスコ＝ザビエルらの活動を通じてキリスト教が普及した．_B日本からもローマに使節が派遣された．また，ポルトガルやスペインはアジア域内の貿易に参入し，_Cポルトガル商人は日明貿易の主要な担い手にもなった．_D日本の大名や商人もアジア諸地域との貿易を行い，こうした活発な貿易は17世紀前半まで続いた．

問1　下線部Aに関連して，イエズス会宣教師らがアジアでの布教活動を積極的に展開した背景にある，当時のヨーロッパにおけるキリスト教の動向を，〔解答欄B〕の所定の欄の範囲内で説明しなさい.

（解答欄：約17cm×2行）

問2　下線部Bに関連して，次の文章を読んで，以下の（1），（2）に答えなさい．

　1582（天正10）年に，_α九州のキリシタン大名3名の名代として，伊東マンショら4名の少年が長崎港を出発した．日本からの使節は，_βポルトガルの植民地の港を経てリスボンに入り，1584年にマドリードでスペイン国王フェリペ2世に，翌年にローマで教皇に謁見したのち，1590年に帰国した．その後，仙台藩主伊達政宗の家臣支倉常長が派遣され，ローマで教皇に謁見した．しかし，支倉常長が帰国した時には，キリスト教は禁教となっていた．

（1）　下線部αの大名の組み合わせとして適切なものを，次の1～4の中から1つ選びなさい．

1. 有馬晴信，大内義隆，大友義鎮
2. 大内義隆，大友義鎮，大村純忠
3. 大友義鎮，大村純忠，有馬晴信
4. 大村純忠，有馬晴信，大内義隆

（2）　下線部βに関連して，使節が日本とローマの往復の途上寄港した場所の位置として適切なものを，次の地図中の1～9から4つ選び，番号が小さい順に左から記入しなさい．

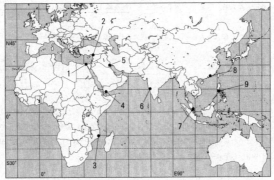

備考：国境線は現在のもの．

問3　下線部Cに関連して，ポルトガル商人が日本と明との間の貿易を中継するようになった背景について，取引された主な商品と，明の貿易政策に触れながら，〔解答欄B〕の所定の欄の範囲内で説明しなさい．

(解答欄：約17cm×3行)

問4　下線部Dに関連して，徳川家康が征夷大将軍に任じられてから幕府が日本人の海外渡航を禁じる前までの，日本の大名や商人の貿易活動に対する幕府の政策について，〔解答欄B〕の所定の欄の範囲内で説明しなさい．

(解答欄：約17cm×2行)

Ⅱ　タゴール来日に関して述べた次の文章を読んで，問5～問6に答えなさい．解答は，設問で指定された場合を除いて，すべて番号で解答用紙の〔解答欄A〕の所定の欄に記入しなさい．

　　1913年にアジアで初めてノーベル文学賞を受賞した詩人タゴールは，1916年5月に初来日し，熱狂的に迎えられた．滞在中には，実業家の渋沢栄一や大隈重信首相らと懇談するなどさまざまな人々と交流した．また，A日本美術院では芸術に関する講演を，東京帝国大学と慶應義塾ではBナショナリズムに対する批判的な講演を行った．

問5　下線部Aに関連して，次の文章を読んで，以下の(1),(2)に答えなさい．

　　タゴールは，1901年から1902年にかけてインドを訪れていた（　ア　）と親交を結んでいた．タゴールは，日本滞在中に，（　ア　）と親交があった実業家の原富太郎（三渓）の横浜の邸宅に長く滞在した．原邸で横山大観や（　a　）の作品を鑑賞したタゴールは，「彼らは西洋絵画を模倣せず，それでいて日本の伝統絵画をただ継承したわけでもない．彼らは慣習という軛（くびき）から芸術を解放したのである」と感想を述べている．
　　19世紀後半以降，日本美術の固有の価値が見直され，横山大観や（　a　）らが活躍していた背景には，動物学者・考古学者である（　b　）の推薦でアメリカから来日し，東京大学で教えていた（　c　）の強い影響があった．（　c　）と出会った（　d　）は，代表作品『悲母観音』を発表した．（　c　）は，（　ア　）と協力して（　イ　）の設立に尽力した人物でもある．（　ア　）は（　イ　）の校長をつとめたが，横山大観や（　a　）らとともに1898年に日本美術院を設立し，活動の場を移した．

〔文中引用〕：タゴール著（丹羽京子訳）『新・完訳日本旅行者』2016年．

22 2020 年度 日本史　　　　　　　　　　　　　　　　　　　　　　　　慶應義塾大-経済

（1）　文中の（ア）に入る人名，（イ）に入る学校名を〔解答欄B〕の所定の欄に記入しなさい．

（2）　文中の（a）〜（d）に入る人名を，次の1〜9から選びなさい．（重複使用不可）

　　1.　狩野芳崖　　2.　黒田清輝　　3.　コンドル　　4.　下村観山　　5.　高村光雲

　　6.　ナウマン　　7.　フェノロサ　　8.　フォンタネージ　　9.　モース

問6　下線部Bに関連して，タゴールは他国や他民族を犠牲にするナショナリズムに大きな危機感をもっていた．次の
　　　資料a〜fは，日本および欧米諸国の中国進出もしくはその背景に関連する条約や協定の一部である（外国語で
　　　書かれたものについてはそれらを日本語に訳した．必要に応じて表現を改めた）．資料a〜fが締結された時期を，
　　　年表中の空欄1〜8の中からそれぞれ選びなさい．（重複使用不可）

a

> 英国に中国北部における好適な軍港を提供し，その近隣海域における英国の商業活動により十分な保護を与え
> るために，清国政府は英国政府に対して山東省の威海衛を租貸することに同意する．

b

> 合衆国及日本国両政府ハ，領土相近接スル国家ノ間ニハ，特殊ノ関係ヲ生スルコトヲ承認ス，従テ合衆国政府
> ハ日本国カ支那ニ於テ特殊ノ利益ヲ有スルコトヲ承認ス，日本ノ所領ニ接壌セル地方ニ於テ殊ニ然リトス

c

> 第一条　清国ハ朝鮮国ノ完全無欠ナル独立自主ノ国タルコトヲ確認ス，因テ右独立自主ヲ損害スヘキ朝鮮国ヨ
> リ清国ニ対スル貢献典礼等ハ，将来全ク之ヲ廃止スヘシ

d

> 大英帝国皇帝陛下とロシア皇帝陛下は，アジア大陸におけるそれぞれの国の利害に関する諸問題を，相互の同
> 意をもって解決することを切望し，こうした諸問題に関して両国の間に誤解を生じうるようなものが一切ない
> ように協約を締結することを決定した．

e

> 第五条　露西亜帝国政府ハ清国政府ノ承諾ヲ以テ，旅順口・大連並其ノ附近ノ領土及領水ノ租借権及該租借権
> ニ関連シ，又ハ其ノ一部ヲ組成スル一切ノ権利・特権及譲与ヲ日本帝国政府ニ移転譲渡ス，露西亜帝国政府ハ
> 又前記租借権カ其ノ効力ヲ及ホス地域ニ於ケル一切ノ公共営造物及財産ヲ，日本帝国政府ニ移転譲渡ス

f

> 第六条　清国皇帝陛下ハ・・・列国ニ四億五千万海関両ノ償金ヲ支払フコトヲ約諾セラレタリ
> 第七条　清国政府ハ各国公使館所在ノ区域ヲ以テ特ニ各国公使館ノ使用ニ充テ，且全然公使館警察権ノ下ニ属
> セシメタルモノト認メ，該区域内ニ於テハ清国人ニ住居ノ権ヲ与ヘス，且之ヲ防禦ノ状態ニ置クヲ得ルコトヲ
> 承諾シタリ

（資料出所はいずれも省略する．）

慶應義塾大-経済 2020年度 日本史 *23*

1

朝鮮が国号を大韓帝国に改めた.

2

アメリカ国務長官ジョン＝ヘイが門戸開放と機会均等を列国に求めた.

3

第1次日英同盟協約が締結された.

4

南満洲鉄道株式会社が設立された.

5

孫文が中華民国臨時大総統に就任した.

6

日本がドイツに宣戦布告した.

7

第4次日露協約が締結された.

8

Ⅲ 幕末以降の日本における統計の発展について述べた次の文章を読んで，以下の問7～問14に答えなさい. **解答は，設問で指定された場合を除いて，すべて番号で解答用紙の〔解答欄A〕の所定の欄に記入しなさい.**

　A欧米から日本に統計学が移入されたのは，幕末から明治維新にかけての時期であった.

　明治政府は，B地租改正実施前から，物産，物価，人口，土地に関する調査活動を開始した. そして，政府が近代産業の育成に積極的に乗り出すとともに，1883（明治16）年に「農商務通信規則」が制定され，日本の生産統計の体系化が始まった.

　1920（大正9）年に内閣に国勢院が創設され，国勢調査統計の必要性を強く認識していた原敬首相のもとで，はじめての国勢調査が行われた.

　1939（昭和14）年に，陸軍省に秋丸機関と呼ばれた戦争経済研究班が設置され，動員された研究者によって統計的国力研究が行われ，英米に対するc日本の抗戦力が問題となった.

　D第二次世界大戦の終結後，連合国軍最高司令官総司令部（GHQ/SCAP）から，日本の生産統計がきわめて不正確であることを指摘され，現在の無作為抽出方法に基づく調査方法が導入されるとともに，1947年にE統計法が公布された.

　日本が，戦後，F復興し，高度成長を遂げていく中，統計も整備された. そして，今日，「Gビッグ・データ」というような用語も現れるようになり，統計分析の重要性が高まってきている.

　しかしながら，H政府における統計不正問題が明らかになったり，個人情報の不正利用などが頻繁に発生したりするなど，統計の質および統計の活用についての信頼性が揺らいでいる.

問7　下線部Aに関連して，日本への統計学の移入について述べた次の文章を読んで，以下の（1）～（5）に答えなさい.

　　α鎖国から開国への強い圧力にさらされた幕府は，西洋を学ぶための様々な改革を行い，その中で，西周と（　a　）を留学生として（　b　）に派遣した. 西周が留学で学んだ国際法を翻訳したものは『万国公法』として刊行された. 一方，（　a　）が留学先で受けた講義の内容を翻訳したものは，廃藩置県後の時期に（　c　）正院政表課から『表紀提綱　一名政表学論』として刊行され，明治初期の統計学に大きな影響力を持った. この組織の「政表」という名称は，Statistik（ドイツ語）にあたる語として福澤諭吉が初めて用いたものとされている. のちに，このStatistikをどのような日本語とするか，特に「統計」という語が適切か，の論争においてβ森鷗外が重要

24 2020 年度 日本史　　　　　　　　　　　　　　　　　　　　　慶應義塾大-経済

な役割を果たした.

（1）　文章中の（ a ）に入る人名を, 次の 1 〜 6 から選びなさい.

　　　1.　伊藤博文　　　2.　井上馨　　　3.　津田真道
　　　4.　中江兆民　　　5.　前島密　　　6.　森有礼

（2）　文章中の（ b ）に入る国名を, 次の 1 〜 6 から選びなさい.

　　　1.　アメリカ　　　2.　イギリス　　　3.　オランダ
　　　4.　ドイツ　　　　5.　フランス　　　6.　ロシア

（3）　文章中の（ c ）に入る語を, 次の 1 〜 6 から選びなさい.

　　　1.　会計官　　　2.　議政官　　　3.　行政官
　　　4.　刑法官　　　5.　神祇官　　　6.　太政官

（4）　下線部 α に関連して, 下の年表は, 18 〜 19 世紀に海外で起きた出来事を年代の古い順に並べたものである.
　　　次の a 〜 c の事項は年表のどこに入れるのが適切か. 年表中の空欄 1 〜 7 の中からそれぞれ選びなさい. （重複
　　　使用不可）

　　　a.　近藤重蔵らが択捉島に「大日本恵登呂府」の標柱をたてた.
　　　b.　橋本左内が処刑された.
　　　c.　長崎奉行松平康英が自害した.

　　　| 1 |
　　　エカチェリーナ 2 世が皇帝になった.
　　　| 2 |
　　　ナポレオン 1 世が皇帝になった.
　　　| 3 |
　　　アヘン戦争が始まった.
　　　| 4 |
　　　アメリカがメキシコからカリフォルニアを獲得した.
　　　| 5 |
　　　アロー戦争が始まった.
　　　| 6 |
　　　アメリカで南北戦争が始まった.
　　　| 7 |

（5）　下線部 β に関連して, 森鷗外によるものをはじめとして, 明治時代に多くの翻訳書が出版された. 次の資料
　　　a 〜 c は, それぞれ明治時代に刊行された翻訳書からの抜粋である（必要に応じて表現を改めた）. それぞれの
　　　翻訳書の訳者名の組み合わせとして適切なものを, 下の 1 〜 6 から選びなさい.

慶應義塾大-経済　　　　　　　　　　　　　　　　　　　　　2020 年度　日本史　*25*

a

> 秋九月中旬といふころ，一日自分がさる樺の林の中に座っていたことが有った．今朝から小雨が降りそそぎ，その晴れ間にはおりおり生ま暖かな日かげも射して，まことに気まぐれな空ら合ひ．あわあわしい白ら雲が空ら一面に棚引くかと思ふと，フトまたあちこち瞬く間雲切れがして，無理に押し分けたやうな雲間から澄みて怜悧し気に見える人の眼の如くに朗らかに晴れた蒼空がのぞかれた．

b

> 弥生ついたち，はつ燕，
> 海のあなたの静けき国の
> 便もてきぬ，うれしき文を．
> 春のはつ花，にほひを尋むる
> ああ，よろこびのつばくらめ．

c

> 羅馬に往きしことある人はビアッツア・バルベリイニを知りたるべし．こは貝殻持てるトリトンの神の像に造り做したる，美しき噴井ある，大なる広こうぢの名なり．貝殻よりは水湧き出でてその高さ数尺に及べり．羅馬に往きしことなき人もかの広こうぢのさまをば銅板画にて見つることあらむ．かかる画にはキア・フエリチエの角なる家の見えぬこそ恨なれ．

　　　　　　　　　　　　　　　　　　　　　　　　　　　　　　（資料出所はいずれも省略する．）

1．　a 上田敏　　　　　b 二葉亭四迷　　　c 森鷗外
2．　a 上田敏　　　　　b 森鷗外　　　　　c 二葉亭四迷
3．　a 二葉亭四迷　　　b 上田敏　　　　　c 森鷗外
4．　a 二葉亭四迷　　　b 森鷗外　　　　　c 上田敏
5．　a 森鷗外　　　　　b 上田敏　　　　　c 二葉亭四迷
6．　a 森鷗外　　　　　b 二葉亭四迷　　　c 上田敏

問8　下線部Bに関連して，地租改正条例公布までの時期の明治政府の財源の問題点について，〔**解答欄B**〕の所定の欄の範囲内で説明しなさい．　　　　　　　　　　　　　（解答欄：約 17cm × 2 行）

問9　下線部Cに関連して，日本の抗戦力が米英よりもはるかに弱いことが明らかになったにもかかわらず，日本は米英に対する宣戦布告へと向かうことになった．これについて，以下の（1），（2）に答えなさい．

（1）　次のa〜cはそれぞれ下の年表のどこにはいるか．年表中の空欄1〜7の中から選びなさい．（重複使用不可）

　　a．アメリカが日本に日米通商航海条約の破棄を通告した．
　　b．アメリカが日本にハル=ノートを提示した．
　　c．アメリカが日本への石油輸出を全面的に禁止した．

1

日本軍が海南島の占領を開始した．

2

26 2020 年度 日本史 慶應義塾大-経済

日独伊三国同盟が締結された.

3

日ソ中立条約が調印された.

4

独ソ戦争が始まった.

5

日本が南部仏印への進駐を開始した.

6

第3次近衛内閣が「帝国国策遂行要領」を決定した.

7

日本が米英に対して宣戦を布告した.

（2） 日中戦争の勃発後，国民生活は，強力な統制経済の下におかれ，大きく影響を受けた．国家総動員法制定以降米英に対する宣戦布告までの期間の生活物資に関する統制について，〔解答欄B〕の所定の欄の範囲内で説明しなさい.

（解答欄：約 17cm × 2 行）

問10 下線部Dに関連して，次の資料a〜cは，それぞれ，第二次世界大戦中の連合国側の宣言もしくは協定の一部を，日本政府が日本語訳したものである（必要に応じて表記を改めた）．これらについて以下の設問（1），（2）に答えなさい.

a

各軍事使節ハ日本国ニ対スル将来ノ軍事行動ヲ協定セリ　三大同盟国ハ海路陸路及空路ニ依リ其ノ野蛮ナル敵国ニ対シ仮借ナキ弾圧ヲ加フルノ決意ヲ表明セリ・・・三同盟国ハ同盟諸国中日本国ト交戦中ナル諸国ト協調シ日本国ノ無条件降伏ヲ齎スニ必要ナル重大且長期ノ行動ヲ続行スヘシ

b

三大国・・・ノ指揮者ハ・・・「ソヴィエト」連邦カ・・・連合国ニ与シテ日本ニ対スル戦争ニ参加スヘキコトヲ協定セリ・・・三大国ノ首班ハ「ソヴィエト」連邦ノ・・・要求カ日本国ノ敗北シタル後ニ於テ確実ニ満足セシメラルヘキコトヲ協定セリ

c

・・・吾等ハ無責任ナル軍国主義カ世界ヨリ駆逐セラルルニ至ル迄ハ平和，安全及正義ノ新秩序カ生シ得サルコトヲ主張スルモノナルヲ以テ日本国国民ヲ欺瞞シ之ヲシテ世界征服ノ挙ニ出ツルノ過誤ヲ犯サシメタル者ノ権力及勢力ハ永久ニ除去セラレサルヘカラス

〔資料出所〕『日本外交年表竝主要文書』

（1） a〜cの宣言もしくは協定は，一般に，それぞれ地名を冠した名称で呼ばれている．その地名にあたる場所として最も適切なものを次の地図中の1〜9の中からそれぞれ選びなさい．（重複使用不可）

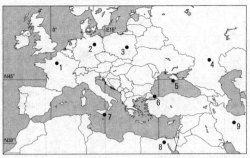

備考：国境線は現在のもの．

（2） a〜cの宣言が発せられた，もしくは協定が署名された時期を，次の年表中の空欄1〜7の中からそれぞれ選びなさい．（重複使用不可）

1

ミッドウェー海戦が起きた．

2

イタリアのバドリオ政権が無条件降伏した．

3

連合国軍によるノルマンディー上陸作戦が実行された．

4

ドイツが無条件降伏した．

5

原爆が広島に投下された．

6

ソ連が日本に宣戦布告した．

7

問11　下線部Eに関連して，第二次世界大戦後，社会の基盤を形作るさまざまな法律がGHQの指令を受けながら制定された．第二次世界大戦後に制定された次の1〜6の法律のうち，日本国憲法の公布以前に公布されたものを1つ選びなさい．

1．教育基本法　　2．警察法　　3．地方自治法
4．独占禁止法　　5．労働基準法　6．労働組合法

問12　下線部Fに関連して，次の第1図は，第二次世界大戦前後30年間の日本の実質国民総生産（GNP）と物価水準の推移を，第2図は，第1図のそれぞれの増加率をグラフ化したものである．図の横軸の1〜6は，5年ごとの区分である．
　　図の3の時期に，物価が急激に上昇し，図の4から5の時期にかけてその上昇率は収まっている．この急激な物価上昇をもたらした原因と，それを鎮静化するために図の3から4の時期に行われた政策について，〔解答欄B〕の所定の欄の範囲内で説明しなさい．

（解答欄：約17cm×3行）

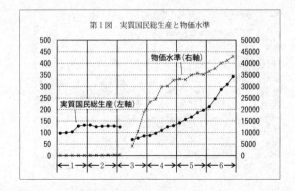

第1図 実質国民総生産と物価水準

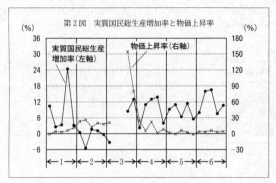

第2図 実質国民総生産増加率と物価上昇率

備考：第1図の実質国民総生産と物価水準（GNPデフレータ）はそれぞれ，期間内のある時期を100とした指数である．
　　　資料出所においてデータが欠損している年については図中に現れていない．

〔資料出所〕大川一司，高松信清，山本有造『国民所得（長期経済統計1）』，日本銀行統計局『明治以降本邦主要経済統計』より作成．

問13　下線部Gに関連して，今日のビッグ・データの広がりは，コンピュータ産業や通信産業の発展によるところが大きい．日本の通信産業で重要な位置を占めているNTTは，民営化の結果設立された．このときの内閣名を首相の名前を用いて示すとともに，その内閣が行った民営化について，NTTを含め，民営化前と後のそれぞれの具体的な組織名を挙げながら，〔解答欄B〕の所定の欄の範囲内で説明しなさい．（ただし，分社化されたものについてはグループの総称を記すこと．また，組織の名称は一般に用いられている略称でもよい．）

（解答欄：約17cm×2行）

問14　下線部Hに関連して，政府の不祥事は，しばしば内閣の退陣につながってきた．1980年代から1990年代には，政官財の癒着として問題となった事件が相次ぎ，非自民連立内閣の成立をもたらすことにつながった．これについて，それらの事件の具体的な例と，成立した非自民連立内閣の概要を示しながら，〔解答欄B〕の所定の欄の範囲内で説明しなさい．（ただし，説明にあたっての内閣名は首相の名前を用いて示すこと．）

（解答欄：約17cm×3行）

世界史

(80分)

Ⅰ　アジアにおけるキリスト教の普及と貿易に関して述べた次の文章を読んで，問1〜問3に答えなさい．**解答は，設問で指定された場合を除いて，すべて番号で解答用紙の〔解答欄A〕の所定の欄に記入しなさい．**

　　16世紀のアジアでは，ポルトガルやスペインなどの宣教師らによるキリスト教布教活動が盛んとなった．日本では1549年に来日した A イエズス会宣教師フランシスコ＝ザビエルらの活動を通じてキリスト教が普及した． B 日本からもローマに使節が派遣された．また，ポルトガルやスペインはアジア域内の貿易に参入し，c ポルトガル商人は日明貿易の主要な担い手にもなった．日本の大名や商人もアジア諸地域との貿易を行い，こうした活発な貿易は17世紀前半まで続いた．

問1　下線部Aに関連して，以下の（1），（2）に答えなさい．

（1）　イエズス会宣教師らがアジアでの布教活動を積極的に展開した背景にある，当時のヨーロッパにおけるキリスト教の動向を，〔**解答欄B**〕の所定の欄の範囲内で説明しなさい．　　　　　　（解答欄：約17cm×3行）

（2）　イエズス会宣教師らの布教活動は中国にもおよんだ．かれらと交流をもった徐光啓は中国の科学や技術にどのような影響を与えたか，徐光啓が作成に関わった具体的な書物の名を2つ挙げながら，〔**解答欄B**〕の所定の欄の範囲内で説明しなさい．　　　　　　（解答欄：約17cm×3行）

問2　下線部Bに関連して，次の文章を読んで，以下の（1），（2）に答えなさい．

　　1582年に，九州のキリシタン大名3名の名代として，伊東マンショら4名の少年が長崎港を出発した．日本からの使節は，α ポルトガルの植民地の港を経てリスボンに入り，1584年にマドリードで β スペイン国王フェリペ2世に，翌年にローマで教皇に謁見したのち，1590年に帰国した．その後，仙台藩主伊達政宗の家臣支倉常長が派遣され，ローマで教皇に謁見した．しかし，支倉常長が帰国した時には，γ キリスト教は禁教となっていた．

（1）　下線部αに関連して，使節が日本とローマの往復の途上寄港した場所の位置として適切なものを，地図中の1〜9から4つ選び，番号が小さい順に左から記入しなさい．

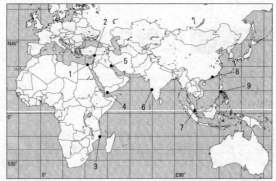

備考：国境線は現在のもの．

（2） 下線部βが在位していた期間に起きた出来事を，次の1～6の中から3つ選び，番号が小さい順に左から記入しなさい．

1．セルバンテスの『ドン＝キホーテ』前編が刊行された．
2．ネーデルラント北部7州が独立を宣言した．
3．ポトシで銀鉱が発見された．
4．ポルトガルとスペインの同君連合が成立した．
5．西まわりのアジア航路を目指したマゼランがフィリピンに到達した．
6．レパントの海戦でオスマン帝国軍が敗れた．

（3） 下線部yに関連して，中国でも雍正帝の治世にキリスト教の布教が禁止された．その背景として，イエズス会の布教方法をめぐるカトリック内部の対立が挙げられる．そのイエズス会の中国における布教方法の特徴について，〔解答欄B〕の所定の欄の範囲内で説明しなさい． （解答欄：約17cm×2行）

問3 下線部Cに関連して，ポルトガル商人が日本と明との間の貿易を中継するようになった背景について，取引された主な商品と，明の貿易政策に触れながら，〔解答欄B〕の所定の欄の範囲内で説明しなさい．
（解答欄：約17cm×3行）

Ⅱ　ヨーロッパにおける甘味料の歴史に関する次の文章を読んで，問4～問8に答えなさい．**解答は，設問で指定された場合を除いて，すべて番号で解答用紙の〔解答欄A〕の所定の欄に記入しなさい．**

　ヨーロッパの人々にとって，中世までは，蜂蜜が主要な甘味料であった．そのため，ヨーロッパの森では養蜂が盛んに行われた．たとえばAニュルンベルク周辺の森は，養蜂業を営む者が多数存在したことで有名である．
　大航海時代以降，ヨーロッパでは新しい甘味料が普及してくる．とりわけB西インド諸島においてアフリカ系奴隷を労働力として営まれたCサトウキビのプランテーションが，ヨーロッパに大量の砂糖をもたらした．七年戦争を期にグローバルな植民地帝国の礎を築いたイギリスでは，しだいにアジア産の茶と西インド諸島・アメリカ産の砂糖を結び付けた喫茶の習慣が庶民にまで広まっていった．
　大陸ヨーロッパでは，ナポレオンがD大陸封鎖令を出したのをきっかけに，製糖工場が数多く建てられるようになり，それにともない，テンサイの栽培が盛んになった．そしてこれは当時進行しつつあったEヨーロッパにおける農業革新の一環を成していた．

問4　下線部Aに関連して，次の文章を読み，以下の（1），（2）に答えなさい．

　　ニュルンベルクは神聖ローマ帝国有数の都市であり，α皇帝カール4世の金印勅書は，この地およびメッツで1356年に開催された帝国議会で発布された．ドイツ・ルネサンスを代表する画家・版画家デューラーは，金細工師の子としてニュルンベルクに生まれ，β晩年の大作を完成したのち生地で没した．

（1）下線部αに関連して，この金印勅書において神聖ローマ皇帝の選出権を認められた選帝侯を，次の1～5の中から1つ選びなさい．

　　1．デンマーク王　　2．バイエルン公　　3．ハノーヴァー公　　4．ハンガリー王　　5．ベーメン王

（2）下線部βに該当する作品として最も適切なものを，次の1～4の中から選びなさい．

1.

2.

3.

4.

問5　下線部Bに関連して，大航海時代以降の西インド諸島の歴史に関する次の文章を読み，以下の（1）～（4）に答えなさい．

　（ア）島は当初スペイン領であったが，17世紀末にはこの島の西部がフランスの支配下に入った．ここでは α フランス革命をきっかけとしたさまざまな解放運動 の一環として黒人奴隷解放の運動が起き，その結果，1804年にはハイチ共和国が誕生した．
　（イ）島は，スペイン人の入植が進んだのち，1655年にクロムウェルの派遣した艦隊によって占領され，イギリス領となった．イギリス植民地に関しては，イギリスの下院議員を長らく務め福音主義の立場から奴隷解放運動を展開した（β）らの努力により1807年に奴隷貿易が禁止され，1833年には奴隷制廃止が決定された．
　（ウ）島はスペインの支配下に長らくとどまったが，19世紀後半にはスペインに対する独立戦争が起きる．19世紀末，これにアメリカが介入してアメリカ＝スペイン戦争となり，勝利したアメリカは（ウ）にプラット条項を押しつけ保護国とした．

（1）（ア）～（ウ）に入る地名を，次の1～4の中から選びなさい．（重複使用不可）

　　1．イスパニョーラ　　2．キューバ　　3．ジャマイカ　　4．プエルトリコ

（2）（ア）島，（イ）島，（ウ）島の位置として最も適切なものを，地図中の1～5の中から選びなさい．（重複使用不可）

備考：国境線は現在のもの．

（3）下線部αに関連して，次の1～4の出来事を，年代の古い順に並べ替え，左から記入しなさい．

　　1．オランプ＝ドゥ＝グージュが処刑された．

2．トゥサン＝ルヴェルチュールが獄死した．
3．ルイ16世が処刑された．
4．ロベスピエールが処刑された．

（4）（β）に入る人物として，最も適切なものを次の1〜5の中から選びなさい．

1．ウィルバーフォース　　2．オーウェン　　3．オコンネル　　4．ラス＝カサス　　5．リヴィングストン

問6　下線部Cに関連して，西インド諸島では，サトウキビのプランテーションが普及し，砂糖の輸出が増加するにともない，北アメリカ大陸のイギリス植民地からの食糧・木材の輸入が進んだ．その理由を〔解答欄B〕の所定の欄の範囲内で説明しなさい．　　　　　　　　　　　　　　　（解答欄：約17cm×2行）

問7　下線部Dがイギリスおよび大陸ヨーロッパの穀物市場に対してもたらした影響について，次の第1図および第2図が示す情報を用いながら，〔解答欄B〕の所定の欄の範囲内で説明しなさい．　　（解答欄：約17cm×3行）

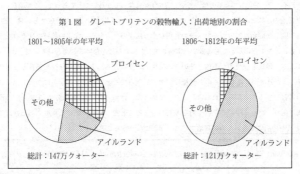

第1図　グレートブリテンの穀物輸入：出荷地別の割合

1801〜1805年の年平均　　　　　1806〜1812年の年平均

総計：147万クォーター　　　　　総計：121万クォーター

備考：クォーターとは穀物の容積の単位である．
〔資料出所〕J. R. McCulloch, *A dictionary, practical, theoretical, and historical, of commerce and commercial navigation*, a new edition, 1837．W. アーベル（寺尾誠訳）『農業恐慌と景気循環』1972年．

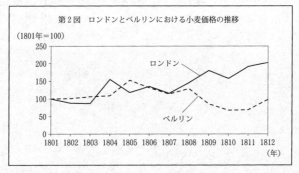

第2図　ロンドンとベルリンにおける小麦価格の推移

〔資料出所〕ロンドン：P. M. Solar & J. T. Klovland, "New series for agricultural prices in London, 1770-1914", *Economic History Review*, 64, 1 (2011)．ベルリン：*Jahrbuch für die amtliche Statistik des preußischen Staats*, 2. Jahrgang, 1867．

34 2020 年度 世界史 慶應義塾大-経済

問8 下線部Eに関連して，ドイツの農学者アルブレヒト・テーアは，イギリスの先進的農業についての研究を踏ま
えつつ，ドイツないしヨーロッパにおける農業革新に，学問・実践の両面から貢献した．次の資料ア，イは，テーア
が著した『合理的農業の原理』からの抜粋を日本語に訳したものである（必要に応じて表現を改めた）．これを
読んで，以下の（1），（2）に答えなさい．

ア

［テンサイのうち］薄赤の種は，同じ条件のもとで最も大きく育ち，生産量が最大になる．それゆえ，それは
α 家畜飼料用に栽培されることが最も多い．……一方，黄色および白色のテンサイは，身がより締まってい
て霜に対してより抵抗力があるという利点があるほか，とりわけ……糖分をより多く含んでいるという利点が
ある．そのため製糖工場やシロップ工場では……，これらの方が目下より一般的で好まれている……．

イ

（　β　）．……この，今では不可欠のものとなった作物は，およそ250年前からヨーロッパに知られている．
……それがドイツで一般化してくるのは，だが，1710年頃になってからのことであった．この頃から，それは菜
園のかなり普通の作物とみなされるようになったが，庶民の食べ物というよりは金持ちの食べ物であった．
1760年，七年戦争が終わりに近づくと，その利用はより広まってきたが，大半の地域ではそれを空いた耕地
に作付けすることをまだ何かとても奇妙で，常軌を逸した，とんでもないことだと見ていた．ようやく1771・
1772年になって，穀物の全般的な不作とそのために生じた飢饉から，人々が——従来副食とみなされてきた
——（　β　）だけでパンを食べるのと同様に生きていけるのだということを学ぶにつれて，それを耕地で
より大規模に栽培することが好まれるようになっていった．けれども，その栽培はいまだ人間の消費用に限
られたままであり，時たま生じる余剰や屑を家畜に与えることをようやく始めた程度であった．だが人は次
第に，γ それを特別に家畜のために栽培することが得になりうることを学んでいった……．

［資料出所］Albrecht Thaer, *Grundsätze der rationellen Landwirtschaft*, 1821（第2版：初版は1809〜1812年）.

（1）　資料イの（β）に入る作物名を，〔**解答欄B**〕の所定の欄に記入しなさい．

（2）　資料ア，イの下線部α，γは，ヨーロッパにおける農法の変化に関連している．その変化について，「休耕地」
または「休閑地」のどちらか1つの語を必ず使用して，〔**解答欄B**〕の所定の欄の範囲内で説明しなさい．

(解答欄：約17cm×2行)

慶應義塾大-経済 2020 年度 世界史 *35*

Ⅲ 1985年5月，西ドイツのヴァイツゼッカー大統領は，第二次世界大戦終戦四十年を記念し，「過去に目を閉ざす者は，結局現在にも盲目となります」と述べたことで知られる演説を行った．次の資料はその演説の一部を日本語に訳したものである（必要に応じて表現を改めた）．この資料を読んで，問9〜問14に答えなさい．**解答は，設問で指定された場合を除いて，すべて番号で解答用紙の〔解答欄A〕の所定の欄に記入しなさい．**

　百年以上にわたり，ヨーロッパはナショナリズムの過度の高揚とその衝突に苦しんできたのです．A第一次世界大戦の終結にあたり，B一連の平和条約が締結されました．しかし，これらの条約には平和を樹立する力が欠けておりました．……脆弱な民主制にはヒトラーを阻止する力がありませんでした．そしてヨーロッパの西側諸国もまた無力であり，そのことで，この致命的な事態の推移を招いたのですが，チャーチルはこれを「悪意はないが無実とはいいかねる」と評しています．……暴力に訴えたのはヒトラーです．C第二次世界大戦の勃発はドイツの名と切り離すわけにはまいりません．……戦後，ドイツは戦勝国の申し合わせに従いさまざまな地域に分割されました．……ヨーロッパは，D二つの異なる政治体制へと分裂する道を辿りだしました．……

　ソ連共産党のEミハイル・ゴルバチョフ書記長は，ソ連指導部には大戦終結四十年目にあたり反ドイツ感情を煽りたてるつもりはないと言明いたしました．ソ連は諸民族の間の友情を支持する，というのです．東西間の協調に対する，そしてまた全ヨーロッパにおける人権尊重に対するソ連の貢献について，われわれが問いかけている時であればこそ，モスクワからのこうした合図を見逃してはなりますまい．……戦後四十年，ドイツ民族はいまだに分断されたままであります……．壁で分け隔てられたヨーロッパが，国境越しに心からの和解に至ることはできません．そうではなく，F国境から互いを分け隔てるものを取り除いた大陸が，心からの和解に至るのです．まさにこのことを，第二次世界大戦の結末はわれわれに思い起こさせます．

〔資料出所〕Richard von Weizsäcker, *Von Deutschland aus. Reden des Bundespräsidenten*, 1987.

問9　下線部Aに関連して，次の（1）〜（3）に答えなさい．

（1）　第一次世界大戦後のドイツに関する次の文章を読み，（a）〜（d）に入る人名を下の〔語群1〕から，また，（ア）に入る地名を下の〔語群2〕から選びなさい．（ただし，〔語群1〕については重複使用不可）

　　社会民主党の（　a　）が初代大統領に就任し，民主的な憲法が制定されたが，巨額の賠償金が課されるなど，国内情勢は不安定であった．加えて，フランスが（　b　）首相の下で，ベルギーと共に（　ア　）を占領した．当時，首相に就任した（　c　）は，（　ア　）での抵抗を中止させ，レンテンマルクを発行するなどして経済の安定化につとめた．また（　c　）は，外相としても，フランスの（　d　）と共に協調外交を展開し，その功績によりノーベル平和賞を受賞した．しかし世界恐慌がおこり，国内情勢は再び混乱をきわめた．

〔語群1〕
　1．エーベルト　　　2．クレマンソー　　　3．シャイデマン　　　4．シュトレーゼマン　　　5．バルフォア
　6．ヒルファーディング　　　　7．ヒンデンブルク　　　8．ブリアン　　　　9．ポアンカレ

〔語群2〕
　1．アルザス・ロレーヌ　　　2．ヴェルダン　　　3．フィウメ　　　4．ルール

（2）　この時期，女性の社会的地位も変化し，多くの国々で女性に参政権が認められた．女性参政権に関する次の文章を読み，（a）〜（d）に入る語を下の1〜9の中から選びなさい．（重複使用不可）

（ a ）では，1918年の第4次選挙法改正で21歳以上の男性と30歳以上の女性に，1928年の第5次選挙法改正で21歳以上の男女に参政権が認められた．（ a ）と並び19世紀から女性参政権運動がさかんであった（ b ）では，1920年に，性別を理由に投票権を拒絶または制限することが，憲法の修正によって禁じられた．第一次世界大戦の敗戦国（ c ）でも，1919年の憲法で成年男女に普通選挙権が与えられた．欧米以外の国々では，近代化政策の下（ d ）で1934年に女性参政権が認められている．

1．アメリカ合衆国　　2．イギリス　　3．イタリア　　4．エジプト　　5．ソ連
6．中華民国　　　　　7．ドイツ　　　8．トルコ　　　9．日本

（3）　第一次世界大戦後のアメリカ合衆国は，国際金融市場の新たな中心となった．次の図は，20世紀前半の，ある20年間におけるニューヨーク株式取引所の株価指数を表すものである．図中のAの時期におこった出来事を，下の1～5の中からすべて選び，その番号を〔解答欄B〕の所定の欄に記入しなさい．

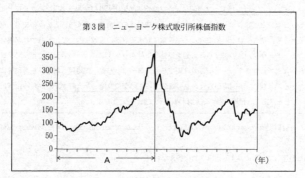

備考：株価は，Dow-Jones Industrial Stock Price Index for United States．月次データ（月初）より作成したものであり，一般にドルの単位として表記される．横軸の目盛りは，1年の区切りを指す．
〔資料出所〕Federal Reserve Bank of St. Louis, Economic Research Division．

1．パリで不戦条約が調印された．
2．産業別組織会議（CIO）が結成された．
3．全国産業復興法（NIRA）が制定された．
4．ドイツがドーズ案を受け入れた．
5．アメリカ合衆国大統領フーヴァーがモラトリアムを宣言した．

問10　下線部Bに関連する次の文章を読み，（a）～（d）に入る語を下の1～7の中から選びなさい．（重複使用不可）

　ドイツと連合国との間の講和条約としてヴェルサイユ条約が結ばれた．また連合国は，ブルガリアとは（ a ）条約を，オーストリアとは（ b ）条約を，ハンガリーとは（ c ）条約を，そしてオスマン帝国とは（ d ）条約を，それぞれ結んだ．

1．サン＝ジェルマン　　2．セーヴル　　3．トリアノン　　4．ヌイイ
5．ブレスト＝リトフスク　　6．ラパロ　　7．ロンドン

問11　下線部Cに関連して，ヨーロッパ戦線に関する次の文章を読み，(a)〜(d)に入る地名の場所として最も適切なものを，下の地図中の1〜9の中から選びなさい．(重複使用不可)

　　1941年，ドイツは独ソ不可侵条約を破ってソ連を攻撃し，独ソ戦が始まった．モスクワ攻撃に失敗したドイツに対してソ連は反撃を開始し，戦争は長期化した．ソ連軍は（　a　）でドイツ軍を降伏させたが，これが独ソ戦の転換点となった．連合国の首脳は（　b　）会談で北フランス上陸作戦について協議し，これに基づいて，1944年にノルマンディーへの上陸作戦が実行された．また，アメリカ合衆国，イギリス，ソ連の首脳による（　c　）会談では，ドイツ戦後処理の大綱などがきめられた．1945年4月末，ヒトラーは自殺し，5月初旬，ドイツは無条件降伏した．これにともない，連合国の首脳は7月から（　d　）で会談を行い，ドイツの戦後処理，日本の降伏条件など，終戦後をにらんだ諸問題を討議した．

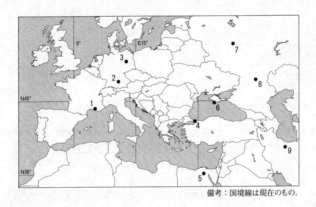

備考：国境線は現在のもの．

問12　下線部Dに関連して，次の資料a〜cを読み，以下の(1)，(2)に答えなさい．なお，資料a，cは外交文書の一部，資料bはある演説の一部を，それぞれ日本語に訳したものである(必要に応じて表現を改めた)．

a

第一条(一)　ドイツ連邦共和国とポーランド人民共和国は，……スヴィーネミュンデ西端の（　α　）海岸に発しオーデル川に沿ってラウジッツ・ナイセ川との合流点に至り，さらにラウジッツ・ナイセ川に沿ってチェコスロヴァキア国境に至る現在の国境線が，ポーランド人民共和国の西部国境を成すことを一致して確認する．

b

（　α　）海のシュテッティン(シュチェチン)から（　β　）海のトリエステまで，ヨーロッパ大陸をまたぐ鉄のカーテンが降りてしまった．

c

……ワシントンで調印された北大西洋条約の加盟国は，ドイツ連邦共和国がこの条約に加盟することによって北大西洋地域の安全が強化されることを確信する……

(資料出所はいずれも省略する．)

38 2020 年度　世界史　　　　　　　　　　　　　　　　　　　　　　　　　慶應義塾大-経済

（1）（α），（β）に入る語を，〔解答欄 B〕の所定の欄に記入しなさい．

（2）　資料 a，c の文書が調印された時期，資料 b の演説がなされた時期を，次の年表の空欄 1 〜 7 の中からそれぞ
　　　れ選びなさい．（重複使用不可）

1

トルーマン＝ドクトリンが発表された．

2

マーシャル＝プランが発表された．

3

スターリンが死去した．

4

ナジ＝イムレが処刑された．

5

「プラハの春」が起こった．

6

東西ドイツが同時に国連に加盟した．

7

問13　下線部 E に関連して，ソ連が，アメリカ合衆国と，1989年のマルタ会談で冷戦終結を宣言するに至るまでの経
　　　緯を，ゴルバチョフの外交政策に言及しながら，〔解答欄 B〕の所定の範囲内で説明しなさい．

（解答欄：約 17cm × 3 行）

問14　下線部 F に関連して，ヨーロッパの地域統合に関する次の 1 〜 4 の事項を年代の古い順に並べ替え，左から
　　　記入しなさい．

　　　1．イギリスがヨーロッパ共同体に加盟した．
　　　2．ヨーロッパ経済共同体が発足した．
　　　3．ヨーロッパ自由貿易連合が発足した．
　　　4．ヨーロッパ石炭鉄鋼共同体が発足した．

慶應義塾大-経済　　　　　　　　　　　　　　　　　　　　2020 年度　数学　39

■数学■

(80 分)

(注意)

1．数学の問題のうち，問題の［**1**］から［**3**］が最初に採点されます。問題の［**4**］から［**6**］は，数学の最初に採点される問題と英語の最初に採点される問題の得点が一定点に達した受験生についてのみ，採点されます。

2．①　問題の［**1**］から［**3**］の解答は，解答用紙Ａ（マークシート）の解答欄にマークしてください。

　　［例］　　(11)　(12)　と表示のある問いに対して，「45」と解答する場合は，解答欄(11)の④と解答欄(12)の⑤にマークしてください。

　　なお，解答欄にある⊖はマイナスの符号−を意味します。

②　解答欄(1), (2), …は，それぞれ 0 から 9 までの数字，またはマイナスの符号−のいずれか一つに対応します。それらを(1), (2), …で示された解答欄にマークしてください。

　　下の例のように，数字は右によせて表示し，マイナスの符号−は左端に置いてください。空のマスがあれば 0 を補ってください。解答が分数のときは，分母を正で，約分しきった形で解答してください。

　　［例］

$$3 \rightarrow \boxed{0 \mid 3} \qquad\qquad 0 \rightarrow \boxed{0 \mid 0}$$

$$3 \rightarrow \frac{3}{1} \rightarrow \boxed{\dfrac{0 \mid 3}{0 \mid 1}}$$

$$x - y \rightarrow 1x + (-1)y \rightarrow \boxed{0 \mid 1}\,x + \boxed{- \mid 1}\,y$$

$$-\frac{4}{6} \rightarrow \frac{-2}{3} \rightarrow \boxed{\dfrac{- \mid 2}{0 \mid 3}}$$

40 2020 年度　数学　　　　　　　　　　　　　　　　　　　　　慶應義塾大-経済

[1] a, b, c は条件 $a^2 + b^2 + ab = c^2$, $a < b$ を満たす自然数とする.

(1) $a = 3$ であるとき, $c = \boxed{(1)}$ である.

(2) 和が 21 になる 2 つの自然数の積の最大値は $\boxed{(2)}\boxed{(3)}\boxed{(4)}$ であることから,
$a + b = 21$ であるとき, $c = \boxed{(5)}\boxed{(6)}$ である.

(3) $a + b - c = p$ とおくと, a, b, p は

$$\left(a - \boxed{(7)}\, p \right)\left(b - \boxed{(8)}\, p \right) = \boxed{(9)}\, p^2$$

を満たす. よって, p が 5 以上の素数であるとき, 条件を満たす a, b, c の組
は全部で $\boxed{(10)}$ 個ある. また, $p = 7$ であるとき, c の値が最小となるのは,
$a = \boxed{(11)}\boxed{(12)}$, $b = \boxed{(13)}\boxed{(14)}$ のときである.

[2] 1 個のさいころを 8 回続けて投げる. ただし, さいころを 1 回投げ終えるごとに, それ
までに出た目の合計を記録しておく.

(1) さいころを 3 回投げ終えた時点で, それまでに出た目の合計がちょうど 9 である
確率は $\dfrac{\boxed{(15)}\boxed{(16)}}{\boxed{(17)}\boxed{(18)}\boxed{(19)}}$ であり, 合計が 12 以上である確率は $\dfrac{\boxed{(20)}}{\boxed{(21)}}$ である.

(2) さいころを 8 回投げ終えるまでの間に, 出た目の合計がちょうど 6 になること
が起きる確率は, $a = \boxed{(22)}, b = \boxed{(23)}, c = \boxed{(24)}, d = \boxed{(25)}$ とおくと $\dfrac{a^b}{c^d}$ と
書ける.

(3) 出た目の合計が初めて 7 以上になった時点で, その値が 12 以上である確率は,
$e = \boxed{(26)}, f = \boxed{(27)}$ とおくと $\dfrac{a^e}{c^f}$ と書け, その値がちょうど 9 である確率は,
$g = \boxed{(28)}, h = \boxed{(29)}, i = \boxed{(30)}, j = \boxed{(31)}$ とおくと $\dfrac{a^g}{c^h} - \dfrac{a^i}{c^j}$ と書ける. ただし,
a, c は **(2)** で求めた値とする.

慶應義塾大-経済　　　　　　　　　　　　　　　　　　2020 年度　数学　*41*

[3] 数列 $\{a_n\}, \{b_n\}$ を，$a_1 = 1, b_1 = 1$ かつ $n = 1, 2, 3, \ldots$ に対して

$$\frac{a_n}{b_n} < 2 \text{ ならば} \begin{cases} a_{n+1} = a_n + 1 \\ b_{n+1} = b_n \end{cases}, \quad \frac{a_n}{b_n} \geqq 2 \text{ ならば} \begin{cases} a_{n+1} = a_n \\ b_{n+1} = b_n + 1 \end{cases} \quad \cdots\cdots \; ①$$

で定める.

(1) $a_3 = \boxed{(32)}$, $b_3 = \boxed{(33)}$, $a_6 = \boxed{(34)}$, $b_6 = \boxed{(35)}$ である.

(2) 一般に，自然数 m に対して

$$a_{3m} = \boxed{(36)}\, m + \boxed{(37)}, \quad b_{3m} = \boxed{(38)}\, m + \boxed{(39)} \quad \cdots\cdots \; ②$$

が成り立つと推測される．この推測が正しいことを次のように確かめる.

$m = 1$ のとき②は成り立つ．$m = k$ のとき②を仮定すると，①から

$$a_{3k+1} = \boxed{(40)}\, k + \boxed{(41)}, \quad b_{3k+1} = \boxed{(42)}\, k + \boxed{(43)}$$

となる．再び①から

$$a_{3k+2} = \boxed{(44)}\, k + \boxed{(45)}, \quad b_{3k+2} = \boxed{(46)}\, k + \boxed{(47)}$$

が成り立つ．さらに①から

$$a_{3k+3} = \boxed{(48)}\, k + \boxed{(49)}, \quad b_{3k+3} = \boxed{(50)}\, k + \boxed{(51)}$$

となるので，$m = k + 1$ のときにも②は成り立つ.

(3) $n \geqq 1$ に対して $S_n = \displaystyle\sum_{k=1}^{n} 10^{a_k}$ とする．自然数 m に対して，$s = \boxed{(52)}$ とおくと

$$S_{3m} = \frac{\boxed{(53)}\;\boxed{(54)}}{\boxed{(55)}\;\boxed{(56)}} (10^{sm} - 1) \text{ となる．よって，} S_{3m} \text{ は } \boxed{(57)}\, m + \boxed{(58)} \text{ 桁の}$$

整数になる.

[4] 座標空間の原点 O を中心とする半径 1 の球面上に A $(0, 0, 1)$, B $(0, 0, -1)$ と異なる点
C (p, q, r) をとり，A と C，B と C を通る直線と xy 平面の交点を，それぞれ P, Q と
する．また，座標軸上に 2 点 R $\left(\dfrac{1}{2}, 0, 0\right)$, S $\left(0, \dfrac{1}{4}, 0\right)$ をとる.

(1) P, Q の座標をそれぞれ p, q, r を用いて表せ.

(2) P が線分 RS 上を動くとき，Q の軌跡を xy 平面上に図示せよ.

(3) P が線分 RS 上を動くとき，△ABC の面積の最小値を求めよ.

42 2020 年度　数学　　　　　　　　　　　　　　　　　　　　　　慶應義塾大-経済

[5] 実数 α は $\log_8(2-\alpha)+\log_{64}(\alpha+1)=\log_4\alpha$ を満たすとする．また，点 $(\sqrt{3}\alpha,\alpha^2)$
に関して，曲線 $y=\log_2 x$ 上の点 (x,y) と対称な点を (s,t) とする．

(1) α の値を求めよ．

(2) t を s を用いて表せ．

(3) 実数 s,t が $s\leqq 0,\ t\geqq 0$ および **(2)** の関係式を満たすとき，

$$3\sin\left(\frac{s+t}{2}\pi\right)+\cos\left(\frac{s+t}{2}\pi\right)$$

の最大値と最小値を求めよ．必要ならば $1.5<\sqrt[3]{4}<1.6$ を用いてもよい．

[6] a を正の定数とする．また，x の 3 次式 $f(x)$ は次の条件を満たすとする．

$$f(0)=-a^2,\quad f(a)=0,\quad f'(a)=0,\quad \int_0^a f(x)dx=0$$

(1) $f(x)$ を求めよ．

(2) 区間 $0\leqq x\leqq 1$ における $f(x)$ の最大値を求めよ．

(3) $a=4$ のとき，x 軸，y 軸および曲線 $y=f(x)$ で囲まれた 2 つの部分の面積の
和を求めよ．

小論文

（60 分）

（注意）　字数をかぞえるとき，句読点も 1 字とかぞえます。ただし，算用数字は 1 マス
　　に 2 つまで記入できます。

　次の課題文 1 ，2 を読んで，設問A，Bに答えなさい。解答は解答用紙の所定の欄に横書きで
記入しなさい。

［課題文 1 ］

　北方地域において，狩猟対象動物となる獲物の大群の出現は季節的である。したがって，北方狩
猟採集民の一年は夏と冬という規則的にくり返されるリズムにより特徴づけられる。夏，トナカイ
は出産のためツンドラへと北上する。そして，冬になると，越冬のためタイガへと南下する。繁殖
活動は秋に行われ，トナカイは南下の途中，川や湖を泳いで渡り，ツンドラとタイガの境界にあた
る森林限界周辺に集まる。そして，川や湖が結氷すると，群れは森林の中へと移動する。

　インディアン（注）は夏と冬のキャンプを設営する。夏のキャンプは漁撈活動の，冬のキャンプ
はトナカイ狩猟と罠猟のためである。秋には，インディアンは南下してくるトナカイを迎え撃つた
め北上する。したがって，インディアンとトナカイはそれぞれ夏と冬に，南と北という反対の方向
に移動することになる。冬には両者の活動空間は重なり合い，ここでインディアンがトナカイを狩
猟する。すなわち，インディアンとトナカイの生態的関係は，毎年の規則的な空間−時間リズムに
よって特徴づけられるのである。

　しかし，狩猟者と動物との間の生態的リズムは，永久に不変でもなければ保障されているもので
もない。トナカイの移動路は年ごとに大きく変わる。また，群れの大きさや越冬地域は，積雪状況
や森林火災の範囲に応じて変化する。インディアンは秋になるとトナカイを待つためにキャンプを
設営するが，彼らが毎年，同じ場所でトナカイに出合える保証はない。もしトナカイが現れれば大
量の肉が得られるが，もし現れなければ人びとは飢えることになる。北方狩猟採集民にとって飢餓
は稀なできごとではない。

　狩猟活動そのものにおける不確定性も一般的に見られる。狩猟活動とは狩人による動物の探索，
追跡，接近，あるいは待ち伏せ，屠殺，解体，運搬という一連の行動により構成される。狩人は動
物の生態や行動に対応した狩猟活動の調整を行うが，それは必ずしも常に成功するとはかぎらな
い。狩猟の失敗，あるいは事故がその結果を不確定なものにしている。すなわち，北方狩猟採集民
は動物に大きく依存しており，狩人と動物との生態的関係は規則的な時間−空間リズムを形成して
はいるが，同時にそこには不確定性が見られるのである。

44 2020 年度 小論文 　　　　　　　　　　　　　　　　慶應義塾大-経済

　もちろん，インディアンは人間と自然との関係の不確定性に対応する社会的，生態的調整も行う．彼らは，森林限界の近くにキャンプを設営する．一つのキャンプと別のキャンプとの距離は時に100キロメートルも離れていることがある．もし，キャンプの設営地の近くで季節移動してくるトナカイが水を渡れば，インディアンは殺せる限りのトナカイを狩猟することができる．これらの肉は後に，トナカイの移動路にあたらなかった場所でキャンプしていた人びとにも分配される．人びとは肉がなければ，トナカイの狩猟に成功した者から肉を自由に得る．狩人たちはお互いのキャンプを訪れて，トナカイの現れた地点に関する情報を交換する．また，最初のトナカイが得られると，この情報は他の人びとにも伝えられる．

　私は，アンばあさんの夫で71歳になるジョンじいさんが，この冬における最初のトナカイを狩猟したことを人びとに伝えるためだけに，キャンプから75キロメートル離れた村まで犬橇（ぞり）で往復するのを見た．彼の養子である少年は，この老人が「そうすることが好きだから」行くのだと説明した．ジョンじいさんは若い時にはいつもたくさんの肉をキャンプにもたらした腕のよい狩人だと人びとにいわれていた．また，現在もそういわれるとジョンじいさんは笑って喜んでいるように思われた．したがって，ジョンじいさんの行動は，彼が腕のよい狩人だという威信を示すためと考えることもできる．

　しかし，同時に彼の行動は生態学的に見ると，生存のための戦略的行動としての役割をも持つ．すなわち，移動するトナカイの位置に関する情報の速やかな伝達は，すべてのインディアンの狩人によるトナカイの生産量を最大化する．またその結果，肉の分配を通して他のキャンプの人びとの飢餓を防止することにもなる．すなわち，情報と肉の分配機構は，空間的−時間的に不均一に分布している大量の資源の獲得における生存戦略となっている．

　　（煎本孝著，『こころの人類学―人間性の起源を探る』ちくま新書，2019年より抜粋．なお一部の漢字にふり仮名をつけた．（注）は出題者による．）

（注）　ここでインディアンとは，カナダ先住民であるカナダ・インディアンのうち，カナダ亜北極の北方アサバスカン
　　　語族に属する北方狩猟採集民のことを指している．

［課題文 2 ］

　過去の成功や失敗に学びながら，目指すべき未来のヴィジョンを構想する時に，「分かち合い」の思想が重要となる．それは，既に紹介した私の大好きなスウェーデン語，つまり「社会サービス」を意味する「オムソーリ」の本来的意味である「悲しみの分かち合い」に学ぶことである．

　人間は悲しみや優しさを「分かち合い」ながら生きてきた動物である．つまり，人間は「分かち合う動物」である．人間に対するこの見方は，アリストテレス（Aristotelēs）の「人間は共同体的動物（zōon politikon）である」という至言にも通じている．人間は孤独で生きることはできず，共同体を形成してこそ生存が可能となる．「分かち合い」によって，他者の生も可能となり，自己の生も可能となるのである．

　「社会サービス」をオムソーリだと理解すると，社会の構成員は自己の「社会サービス」のために租税を負担するのではなく，社会全体のために租税を支払うということになる．しかも，「分かち合い」は他者の生を可能にすることが，自己の生の喜びでもあることを教えている．人間の生き

慶應義塾大-経済　　　　　　　　　　　　　　　　　　　　2020 年度　小論文　45

がいは他者にとって自己の存在が必要不可欠だと実感できた時である．「悲しみの分かち合い」は，
他者にとって自己が必要だという生きがいを付与することになる．

<中略>

　生命を維持する活動である生活の「場」では，「分かち合い」の原理つまり協力原理にもとづか
なければ成り立たない．そのため生命を維持する生活活動は，家族やコミュニティに抱かれて営ま
れる．つまり，「分かち合い」の原理にもとづく相互扶助や共同作業で営まれる．

　したがって，市場社会で生産活動が競争原理にもとづく市場経済で営まれるといっても，生活活
動は家族やコミュニティという協力原理にもとづく「分かち合い」の経済で営まれている．農業を
基盤とした市場経済以前の社会では，生産活動も共同体の協力原理にもとづいて営まれていた．生
きている自然に働きかける農業は，自然のリズムに合致する共同体の原理で営まれる必要があるか
らである．

　ところが，農業の副業から誕生する工業が分離して自立的に営まれるようになると，生産活動が
競争原理にもとづく市場経済に包摂されるようになる．工業は農家の副業としての家内工業から生
まれてくる．それが都市に立地されるようになると，要素市場において土地，労働，資本という生
産要素の生み出す要素サービスを取引することで，工業が自立してくる．

　農業が生きている自然を原材料とするのに対して，工業では死んだ自然を原材料とする．綿工業
であれば，農業が生産した綿花という死んだ自然を原材料として綿糸を生産する．しかも，工業で
は農業のように生命を育む大地という自然に働きかけるのではなく，人間が製造した機械に働きか
け，機械のリズムに合わせて生産活動が営まれる．

　このように，人間を創造主とする対象に働きかける工業では，人為的行動として生産活動を完結
できる．そのため工業では生産と生活を分離することが可能となり，競争原理にもとづく生産活動
と協力原理にもとづく生活活動が分離していくことになる．

（神野直彦著，『「分かち合い」の経済学』岩波新書，2010年より抜粋．なお下線は出題者による．）

[設　問]

A．「分かち合い」は，人間にとってなぜ必要であると考えられるか．二つの課題文に共通する必
　要性を200字以内で答えなさい．

B．課題文2の下線部に「社会サービス」とあるが，これからの社会において，本文の意味での
　「社会サービス」の重要性は増すべきか，減るべきか．また，なぜそのように考えるのか．筆者
　たちの考えにとらわれず，あなたの考えを400字以内で自由に述べなさい．

2019年度

問題編

慶應義塾大-経済　　　　　　　　　　　　　　　　　　2019 年度　問題　*3*

■一般入試

問題編

▶試験科目・配点

方式	教科	科　　　　目	配点
A方式	外国語	コミュニケーション英語Ⅰ・Ⅱ・Ⅲ，英語表現Ⅰ・Ⅱ	200 点
	数　学	数学Ⅰ・Ⅱ・A・B	150 点
	小論文	高校生にふさわしい知識，理解力，分析力，構想力，表現力を問う（高等学校の特定の教科とは直接には関わらない）	70 点
B方式	外国語	コミュニケーション英語Ⅰ・Ⅱ・Ⅲ，英語表現Ⅰ・Ⅱ	200 点
	地　歴	日本史B，世界史Bのうち1科目選択	150 点
	小論文	高校生にふさわしい知識，理解力，分析力，構想力，表現力を問う（高等学校の特定の教科とは直接には関わらない）	70 点

▶備　考

- 数学Ⅱの「微分・積分の考え」においては一般の多項式を扱うこととする。数学Aは「場合の数と確率」・「整数の性質」・「図形の性質」を，数学Bは「数列」・「ベクトル」を出題範囲とする。上記範囲とその応用を出題する。

- 日本史Bの出題範囲は 1600 年以降を中心とし，世界史Bの出題範囲は 1500 年以降を中心とする。2科目とも基礎的理解並びに体系的理解を問う。

- A方式は「外国語」の問題の一部と「数学」の問題の一部の合計点が一定の得点に達した受験生について，「外国語」の残りの問題と「数学」の残りの問題および「小論文」を採点する。B方式は「外国語」の問題の一部が一定の得点に達した受験生について，「外国語」の残りの問題と「地理歴史」および「小論文」を採点する。A・B両方式とも，最終判定は総合点によって合否を決定する。

- 「外国語」と「小論文」はA・B両方式共通。

英語

(100 分)

（注意）　英語の問題のうち，問題ⅠからⅢが最初に採点されます。問題ⅣとⅤ
は，最初に採点される問題の得点（数学受験者については数学の得点の一部
をそれに加味した合計）が一定点に達した受験生のみ，採点されます。

Ⅰ. Read the following article and answer the questions as indicated.

"Avoiding the Tourist Trap" by Binan Dunnit (2016)

① In May 2015, a single Chinese company sent 6,400 of its employees to France
for a four-day group vacation. The visit required private viewings of the Louvre,
bookings of 140 hotels in Paris, and more than 4,700 rooms in Cannes and Monaco.
But how much further can we take this kind of tourism? Today we hear
increasing complaints from cities [1] Barcelona, Florence, and Venice, which
are all overwhelmed with tourists. Furthermore, tourists are slowly destroying
many fragile but beautiful natural sites, from coral reefs to rainforests. Either
tourism must change, or it must begin to have restrictions placed upon it [2].

② Restraining tourism is first and foremost our duty to the global
environment. The Galapagos Islands are a perfect illustration. Famous as the
remote location which helped Darwin develop his views on evolution, today
they are visited by tens of thousands of tourists. However, the cruise ships [3]
much pollution: oil and plastics, human and food waste, and non-native species
carried from distant shores. Of course, this is an extreme example. Yet wherever
they go, tourists put strains on the environment. They create pollution, excess
traffic, and overcrowding on beaches and in parks.

③ Tourism to historical sites might seem immune to these dangers. The tourists
are coming to experience cultural differences via an appreciation of heritage.
All too often, however, such tourism fails to promote any meaningful cultural
exchange. Take Florence, for example. The 11 million tourists it attracts each
year often experience tourism itself as much as local culture [4]. They endure

long queues, only to receive brief explanations and a very limited time at each attraction. An hour waiting in line for a two-minute viewing of a Botticelli hardly seems worthwhile. Indeed, many tourist magnets promise an "authentic cultural experience", but are ultimately obliged [5] to sell fakes. Mass tourist destinations can often seem false: they fail to show the local culture accurately, but instead offer a fantasy which is no better than a trip to Disneyland.

④ Promoters of tourism often cite its economic advantages. However, its local benefits can be exaggerated. The kinds of jobs which tourism creates are often low-paid service-sector jobs in housekeeping, retail, and transport. These jobs hold little attraction for the local youth, and many hotels instead turn to cheap immigrant labor to do the work. [6], much tourism is seasonal: towns and resorts may suffer off-season, due to the slowdown in income. Worse still, tourism can bring an increase in crime. Some destinations cater for young people, with bars and strip clubs, not museums and cultural attractions. Unsurprisingly, then, the locals get more than the economic boom they had hoped for – social disturbances which can affect family life and the safety of children.

⑤ Desire for profit has driven the rapid growth of tourism. Tourism has become the world's largest and fastest-growing industry. In 1950, around 25 million people travelled abroad. However, according to the UN World Tourism Organization (UNWTO), international tourist arrivals by 2015 had reached close to 1.2 billion, generating $1.5 trillion in export earnings. By 2030, the UNWTO forecasts international tourist arrivals to reach 1.8 billion.

⑥ Nevertheless, the profits of tourism are often a mere illusion. Much of the money earned simply returns abroad. For example, researchers found that less than half of the income from safari and beach tourism in Kenya remains in Kenya, mainly because of package tours arranged by foreign companies, which rely on foreign-owned airlines and hotels. Even worse, most tourists do not [7] the services they access: added tourists put excessive strain on existing water supplies, transport systems, parking, and on other public services, such as police and ambulance, which are paid for by local taxpayers. A popular tourist destination may also see housing prices increase, as visitors buy up houses, reducing the supply of accommodation for locals.

⑦ Eco-tourism, with its emphasis on sustainability and small-scale operations, is often portrayed as the answer to these issues. But even if it could help, the problem of scale would remain. [8]. An abundance of eco-tourist ventures –

mass eco-tourism – is necessarily a contradiction in terms. In order to weaken tourist demand we need to address tourism's external costs – its social and environmental damage – and employ some version of a tourism tax worldwide, in order to generate funds to repair the damage we are causing.

⑧ Does all of this affect how we should view travel? [9] All the evidence suggests we need to change our travel habits. In the age of the Internet we can all become, as Isak Dinesen put it, "travelers in our minds". We can explore remote corners of the globe without leaving our living rooms. Quite clearly, most travelers today are neither scientists nor explorers. Most modern travel is just tourism – a form of escapist entertainment which, like most types of leisure, is best in moderation.

*****
Answer questions [1]—[9] as indicated.

1. Which of the following would best fill the gap at [1] in Paragraph ① ? Answer by filling in the corresponding slot under the number (1) on the mark sheet.
    1. as famous as
    2. famous as
    3. how famous as
    4. such famous as

2. When the underlined sentence at [2] in Paragraph ① is spoken, which of the following word pairs would naturally be stressed? Answer by filling in the corresponding slot under the number (2) on the mark sheet.
    1. change…restrictions
    2. Either…begin
    3. must…must
    4. tourism…it

3. The five words below fill the gap at [3] in Paragraph ②. Which word must come **third** in order for them to complete a grammatical sentence? Answer by filling in the corresponding slot under the number (3) on the mark sheet.
    1. about
    2. bring

3. but

4. cannot

5. help

4．Which of the following is the closest in meaning to the underlined phrase at [4] in Paragraph ③? Answer by filling in the corresponding slot under the number (4) on the mark sheet.

1. they are often as experienced at tourism itself as at local culture

2. they often learn more by local culture than by their tourism experience

3. they often learn about tourism itself as opposed to local attractions

4. they usually experience the local culture itself through tourism

5．In which **two** of the words (a) to (e) is the second syllable pronounced in the same way as in the second syllable of the underlined word at [5] in Paragraph ③? Answer by filling in the corresponding slot under the number (5) on the mark sheet.

(a) dec<u>ei</u>ve

(b) env<u>i</u>ronment

(c) forg<u>i</u>ve

(d) or<u>i</u>gin

(e) rev<u>i</u>val

1. (a) and (b)

2. (b) and (c)

3. (b) and (e)

4. (c) and (d)

5. (d) and (e)

6．Which of the following would best fill the gap at [6] in Paragraph ④? Answer by filling in the corresponding slot under the number (6) on the mark sheet.

1. By contrast

2. However

3. Moreover

4. Ultimately

7．Which of the following would best fill the gap at [7] in Paragraph ⑥? Answer by filling in the corresponding slot under the number (7) on the mark sheet.

1. express gratitude for
2. make enough use of
3. patiently put up with
4. pay fully for

8. Which of the following would best fill the gap at [8] in Paragraph ⑦ ?
Answer by filling in the corresponding slot under the number (8) on the
mark sheet.

1. Creating a vast network of eco-resorts would clearly be sustainable
2. Even eco-tourist ventures have negative environmental impacts
3. Financial burdens would go far beyond the environmental effects
4. Little or no environmental damage is created by eco-resorts

9. Which of the following would best fill the gap at [9] in Paragraph ⑧ ?
Answer by filling in the corresponding slot under the number (9) on the
mark sheet.

1. Actually, no.
2. I think it is unlikely.
3. Who could doubt it?
4. Why should it?

Ⅱ. Read the following article and answer the questions as indicated.

"**Broadening Our Horizons**" by T. Fortue (2018)

① According to the World Travel and Tourism Council (WTTC), in 2016, travel and tourism's direct and indirect impact made an $8.3 trillion contribution to the world's GDP (10.4%), 313 million jobs (an incredible 1 in 10 jobs around the world), $1.5 trillion exports (6.5% of total exports and 28.8% of global services exports), and $882 billion investment (4.5% of total investment). These figures alone should be enough to [10] much criticism of tourism. But tourism is about much more than money. It has so many vital cultural and political effects that we should not only seek to support it, but to actively expand it.

② Initially we need to recognize the positive effects that tourism could have on some of the world's poorest countries. According to the WTTC, in 2017 the Maldives, today relatively rich, ranked first among tourism-dependent countries, deriving 39% of its GDP directly from tourism. On the same list, Vanuatu and Cape Verde, still poor and in need of development, ranked ninth and tenth. However, the same organization's list of the eight nations with the fastest tourism growth in 2017 is still more revealing: Egypt, Mongolia, Georgia, Nicaragua, Turkey, Moldova, Libya, and Nepal. By 2028 the WTTC estimates that Tanzania, Myanmar, Namibia and Bangladesh, all developing countries, are also set for major growth. [11].

③ Furthermore, tourists bring money to rural areas. Across the globe the endless pull of urbanization has weakened village communities. Without tourists, [12]. Many scenic areas can anticipate no other viable sources of income, lacking the resources and connections needed for manufacturing or trade. The tourist industry, seasonal <u>though</u> [13] it often may be, is good for a region's economy, creating jobs based on tourist arrivals and businesses like hotels and boutiques that cater to tourists; added sales taxes collected from tourists may also benefit local people. A good example would be Majorca in Spain: once one of Spain's poorest regions, thanks to tourist income it is today the richest in per capita income.

④ Cultural capital is hard to define, but however one does so, tourism is already playing an active part in preserving it. At a glance, tourists might seem to be simply a burden that host countries must endure for financial gain. However, the hosts are given strong incentives to maintain and respect their local traditions. In our increasingly globalized world, that is important: too much of our heritage is being lost to heartless multinational corporations. Arts and skills, languages and cultures which might otherwise disappear are preserved for tourists to admire. Furthermore, regions that benefit from tourism usually place an added [14] keeping their environment clean and safe, which benefits all residents. [15]

⑤ Opponents of tourism are keen to point out its worst excesses. This is simply another example of tunnel vision. Critics of automobile emissions usually make the same kind of error: [16], without acknowledging the vast contribution and continued appeal of the car globally. Picking fault with a few areas or cities cannot hide the fact that tourism as an industry has grown and diversified at an incredible speed. From campsites, inns, small hotels, eco-tourist lodges, to grand resorts, tourism has contributed more to global development than many traditional industries. The critics need to admit the weakness of their own position. They would rather [17] than see a tourism industry grow and solve that problem.

⑥ Tourism is *the* industry of the future, particularly for many developing countries. Many of the world's least developed countries have already realized that it offers a unique path to rapid development. Though they might lack industry or expertise, this is one road which, if well managed, can bring in needed income. Tourism is an industry which promotes international understanding in a time of looming trade wars, co-operation in an age of great power competition, and tolerance when many societies are increasingly nationalistic. Why on earth would we even consider restricting such a valuable resource? [18] [19] [20]

*****
Answer questions [10] − [20] as indicated.

10. Which of the following would best fill the gap at [10] in Paragraph ① ? Answer by filling in the corresponding slot under the number (10) on the mark sheet.
    1. attract
    2. encourage
    3. focus

慶應義塾大-経済　　　　　　　　　　　　　　　2019 年度　英語　11

　　4.　prevent

11.　Which of the following would best fill the gap at [11] in Paragraph ②,
　　　and thus complete the paragraph? Answer by filling in the corresponding
　　　slot under the number (11) on the mark sheet.
　　1.　Few other countries will follow the example of the Maldives
　　2.　These examples can only begin to illustrate tourism's potential
　　3.　Tourism must not be seen as a solution to deep poverty
　　4.　Without tourism, few countries could have attained development

12.　Which of the following would best fill the gap at [12] in Paragraph ③?
　　　Answer by filling in the corresponding slot under the number (12) on the
　　　mark sheet.
　　1.　both town and countryside would have collapsed
　　2.　larger urban centers would have disappeared
　　3.　many isolated settlements would have vanished
　　4.　quite a few remote villages would have flourished

13.　Which of the following words is pronounced with the same vowel sound
　　　(母音) as the underlined word at [13] in Paragraph ③? Answer by
　　　filling in the corresponding slot under the number (13) on the mark
　　　sheet.
　　1.　cow
　　2.　through
　　3.　throw
　　4.　tough

14.　Which of the following would best fill the gap at [14] in Paragraph ④?
　　　Answer by filling in the corresponding slot under the number (14) on the
　　　mark sheet.
　　1.　bonus for
　　2.　emphasis on
　　3.　importance to
　　4.　stress towards

15.　In Paragraph ④, which of the following does the author view as the
　　　greatest threat to cultural capital? Answer by filling in the corresponding
　　　slot under the number (15) on the mark sheet.

1. environmental destruction
2. excessive tourism
3. financial incentives
4. multinational corporations

16. Which of the following best fills the gap at [16] in Paragraph ⑤ ?
Answer by filling in the corresponding slot under the number (16) on the mark sheet.
1. they can only see the positive results
2. they find fault where no fault exists
3. they reveal more about automobiles than tourism
4. they simply focus on the negative

17. Which of the following best fills the gap at [17] in Paragraph ⑤ ?
Answer by filling in the corresponding slot under the number (17) on the mark sheet.
1. complain about the growth of traditional arts and crafts
2. have hundreds of millions live in poverty
3. preserve unspoiled wilderness in plenty
4. promote environmentally sustainable tourism

18, 19, 20.   Look at the issues listed below. Then, **comparing articles I and II**, under the corresponding number (18), (19), and (20) on the mark sheet, fill in:

Slot 1, if only article I (Binan Dunnit) mentions the issue
Slot 2, if only article II (T. Fortue) mentions the issue
Slot 3, if <u>both</u> authors mention the issue
Slot 4, if <u>neither</u> author mentions the issue

18. The rapid growth of tourism
19. The role played by women in tourism
20. Foreign ownership

Ⅲ. Read the following article and answer the questions as indicated.

"Casinos: High Stakes All Round?" by Anne T. Uppe (2017)

① Most people gamble, even if that merely [21] calculations about crossing the road or eating an extra slice of cake. As the worldwide popularity of card games and horse-racing illustrates, gambling is entertaining. At the same time, it is rightly regarded as a serious social problem. Societies where illegal or unregulated gambling is common are often characterized by debt-related violence, prostitution, and family collapse. In one sense, building casinos seems a safe solution. Casinos are gaming palaces on a grand scale, easy to supervise and regulate. Yet questions remain: are casinos actually a good thing? Some countries, such as the Netherlands, have tried both the total liberalization and subsequent re-restriction of casinos. Their experience shows that regulating casinos is unavoidable. Banning casinos totally may not reduce gambling, but allowing them total freedom will surely bring negative consequences. So how should we proceed?

② Although casinos seem to bring [22] economic advantages, their track record has been mixed. To find an obvious example, we simply need to look at Macau. Since the liberalization of casino licensing in 2002, revenues in Macau reached over $45 billion in 2013 before crashing over political worries. Today, even after a 10% recovery, they remain around $33 billion. Similarly, the annual revenues of casino gambling in Singapore peaked at $4 billion in 2013; a considerable sum, but less than 1.3% of GDP. [23]

③ Taxes from the casino industry have become a significant source of government revenues. In the US, commercial casinos have generated annual tax revenues of over $5 billion since the mid-2000s. Casinos have also provided useful tax income in Macau and the Philippines. [24]. A much-cited 1996 University of Illinois study by John Kindt found that for every dollar of gambling revenue earned in the US, the state had to spend three dollars in criminal justice and social costs. Casinos, he argued, were only economically viable if they could attract money from external sources, which usually means tourists.

④ Employment is another area where casinos bring both advantages and disadvantages. Casinos can create thousands of full-time entry-level jobs in areas suffering from chronic unemployment and underemployment. However, the construction of casinos sometimes has negative influences on the revenues and job opportunities of other local industries, and may even destroy their development. One study found that riverboat casinos in Illinois, for instance, did not generate the anticipated tourism and economic growth, because gamblers did not stay in the riverboats long enough or eat at the local restaurants. Another study on New Jersey found that during the four years after casinos began to operate in Atlantic City, the number of retail businesses declined by one-third, and the number of restaurants fell from 243 to 146.

⑤   On the other hand, many of the negative effects of casinos themselves have been exaggerated. Much gambling nowadays is done online at home, or in bars or betting shops where gaming machines are easy to install. This will not go away if casinos are abolished, and to close them may in fact worsen the problem. Communities with casinos are said to experience higher rates of crime, prostitution, bankruptcy, excessive debt burden, higher suicide rates and domestic violence including child abuse. However, such problems exist whether casinos [25] or not, and accurately measuring casinos' responsibility is not easy. Indeed, casinos sometimes gain local support. One 1999 US study found that 59% of the respondents favored casino establishments in their communities, and 77% agreed that casinos led to positive effects on their communities' economy.

⑥   Given that casinos, then, are mixed blessings, how should governments regulate them? Measures that can initially be taken include strict checks on licenses and limiting casinos in number and location. Casinos, by separating locals and tourists, for example, and charging the former significant entry fees, as in Singapore, can also grant priority to foreign visitors by allowing them in without charge. Moreover, limits can be placed on betting, and clients can be restricted in how frequently they can enter. All these help to control addiction levels in Singapore, but are not without problems of their own.

⑦   As for licenses, those specifying location have proved more effective than those relating to personnel. Most US states have laws about who can establish a casino, or work there. Nevertheless, [26] location, the rumored connections between casino employees and organized crime seem to be as strong as ever. Setting limits on casino numbers and position seems more effective. With the exception of Nevada, every US state that has authorized casino gambling has

慶應義塾大-経済　　　　　　　　　　　　　　　2019 年度　英語　*15*

placed limitations. In New Jersey, for example, casinos are limited to a single location–Atlantic City. In Colorado, casinos are limited to three small former mining towns. Midwest states often limit casinos to locations along waterways. Still, this seems to have restricted revenues: none of these states generates even one quarter of Nevada's casino income. [27]

⑧　In practice, [28] customer behavior might well be the most effective strategy towards maximizing revenues whilst [29] social costs. Singapore charges about $80 for each visit by citizens and monitors those who visit more than six times in a month. Yet, this seems to have been far from completely effective: according to the National Addiction Management Service, the number of people [30] addiction treatment in Singapore has doubled since 2010, when the casinos opened. Amongst a 37% increase in the total number of addicts, the sharpest increase was among those with a gambling addiction. Though Singapore has failed to stop the problem, at least it has administrative measures in place. Many countries, such as the UK and Australia, are struggling to catch up.

⑨　Ultimately, it may not be the job of governments to encourage or prevent people from gambling. It is their difficult responsibility, however, to minimize the social damage it can cause. How many casinos to allow and where, whom to admit, how often, at what cost and for what stakes are important questions. [31] [32] [33]

*****
Answer questions [21]－[34] as indicated.

  21. Which of the following would best fill the gap at [21] in Paragraph ①?
     Answer by filling in the corresponding slot under the number (21) on the
     mark sheet.
     1.　consists
     2.　decides
     3.　implies
     4.　supplies

  22. Which of the following would best fill the gap at [22] in Paragraph ②?
     Answer by filling in the corresponding slot under the number (22) on the
     mark sheet.
     1.　ever-increasing

16 2019 年度 英語   慶應義塾大-経済

　　2. merely temporary

　　3. only few

　　4. well-distributed

23. Based on Paragraph ②, by how much did Macau's casino revenues decline
　　as a result of the 2013 crash? Answer by filling in the corresponding slot
　　under the number (23) on the mark sheet.

　　1. $12 billion

　　2. $15 billion

　　3. $30 billion

　　4. $33 billion

24. Which of the following would best fill the gap at [24] in Paragraph ③?
　　Answer by filling in the corresponding slot under the number (24) on the
　　mark sheet.

　　1. However, these gains may be an illusion

　　2. Nonetheless, progress has been steady

　　3. Scientific research supports this conclusion

　　4. The apparent contradiction is easily reconciled

25. Which of the following would best fill the gap at [25] in Paragraph ⑤?
　　Answer by filling in the corresponding slot under the number (25) on the
　　mark sheet.

　　1. are built

　　2. can be built

　　3. had been built

　　4. would be built

26. Which of the following would best fill the gap at [26] in Paragraph ⑦?
　　Answer by filling in the corresponding slot under the number (26) on the
　　mark sheet.

　　1. due to

　　2. no matter for

　　3. regardless of

　　4. related to

27. Which of the following best expresses the main idea of Paragraph ⑦?
　　Answer by filling in the corresponding slot under the number (27) on the

慶應義塾大-経済　　　　　　　　　　　　　　2019 年度　英語　*17*

mark sheet.

1. Limiting casino numbers has proven to be the best strategy.
2. Locating casinos on waterways is bound to limit revenues.
3. Organized crime is always a threat, wherever casinos are placed.
4. Regulating casino locations is effective, but is economically unattractive.

28, 29, 30. Place three of the words below into the most suitable of the gaps marked [28], [29], and [30] in Paragraph ⑧. Each word may be used only once. Fill in the corresponding slots under the numbers marked (28), (29) and (30) on the mark sheet.

1. minimizing
2. prohibiting
3. regulating
4. requiring
5. suffering

31, 32, 33. Read the three statements below. Then, based on the article, under the corresponding number (31), (32), or (33) on the mark sheet, fill in **slot 1** if you think the author would **agree with the statement**, or **slot 2** if you think the author would **disagree with the statement**, or **slot 3** if you think **the author does not express an opinion about the statement**.

31. Casinos increase overall local employment.
32. Gambling problems would not exist without casinos.
33. Singapore has discriminated against locals in order to protect them.

34. The following five words (a) to (e) all appear in the text. When pronounced, which **two** have **the same stress（アクセント）pattern**? Answer by filling in the corresponding slot under the number (34) on the mark sheet.

(a) ad·van·tage
(b) ca·si·no
(c) pop·u·lar·i·ty
(d) re·spon·si·bil·i·ty
(e) rev·e·nue

1. (a) and (b)
2. (a) and (d)
3. (b) and (e)

18 2019 年度 英語　　　　　　　　　　　　　　　　慶應義塾大-経済

　　　4.　（c）and（d）
　　　5.　（c）and（e）

Ⅳ. 以下の問題文は，<u>B の留学についての</u> A と B の会話です。英語に直して，
　解答用紙 B のⅣ. の A 1，B 1，A 2，B 2 と記載されている行に書きな
　さい。

注意点：

　　　日本語の表現をうまく英語にできない場合は，別の言い方に変えてから英語に
　してみましょう。(例) 難解　→　分かりにくい　→　hard to understand

問題文：

　A1：　来年パリに留学しなければ，クラブを続けて，リーグ優勝の経験ができたのに。
　B1：　でも，せっかくフランス語を 3 年も勉強したのに，それを使わないんじゃ
　　　　意味がないよね。
　A2：　ただ，パリにまるまる 1 年だから，少なくとも300万円位かかるでしょ。
　B2：　まあそうだけど，やっぱり犠牲なくして得るものなしだよね。

慶應義塾大-経済 　　　　　　　　　　　　　　　2019 年度　英語　*19*

Ⅴ. 以下の設問 (A), (B) の中から<u>一つ選んで</u>, 問題文Ⅰ～ Ⅲ をもとにし
　　て, 自分の意見を解答用紙 B の V. 欄に<u>英語で</u>書きなさい。<u>注意点をよ
　　く読んでから書くこと</u>。

　　(A)　Should the Japanese government encourage many more tourists to
　　　　　visit Japan? Why, or why not?

　　(B)　Should the Japanese government regulate the casino industry? How,
　　　　　and why?

注意点：
　（1）　箇条書きは不可。
　（2）　**自分の意見と異なる見解に言及し，それに反論すること**。
　（3）　問題文Ⅰ，Ⅱ または Ⅲ で言及されている見解やことがらを<u>最低一つ引用
　　　　して</u>，自分の意見をまとめること。引用の仕方に関しては，下の例を参考に
　　　　すること。

引用例：
・ In her 2010 article "Against Zoos", Faerrer claims, "Nature is not ours to
　control." She argues that .... However, I strongly disagree with that statement,
　because ....

・ I agree only to a certain extent with Eve N. Suzuki who argues, "Schools
　do not protect the rights of students enough" in the essay by Foane
　(2010). Her claim that X is Y may be true, but ....

・ According to O'Werke (2012, paragraph 7), one option is indirect taxation.
　Although this argument ...,

〔解答欄 ((A)(B)とも)：タテ約 1cm ×ヨコ約 25cm × 21 行〕

日本史

（80分）

Ⅰ 江戸時代後期の外国との交流に関する次の文章を読んで，問1〜問6に答えなさい．**解答は，設問で指定された場合を除いて，すべて番号で解答用紙の〔解答欄A〕の所定の欄に記入しなさい．**

A江戸幕府は，「鎖国」中においても，いわゆる「四つの口」を通して対外的な交流・通商を行なっていた．しかし，18世紀末から，必ずしもこのようなルートを通さずにロシアやイギリスが日本を訪れるようになり，幕府はその対応に苦慮し，またB幕府の対策・対応に意見をする者も現れた．

ロシアからは，（ a ）が根室に来航し，その12年後には正式使節として（ b ）が長崎に来航して通商を求めるが，幕府はこれを拒否する．その後，イギリス軍艦（ c ）号がオランダ船を追って長崎に侵入し，薪水や食料を要求するという事件や，国後島に上陸したロシアの軍艦の艦長（ d ）が捕らえられ，監禁されるという事件も起こっている．幕府は，1825年に（ α ）を発し，アメリカ船（ e ）号が日本人漂流民の送還と通商交渉のため浦賀沖に接近すると，（ α ）によって対処した．その後C幕府はその方針を転換するが，オランダ国王が開国を勧めてもこれを拒絶した．

一方，日本人のなかにも漂流して外国で暮らす者や，帰国して外国で得た知識を活かす者などが現れ，正規ルート以外での交流がすすんでいった．D大黒屋光太夫は，アリューシャン列島に漂着したところをロシア人に救助され，ペテルブルクで皇帝に謁見した後，帰国した．ジョン万次郎は，乗っていた漁船が難破してアメリカの捕鯨船に救助され，その後アメリカで教育を受けて生活していた．約10年後に帰国した後は，E日米和親条約締結等の際に尽力している．

問1 上の文章について，以下の（1），（2）に答えなさい．

（1） 上の文章の（ a ）〜（ e ）に入る語を1〜8から選びなさい．

1. ゴローウニン　　2. ビッドル　　3. フェートン　　4. プチャーチン
5. ペリー　　　　6. モリソン　　7. ラクスマン　　8. レザノフ

（2） 上の文章の（ α ）には法令名が入る．（ α ）の内容を示すものを，次の資料1〜3から選びなさい（資料は，必要に応じて適宜改めた）．

1

> 異国船渡来の節，二念無く打払ひ申すべき旨，文政八年，仰出られ候，然る処，当時万事御改正にて，享保，寛政の御政事に復せられ，何事によらず，御仁政を施れたきとの有難き思召しに候，右に付ては，外国のものにても，難風に逢ひ漂流等にて，食物，薪水を乞ひ候迄に渡来候を，其事情相分らずに，一図に打払ひ候ては，万国へ対せられ候御処置とも思召し候はず，これに依り，文化三年異国船渡来の節，取計ひ方の儀に付，仰出られ候趣相復し候様，仰出られ候間，異国船と見受け候はば，得と様子相糺し，食料，薪水等乏しく，帰帆成難き趣に候はば，望みの品相応に与へ帰帆致すべき旨申諭し，尤，上陸は致させ間敷く候

慶應義塾大-経済　　　　　　　　　　　　　　　2019 年度　日本史　21

2

> 一体いぎりすに限らず，南蛮，西洋の儀は，御制禁邪教の国に候間，以来何れの浦方におゐても，異国船乗
> 寄せ候を見受け候はば，其所に有合せ候人夫を以て，有無に及ばず，一図に打払ひ，逃延ひ候はば，追船等
> 差出すに及ばず，其分に差置き，若押して上陸致し候はば，搦（からめ）捕り，又は打留め候ても苦しからず候

3

> 此後万一漂流に事寄せ，乗渡り，何れの浦方に船を繋ぎ申す間敷きものにもこれ無き候間，異国船と見請け
> 候はば，早々手当ていたし，人数等差配り，先見分のもの差出し，得と様子相糺し，弥（いよいよ）おろしや船に相違ひ
> 無く相聞へ候はば，能々申論し，なりたけ穏かに帰帆いたし候様取計ふべく候，尤々々難風に逢ひ，漂流い
> たし候様子にて，食物水薪等乏しく，直に帰帆成難き次第に候はば，相応に其品相与へ，帰帆致さすべく
> 候，且何程相願ひ候ても，決して上陸は致させず

問2　下線部Aに関連して，清国と薩摩藩との密貿易について，定められた「四つの口」と関連づけて，**〔解答欄B〕**
　　の所定の欄の範囲内で説明しなさい。　　　　　　　　　　　　　　　　（解答欄：約 17cm × 2 行）

問3　下線部Bに関連して，次の資料a〜cは，幕府の政策に意見する著作からの抜粋である（必要に応じて適宜改めた）。
　　その著者名の組み合わせとして適切なものを下の1〜6から選びなさい。

a

> 当世の俗習にて，異国船の入津は長崎に限りたる事にて，別の浦へ船を寄する事は決して成らざる事と思へ
> り，……当時長崎に厳重に石火矢の備へ有りて，却て安房，相模の海港に其備へなし。此事甚だ不審。細かに
> 思へば江戸の日本橋より唐，阿蘭陀迄，境なしの水路也。然るを此に備へずして，長崎のみ備ふるは何ぞや。

b

> 当御代の始（はじめ）より，蛮国交易は和蘭陀のみにて，他は御免これ無き鎖国の御政道に付き，迚（とて）も交易御免の義，
> 思ひもよらず。兎角近付き候ては，面倒に候間，打払ひの事に御定には候えば，此度も御打払ひにこれ有るべく
> 候，……西洋の風俗は，たとひ敵船に候とも，自国のもの，其内にこれ有り候えば，漫（みだ）りに放砲仕（つかまつ）ざる事
> に御座候。

c

> 日本は海国なれば，渡海，運送，交易は，固（もと）より国君の天職最第一の国務なれば，万国へ船舶を遣りて，国用
> の要用たる産物，及び金銀銅を抜取て日本へ入れ，国力を厚くすべきは海国具足の仕方なり。自国の力を以て
> 治る計りにては，国力次第に弱（よわ）り，其弱り皆農民に当り，農民連年耗減（もうげん）するは自然の勢ひなり。

1.　a 高野長英　　　b 林子平　　　c 本多利明

2.　a 高野長英　　　b 本多利明　　　c 林子平

3.　a 林子平　　　　b 高野長英　　　c 本多利明

22 2019 年度 日本史　　　　　　　　　　　　　　　　　　　　　　　　慶應義塾大-経済

4．a 林子平　　　　b 本多利明　　　c 高野長英

5．a 本多利明　　　b 高野長英　　　c 林子平

6．a 本多利明　　　b 林子平　　　　c 高野長英

問4　下線部Cに関連して，以下の（1），（2）に答えなさい．

（1）　この幕府の方針転換の契機となった外国間の戦争名とその結果結ばれた条約の内容を，〔解答欄B〕の所定の
　　　欄の範囲内で説明しなさい．　　　　　　　　　　　　　　　　　　　　　　　　（解答欄：約17cm×1行）

（2）　この方針転換に最も近い時期に幕府が行なった政策を示す資料を次の1〜3から選びなさい（資料は，必要に
　　　応じて適宜改めた）．

1

旧冬相触れ候，問屋組合仲間と唱へ候儀は停止の旨，申達し候処，問屋商売斗りは勝手次第に候え共，やはり
問屋の銘目相唱へ候故，組合迄も解かぬ様心得……これに依り以後は組合仲間等は勿論，問屋と相唱へ候
義堅く停止令め……此上申付け候趣相用ひず，組合これ無くては差支へ候などと申触れ，又は内々申合せ
願立て等致すものこれ有り候へば，時刻移さず厳重に吟味の上御仕置き申付くべく候

2

近来世上種々新規の説をなし，異学流行し，風俗を破り候類これ有り，全く正学衰微の故に候哉，……此度
聖堂御取締り厳重に仰付けられ，……急度門人共異学相禁じ，猶又自門に限らず他門に申合せ，正学講窮
致し，人才取立て候様，相心掛け申すべく候事

3

万石以上の面々より八木差上げ候様に仰付けらるべしと思召し，左候はねば御家人の内数百人，御扶持召放
さるべきより外はこれ無く候故，御恥辱を顧みられず，仰出され候．高壱万石に付き八木百石積り差上げら
るべく候

問5　下線部Dに関連して，次の文章の（ a ）〜（ e ）に入る人名を下の1〜9から選びなさい．

　　江戸時代の医学には，日本最初の解剖図録『蔵志』を著した（ a ）のように漢代の医学に学ぶ「古医方」も
あったが，（ b ）や『蘭学事始』の（ c ）が西洋医学の解剖書を訳述した『解体新書』が大きな成果として
現れた．この『解体新書』の翻訳には，大黒屋光太夫の体験をもとに『北槎聞略』を著した（ d ）も参加して
いた．（ e ）は，（ d ）より託された西洋の内科書を訳して『西説内科撰要』を著した．

1．宇田川玄真　　　2．宇田川玄随　　　3．宇田川榕庵　　　4．大槻玄沢　　　5．桂川甫周

6．杉田玄白　　　　7．前野良沢　　　　8．箕作阮甫　　　　9．山脇東洋

問6　下線部Eに関連して，開国の決定に際して老中首座・阿部正弘が行なった情報共有・意見聴取について，および
　　その背景と意義について，〔解答欄B〕の所定の欄の範囲内で説明しなさい．　　（解答欄：約17cm×3行）

慶應義塾大-経済 2019 年度 日本史 23

Ⅱ 次の資料 a，b を読んで，問 7 ～問13に答えなさい．**解答は，設問で指定された場合を除いて，すべて番号で解答用紙の〔解答欄A〕の所定の欄に記入しなさい．**ただし，資料 a は，政治学者・高畠通敏の論考からの，資料 b は，資料 a 中の人物（ α ），（ β ）が1933年に発表した声明文からの抜粋である（必要に応じて適宜改めた）．

a

（ α ）・（ β ）の転向はこのように日本（ ア ）主義運動の崩壊を予告し，かつ象徴するものであった．だがそれのみに止まらない．戦前の日本において，政治体制としての天皇制と全的に対決し，これを外部から批判することが（ ア ）主義を引照することによってのみ行なわれたことを考えるとき，その崩壊は日本における批判的理性一般の崩壊を象徴する．この意味で（ α ）・（ β ）の転向は，A五・一五事件と並んで，B大正デモクラシー以来のかりそめの自由主義時代から翼賛時代への，時代的転換点たる位置を占めるのである．

〔資料出所〕思想の科学研究会編『共同研究 転向』

b

我々は過去十一年間（ ア ）党の指導者として，日本に於ける（ ア ）主義運動のために，全力を以て働いて来たものである．……然るに，我々がこの信念に基いてやつて来た（ ア ）党運動それ自身は，終に誤謬であつたのである．……我々をかゝる自覚に導いた衝撃は，我々の民族が，c満州事変以来当面した国家的出来事である．……我々には日本民族が，独立不羈の大民族として，人類の社会生活を充実的に発展させた過去の歴史に民族的誇りを感じ，日本民族の優秀性について確信を獲得した．……今日のDコミンテルンの国際主義が死灰化し，コミンテルン自身，（ イ ）一国の擁護機関化して，……

〔資料出所〕司法省刑事局編『思想研究資料』第三六輯

問 7 以下の（ 1 ）～（ 3 ）に答えなさい．

（ 1 ）上の資料 a 中の（ α ），（ β ）に入る適切な人名を，1 ～ 6 から選びなさい．ただし，（ α ），（ β ）の順序は問わない．

　1．堺利彦　　2．佐野学　　3．鍋山貞親　　4．野呂栄太郎　　5．福田徳三　　6．山川均

（ 2 ）上の資料 a，b 中の（ ア ）に入る適切な語を，漢字 2 字で，〔解答欄B〕の所定の欄に記入しなさい．

（ 3 ）上の資料 b 中の（ イ ）に入る国名を，1 ～ 4 から選びなさい．

　1．アメリカ合衆国　　2．イギリス　　3．ソヴィエト連邦　　4．中華民国

問 8 下線部Aに関連して，次の 1 ～ 5 の事項を年代の古い順に並べ替え，左から記入しなさい．

　1．血盟団事件が起こる．
　2．五・一五事件が起こる．
　3．斎藤実内閣が成立する．
　4．日満議定書を取り交わす．
　5．日本政府が国際連盟からの脱退を正式に通告する．

24 2019 年度 日本史 慶應義塾大-経済

問9 下線部Bに関連して，次の資料 c〜f は，それぞれ明治末期から大正期に刊行された著作からの抜粋である（必要に応じて適宜改めた）．それぞれの著作の著者名を，下の 1〜7 から選びなさい．（重複使用不可）

c

> 安倍貞任に関する伝説は此外にも多し．土淵村と昔は橋野と云ひし栗橋村との境にて，山口よりは二三里も登りたる山中に，広く平なる原あり．其あたりの地名に貞任と云ふ所あり．沼ありて貞任が馬を冷やせし所なりと云ふ．貞任が陣屋を構へし址とも言ひ伝ふ．景色よき所にて東海岸よく見ゆ．

d

> 先づ吟味して置くべきことは，記紀の記載（書紀に於いては，主として古事記と相照応する時代の部分）は一体どういふ性質のものか，それは歴史であるかどうか，もし歴史だとすれば，それはどこまで事実として信用すべきものか，もしまた歴史で無いとすれば，それは何であるか，或はまたそれに現はれてゐる風俗や思想は何の時代のことゝして見るべきものか，といふ問題である．

e

> 今日の社会が貧乏といふ大病に冒されつゝあることを明かにするが上篇の主眼であつたが，中篇の目的は此大病の根本原因の那辺に在るかを明かにし，軈て此物語全体の眼目にして下篇の主題たるべき貧乏根治策に入るの階段たらしむるに在る．

f

> 善とは一言にていへば人格の実現である．之を内より見れば，真摯なる要求の満足，即ち意識統一であつて，其極は自他相忘れ，主客相没するといふ所に到らねばならぬ．外に現はれたる事実として見れば，小は個人性の発展より，進んで人類一般の統一的発達に到つて其頂点に達するのである．

1. 上杉慎吉 2. 河上肇 3. 津田左右吉 4. 西田幾多郎
5. 美濃部達吉 6. 柳田国男 7. 和辻哲郎

問10 下線部Bに関連して，以下の（1），（2）に答えなさい．

（1） 吉野作造が唱える「民本主義」の特徴を，日本国憲法の「民主主義」と比較して，**〔解答欄B〕** の所定の欄の範囲内で説明しなさい．　　　　　　　　　　　　　　　　　（解答欄：約 17cm × 3 行）

（2） 大日本帝国憲法の条文に見られる，人権保障を含む民主主義的要素について，**〔解答欄B〕** の所定の欄の範囲内で説明しなさい．　　　　　　　　　　　　　　　　　（解答欄：約 17cm × 3 行）

問11 下線部Cに関連して，a〜d の事件が発生した場所として最も適切なものを，地図上の 1〜8 から選びなさい．

a. 西安事件
b. 張鼓峰事件

c. 柳条湖事件
d. 盧溝橋事件

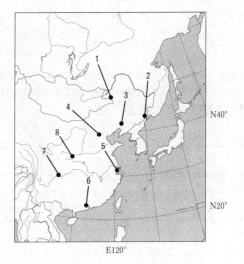

備考：国境線は現在のもの．

問12 下線部Cに関連して，次の文章を読み，以下の（1），（2）に答えなさい．

　　張作霖爆殺事件の処理をめぐって昭和天皇の不興を買い総辞職した（ a ）内閣の後を受けて，1929年立憲民政党の浜口雄幸が首相となった．
　　浜口は，蔵相に（ b ）を起用して，産業の合理化による国際競争力の強化をめざし，金解禁を実施して外国為替相場の安定をはかった．また，国際協調路線の方針をとって，外相に（ c ）を起用し，日中関税協定を結んで，条件つきながら中国の関税自主権を認めた．ロンドン海軍軍縮会議には首相経験者の（ d ）を全権で送り，大型巡洋艦の対米7割という日本の主張は認められなかったが，条約調印に踏み切った．このため，軍部，立憲政友会等からα憲法違反との批判が起こった．
　　浜口は，1930年11月に狙撃され，翌年4月に退陣した．満州事変が起こったのは，その約半年後のことである．

（1）上の文章中の（ a ）〜（ d ）に入る適切な人名を，1〜8から選びなさい．

　　1．犬養毅　　2．井上準之助　　3．加藤高明　　4．重光葵
　　5．幣原喜重郎　6．高橋是清　　7．田中義一　　8．若槻礼次郎

（2）上の文中の下線部αの「憲法違反との批判」について，〔解答欄B〕の所定の欄の範囲内で説明しなさい．

（解答欄：約17cm×2行）

問13 下線部Dの「コミンテルン」の説明として適切なものを1〜4から選びなさい．

1．「共産主義インターナショナル」の略称．第3インターナショナルとも呼ばれる．

26 2019 年度 日本史　　　　　　　　　　　　　　　　　　　　　　　慶應義塾大-経済

2. 「共産党および労働者党情報局」の略称．各国共産党・労働者党の国際連絡機関．

3. 「国際社会主義者会議委員会」の略称．社会民主主義政党の国際連絡機関．

4. 「ソヴィエト社会主義共和国連邦共産党中央委員会」の略称．

Ⅲ　次の資料 a ～ f および問19の資料 g ～ j は，国会会議録に示された，日本の首相が国会で行なった演説の一部である（必要に応じて適宜改めた）．これらを読んで，以下の問14～問19に答えなさい．**解答は，設問で指定された場合を除いて，すべて番号で解答用紙の〔解答欄Ａ〕の所定の欄に記入しなさい．**

a

……イラクは，クウェート侵略という暴挙に出たのであります．……国連が示した一月十五日の期限まで，事態の平和的解決に向けて……あらゆる国際的努力が行われました．しかるに，イラクのフセイン大統領がこれらを無視して……国際社会の努力を踏みにじったことは……許すことはできません．……我が国が，この事態に A 積極的な貢献をすることは当然の責務であり，……これを怠れば，国際的孤立化への道を歩むことになります．

b

……この内閣は新たに発足した自由民主党を基礎として成立したものでありますが，それだけに，われわれは……全力を振りしぼって国政に当ることを決意しております．……われわれは，……新たに次の三つの目標を掲げ，強力にその実現をはかりたいと存じます．その第一は，憲法の改正であります．……このために，内閣に（　ア　）を設置する手続きを……考えております．

c

……長きにわたって，米国の（　イ　）下に置かれてきた琉球諸島及び大東諸島は，本年五月十五日，わが国に復帰することになりました．……（　ウ　）抜き本土並みの原則のもとにその実現を見るのであります．……次に……（　エ　）米国大統領と私の会談について申し述べます．

d

日本国と中華人民共和国との間の平和友好条約は，去る八月十二日，北京において署名調印されました．……ここに，国会の速やかな御承認をお願いする次第であります．

e

私は，このほど，日米両国間の相互協力と安全保障に関する条約等に署名のため訪米……いたしたのであります．……今回の訪米の際，（　オ　）大統領と私は，日米両国……は，単に政治面におけるのみならず，経済面におきましても，ひとしくその利益を共通にするものであるということを，あらためて確認したのであります．（拍手）ここに，日米両国の友好関係は……その戦後的色彩を一掃し，全く新たな段階に入ったのであります．

慶應義塾大-経済 2019年度 日本史 *27*

f

> 私は，内閣総理大臣に就任以来，「（　カ　）」を政治課題として掲げ，……補助金や人員の削減……電電公社，専売公社，国鉄の民営化，医療や年金の改革等の諸改革を行ってまいりました．

問14　上の資料bの（ア），資料cの（イ），（ウ）に入る適切な語句を，（ア）は漢字5文字，（イ）は漢字3文字，（ウ）は漢字1文字で，それぞれ，〔**解答欄B**〕の所定の欄に記入しなさい．

問15　上の資料cの（エ），資料eの（オ）に入るアメリカ合衆国大統領名を，1〜6からそれぞれ選びなさい．

1. アイゼンハウアー　　2. オバマ　　3. クリントン
4. トルーマン　　5. ニクソン　　6. レーガン

問16　上の資料fの（カ）に入る文言を，1〜5から選びなさい．

1. 寛容と忍耐　　2. クリーンな政治　　3. 聖域なき構造改革
4. 戦後政治の総決算　　5. 日本列島改造

問17　上の資料a〜fの発言がなされた時期を，年表中の空欄1〜9の中からそれぞれ選びなさい．（重複使用不可）

1

サンフランシスコ平和条約と日米安全保障条約が調印された

2

日本の国際連合加盟が実現した

3

農業基本法が制定された

4

日韓基本条約が締結された

5

ベトナム和平協定が調印された

6

衆議院総選挙において，自由民主党の議席数が結党以来，初めて過半数を割り込んだ

7

第2次臨時行政調査会（臨調）が発足した

8

3パーセントの消費税課税が開始された

9

問18　上の資料a中の下線部Aに関連して，資料aの発言者の政権と，次の首相の政権が行なった，自衛隊の海外派遣に関する経緯を，〔**解答欄B**〕の所定の欄の範囲内で説明しなさい．なお，2人の首相については，その氏名を明記すること．

（解答欄：約17cm×4行）

問19　次の資料g～jに関して，以下の（1），（2）に答えなさい．

g
……このたびの総選挙において，……多くの国民の信任をいただきました．（拍手）私は，この民意を大きな支えとして，改めて郵政民営化関連法案を提出し……成立を期す決意であります．

h
これまで別の道を歩んできた三党派が，長く続いたいわゆる五五年体制に終止符を打ち，さらに，一年間の連立政権の経験を検証する中から，……互いに自己変革を遂げる決意のもとに結集したのがこの内閣であります．

i
……選挙制度については，衆議院において，……現行中選挙区制にかえて小選挙区比例代表並立制を導入いたします．……このたびの内閣は，八党派によって樹立された……政権でありますが，私どもは政権の樹立に際し，……基本重要政策について，原則として今までの国の政策を継承することを確認いたしました．

j
……私が内閣総理大臣の指名を受け，民主党，社会民主党，国民新党の三党連立政策合意のもとに新たな内閣を発足させてから，四十日がたとうとしています．総選挙において，国民の皆様は政権交代を選択されました．……私は，政治と行政に対する国民の信頼を回復するために……これまでの官僚依存の仕組みを排し，政治主導，国民主導の新しい政治へと百八十度転換させようとしています．

（1）沖縄県の米軍施設問題の経緯を，上の資料jの発言者の政権期間を含め，1996年以降2015年までの時期について，〔解答欄B〕の所定の欄の範囲内で説明しなさい．　　　　（解答欄：約17cm×4行）

（2）次のグラフは，平成以降に実施された衆議院議員総選挙のうちで連続した9回の選挙における，議員定数中に占める自由民主党の当選人数を示したものである．また，グラフ中の0～9は，総選挙の間の時期を表している．上の資料g～jの発言がなされた時期を，その0～9の中からそれぞれ選びなさい．（重複使用可）

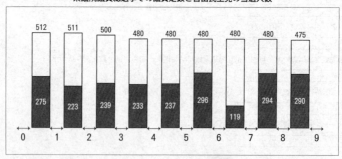

衆議院議員総選挙での議員定数と自由民主党の当選人数

〔資料出所〕総務省ホームページより作成．

慶應義塾大-経済　　　　　　　　　　　　　　　　　　　　　　2019 年度　世界史　*29*

■■■■世界史■■■

(80 分)

Ⅰ　1848年革命に関する次の文章を読んで，問1〜問7に答えなさい．**解答は，設問で指定された場合を除いて，すべて番号で解答用紙の〔解答欄 A〕の所定の欄に記入しなさい**．

　　A 1848年，革命はヨーロッパ全土に波及していった．「諸国民（民族）の春」と形容されるように，全体として，B ウィーン体制を打破する「国民（民族）」の自立がこの一連の革命の重要な要素であったことは間違いないが，C その地域毎に固有の課題があり，目指す方向は必ずしも同じではなかった．

　　革命の導火線となったのは，D イタリアだった．E フランスでは，パリで二月革命が勃発し，（　a　）は（　ア　）に亡命した．ドイツでも，ベルリンで三月革命が起こり，5月にはフランクフルト国民議会が開かれることになった．オートストリアでは，ウィーンで三月革命が起こり，（　b　）は（　ア　）に亡命した．

　　この影響を受けてヨーロッパ各地で諸民族が自由と自立を求めて次々に立ち上がり，ハンガリーでは（　あ　）人が（　c　）の指導で独立政府を樹立し，ベーメンでは（　い　）人の自治が認められた．F ポーランドの民族運動も高揚した．

問1　上の文中の（a）〜（c）に入る人名を，〔語群1〕から，（ア）に入る国名を，〔語群2〕から，（あ），（い）に入る適切な語を〔語群3〕から，それぞれ選びなさい．

〔語群1〕
　　1．ヴィルヘルム1世　　　2．ヴィルヘルム2世　　　3．コシューシコ　　　4．コシュート
　　5．シャルル10世　　　　6．マッツィーニ　　　　　7．メッテルニヒ　　　8．ルイ＝フィリップ

〔語群2〕
　　1．アメリカ合衆国　　　2．イギリス　　　3．オランダ　　　4．スウェーデン
　　5．スペイン　　　　　　6．デンマーク　　7．ベルギー

〔語群3〕
　　1．アルバニア　　　2．クロアティア　　　3．スロヴェニア　　　4．セルビア
　　5．チェック　　　　6．マジャール

問2　下線部 A に関連して，1848年より後の出来事を，次の1〜6から2つ選びなさい．（ただし，順序は問わない）

　　1．アメリカでは，ジャクソン大統領がジャクソニアン＝デモクラシーと呼ばれる民主政治を展開した．
　　2．イギリスでは，チャーティスト運動が始まり，議会に対して第1回の請願が行なわれた．

30 2019 年度　世界史　　　　　　　　　　　　　　　　　　　　　慶應義塾大-経済

3．各国の社会主義者がロンドンに結集し，第1インターナショナルが結成された．

4．清が，アメリカとの間に望厦条約を，フランスとの間に黄埔条約を結んだ．

5．メキシコでは，ディアスが大統領の地位につき，独裁政治を行なった．

6．ロンドン会議で，ムハンマド＝アリーがエジプト総督位の世襲を認められた．

問3　下線部Bに関連して，次の文章は，ウィーン会議開催中に書かれた論考からの抜粋である（ただし，一部を適宜改めた）．これを読んで，以下の（1）～（4）に答えなさい．

（　a　）は，諸勢力の均衡と呼ばれる政治的方策によって新しい秩序を樹立した．α ヨーロッパは二つの連合体に分割され，この二つを同等の強さに保つ努力がなされた．しかしこれは戦争を生み出し合法的に永続させるものであった．……けだし，（　a　）以来，β 戦争がヨーロッパの常態だったからである．……

現在，ウィーンで会議がおこなわれている．この会議は何をするのであろうか．……ヨーロッパ各国の野望を抑え，全体の利害を調整することによってヨーロッパ列国間に平和を樹立すること，これがこの会議の目的である．

〔資料出所〕森博編訳『サン-シモン著作集』

（1）　上の文中の（a）に入る適切な語を次の1～6から選びなさい．

1．アウクスブルクの和議

2．アミアンの和約

3．ウィーン議定書

4．ウェストファリア条約

5．ピレネー条約

6．ユトレヒト条約

（2）　上の文中の波線部αに関連して，（a）が終結させた戦争における二つの対立軸を，〔解答欄B〕の所定の欄に記述しなさい．

（3）　上の文中の波線部βに関連して，次の1～6の中から，（a）からウィーン会議の間に起こった出来事を4つ選び，年代の古い順に並び替えて左から記入しなさい．

1．第1次イギリス＝オランダ戦争の開始

2．オーストリア継承戦争の開始

3．ギリシア独立戦争の開始

4．七年戦争の開始

5．スペイン継承戦争の開始

6．ユグノー戦争の開始

慶應義塾大-経済　　　　　　　　　　　　　　　　　　　2019 年度　世界史　*31*

（4）　ウィーン会議およびウィーン体制に関する次の文章の中から，誤りを含む文章を１つ選びなさい．

　　1．ウィーン会議で，オーストリア領ネーデルラントはオランダ領となったが，フランスの七月革命後に独立し，立憲王国となった．

　　2．ウィーン会議後も，ドイツのブルシェンシャフトによる改革要求，イタリアの秘密結社カルボナリの蜂起など，自由主義的な改革を求める動きがつづいた．

　　3．ウィーン会議後にラテンアメリカでは独立運動が相次ぎ，その結果，ハイチ共和国，ボリビア共和国，ペルー共和国などが誕生した．

　　4．ウィーン会議の採用した正統主義によりフランスではブルボン家による王政が復活し，ルイ18世を継いだシャルル10世は，オスマン帝国下のアルジェリアに出兵した．

問4　下線部Cに関連して，フランスの1848年革命とドイツの1848年革命の相違について，〔**解答欄B**〕**の所定の欄の範囲内で説明しなさい**．ただし，次の２つの語を必ず使用すること．　　　　　（解答欄：約17cm × 4 行）

　　　共和政　　　統一国家

問5　下線部Dに関連して，以下の（1），（2）に答えなさい．

（1）　1848年革命後，1861年にイタリア王国が成立するまでの経緯に関する次の文章の中から，誤りを含む文章を１つ選びなさい．

　　1．ローマ共和国は，民族統一と共和政を目指す「青年イタリア」を指導してきたマッツィーニらが参加して建設されたが，フランス軍に倒された．

　　2．サルデーニャ王国では，1848年革命勃発後に議会が開かれ，カヴール首相が鉄道建設など，近代的社会基盤の整備を行なった．

　　3．サルデーニャ王国は，ナポレオン３世とプロンビエール密約をむすんだうえでオーストリアとの戦争に勝利し，ロンバルディアを得た．

　　4．両シチリア王国は，ガリバルディによって統治されていたが，侵攻してきたサルデーニャ王国軍との戦闘に敗れて，吸収合併された．

（2）　次の（a），（b）の条件にあてはまる地名を下の１〜６から選びなさい．

　　（a）1861年のイタリア王国の成立の後，1870年の国家統一までの間に併合された．
　　（b）1870年の国家統一の際に併合されずに第一次世界大戦後に併合された．

　　　1．ヴェネツィア　　　2．サヴォイア　　　3．トスカナ
　　　4．トリエステ　　　　5．ナポリ　　　　　6．ピエモンテ

問6　下線部Eに関連して，次の資料は，トクヴィル『回想録』からの抜粋であり，フランスにおける1848年革命が対象になっている（ただし，一部を適宜改めた）．これを参考にして，1848年２月に樹立された第二共和政がどのように終焉したか，〔**解答欄B**〕**の所定の欄の範囲内で説明しなさい**．　　　（解答欄：約17cm × 2 行）

32 2019 年度　世界史　　　　　　　　　　　　　　　　　　　　　　慶應義塾大-経済

人民が大統領を選出することが好ましいと言いきれるものではなかったこと，そうした直接選挙を志向する
傾向は新しいものであると同時に危険なものであったということを，率直に認めておかねばならない．……われ
われは王政から脱したばかりであり，共和主義者自体も，その態度・習慣には王政的なところがまだあるのだ．
……こうした状況のもとで，人民の選ぶ大統領とは，王位をねらうものでないとするなら，一体どのようなもの
なのか．大統領の制度は大統領権力を王権に変形させるのを助けるために，それを利用しようと欲する人びとに
のみ適したものなのだ．

〔資料出所〕喜安朗訳『フランス二月革命の日々──トクヴィル回想録』

問7　下線部Ｆに関連して，ポーランドの第3回分割からポーランド共和国独立までの経緯を，〔**解答欄Ｂ**〕の所定の
欄の範囲内で説明しなさい．ただし，次の3つの語を必ず使用すること．　　　　　（解答欄：約17cm × 4行）

アレクサンドル2世　　　ウィーン会議　　　ナポレオン1世

Ⅱ　次の資料は，1885年1月8日付で東南アジアのある国の国王宛に提出された「在西欧の王族・官吏11名の国政改革に
関する意見具申書」からの抜粋である（ただし，一部を適宜改めた）．これを読んで，問8〜問12に答えなさい．**解答は，
設問で指定された場合を除いて，すべて番号で解答用紙の〔解答欄Ａ〕の所定の欄に記入しなさい**．

われわれは A国王も廷臣たちも，愛国心をもって改革を考え，危機を脱しようとされていることは十分に承知して
いる．しかし，考えておられる改革程度では，植民地化の危機を防ぐことはできないと思う．……わが国より
遥かに強国である B トルコ，中国でさえ危険に直面しているのだ．……すでに，（ a ）と（ b ）は協調
して，……（ a ）は（ b ）がカンボジアを取ることを認め，（ a ）はマラヤを奪いつつある．わが国が
（ a ），（ b ）両国と友好関係を維持し，従来の制度を守っているだけでは，日々細るだけである．……列強
との友好条約も独立の助けとはならない．C清国は……，現に（ b ）に攻撃されている．……西洋がアジアの
国に同一権利を認めるとは思われない．（ c ）は多大な利益を引き換えに，領事裁判権廃止を求めて条約改正に
奔走した．……わが国が同様の権利を得るためには，（ c ）のように国制を整え，人民を開化し，西洋人の信用
を得なければならない．D文明化こそがわが国を防衛できる道である．

〔資料出所〕歴史学研究会編『世界史史料9』

問8　上の文中の（a）〜（c）に入る適切な語を，1〜8から選びなさい．

　1．アメリカ合衆国　　　2．イギリス　　　3．オランダ　　　4．ドイツ

　5．日本　　　　　　　　6．フランス　　　7．ベトナム　　　8．ロシア

問9　上の文中の下線部Aについて，この国の当時の（ア）王朝名と（イ）国王名を，〔**解答欄Ｂ**〕の所定の欄に記入
しなさい．

慶應義塾大-経済　　　　　　　　　　　　　　　　　　　　2019 年度　世界史　*33*

問10　下線部 B に関連して,「トルコ」に関する次の文章の中から, 誤りを含む文章を1つ選びなさい.

1. ロシア＝トルコ戦争が勃発すると, アブデュルハミト2世は, これを口実に議会を閉鎖し, ミドハト＝パシャの
　　起草した憲法を停止した.
2. ロシア＝トルコ戦争に敗れたオスマン帝国は, セルビアやルーマニアなどヨーロッパ側領土を大幅に失うことに
　　なった.
3. 憲法停止に不満を抱く青年知識人・将校は「統一と進歩団」を結成し, 一時政権をにぎったが, スルタンの反撃
　　にあい憲法の復活はできなかった.
4. 第一次世界大戦で同盟国側に立ったオスマン帝国は, エーゲ海沿岸地域をギリシアに占領され, また, セーヴル
　　条約でアラブ地域も失った.

問11　下線部 C に関連して, 清国と（ b ）国との戦争の原因, 戦争終結の条約で定められた事柄を, 戦争名・条約名も
　　記して, 〔解答欄 B〕の所定の欄の範囲内で説明しなさい.　　　　　　　　　　　（解答欄：約17cm × 2 行）

問12　下線部 D に関連して, この国の近現代史に関する次の文章の中から, 誤りを含む文章を1つ選びなさい.

1. 19世紀後半に入ると, イギリスとのバウリング条約をはじめとして, 欧米諸国との間に不平等な修好通商条約を
　　むすんだ.
2. 19世紀後半から20世紀初頭にかけて, チャクリ改革が推進され, 諸侯を廃し, 非自由民を解放して, 中央集権
　　的な近代国家の確立につとめた.
3. 1930年代に入ると, 国王の専制に対して批判が起り, 若手の軍人や官僚によるクーデタによって共和政に移行
　　した.
4. 第二次世界大戦後は, インドネシア・マレーシア・フィリピン・シンガポールとともに ASEAN を結成し,
　　APEC にも発足当時から参加した.

34 2019 年度 世界史　　　　　　　　　　　　　　　　　　　　　　　　　　　慶應義塾大-経済

Ⅲ 次の資料a〜fは，第二次世界大戦後になされたアメリカ合衆国大統領の発言の一部を日本語に訳したものである（ただし，一部を適宜改めた）．これらについて以下の問13〜問20に答えなさい．**解答は，設問で指定された場合を除いて，すべて番号で解答用紙の〔解答欄A〕の所定の欄に記入しなさい．**

a

　……合衆国はギリシア政府からの，財政・経済支援の緊急要請を受けた．……

　まさにギリシアという国家の存在は今日，共産主義者に指導された数千の武装した者たち……によって脅かされている．これらの者は，……特に北側の国境沿いで政府の権威に逆らっている．現在，国際連合安全保障理事会により任命された委員会が，……ギリシアと，（　ア　）・ブルガリア・A ユーゴスラヴィアとの間の国境沿いで起こっているとされる国境侵犯を調査中である．……

　ギリシアの隣国である（　イ　）もわれわれの関心に値する．……

　ギリシアの場合と同様，（　イ　）が必要とする援助を得るとすれば，合衆国がそれを供給しなければならない．われわれは，この援助をもたらすことのできる唯一の国である．

b

　このわずか4カ月の間に，わが国は……ニューヨークと国防総省の再建を開始……した．

　アメリカの国旗がカーブルの大使館上で再びたなびいている．……

　われわれの第2の目標は，テロを支援する体制がアメリカや友好国を大量破壊兵器で脅かすのを妨げることである．……

　北朝鮮は，自国民を飢えさせつつ，ミサイルと大量破壊兵器で武装した体制である．

　B イランは，選挙で選ばれていない少数が国民の自由への希望を抑圧しつつ，これらの兵器を貪欲に追い求めテロを輸出している．

　（　ウ　）は，アメリカに対する敵意を誇示し，テロを支援し続けている．……

　こういった国家やそのテロリストの仲間は，悪の枢軸を成している．

c

　……14年前，c 偉大なビジョンを持ったアメリカ合衆国大統領，エジプト大統領，イスラエル首相の3人がキャンプ＝デーヴィッド合意に基づく条約に署名した．……その時は，今と同様に，紛争がすぐに再燃するであろうという声を聞いた．しかし，エジプトとイスラエルの平和は持ちこたえた．……

　本日，イスラエルとパレスチナ解放機構の指導者は，パレスチナ暫定自治政府の原則の宣言に署名する．……

　……自らの民を平和に導く勇気を持っていたイスラエルとパレスチナ解放機構の指導者たちに，本日，敬意を表そう．世界は本日，（　あ　）首相，ペレス外相，（　い　）議長に感謝する．

慶應義塾大-経済　　　　　　　　　　　　　　　　　　　2019 年度　世界史　35

d

> ……D ベルリンの壁が建造された時，みなさんの多くはまだ生まれていなかった．……
>
> 私はゴルバチョフ大統領を説得しようと努力している．……これできっぱりと冷戦を終結しよう．……
>
> ちょうど昨日，西ドイツの外務大臣がベルリンの壁の一片を私にくれた．……
>
> ……ゴルバチョフ大統領に対し，10日後に会おうと招いた．……
>
> 島嶼国マルタの沖で，ミハイル＝ゴルバチョフと私は，年来の任務を始めるのである．

e

> ……E 本日署名する条約は，……忍耐の賜物の好例である．……合衆国およびソヴィエトの特定の核ミサイルの
> 完全な撤廃である．……
>
> ソヴィエト側では，展開された1500以上の弾頭が除去され，……すべての地上発射の中距離ミサイルが破棄
> される．……
>
> この合意は，……もうひとつの重要な原則を具現する．それは（　エ　），すなわち，軍事計画と軍事力における
> より一層の開示性である．

f

> 本政府は……F キューバ島におけるソヴィエトの軍事的増強への最も精緻な監視を維持してきている．この
> 一週間で，かの囚われの島において一連の攻撃的ミサイル基地が準備中であるとの明白な証拠が確立した．これ
> らの基地の目的は，まさに西半球に対する核攻撃の能力を供給することにある．

問13　以下の（1）～（4）に答えなさい．

（1）　上の資料a中の（ア），（イ）に入る語を，1～9からそれぞれ選びなさい．

　　　1．アルバニア　　　2．イタリア　　　3．オーストリア　　　4．スイス　　　5．チェコスロヴァキア

　　　6．トルコ　　　　7．ハンガリー　　　8．ポーランド　　　9．ルーマニア

（2）　上の資料b中の（ウ）に入る語を，1～4から選びなさい．

　　　1．アフガニスタン　　　2．イラク　　　3．パキスタン　　　4．パレスチナ

（3）　上の資料c中の（あ），（い）に入る人名をそれぞれ，〔解答欄 B〕の所定の欄に記入しなさい．

（4）　上の資料e中の（エ）には，当時のソヴィエト社会主義共和国連邦（ソ連）の政権が諸政策を進める際の標語の
　　　1つが入る．「情報公開」という意味のそのロシア語をカタカナで，〔解答欄 B〕の所定の欄に記入しなさい．

36 2019年度　世界史　　　　　　　　　　　　　　　　　　　　　　　　慶應義塾大-経済

問14　上の資料 a 中の下線部 A に関連して，次の 1 ～ 4 の文章の中から，誤りを含むものを 1 つ選びなさい.

　　1．第二次世界大戦期のユーゴスラヴィアでは，共産党書記長のティトーらが中心となって，パルチザン闘争を展開した.

　　2．ソ連は，自主路線に固執したユーゴスラヴィアを，ドイツ民主共和国の成立を受けて，コメコンから除名した.

　　3．ユーゴスラヴィアなどの呼びかけで，ベオグラードで第 1 回非同盟諸国首脳会議が開催されたが，中華人民共和国は代表団を派遣しなかった.

　　4．クロアティアとスロヴェニアは，連邦国家だったユーゴスラヴィアから分離独立し，この両国はその後 EU 加盟を果たした.

問15　上の資料 b 中の下線部 B に関連して，第二次世界大戦後のイランにおける体制の推移を，イラン＝イスラーム共和国の成立までについて，**〔解答欄 B〕の所定の欄の範囲内で説明しなさい**. ただし，次の 2 つの語を必ず使用すること.　　　　　　　　　　　　　　　　　　　　　　　　　　　　　　　（解答欄：約 17 cm × 3 行）

　　　アングロ＝イラニアン石油会社　　　白色革命

問16　上の資料 c に関連して，以下の（ 1 ），（ 2 ）に答えなさい.

（ 1 ）　下線部 C の「 3 人」のうちのひとりであるアメリカ大統領を，1 ～ 6 から選びなさい.

　　　1．カーター　　　　　2．クリントン　　　　3．ニクソン　　　　4．ブッシュ（子）
　　　5．ブッシュ（父）　　6．レーガン

（ 2 ）　下線部 C の条約の主たる内容について，**〔解答欄 B〕の所定の欄の範囲内で説明しなさい**.
　　　　　　　　　　　　　　　　　　　　　　　　　　　　　　　　　　　（解答欄：約 17 cm × 1 行）

問17　上の資料 d の下線部 D に関連して，ベルリンの壁が建造された1960年代に起こった「プラハの春」とそれに対するソ連の対応について，制限主権論という概念を用いて，**〔解答欄 B〕の所定の欄の範囲内で説明しなさい**.
　　　　　　　　　　　　　　　　　　　　　　　　　　　　　　　　　　　（解答欄：約 17 cm × 4 行）

問18　上の資料 e に関連して，次の 1 ～ 4 の事項を年代の古い順に並べ替えて左から記入しなさい.

　　1．国連総会で CTBT が採択される
　　2．米ソが下線部 E の条約に調印する
　　3．米ソが第 1 次 SALT に調印する
　　4．米ソが第 1 次 START を妥結する

問19　上の資料 f の下線部 F に関連して，次の資料は，アメリカが19世紀に締結した和平条約の一部を日本語に訳したものである（ただし，一部を適宜改めた）. この条約に関連して，以下の（ 1 ）～（ 3 ）に答えなさい.

慶應義塾大-経済　　　　　　　　　　　　　　　　　　　2019 年度　世界史　37

　　第1条.（　α　）は，キューバに対する主権……を放棄する．また同島は，（　α　）の撤退を受けて
合衆国が占領するものであるので，合衆国は，かかる占領が継続する限り，……人命と資産の保護に関わる義
務を引き受け履行するものである．
　　第2条.（　α　）は合衆国に，西インド諸島で現在（　α　）の主権下にある（　β　）およびその他
の島嶼を，またマリアナ諸島……の（　γ　）島を割譲する．
　　第3条.（　α　）は合衆国に，（　δ　）諸島として知られる列島を割譲し……

（1）　この条約中の（α）に入る国名を，〔解答欄 B〕の所定の欄に記入しなさい．

（2）　この条約中の（β），（γ），（δ）に入る地名を，1〜9からそれぞれ選びなさい．

　　　1．グアム　　　　　2．ジャマイカ　　　　3．タヒチ　　　　4．ニューカレドニア　　　5．ハワイ

　　　6．フィジー　　　　7．フィリピン　　　　8．プエルトリコ　　　9．マーシャル

（3）　この条約が締結された時のアメリカ合衆国大統領名を，〔解答欄 B〕の所定の欄に記入しなさい．

問20　上の資料 a〜f の発言がなされた時期を，下の年表中の空欄 0〜9 の中からそれぞれ選びなさい．（重複使用不可）

0

チャーチル前首相が「鉄のカーテン」演説

1

ワルシャワ条約機構結成

2

フルシチョフがソ連共産党第20回大会で「スターリン批判」演説

3

中国で文化大革命開始

4

ソ連が親ソ政権支援のためアフガニスタンに侵攻開始

5

東ドイツのホネカー書記長が退陣

6

イラクがクウェートに侵攻開始

7

アメリカがターリバーン政権を崩壊させるためアフガニスタンを攻撃開始

8

イラクのサダム＝フセイン政権が崩壊

9

数学

(80分)

(注意)

1. 数学の問題のうち，問題の［1］から［3］が最初に採点されます。問題の［4］から［6］は，数学の最初に採点される問題と英語の最初に採点される問題の得点が一定点に達した受験生についてのみ，採点されます。

2. ① 問題の［1］から［3］の解答は，解答用紙A（マークシート）の解答欄にマークしてください。

   ［例］ (11) (12) と表示のある問いに対して，「45」と解答する場合は，解答欄(11)の④と解答欄(12)の⑤にマークしてください。

   なお，解答欄にある⊖はマイナスの符号－を意味します。

   ② 解答欄(1), (2), …は，それぞれ0から9までの数字，またはマイナスの符号－のいずれか一つに対応します。それらを(1), (2), …で示された解答欄にマークしてください。

   下の例のように，数字は右によせて表示し，マイナスの符号－は左端に置いてください。空のマスがあれば0を補ってください。解答が分数のときは，分母を正で，約分しきった形で解答してください。

   ［例］

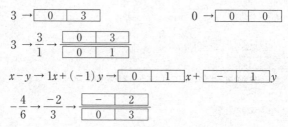

慶應義塾大-経済   2019 年度　数学　*39*

[1] 座標平面上の直線 $y = -\sqrt{3}x + 6\sqrt{3}$ を ℓ とし，原点 O，点 P$(6,0)$，および ℓ 上の点 Q の 3 点を通る円を C とする．ただし，点 Q の y 座標は正とする．

(1) 円 C の中心が x 軸上にあるとき，C の中心の x 座標は $\boxed{(1)}$ であり，このとき $\angle \mathrm{OQP} = \dfrac{\boxed{(2)}\,\pi}{\boxed{(3)}}$ となる．

(2) 円 C の半径が $2\sqrt{3}$ であるとき，C の中心の y 座標は $\sqrt{\boxed{(4)}}$ となる．このとき，点 Q の y 座標は $\boxed{(5)}\sqrt{\boxed{(6)}}$ である．

以下，$\angle \mathrm{OQP} = \dfrac{5\pi}{12}$ とする．

(3) 点 Q の y 座標は $\boxed{(7)} - \boxed{(8)}\sqrt{\boxed{(9)}}$ となる．

(4) 関係 $\dfrac{5\pi}{12} = \dfrac{\pi}{6} + \dfrac{\pi}{4}$ と加法定理から，$\sin \dfrac{5\pi}{12} = \dfrac{\sqrt{\boxed{(10)}} + \sqrt{2}}{\boxed{(11)}}$ と求まる．円 C の半径は $\boxed{(12)}\left(\sqrt{\boxed{(13)}} - \sqrt{\boxed{(14)}}\right)$ である．

[2] 赤，黄，白，黒の 4 種類の色の球が袋に合計 24 個入っているとする．この袋から球を 1 つ取り出して，色を調べてから袋に戻すことを試行という．以下 (a), (b), (c) が成り立つとする．

    (a) 試行を 1 回行うとき，赤または黄の球が取り出される確率は $\dfrac{1}{4}$ である．

    (b) 試行を 2 回続けて行うとき，赤と黄の球がそれぞれ 1 回ずつ取り出される確率は $\dfrac{1}{36}$ である．

    (c) 試行を 3 回続けて行うとき，白の球が 1 回，黒の球が 2 回取り出される確率は $\dfrac{49}{288}$ である．

(1) 試行を 2 回続けて行うとき，赤または黄の球が 1 回，かつ，白または黒の球が 1 回取り出される確率は $\dfrac{\boxed{(15)}}{\boxed{(16)}}$ である．

(2) 試行を 3 回続けて行うとき，3 回とも赤の球，または，3 回とも黄の球が取り出される確率は $\dfrac{\boxed{(17)}}{\boxed{(18)}\,\boxed{(19)}\,\boxed{(20)}}$ である．

40 2019 年度　数学　　　　　　　　　　　　　　　　　　　　　　　慶應義塾大-経済

(3) 袋に入っている黒の球は $\boxed{(21)}\boxed{(22)}$ 個，白の球は $\boxed{(23)}$ 個である．

(4) 試行を 4 回続けて行うとき，白の球がちょうど 2 回取り出される確率は $\dfrac{\boxed{(24)}\boxed{(25)}}{\boxed{(26)}\boxed{(27)}\boxed{(28)}}$ である．

[3] r を 1 でない正の実数とし，数列 $\{a_n\}$ を，初項 $a_1 = r$ および漸化式

$$\begin{cases} a_{2m} = a_{2m-1} + 2m + 1 \\ a_{2m+1} = ra_{2m} \end{cases} \quad (m = 1, 2, 3, \ldots)$$

で定める．

(1) $a_2 = r + \boxed{(29)}$，$a_3 = r^2 + \boxed{(30)}\,r$，$a_4 = r^2 + \boxed{(31)}\,r + \boxed{(32)}$ である．

(2) $m \geqq 1$ に対し，$b_m = a_{2m-1}$ とおく．数列 $\{b_m\}$ は，初項 $b_1 = \boxed{(33)}\,r$ および漸化式

$$b_{m+1} = r\left(b_m + \boxed{(34)}\,m + \boxed{(35)}\right) \quad (m = 1, 2, 3, \ldots)$$

を満たす．さらに，$m \geqq 1$ に対して $c_m = \dfrac{b_m}{r^m}$ とおくと，数列 $\{c_m\}$ の初項は $c_1 = \boxed{(36)}$，隣り合う 2 項の差は $d_k = c_{k+1} - c_k = \dfrac{\boxed{(37)}\,k + \boxed{(38)}}{r^k}$ $(k = 1, 2, 3, \ldots)$ なので，$m \geqq 2$ ならば

$$c_m = c_1 + \sum_{k=1}^{m+\boxed{(39)}\boxed{(40)}} d_k = \sum_{l=1}^{m} \frac{\boxed{(41)}\,l + \boxed{(42)}\boxed{(43)}}{r^{l-1}}$$

となる．ここで

$$1 + \left(1 - \frac{1}{r}\right)c_m = \sum_{l=1}^{m} \frac{\boxed{(44)}}{r^{l-1}} - \frac{\boxed{(45)}\,m - \boxed{(46)}}{r^m}$$

であるから

$$c_m = \frac{\boxed{(47)}(r^m - 1)}{r^{m-2}(r-1)^2} - \frac{\boxed{(48)}\,m - \boxed{(49)}}{r^{m-1}(r-1)} - \frac{r}{r-1}$$

となる．この式は $m = 1$ のときも成り立つ．

(3) $m \geqq 1$ に対して，$a_{2m-1} = r^m c_m$ より

$$a_{2m-1} = \frac{1}{(r-1)^2}\left\{r^{m+2} + r^{m+1} - \left(\boxed{(50)}\,m + \boxed{(51)}\right)r^2 + \left(\boxed{(52)}\,m - \boxed{(53)}\right)r\right\}$$

$$a_{2m} = \frac{1}{(r-1)^2}\left\{ r^{m+2} + r^{m+1} - \left(\boxed{(54)}\, m + \boxed{(55)}\right)r + \left(\boxed{(56)}\, m + \boxed{(57)}\right)\right\}$$

となる.

[4] 実数 x, y, z は連立方程式

$$\begin{cases} 2^{x-1} + 3^{y+3} + 5^{z+2} = 1 \\ 2^{x+1} + 3^{y+1} - 5^{z+1} = 1 \end{cases}$$

を満たすとする.

(1) $X = 2^x$ とおく. $3^y, 5^z$ を,それぞれ X を用いて表せ.さらに x の取りうる値の範囲を,$\log_2 5$ と $\log_2 7$ を用いて表せ.

(2) 整式 $Y^3 + Z^3$ を,$P = Y + Z, Q = YZ$ とおき,P と Q を用いて表せ.

(3) $27^y + 125^z$ が最小となるような x の値を,$\log_2 3, \log_2 5, \log_2 7$ を用いて表せ.

[5] 四面体 OABC において,

$$\left|\overrightarrow{OA}\right| = 5, \qquad \left|\overrightarrow{OB}\right| = 4, \qquad \left|\overrightarrow{OC}\right| = 3, \qquad \left|\overrightarrow{AB}\right| = \sqrt{21}$$

であるとする. $\vec{a} = \overrightarrow{OA}, \vec{b} = \overrightarrow{OB}, \vec{c} = \overrightarrow{OC}$ とおく. 以下,$\vec{p} \cdot \vec{q}$ はベクトル $\vec{p}$ と $\vec{q}$ の内積を表す.

(1) $\vec{a} \cdot \vec{b}$ の値を求めよ.

以下,$\vec{a} \cdot \vec{b} = \vec{a} \cdot \vec{c}$ であるとする. 線分 BC を $2 : 1$ に内分する点を M とし,直線 OA を ℓ_1,直線 BC を ℓ_2 とするとき,ℓ_1 上の点 N に対して,MN $\perp \ell_1$ かつ MN $\perp \ell_2$ が成り立つとする.

(2) $\overrightarrow{ON} = s\vec{a}$ を満たす実数 s を求めよ. さらに,$\vec{b} \cdot \vec{c}$ の値を求めよ.

(3) $\left|\overrightarrow{MN}\right|^2$ の値を求めよ.

(4) 直線 ℓ_1 上の 2 点と直線 ℓ_2 上の 2 点を頂点とする正四面体の一辺の長さ d を求めよ.

42 2019 年度 数学 慶應義塾大-経済

[6] $F(x)$ は x の 3 次式で, x^3 の係数は 1 であるとし, $y = F(x)$ で定まる曲線を C とする. $\alpha_1 < \alpha_2$ を満たす実数 α_1, α_2 に対して, 曲線 C は, x 軸と 2 点 $(\alpha_1, 0)$, $(\alpha_2, 0)$ を共有し, さらに x 軸は点 $(\alpha_2, 0)$ における C の接線であるとする.

(1) 関数 $F(x)$ は $x = \alpha$ において極大になり, $x = \beta$ において極小になるとする. このとき α, β を, それぞれ α_1, α_2 のみを含む式で表せ. 必要ならば x の整式で表される関数 $p(x), q(x)$ とそれらの導関数に関して成り立つ公式

$$\{p(x)q(x)\}' = p'(x)q(x) + p(x)q'(x)$$

を用いてもよい.

(2) $f(x) = F'(x)$ とする. 点 $A(\alpha, F(\alpha))$ における曲線 C の接線を ℓ とし, ℓ と C の共有点で A と異なる点を $(\gamma, F(\gamma))$ とする. このとき $f(\gamma)$ を, α, γ のみを含む式で表せ. さらに γ を, α_1, α_2 のみを含む式で表せ.

(3) x 軸, 曲線 $y = f(x)$, および直線 $x = \gamma$ で囲まれた 2 つの部分の面積の和 S を, α_1, α_2 のみを含む式で表せ. また $\alpha_1^2 + 1 \leqq \alpha_2$ が成り立つとき, S の最小値 T を求めよ.

小論文

(60 分)

(注意) 字数をかぞえるとき，句読点も１字とかぞえます．ただし，算用数字は１マス
に２つまで記入できます．

次の課題文を読んで，設問A，Bに答えなさい．解答は解答用紙の所定の欄に横書きで記入しな
さい．

[課題文]

物理学や数学の大きな特徴は，数式を使って考えるところです．数式が使えるということは，
世の中の存在物を足したり引いたりできるもの，つまり同じ質のものであり，違いは数（量）のみ
だと見なしていることを意味します．

具体例を挙げましょう．リンゴは木から落ちます．月は地球のまわりを回っています．リンゴと
月とでは大いに違います．つまり質的に異質なものです．そしてリンゴが落ちるのと月がまわるの
とはまったく違った現象のように見えます．ところが月もリンゴも質的には同じもので違っている
のは量だと考える，つまり月もリンゴも落体という同質のものであり，違いは質量という量だと
考えると，二つの現象が同じ運動方程式で取り扱えるようになるのです．これがニュートンの偉大
な発見でした．一見とてつもなく違っているものを，じつは質は同じであり（一様なものであり），
違いは量だけだと見立てていくのが物理学や数学の基本です．

このやり方は，物理学や数学の基礎をなしているだけでなく，経済の基本原理にもなっていま
す．お金がこの考えに基づくものなのです．「ふとん」と「うどん」はまったく異なるものです．
質が違います．「かけぶとん」で「かけうどん」の代わりはできません．だから交換がきかないは
ずなのですが，ふとんもうどんも質的に同じで，価格という量が違うものだとみなして値札を貼れ
ば，交換できるようになります．貨幣経済は物理学と同根のものと言えるでしょう．貨幣は日々の
暮らしに深く浸透していますから，私たちはすべてのものを，質的に違った多様でかけがえのない
ものとみなすよりは，みんな一様で，お金さえ出せば何でも買えるものと，何気なしに考えるよう
になってしまいました．これでは多様性という質的に違うものに価値を置く雰囲気は出てきま
せん．

そこで，こんな世の中なのだから，生物多様性の価値をお金で表してアピールしようという動き
が出てきました．生態系サービス（注１）をお金に換算してみようというのです．計算してみると
年間16〜54兆ドル．世界のGDPは72兆ドル（2012年）ですから，それにかなり近い莫大な価値を
生態系サービスはもっているのです．

これは確かに分かりやすい表現で，生態系サービスのすごさが伝わってきます．でもちょっとだけ水を差す言い方をすれば，生物多様性のきわめて重要なところは，質的に異なるものがいろいろといて，それらはかけがえがなくてお金では買えないというところなのですが，こうしてお金にしてしまうのですから，生物多様性はお金に換算できてしまい，かけがえがないわけではないよと言っているようにもとれ，これでは生物多様性の核心部分が伝わらない気もしてきます．

貨幣経済においては，質の違いは言いません．量で考えます．すると量の多少というたった一本の物差しで価値が測られることになってしまいます．そうなるとどうしても量の多い方がいい，量の多いことが豊かなことなのだと考えがちになるでしょう．その結果が，（生物多様性をはじめとした）地球の財産を食いつぶしながら多量の物を生産して消費する今の社会です．大量消費社会は，貨幣経済という発想の当然の帰結だと私は思っています．この考え方を改めるなど至難のわざですが，ここで何とか手を打たねば地球はもちません，生物多様性も保てません．

このあたりで豊かさの物差しを変える必要があると思うのですね．同じものの量が多いのが豊かだとする数量主義的発想ではなく，質の違ったものがいろいろあることが豊かなのだ，多様性とは豊かなことなのだと，発想を変えるべきだと思うのです．価値を測る物差しを複数もち，それぞれの物差しに関しては量がそれほど多くなくてもいいとする，そういう豊かさに方向転換すべきだと私は思っています．

多様とは豊かなことなのです．ただしそういう豊かさを味わえるためには，受け取り手側が多様な価値に対して開いている，つまり自分自身が多様である必要があります．

日本人は科学を信仰していると私はみなしています．近代科学の基礎を築いたのはニュートンですから，この宗教を「ニュートン教」と呼んでおきましょう．ニュートン教はじつにありがたい宗教です．科学振興（信仰）にお布施を出しておけばどんどん便利な機械を作ってくれ，生活を快適に豊かにしてくれます．大いなる御利益があるのです．ニュートン教は罪の意識や未来への不安も解消してくれます．たとえ環境破壊を起こしているのが科学技術の結果であったとしても，それを解決するのも科学技術．「廃棄物を出し続けても，化石燃料を使いたいだけ使っていても，生物多様性を減少させるような生活をしていても，心配ありません，大丈夫，科学技術が近い将来きっと問題を解決します．今のままの生活を続けることに罪の意識を持つことはありません」と，科学は免罪符を与えてくれます．また科学は人類の進歩を保証し，未来の夢を与えてくれるのです．その夢は，あの世などという誰も行ったことのない「空手形」ではなく，もっと実現性の高いものです．これほどありがたいのがニュートン教ですから，われわれが「敬虔な」ニュートン教徒になっていくのは当然のことでしょう．「敬虔な」とは，教義を精査した上で自覚的に信じるのではなく，知らずしらずにニュートン教やその考え方の癖である粒子主義や数量主義への信仰が身に染みついた状態です．

さて，その数量主義への信仰ですが，現代人は数字を出されると客観的な事実だと思って信じるが，数字がなければ信じないという癖がついてしまっており，その癖と生物多様性とは，きわめて相性が悪いのです．なにせ生物多様性に関するすべての数値が，じつに曖昧なのです．一年にどれだけの種が絶滅しているのかも不確かだし，おかげでこのまま絶滅が進むとどれだけの生物多様性が失われるかの予測もきわめて不確かなものでしかありません．そしてそもそも生物種の総数だっ

て不明なのです.

　生態系の安定に必要な種の数がわかっていませんから，どこまで絶滅が進んだら危ういのかの判断基準も決められません．そもそも生態系の，曖昧さのない数値予測は困難なのです．生態系は，質の異なる多くの生物たちが相互に複雑な関係を結んでできているものであり，事実の調査そのものが困難なだけでなく，調査結果をもとに先を予測することにはさらなる困難が伴います．（略）10000－1＝100（注2）などという，普通の算数が通用しない事態が生じてしまいます．だから数式を使ったシミュレーションが難しく，生物多様性に関しては，予測値に裏打ちされたはっきりしたことが，なかなか言えません．

　そんな不確かな数値をもとに生物多様性が減少していると言われても，その発言を重要とは受け取れないでしょうし，ましてや行動を起こす気など起きないでしょう．そこを心配してエドワード・ウィルソンはこう言います．「生物多様性について，私がもっとも繰り返し投げかけてきた問いは，『もし一定以上の数の種が姿を消したら，生態系は破壊され，その後すぐに他の大部分の種も絶滅するのではないか？』というものだ．いまのところ，この問いに対して可能な答えは『その可能性はある』だけだ．しかし，本当の答えがわかったときはもう遅いだろう．それは，ひとつの惑星で一度しかできない実験なのだ」（『生命の多様性』）．

　（本川達雄著，『生物多様性―「私」から考える進化・遺伝・生態系』中央公論新社，2015年より抜粋）

（注1）ある地域に住むすべての生物と，その環境とをひとまとめにし，その中での物質やエネルギーの流れに注目して全体を機能系としてとらえたものを「生態系」という．その生態系の機能のうち，食糧供給や環境浄化など人類に役立つものを「生態系サービス」という．

（注2）造礁サンゴという生物は，褐虫藻という単細胞生物を体内に共生させて，生物多様性がきわめて高いサンゴ礁を形成している．ところが海水温の上昇などにより褐虫藻がサンゴの中からいなくなる白化現象が近年頻発している．褐虫藻一種がいなくなるだけでサンゴ礁が破壊され，たくさんの生物が姿を消すことを，著者は「10000－1＝100」と表現している．

［設　問］

A．数量主義が生物多様性と相性が悪いのはなぜか．課題文で述べられている理由すべてを200字以内で説明しなさい．

B．本文中に「多様とは豊かなことなのです」という筆者の主張があるが，現実の人間社会においてこの主張を支持するとあなたが思う事例をひとつ挙げなさい．その事例はどのように筆者の主張を支持しているのかという点，および，その事例中の多様性を支える仕組みとして何が必要とされるかという点を含めて，課題文のみにとらわれず，400字以内で述べなさい．

MEMO

MEMO

MEMO

MEMO

教学社 刊行一覧

2024年版 大学入試シリーズ（赤本）
国公立大学（都道府県順）

378大学555点
全都道府県を網羅

全国の書店で取り扱っています。店頭にない場合は，お取り寄せができます。

1 北海道大学（文系-前期日程）	62 新潟大学（人文・教育〈文系〉・法・経済科・医〈看護〉・創生学部）	115 神戸大学（理系-前期日程）医
2 北海道大学（理系-前期日程）医		116 神戸大学（後期日程）
3 北海道大学（後期日程）	63 新潟大学（教育〈理系〉・理・医〈看護を除く〉・歯・工・農学部）医	117 神戸市外国語大学 DL
4 旭川医科大学（医学部〈医学科〉）医		118 兵庫県立大学（国際経済・社会情報科・看護学部）
5 小樽商科大学	64 新潟県立大学	
6 帯広畜産大学	65 富山大学（文系）	119 兵庫県立大学（工・理・環境人間学部）
7 北海道教育大学	66 富山大学（理系）医	120 奈良教育大学／奈良県立大学
8 室蘭工業大学／北見工業大学	67 富山県立大学	121 奈良女子大学
9 釧路公立大学	68 金沢大学（文系）	122 奈良県立医科大学（医学部〈医学科〉）医
10 公立千歳科学技術大学	69 金沢大学（理系）医	123 和歌山大学
11 公立はこだて未来大学 総推	70 福井大学（教育・医〈看護〉・工・国際地域学部）	124 和歌山県立医科大学（医・薬学部）医
12 札幌医科大学（医学部）医		125 鳥取大学 医
13 弘前大学 医	71 福井大学（医学部〈医学科〉）医	126 公立鳥取環境大学
14 岩手大学	72 福井県立大学	127 島根大学 医
15 岩手県立大学・盛岡短期大学部・宮古短期大学部	73 山梨大学（教育〈看護〉・工・生命環境学部）	128 岡山大学（文系）
		129 岡山大学（理系）医
16 東北大学（文系-前期日程）	74 山梨大学（医学部〈医学科〉）医	130 岡山県立大学
17 東北大学（理系-前期日程）医	75 都留文科大学	131 広島大学（文系-前期日程）
18 東北大学（後期日程）	76 信州大学（文系-前期日程）	132 広島大学（理系-前期日程）医
19 宮城教育大学	77 信州大学（理系-前期日程）医	133 広島大学（後期日程）
20 宮城大学	78 信州大学（後期日程）	134 尾道市立大学 総推
21 秋田大学 医	79 公立諏訪東京理科大学 総推	135 県立広島大学
22 秋田県立大学	80 岐阜大学（前期日程）医	136 広島市立大学
23 国際教養大学 総推	81 岐阜大学（後期日程）	137 福山市立大学 総推
24 山形大学 医	82 岐阜薬科大学	138 山口大学（人文・教育〈文系〉・経済・医〈看護〉・国際総合科学部）
25 福島大学	83 静岡大学（前期日程）	
26 会津大学	84 静岡大学（後期日程）	139 山口大学（教育〈理系〉・理・医〈看護を除く〉・工・農・共同獣医学部）医
27 福島県立医科大学（医・保健科学部）医	85 浜松医科大学（医学部〈医学科〉）医	
28 茨城大学（文系）	86 静岡県立大学	140 山陽小野田市立山口東京理科大学 総推
29 茨城大学（理系）	87 静岡文化芸術大学	141 下関市立大学／山口県立大学
30 筑波大学（推薦入試）医 総推	88 名古屋大学（文系）	142 徳島大学 医
31 筑波大学（前期日程）医	89 名古屋大学（理系）医	143 香川大学 医
32 筑波大学（後期日程）	90 愛知教育大学	144 愛媛大学 医
33 宇都宮大学	91 名古屋工業大学	145 高知大学 医
34 群馬大学 医	92 愛知県立大学	146 高知工科大学
35 群馬県立女子大学	93 名古屋市立大学（経済・人文社会・芸術・看護・総合生命理・データサイエンス学部）	147 九州大学（文系-前期日程）
36 高崎経済大学		148 九州大学（理系-前期日程）医
37 前橋工科大学		149 九州大学（後期日程）
38 埼玉大学（文系）	94 名古屋市立大学（医学部）医	150 九州工業大学
39 埼玉大学（理系）	95 名古屋市立大学（薬学部）	151 福岡教育大学
40 千葉大学（文系-前期日程）	96 三重大学（人文・教育・医〈看護〉学部）	152 北九州市立大学
41 千葉大学（理系-前期日程）医	97 三重大学（医〈医〉・工・生物資源学部）医	153 九州歯科大学
42 千葉大学（後期日程）医	98 滋賀大学	154 福岡県立大学／福岡女子大学
43 東京大学（文系）DL	99 滋賀医科大学（医学部〈医学科〉）医	155 佐賀大学 医
44 東京大学（理系）DL 医	100 滋賀県立大学	156 長崎大学（多文化社会・教育〈文系〉・経済・医〈保健〉・環境科〈文系〉学部）
45 お茶の水女子大学	101 京都大学（文系）	
46 電気通信大学	102 京都大学（理系）医	157 長崎大学（教育〈理系〉・医〈医・歯・薬・情報データ科・工・環境科〈理系〉・水産学部）医
47 東京医科歯科大学 医	103 京都教育大学	
48 東京外国語大学 DL	104 京都工芸繊維大学	158 長崎県立大学 総推
49 東京海洋大学	105 京都府立大学	159 熊本大学（文・教育・法・医〈看護〉学部）
50 東京学芸大学	106 京都府立医科大学（医学部〈医学科〉）医	160 熊本大学（理・医〈看護を除く〉・薬・工学部）医
51 東京藝術大学	107 大阪大学（文系）DL	
52 東京工業大学	108 大阪大学（理系）DL 医	161 熊本県立大学
53 東京農工大学	109 大阪教育大学	162 大分大学（教育・経済・医〈看護〉・理工・福祉健康科学部）
54 一橋大学（前期日程）DL	110 大阪公立大学（現代システム科学域〈文系〉・文・法・経済・商・看護・生活科〈居住環境・人間福祉〉学部-前期日程）	
55 一橋大学（後期日程）		163 大分大学（医学部〈医学科〉）医
56 東京都立大学（文系）		164 宮崎大学（教育・医〈看護〉・工・地域資源創成学部）
57 東京都立大学（理系）	111 大阪公立大学（現代システム科学域〈理系〉・理・工・農・獣医・医・生活科〈食栄養〉学部-前期日程）医	
58 横浜国立大学（文系）		165 宮崎大学（医学部〈医学科〉）医
59 横浜国立大学（理系）		166 鹿児島大学（文系）
60 横浜市立大学（国際教養・国際商・理・データサイエンス・医〈看護〉学部）	112 大阪公立大学（中期日程）	167 鹿児島大学（理系）医
	113 大阪公立大学（後期日程）	168 琉球大学 医
61 横浜市立大学（医学部〈医学科〉）医	114 神戸大学（文系-前期日程）	

2024年版　大学入試シリーズ（赤本）

国公立大学 その他

169 〔国公立大〕医学部医学科 総合型選抜・学校推薦型選抜　医総推
170 看護・医療系大学〈国公立 東日本〉
171 看護・医療系大学〈国公立 中日本〉
172 看護・医療系大学〈国公立 西日本〉
173 海上保安大学校／気象大学校
174 航空保安大学校
175 国立看護大学校
176 防衛大学校　総推
177 防衛医科大学校（医学科）　医
178 防衛医科大学校（看護学科）

※ No.169～172の収載大学は赤本ウェブサイト（http://akahon.net/）でご確認ください。

私立大学①

北海道の大学（50音順）
201 札幌大学
202 札幌学院大学
203 北星学園大学・短期大学部
204 北海学園大学
205 北海道医療大学
206 北海道科学大学
207 北海道武蔵女子短期大学
208 酪農学園大学（獣医学群〈獣医学類〉）

東北の大学（50音順）
209 岩手医科大学（医・歯・薬学部）　医
210 仙台大学　総推
211 東北医科薬科大学（医・薬学部）　医
212 東北学院大学
213 東北工業大学
214 東北福祉大学
215 宮城学院女子大学　総推

関東の大学（50音順）
あ行（関東の大学）
216 青山学院大学（法・国際政治経済学部―個別学部日程）
217 青山学院大学（経済学部―個別学部日程）
218 青山学院大学（経営学部―個別学部日程）
219 青山学院大学（文・教育人間科学部―個別学部日程）
220 青山学院大学（総合文化政策・社会情報・地球社会共生・コミュニティ人間科学部―個別学部日程）
221 青山学院大学（理工学部―個別学部日程）
222 青山学院大学（全学部日程）
223 麻布大学（獣医、生命・環境科学部）
224 亜細亜大学
225 跡見学園女子大学
226 桜美林大学
227 大妻女子大学・短期大学部

か行（関東の大学）
228 学習院大学（法学部―コア試験）
229 学習院大学（経済学部―コア試験）
230 学習院大学（文学部―コア試験）
231 学習院大学（国際社会科学部―コア試験）
232 学習院大学（理学部―コア試験）
233 学習院女子大学
234 神奈川大学（給費生試験）
235 神奈川大学（一般入試）
236 神奈川工科大学
237 鎌倉女子大学・短期大学部
238 川村学園女子大学
239 神田外語大学
240 関東学院大学
241 北里大学（理学部）
242 北里大学（医学部）　医
243 北里大学（薬学部）
244 北里大学（看護・医療衛生学部）
245 北里大学（未来工・獣医・海洋生命科学部）
246 共立女子大学・短期大学
247 杏林大学（医学部）　医
248 杏林大学（保健学部）
249 群馬医療福祉大学　新
250 群馬パース大学　総推

251 慶應義塾大学（法学部）
252 慶應義塾大学（経済学部）
253 慶應義塾大学（商学部）
254 慶應義塾大学（文学部）　総推
255 慶應義塾大学（総合政策学部）
256 慶應義塾大学（環境情報学部）
257 慶應義塾大学（理工学部）
258 慶應義塾大学（医学部）　医
259 慶應義塾大学（薬学部）
260 慶應義塾大学（看護医療学部）
261 工学院大学
262 國學院大學
263 国際医療福祉大学　医
264 国際基督教大学
265 国士舘大学
266 駒澤大学（一般選抜T方式・S方式）
267 駒澤大学（全学部統一日程選抜）

さ行（関東の大学）
268 埼玉医科大学（医学部）　医
269 相模女子大学・短期大学部
270 産業能率大学
271 自治医科大学（医学部）　医
272 自治医科大学（看護学部）／東京慈恵会医科大学（医学部〈看護学科〉）
273 実践女子大学　総推
274 芝浦工業大学（前期日程〈英語資格・検定試験利用方式を含む〉）
275 芝浦工業大学（全学統一日程〈英語資格・検定試験利用方式を含む〉・後期日程）
276 十文字学園女子大学
277 淑徳大学
278 順天堂大学（医学部）　医
279 順天堂大学（スポーツ健康科・医療看護・保健看護・国際教養・保健医療・医療科・健康データサイエンス学部）　総推
280 城西国際大学　新
281 上智大学（神・文・総合人間科学部）
282 上智大学（法・経済学部）
283 上智大学（外国語・総合グローバル学部）
284 上智大学（理工学部）
285 上智大学（TEAPスコア利用方式）
286 湘南工科大学
287 昭和大学（医学部）　医
288 昭和大学（歯・薬・保健医療学部）
289 昭和女子大学
290 昭和薬科大学
291 女子栄養大学・短期大学部
292 白百合女子大学
293 成蹊大学（法学部―A方式）
294 成蹊大学（経済・経営学部―A方式）
295 成蹊大学（文学部―A方式）
296 成蹊大学（理工学部―A方式）
297 成蹊大学（E方式・G方式・P方式）
298 成城大学（経済・社会イノベーション学部―A方式）
299 成城大学（文芸・法学部―A方式）
300 成城大学（S方式〈全学部統一選抜〉）
301 聖心女子大学
302 清泉女子大学

303 聖徳大学・短期大学部
304 聖マリアンナ医科大学　医
305 聖路加国際大学（看護学部）
306 専修大学（スカラシップ・全国入試）
307 専修大学（学部個別入試）
308 専修大学（全学部統一入試）

た行（関東の大学）
309 大正大学
310 大東文化大学
311 高崎健康福祉大学　総推
312 拓殖大学
313 玉川大学
314 多摩美術大学
315 千葉工業大学
316 千葉商科大学
317 中央大学（法学部―学部別選抜）
318 中央大学（経済学部―学部別選抜）
319 中央大学（商学部―学部別選抜）
320 中央大学（文学部―学部別選抜）
321 中央大学（総合政策学部―学部別選抜）
322 中央大学（国際経営・国際情報学部―学部別選抜）
323 中央大学（理工学部―学部別選抜）
324 中央大学（6学部共通選抜）
325 中央学院大学
326 津田塾大学
327 帝京大学（薬・経済・法・文・外国語・教育・理工・医療技術・福岡医療技術学部）
328 帝京大学（医学部）　医
329 帝京科学大学　総推
330 帝京平成大学　総推
331 東海大学（医〈医〉学部を除く一般選抜）
332 東海大学（文系・理系学部統一選抜）
333 東海大学（医学部〈医学科〉）　医
334 東京医科大学（医学部〈医学科〉）　医
335 東京家政大学・短期大学部　総推
336 東京経済大学
337 東京工科大学
338 東京工芸大学
339 東京国際大学
340 東京歯科大学
341 東京慈恵会医科大学（医学部〈医学科〉）　医
342 東京情報大学
343 東京女子大学
344 東京女子医科大学（医学部）　医
345 東京電機大学
346 東京都市大学
347 東京農業大学
348 東京薬科大学（薬学部）　総推
349 東京薬科大学（生命科学部）　総推
350 東京理科大学（理学部〈第一部〉―B方式）
351 東京理科大学（創域理工学部―B方式・S方式）
352 東京理科大学（工学部―B方式）
353 東京理科大学（先進工学部―B方式）
354 東京理科大学（薬学部―B方式）
355 東京理科大学（経営学部―B方式）
356 東京理科大学（C方式、グローバル方式、理学部〈第二部〉―B方式）

2024年版 大学入試シリーズ（赤本）
私立大学②

357	東邦大学（医学部） 医	413	明治大学（総合数理学部－学部別入試）	473	大阪経済大学 総推

357	東邦大学（医学部） 医
358	東邦大学（薬学部）
359	東邦大学（理・看護・健康科学部）
360	東洋大学（文・経済・経営・法・社会・国際・国際観光学部）
361	東洋大学（情報連携・福祉社会デザイン・健康スポーツ科・理工・総合情報・生命科・食環境科学部）
362	東洋大学（英語〈3日程×3カ年〉） 新
363	東洋大学（国語〈3日程×3カ年〉） 新
364	東洋大学（日本史・世界史〈2日程×3カ年〉） 新
365	東洋英和女学院大学
366	常磐大学・短期大学 総推
367	獨協大学
368	獨協医科大学（医学部） 医
な行（関東の大学）	
369	二松学舎大学
370	日本大学（法学部）
371	日本大学（経済学部）
372	日本大学（商学部）
373	日本大学（文理学部〈文系〉）
374	日本大学（文理学部〈理系〉）
375	日本大学（芸術学部）
376	日本大学（国際関係学部）
377	日本大学（危機管理・スポーツ科学部）
378	日本大学（理工学部）
379	日本大学（生産工・工学部）
380	日本大学（生物資源科学部）
381	日本大学（医学部） 医
382	日本大学（歯・松戸歯学部）
383	日本大学（薬学部）
384	日本大学（医学部を除く－N全学統一方式） 医
385	日本歯科大学
386	日本工業大学
387	日本歯科大学
388	日本社会事業大学 新 総推
389	日本獣医生命科学大学
390	日本女子大学
391	日本体育大学
は行（関東の大学）	
392	白鷗大学（学業特待選抜・一般選抜）
393	フェリス女学院大学
394	文教大学
395	法政大学（法〈法律・政治〉・国際文化・キャリアデザイン学部－A方式）
396	法政大学（文〈国際政治〉・文・経営・人間環境・グローバル教養学部－A方式）
397	法政大学（経済・社会・現代福祉・スポーツ健康学部－A方式）
398	法政大学（情報科・デザイン工・理工・生命科学部－A方式）
399	法政大学（T日程〈統一日程〉・英語外部試験利用入試）
400	星薬科大学 総推
ま行（関東の大学）	
401	武蔵大学
402	武蔵野大学
403	武蔵野美術大学
404	明海大学
405	明治大学（法学部－学部別入試）
406	明治大学（政治経済学部－学部別入試）
407	明治大学（商学部－学部別入試）
408	明治大学（経営学部－学部別入試）
409	明治大学（文学部－学部別入試）
410	明治大学（国際日本学部－学部別入試）
411	明治大学（情報コミュニケーション学部－学部別入試）
412	明治大学（理工学部－学部別入試）
413	明治大学（総合数理学部－学部別入試）
414	明治大学（農学部－学部別入試）
415	明治大学（全学部統一入試）
416	明治学院大学（A日程）
417	明治学院大学（全学部日程）
418	明治薬科大学 総推
419	明星大学
420	目白大学・短期大学部
ら・わ行（関東の大学）	
421	立教大学（文系学部－一般入試〈大学独自の英語を課さない日程〉）
422	立教大学（国語〈3日程×3カ年〉）
423	立教大学（日本史・世界史〈2日程×3カ年〉）
424	立教大学（文学部－一般入試〈大学独自の英語を課す日程〉）
425	立教大学（理学部－一般入試）
426	立正大学
427	早稲田大学（法学部）
428	早稲田大学（政治経済学部）
429	早稲田大学（商学部）
430	早稲田大学（社会科学部）
431	早稲田大学（文学部）
432	早稲田大学（文化構想学部）
433	早稲田大学（教育学部〈文科系〉）
434	早稲田大学（教育学部〈理科系〉）
435	早稲田大学（人間科・スポーツ科学部）
436	早稲田大学（国際教養学部）
437	早稲田大学（基幹理工・創造理工・先進理工学部）
438	和洋女子大学 総推
中部の大学（50音順）	
439	愛知大学
440	愛知医科大学（医学部） 医
441	愛知学院大学・短期大学部
442	愛知工業大学 総推
443	愛知淑徳大学
444	朝日大学 総推
445	金沢医科大学（医学部） 医
446	金沢工業大学
447	岐阜聖徳学園大学・短期大学部 総推
448	金城学院大学
449	至学館大学 総推
450	静岡理工科大学
451	椙山女学園大学
452	大同大学
453	中京大学
454	中部大学
455	名古屋外国語大学 総推
456	名古屋学院大学 総推
457	名古屋学芸大学
458	名古屋女子大学・短期大学部 総推
459	南山大学（外国語〈英米〉・法・総合政策・国際教養学部）
460	南山大学（人文・外国語〈英米を除く〉・経済・経営・理工学部）
461	新潟国際情報大学
462	日本福祉大学
463	福井工業大学
464	藤田医科大学（医学部） 医
465	藤田医科大学（医療科・保健衛生学部）
466	名城大学（法・経営・経済・外国語・人間・都市情報学部）
467	名城大学（情報工・理工・農・薬学部）
468	山梨学院大学
近畿の大学（50音順）	
469	追手門学院大学 総推
470	大阪医科薬科大学（医学部） 医
471	大阪医科薬科大学（薬学部） 総推
472	大阪学院大学 総推
473	大阪経済大学 総推
474	大阪経済法科大学 総推
475	大阪工業大学 総推
476	大阪国際大学・短期大学部 総推
477	大阪産業大学 総推
478	大阪歯科大学（歯学部）
479	大阪商業大学
481	大阪成蹊大学・短期大学 総推
482	大谷大学 総推
483	大手前大学・短期大学 総推
484	関西大学（文系）
485	関西大学（理系）
486	関西大学（英語〈3日程×3カ年〉）
487	関西大学（国語〈3日程×3カ年〉）
488	関西大学（文系選択科目〈2日程×3カ年〉）
489	関西医科大学（医学部） 医
490	関西医療大学 総推
491	関西外国語大学・短期大学部 総推
492	関西学院大学（文・社会・法学部－学部個別日程）
493	関西学院大学（経済・人間福祉・国際学部－学部個別日程）
494	関西学院大学（神・商・教育・総合政策学部－学部個別日程）
495	関西学院大学（全学部日程〈文系型〉）
496	関西学院大学（全学部日程〈理系型〉）
497	関西学院大学（共通テスト併用日程・英数日程）
498	畿央大学
499	京都外国語大学・短期大学 総推
500	京都光華女子大学・短期大学部 総推
501	京都産業大学（公募推薦入試） 総推
502	京都産業大学（一般選抜入試〈前期日程〉）
503	京都女子大学
504	京都先端科学大学
505	京都橘大学 総推
506	京都ノートルダム女子大学 総推
507	京都薬科大学 総推
508	近畿大学・短期大学部（医学部を除く－推薦入試） 総推
509	近畿大学・短期大学部（医学部を除く－一般入試前期）
510	近畿大学（英語〈医学部を除く3日程×3カ年〉） 新
511	近畿大学（理系数学〈医学部を除く3日程×3カ年〉） 新
512	近畿大学（国語〈医学部を除く3日程×3カ年〉） 新
513	近畿大学（医学部－推薦入試・一般入試前期） 医 総推
514	近畿大学・短期大学部（一般入試後期） 医
515	皇學館大学 総推
516	甲南大学
517	神戸学院大学 総推
518	神戸国際大学 総推
519	神戸女学院大学 総推
520	神戸女子大学・短期大学 総推
521	神戸薬科大学 総推
522	四天王寺大学・短期大学部 総推
523	摂南大学（公募制推薦入試） 総推
524	摂南大学（一般選抜前期日程）
525	帝塚山学院大学 新 総推
526	同志社大学（法、グローバル・コミュニケーション学部－学部個別日程）
527	同志社大学（文・経済学部－学部個別日程）
528	同志社大学（神・商・心理・グローバル地域文化学部－学部個別日程）
529	同志社大学（社会学部－学部個別日程）

2024年版　大学入試シリーズ（赤本）

私立大学③

番号	大学名
530	同志社大学（政策・文化情報〈文系型〉・スポーツ健康科〈文系型〉学部－学部個別日程）
531	同志社大学（理工・生命医科・文化情報〈理系型〉・スポーツ健康科〈理系型〉学部－学部個別日程）
532	同志社大学（全学部日程）
533	同志社女子大学 総推
534	奈良大学
535	奈良学園大学
536	阪南大学
537	姫路獨協大学
538	兵庫医科大学（医学部）医
539	兵庫医科大学（薬・看護・リハビリテーション学部）総推
540	佛教大学
541	武庫川女子大学・短期大学部
542	桃山学院大学／桃山学院教育大学
543	大和大学・大和大学白鳳短期大学部 総推
544	立命館大学（文系－全学統一方式・学部個別配点方式）／立命館アジア太平洋大学（前期方式・英語重視方式）
545	立命館大学（理系－全学統一方式・学部個別配点方式・理系型3教科方式・薬学方式）
546	立命館大学（英語〈全学統一方式3日程×3カ年〉）
547	立命館大学（国語〈全学統一方式3日程×3カ年〉）
548	立命館大学（文系選択科目〈全学統一方式2日程×3カ年〉）
549	立命館大学（IR方式〈英語資格試験利用型〉・共通テスト併用方式）／立命館アジア太平洋大学（共通テスト併用方式）
550	立命館大学（後期分割方式・「経営学部で学ぶ感性+共通テスト」方式）／立命館アジア太平洋大学（後期方式）
551	龍谷大学・短期大学部（公募推薦入試）総推
552	龍谷大学・短期大学部（一般選抜入試）

中国の大学（50音順）

番号	大学名
553	岡山商科大学 総推
554	岡山理科大学
555	川崎医科大学 医
556	吉備国際大学
557	就実大学
558	広島経済大学
559	広島国際大学 総推
560	広島修道大学
561	広島文教大学
562	福山大学／福山平成大学
563	福山大学／福山平成大学

番号	大学名
564	安田女子大学・短期大学 総推

四国の大学（50音順）

番号	大学名
565	徳島文理大学
566	松山大学

九州の大学（50音順）

番号	大学名
567	九州産業大学
568	九州保健福祉大学 総推
569	熊本学園大学
570	久留米大学（文・人間健康・法・経済・商学部）
571	久留米大学（医学部〈医学科〉）医
572	産業医科大学（医学部）医
573	西南学院大学（商・経済・法・人間科学部－A日程）
574	西南学院大学（神・外国語・国際文化学部－A日程・全学部－F日程）
575	福岡大学（医学部医学科を除く－学校推薦型選抜・一般選抜系統別日程）総推
576	福岡大学（医学部医学科を除く－一般選抜前期日程）
577	福岡大学（医学部〈医学科〉－学校推薦型選抜・一般選抜系統別日程）医
578	福岡工業大学
579	令和健康科学大学 総推

医 医学部医学科を含む
総推 総合型選抜または学校推薦型選抜を含む
DL リスニング音声配信　新 2023年 新刊・復刊

掲載している入試の種類や試験科目、収載年数などはそれぞれ異なります。詳細については、それぞれの本の目次や赤本ウェブサイトでご確認ください。

akahon.net

難関校過去問シリーズ

出題形式別・分野別に収録した
「**入試問題事典**」　19大学71点
定価 2,310〜2,530円（本体2,100〜2,300円）

61年、全部載せ！
要約演習で、総合力を鍛える
東大の英語 要約問題 UNLIMITED

先輩合格者はこう使った！
「難関校過去問シリーズの使い方」

国公立大学

- 東大の英語25カ年［第11版］
- 東大の英語リスニング20カ年［第8版］CD
- 東大の英語 要約問題 UNLIMITED
- 東大の文系数学25カ年［第11版］
- 東大の理系数学25カ年［第11版］
- 東大の現代文25カ年［第11版］
- 東大の古典25カ年［第11版］
- 東大の日本史25カ年［第9版］
- 東大の世界史25カ年［第8版］
- 東大の地理25カ年［第8版］
- 東大の物理25カ年［第8版］
- 東大の化学25カ年［第8版］
- 東大の生物25カ年［第8版］
- 東工大の英語20カ年［第7版］改
- 東工大の数学20カ年［第9版］改
- 東工大の物理20カ年［第4版］改
- 東工大の化学20カ年［第4版］改
- 一橋大の英語20カ年［第8版］改
- 一橋大の数学20カ年［第8版］改
- 一橋大の国語20カ年［第5版］
- 一橋大の日本史20カ年［第5版］
- 一橋大の世界史20カ年［第5版］
- 京大の英語25カ年［第12版］
- 京大の文系数学25カ年［第12版］改
- 京大の理系数学25カ年［第12版］改
- 京大の現代文25カ年［第2版］
- 京大の古典25カ年［第2版］
- 京大の日本史20カ年［第3版］
- 京大の世界史20カ年［第3版］
- 京大の物理25カ年［第9版］
- 京大の化学25カ年［第9版］
- 北大の英語15カ年［第8版］
- 北大の理系数学15カ年［第8版］改
- 北大の物理15カ年［第2版］
- 北大の化学15カ年［第2版］
- 東北大の英語15カ年［第8版］
- 東北大の理系数学15カ年［第8版］
- 東北大の物理15カ年［第2版］
- 東北大の化学15カ年［第2版］改
- 名古屋大の英語15カ年［第8版］改
- 名古屋大の理系数学15カ年［第8版］
- 名古屋大の物理15カ年［第2版］
- 阪大の英語20カ年［第9版］
- 阪大の文系数学20カ年［第3版］改
- 阪大の理系数学20カ年［第9版］改
- 阪大の国語15カ年［第3版］
- 阪大の物理20カ年［第6版］改
- 阪大の化学20カ年［第6版］改
- 九大の英語15カ年［第8版］
- 九大の理系数学15カ年［第7版］改
- 九大の物理15カ年［第2版］
- 九大の化学15カ年［第2版］
- 神戸大の英語15カ年［第9版］
- 神戸大の数学15カ年［第5版］改
- 神戸大の国語15カ年［第3版］

私立大学

- 早稲田の英語［第10版］
- 早稲田の国語［第9版］改
- 早稲田の日本史［第8版］改
- 早稲田の世界史
- 慶應の英語［第10版］
- 慶應の小論文［第2版］
- 明治大の英語［第8版］
- 明治大の国語
- 明治大の日本史
- 中央大の英語［第8版］
- 法政大の英語［第8版］改
- 同志社大の英語［第10版］改
- 立命館大の英語［第10版］改
- 関西大の英語［第10版］改
- 関西学院大の英語［第10版］改

CD リスニングCDつき
改 2023年 改訂

共通テスト対策関連書籍

共通テスト対策 も 赤本で

❶ 過去問演習

2024年版 共通テスト赤本シリーズ 全13点

A5判／定価1,210円（本体1,100円）

- これまでの共通テスト本試験 全日程収載‼＋プレテストも
- 英語・数学・国語には，本書オリジナル模試も収載！
- 英語はリスニングを11回分収載！ 赤本の音声サイトで本番さながらの対策！

- 英語 リスニング／リーディング※1 DL
- 数学Ⅰ・Ａ／Ⅱ・Ｂ※2
- 国語※2
- 日本史Ｂ
- 世界史Ｂ
- 地理Ｂ
- 現代社会
- 倫理，政治・経済／倫理
- 政治・経済
- 物理／物理基礎
- 化学／化学基礎
- 生物／生物基礎
- 地学基礎
- 付録：地学

DL 音声無料配信　※1 模試2回分収載　※2 模試1回分収載

---

❷ 自己分析

赤本ノートシリーズ 過去問演習の効果を最大化

▶共通テスト対策には

赤本ノート（共通テスト用）　赤本ルーズリーフ（共通テスト用）

共通テスト赤本シリーズ Smart Startシリーズ 全28点に対応！

▶二次・私大対策には

赤本ノート（二次・私大用）

大学入試シリーズ 全555点に対応‼

---

❸ 重点対策

Smart Startシリーズ 共通テスト スマート対策 3訂版

基礎固め＆苦手克服のための**分野別対策問題集**！

- 英語（リーディング）DL
- 英語（リスニング）DL
- 数学Ⅰ・Ａ
- 数学Ⅱ・Ｂ
- 国語（現代文）
- 国語（古文・漢文）
- 日本史Ｂ
- 世界史Ｂ
- 地理Ｂ
- 現代社会
- 物理
- 化学
- 生物
- 化学基礎・生物基礎
- 生物基礎・地学基礎

共通テスト本番の内容を反映！ 全15点 好評発売中！

DL 音声無料配信

A5判／定価1,210円（本体1,100円）

手軽なサイズの実戦的参考書

目からウロコのコツが満載！ 直前期にも！

満点のコツ シリーズ　　赤本ポケット

いつも受験生のそばに──赤本

大学入試シリーズ＋α
入試対策も共通テスト対策も赤本で

入試対策
赤本プラス

赤本プラスとは、過去問演習の効果を最大にするためのシリーズです。「赤本」であぶり出された弱点を、赤本プラスで克服しましょう。

- 大学入試 すぐわかる英文法 DL
- 大学入試 ひと目でわかる英文読解
- 大学入試 絶対できる英語リスニング DL
- 大学入試 すぐ書ける自由英作文
- 大学入試 ぐんぐん読める英語長文 [BASIC]
- 大学入試 ぐんぐん読める英語長文 [STANDARD]
- 大学入試 ぐんぐん読める英語長文 [ADVANCED]
- 大学入試 最短でマスターする 数学Ⅰ・Ⅱ・Ⅲ・A・B・C 新
- 大学入試 突破力を鍛える最難関の数学 新 ◎
- 大学入試 ちゃんと身につく物理 新
- 大学入試 もっと身につく物理問題集 ①力学・波動 新
- 大学入試 もっと身につく物理問題集 ②熱力学・電磁気・原子 新 ◎

入試対策
英検®赤本シリーズ

英検®（実用英語技能検定）の対策書。過去問集と参考書で万全の対策ができます。

▶ 過去問集（2023年度版）
- 英検®準1級過去問集 DL
- 英検®2級過去問集 DL
- 英検®準2級過去問集 DL
- 英検®3級過去問集 DL

▶ 参考書
- 竹岡の英検®準1級マスター DL
- 竹岡の英検®2級マスター CD DL
- 竹岡の英検®準2級マスター CD DL
- 竹岡の英検®3級マスター CD DL

入試対策
赤本プレミアム

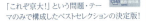

「これぞ京大！」という問題・テーマのみで構成したベストセレクションの決定版！

- 京大数学プレミアム [改訂版]
- 京大古典プレミアム

CD リスニングCDつき　DL 音声無料配信
新 2023年刊行　◎ 新課程版

入試対策
赤本メディカルシリーズ

過去問を徹底的に研究し、独自の出題傾向をもつメディカル系の入試に役立つ内容を精選した実戦的なシリーズ。

- [国公立大]医学部の英語 [3訂版]
- 私立医大の英語（長文読解編）[3訂版]
- 私立医大の英語（文法・語法編）[改訂版]
- 医学部の実戦小論文 [3訂版]
- [国公立大]医学部の数学
- 私立医大の数学
- 医歯薬系の英単語 [4訂版]
- 医系小論文 最頻出論点20 [3訂版]
- 医学部の面接 [4訂版]

入試対策
体系シリーズ

国公立大二次・難関私大突破へ、自学自習に適したハイレベル問題集。

体系英語長文	体系日本史
体系英作文	体系世界史
体系数学Ⅰ・A	体系物理 [第6版]
体系数学Ⅱ・B	体系物理 [第7版] 新 ◎
体系現代文	体系化学 [第2版]
体系古文	体系生物

単行本

▶ 英語
- Q&A即決英語勉強法
- TEAP攻略問題集 CD
- 東大の英単語 [新装版]
- 早慶上智の英単語 [改訂版]

▶ 数学
- 稲荷の独習数学

▶ 国語・小論文
- 著者に注目！現代文問題集
- ブレない小論文の書き方 樋口式ワークノート

▶ 理科
- 折戸の独習物理

▶ レシピ集
- 奥薗壽子の赤本合格レシピ

入試対策 共通テスト対策
赤本手帳

- 赤本手帳（2024年度受験用）プラムレッド
- 赤本手帳（2024年度受験用）インディゴブルー
- 赤本手帳（2024年度受験用）ナチュラルホワイト

入試対策
風呂で覚えるシリーズ

水をはじく特殊な紙を使用。いつでもどこでも読めるから、ちょっとした時間を有効に使える！

- 風呂で覚える英単語 [4訂新装版]
- 風呂で覚える英熟語 [改訂新装版]
- 風呂で覚える古文単語 [改訂新装版]
- 風呂で覚える古文文法 [改訂新装版]
- 風呂で覚える漢文 [改訂新装版]
- 風呂で覚える日本史 [年代] [改訂新装版]
- 風呂で覚える世界史 [年代] [改訂新装版]
- 風呂で覚える倫理 [改訂版]
- 風呂で覚える化学 [3訂新装版]
- 風呂で覚える百人一首 [改訂版]

共通テスト対策
満点のコツシリーズ

共通テストで満点を狙うための実戦的参考書。重要度の増したリスニング対策は「カリスマ講師」竹岡広信が一回読みにも対応できるコツを伝授！

- 共通テスト英語（リスニング）満点のコツ CD DL
- 共通テスト古文 満点のコツ
- 共通テスト漢文 満点のコツ
- 共通テスト化学基礎 満点のコツ
- 共通テスト生物基礎 満点のコツ

入試対策 共通テスト対策
赤本ポケットシリーズ

▶ 共通テスト対策
- 共通テスト日本史 [文化史]

▶ 系統別進路ガイド
- デザイン系学科をめざすあなたへ
- 心理学科をめざすあなたへ [改訂版]

英語の過去問、解きっぱなしにしていませんか？

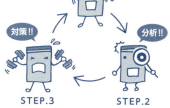

大学合格のカギとなる勉強サイクル

STEP.1 解く!!
STEP.2 分析!!
STEP.3 対策!!

過去問を解いてみると、自分の弱い部分が見えてくる！

受験生は、英語のこんなことで悩んでいる…!?

こんな悩み😣をまるっと解決😊してくれるのが、赤本プラスです。

【文法編】
- 😣 英文法の基礎に自信が持てない…
- 😊 入試で大事なところを反復しよう
- 😣 英文法の文法用語自体が難しい…
- 😊 シンプルな説明で整理しながら覚えよう！

→ 大学入試 すぐわかる 英文法
基礎から応用まで大事なところをカバー！

【英文読解編】
- 😣 単語をつなぎ合わせて読んでます…
- 😊 まずは頻出の構文パターンを頭に叩き込もう
- 😣 下線部訳が苦手…
- 😊 SVOCを丁寧に分析できるようになろう

→ 大学入試 ひと目でわかる 英文読解
英文構造がビジュアルで理解できる！

【英語長文編】
- 😣 いつも時間切れになってしまう…
- 😊 速読を妨げる原因を見つけよう
- 😣 何度も同じところを読み返してしまう…
- 😊 展開を予測しながら読み進めよう

→ 大学入試 ぐんぐん読める 英語長文 BASIC/STANDARD/ADVANCED
6つのステップで、英語が「正確に速く」読めるようになる！

【リスニング編】
- 😣 リスニングの勉強の仕方がわからない…
- 😊 まずはディクテーションから始めよう
- 😣 勘で解いてます…
- 😊 シャドーイングで英語の音声の特徴を知ろう

→ 大学入試 絶対できる 英語リスニング
問題演習＋シャドーイングで英語耳をつくる！

【自由英作文編】
- 😣 何から手をつけたらよいの…？
- 😊 志望校の出題形式や頻出テーマをチェック！
- 😣 自由と言われてもどう書き始めたらよいの…？
- 😊 自由英作文特有の「解答の型」を知ろう

→ 大学入試 すぐ書ける 自由英作文
頻出テーマ×重要度順で最大効率で対策できる！

今、知りたい情報をお届け！

赤本チャンネル & 赤本ブログ

スキマ時間にぴったり！

▶ 赤本チャンネル

大学別講座や共通テスト対策など、**受験に役立つ動画を公開中！**

YouTubeやTikTokで受験対策！

YouTube

TikTok

竹岡広信先生 特別講座
「過去問を最大限に活用する方法はコレです。」

登木健司先生による
英文読解特別授業

山添玉基先生と
宮下卓也先生による
共通テスト英語対策

✏ 赤本ブログ

先輩合格者や有名予備校講師の
オススメ勉強法など、**受験に役立つ記事**が充実。

詳しくはこちら

玉置全人先生 特別講義
「過去問の完璧な活用法」

住吉千波先生に聞く
「苦手な人のための受験数学」

2022年度先輩合格者に聞く
失敗談やアドバイス